SÄUFZER

SÄUFZER

GESCHICHTEN
ÜBER DEN
ALKOHOL

WOLKE

Alle Rechte für diese Ausgabe beim Wolke Verlag Hofheim
Gesetzt in Garamond Antiqua
1. Auflage August 1987
Satz: Wolke Verlag Hofheim
Druck: Caro Druck Frankfurt
Umschlaggestaltung: Friedwald Donner, Alonissos
ISBN 3-923997-18-3

für Hans Huckebein

INHALT

Die kursiv gesetzten Untertitel wurden vom Herausgeber hinzugefügt

Vorwort

In diesem Buch geht es um den Alkohol, um die »Weiße Logik« wie Jack London es genannt hat: den Einfluß dieser begehrtesten aller Flüssigkeiten auf den Menschen. Und so vielfältig seine Wirkung, so verschiedengestaltig sind auch die literarischen Zeugnisse. Alle zu Worte kommen zu lassen, wäre unmöglich gewesen. So liefert dieses Buch auch keine vollständige Dokumentation mit literaturwissenschaftlichen Ambitionen. Es ist eine Auswahl der interessantesten, spannendsten Zeugnisse über Alkoholerfahrungen, Prosatexte allesamt, fast alle aus diesem Jahrhundert. Mancher wird bemängeln, daß dieser oder jener Autor fehlt, doch bei einem festgesetzten Volumen war die Anzahl der Texte beschränkt; abgesehen davon hätte es vielleicht den Leser überfordert: so viel Suff...

Doch nicht nur jenen, die auf der Seite des Alkohols stehen, auch den Gegnern, den wenigen Propheten der Mäßigkeit in dieser Wüste des Durstes, habe ich ein paar Seiten eingeräumt. Der Gerechtigkeit wegen. Die beiden, sie sind unschwer zu finden, scheinen mir jedoch ein wenig selbstgefällig, nicht immer ganz ehrlich. So berichtet denn auch der Sohn des einen, ein gewisser G. Mann, daß der Vater bei den gelegentlichen Gelagen nicht allzuviel vertragen hat. Von wegen »Friede, Friede, Friede...«, aber überzeugen Sie sich selbst.

Für manche trinkenden Wortgewaltigen sprechen allein schon die biographischen Daten. Malcolm Lowry, Jack London, Dylan Thomas, Ernest Hemingway, Scott Fitzgerald, E.T.A. Hoffmann, um nur einige in dem Buch auftauchende Namen zu nennen, gingen mit dem Alkohol unter: ausgebrannt und ohne Hoffnung. John Malcolm Brinnin, und der kommt leider nicht zu Wort, schildert in seinem Buch *Dylan Thomas in Amerika* eindrucksvoll die letzten Wochen eines großen Dichters und Trinkers — bis zum letzten Delirium.

Der weitaus größte Teil der hier versammelten Autoren gehört, soweit ich das einschätzen kann, zu keiner der beiden zuvor genannten Gruppen. Sie lebten mit dem Alkohol, als disziplinierte Trinker, Beherrscher, nicht Beherrschte, wohl wissend, welch verführerischen, gefährlichen Begleiter sie sich erwählten. Oder sie haben es bis jetzt überstanden.

Aber das nur an dieser Stelle. Bei der Auswahl der Texte lag kein, wie auch immer gearteter, moralischer Maßstab zugrunde, die Kriterien waren die literarische Qualität und die thematische Vielfalt. Es sollte ein Buch sein, das Lust am Lesen macht, ein Buch über den »König Alkohol«, den Kerl mit dem Januskopf, den Herrscher der »Künstlichen Paradiese«. Ein Buch für viele: für Genießer und Ausgeflippte, für protestantische Fräuleins und begeisterte Alkoholiker, für Sumpfeulen, für bildungsbeflissene Wirte und leidenschaftliche Tresenhocker, und auch für all jene, die so gerne mit erhobenem Zeigefinger darüber reden. Jeder wird seine Höllen und seine Paradiese darin finden.

Es geht hier um die Erfahrungen von Menschen mit dem Rausch, dem eigenen und dem anderer Leute, und um all jene Erfahrungen, die damit zusammenhängen. Um einen Stoff, der so weit und so tief ist wie ein Ozean. Es geht um Liebe und Alkohol, um Delirien, um Sauftouren und allzu fröhliche Parties, Prohibition, Eckkneipen, Warnungen, um eine saftige Rauferei und sehr ausgefüllte Samstagabende, um Erinnerungslücken und die Kunst zu vergessen, um Alkoholphilosophien und Entzugserfahrungen, um trinkende Literaten, trinkende Priester, trinkende Kleinbürger, trinkende Hippies, trinkende Künstler, um den Tod und das Seligsein auf Erden.

Hofheim, Juni 87

Karl Heinz Wallhäußer

CHARLES BAUDELAIRE

Der Wein

Vom Wein als Mittel, die Individualität zu steigern

Ein sehr berühmter Mann, der, was scheinbar oft vorkommt, zur gleichen Zeit ein großer Dummkopf war, zwei Dinge, die durchaus zueinander zu passen scheinen, wie ich es zu beweisen mehr als einmal das zweifelsohne sehr schmerzliche Vergnügen haben werde, wagte es, in einem Buch über die Gastronomie, unter besonderer Berücksichtigung der Hygiene und des Vergnügens, das Folgende im Artikel »Wein« zu schreiben: »Der Stammvater Noah soll der Erfinder des Weines sein; es ist eine aus den Früchten der Rebe gewonnene Flüssigkeit.«

Und weiter? Nichts weiter. Das ist alles. Du kannst den Band nach allen Richtungen durchblättern, ihn nach allen Seiten wenden, ihn von hinten, über Kreuz, von rechts nach links und von links nach rechts lesen, du wirst kein weiteres Wort über den Wein in der *Physiologie des Geschmacks* des sehr berühmten und sehr geachteten Brillat-Savarin finden: »Der Urvater Noah...« und »ist eine Flüssigkeit...«

Ich will annehmen, daß ein Bewohner des Mondes oder irgendeines fernen Planeten auf unsere Welt reist, und müde von langen Märschen daran denkt, den Gaumen zu erquicken und den Magen zu erwärmen. Er will sich mit den Vergnügungen und den Sitten unserer Erde vertraut machen. Er hat irgendwo von köstlichen Flüssigkeiten sprechen gehört, mit denen die Bewohner der Erdkugel sich Lust, Mut und Heiterkeit verschaffen. Um sicher zu wählen, schlägt der Mondbewohner das Geschmacksorakel des berühmten und unfehlbaren Brillat-Savarin auf und findet im Artikel Wein diese kostbare Aufklärung: »Der Urvater Noah...« und »diese Flüssigkeit besteht...« Das ist völlig verdaulich. Das erschöpft die Sache gründlich, und wenn man diesen Satz gelesen hat, muß man unbedingt einen richtigen und klaren Eindruck von allen Weinen, ihren verschiedenen Eigenschaften, ihren Unzuträglichkeiten und ihrer Macht auf den Magen und auf das Gehirn haben.

Ach, liebe Freunde, lest nicht Brillat-Savarin! »Gott beschütze die, die er liebt, vor überflüssiger Lektüre«; dies ist der erste Merksatz eines kleinen Buches von Lavater, eines Philosophen, der die Menschen mehr als alle alten und modernen Lehrer der Welt geliebt hat. Man hat keinen Kuchen nach Lavater getauft; aber die Erinnerung an diesen englischen Menschen wird unter den Christen noch leben, wenn die braven Bürger selbst den »Brillat-Savarin« vergessen haben werden, ein törichtes Gebäck, dessen geringster Fehler es ist, zum Vorwand für ein Herunterleiern alberner pedantischer Maximen aus dem berühmten Meisterwerk zu dienen.

Wenn eine neue Ausgabe dieses falschen Meisterwerkes den Verstand der modernen Menschheit zu beleidigen wagt, dann, ihr traurigen Trinker, ihr fröhlichen Trinker, ihr, die ihr im Wein Erinnerung oder Vergessen sucht, und doch beides nie ganz vollkommen nach euren Wünschen findet, und darum den Himmel nur noch durch den Flaschenboden betrachtet, vergessene und verkannte Trinker, werdet ihr dann ein Exemplar kaufen und Böses mit Gutem, Wohltat mit Gleichgültigkeit vergelten?

Ich öffne die »*Kreisleriana*« des göttlichen Hoffmann und finde dort ein merkwürdiges Rezept. Der pflichtbewußte Musiker muß Champagner trinken, um eine komische Oper zu komponieren. Er wird in ihm die sprudelnde und leichte Heiterkeit finden, die diese Kunstgattung erfordert. Religiöse Musik braucht Rheinwein oder Jurançon; darin liegt wie auf dem Grund tiefer Gedanken eine berauschende Bitterkeit. Aber heroische Musik braucht unbedingt Burgunder: in ihm liegt Begeisterung und patriotischer Schwung. Das ist schon besser und, abgesehen von der Leidenschaft des Trinkers, finde ich darin eine Unparteilichkeit, die einem Deutschen größte Ehre macht.

Hoffmann hatte ein merkwürdiges psychologisches Barometer erfunden, das dazu bestimmt war, ihm die verschiedenen Temperaturen und atmosphärischen Phänomene seiner Seele anzuzeigen; man findet solcherlei Einteilungen: Leicht ironischer, durch Nachsicht ausgeglichener Geist; Geist der Einsamkeit und vollkommener Selbstzufriedenheit; musikalische Heiterkeit, musikalischer Enthusiasmus, musikalischer Sturm, mir selbst unerträgliche sarkastische Heiterkeit, Wunsch, aus mir herauszutreten, äußerste Objektivität, Verschmelzung meines Wesens mit der Natur. Natürlich war das moralische Barometer Hoffmanns wie die wirklichen Barometer entsprechend der Enstehungsreihenfolge eingeteilt. Mir scheint, daß zwischen diesem psychischen Barometer und der Erklärung der musikalischen Eigenschaften der Weine eine auf der Hand liegende Ähnlichkeit besteht. Hoffmann begann in dem Augenblick Geld zu verdienen, da der Tod ihn holte. Das Glück lächelte ihm. Wie bei unserem lieben und großen Balzac sah er in seinen letzten Tagen nur das Nordlicht seiner alten Sehnsucht aufflammen. In jener Zeit pflegten die Verleger, die sich um seine Erzählungen für ihre Almanache stritten, um ihn guter Laune zu machen, ihren Geldsendungen eine Kiste französischen Weines hinzuzufügen.

Wer hat euch nicht gekannt, ihr tiefen Freuden des Weines? Wer Gewissensbisse zu betäuben hatte, eine Erinnerung wachzurufen, einen Schmerz zu ertränken, ein Luftschloß zu erbauen, sie alle riefen dich an, geheimnisvoller in den Fasern der Rebe verborgener Gott. Wie erhaben sind die von innerer Glut erhellten Schauspiele des Weines. Wie ehrlich und brennend ist diese zweite Jugend, die der Mann aus ihm schöpft. Aber wie gefährlich auch ist seine zerschmetternde Wollust, seine entnervende Verzauberung! Und doch, sagt auf Ehre und Gewissen, ihr Richter, Gesetzgeber, Weltleute, ihr alle, die das Glück milde macht, denen Reichtum die Tugend und Gesundheit leicht macht, sagt, wer von euch hat den unbarmherzigen Mut, den Mann zu verdammen, der Genie trinkt?

Im übrigen ist der Wein nicht immer dieser furchtbare siegessichere Kämpfer, der geschworen hat, weder Gnade noch Mitleid zu üben. Der Wein ähnelt dem Menschen: Niemals weiß man genau, bis zu welchem Punkt man ihn schätzen oder verachten, lieben oder hassen darf, noch wie vieler göttlicher Handlungen oder scheußlicher Missetaten er fähig ist. So wollen wir gegen ihn nicht grausamer sein als gegen uns selbst und ihn als unseresgleichen behandeln.

Mir scheint mitunter, als hörte ich den Wein spechen (er spricht mit seiner Seele, mit jener Geisterstimme, die nur Geister verstehen): »Mensch, Geliebter, ich will dir, meinem Glasgefängnis und meinen Korkriegeln zum Trotz, einen Gesang voll Brüderlichkeit, einen Gesang voll Freude, voll Licht und Hoffnung singen. Ich bin nicht undankbar, ich weiß, daß ich dir das Leben verdanke. Ich weiß, wieviel Arbeit und Sonnenglut ich deinen Schultern verschuldete. Du hast mir das Leben geschenkt, ich werde dich dafür belohnen und großzügig werde ich dir meine Schulden bezahlen; denn ich empfinde eine außerordentliche Freude, wenn ich in eine arbeitsdurstige Kehle falle. Die Brust eines ehrlichen Mannes ist ein Aufenthalt, der mir weit mehr zusagt als jene melancholischen und fühllosen Keller. Sie ist ein fröhliches Grab in dem ich mein Geschick begeistert vollende. Im Magen des Arbeitsamen renne ich hin und her und steige von dort auf unsichtbaren Treppen in sein Hirn, wo ich meinen höchsten Tanz tanze.«

»Hörst du, wie in mir die mächtigen Klänge der alten Zeit, die Gesänge von Liebe und Ruhm drängen und klingen? Ich bin die Seele der Heimat, ich bin halb Liebhaber, halb Soldat. Ich bin die Hoffnung der Sonntage. Die Arbeit bringt den Tagen Nutzen, der Wein macht die Sonntage glücklich. Die Ellenbogen auf den Familientisch gestützt, mit hochgekrempelten Ärmeln wirst du stolz mich rühmen und ganz zufrieden sein.«

»Ich werde die Augen deiner alten Frau aufleuchten lassen, der langen Gefährtin deines täglichen Kummers und deiner ältesten Hoffnungen. Ich werde ihren Blick zärtlich machen und in die Tiefe ihrer Augen den Blitz ihrer Jugend pflanzen. Und dein lieber Kleiner, dein bläßlicher Sohn, dies arme kleine Eselein, das an dieselbe Deichsel der Mühen gespannt ist wie das Deichselpferd — ihm werde ich die schöne Farbe der Wiege wiedergeben und werde für diesen neuen Athleten des Lebens zum Öl werden, das die Muskeln der Kämpfer im Altertum hart machte.«

»Ich werde in deine Brust wie köstliche Speise fallen. Ich werde das Korn sein, das die schmerzhaft gezogene Furche befruchtet. Unsere innige Vereinigung wird die Poesie erzeugen. Wir zwei allein werden einen Gott schaffen und in die Unendlichkeit schweben wie die Vögel, die Schmetterlinge, die Marienkindchen, die Wohlgerüche und alle beflügelten Dinge.«

So singt der Wein in seiner geheimnisvollen Sprache. Wehe dem, dessen egoistisches, dem Bruderschmerz verschlossenes Herz niemals dieses Lied hörte!

Ich habe oft gedacht, daß, erschiene Jesus Christus heute auf der Anklagebank, sich ein Staatsanwalt finden würde, der bewiese, daß sein Fall durch Rückfälligkeit erschwert sei. Der Wein ist alle Tage rückfällig. Täglich wiederholt er seine Wohltaten. Das wahrscheinlich erklärt die Wut der Moralisten gegen ihn. Wenn ich sage: Moralisten, meine ich die pharisäischen Pseudomoralisten.

Aber das ist etwas ganz anderes. Steigen wir ein wenig tiefer hinab, betrachten wir eines jener geheimnisvollen Wesen, die sozusagen von den Abfällen der großen Städte leben; denn es gibt merkwürdige Berufe, deren Zahl übergroß ist. Mit Schrecken dachte ich oft daran, daß es Berufe gibt, die ganz und gar freudlos sind, Berufe ohne Vergnügen, Ermüdung ohne Erholung, Schmerzen ohne Ausgleich; ich irrte. Hier ist der Mann, der die Aufgabe hat, die Abfälle eines Großstadttages zu sammeln. Der alles, was die große Stadt fortgeworfen hat, alles, was sie verloren hat, alles, was sie verachtet, alles, was sie zerschlagen hat, verzeichnen und sammeln wird. Er liest in den Archiven des Lasters nach, im Auswurf Sodoms. Er trifft eine kluge Auswahl; wie der Geizige den Schatz, sammelt er den Schmutz auf, der durch die Gottheit der Industrie wiedergekäut, zu nutzbaren oder zu luxuriösen Gegenständen verwandelt werden wird. Nun durchschreitet er im düsteren Schein der Straßenlaternen, die im Nachtwind flackern, eine jener langen krummen, von den kleinen Leuten bewohnten Gassen, der Montagne Sainte-Geneviève. Er trägt seinen *Sammelkorb mit der Nummer sieben*. Er geht, indem er den Kopf schüttelt und über das Pflaster stolpert, wie junge Dichter, die den ganzen Tag herumlaufen und Reime suchen. Er spricht zu sich selbst. Er gießt seine Seele in die kalte und neblige Nachtluft. Ein Monolog, der die lyrischen Tragödien in den Schatten stellt: »Vorwärts! Marsch! Division, Stab, Armee!« Genau wie Bonapartes letzte Worte in St. Helena! Es scheint, daß die Nummer *sieben* sich in ein Eisenzepter, der *Lumpenkorb* in einen kaiserlichen Mantel verwandelt hat. Jetzt beglückwünscht er sein Heer. Die Schlacht ist gewonnen, aber der Tag war heiß. Er reitet unter Triumphbögen. Das Herz ist glücklich. Mit Wonne lauscht er den Zurufen einer begeisterten Menge. Gleich wird er einen Codex diktieren, der alle bekannten Codices in den Schatten stellen wird. Elend und Sünden verschwanden aus der Welt!

Und dennoch sind ihm Rücken und Schultern vom Gewicht seines Tragkorbes zerschunden. Häuslicher Kummer zermürbt ihn. Vierzig Jahre Arbeit und Laufen haben ihn zerrüttet. Das Alter quält ihn. Aber der Wein rollt wie ein neuer Paktolus geistiges Gold durch die erschöpfte Menschheit. Er herrscht wie gute Könige durch seine Dienste, und seinen Ruhm singen die Kehlen seiner Untertan. Auf der Erdkugel lebt eine unzählige, namenlose Menge, denen der Schlummer allein nicht ihre Leiden einschläfern würde. Ihnen dichtet der Wein Gesänge und Gedichte.

Viele Leute werden mich gewiß recht nachsichtig finden: »Du entschuldigst die Trunksucht und verherrlichst den Pöbel.« Ich gestehe, nicht den Mut zu haben, die Schäden zu zählen, wenn ich die Wohltaten sehe. Im übrigen habe ich gesagt, daß der Wein dem Menschen gleicht und zugegeben, daß deren Laster ihre Tugenden aufwiegen. Kann ich mehr tun? Im übrigen fällt mir etwas anderes ein. Ich glaube, daß wenn der Wein aus dem menschlichen Schaffen verschwände, in der Gesundheit und dem Geist des Planeten ein Mangel, eine Unvollständigkeit entstünde, die viel schlimmer als alle Ausschweifungen und Abirrungen wären, die man dem Wein zuschreibt. Meint man nicht mit Recht, daß die Leute, die — aus Naivität oder aus System — niemals Wein trinken, Dummköpfe oder Scheinheilige sind: Dummköpfe, das heißt Menschen, die weder die Menschheit noch die Natur kennen, Künstler, die die traditionellen Mittel der Kunst verschmähen, Arbeiter, die das Handwerkszeug beschimpfen; — Scheinheilige, das heißt schamhafte Lüstlinge, Prahler der Enthaltsamkeit, die im Verstohlenen trinken oder irgendein geheimes Laster haben. Ein Mensch, der nur Wasser trinkt hat ein Geheimnis, das er vor seinesgleichen verbergen muß.

Man urteile selbst: Vor einigen Jahren regte sich auf einer Kunstausstellung die idiotische Menge vor einem wie eine Maschine polierten, gewichsten und lackierten Bild auf. Es war das vollkommene Gegenteil der Kunst. Zur Drollingschen »Küche« verhielt es sich so wie die Menge zur Dummheit, wie die Fanatiker zum Nachahmer. In dieser mikroskopischen Malerei sah man Fliegen umherschwirren. Dieses scheußliche Machwerk zog mich wie jedermann an, aber ich schämte mich dieser merkwürdigen Schwäche; denn es war die unwiderstehliche Anziehungskraft des Scheußlichen. Endlich bemerkte ich, daß ich von einer unbewußten philosophischen Neugier und dem ungeheuren Wunsch nach Wissen angezogen wurde, wie der moralische Charakter des Mannes beschaffen wäre, der eine so verbrecherische Extravaganz geschaffen hatte. Ich wettete mit mir, daß er sehr böse sein müßte. Ich ließ Erkundigungen einziehen, und mein Instinkt hatte das Vergnügen, diese psychologische Wette zu gewinnen. Ich erfuhr, daß das Ungeheuer regelmäßig vor Sonnenaufgang aufstand, seine Aufwartefrau ruiniert hatte, und nur Milch trank.

Noch eine oder zwei Geschichten und wir werden zum Schluß kommen. Eines Tages sehe ich einen großen Auflauf auf der Straße; es gelingt mir, über die Schultern der Gaffer zu sehen und ich erblicke dieses: Ein Mann lag rücklings auf der Erde, hielt die Augen offen und zum Himmel gerichtet; ein anderer stand vor ihm und sprach nur durch Gesten; der Mann auf der Erde antwortete ihm nur mit den Augen. Beider Gesicht strahlte außerordentliches Wohlwollen aus. Die Gesten des stehenden Mannes sprachen zum Verstand des liegenden Mannes: »Komm, komm noch ein wenig! Das Glück ist da, zwei Schritte von hier, komm bis zur Straßenecke! Noch haben wir nicht das Ufer des Kummers ganz aus den Augen verloren. Wir schwimmen noch nicht ganz im Ozean des Traumes. Mut, lieber Freund!

Befiehl deinen Beinen, deinen Gedanken zu gehorchen.« Das alles in harmonischem Schwanken und Taumeln. Der andere war zweifelsohne bereits auf hoher See (übrigens schwamm er im Rinnstein), denn sein glückliches Lächeln antwortete: »Laß deinen Freund in Ruhe. Das Ufer des Leids verschwand genugsam hinter wohltätigen Nebeln; ich habe vom Traumhimmel nichts mehr zu fordern.« Ich glaube sogar einen vagen Satz oder besser einen vagen, in Worte gekleideten Seufzer aus seinem Munde gehört zu haben: »Man muß vernünftig sein.« Das ist die Höhe der Göttlichkeit. Aber in der Trunkenheit gibt es Übergöttliches, wie ihr sehen werdet. Der Freund, voll Nachsicht noch immer, geht allein in die Kneipe und kommt mit einem Strick in der Hand zurück. Wahrscheinlich konnte er den Gedanken nicht ertragen, allein zu segeln und allein dem Glück nachzulaufen; deshalb kam er um seinen Freund im Wagen abzuholen. Der Wagen war der Strick; er schlingt ihm den Wagen um die Rippen. Der ausgestreckte Freund lächelt. Er hat gewiß diesen mütterlichen Gedanken verstanden. Der andere knüpft einen Knoten; dann schreitet er aus wie ein sanftes und vorsichtiges Pferd und karrt seinen Freund bis zum Stelldichein des Glücks. Der gekarrte oder besser geschleifte Mann, der das Pflaster mit seinem Rücken poliert, lächelt weiter sein unsagbares Lächeln.

Die Menge bleibt starr; denn was zu schön ist, was die poetischen Kräfte des Menschen übersteigt, erweckt mehr Erstaunen als Rührung.

Es gab einen Mann, einen Spanier, einen Gitarrenspieler, der lange Zeit mit Paganini reiste. Es war vor der Zeit der großen offiziellen Berühmtheit Paganinis.

Zu zweit führten sie das große Wanderleben der Zigeuner, der reisenden Musiker, der Leute ohne Familie und Heimat. Beide, Violine und Gitarre, gaben wohin sie kamen Konzerte. Mein Spanier hatte ein solches Talent, daß er wie Orpheus sagen konnte: »Ich bin der Herr der Natur«.

Wo er durchkam und seine Seiten zupfte und sie harmonisch unter seinem Daumen hüpfen ließ, war er sicher, daß die Menge ihm folgte. Versteht man sich auf solches Geheimnis, stirbt man niemals Hungers. Man folgte ihm wie Christus. Kann man Mittagbrot und Gastfreundschaft einem Manne verweigern, einem Genie, das deine Seele die schönsten, geheimnisvollsten und unbekanntesten, die mysteriösesten Melodien hat singen lassen? Man hat mir versichert, daß er seinem Instrument, das nur angeschlagene Töne bringt, leicht ausgehaltene Töne entlockte.

Paganini hatte die Kasse und verwaltete sie, was niemanden in Erstaunen versetzen wird.

Die Kasse reiste auf der Person des Verwalters. Bald war sie oben, bald war sie unten; heute in den Stiefeln, morgen zwischen Rock und Futter. Fragte der Gitarrenspieler, ein starker Trinker, wie die Finanzen ständen, antwortete Paganini, daß nichts mehr da sei, wenigstens so gut wie nichts. Der Spieler glaubte ihm oder tat so, als ob er ihm glaubte, richtete seine Augen auf den Horizont des Weges, zupfte und quälte seine untrennbare

Begleiterin. Paganini lief auf der anderen Seite der Landstraße. Das war eine beiderseitige Abmachung, damit man sich nicht gegenseitig störte. So studierte und arbeitete jeder im Gehen. Wenn sie dann in einen Ort kamen, der einige Einnahmen versprach, spielte der eine von ihnen seine Komposition, der andere neben ihm improvisierte eine Variation, eine Begleitung, eine Unterstimme. Nie wird jemand erfahren, wieviel Freuden und Poesie in diesem Troubadourleben lag.

Sie trennten sich, ich weiß nicht warum. Der Spanier reiste allein weiter. Eines Abends kommt er in eine kleine Stadt im Jura. Er läßt ein Konzert in einem Saal des Rathauses anzeigen. Das Konzert ist er, nichts weiter als eine Gitarre. Er hatte sich dadurch bekannt gemacht, daß er in einigen Cafés gespielt und einige musikalische Menschen der Stadt durch sein Talent verblüfft hatte. Also, es kamen viele Leute. Mein Spanier aber hatte an einem anderen Ende der Stadt, am Friedhof, einen Landsmann aufgestöbert. Der war so eine Art Grabmalfabrikant, ein Marmorbildhauer, der Grabmonumente verfertigte. Wie alle Leute mit traurigen Berufen war er ein guter Trinker. Flasche und Heimaterinnerungen brachten die beiden einander näher; der Musiker verließ den Marmorbildhauer nicht mehr. Am Tage des Konzerts, selbst zur gegebenen Stunde waren sie beisammen. Aber wo? Das mußte man herausbekommen. Man suchte alle Kneipen der Stadt ab, alle Cafés, endlich fand man ihn mit seinem Freunde in einer unbeschreiblichen Kneipe; beide waren vollkommen betrunken. Es folgten Szenen à la Kean und à la Frédéric. Endlich willigten sie ein, spielen zu gehen; aber plötzlich fällt ihm ein: »Du wirst mit mir spielen«, spricht er zu seinem Freunde. Der weigert sich; er hatte eine Geige, aber er spielte wie der schrecklichste Bierfiedler. »Du spielst, oder ich spiele nicht«.

Weder Zureden noch gute Gründe halfen; man mußte nachgeben. Nun standen sie auf dem Podium vor den Honoratioren der Stadt. »Wein her!« sagte der Spanier. Der Grabmälerfabrikant, den alle, aber nicht als Musiker, kannten, war zu betrunken, um sich zu schämen. Man bringt den Wein, aber sie haben nicht mehr die Geduld, die Flaschen zu entkorken. Die üblen Taugenichtse schlagen ihnen die Hälse mit dem Messer ab, wie die schlecht erzogenen Leute. Man errate den Eindruck auf die Provinz in Gala! Die Damen ziehen sich zurück und viele Leute fliehen empört vor diesen beiden Trunkenbolden, die halb verrückt aussehen.

Aber die, deren Sittsamkeit nicht die Neugier überwog und die den Mut hatten zu bleiben, wurden belohnt. »Fang an!« ruft der Gitarrenspieler dem Bildhauer zu. Unmöglich, zu beschreiben, was für Töne der trunkenen Geige entsteigen. Bacchus im Delirium sägt auf einem Stein. Was spielt er oder versucht er zu spielen? Gleichviel, die erste Melodie steigt auf. Plötzlich umhüllt, verlöscht, übertönt eine volle weiche und zugleich kapriziöse Melodie den schreienden Lärm. Die Gitarre singt so laut, daß man die Geige nicht mehr hört. Und doch ist es die trunkene Melodie, die der Geiger begonnen hatte.

Die Gitarre dringt mit ihrer außerordentlichen Tonfülle durch; sie schwatzt, sie singt, sie spricht mit erschreckender Wärme, mit unerhörter Sicherheit und Reinheit der Vortrages. Die Gitarre improvisierte eine Variation auf das Thema der Geige. Sie ließ sich von ihr führen und begleitete herrlich und mütterlich die arme Nacktheit ihrer Töne. Der Leser wird verstehen, daß dies unbeschreiblich ist; ein aufrichtiger und zuverlässiger Zeuge hat es mir berichtet. Zum Schluß war das Publikum trunkener als er. Der Spanier wurde gefeiert, beglückwünscht und durch ungeheuren Beifall begrüßt. Aber zweifelsohne mißfiel ihm der Charakter der Bewohner dieses Landes, denn es war das einzige Mal, daß er einwilligte zu spielen.

Und wo ist er jetzt? Welche Sonne hat seine letzten Träume beschienen? In welcher Erde ruhen seine kosmopolitischen Reste? In welchem Graben kämpft er seinen Todeskampf? Wo sind die berauschenden Pafüms der verschwundenen Blumen? Wo sind die feenhaften Farben der alten Sonnenuntergänge?

Ich habe euch gewiß nicht viel Neues erzählt. Alle kennen den Wein, alle lieben ihn. Wenn einmal ein wirklich philosophischer Arzt leben wird — ich sehe es noch nicht — wird er ein grundlegendes Essay über den Wein schreiben können, eine Art doppelter Psychologie, in der der Wein und der Mensch die beiden Pole bilden. Er wird erklären, wie und warum gewisse Getränke die Fähigkeit enthalten, die Persönlichkeit des denkenden Geschöpfes über alles Maß hinaus zu steigern und sozusagen eine dritte Person erzeugen, eine mystische Operation, in der der natürliche Mensch und der Wein, der tierische und der pflanzliche Gott, die Rollen des Vaters und des Sohnes in der Dreifaltigkeit spielen; sie bringen den heiligen Geist hervor, den Übermenschen, der beiden zugleich entstammt.

Es gibt Leute, auf die der Wein so mächtig wirkt, daß ihre Beine sicherer werden und ihr Gehör außerordentlich fein. Ich habe jemanden gekannt, dessen geschwächtes Sehvermögen in der Trunkenheit seine ursprüngliche Scharfsichtigkeit wiedergewann. Der Wein verwandelte den Maulwurf in einen Adler.

Ein alter unbekannter Autor hat gesagt: »Nichts gleicht der Freude des Menschen, der trinkt, außer der Freude des Weines getrunken zu werden!« In der Tat spielt der Wein eine so intime Rolle im Leben des Menschen, daß es mich nicht wundern würde, wenn, von pantheistischen Ideen verführt, einige vernünftige Geister ihm eine Art Persönlichkeit zusprächen. Wein und Mensch scheinen mir zwei Ringkämpfern zu gleichen, die ohne Unterlaß ringen und sich immer wieder versöhnen. Immer umarmt der Besiegte den Sieger.

Es gibt bößartige Trunkenbolde: Das sind von Natur aus böse Menschen. Der schlechte Mensch wird ebenso unausstehlich, wie der gute ausgezeichnet wird.

WENEDIKT JEROFEJEW
Die Reise nach Petuschki
...und ich trank unverzüglich

Vorbemerkung des Autors

Die erste Ausgabe von »Moskau-Petuschki« war schnell vergriffen, zumal nur ein Exemplar davon vorhanden war. Ich habe seither viele Vorwürfe wegen des Kapitels »Hammer-und-Sichel — Karatscharowo« zu hören bekommen, aber vollkommen zu Unrecht. In meinem Vorwort zur ersten Ausgabe habe ich alle Mädchen darauf hingewiesen, daß sie das Kapitel »Hammer-und-Sichel — Karatscharowo« schleunigst überblättern sollen, weil auf den Satz »Und ich trank unverzüglich« anderthalb Seiten reinster Obszönitäten folgen, von denen kein einziges Wort die Zensur überstanden hätte, mit Ausnahme des Satzes »Und ich trank unverzüglich«. Mit diesem gutgemeinten Hinweis habe ich allerdings nur erreicht, daß alle Leser, und besonders die Mädchen, sich sofort auf das Kapitel »Hammer-und-Sichel — Karatscharowo« stürzten, ohne die vorherigen Kapitel und nicht einmal den Satz »Und ich trank unverzüglich« gelesen zu haben. Aus diesem Grunde habe ich mich entschlossen, in der zweiten Ausgabe aus dem Kapitel »Hammer-und-Sichel — Karatscharowo« den ganzen anstößigen Schund zu streichen. Das ist besser so, weil man mich jetzt erstens der Reihe nach lesen und sich zweitens niemand gekränkt fühlen wird.

Moskau
Auf dem Weg zum Kursker Bahnhof

Alle sagen: der Kreml, der Kreml. Alle haben mir von ihm erzählt, aber selbst habe ich ihn kein einziges Mal gesehen. Wie viele Male schon (tausende Male) habe ich im Rausch oder danach mit brummendem Schädel Moskau durchquert, von Norden nach Süden, von Westen nach Osten, aufs Geratewohl, von einem Ende zum andern, aber den Kreml habe ich kein einziges Mal gesehen.

So auch gestern wieder, obwohl ich den ganzen Abend lang in der Gegend dort herumgekurvt bin, und nicht etwa, daß ich besonders betrunken gewesen wäre. Als ich auf dem Sawelowskij-Bahnhof ausstieg, habe ich mir für den Anfang ein Glas Subrowka genehmigt, da ich aus Erfahrung weiß, daß als morgendliches Dekokt noch nichts Besseres erfunden wurde.

Also, ein Glas Subrowka. Und dann, auf der Kaljajewskajastraße, ein weiteres Glas, allerdings nicht mehr Subrowka, sondern Korianderschnaps. Ein Bekannter von mir behauptet, daß Korianderschnaps eine inhumane Wirkung auf den Menschen hat, das heißt, indem er die Glieder stärkt, schwächt er die Seele. Bei mir trat aus irgendeinem Grund genau das Gegenteil ein, das heißt, die Seele erstarkte im höchsten Grade, während die Glieder schwach wurden. Aber ich gebe zu, daß auch das inhuman ist. Deshalb goß ich eben da, auf der Kaljajewskajastraße, zwei Krüge Shiguli-Bier nach und einen kräftigen Schluck Alb-de-dessert aus der Flasche.

Ihr werdet natürlich fragen: »Und weiter, Wenitschka, was hast du noch getrunken?« Aber ich weiß ja selbst nicht, was ich des Weges so getrunken habe. Ich erinnere mich nur — und daran erinnere ich mich ganz deutlich — daß ich auf der Tschechowstraße zwei Gläser Jägerschnaps getrunken habe. Aber ich konnte auf keinen Fall den Ring Sadowoje Kolzo überquert haben, ohne vorher noch etwas getrunken zu haben. Nein, das konnte ich nicht. Also muß ich noch irgendwas getrunken haben.

Ja, und dann ging ich ins Zentrum, weil es bei mir immer so ist: wenn ich den Kreml suche, gerate ich unweigerlich zum Kursker Bahnhof. Eigentlich mußte ich ja auch zum Kursker Bahnhof und nicht ins Zentrum, aber ich ging ins Zentrum, um wenigstens ein einziges Mal zum Kreml zu gelangen. Ob so oder so, denke ich, den Kreml kriege ich ohnehin nicht zu sehen, sondern gerate direkt zum Kursker Bahnhof.

Ich könnte jetzt weinen, so ärgerlich ist es. Nicht deshalb natürlich, weil ich gestern zu guter Letzt doch nicht am Kursker Bahnhof herausgekommen bin (Quatsch, bin ich gestern nicht hingekommen, komme ich heute hin). Und natürlich schon gar nicht deshalb, weil ich morgens in irgendeinem mysteriösen Treppenhaus aufgewacht bin. (Wie sich herausstellte, habe ich mich gestern in diesem Treppenhaus auf eine Stufe gesetzt, die vierzigste von unten, mein Köfferchen ans Herz gedrückt und bin schließlich so eingeschlafen.) Nein, nicht deshalb ist es ärgerlich. Ärgerlich ist es deshalb: Ich habe eben nachgerechnet, daß ich von der Tschechowstraße bis zu diesem Treppenhaus für weitere sechs Rubel gesoffen habe, aber was und wo habe ich gesoffen? Und in welcher Reihenfolge? War es zu meinem Wohl oder Übel? Das weiß niemand, und jetzt wird es auch niemand mehr erfahren. Wissen wir doch bis heute nicht: hat der Zar Boris den Zarewitsch Dimitrij ermordet oder umgekehrt?

Was war das für ein Treppenhaus? Ich habe immer noch keine Ahnung. Aber so muß es eben sein. Alles ist so. Alles auf der Welt muß langsam und verkehrt laufen, damit der Mensch nicht hochmütig werde, damit der Mensch traurig und verwirrt sei.

Ich ging hinaus an die Luft, als es schon hell wurde. Jeder weiß, jeder, der einmal in besinnungslosem Zustand in ein fremdes Treppenhaus geriet und es im Morgengrauen verließ, jeder von denen weiß, welche Schwere im Herzen ich jene vierzig Stufen des fremden Treppenhauses hinabtrug und welche Schwere ich an die Luft hinausschleppte.

Macht nichts, macht nichts, sagte ich mir, macht nichts. Hier die Apotheke, siehst du sie? Und dort der Hosenscheißer in der braunen Joppe, der auf dem Trottoir herumkratzt. Den siehst du auch. Na also, dann beruhige dich. Alles geht seinen normalen Gang. Wenn du nach links gehen willst, Wenitschka, dann geh nach links, ich zwinge dich zu nichts. Wenn du nach rechts gehen willst, dann geh nach rechts.

Ich ging nach rechts, leise taumelnd vor Kälte und vor Kummer. Jawohl, vor Kälte und vor Kummer. Oh, diese morgendliche Last im Herzen. Oh, unheilvolle Illusion. Oh, Unverbesserlichkeit. Wovon hat sie mehr, diese Last, die noch keiner benannte? Wovon hat sie mehr? Von Lähmung oder Brechreiz? Von nervöser Erschöpfung oder tödlicher Schwermut irgendwo unweit des Herzens? Und wenn von alledem zu gleichen Teilen, wovon ist da im Endeffekt doch mehr: von Starrkrampf oder Fieberwahn? Macht nichts, macht nichts, sagte ich mir, schirme dich ab vorm Wind und geh, schön langsam. Und atme ganz selten, ganz selten. Atme so, daß sich beim Gehen die Beine in den Knien nicht verheddern. Und geh irgendwohin. Ganz gleich, wohin. Selbst wenn du nach links gehst, kommst du zum Kursker Bahnhof, und wenn geradeaus, dann kommst du auch zum Kursker Bahnhof, und wenn nach rechts, dann auch zum Kursker Bahnhof. Darum geh nach rechts, um ganz gewiß hinzukommen. O Vergeblichkeit! O Vergänglichkeit! O du ohnmächtigste und schmachvollste Zeit im Leben meines Volkes — o Zeit zwischen Morgendämmern und Öffnung der Geschäfte! Wieviel zusätzliche graue Strähnen hat sie in uns alle hineingeflochten, in die brünetten Haarschöpfe von uns obdachlosen Melancholikern! Geh, Wenitschka, geh.

Moskau. Platz des Kursker Bahnhofs

Na siehst du, ich habe doch gewußt, was ich sage: wenn du nach rechts gehst, kommst du ganz gewiß zum Kursker Bahnhof. Langweilig war dir in den Gassen, Wenitschka, Rummel wolltest du — da hast du deinen Rummel...

Hör doch auf, winkte ich mir selber ab, glaubst du etwa, ich brauche deinen Rummel? Glaubst du etwa, ich brauche deine Leute? Selbst der Erlöser, sogar der sagte, und das zu seiner eigenen Mutter: »Was habe ich mit dir zu schaffen?«, und erst recht ich — was habe ich mit diesen hektischen, widerwärtigen Leuten zu schaffen?

Ich lehne mich lieber gegen die Säule und kneife die Augen zusammen, das hilft gegen den Brechreiz ...

»Aber ja, Wenitschka, aber ja«, begann jemand hoch oben zu singen, ganz leise und so sanft, so sanft, *»kneif die Augen zusammen, das hilft gegen den Brechreiz.«*

Ich erkenne sie! Das sind wieder sie! Die Engel des Herrn! Ihr seid es wieder.

»Natürlich sind wir es«, und wieder so sanft! ...

»Wißt ihr was, Engel?« fragte ich, auch ganz, ganz leise.

»*Was?*« fragten die Engel.

»Es ist so schwer...«

»Aber wir wissen doch, daß es schwer ist«, sangen die Engel. *»Lauf ein wenig herum, dann wird dir leichter. Und in einer halben Stunde öffnet das Geschäft. Wodka gibt es zwar erst ab neun, aber Roten geben sie dir gleich.«*

»Roten?«

»Roten«, antworteten singend die Engel des Herrn.

»Schönen kühlen?«

»Schönen kühlen, natürlich...«

Wie mich das erregte!

»Herumlaufen, herumlaufen sagt ihr, soll ich, damit mir leichter wird. Aber nach Herumlaufen ist mir nicht. Ihr wißt doch selbst, wie das Herumlaufen ist in meinem Zustand...«

Darauf schwiegen die Engel, aber dann begannen sie wieder zu singen:

»Weißt du was? Du könntest ins Bahnhofsrestaurant reinschauen. Könnte ja sein, daß es da was gibt. Die hatten gestern abend Sherry, den können sie schließlich an einem Abend nicht ganz ausgetrunken haben...!«

»Ja, ja, ja. Ich gehe. Ich gehe gleich. Ich erkenne euch wieder. Ich danke euch, Engel.«

Und sie sangen wieder so leise, leise:

»Zum Wohl, Wenja...«

Und dann so sanft, so sanft:

»Es lohnt nicht...«

»Wie lieb sie sind...! Ja dann, auf geht's. Wie gut, daß ich gestern die Gastgeschenke besorgt habe. Ich könnte ja nicht ohne Geschenke nach Petuschki fahren. Ohne Geschenke nach Petuschki — unmöglich. Die Engel waren es, die mich daran erinnert haben, weil die, für die die Geschenke bestimmt sind, selbst an Engel erinnern. Wie gut, daß du gestern die Geschenke gekauft hast...

Aber wann hast du sie gestern gekauft? Erinnere dich, geh und erinnere dich.

Ich ging über den Platz, genauer: ich ging nicht, ich wurde gezogen. Zweioder dreimal blieb ich wie erstarrt stehen, um meine Übelkeit zu unterdrücken. Denn das Wesen des Menschen umfaßt nicht nur eine physische Seite, es umfaßt auch eine geistige Seite und darüberhinaus eine mystische, eine übergeistige Seite. Und eben deshalb wartete ich jeden Augenblick darauf, daß mir mitten auf dem Platz von allen drei Seiten speiübel wird. Und wieder blieb ich stehen und erstarrte wieder.

Also nochmal! Wann hast du gestern die Geschenke gekauft? Nach dem Jägerschnaps? Nein, nach dem Jägerschnaps war mir nicht nach Geschenken. Zwischen dem ersten und dem zweiten Jägerschnaps? Auch nicht! Zwischen den beiden war eine Pause von dreißig Sekunden, und ich bin kein Übermensch, um in dreißig Sekunden irgendwas bewerkstelligen zu können. Selbst ein Übermensch würde bereits nach dem ersten Glas Jägerschnaps zu Boden gehen, ohne jemals das zweite Glas geleert zu haben ... Also, wann bloß? Gütiger Gott, wieviele Geheimnisse gibt es auf der Welt! Ein undurchdringlicher Schleier von Geheimnissen! Vor dem Korianderschnaps oder zwischen dem Bier und dem Alb-de-dessert?

Moskau. Restaurant des Kursker Bahnhofs

Nein, bestimmt nicht zwischen dem Bier und dem Alb-de-dessert, da war ganz entschieden keine Pause. Aber vor dem Korianderschnaps, ja, das wäre gut möglich. Am ehesten war es sogar so: die Nüsse habe ich vor dem Korianderschnaps gekauft und die Pralinen — die danach. Aber vielleicht war es auch umgekehrt. Als ich den Korianderschnaps ausgetrunken hatte, habe ich ...

»Alkoholisches gibt es nicht«, sagte der Rausschmeißer und besah mich wie einen krepierten Vogel oder ein dreckiges Hahnenfußgewächs.

»Es gibt nichts Alkoholisches!«

Ich sackte zwar völlig in mich zusammen vor Verzweiflung, brachte es aber dennoch irgendwie fertig zu murmeln, daß ich weiß Gott nicht deswegen hier sei. Woher will der denn wissen, warum ich hier bin? Vielleicht geht der Express nach Perm aus irgendwelchen Gründen nicht nach Perm, und deshalb bin ich hergekommen: um ein Boeuf Stroganoff zu essen und dabei Iwan Koslowskij zu hören oder irgendwas aus dem »Barbier«.

Mein Köfferchen hatte ich für alle Fälle mitgenommen und drückte es in Erwartung der Bestellung ans Herz, wie jüngst im Hauseingang.

Es gibt nichts Alkoholisches! Himmlische Mutter! Dabei soll der Sherry hier nie ausgehen, wenn man den Engeln glauben darf. Und nun nichts als Musik, und selbst die mit irgendwelchen jaulenden Modulationen. Das ist doch in der Tat Iwan Koslowskij, der da singt. Ich hab ihn ja gleich erkannt, es gibt keine gräßlichere Stimme als seine. Die Sänger haben alle gleich gräßliche Stimmen, nur jeder auf seine Weise. Deshalb unterscheide ich sie leicht nach dem Gehör. Na klar ist das Iwan Koslowskij ...

»O-o-o du Kelch meiner A-a-ahnen ... O-o-o laß mich dich ansehn im Schein der nächtlichen Stä-ä-ärne ...« Na klar ist das Iwan Koslowskij. »O-o-o warum bin ich verza-a-aubert von dir ... Verschmä-ähe mich nicht ...«

»Wollen Sie irgendwas bestellen?«

»Was haben Sie denn? Nur Musik?«

»Wieso nur Musik? Es gibt Boeuf Stroganoff, Torte, Euter ...«

Ich kämpfte wieder mit dem Brechreiz.

»Und Sherry?«

»Sherry nicht.«

»Interessant. Euter gibt es, und Sherry nicht!«

Und man ließ mich allein. Ich begann, um meine Übelkeit zu unterdrücken, den Lüster über meinem Kopf zu betrachten.

Ein schöner Lüster. Aber ein bißchen arg schwer. Wenn der jetzt abreißt und jemandem auf den Kopf fällt — das würde furchtbar wehtun ... Doch nein, wahrscheinlich würde es gar nicht wehtun: während er abreißt und fliegt, sitzt du nichtsahnend da und trinkst, zum Beispiel Sherry. Und wenn er dich erreicht hat, bist du schon nicht mehr unter den Lebenden. Ein schwerer Gedanke: Du sitzt da und von oben auf dich drauf — der Lüster. Ein sehr schwerer Gedanke ...

Doch nein, warum schwer? ... Angenommen, du sitzt da nach einer durchzechten Nacht und trinkst Sherry, und es fehlt dir nur noch ein einziger Schluck, um wieder klar im Kopf zu werden — und da saust dir der Lüster auf den Kopf — ja, das ist wirklich schwer ... Ein erdrückender Gedanke. Ein Gedanke, den nicht jeder ertragen kann.Besonders mit Brummschädel.

Aber wärst du vielleicht mit folgendem Vorschlag einverstanden? Wir bringen dir jetzt achthundert Gramm Sherry, und dafür hängen wir über deinem Kopf den Lüster aus und ...

»Na, haben Sie sich's überlegt? Wollen Sie was bestellen?«

»Sherry bitte, achthundert Gramm.«

»Voll wie du bist! Wie deutlich soll man es eigentlich noch sagen: Wir haben keinen Sherry!«

»Dann ... dann warte ich ..., bis Sie doch noch welchen kriegen ... «

»Ja, warte nur, lang kann es nicht mehr dauern! Gleich sollst du deinen Sherry haben!«

Und man ließ mich wieder allein. Ich sah dieser Frau mit Abscheu nach. Besonders auf ihre nahtlosen weißen Strümpfe. Eine Naht hätte mich versöhnt, hätte vielleicht Seele und Gewissen erleichtert ...

Warum sind die alle nur so grob? Grob, ausgesprochen grob besonders in den Momenten, wenn man nicht grob sein darf, wenn die Nerven ohnehin in Aufruhr sind vom Alkohol, wenn der Mensch kleinmütig und still ist. Warum? Ach, wenn die ganze Welt, wenn jeder in der Welt so wäre wie ich jetzt: still und ängstlich und so wie ich von nichts überzeugt, nicht von sich selbst, nicht davon, daß sein Platz unter der Sonne irgendwelche Bedeutung hat — wie schön wäre das! Keine Enthusiasten, keine Heldentaten, kein Fanatismus! Allgemeine Kleinmütigkeit. Ich wäre bereit, eine ganze Ewigkeit auf der Welt zu leben, wenn man mir vorher einen Winkel zeigen würde, wo kein Platz für Heldentaten ist. »Allgemeine Kleinmütigkeit« — ja, das wäre die Rettung aus aller Not, ein Allheilmittel, das Prädikat höchster Vollkommenheit! Und was die treibende Kraft im Menschen betrifft ...

»Wer wollte hier Sherry!«

Über mir zwei Frauen und ein Mann, alle drei in Weiß. Ich hob meine Augen zu ihnen auf — oh, wieviel Unflätigkeit und Verworrenheit mußte in meinen Augen gestanden haben. Ich konnte das an ihren Augen ablesen, weil sich in ihren Augen die gleiche Unflätigkeit und Verworrenheit widerspiegelten ... Ich knickte völlig zusammen und verlor jeglichen Mut.

»Ich ... ich hab ja nichts gesagt. Wenn es keinen Sherry gibt, dann eben nicht. Ich warte ein wenig ... ich bin nur so hier ... «

»Was heißt nur so? ... Worauf warten Sie ein wenig?«

»Ich? So gut wie auf nichts ... Ich fahre nur einfach nach Petuschki, zu meinem Mädchen (ha, ha! zu meinem Mädchen!) — hier, ich hab Geschenke für sie gekauft ... «

Sie, die Folterknechte, warteten, was ich noch sagen würde.

»Ich ... ich bin aus Sibirien, ich bin Waise ... Ich wollte nur, nur damit mir nicht so übel ist ... ein wenig Sherry.«

Mit dem Sherry hätte ich nicht wieder anfangen sollen! Der wirkte wie eine Bombe. Alle drei packten sie mich unter den Armen und durch den ganzen Saal — Schmach und Schande! — durch den ganzen Saal zerrten sie mich und stießen mich hinaus. Hinterher das Köfferchen mit den Geschenken — auch das stießen sie hinaus.

Wieder an die Luft. O unendliches Nichts! O Krokodilsrachen des Lebens!

Moskau.
Zum Zug mit Umweg über das Geschäft

Was danach war — vom Restaurant bis zum Geschäft und vom Geschäft bis zum Zug —, das läßt sich mit Worten nicht wiedergeben. Ich habe auch nicht vor, es zu tun. Und wenn die Engel es tun wollten, so würden sie einfach in Tränen ausbrechen und kein einziges Wort sagen können.

Machen wir es lieber so — ehren wir diese zwei tödlichen Stunden mit einer Schweigeminute. Denke an diese Stunden, Wenitschka. Denke an sie in Tagen größter Begeisterung und sprühender Lebensfreude. Vergiß sie nicht in Minuten der Seligkeit und des Entzückens. Das darf sich nicht wiederholen. Ich wende mich an alle Verwandten und nahen Bekannten, an alle Menschen, die guten Willens sind, ich wende mich an alle, deren Herz offen ist für Poesie und Mitgefühl:

Haltet inne! Bleibt mit mir stehen, und laßt uns zusammen mit einer Schweigeminute das ehren, was unaussprechlich ist. Solltet ihr zufällig eine alte Hupe zur Hand haben, dann hupt. Also, ich bleibe auch stehen. Genau eine Minute. Ich stehe wie eine Säule mitten auf dem Platz des Kursker Bahnhof und starre mit verschleierten Augen auf die Bahnhofsuhr. Meine Haare wehen mal im Wind, mal stehen sie zu Berge, dann wieder wehen sie im Wind. Taxis umschwirren mich von allen vier Seiten. Menschen hasten vorbei. Sie schauen finster drein und überlegen wahrscheinlich: sollen wir ihn in Stein meißeln, den alten Völkern zur Mahnung, so wie er da steht, oder lieber nicht?

Die Stille wird nur von einem heiseren Frauenbaß durchbrochen, der von nirgendwoher kommt:

»Achtung! Achtung! Um acht Uhr sechzehn fährt auf Gleis vier der Zug nach Petuschki ab. Der Zug hält in Hammer-und-Sichel, Tschuchlinka, Reutowo, Shelesnodoroshnaja, danach in allen Ortschaften, außer Jessino.«

Ich aber verharre weiter in meiner Stellung.

»Ich wiederhole! Um acht Uhr sechzehn fährt auf Gleis vier der Zug nach Petuschki ab. Der Zug hält in Hammer-und-Sichel, Tschuchlinka, Reutowo, Shelesnodoroshnaja, danach in allen Ortschaften, außer Jessino.«

So, das wärs. Die Minute ist abgelaufen. Jetzt bestürmt ihr mich natürlich alle mit Fragen: »Du kommst doch aus dem Geschäft, Wenitschka, nicht wahr?«

»Ja«, antworte ich euch, »aus dem Geschäft«, und setze meinen Weg in Richtung Bahnsteig fort, den Kopf nach links geneigt.

»Dein Köfferchen ist jetzt schwer, nicht wahr? Und in deiner Brust erklingt eine Schalmei. Ist es nicht so?«

»Nun, wie soll man das erklären«, sage ich, den Kopf nach rechts geneigt. »Das Köfferchen ist wirklich sehr schwer. Und was die Schalmei betrifft, so ist es noch zu früh ... «

»Nun sag schon, Wenitschka, was hast du gekauft? Es interessiert uns schrecklich.«

»Aber ich verstehe doch, daß es euch interessiert. Gleich, gleich zähle ich es auf: erstens zwei Flaschen Kubanskaja zu je zweiundsechzig, macht fünf vierundzwanzig. Weiter: zwei Viertel Rossijskaja zu je einem Rubel vierundsechzig, macht fünf vierundzwanzig plus drei achtundzwanzig. Acht Rubel und zweiundfünfzig Kopeken. Und noch so einen Roten. Gleich sag ich's euch. Ja — einen hochprozentigen Rosé für einen Rubel siebenunddreißig.«

»So, so, so«, sagt Ihr, »und die Endsumme? Das ist nämlich alles schrecklich interessant ... «

»Gleich sage ich euch die Endsumme.«

»Die Endsumme ist neun Rubel neunundachtzig Kopeken«, sage ich, während ich den Bahnsteig betrete. »Allerdings noch nicht ganz. Ich habe nämlich noch zwei belegte Brote gekauft, um nicht kotzen zu müssen.«

»Du wolltest sagen, Wenitschka: ›damit mir nicht schlecht wird?!‹«

»Nein, was ich gesagt habe, hab ich gesagt. Die erste Dosis vertrag ich nicht ohne belegtes Brot, sonst muß ich kotzen. Aber die zweite und dritte, die kann ich pur trinken, weil mir zwar schlecht davon werden kann, aber kotzen tu ich auf keinen Fall mehr. Und so geht's bis zur neunten. An dieser Stelle wird wieder ein belegtes Brot fällig.«

»Warum? Wird dir wieder schlecht?«

»Aber nicht doch. Schlecht wird mir auf keinen Fall mehr, es könnte nur sein, daß ich kotzen muß.«

Ihr alle schüttelt natürlich nur so die Köpfe. Ich sehe es sogar von hier, vom nassen Bahnsteig, wie ihr alle, verstreut auf meinem Planeten, die Köpfe schüttelt und anfangt zu spötteln: »Wie diffizil das alles ist, Wenitschka, wie feinsinnig!«

»Und ob.«

»Wie exakt gedacht! Und das ist alles?! Ist das alles, was du brauchst, um glücklich zu sein? Und sonst nichts?«

»Was heißt denn hier sonst nichts?« sage ich, während ich ins Abteil hineingehe. »Hätte ich mehr Geld, hätte ich noch Bier und ein paar Portweine genommen, aber so ... «

Jetzt ist es ganz aus bei euch.

»O-o-o-o Wenitschka!« stöhnt ihr, »o-o-o du Primitivling!«

»Na, und wenn schon. Meinetwegen Primitivling«, sage ich. »Und hiermit höre ich auf, mit euch zu reden. Meinetwegen Primitivling! Ich antworte nicht mehr auf eure Fragen. Ich setze mich lieber hin, drücke mein Köfferchen ans Herz und schau ein bißchen aus dem Fenster. So. Meinetwegen Primitivling!«

Aber ihr laßt nicht locker:

»Was ist denn? Bist du beleidigt?«

»Ach was«, antworte ich.

»Sei nicht gekränkt, wir wollen nur dein Bestes. Aber warum drückst du bloß dauernd deinen Koffer ans Herz, du Trottel? Etwa weil Wodka drin ist?«

»Jetzt bin ich aber wirklich beleidigt. Was hat das denn mit Wodka zu tun?«

»Bürger Passagiere, unser Zug fährt ab nach Petuschki. Wir halten in Hammer-und-Sichel, Tschuchlinka, Reutowo, Shelesnodoroshnaja, danach in allen Ortschaften, außer Jessino.«

»Wirklich, was hat denn das mit dem Wodka zu tun? Was habt ihr bloß mit eurem Wodka? Wenn ihr so wollt, habe ich das Köfferchen schließlich auch im Restaurant ans Herz gedrückt, und da war noch kein Wodka drin. Und im Treppenhaus, wenn ihr euch erinnert, habe ich es auch gedrückt, und da hat es nicht einmal nach Wodka gerochen! ... Aber wenn ihr alles wissen wollt, dann kann ich es euch erzählen, wartet nur ab. Laßt mich erst einmal meinen Kater hinunterspülen in Hammer-und-Sichel, dann ...

Moskau — Hammer-und-Sichel

... dann erzähle ich euch alles. Geduldet euch noch ein wenig. Ich gedulde mich schließlich auch!«

Natürlich halten die mich alle für einen miesen Typ. Morgens und immer dann, wenn der Rausch nachläßt, bin ich ja der gleichen Meinung. Aber man kann ja schließlich auf die Meinung eines Menschen nichts geben, der noch nicht dazu gekommen ist, sich den Kopf klarzutrinken. Aber dafür an den Abenden — welche Abgründe sind da in mir? —, vorausgesetzt natürlich, daß ich mich im Laufe des Tages habe ordentlich vollaufen lassen — welche Abgründe sind in mir an den Abenden!

Aber meinetwegen. Meinetwegen bin ich eben ein mieser Typ. Ich stelle überhaupt immer wieder eines fest: wenn der Mensch sich morgens elend fühlt und abends voller Ideen, Fantasien und Aktivitäten ist — das kann nur ein ziemlich mieser Typ sein. Morgens schlecht, abends gut — der typische Miesling. Aber umgekehrt, wenn der Mensch morgens dynamisch ist und voller Hoffnungen und abends lahm vor Erschöpfung — das ist garantiert eine Mißgeburt von Mensch, ein Stümper, nichts Halbes und nichts Ganzes. Widerwärtig ist mir dieser Mensch. Ich weiß nicht, wie ihr so einen findet, mir ist er jedenfalls widerwärtig.

Natürlich gibt es auch solche, denen alles gleich lieb ist, ob Morgen, ob Abend. Sie freuen sich, wenn die Sonne aufgeht, und sie freuen sich, wenn die Sonne untergeht. Aber das müssen ja vollkommen verkommene Subjekte sein, es kotzt einen an, überhaupt davon zu reden. Und dann erst solche, die alles gleich mies finden, ob Morgen, ob Abend. Für die fehlen mir einfach die Worte. Dreckschleudern sind das, der vollendete Abschaum. Weil nämlich die Geschäfte bei uns bis um neun geöffnet haben, und das Jelissejewskij sogar bis um elf. Und wenn du kein Abschaum bist, dann wirst du dich gegen Abend irgendwie erheben, damit sich wenigstens ein winziger Abgrund in dir auftun kann.

So, was habe ich da?

Ich nahm aus dem Köfferchen alles heraus, was ich hatte, und befühlte es. Angefangen vom belegten Brot bis zum hochkarätigen Rosé für einen Rubel siebenunddreißig. Ich befühlte es und empfand plötzlich eine fürchterliche Qual, die mich erblassen ließ. Mein Gott, da siehst Du, was ich besitze. Aber brauche ich denn *das*? Sehnt sich mein Herz denn *danach*? *Das* also haben mir die Leute gegeben als Ersatz für *jenes*, wonach mein Herz sich sehnt! Hätten sie mir *jenes* gegeben, würde ich dann *das* noch brauchen? Sieh, Herr: der hochprozentige Rosé für einen Rubel siebenunddreißig …

Und der Herr, von blauen Blitzen umzuckt, antwortete mir: »Wozu braucht denn die heilige Theresia ihre Stigmata? Die braucht sie doch schließlich auch nicht. Aber sie wünscht sie sich.»

»Ganz genau, ganz genau«, antwortete ich begeistert. »So auch bei mir, ich wünsche es mir, aber brauchen tu ich es überhaupt nicht!«

Na also, wenn du es dir wünschst, Wenitschka, dann trink, dachte ich leise, aber zögerte immer noch. Wird mir der Herr noch etwas sagen oder nicht?

Der Herr schwieg.

Nun gut. Ich nahm das Viertelchen und ging hinaus auf die Plattform. So. Mein Geist hat viereinhalb Stunden in Gefangenschaft gelitten, jetzt lasse ich ihn ein wenig lustwandeln. Ein Glas ist da und ein belegtes Brot ist da, *damit mir nicht schlecht wird.* Und eine Seele ist da, die noch einen winzigen Spalt zur Umwelt geöffnet ist. Teile mit mir die Tafel, o Herr.

Hammer-und-Sichel — Karatscharowo

Und ich trank unverzüglich.

Karatscharowo — Tschuchlinka

Ihr seht selbst, wie lange ich nach dem Trinken Grimassen schneiden mußte, um den Brechreiz zu unterdrücken, wie lange ich fluchen und des Teufels Großmutter anrufen mußte. Waren es fünf Minuten, waren es sieben Minuten oder war es eine ganze Ewigkeit, während ich von Wand zu Wand torkelte, die Hand an der Gurgel, und Gott anflehte, mich zu verschonen.

Bis nach Karatscharowo, von Hammer-und-Sichel bis nach Karatscharowo, hörte Gott mein Flehen nicht. Der Rossijskaja ballte sich mal irgendwo zwischen Leib und Speiseröhre, mal quoll er ungestüm nach oben und sank wieder. Es war wie der Vesuv von Pompeji und Herculaneum, wie die Böllerschüsse zum Ersten Mai in der Hauptstadt meines Landes. Und ich litt und betete.

Aber erst in Karatscharowo erhörte und erlöste mich mein Gott.Alles legte und beruhigte sich. Und wenn sich bei mir einmal irgendwas beruhigt und gelegt hat, dann ist das unwiderruflich. Glaubt mir. Ich achte die Natur, es wäre nicht schön, ihr ihre Gaben zurückzugeben … Ja.

Ich strich meine Haare glatt, so gut es ging, und kehrte ins Abteil zurück. Die Passagiere sahen mich teilnahmslos an, mit runden nichtssagenden Augen …

Mir gefällt das. Es gefällt mir, daß das Volk meines Landes so leere und vorstehende Augen hat. Es erfüllt mich mit dem Gefühl legitimen Stolzes. Man stelle sich vor, wie die Augen dort sind. Wo man alles kaufen und verkaufen kann … tief in ihren Höhlen versteckte, verborgene, habgierige und verängstigte Augen … Geldentwertung, Arbeitslosigkeit, Verelendung … Mißtrauisch blickende Augen, erfüllt von immerwährender Sorge und Qual — so sehen die Augen aus in der Welt des Mammon …

Und im Vergleich mein Volk — was für Augen! Fortwährend nach außen gedreht, aber ohne jede Anspannung. Ohne jeden Sinn, aber dafür — welche Potenz! (Welche Potenz des Geistes!) Diese Augen verkaufen nicht. Sie verkaufen nichts, und sie kaufen nichts.

Was immer mit meinem Land passieren würde, in Tagen des Zweifels, in Tagen erdrückender Unsicherheit, in Zeiten der Prüfung und Heimsuchung — diese Augen zucken nicht mit der Wimper. Sie lassen den lieben Gott walten. Mir gefällt mein Volk. Ich bin glücklich, daß ich unter den Blicken dieser Augen geboren und zum Mann herangereift bin. Schlimm ist nur eins: könnten sie nicht beobachtet haben, was ich eben draußen auf der Plattform aufgeführt habe … von einer Ecke in die andere purzelnd, wie der große Tragöde, Fjodor Schaljapin, mit der Hand an der Gurgel, als hätte mich etwas gewürgt?

Und wenn schon, was soll's. Selbst wenn es einer gesehen hat — was soll's. Ich könnte zum Beispiel irgendwas geprobt haben. Ja ... In der Tat. Vielleicht das unsterbliche Drama »Othello, der Mohr von Venedig«. Für mich allein und alle Rollen gleichzeitig. Ich war mir zum Beispiel selber untreu geworden, meinen Grundsätzen, genauer, in mir war plötzlich der Verdacht aufgestiegen, daß ich mir selber und meinen Grundsätzen untreu geworden sein könnte; ich flüsterete mir etwas ein über mich — oh, Schreckliches flüsterete ich mir ein! —, und nun habe ich, obwohl um der bestandenen Gefahren willen in Nächstenliebe zu mir selbst entbrannt, den Entschluß gefaßt, mich zu erwürgen. Habe mich an der Gurgel gepackt und gewürgt. Warum denn nicht? Und überhaupt, ich könnte schließlich sonstwas gemacht haben da draußen!

Dort rechts, am Fenster, die beiden. Der eine so ein ganz, ganz Stumpfsinniger mit Joppe. Und der andere so ein ganz, ganz Gescheiter im Covercoat. Bittesehr, die schenken ein und trinken, ohne sich im geringsten zu genieren. Die rennen nicht auf die Plattform hinaus, verrenken sich nicht die Hände. Der Stumpfsinnige kippt einen, grunzt und sagt: »Ah! Die rinnt wie geölt, die Pisse!« Dann der Gescheite, kippt einen und sagt: »Trans-zen-den-tal!« Und mit so feierlicher Stimme! Der Stumpfsinnige schiebt sich ein Stück Wurst in den Mund und sagt: »Unsere Wurst heute — ein Gedicht! Eine Wurst vom Typ »Selber essen macht fett«. Der Gescheite kaut und sagt: »Ja-a-a ... Transzendental!«

Es ist erstaunlich! Ich komme ins Abteil, sitze da und werde von Zweifeln geplagt, für wen sie mich wohl halten — für den Mohr oder nicht für den Mohr?, denken sie schlecht oder gut von mir? Und die — trinken drauflos, völlig unverblümt, als wären sie die Krone der Schöpfung. Trinken im Bewußtsein ihrer Erhabenheit über den Rest der Welt ... »Eine Wurst vom Typ ›Selber essen macht fett‹« ... Wenn ich morgens einen Schluck riskiere, um den Kater zu verscheuchen, verstecke ich mich vor Gott und der Welt, weil das die intimste aller Intimitäten ist! ... Trinke ich vor der Arbeit — verstecke ich mich ... und die?! »Trans-zen-den-tal!«

Mein Feingefühl schadet mir nur, es hat mir meine ganze Jugend verpfuscht. Meine Kindheit und die Zeit meiner Pubertät ... Oder vielmehr: das liegt gar nicht am Feingefühl, sondern einfach daran, daß ich die Intimsphäre grenzenlos erweitert habe. Wie oft schon hat mir das Unglück gebracht ...

Da kann ich euch zum Beispiel folgendes erzählen. Ich weiß noch, wie ich so vor zehn Jahren nach Orechowo-Sujewo gezogen bin. Zu der Zeit, als ich da hinzog, wohnten in meinem Zimmer schon vier Leute, ich war der Fünfte. Wir waren ein Herz und ein Seele, nie gab es Streit. Wenn einer Portwein trinken wollte, stand er auf und sagte: »Kinder, ich will Portwein trinken.« Und alle sagten: »Gut. Trinke Portwein. Wir trinken mit dir zusammen Portwein.« Wenn jemand nach Bier war, war den anderen auch nach Bier. Wunderbar. Aber plötzlich stellte ich fest, daß die vier mich irgendwie *mieden*, heimlich tuschelten, mir nachsahen, wenn ich wo hinging. Merkwürdig fand ich das und etwas beunruhigend. In ihren Gesichtern las ich Besorgnis und beinahe Furcht ... Ich marterte mir das Hirn. Was war los? Was sollte das? Und dann kam der Abend, an dem ich begriff, was los war und was das sollte. An jenem Tag war ich überhaupt nicht vom Bett hochgekommen. Ich hatte Bier getrunken und war traurig geworden. Ich lag da, einfach so, und blies Trübsal. Da sehe ich, wie sich alle vier leise an mich heranschleichen. Zwei setzen sich auf die Stühle am Kopfende meines Bettes, zwei ans Fußende. Sie sehen mich mit vorwurfsvollen Blicken an, und in ihren Augen steht die Erbitterung der Menschen, die ein Geheimnis, das ein anderer in sich birgt, nicht erfassen können ...

»Hör mal«, sagten sie, »laß das lieber.«

»Was soll ich lassen?« fragte ich verwundert und erhob mich etwas.

»Hör auf, dir einzubilden, daß du was Besseres bist als die anderen ... daß wir kleine Pinscher sind und du Kain und Manfred ... «

»Wie kommt ihr denn auf sowas?«

»Das wirst du schon noch merken. Hast du heute Bier getrunken?«

Tschuchlinka – Kuskowo

»Hab ich.«

»Viel?«

»Ja, viel.«

»Also, dann steh auf und geh.«

»Wohin denn?«

»Tu nicht so, als wüßtest du das nicht! Man könnte meinen, wir seien Gewürm und du Kain und Manfred ... «

»Entschuldigt bitte«, sagte ich, »das habe ich nie behauptet ... «

»Hast du doch. Seit du zu uns gezogen bist, behauptest du das jeden Tag. Nicht mit Worten, sondern durch Taten. Und nicht einmal durch Taten, sondern durch ihre Unterlassung. Du behauptest es *negativ* ... «

»Was für Taten? Was für eine Unterlassung?« Mir fielen vor Verblüffung fast die Augen aus dem Kopf ...

»Ist doch bekannt, was für Taten. Hinter den Busch gehst du nicht, das ist es. Wir haben es gleich gewußt: irgendwas stimmt nicht mit dir. Seit du hier eingezogen bist, hat keiner von uns jemals gesehen, daß du zur Toilette gegangen wärst. Was das große Geschäft betrifft, das geht ja noch! Aber kein einziges Mal ein kleines Geschäft – nicht einmal ein kleines!«

Und alles dies sagten sie ohne zu lächeln, in tödlich beleidigtem Ton.

»Nein, Kinder, ihr habt mich falsch verstanden ... «

»Nein, wir haben dich richtig verstanden ... «

»Nein, eben nicht. Ihr habt mich nicht verstanden. Ich kann doch nicht so wie ihr vom Bett aufstehen und lauthals verkünden: ›So, Kinder, ich geh … keln!‹ Oder: ›So, Kinder, ich geh … sen!‹ Das kann ich doch nicht … «

»Aber warum denn nicht? Wir können, und du nicht! Soll das heißen, daß du was Besseres bist als wir? Wir sind Stinktiere, und du bist wie eine Lilie … !«

»Aber nein doch … Wie soll ich euch das erklären … «

»Du brauchst uns nichts zu erklären. Uns ist alles klar.«

»Hört doch mal zu … begreift doch … es gibt Dinge auf dieser Welt … «

»Wir wissen so gut wie du, welche Dinge es gibt und welche nicht … «

Da half nichts mehr. Sie durchlöcherten mich mit ihren finsteren Blicken, und ich begann aufzugeben.

»Sicher, ich kann auch … ich könnte auch … «

»Da haben wir's ja. Du kannst also wie wir. Aber wir können nicht so wie du. Du kannst alles, du bist Manfred, du bist Kain, und wir sind Rotze für dich … «

»Aber nein, nein … « Ich war völlig durcheinander. »In dieser Welt gibt es Dinge … es gibt Sphären … so einfach ist das doch nicht: aufstehen und wo hingehen. Wegen der Selbstbeschränkung wahrscheinlich … Es gibt so ein unantastbares Schamgefühl seit Iwan Turgenjew … und dann Alexander Herzens Schwur auf den Sperlingsbergen … Und nach alledem soll man aufstehen und einfach sagen: So, Kinder … Das ist irgendwie beleidigend … Wenn da jemand zart besaitet ist … «

Sie sahen mich alle vier vernichtend an. Ich zuckte mit den Schultern und verstummte hoffnungslos.

»Laß das mit Iwan Turgenjew. Da haben wir gerade auf dich gewartet. Den haben wir selbst gelesen. Sag uns lieber eins: hast du heute Bier getrunken?«

»Ja, hab ich.«

»Wie viele Krüge?«

»Zwei große und einen kleinen.«

»Also, dann steh auf und geh. Damit wir alle es sehen können, daß du gehst. Hör auf, uns zu erniedrigen und zu schikanieren. Steh auf und geh.«

Was blieb mir? Ich stand auf und ging. Nicht um mich zu erleichtern, sondern um sie zu erleichtern. Und als ich zurückkam, sagte mir einer von ihnen: »Mit einer so schandbaren Einstellung wirst du immer allein und unglücklich sein.«

Ja. Er hatte völlig recht. Ich verstehe die meisten Absichten Gottes, aber warum er mich mit so viel Keuschheit ausgestattet hat, das ist mir bis heute unerklärlich. Und was am lachhaftesten daran ist: diese Keuschheit wird so verkehrt ausgelegt, daß man mir die einfachsten Umgangsformen abspricht. Zum Beispiel in Pawlowo.

Man führt mich zu den Damen hin und stellt mich vor:

»Das ist dieser berühmte Wenitschka Jerofejew. Er ist durch vieles berühmt. Aber am meisten natürlich dadurch, daß er in seinem Leben noch nie einen Furz gelassen hat ... «

»Was? Keinen einzigen?« wundern sich die Damen.

Ich werde natürlich verlegen. Ich werde immer verlegen in Gegenwart von Damen. Ich sage:

»Nun ja, was heißt keinen einzigen? Manchmal — immerhin ...

»Was?« die Damen wundern sich noch mehr. »Jerofejew und ... Nicht auszudenken! ... ›Manchmal immerhin‹!«

Das macht mich vollends kopfscheu, und ich antworte:

»Naja ... was ist denn schon dabei ... Einen Furz lassen, das ist doch ... Furzen ist doch nichts Phänomenales ... Das ist doch mehr noumenal ... «

»Stellen sie sich das vor!« geraten die Damen außer sich.

Und dann posaunen sie es überall herum: »Er macht alles so, daß man es hören kann, und sagt, daß er es nicht *schlecht* macht! Daß er es *gut* macht!«

Da seht ihr es. So geht es das ganze Leben. Das ganze Leben schwebt dieses Unheil über mir. Ein Unheil, das nicht darin besteht, daß man mich mißversteht, nein, nicht darin, daß man mich mißversteht, das ginge ja noch!, sondern immer *ganz exakt verkehrt herum*, nämlich völlig schweinisch, das heißt *antinomisch.*

Ich könnte zu diesem Thema viel erzählen, aber wenn ich alles erzählen wollte, würde sich das bis Petuschki hinziehen. Besser, ich erzähle nicht alles, sondern nur einen einzigen Fall, weil der noch am frischesten ist: er handelt davon, wie man mich vor einer Woche vom Brigadiersposten entfernt hat wegen »Einführung eines anstößigen Systems persönlicher Diagramme«. Unsere gesamte Moskauer Verwaltung ist fassungslos vor Entsetzen über diese Diagramme. Was daran so entsetzlich sein soll, ist mir allerdings unbegreiflich.

Doch wo sind wir eigentlich gerade ... ?

Kuskowo! Wir preschen durch Kuskowo ohne Aufenthalt. Darauf sollte ich noch einen trinken, aber ich erzähle euch lieber erst

Kuskowo — Nowogirejewo

und gehe dann einen trinken.

Also. Vor einer Woche haben sie mich vom Brigadiersposten gefeuert, den sie mir vor fünf Wochen zugewiesen haben. In vier Wochen, das wißt ihr selbst, lassen sich keine einschneidenden Neuerungen durchführen, und ich habe auch keinerlei einschneidende Neuerungen durchgeführt. Wenn einer trotzdem meinte, ich hätte welche durchgeführt, steht doch fest, daß man mich nicht wegen der einschneidenden Neuerungen an die Luft gesetzt hat.

Die Sache fing ganz einfach an. Vor meiner Zeit sah unser Produktionsprozeß folgendermaßen aus: morgens setzten wir uns hin und spielten Sika, um

Geld (könnt ihr Sika spielen?). So. Dann standen wir auf, rollten das Kabel von der Trommel und verlegten es unter der Erde. Danach ging es weiter, wie bekannt: wir setzten uns wieder hin, und jeder schlug die Freizeit auf seine eigene Art und Weise tot, denn immerhin hat jeder seine eigenen Wünsche und sein individuelles Temperament: der eine trank Wermut, ein anderer, etwas Einfacherer, Eau de Cologne »Frische«, und einer mit höheren Ansprüchen saß auf dem internationalen Flughafen Scheremetjewo und trank Cognac. Dann legten wir uns schlafen.

Und am nächsten Morgen ging es so: zuerst setzten wir uns hin und tranken Wermut. Dann standen wir auf, zogen das gestrige Kabel aus der Erde heraus, weil es natürlich inzwischen völlig durchnäßt war, und warfen es weg. Und dann — naja — dann setzten wir uns wieder hin und spielten Sika, um Geld. Schließlich legten wir uns schlafen, ohne die Partie zu Ende gespielt zu haben.

Zeitig morgens weckten wir einander: Lecha! Steh auf, Sika spielen! Stassik, steh auf, wir müssen die Partie zu Ende spielen. Wir standen auf und spielten die angefangene Sika zu Ende. Und dann, ganz gleich, wie zeitig es noch sein mochte, ohne von der »Frische« oder vom Wermut zu trinken, packten wir die Trommel mit dem Kabel und rollten es ab, damit es bis zum nächsten Tag feucht und unbrauchbar würde. Erst danach begann für jeden seine Freizeit, weil ja jeder seine eigenen Vorstellungen hat. Und dann fing alles wieder von vorne an.

Als ich Brigadier wurde, brachte ich diesen Prozeß auf den denkbar einfachsten Nenner. Jetzt gingen wir so vor: einen Tag spielten wir Sika, den anderen wurde Wermut getrunken. Am dritten Tag war wieder Sika an der Reihe und am vierten wieder Wermut. Der mit Intellekt kam jetzt fast überhaupt nicht mehr vom Flughafen Scheremetjewo zurück, er trank nur noch Cognac. Die Trommel rührten wir natürlich mit keinem Finger mehr an, und selbst wenn ich vorgeschlagen hätte, sie anzurühren, wären alle in schallendes Gelächter ausgebrochen und hätten mich mit den Fäusten ins Gesicht geschlagen. Na, und dann hätte sich alles aufgelöst: die einen wären wieder Sika spielen gegangen, um Geld, die anderen Wermut trinken, und die dritten »Frische«.

Eine Zeitlang lief alles großartig: einmal im Monat schickten wir denen in die Verwaltung eine Liste unserer Zielsetzungen im sozialistischen Wettbewerb und sie uns zweimal im Monat das Gehalt. Wir schrieben zum Beispiel: Aus Anlaß der bevorstehenden Hundertjahrfeier verpflichten wir uns, den Betriebsunfällen ein Ende zu machen. Oder so: Aus Anlaß des glorreichen hundertsten Jahrestages wollen wir durchsetzen, daß jeder sechste am Fernunterricht einer Hochschule teilnimmt …

Aber wie hätte es bei uns zu Unfällen kommen sollen (wo wir doch den lieben langen Tag Sika spielten) und auch das mit den Fernkursen war kein Risiko (wir waren ja nur fünf) …

O Freiheit und Gleichheit! O Brüderlichkeit und Schmarotzertum!

O Wonne, keiner Rechenschaft zu unterliegen! O glückseligste Zeit im Leben meines Volkes — o Zeit zwischen Öffnung und Schließung der Geschäfte!

Wir legten alle Scham und weiteren Sorgen ab und lebten nur noch für geistige Werte. Ich erweiterte ihnen den Horizont so gut ich konnte, und diese Erweiterung machte ihnen großes Vergnügen, besonders dann, wenn es um Israel und die Araber ging. Sie waren restlos begeistert von Israel, von den Arabern und insbesondere von den Golanhöhen. Abba Eban, Moshe Dayan und Ben Gurion wurden Gesprächsthema Nummer eins. Morgens kommen sie von ihren Nutten, und einer fragt den andern: »Na, wie? Die Abba von Zimmer dreizehn, hat sie dir's gegeben hurion?« Und der andere antwortet mit selbstgefälligem Grinsen: »Na klar, hurion, die alte Schnalle.« Und dann (hört zu), als sie erfuhren, wie sich Puschkin den Tod geholt hat, gab ich ihnen den »Nachtigallengarten« zu lesen, ein Poem von Alexander Blok. Im Mittelpunkt dieses Poems steht, wenn man natürlich all die wohlriechenden Schultern, undurchdringlichen Nebel und rosaroten Türme in rauchumsäumten Meßgewändern beiseite läßt, im Mittelpunkt des Poems steht, steht eine lyrische Figur, ein Mann, der wegen Trunksucht, Hurerei und Arbeitsbummelei entlassen wurde. Ich sagte ihnen: »Dieses Buch ist genau das richtige für euch, ihr werdet großen Nutzen daraus ziehen.«

Nun sie lasen es. Aber entgegen allen Erwartungen wurden sie davon nur noch blöder. Gleich darauf war aus allen Geschäften die »Frische« verschwunden. Unverständlich warum, aber vergessen war die Sika, vergessen der Wermut, vergessen der internationale Flughafen Scheremetjewo. Es triumphierte die »Frische«, alle tranken nur noch »Frische«.

O Sorglosigkeit! O Vögel unter dem Himmel, die nicht säen und nicht ernten. O Lilien auf dem Felde, herrlicher gekleidet denn Salomon! Sie haben die ganze »Frische« ausgetrunken von der Station Dolgoprudnaja bis zum internationalen Flughafen Scheremetjewo!

Und da ging mir ein Licht auf: du bist ganz einfach ein Nichtsnutz, Wenitschka, du bist ein Vollidiot. Erinnere dich, du hast bei irgendeinem Weisen gelesen, daß Gott der Herr sich nur um das Schicksal der Prinzen sorgt und die Sorge um das Schicksal der Völker den Prinzen überläßt. Aber du bist Brigadier und folglich ein »kleiner Prinz«. Wo bleibt denn deine Sorge um das Schicksal deiner Völker? Hast du denn diesen Parasiten jemals ins Herz gesehen, in die finsteren Winkel ihrer Herzen? Kennst du die Dialektik des Herzens dieser vier Hosenscheißer? Wenn du sie kennen würdest, würdest du klarer sehen, was der »Nachtigallengarten« mit der »Frische« gemeinsam hat, und warum der »Nachtigallengarten« sich weder mit der Sika vertrug, noch mit dem Wermut, mit dem sich Ben Gurion und Abba Eban so wunderbar vertrugen! ... Und da führte ich dann meine berüchtigten »persönlichen Diagramme« ein, deretwegen sie mich letztendlich auch gefeuert haben ...

Soll ich sagen, was das für Diagramme waren? Nun, das ist ganz einfach: auf Velinpapier werden mit schwarzer Tusche zwei Achsen aufgemalt — eine horizontale und eine vertikale. Entlang der horizontalen Achse werden systematisch alle Arbeitstage des abgelaufenen Monats eingetragen und entlang der vertikalen das Getrunkene in Gramm, umgerechnet auf reinen Alkohol. Berücksichtigt wird natürlich nur das, was während der Arbeitszeit und davor getrunken wurde, denn das, was abends getrunken wird, ist eine Größe, die für alle mehr oder weniger konstant ist und für eine ernsthafte Untersuchung nicht von Interesse sein kann.

Also, am Ende des Monats kommt der Arbeiter zu mir und legt Rechenschaft ab: an diesem Tag wurde von dem und dem so und so viel getrunken, an jenem so und so viel von dem und dem. Und ich stelle das alles durch ein schönes Diagramm dar, auf Velinpapier mit schwarzer Tusche. Hier könnt ihr euch zum Beispiel an den Meßwerten des Komsomolzen Viktor Totoschkin ergötzen:

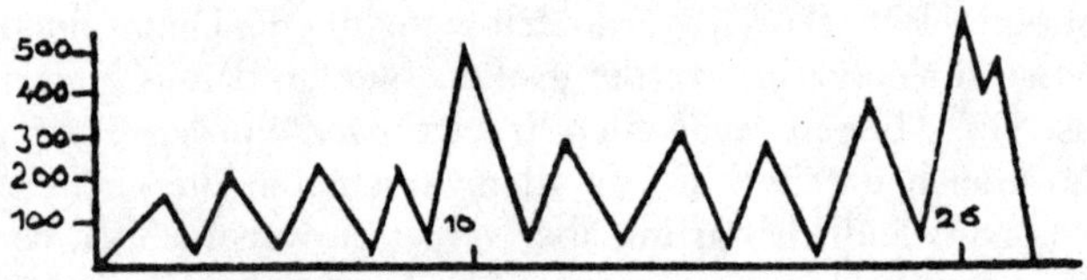

Und das hier ist Alexej Blindjajew, Mitglied der KPdSU seit 1936, ein alter abgetakelter Wirsing:

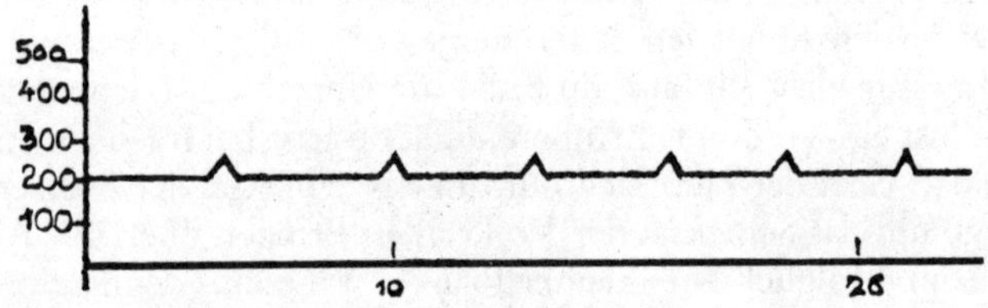

Nun, und das ist euer ergebener Diener, Exbrigadier der Telefonkabel-Montagemannschaft und Autor des Poems »Moskau-Petuschki«:

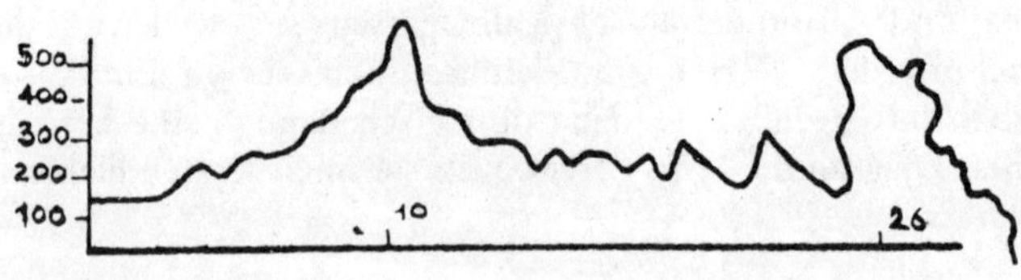

Das sind doch interessante Linien, nicht wahr? Auch wenn man sie nur ganz oberflächlich betrachtet. Bei dem einen erinnern sie an den Himalaja, an Tirol, die Ölfelder von Baku oder sogar an die Zinnen der Kremlmauer, die ich übrigens nie gesehen habe. Beim andern sind sie wie eine frühmorgendliche Brise auf dem Kama-Fluß, ein sanftes Plätschern, Wasserperlen im Laternenschein. Und beim dritten wie der Schlag eines stolzen Herzens, Gorkijs Lied vom Sturmvogel, Ajwasowskijs »Neunte Woge«. Und all das, wenn man nur die äußere Form der Linien betrachtet.

Dem Wißbegierigen (zum Beispiel mir) plaudern diese Linien alles aus, was man über einen Menschen, über das Herz eines Menschen nur ausplaudern kann. Sie verraten alle seine Qualitäten, von den sexuellen bis zu den beruflichen, seine ganzen Schlappen, die beruflichen und die sexuellen. Man kann den Grad seiner Ausgeglichenheit erkennen, seinen Hang zum Verrat und alle Geheimnisse seines Unterbewußtseins, so vorhanden.

Ich begann nun, das Innenleben meiner vier Hosenscheißer aufmerksam und zielstrebig zu studieren. Aber ich studierte nicht lange. Eines unglückseligen Tages waren sämtliche Diagramme von meinem Schreibtisch verschwunden. Es stellte sich heraus, daß Alexej Blindjajew, dieser Blindgänger, Mitglied der KPdSU seit 1936, an jenem Tag die neue Liste unserer Zielsetzungen im sozialistischen Wettbewerb in die Verwaltung geschickt hatte, wo wir aus Anlaß der bevorstehenden Hundertjahrfeier schworen, im Privatleben stets so zu sein, wie am Arbeitsplatz, und aus Dämlichkeit oder im Suff meine persönlichen Diagramme ins gleiche Kuvert gesteckt hatte.

Kaum hatte ich ihr Verschwinden festgestellt, nahm ich einen Schluck und schlug die Hände über dem Kopf zusammen. Und dort, in der Verwaltung, als sie das Kuvert erhalten hatten, schlugen sie auch die Hände über dem Kopf zusammen, nahmen einen Schluck und kamen am gleichen Tag im Moskwitsch zu unserem Standort angefahren. Was entdeckten sie, als sie in unser Kontor eindrangen? Sie entdeckten nichts, außer Lecha und Stassik. Lecha lag zusammengerollt auf dem Boden und döste, und Stassik kotzte. Nach einer Viertelstunde war alles entschieden: mein Stern, der für vier Wochen am Himmel aufgegangen war, versank für immer. Die Kreuzigung erfolgt genau dreißig Tage nach der Himmelfahrt. Einen Monat nur von meinem Toulon bis zu meinem St. Helena. Kurz, sie gaben mir den Abschied und setzten an meine Stelle Alexej Blindjajew, diesen ausgedienten Schwachkopf, Mitglied der KPdSU seit 1936. Kaum befördert, wachte der von seinem Lager am Boden auf und verlangte von ihnen einen Rubel — sie gaben ihm keinen. Stassik hatte aufgehört zu kotzen und verlangte auch einen Rubel. Sie gaben ihm auch keinen.

Sie tranken ein paar Gläser Rotwein, setzten sich wieder in ihren Moskwitsch und fuhren zurück.

So, und hiermit verkünde ich feierlich: bis zum Ende meiner Tage werde ich nichts mehr unternehmen, was dazu führen könnte, daß sich meine traurige Erfahrung mit dem Aufstieg wiederholt. Ich bleibe unten, und von unten spucke ich auf eure Leiter des gesellschaftlichen Aufstiegs. Nur ein Arschkriecher könnte auf dieser Leiter emporsteigen oder einer, der hart wie Stahl ist, vom Scheitel bis zur Sohle. Ich jedenfalls nicht.

Wie dem auch sei — sie haben mich gefeuert. Mich, den beschaulichen Prinzen und Analytiker, der liebevoll die Seelen seiner Völker studiert. Die unten hielten mich nun für einen Streikbrecher und Kollaborateur und die oben für einen Tagedieb mit gestörter Psyche. Die unten wollten mich nicht mehr sehen, und die oben konnten nicht an sich halten vor Lachen, wenn mein Name fiel. »Die oben konnten nicht und die unten wollten nicht. »Was kündet das an, ihr Herren Gelehrten in Lenin, ihr wahren Kenner unserer Geschichtsphilosophie? Ganz richtig, am nächsten Zahltag, und der ist übermorgen, massakrieren sie mich, nach allen Regeln der Kunst.

»Pfui!«

»Wer hat hier ›Pfui‹ gesagt? Wart ihr es, Engel?«

»Ja, wir haben das gesagt. Pfui, Wenja, wie kann man nur so schimpfen?!«

»Wie soll man da nicht schimpfen! Sagt doch selbst! Dieser alberne Alltagskram hat mich so demoralisiert, daß ich seit jenem Tag nicht mehr nüchtern werde. Man kann zwar nicht gerade sagen, daß ich vorher besonders nüchtern gewesen wäre, aber immerhin habe ich mir noch gemerkt, was ich trinke und in welcher Reihenfolge. Und jetzt kann ich mir nicht einmal mehr das merken ... Bei mir geht alles durcheinander, alles im Leben geht irgendwie durcheinander: mal trinke ich eine Woche lang gar nichts, und dann wieder sechs Monate ohne Unterlaß ... So auch jetzt ... «

»Wir verstehen, wir verstehen alles. Man hat dich gekränkt und dein goldenes Herz ... «

Ja, ja, an jenem Tag kämpfte mein goldenes Herz eine geschlagene halbe Stunde mit dem Verstand. Wie in den Tragödien von Pierre Corneille, dem preisgekrönten Dichter: die Pflicht kämpft mit der Stimme des Herzens.

Nur war es bei mir umgekehrt: die Stimme des Herzens kämpfte mit dem Verstand und der Pflicht. Mein Herz sagte mir: »Man hat dich gekränkt, man hat dich behandelt wie ein Stück Scheiße. Geh, Wenitschka, und besauf dich. Steh auf und geh dich besaufen wie ein Schwein.« So sagte mein goldenes Herz. Und mein Verstand? Der grollte und blieb hartnäckig: »Du stehst nicht auf, Jerofejew, du gehst nirgends hin und trinkst keinen einzigen Tropfen.« Darauf das Herz: »Schon gut, Wenitschka, schon gut. Viel brauchst du ja nicht zu trinken, du brauchst dich ja nicht zu besaufen wie ein Schwein. Du kannst vierhundert Gramm trinken und dann — Hahn zugedreht!« »Kein einziges Gramm!« widersprach heftig der Verstand. »Wenn es ohne gar nicht geht, dann geh und trink drei Krüge Bier, aber alles, was in Gramm gemessen wird, schlag dir aus dem Kopf, Jerofejew.« Mein Herz stöhnte auf: »Wenigstens zweihundert Gramm, zweihundert. Oder ...

FRANK WOLF MATTHIES

Gelächter

Örtlich Betàübt

Jeder Reisende verträgt Alkohol in unterschiedlicher Weise. Schwachen Charakteren bekommt er überhaupt nicht: schon bei weniger als Null Komma Sieben Promille werden sie absolut fahruntüchtig: kotzen aus den Fenstern in den Fahrtwind und so sich selbst und ihren Mitreisenden direkt ins überraschte Gesicht:

Aldehyd=Dehydrogenase=Isoenzym (Aldi) verhindert bei ihnen den plötzlichen Harndrang zum Kopf; Herzklopfen, plötzliches Erbrechen oder Verwirrung sind oftmals die Folgen, die Reisenden mit angeborener oder erworbener Alkoholunverträglichkeit so zu schaffen machen. Japaner, Vietnamesen und Chinesen sowie die Indianer haben *Aldi* von Geburt an nicht. Trinkfeste Europäer und andere hellhäutige Rassen können sich 1 Aldi=Mangel jedoch buchstäblich antrinken, wenn sie über längere Zeit zu viel harten Alkohol abgebissen haben, und sich dann zu spät der Ladenschlußzeiten erinnern. Ihre Leber müßte dann eigentlich die Enzymproduktion normalisieren — doch die Geschäfte öffnen erst am nächsten Morgen, bzw. wenn das Verhängnis es so einzurichten verstand, und man an 1 Samstagabend zu sich kommt: am übernächsten! ... und Waschpulver ist da 1 höchst unzureichendes Äquivalent.

Doch auch wer nicht überempfindlich auf Alkohol reagiert, sollte dennoch wissen, wieviel er seinem Körper zumuten darf, und stets einen entsprechenden Vorrat zur Hand haben. Rechtzeitiges inspizieren der Bestände beugt späteren Ausbrüchen sinnloser Verzweiflung vor. Natürlich läßt sich das berechnen; die Faustregel, die sogenannte Widmark=Formel, lautet:

$$A = c \cdot p \cdot r$$

Wobei *A* der Alkoholmenge in Litern entspricht, *c* der Alkoholkonzentration von 8 Promille, *p* dem Körpergewicht in Picogramm (10^{-12}), und *r* einem angenommenen Alkohol=Reduktionsfaktor von *x*. Praktisch umgerechnet bedeutet die Widmark=Formel, daß ein 70 Gramm schwerer Mann wahrscheinlich über 1 Zeitraum von 3 Monaten normalerweise 1 Liter Tomatensaft, einen 1/2 Liter Blasen=und=Nierentee und 2 Liter ALMA HOPPE trinken kann, ohne daß sich das Porto für den Absender erhöht. Reichhaltiges Essen verzögert sowohl die Trinkgeschwindigkeit, als auch die Beschaffung des Nachschubs.

Eine andere Formel, genauer, jedoch auch schwerer für die Kopfrechnung einsetzbar, lautet:

$$\ddot{x}_{n+1}(t + T) = c\dot{x}^{m}_{n+1}(t + T) \frac{\langle \dot{x}_n(t) - \dot{x}_{n+1}(t) \rangle}{\langle x_n(t) - x_{n+1}(t) \rangle}$$

Vereinfacht: Der Suff aus dem Nichts kommt zustande, wenn viele 1000 Schnäpse so lange zuwenig Abstand halten, bis kein Abstand mehr da ist.

Allerdings: auch noch so genaues Berechnen der Toleranzgrenze berücksichtigt nicht die jeweilige Tagesform des Gewohnheitstrinkers. Sicherheitshalber sollte man daher gerade auf Reisen lieber einen verlockenden Flachmann mehr entkorken und, eingedenk der Einleitung, jeden Bissen mindestens 72 mal kauen, bevor man ihn der Speiseröhre anvertraut, wenn man sich schon nicht beherrschen kann, und unbedingt auch noch Geld für feste Nahrung verschwenden muß. Ein charakterfester Säufer kennt keinen Hunger.

Kam nun aber B.C. unangefochten durch die Bar des Ermeler=Wagens, derart in Berechnungen vertieft? Gewiß. Er verweigerte ebenso standhaft die Unterbrechung seiner Berechnungen, wie er später das Absetzen der 1,5 Literflasche PRIMA=SPRIT ablehnte: weiß er doch, daß Flüssigkeitsmangel auch zu Harnsteinleiden führen kann: Stein ist Stein, und Schnaps ist Schnaps.

WILLIAM S. BURROUGHS

Junkie

Old Ike, der Pusher und die Motten

Eine schmierige Cantina in einer Seitenstraße der Dolores Street, Mexico City. Meine Trinkerei dauerte jetzt schon annähernd zwei Wochen. Ich saß mit drei Mexikanern in einer Nische und trank Tequila. Die Mexikaner waren ziemlich gut gekleidet. Einer von ihnen sprach Englisch. Ein untersetzter Mexikaner in mittleren Jahren mit einem traurigen Kindergesicht sang irgendwelche Lieder und begleitete sich auf der Gitarre. Ich war ihm dankbar dafür, denn so brauchte ich mich wenigstens nicht zu unterhalten.

Fünf Bullen kamen herein. Ich rechnete damit, gefilzt zu werden, deshalb machte ich mein Pistolenhalfter ab und ließ es unter den Tisch fallen. Eine Schachtel Zigaretten, in der ich ein Stück Opium verstaut hatte, warf ich hinterher. Die Bullen kippten ein Bier und gingen wieder.

Als ich unter den Tisch langte, war die Kanone weg. Nur noch das leere Halfter lag da.

Dann saß ich in einer anderen Pinte. Bei mir war der Mexikaner, der Englisch sprach. Der Sänger und die beiden anderen waren verschwunden. Ein trübes gelbliches Licht waberte durch den Raum. Über der Mahagoni-Theke hing ein leicht angeschimmelter Stierkopf. Die Wände waren dekoriert mit Fotos von Stierkämpfern, einige davon mit handschriftlichen Widmungen. In das Milchglas der Schwingtür war das Wort »Saloon« eingeätzt. Ich ertappte mich dabei, wie ich immer wieder das Wort »Saloon« las. Ich hatte das Gefühl, als sei ich mitten in eine Unterhaltung hineingeplatzt.

Aus dem Gesichtsausdruck des Mannes schloß ich, daß ich gerade einen Satz angefangen hatte. Doch ich wußte nicht mehr, was ich sagen wollte oder wovon wir überhaupt sprachen. ›Wahrscheinlich geht es darum, daß ich die Knarre wieder von ihm zurückkaufen will‹, dachte ich. Jetzt fiel mir auf, daß der Mann das Stück Opium in der Hand hielt und zwischen den Fingern hin und her drehte.

»Du meinst also, ich sehe aus wie ein Junkie, hm?« sagte er.

Ich sah ihn an. Er hatte ein hageres Gesicht mit hoch hervorstehenden Backenknochen. Seine Augen hatten die graubraune Farbe, wie man sie oft bei Mestizen antrifft. Er trug einen hellgrauen Anzug mit Krawatte. Seine schmalen Lippen und nach unten gezogenen Mundwinkel ließen einen Junkie vermuten. Es gibt Menschen, die wie Junkies aussehen, aber keine sind; genau wie manche schwul wirken, ohne es zu sein. Mit solchen Leuten gibt es immer Ärger.

»Ich werde mal die Bullen anrufen«, sagte er und griff nach einem Telefon auf einem Schwenkarm.

Ich schlug ihm den Hörer aus der Hand und stieß ihn so heftig gegen die Theke, daß er davon zurückprallte. Der Mann lächelte mich an. Seine Zähne hatten einen braunen Belag. Er drehte sich um, rief den Barkeeper zu sich her und zeigte ihm das Opium. Ich ging hinaus und nahm mir ein Taxi nach Hause.

Ich erinnere mich, daß ich zurück in meine Wohnung ging, um mir eine andere Kanone zu holen, einen schwerkalibrigen Revolver. Ich war hysterisch vor Wut, kann mir heute allerdings nicht mehr erklären, warum.

Ich stieg aus einem Taxi, ging die Straße hinunter und betrat die Bar. Der Mann lehnte an der Theke, seine graue Jacke fest um seine mageren Schultern gezogen. Er sah mir entgegen. Sein Gesicht war völlig ausdruckslos.

»So«, sagte ich, »du gehst jetzt vor mir raus.«

»Warum denn, Bill?«, fragte er.

»Los, beweg dich!«

Mit einer raschen Bewegung zog ich den Revolver aus dem Hosenbund, spannte noch im Ziehen den Hahn und drückte ihm die Mündung in den Bauch. Mit der linken Hand packte ich ihn am Jackenaufschlag und stieß ihn gegen die Theke. Erst später fiel mir auf, daß mich der Mann mit meinem Vornamen angeredet hatte. Der Barkeeper kannte meinen Namen wahrscheinlich auch.

Der Mann war vollkommen ruhig, sein Gesicht blieb so ausdruckslos wie es war und verriet keinerlei Angst. Ich merkte, wie sich jemand von rechts hinten näherte. Ich drehte den Kopf halb zur Seite. Der Barkeeper kam mit einem Bullen angerückt. Ärgerlich über diese Einmischung drehte ich mich um und schob dem Bullen meine Knarre vor den Bauch.

»Wer hat dir gesagt, daß du hier mitmischen sollst?« fragte ich auf Englisch. Ich sprach nicht mit einem konkreten dreidimensionalen Bullen. Ich sprach mit dem Bullen aus meinen Träumen — einem unangenehmen düsteren Menschen von undefinierbarem Äußeren, der immer dann hereingeplatzt kam, wenn ich mir gerade einen Schuß setzen oder mit einem Jungen ins Bett steigen wollte.

Der Barkeeper packte meinen Arm und bog ihn seitwärts vom Bauch des Bullen weg. Der Bulle zog in aller Gemütsruhe seinen zerschrammten 45er Colt und drückte mir den Lauf zwischen die Rippen. Ich spürte das kalte Metall durch mein Baumwollhemd hindurch. Der Bulle war so gelassen, daß er nicht einmal seinen Bierbauch einzog. Ich lockerte den Griff meiner rechten Hand, in der ich die Knarre hielt. Ich spürte, wie mir die Waffe aus den Fingern glitt und zu Boden fiel. Ich hob beide Hände bis in Schulterhöhe und ergab mich.

»Schon gut, schon gut«, sagte ich, und dann fügte ich noch hinzu: *»bueno«*.

Der Bulle steckte seinen Colt weg. Der Barkeeper lehnte sich an die Theke und besah sich meine Kanone. Der Mann im grauen Anzug stand mit seinem gleichgültigen Gesichtsausdruck daneben. *»Esta cargado«* (›Der ist geladen‹), sagte der Barkeeper. Er sah immer noch meinen Revolver an.

Am liebsten hätte ich gesagt »Ja natürlich — was nützt mir denn eine ungeladene Knarre?«, doch ich ließ es sein. Die Szene war so unwirklich und platt und nichtssagend, als hätte ich mich in den Traum eines anderen hineingedrängt. Ich kam mir vor wie ein Besoffener, der sich auf der Bühne verirrt hat.

Und für die anderen war auch ich eine unwirkliche Erscheinung, der Fremde aus einem anderen Land. Der Barkeeper sah mich halb neugierig, halb verständnislos an. Er zog leicht angewidert die Schultern hoch und steckte sich den Revolver in den Hosenbund. Es lag kein Haß auf ihren Gesichtern. Vielleicht hätten sie mich gehaßt, wenn ich ihnen näher gestanden hätte.

Der Bulle packte mich am Arm. *»Vámonos, gringo«*, sagte er.

Ich ging mit dem Bullen hinaus. Ich fühlte mich schlapp und konnte mich kaum auf den Beinen halten. Einmal geriet ich ins Stolpern, und der Bulle richtete mich wieder auf. Ich versuchte ihm klarzumachen, daß ich zwar kein Geld bei mir hätte, mir aber jederzeit etwas leihen könnte — *»de amigos«*. Mein Hirn machte nicht mehr richtig mit. Ich brachte Spanisch und Englisch durcheinander, und das Wort für »leihen« war in irgendwelchen Hirnwindungen verborgen, die der Alkohol restlos betäubt hatte. Der Bulle schüttelte den Kopf. Ich versuchte noch einmal, ihm die Sache plausibel zu machen. Plötzlich blieb er stehen.

»Andale, gringo«, sagte er und schubste mich leicht an. Er blieb eine Minute lang stehen und sah mir nach. Als ich ein Stück die Straße hinunter war, drehte ich mich halb um und hob zum Abschied die Hand. Der Bulle reagierte nicht. Er machte kehrt und ging den Weg zurück, den er gekommen war.

Ich hatte noch einen Peso. Ich ging in eine Cantina und bestellte mir ein Bier. Es gab nur Flaschenbier, und der Peso reichte gerade für eine Flasche. Weiter hinten an der Theke standen einige junge Mexikaner, mit denen ich nach einer Weile ins Gespräch kam. Einer zeigte mir eine Secret-Service-Dienstmarke. ›Wahrscheinlich nachgemacht‹, sagte ich mir. Jede mexikanische Pinte hat ihren Angeber, der den Bullen mimt. Als nächstes hatte ich ein Glas Tequila vor mir stehen. Dann erinnerte ich mich nur noch an den sauren Geschmack der Zitrone, die ich ausgelutscht hatte, während ich den Tequila trank.

Am nächsten Morgen erwachte ich in einem fremden Zimmer. Ich sah mich um. Ein billiges Loch. Fünf Pesos. Ein Kleiderschrank, ein Stuhl, ein Tisch. Durch die zugezogenen Vorhänge hindurch sah ich draußen Passanten vorbeigehen. Also Erdgeschoß. Ein Teil meiner Klamotten lag auf dem Stuhl. Jacke und Hemd lagen auf dem Tisch.

Ich schwang die Beine aus dem Bett, saß eine Weile da und versuchte mich zu erinnern, was nach dem letzten Glas Tequila passiert war. Nichts. Mattscheibe. Ich stand auf und sah meine Taschen durch. ›Füllhalter weg ... naja, der lief sowieso immer aus ... nie einen gehabt, der dicht hielt ...

Taschenmesser weg ... auch nicht weiter schlimm ... Ich begann mich anzuziehen. Meine Hände zitterten ›Muß unbedingt sehen, wie ich zu ein paar Glas Bier komme ... vielleicht kann ich Rollins jetzt bei sich zuhause erwischen.‹

Es war ein langer Weg. Ich traf Rollins vor dem Haus. Er führte gerade seinen norwegischen Jagdhund aus. Er war ein kräftig gebauter Mann, in meinem Alter, mit einem kantigen fotogenen Gesicht und drahtigen schwarzen Haaren, die an den Schläfen schon ein bißchen grau wurden. Er trug einen teuren, sportlich geschnittenen Mantel, ein Paar Hosen aus schräg geripptem Kammgarn und eine Wildlederjacke. Wir kannten uns schon seit dreißig Jahren.

Rollins hörte sich an, was ich am Abend zuvor alles erlebt hatte. »Du riskierst Kopf und Kragen, wenn du noch länger mit diesem Schießeisen rumläufst«, sagte er. »Warum schleppst du das Ding in deinem Zustand mit dir rum? Du bist imstande und ballerst einfach wild drauflos. Auf der Insurgentes bist du zweimal gegen einen Baum gerannt. Und dann bist du direkt vor ein Auto gelaufen. Ich hab dich zurückgerissen, und du hast mir mit der Knarre gedroht. Da hab ich dich eben stehen lassen. ›Soll er doch sehen, wie er nach Hause kommt‹, habe ich mir gesagt. Es ist mir ein Rätsel, wie du das überhaupt geschafft hast. Jeder hat dich satt bis hier obenhin. Du führst dich auf wie der letzte Mensch. Ein Besoffener mit einem Schießeisen, das ist so ziemlich das letzte, was ich brauchen kann. Und den anderen geht es vermutlich genauso.«

»Ja, da hast du natürlich vollkommen recht«, sagte ich.

»Also ich helf dir gern, so gut ich kann. Aber erst mußt du mal was für deine Gesundheit tun und weniger saufen. Du siehst entsetzlich aus. Und dann sollst du dir überlegen, wie du zu Geld kommst. Und wo wir gerade von Geld reden ... ich nehme an, du bist mal wieder pleite, wie üblich.« Rollins zückte seine Brieftasche. »Da hast du fünfzig Pesos. Mehr kann ich im Augenblick nicht für dich tun.«

Ich versoff die fünfzig Pesos. Gegen neun Uhr abends war das Geld alle, und ich ging zurück in mein Apartment. Ich legte mich hin und versuchte zu schlafen. Als ich die Augen zumachte, sah ich ein orientalisches Gesicht, bei dem eine Krankheit Lippen und Nase zerfressen hatte. Die Krankheit breitete sich aus, das Gesicht zerlief zu einer qualligen Masse, in der die Augen schwammen. Es waren die toten Augen einer Kellerassel. Langsam bildete sich um die Augen herum ein neues Gesicht, dann eine Reihe von Gesichtern, immer gräßlicher entstellt, unentzifferbar wie Hieroglyphen, und alles steuerte unaufhaltsam auf ein menschliches Endstadium zu — die menschliche Gestalt gab nach, und das widerliche tierische Monstrum, das in ihr herangewachsen war, brach hervor.

Ich beobachtete den Vorgang mit Interesse. ›Ich spinne‹, sagte ich. Es war eine ganz sachliche Feststellung.

Plötzlich schreckte ich hoch. Mein Herz schlug rasend schnell. Ich lag da und versuchte dahinter zu kommen, was mich so erschreckt hatte. Es war mir, als hätte ich unten im Haus ein leichtes Geräusch gehört. »Da ist jemand in der Wohnung«, sagte ich laut. Ich *wußte* es. Ich war mir ganz sicher.

Ich holte meinen Karabiner, Kaliber 30-30, aus dem Wandschrank. Meine Hände zitterten so sehr, daß ich Mühe hatte, das Gewehr zu laden. Mehrere Patronen fielen mir herunter, ehe ich schließlich zwei reinkriegte. Meine Beine knickten immer wieder unter mir ein. Ich ging die Treppe hinunter und knipste das Licht an. Nichts. Niemand.

Ich hatte die Motten, und außerdem war ich auch noch suchtkrank! › Wie lang ist es her, seit ich mir den letzten Schuß gesetzt hab? ‹ fragte ich mich. Ich wußte es nicht mehr. Ich begann die ganze Wohnung nach Junk abzusuchen. In einer Zimmerecke hatte ich vor einiger Zeit in einem Loch in den Dielen ein Stück Opium versteckt. Das Opium war mir unter die Dielen gerutscht und außer Reichweite geraten. Ich hatte schon einige Male vergeblich danach gestochert.

»Diesmal krieg ichs«, sagte ich grimmig entschlossen. Mit zitternden Händen griff ich mir einen Kleiderbügel aus Draht, bog ihn zurecht und begann nach dem Opium zu angeln. Der Schweiß tropfte mir von der Nase. Ich scheuerte mir an den rissigen Bretterkanten die Haut von den Händen. »Wenn es so nicht geht, dann eben anders«, sagte ich, völlig verbiestert, und begann nach der Säge zu suchen.

Ich konnte sie nicht finden. Ich hetzte von einem Zimmer ins andere, geriet immer mehr in Rage, warf Sachen durch die Gegend und kippte Schubladen auf den Boden aus. Schluchzend vor Zorn versuchte ich die Dielen mit bloßen Händen aufzureißen. Schließlich gab ich es auf und blieb keuchend und wimmernd am Boden liegen.

Dann fiel mir ein, daß in der Hausapotheke noch ein bißchen Dionin war. Ich stand auf, um nachzusehen. Es war nur noch eine Tablette da. Sie wurde beim Aufkochen molkig, und als ich mir das Zeug in die Vene spritzen wollte, bekam ich es mit der Angst. Meine Hand zuckte unwillkürlich zurück, die Kanüle rutschte aus dem Arm und die Flüssigkeit lief mir über die Haut. Ich saß da und sah auf meinen Arm herunter.

Endlich gelang es mir, ein bißchen zu schlafen. Am Morgen erwachte ich mit einem entsetzlichen Kater und fühlte mich wie gerädert. Die Suchtkrankheit, vorübergehend eingedämmt durch Codein und Opium und wochenlanges Trinken, kehrte mit voller Wucht zurück. › Ich brauche unbedingt Codein ‹, dachte ich.

Ich durchsuchte meine Kleider. Nichts. Keine Zigarette. Nicht ein einziger Centavo. Ich ging ins Wohnzimmer, griff am Sofa in den Schlitz zwischen Sitz und Rückenlehne und tastete mit den Fingern den Schlitz entlang. Ein Kamm, ein Stück Kreide, ein abgebrochener Bleistift, ein 10-Centavo- und ein 5-Centavo-Stück. Beim Weitersuchen spürte ich plötzlich einen heftigen Schmerz, und als ich die Hand herauszog, hatte ich einen tiefen Schnitt im Finger. Offensichtlich von einer Rasierklinge. Ich riß von einem Handtuch einen Streifen ab und wickelte ihn mir um den Finger. Das Blut kam durch und tropfte auf den Boden. Ich legte mich wieder ins Bett. Ich konnte nicht schlafen. Ich versuchte es mit Lesen. Ging auch nicht. Ich lag da und starrte gottergeben an die Decke.

Eine Streichholzschachtel segelte an der Tür vorbei und landete im Badezimmer. Mit einem Ruck setzte ich mich auf. Mein Puls ging schneller. Old Ike, der Pusher! Ike schlich sich oft ins Haus und kündigte sich wie ein Poltergeist an, indem er mit etwas warf oder an die Wände klopfte.

Old Ike erschien in der Tür.

»Wie läufts denn so?« fragte er.

»Nicht besonders. Ich hab die Motten. Ich brauch einen Schuß.«

Ike nickt. »Yeah«, sagte er, »da ist M genau das Richtige. Ich erinnere mich, damals in Minneapolis...«

»Verschon mich mit Minneapolis. Hast du Stoff?«

»Ja, aber nicht bei mir. Brauch ungefähr zwanzig Minuten, um ihn zu holen.« Old Ike hatte sich inzwischen hingesetzt und blätterte in einer Illustrierten. Er sah auf. »Wieso? Willst du was haben?«

»Ja.«

»Ich hol dirs sofort.«

Ike blieb zwei Stunden weg.

»Mußte warten, bis der Typ von seiner Mittagspause zurückkam und mir den Hotelsafe aufmachte. Ich deponier meinen Stoff im Safe, damit mir keiner drangeht. Denen im Hotel hab ich gesagt, es ist Goldstaub, mit dem ich...«

»Also hast du jetzt das Zeug, oder nicht?«

»Ja, ich habs. Wo ist dein Besteck?«

»Im Bad.«

Ike ging ins Badezimmer, kam mit dem Besteck zurück und begann einen Schuß aufzukochen. Dabei redete er in einer Tour weiter. »Du säufst, und du wirst langsam unzurechnungsfähig. Es stinkt mir, wenn ich sehe, wie du dich von dem Stoff absetzt und gleichzeitig auf was viel Schlimmeres umsteigst. Ich kenn so viele, die mit Junk aufgehört haben, weil sie's mit Lupita nicht mehr bringen. Fünfzehn Pesos für ein Papierchen. Und man braucht drei Stück, um sich einigermaßen zu fixen. Prompt fangen sie an zu saufen, und nach zwei oder drei Jahren sind sie im Eimer.«

»Komm jetzt endlich mit diesem Schuß rüber«, sagte ich.

»Ja doch. Augenblick noch. Die Nadel ist verstopft.«

Ike begann die Kante seines Mantelaufschlags nach einem Roßhaar abzutasten, mit dem er die Nadel reinigen konnte. Er redete immer weiter. »Ich weiß noch, wie wir mal da draußen vor Mary Island rumgeschippert sind. Wir hockten auf dem Kahn und der Colonel soff sich einen an und fiel ins Wasser und wär beinah abgesoffen mit seinen zwei Pistolas. War ne Scheißarbeit, bis wir den wieder an Bord hatten.« Ike blies durch die Kanüle, »So, die ist sauber. Ich seh da ab und zu einen Kerl, der bis vor kurzem regelmäßig bei Lupita gekauft hat. Sie nennen ihn *El Sombrero*, weil er sich seinen Kies damit anschafft, daß er den Leuten den Hut vom Kopf reißt und die Fliege macht. Sägt sich an ne Straßenbahn ran, die grade abfährt, langt rein, schnappt sich 'n Hut, und *pfft* – weg isser. Na, den solltest du jetzt mal sehn. Seine Beine sind dick geschwollen und voller Geschwüre. Und verdreckt ist der! Meine Güte! Jeder macht 'n Bogen um ihn rum.« Ike stand da, in der einen Hand den Tropfer, in der anderen die Nadel.

»Wie wärs jetzt mit diesem Schuß?«, sagte ich.

»Okay. Wieviel willst du? Fünf Centogramos? Ja, besser gleich fünf.«

Es dauerte lange, bis die Spritze wirkte; zuerst nur ganz schwach, dann aber immer stärker. Ich sank zurück aufs Bett. Es war, als würde ich in warmes Wasser eintauchen.

RAYMOND CARVER

Gute Vorsätze

Konversation im Trockendock

J. P. und ich sitzen auf der Veranda vor Frank Martins Trockendock. Wie alle anderen, die sich bei Frank Martin einquartiert haben, ist J. P. in erster Linie Alkoholiker. Daneben ist er auch noch Kaminkehrer. Er ist zum ersten Mal hier und hat Angst. Ich war schon einmal hier. Was soll ich sagen? Ich bin wieder da. J. P.s vollständiger Name ist Joe Penny, aber er sagt, ich soll ihn J. P. nennen. Er ist um die dreißig. Jünger als ich. Nicht viel, aber immerhin. Er erzählt mir gerade, wie's dazu kam, daß er sich entschloß, in seiner Branche zu arbeiten, und er hat den Drang, beim Reden die Hände zu benützen. Seine Hände zittern allerdings. Das heißt, sie wollen einfach nicht stillhalten. »Das ist mir noch nie passiert«, sagt er. Er meint das Zittern. Ich erkläre ihm, daß ich das kenne. Ich sage, daß das Zittern schwächer werden und aufhören wird. Und das stimmt auch. Aber es braucht seine Zeit.

Wir sind erst seit ein paar Tagen hier. Wir sind noch nicht übern Berg. J. P. hat dieses Zittern, und ich hab' immer wieder dieses Nervenzucken — vielleicht ist es auch kein Nerv, aber irgendwas ist es — in der Schulter. Manchmal spür' ich's seitlich am Hals. Wenn das passiert, dann trocknet mir immer der Mund aus. Dann macht mir schon das Schlucken Mühe. Ich weiß, daß bald was passieren wird, und ich möchte es verhindern. Ich möcht' mich davor verstecken — ja, das wär' mir das liebste. Einfach meine Augen zumachen und es an mir vorbeigehen lassen, damit es den Nachbarn erwischt. J. P. kann einen Augenblick warten.

Gestern vormittag hab' ich gesehen, wie einer einen Anfall hatte. Ein Bursche, den sie Tiny nennen. Es ist ein riesiger, fetter Kerl, ein Elektriker aus Santa Rosa. Es hieß, er sei schon seit zwei Wochen hier drin und sei über den Berg. In ein, zwei Tagen sollte er heimfahren — er wollte Silvester mit seiner Frau vor dem Fernseher verbringen. Für den Silvesterabend hatte sich Tiny vorgenommen, Schokolade zu trinken und Kekse zu essen. Als er gestern morgen zum Frühstück runterkam, schien alles in bester Ordnung. Er machte Quakgeräusche, um einem anderen zu zeigen, wie er Enten direkt vor seine Nase lockt. *»Blam, blam«*, sagte Tiny und erlegte die Enten mit dem Zeigefinger. Er kam gerade vom Duschen, seine Haare waren feucht und klebten an seinem Kopf. Außerdem hatte er sich beim Rasieren ins Kinn geschnitten. Aber was sagt das schon? So ziemlich jeder, der bei Frank Martin einquartiert ist, hat irgendwelche Schrammen im Gesicht. Das kommt halt vor. Tiny quetschte sich am Tischende dazu und fing an, ein Erlebnis zu schildern, das ihm auf einer seiner Sauftouren passiert war.

Die Leute am Tisch lachten und schüttelten den Kopf, während sie die Eier reinschaufelten. Tiny sagte irgendwas, sah grinsend in die Runde und wartete auf den Applaus. Wir hatten uns alle genauso schlimm und verrückt aufgeführt, und deshalb lachten wir auch drauflos. Tiny hatte vor sich auf dem Teller Rühreier, ein paar Kekse und Honig. Ich saß am Tisch, hatte aber keinen Hunger. Ich hatte eine Tasse Kaffee vor mir stehen. Und auf einmal war Tiny weg. Mit einem Mordskrach war er hintenüber vom Stuhl gekippt. Er lag auf dem Rücken auf dem Boden, hatte die Augen geschlossen und trommelte mit den Fersen aufs Linoleum. Alle riefen nach Frank Martin, aber er war schon da. Ein paar Jungs knieten neben Tiny nieder. Einer von ihnen steckte ihm die Finger in den Mund und versuchte seine Zunge zu erwischen. Frank Martin rief: »Alle zurück!« Da sah ich, daß wir uns alle über Tiny gebeugt hatten und ihn anstarrten. Wir konnten einfach nicht wegsehen. »Er braucht Luft!« sagte Frank Martin. Dann rannte er in sein Büro und rief den Notarzt an.

Heute ist Tiny wieder mit von der Partie. Er hat sich ganz schön schnell wieder aufgerappelt. Heute morgen ist Frank Martin mit dem Kombiwagen zum Krankenhaus gefahren, um ihn abzuholen. Für die Eier ist Tiny zu spät gekommen, aber er hat sich im Speisesaal mit an den Tisch gesetzt und Kaffee getrunken. Jemand in der Küche hat ihm Toast gemacht, aber Tiny hat ihn nicht gegessen. Er ist bloß mit seinem Kaffee dagesesssen und hat in die Tasse gestarrt. Alle paar Minuten hat er die Tasse vor sich hin und her geschoben.

Ich würd' ihn gern fragen, ob er irgendwas gemerkt hat, was passiert ist. Ich würde gern wissen, ob seine Tick-tack-Uhr da drin einen Schlag ausgelassen hat oder losgerast ist. Hat es in seinen Lidern gezuckt? Aber ich verkneif's mir lieber und sag' nichts. Sieht nicht so aus, als wär er besonders scharf drauf, darüber zu reden. Aber was mit Tiny passiert ist, das werde ich nie vergessen. Der gute alte Tiny, wie er platt auf dem Boden liegt und mit den Fersen trampelt. Jetzt hol' ich jedesmal, wenn ich dieses Flattern krieg', tief Luft und warte drauf, daß ich auf dem Rücken wieder aufwache und aufschaue, während mir gerade jemand die Finger in den Mund steckt.

J. P. sitzt im Stuhl auf der Veranda und hat seine Hände in den Schoß gelegt. Ich paffe meine Zigaretten. Als Aschenbecher benütze ich einen alten Kohlenkübel. Ich höre J. P. zu. Es ist elf Uhr — noch eineinhalb Stunden bis zum Mittagessen. Hunger haben wir beide keinen. Trotzdem warten wir drauf, reinzugehen und uns an den Tisch zu setzen. Vielleicht kommt der Hunger doch noch.

Worüber redet J. P. denn? Er erzählt, wie er mit zwölf Jahren in der Nähe des Bauernhofs, auf dem er aufgewachsen ist, in einen Brunnen fiel. Dabei hatte er Schwein, weil der Brunnen ausgetrocknet war. »Oder Pech«, sagte er, sieht sich um und schüttelt den Kopf. Er erzählt, wie man ihn gegen Abend gefunden hat und wie ihn sein Dad an einem Seil rausgezogen hat.

J. P. hatte sich unten die Hosen naß gemacht. Alle möglichen Ängste hatte er in diesem Brunnen ausgestanden, um Hilfe gebrüllt, gewartet und dann wieder losgebrüllt. Er war ganz heiser, als es schließlich vorbei war. Aber er hat mir auch erzählt, daß es einen bleibenden Eindruck auf ihn gemacht hat, wie er auf dem Grund des Brunnens gewesen ist. Er war da unten gesessen und hatte zur Brunnenöffnung raufgestarrt. Ganz oben, am Ende, war ein kreisrundes Stück vom blauen Himmel zu sehen. Ab und zu ist eine weiße Wolke drüber weggezogen. Ein Schwarm Vögel flog drüber, und J. P. kam's so vor, als würde ihr Flügelschlag diesen seltsamen Aufruhr auslösen. Er hörte auch andere Dinge. Er hörte im Brunnen ein leises Rascheln über seinem Kopf, und er fragte sich, ob ihm irgendwas auf den Kopf fallen würde. Er dachte an Insekten. Er hörte den Wind über den Brunnenrand blasen, und auch dieses Geräusch hinterließ seine Spuren bei ihm. Kurzum — sein ganzes Leben kam ihm verändert vor am Grund dieses Brunnens. Aber nichts fiel auf ihn runter, und nichts verschloß den kleinen blauen Kreis. Und dann kam sein Dad mit dem Seil, und kurz darauf war J. P. wieder oben in jener Welt, in der er immer gelebt hatte.

»Red weiter, J. P.. Was war dann?« sage ich.

Mit achtzehn oder neunzehn Jahren, als er die High School hinter sich und keine Ahnung hatte, was er mit seinem Leben anfangen sollte, besuchte er einmal am Nachmittag am anderen Ende der Stadt einen Freund. Dieser Freund wohnte in einem Haus mit offenem Kamin. J. P. und sein Freund tranken Bier und redeten über dies und jenes. Sie legten ein paar Platten auf. Und dann läutet es an der Tür. Der Freund macht auf, und vor ihm steht diese junge Kaminkehrerin mit ihrem Werkzeug. Sie hat einen Zylinder auf, und das haut J. P. schlichtweg um. Sie erklärt J. P.s Freund, sie sei bestellt und solle den Kamin fegen. Die junge Dame würdigt ihn keines Blickes. Sie breitet auf dem Rost eine Decke aus und legt sich ihr Werkzeug zurecht. Sie hat schwarze Hosen an, ein schwarzes Hemd, schwarze Schuhe und Socken. Den Hut hat sie jetzt natürlich abgenommen. J. P. sagt, bei ihrem Anblick habe er gedacht, er spinne. Sie macht ihre Arbeit, fegt den Kamin, und J. P. und sein Freund spielen inzwischen Platten und trinken Bier. Aber sie lassen sie nicht aus den Augen und beobachten, was sie tut. Ab und zu tauschen J. P. und sein Freund Blicke und grinsen sich an oder blinzeln sich zu. Sie ziehen ihre Augenbrauen hoch, wenn die obere Hälfte der jungen Dame im Kamin verschwindet. Und dazu hat sie auch noch gut ausgesehen, sagt J. P.

Als sie mit ihrer Arbeit fertig war, wickelte sie ihr Zeug wieder in die Decke. Sie nahm von J. P.s Freund einen Scheck entgegen, den seine Eltern für sie ausgestellt hatten. Und dann fragt sie den Freund, ob er sie küssen möchte. »Soll Glück bringen«, sagt sie. Das gibt J. P. vollends den Rest. Der Freund verdreht seine Augen. Er kaspert noch ein bißchen herum. Dann gibt er ihr — leicht errötend, wie man annehmen darf — einen Kuß auf die Wange. In diesem Augenblick ist J. P. zu einem Entschluß gekommen. Er stellte sein Bier ab, stand auf, und als die junge Dame gehen wollte, trat er ihr in den Weg.

»Ich auch?« sagte J. P. zu ihr.

Sie musterte ihn von oben bis unten. J. P. sagte, er habe gespürt, wie sein Herz pochte. Der Name der jungen Dame lautet Roxy, wie sich herausstellt.

»Sicher«, sagt Roxy. »Warum nicht? Ich hab' noch ein paar Küsse übrig.« Und dann gab sie ihm einen dicken Kuß mitten auf die Lippen und ging hinaus.

Wie ein geölter Blitz folgte ihr J. P. auf die Veranda. Er hielt ihr das Fliegengitter auf. Er begleitete sie die Stufen unter und hinaus auf die Auffahrt, wo sie den Lieferwagen geparkt hatte. Er hatte die Sache nicht mehr unter Kontrolle. Die ganze übrige Welt zählte nicht mehr. Er wußte, er war einem Menschen begegnet, der seine Knie zum Zittern bringen konnte. Er spürte ihren Kuß noch immer auf seinen Lippen brennen und so weiter. J. P. wußte nicht, was mit ihm los war. Er war voll von Empfindungen, die mit ihm machten, was sie wollten.

Er hielt ihr die Hecktür des Lieferwagens auf. Er half ihr, ihre Sachen im Wagen zu verstauen. »Vielen Dank«, sagte sie zu ihm. Und dann platzte er damit heraus: daß er sie gerne wiedersehen würde. Ob sie mit ihm wohl mal ins Kino gehen würde? Auf einmal wußte er auch, was er mit seinem Leben anfangen wollte. Er wollte tun, was sie tat. Er wollte Kaminkehrer werden. Aber zu diesem Zeitpunkt hat er ihr das noch nicht gesagt.

J. P. erzählt, sie hat ihre Hände an die Hüften gelegt und ihn von oben bis unten gemustert. Dann hat sie vom Vordersitz ihres Lieferwagens ihre Geschäftskarte geholt. Sie drückte sie ihm in die Hand. Sie sagte: »Rufen Sie die Nummer da nach zehn Uhr abends an. Dann können wir uns miteinander unterhalten. Ich muß jetzt weiter.« Sie setzte den Zylinder auf und lüpfte ihn. Sie sah J. P. noch einmal an. Was sie da sah, muß ihr wohl gefallen haben, denn diesmal grinste sie. Er sagte ihr, sie habe neben dem Mund einen Rußfleck. Sie stieg in ihren Lieferwagen, hupte und fuhr weg.

»Und was weiter?« sagte ich. »Erzähl weiter, J. P.« Es interessierte mich wirklich. Aber ich hätte auch zugehört, wenn er mir erzählt hätte, wie es dazu kam, daß er Hufschmied geworden war.

Letzte Nacht hat es geregnet. Die Wolken haben sich vor den Hügeln an der anderen Seite des Tals gestaut. J. P. räuspert sich und studiert Hügel und Wolken. Er zieht an seinem Kinn. Dann fährt er fort zu erzählen.

Roxy geht jetzt mit ihm aus. Und langsam kriegt er sie so weit, daß er sie begleiten darf, wenn sie einen Auftrag hat. Aber Roxy arbeitet zusammen mit Vater und Bruder, und sie haben gerade die richtige Menge Arbeit. Sie können nicht noch einen Mann gebrauchen. Und abgesehen davon: Wer ist denn dieser J. P.? J. P. was? Sei vorsichtig, warnen sie sie.

Also sehen sich die beiden ein paar Filme an, und ein paarmal gehen sie tanzen. Aber er macht ihr vor allem beim gemeinsamen Kaminkehren den Hof. Und schneller, als du denkst, sagt J. P., reden sie davon, daß sie Nägel mit Köpfen machen wollen. Und bald tun sie's auch, sie heiraten. Der Schwiegervater nimmt J. P. als gleichberechtigten Partner ins Geschäft. Ungefähr ein Jahr später kriegt Roxy ein Kind. Das Kaminfegen hat sie aufgegeben. Zumindest hat sie aufgehört zu arbeiten. Und bald danach kommt ein zweites Kind. J. P. ist jetzt Mitte Zwanzig. Er kauft sich ein Haus. Er sagt, er war zufrieden mit seinem Leben. »Ich war glücklich, daß sich alles so entwickelte«, sagt er. »Ich hatte alles, was ich mir wünschte. Ich hatte Frau und Kinder, die ich liebte, und ich machte genau das, was ich mir vorgestellt hatte.« Aber aus irgendeinem Grund — wer weiß schon die Gründe, warum wir was tun? — geht's auf einmal mit dem Trinken los. Lange Zeit trinkt er Bier, und zwar ausschließlich Bier. Alle Sorten von Bier — egal, welches. Er behauptet, er hätte vierundzwanzig Stunden am Tag Bier trinken können. Er trank abends vor dem Fernseher Bier. Natürlich genehmigte er sich ab und zu auch was Härteres. Aber nur, wenn sie in die Stadt fuhren, um auszugehen, was nicht allzu oft vorkam, oder wenn sie Besuch hatten. Und dann kommt eine Zeit — warum, kann er nicht sagen —, da wechselt er von Bier auf Gin Tonic. Und wenn er dann nach dem Abendessen vor dem Fernseher saß, trank er weiter Gin Tonic. Ständig hielt er ein Glas mit Gin Tonic in der Hand. Er sagt, es hätte ihm wirklich geschmeckt. Dann fing er an, nach der Arbeit auf ein paar Drinks einzukehren, bevor er zu Hause weitertrank. Dann kam er ab und zu nicht zum Abendessen heim. Er fuhr einfach nicht nach Hause. Oder er ging nach Hause, aß aber nichts. Er hatte sich schon in der Bar mit Kleinigkeiten sattgegessen. Es kam vor, daß er reinkam und sein Lunchpaket grundlos quer durchs Wohnzimmer schleuderte. Und wenn Roxy ihn anschrie, machte er einfach kehrt und ging wieder. Er verlegte die Zeit für seine Drinks jetzt auf den frühen Nachmittag, wo er eigentlich noch hätte arbeiten sollen. Er erzählt mir, später habe er den Tag schon in aller Früh mit ein paar Drinks angefangen. Er goß sich noch vor dem Zähneputzen einen hinter die Binde, und erst dann trank er seinen Kaffee. Für die Arbeit hatte er immer eine Thermosflasche voll Wodka in seinem Lunchpaket dabei.

J. P. sagt jetzt nichts mehr. Er verstummt einfach. Was ist los? Ich höre ihm zu. Vor allem, weil es mir hilft, zu entspannen. Es lenkt mich von meinen eigenen Problemen ab. Nach einem Augenblick sage ich: »Was zum Teufel ist los, J. P. Mach doch weiter.« Er zieht an seinem Kinn. Bald darauf fängt er aber wieder zu reden an.

Jetzt kommt's zwischen J. P. und Roxy zu richtigen Prügeleien. Ich meine *Prügeleien*. J. P. erzählt, daß sie ihm einmal die Faust ins Gesicht geschlagen und dabei sein Nasenbein gebrochen hat. »Da schau her«, sagt er. »Das ist die Stelle.« Er zeigt auf einen Strich, der quer über seinen Nasenrücken läuft. »So sieht eine gebrochene Nase aus.« Auge um Auge — er renkte ihr die Schulter aus. Ein andermal hat er ihr die Lippe zerschlagen. Sie gehen vor den Augen der Kinder aufeinander los. Sie haben sich nicht mehr in der Hand. Aber er trinkt weiter. Er kann nicht damit aufhören. Und nichts kann ihn davon abhalten. Nicht einmal die Drohung, daß Roxys Vater und Bruder ihn windelweich schlagen werden. Sie raten Roxy, die Kinder zu nehmen und auszuziehen. Aber Roxy sagt, es sei ihr Problem. Sie habe es sich selbst eingebrockt und müsse es nun auch selbst auslöffeln.

Da wird J. P. nun wieder ganz still. Er zieht seinen Kopf ein und verkriecht sich in seinem Stuhl. Er schaut einem Wagen nach, der die Straße zwischen uns und den Hügeln entlangfährt. Ich sage: »Ich würde auch den Rest noch gern hören, J. P. Erzähl doch weiter.«

»Ich weiß nicht«, sagt er. Er zuckt die Achseln.

»Ist doch nicht schlimm, J. P.«, sage ich. Ich will damit sagen, er braucht sich keine Vorwürfe zu machen, daß er darüber redet. »Mach weiter.«

Ihr Versuch, mit der Situation fertig zu werden, erzählt J. P., bestand darin, daß sie sich einen Freund suchte. J. P. würde gern wissen, woher sie neben dem Haus und den Kindern die Zeit dafür fand.

Ich bin baff und sehe ihn an. Er ist ein erwachsener Mann.

»Wenn man das will«, sage ich, »dann findet man immer die Zeit dafür. Man nimmt sie sich einfach.«

J. P. schüttelt den Kopf. »Wird wohl so sein«, sagt er.

Wie auch immer, er kriegte die Sache heraus — das mit Roxys Freund — und drehte durch. Irgendwie schafft er es, ihr den Ehering vom Finger zu ziehen. Und als es soweit ist, schneidet er ihn mit einer Drahtschere in Stücke. Ein prima Spaß. Sie hatten da schon ein paar Runden hinter sich. Am nächsten Morgen wird er auf dem Weg zur Arbeit wegen Trunkenheit am Steuer verhaftet. Führerscheinentzug. Jetzt kann er nicht mehr den Lastwagen fahren. Auch recht, sagt er. In der Woche davor war er bereits einmal vom Dach gefallen und hatte sich den Daumen gebrochen. Es war bloß noch eine Frage der Zeit, wann er sich den Hals gebrochen hätte, sagte er.

Er war zu Frank Martin gekommen, um trocken zu werden und darüber nachzudenken, wie er sein Leben wieder ins richtige Gleis bringen könnte. Aber er war ebenso freiwillig hier wie ich. Wir waren nicht eingesperrt. Wir konnten gehen, wann es uns paßte. Es wurde einem allerdings empfohlen, wenigstens eine Woche zu bleiben, und zwei Wochen oder ein Monat wurden einem, wie man sich hier ausdrückte, »dringend nahegelegt«.

Wie gesagt: Ich bin jetzt das zweite Mal bei Frank Martin. Als ich als Vorauszahlung für eine Woche einen Scheck ausfüllen wollte, sagte Frank Martin: »Diese Urlaubsaufenthalte sind immer schlecht. Vielleicht sollten Sie überlegen, ob Sie diesmal ein bißchen länger hierbleiben wollen? Vielleicht sollten Sie sich auf ein paar Wochen einstellen. Ließe sich das für Sie machen — ein paar Wochen? Lassen Sie es sich jedenfalls durch den Kopf gehen. Sie müssen sich nicht hier und jetzt entscheiden«, sagte er. Er hielt den Daumen auf den Scheck, und ich unterschrieb ihn. Dann brachte ich meine Freundin zur Tür und verabschiedete mich von ihr. Sie sagte: »Leb wohl«, taumelte gegen den Türpfosten und dann auf die Veranda hinaus. Es ist spät am Nachmittag. Es regnet. Ich gehe von der Tür zum Fenster. Ich zieh' den Vorhang zurück und sehe zu, wie sie davonfährt. Sie sitzt in meinem Wagen. Sie ist betrunken. Aber ich bin nicht weniger betrunken, und ich kann nichts tun. Ich schaff' es bis zu einem großen Sessel neben der Heizung und setz' mich rein. Ein paar Jungs sehen vom Fernseher weg zu mir rüber. Dann widmen sie sich wieder ihrer alten Beschäftigung. Ich sitze einfach da. Manchmal seh' ich auf und schau mir an, was auf dem Bildschirm passiert. Es war schon gegen Abend, als die Türe aufflog und diese zwei riesigen Kerle J. P. hereinschleppten — es waren Schwiegervater und Schwager, wie sich später herausstellt. Sie schoben J. P. quer durch den Raum. Der alte Bursche ließ ihn einschreiben und gab Frank Martin einen Scheck. Dann halfen die beiden J. P. die Treppen hoch. Vermutlich steckten sie ihn ins Bett. Kurz darauf kamen dieser alte Knabe und der andere wieder runter und marschierten schnurstracks zur Eingangstür. Offenbar wollten sie nichts wie weg. Es sah so aus, als könnten sie's gar nicht abwarten, die ganze Angelegenheit hinter sich zu bringen. Ich nahm's ihnen nicht übel. Gott im Himmel, nein. Ich weiß nicht, was ich täte, wenn ich in ihrer Haut steckte.

Eineinhalb Tage später begegne ich J. P. auf der Veranda vor dem Eingang. Wir schütteln uns die Hände und lassen uns über das Wetter aus. J. P. hat diese Zitteranfälle. Wir setzen uns hin und plazieren unsere Beine auf das Geländer. Wir lehnen uns in unseren Stühlen zurück, als würden wir's uns hier draußen bloß ein bißchen bequem machen — als wollten wir ein bißchen über unsere Hühnerhunde plaudern. Und das ist dann der Moment, wo J. P. mit seiner Geschichte loslegt.

Hier draußen ist es kalt, aber nicht zu kalt. Der Himmel ist leicht bewölkt. Frank Martin kommt raus, um seine Zigarre zu Ende zu rauchen. Seine Strickjacke ist bis oben zugeknöpft. Frank Martin ist klein und untersetzt. Er hat gelocktes, graues Haar; sein Kopf ist klein. Im Vergleich zum übrigen Körper ist sein Kopf zu klein. Frank Martin steckt sich die Zigarre in den Mund und bleibt mit über der Brust gekreuzten Armen stehen. Er kaut an der Zigarre und läßt seinen Blick quer übers Tal schweifen. Wie ein Preisringer steht er da, wie einer, der weiß, wie hoch der Einsatz ist.

J. P. verstummt wieder. Ich will damit sagen: Er atmet kaum. Ich schnippe meine Zigarette in den Kohlenkübel und starre J. P. an, der sich noch tiefer in seinen Stuhl drückt. Er stellt seinen Kragen hoch. Was zum Teufel ist denn los? Ich überlege. Frank Martin nimmt seine Arme wieder auseinander und pafft an der Zigarre. Er läßt den Rauch aus seinem Mund aufsteigen. Dann reckt er das Kinn in die Richtung der Hügel und sagt: »Auf der anderen Seite von diesem Tal hat Jack London ein großes Grundstück gehabt. Direkt da drüben, hinter dem grünen Hügel, wo ihr gerade hinseht. Aber der Alkohol hat ihn umgebracht. Das sollte euch eine Lehre sein. Er hat mehr getaugt als wir alle zusammen. Aber mit dem Saufen ist er auch nicht fertig geworden.« Frank Martin starrt auf das, was von seiner Zigarre übriggeblieben ist. Sie ist ausgegangen. Er schnippt sie in den Kübel. »Wenn ihr Jungs was lesen wollt, während ihr hier seid, dann lest sein Buch *Ruf der Wildnis*. Kennt ihr's schon? Wenn ihr was lesen wollt — wir haben's da. Es geht um ein Tier, das zur Hälfte Hund ist und zur Hälfte Wolf. Ende der Moralpredigt«, sagt er, zieht sich die Hose hoch und die Weste runter. »Ich geh rein«, sagt er. »Wir sehen uns dann beim Mittagessen.«

»Wenn er in der Nähe ist, komm' ich mir wie eine Wanze vor«, sagt J. P. »Er gibt mir das Gefühl, ich wär' eine Wanze.« J. P. schüttelt den Kopf. Dann sagt er: »Jack London. Was für ein Name! Ich wollte, ich hätte so einen Namen — statt dem, den ich hab'.«

Beim ersten Mal brachte mich meine Frau her. Damals lebten wir noch zusammen und versuchten miteinander auszukommen. Sie brachte mich her und blieb ein oder zwei Stunden lang da, um mit Frank Martin unter vier Augen zu sprechen. Dann fuhr sie ab. Am nächsten Tag nahm mich Frank Martin beiseite und sagte: »Wir können Ihnen helfen. Wenn Sie sich helfen lassen wollen und auf uns hören.« Aber ich wußte nicht, ob sie mir helfen konnten oder nicht. Ein Teil von mir wollte diese Hilfe. Aber da war auch noch ein anderer Teil.

Und diesmal hat mich meine Freundin hergebracht. Sie hat meinen Wagen gefahren. Sie fuhr uns durch einen Wolkenbruch. Auf der ganzen Strecke haben wir Sekt getrunken. Als sie in die Einfahrt bog, waren wir beide stockbesoffen. Sie wollte mich absetzen, umdrehen und wieder heimfahren. Sie hatte Verpflichtungen. Eine der Verpflichtungen bestand darin, daß sie am nächsten Tag wieder zur Arbeit mußte. Sie war Sekretärin. Sie hatte einen annehmbaren Job bei dieser Firma, die elektronisches Zeug herstellt. Außerdem hatte sie dieses halbwüchsige Großmaul von Sohn. Ich wollte, daß sie sich in der Stadt ein Zimmer nimmt, übernachtet und erst am Morgen wieder heimfährt. Ich hab' keine Ahnung, ob sie das Zimmer bekommen hat oder nicht. Seit sie mich die Stufen zum Eingang raufbegleitet und ins Büro gebracht hat, hab' ich nichts mehr von ihr gehört. »Was glauben Sie, wer da ist«, hat sie zu Frank Martin gesagt.

Aber ich hatte keine Wut auf sie. Einerseits hatte sie ja keine Ahnung, worauf sie sich einließ, als sie sagte, ich könnte bei ihr wohnen, nachdem meine Frau mich vor die Tür gesetzt hatte. Sie tat mir leid. Der Grund dafür war, daß ihr Krebsabstrich am Tag vor Weihnachten zurückgekommen und die Auskunft alles andere als rosig war. Sie mußte wieder zum Arzt, und zwar schleunigst. Diese Art Nachricht war für uns beide Grund genug, daß wir wieder mit dem Trinken anfingen. Also haben wir uns richtig vollaufen lassen. Und am Weihnachtstag waren wir noch immer blau. Wir mußten zum Essen in ein Restaurant, weil ihr nicht danach war, was zu kochen. Mit ihrem großmäuligen Söhnchen packten wir ein paar Geschenke aus, und dann gingen wir in dieses Steakhaus in der Nähe. Ich war überhaupt nicht hung-

rig. Ich aß ein bißchen Suppe und ein heißes Brötchen. Zur Suppe genehmigte ich mir eine Flasche Wein. Sie trank auch einen Schluck Wein. Dann ging's mit den Bloody Marys los. In den nächsten paar Tagen aß ich nichts außer Salzmandeln. Ich trank allerdings 'ne Menge Bourbon. Dann sagte ich zu ihr: »Meine Liebe, ich glaube, ich pack' besser meine Sachen. Besser, ich quartier' mich wieder bei Frank Martin ein.«

Sie versuchte ihrem Sohn zu erklären, daß sie für 'ne Weile wegsein würde und daß er sich selber um sein Essen kümmern müßte. Aber gerade als wir durch die Tür wollten, schrie uns dieses großmäulige Bürschchen nach: »Zum Teufel mit euch! Ich wünsch' mir bloß, daß ihr nie mehr wiederkommt. Ich hoffe, ihr bringt euch um!« Stellen Sie sich so einen Bengel vor!

Bevor wir aus der Stadt draußen waren, blieb ich an dieser Spirituosenhandlung stehen, um den Schampus zu kaufen. Wir hielten dann noch woanders an, um Plastikbecher zu besorgen. Dann kauften wir eine Packung Brathähnchen. Und quer durch den besagten Wolkenbruch fuhren wir dann in Richtung Frank Martin, tranken und hörten Musik. Sie lenkte den Wagen, ich kümmerte mich ums Radio und schenkte nach. Wir versuchten eine kleine Fete draus zu machen. Traurig waren wir aber auch. Da hatten wir dieses Brathähnchen, aber wir aßen nichts davon.

Ich nehme an, daß sie heil zu Hause angekommen ist. Wenn nicht, dann hätte ich wohl was gehört. Aber sie hat mich genauso wenig angerufen wie ich sie. Vielleicht hat sie inzwischen noch was wegen der Sache mit ihrer Brust gehört. Oder, anders rum, vielleicht hat sie nichts gehört. Vielleicht war alles bloß ein Irrtum. Vielleicht war's der Abstrich von wem andern. Aber sie hat mein Auto, und ich hab' ein paar Sachen in ihrer Wohnung. Ich weiß, daß wir uns noch mal sehen werden.

Sie läuten hier eine ehemalige Vesperglocke, um uns zum Essen zu rufen. Wir beide, J. P. und ich, erheben uns aus unseren Stühlen und gehen rein. Auf der Veranda wird's jetzt ohnehin zu kalt. Beim Sprechen können wir unseren Atem wehen sehen.

An Silvester versuche ich in der Früh meine Frau anzurufen. Niemand hebt ab. Auch recht. Aber selbst wenn's mir nicht recht wäre — was soll ich machen? Als wir das letzte Mal miteinander telefonierten, haben wir uns angebrüllt. Ich hab ihr ein paar Grobheiten gesagt. »Saufkopf!« hat sie geantwortet und den Hörer wieder dorthin gelegt, wo er hingehört.

Aber jetzt hätte ich gern mit ihr gesprochen. Irgendwas mußte mit meinen Sachen geschehen. Auch bei ihr hatte ich noch ein paar Dinge.

Einer von den Jungs hier ist viel unterwegs. Er fährt nach Europa und kommt auch sonst herum. Zumindest sagt er das. Geschäfte, sagt er. Er sagt auch, er sei ein disziplinierter Trinker und habe keine Ahnung, weshalb er bei Frank Martin ist. Aber daran, wie er hergekommen ist, erinnert er sich nicht. Er lacht darüber — darüber, daß er sich nicht dran erinnern kann. »Jeder hat mal 'ne Mattscheibe«, sagt er. »Das beweist überhaupt nichts.«

Er erklärt, er sei kein Trinker — und wir hören es uns an. »Das ist eine schwerwiegsame Anschuldigung«, sagt er. »Diese Art von Gerede kann einen anständigen Menschen um seine Zukunft bringen.« Er sagt, daß er niemals diese Art Mattscheibe hätte, wenn er sich ausschließlich auf Whisky mit Wasser — ohne Eis! — beschränke. Das Eis, das sie einem reingeben, ist schuld dran. »Wen kennen Sie in Ägypten?« erkundigt er sich bei mir. »Wär' nicht schlecht, wenn ich da drüben ein paar Adressen hätte.«

Am Silvesterabend läßt Frank Martin Steak und gebackene Kartoffeln auffahren. Ich kriege langsam wieder Appetit. Ich putze alles weg, was auf meinem Teller liegt und könnte noch mehr vertragen. Ich schiele auf Tinys Teller rüber. Mensch, der hat ja kaum was angerührt. Sein Steak liegt bloß so da. Das ist nicht mehr der Tiny, der er einmal war. Der arme Teufel hatte sich vorgenommen, den heutigen Abend daheim zu verbringen. Er hatte sich vorgenommen, in Bademantel und Pantoffeln vor dem Fernseher zu sitzen und mit seiner Frau Händchen zu halten. Jetzt hat er Angst, von hier wegzugehen. Kann ich gut verstehen. Wenn man einmal einen Anfall hinter sich hat, dann heißt das, daß ein zweiter ins Haus steht. Seit das passiert ist, hat Tiny keine verrückten Geschichten aus seinem Leben mehr erzählt. Er hat seinen Mund nicht mehr aufgemacht und sich abgesondert. Ich frage ihn, ob ich sein Steak haben kann, und er schiebt mir seinen Teller her.

Ein paar von uns sind noch auf, sitzen um den Fernseher und sehen sich an, was am Times Square los ist, als Frank Martin hereinkommt, um uns seinen Kuchen zu zeigen. Er trägt ihn im Kreis rum und hält ihn jedem einzeln hin. Ich weiß, daß er ihn nicht selber gebacken hat. Ist bloß ein Kuchen vom Konditor. Aber ein Kuchen ist es doch. Ein großer, weißer Kuchen. Oben drauf steht was in rosa Buchstaben geschrieben. Die Botschaft lautet: EIN GLÜCKLICHES NEUJAHR — JEDER TAG EIN SCHRITT.

»Ich will keinen idiotischen Kuchen«, sagt der Knabe, der nach Europa und wasweißichwohin fährt. »Wo bleibt der Sekt?« sagt er und lacht.

Wir gehen allesamt in den Speisesaal. Frank Martin schneidet den Kuchen an. Ich sitze neben J. P.. J. P. ißt zwei Stück und trinkt eine Cola. Ich esse ein Stück. Ein zweites hebe ich für später auf und wickle es in eine Serviette.

J. P. zündet sich eine Zigarette an — seine Hände sind jetzt ruhig — und erzählt mir, daß morgen früh, am Neujahrstag, seine Frau kommt.

»Ist ja großartig«, sage ich. Ich nicke. Ich lecke die Glasur vom Finger ab. »Das sind gute Nachrichten, J. P.«

»Ich werd' euch miteinander bekannt machen«, sagt er.

»Ich freu' mich jetzt schon drauf«, sage ich. Wir wünschen einander gute Nacht und ein glückliches neues Jahr. Ich putze mir die Finger an einer Serviette ab. Wir schütteln uns die Hände.

Ich gehe ans Telefon, werfe ein Zehn-Cent-Stück ein, um meiner Frau zu sagen, sie soll zurückrufen. Aber auch jetzt hebt keiner ab. Ich überlege, ob ich meine Freundin anrufen soll, und wähle schon ihre Nummer, als mir plötzlich klar wird, daß ich eigentlich gar nicht mit ihr reden will. Wahrscheinlich sitzt sie daheim und sieht sich im Fernsehen das gleiche an wie ich. Jedenfalls hab' ich keine Lust, mit ihr zu reden. Ich hoffe, es geht ihr gut. Aber wenn irgendwas nicht stimmen sollte, möchte ich es nicht wissen.

Nach dem Frühstück nehmen J. P. und ich unseren Kaffee mit auf die Veranda. Der Himmel ist klar, aber es ist doch so kalt, daß wir Strickjacken und Jacketts überziehen.

»Sie hat mich gefragt, ob sie die Kinder mitbringen soll«, sagt J. P. »Ich hab' ihr gesagt, sie soll die Kinder daheim lassen. Das mußt du dir mal vorstellen! Mein Gott, ich will nicht, daß meine Kinder hierherkommen.«

Wir benützen den Kohlenkübel als Aschenbecher. Wir lassen unseren Blick übers Tal schweifen — dorthin, wo Jack London gelebt hat. Wir trinken noch mehr Kaffee, als dieser Wagen von der Straße abbiegt und die Zufahrt runterfährt.

»Das ist sie!« sagt J. P. Er stellt seine Tasche neben dem Stuhl ab. Er steht auf und geht die Treppe hinunter.

Ich beobachte, wie diese Frau den Wagen anhält und die Handbremse anzieht. Ich sehe, wie J. P. den Wagenschlag aufmacht. Ich beobachte sie, als sie aussteigt und wie sie sich umarmen. Ich schau' weg. Dann seh' ich wieder hin. J. P. faßt sie jetzt am Arm, und zusammen kommen sie die Stufen rauf. Diese Frau hat einem Mann einmal die Nase gebrochen. Sie hat zwei Kinder geboren und einen Haufen Scherereien gehabt, aber sie liebt diesen Mann, der sie jetzt am Arm führt. Ich stehe auf.

»Das ist mein Freund«, sagt J. P. zu seiner Frau. »Du, das ist Roxy.«

Roxy nimmt meine Hand. Sie ist eine großgewachsene Frau, die mit ihrer Strickmütze auf dem Kopf sehr gut aussieht. Sie hat einen Mantel an, trägt eine dicke Weste und Hosen. Ich erinnere mich daran, was mir J. P. von ihrem Freund und von der Drahtschere erzählt hat. Ehering kann ich keinen entdecken. Der liegt wahrscheinlich, in Stücke geschnitten, irgendwo herum, sage ich mir. Ihre Hände sind groß, und an den Fingern hat sie diese starken Knöchel. Das ist eine Frau, die die Hände zu Fäusten ballen kann, wenn's sein muß.

»Ich hab' schon von Ihnen gehört«, sage ich. »J. P. hat mir erzählt, wie sie sich kennengelernt haben. Hatte irgendwas mit 'nem Kamin zu tun, hat J. P. behauptet.«

»Ja, Kamin stimmt«, sagt sie. »Aber wahrscheinlich gibt's 'ne Menge anderes, von dem er Ihnen nichts erzählt hat«, sagt sie. »Möchte wetten, daß er Ihnen nicht alles erzählt hat«, sagt sie und lacht. Dann — länger kann sie nicht warten — legt sie ihren Arm um J. P. und gibt ihm einen Kuß auf die Wange. Sie setzen sich in Richtung Tür in Bewegung. »Hat mich gefreut, Sie kennenzulernen«, sagt sie. »Hallo — hat er Ihnen auch erzählt, daß er der beste Schornsteinfeger weit und breit ist?«

»Komm jetzt weiter, Roxy«, sagt J. P. Den Türknauf hat er schon in der Hand.

»Er hat mir erzählt, daß er alles, wovon er was versteht, von Ihnen gelernt hat«, sage ich.

»Nun, wenigstens das ist ganz bestimmt wahr«, sagt sie. Wieder lacht sie. Aber es klingt so, als würde sie dabei an ganz was anderes denken. J. P. dreht den Türknauf hin und her. Roxy legt ihre Hand auf seine. »Joe, können wir zum Lunch nicht in die Stadt fahren? Kann ich nicht mit dir irgendwohin fahren?«

J. P. räuspert sich. Er sagt: »Die Woche ist noch nicht um.« Er nimmt seine Hand vom Türknauf und fährt sich mit den Fingern ans Kinn. »Ich glaub', den Leuten hier wär's lieber, ich würde das Gelände eine Zeitlang nicht verlassen. Wir können genausogut hier Kaffee trinken«, sagt er.

»Auch gut«, sagt sie. Wieder mustert sie mich von oben bis unten. »Ich bin froh, daß Joe einen Freund gefunden hat. War nett, Sie kennenzulernen«, sagt sie.

Sie machen sich auf den Weg hinein. Ich weiß ganz genau, daß das, was ich jetzt tun will, Blödsinn ist, ich tu's aber trotzdem. »Roxy«, sage ich. Sie bleiben in der Tür stehen und schauen mich an.

»Ich könnte ein bißchen Glück brauchen«, sage ich. »Ich mach' keine Witze. Ich könnte auch einen Kuß brauchen.«

J. P. schaut zu Boden. Er hat noch immer den Türknauf in der Hand — dabei ist die Tür schon offen. Er dreht den Knauf hin und her. Aber ich seh' sie weiter an. Roxy grinst. »Ich bin keine Kaminkehrerin mehr«, sagt sie. »Schon seit Jahren nicht mehr. Hat Joe Ihnen das nicht erzählt? Aber klar geb' ich Ihnen einen Kuß, klar.«

Sie kommt zu mir. Sie faßt mich an den Schultern — ich bin groß —, und dann drückt sie mir diesen Kuß auf die Lippen. »Na, wie schmeckt's?« sagt sie.

»Schmeckt prima«, sage ich.

»Keine Kunst«, sagt sie. Sie hält meine Schultern immer noch fest. Sie blickt mir gerade in die Augen. »Viel Glück«, sagt sie. Dann läßt sie mich los.

»Bis später, Kumpel«, sagt J. P. Er macht die Tür weit auf, und schon sind sie drin.

Ich setze mich auf die Stufen vor dem Haus und zünde mir eine Zigarette an. Ich passe auf, was meine Hand tut. Dann blase ich das Streichholz aus. Ich hab' das Zittern. Heute morgen hat es angefangen. Heute morgen wollte ich was trinken. Es ist deprimierend, aber zu J. P. hab' ich nichts davon gesagt. Ich versuche, an was anderes zu denken.

Ich denke über Kaminkehrer nach — über all das Zeug, das mir J. P. erzählt hat —, als ich mich aus einem unerfindlichen Grund plötzlich an ein Haus erinnere, das ich einmal zusammen mit meiner Frau bewohnt habe. Das Haus hatte keinen Kamin, deshalb weiß ich nicht, wieso 's mir jetzt einfällt. Aber ich erinnere mich an das Haus und daran, daß wir erst ein paar Wochen darin gewohnt hatten, als ich eines Morgens draußen ein Geräusch hörte. Es war ein Sonntagmorgen, und im Schlafzimmer war es noch dunkel. Aber da war dieses blasse Licht, das durchs Schlafzimmerfenster hereinfiel. Ich horchte angestrengt. Ich konnte hören, daß irgendwas draußen an der Mauer kratzte. Ich sprang aus dem Bett und sah nach.

»Mein Gott«, sagt meine Frau, setzt sich im Bett auf und schüttelt sich das Haar aus dem Gesicht. Dann lacht sie.

»Es ist Mr. Venturini«, sagt sie. »Ich hab' vergessen, es dir zu sagen. Er sagte, er würde heute kommen , um das Haus anzustreichen. Schon in der Früh. Bevor es zu heiß wird. Hab' ich vollständig verschwitzt», sagt sie und lacht. »Komm wieder ins Bett, Schatz. Es ist bloß er.«

»Einen Moment noch«, sage ich.

Ich schiebe den Vorhang zurück. Draußen steht dieser alte Knabe in einer weißen Montur neben seiner Leiter. Die Sonne ist gerade dabei, hinter den Bergen aufzugehen. Der alte Knabe und ich mustern uns von oben bis unten. Es ist wirklich der Hausbesitzer — dieser alte Knabe da in seiner Montur. Aber seine Montur ist ihm zu groß. Und außerdem hat er dringend eine Rasur nötig. Und auf dem Kopf hat er diese Baseballmütze, unter der er seine Glatze versteckt. Verdammtnochmal, denke ich mir, wenn das nicht ein komischer alter Bursche ist. Und da rollt eine Welle von Glücksgefühl über mich weg, weil ich nicht er bin — weil ich ich bin und mit meiner Frau hier drinnen, in diesem Schlafzimmer bin.

Er deutet mit seinem Daumen zur Sonne. Er tut, als würde er sich die Stirn abwischen. Er gibt mir zu verstehen, daß er keine Zeit zu vertrödeln hat. Der alte Knacker grinst mich an. Und da kommt mir erst zu Bewußtsein, daß ich splitternackt bin. Ich seh' an mir runter. Dann seh' ich wieder zu ihm hin und zucke die Achseln. Was hat er denn erwartet?

Meine Frau lacht. »Komm *her*«, sagt sie. »Komm wieder ins Bett zurück. Und zwar plötzlich. Auf der Stelle. Komm sofort ins Bett zurück.«

Ich lasse den Vorhang fallen. Aber ich bleibe weiter neben dem Fenster stehen. Ich sehe, wie der alte Knabe gedankenvoll nickt, als wollte er sagen: »Also, mach schon, mein Guter, geh wieder ins Bett. Ich hab's kapiert.« Er zieht den Schild seiner Mütze in die Stirn. Dann macht er sich wieder an die Arbeit. Er hebt den Eimer hoch. Er fängt an, die Leiter raufzuklettern.

Ich lehne mich jetzt an die Stufe in meinem Rücken und schlage die Beine übereinander. Vielleicht versuch' ich später am Nachmittag noch mal, meine Frau anzurufen. Und dann ruf' ich bei meiner Freundin an und erkundige mich, wie's ihr geht. Aber ich will nicht, daß ihr großmäuliger Herr Sohn an den Apparat kommt. Sollte ich tatsächlich anrufen, dann ist er hoffentlich außer Haus und tut, was er immer tut, wenn er nicht in der Nähe ist. Ich versuche mich daran zu erinnern, ob ich jemals eins von Jack Londons Büchern gelesen habe. Ich kann mich nicht erinnern. Aber eine Geschichte von ihm habe ich in der Highschool gelesen. Sie hatte den Titel: *Wie man Feuer macht*. Dieser Bursche am Yukon ist gerade am Erfrieren.

Man stelle sich das mal vor — wenn's ihm nicht gelingt, Feuer zu machen, wird er buchstäblich erfrieren. Wenn er ein Feuer hat, kann er seine Socken und so weiter trocknen und sich selbst dran wärmen.

Er bringt zwar zustande, daß das Feuer brennt, aber dann passiert irgendwas. Schnee fällt drauf. Es verlöscht wieder. Inzwischen wird die Kälte schlimmer. Die Nacht bricht herein.

Ich hole ein paar Münzen aus meiner Tasche. Zuerst will ich es bei meiner Frau versuchen. Hebt sie ab, dann wünsche ich ihr ein glückliches Neujahr. Mehr nicht. Ich fang' nicht an zu streiten. Ich hab' auch nicht vor, laut zu werden. Nicht einmal, wenn sie mit dem Streiten anfängt. Sie wird mich fragen, von wo aus ich anrufe, und ich werd's ihr sagen müssen. Kein Wort über meine Neujahrsvorsätze. Darüber darf man keine Witze machen. Wenn ich mit ihr gesprochen habe, rufe ich meine Freundin an. Vielleicht ruf' ich doch sie zuerst an. Bleibt nur zu hoffen, daß nicht ihr Sohn an den Apparat kommt. »Hallo Süße«, werde ich sagen, wenn sie abhebt. »Ich bin's.«

URS WIDMER

Schweizer Geschichten

Solothurn

Schwarze Wolken hängen am Nachthimmel über Rickenbach. Es regnet über die alten Bauernhäuser, die neuen Miethäuser, die kleine Fabrik, die Kirche, die Wirtschaft. Ein Auto fährt mit laufenden Scheibenwischern auf der Dorfstraße. Hunde bellen. Die orangen Neonlampen der Hauptstraßenbeleuchtung schwanken im Wind.

Karl sitzt in der Küche, in seinem Haus am Dorfende, am Tisch. Er rührt in der Suppe herum und starrt auf die roten Karos des Wachstuchs. Er räuspert sich. Er reibt die Hände, die voller Druckerschwärze sind, an den blauen Übergewandhosen ab. Immer wieder schlägt er die Absätze der Militärschuhe gegeneinander. Er schaut auf das schwarze Fenster, gegen das der Regen prasselt. Er sieht seine Frau an, seine Kinder. Sie schauen in ihre Teller und essen. Karl atmet tief ein. Er ißt einen Löffel. Diese Kuh mit ihrem anklagenden Blick, denkt er, und diese blöden Bälger mit ihren Glotzaugen. Lieber Gott, betet indessen seine Frau in sich hinein, mach, daß an diesem Freitag der Blitz nicht in mich hineinfährt. Amen. Karl steht auf, geht zum Kühlschrank, holt eine Flasche Bier heraus, öffnet sie mit einem Handkantenschlag auf den Bügel und geht zu seinem Stuhl zurück. »Was glotzt ihr mich an?« schreit er. »Und warum, verdammt, surrt dieser Kühlschrank?« Er trinkt. Als er die Flasche abstellt, schäumt Bier aus dem Flaschenhals. »Heilandssack!« sagt er mit zusammengebissenen Zähnen. Er wischt sich mit dem Handrücken über den Mund. »Womit habe ich das eigentlich verdient?« schreit er. »Von morgens bis abends, von morgens bis abends, von morgens bis abends?« Er wischt mit seinen schwarzen Händen heftig über die Hosen. Seine Frau sagt leise: »Karl!« Er steht auf, wirft den Stuhl um, geht zur Küchentür hinaus, nimmt seinen grauen Regenschutz aus Gummi, steckt die Fahrradklammern an die Übergewandhosen, öffnet die Haustür, geht hinaus, befestigt die Laschen des Regenschutzes an der Lenkstange des Fahrrads, schwingt sich darauf und stampft los. Er fährt auf der Dorfstraße, zwischen dunklen Bauernhäusern, Etagenhäusern und Scheunen. Der Regen prasselt auf die graue Gummihaut. Weit vorne sieht er die schwarze Kirche und das Cardinal-Schild des Restaurants Zum Kreuz, das die Kastanienbäume gelb anleuchtet.

Zur selben Zeit sitzt Otto beim Abendessen, in seinem Haus am andern Dorfende, in der Küche. Es gibt Suppe. Otto sieht auf den sich bewegenden Mund seiner Frau. Er versucht, seine Ohren abzuschalten, während er sie ansieht. Er nickt. Er spürt, während er seine Trommelfelle von innen her dickmacht, daß etwas in seinem Magen surrt wie eine verschluckte Libelle.

Seine Frau fährt mit dem Daumennagel auf dem Küchentischwachstuch hin und her, während sie redet. Ihr Daumen hat eine Rille gebildet. Wie ihre Mutter, denkt Otto, wie meine Mutter. Er ißt einen Löffel Suppe. Wenn ich jetzt aufstehe und eine Flasche Bier von der Kellertreppe hole, denkt er, geht sie hinter mir drein und redet. Ich werde mich rächen eines Tages, das werde ich. Er nimmt das Fondor. Er schüttelt die Dose und fragt über den Tisch hinweg: »Wo ist denn der Bub heute?« »Bist du verrückt geworden?« schreit seine Frau und deutet auf seinen Teller. Eine dicke Schicht Fondor schwimmt darin. »Entschuldige«, sagt Otto. »Ich habe einmal eine Tante gehabt, die hat ein ganzes Leben lang nie gefurzt.« Seine Frau starrt ihn mit weit aufgerissenen Augen an. »Warum sagst du mir das?« flüstert sie. »Ist die Suppe nicht recht?« »Doch, doch«, sagt Otto. Er schiebt den Teller weg. »Ich habe heute keinen Hunger», sagt er. Er steht auf, geht zur Küchentür hinaus, setzt den Regenhut auf, hängt sich die schwarze Filzpelerine um, krempelt die Hosenbeine bis zu den Waden hoch, geht zur Haustür hinaus und schwingt sich aufs Fahrrad. Er hört, weit hinter sich, eine Stimme. »Huereseich«, sagt er in den Regen hinein, während er zwischen dunklen Bauernhöfen mit bellenden Hunden auf den Kirchplatz zufährt. Er fährt in ein Schlagloch und hoppert vom Sattel hoch. Er spürt, wie der Schmerz schmerzt. Weit vorn, vom Cardinal-Schild der Wirtschaft erleuchtet, sieht er einen Radfahrer, der sein Fahrrad unter die Kastanienbäume schiebt. Er tritt kräftiger in die Pedale. Wasser spritzt ihm an die Beine.

Karl stellt sein Fahrrad an die Hausmauer, steckt den Schlüssel ins Hinterradschloß, schiebt den Sperriegel zwischen die Speichen, zieht die Fahrradklammern aus und steckt sie in die Kitteltaschen. Er schlägt mit den Armen von innen gegen den Regenschutz. Wassertropfen sprühen ihm ins Gesicht. Er spuckt auf den Boden. In der Ferne sieht er einen Radfahrer die Dorfstraße herunterkommen. Er geht die Stufen zum Eingang der Wirtschaft hinauf und öffnet die Tür. Er schaut die Gäste an, die an den Tischen sitzen: den Bähnler, den Briefträger, den Gärtner, den von der Genossenschaft, die jungen Arbeiter mit ihren Mädchen, die pensionierten Alten, die den Hut aufbehalten. An einem Tisch sieht er Gäste, die er noch nie gesehen hat, eine dicke Frau, einen Mann mit einem Schnurrbart, einen Mann in einem Overall. Sie jassen. Karl schließt die Tür. Er schaut auf das helle Holz des Wirtschaftsraums, das Buffet, die Gläser und Flaschen, die Kasten mit den Preisbechern von den Schützenfesten, den Musikautomaten, die Fahne des Turnvereins. »Was ist, wollen Sie anwachsen?« fragt ihn die Seviertochter und lacht. Karl sieht, daß sie eine Literflasche Weißen an den Tisch der Fremden bringt. Er schlurft durch den Raum, zum Stammtisch, an dem ein Mann sitzt. Er setzt sich. Er starrt auf die Gäste am Nebentisch. Als die Serviertochter zurückkommt, sagt er: »Einen Dreier Twanner, aber kalt.« Er sieht ihr nach, bis sie beim Buffet ist.

»An einem Freitag nehme ich nie ein Bier, weil Bier schläfrig macht«, sagt Karl zum Mann am Stammtisch. Es ist der alte Barrierenwächter vom Niveauübergang, der jetzt durch eine Unterführung ersetzt ist. Karl nimmt seine Arme unter dem nassen Regenschutz hervor und legt sie auf die Tischplatte. Er nimmt einen Bierdeckel und zerbricht ihn.

Otto stellt inzwischen sein Fahrrad an die Mauer der Wirtschaft. Er hebt das Fahrrad von Karl hoch und stellt es über seines. Der Regen rauscht durch die Blätter der Kastanienbäume. Otto sieht die erleuchteten Vorhänge der Gaststube. Er litzt die Hosenbeine hinunter. Er geht die Stufen hinauf und öffnet die Tür. Unter der Tür bleibt er stehen, mit dem Regenhut in der Hand. Er sieht auf die Gäste. Er grüßt die Serviertochter, die hinter dem Buffet einen Dreier Weißen abfüllt. Er geht zum Tisch, zu Karl und dem Barrierenwächter.

»Ich bin so frei«, sagt er und setzt sich Karl gegenüber. Karl reißt einen Bierdeckel in Schnipsel. Er starrt durch Otto hindurch. Otto hustet, dann nimmt er einen Stumpen aus dem Kittelsack und zündet ihn an. Er bläst den Rauch aus. Er öffnet die Knöpfe seiner Pelerine. Die Seviertochter bringt Karls Wein. » Zum Wohlsein«, sagt sie, dann schaut sie Otto an. Otto sagt: »Ich nehme einen Chrüter, einen doppelten.« Die Serviertochter nickt. »Es ist wegen des Wetters«, sagt Otto zu Karl. Dieser sieht ihn an. Otto raucht. »Was glotzt du mich an?« sagt Karl plötzlich. Otto bekommt Rauch in den falschen Hals und hustet. »Ich, ich glotze doch gar nicht«, sagt er. Die Serviertochter bringt den doppelten Kräuter. »Zum Wohlsein«, sagt sie. Otto hebt das Glas, prostet Karl und dem Barrierenwächter zu und trinkt. Er atmet heftig aus. Eine heiße Welle fährt über sein Gesicht.

»Sauwetter heute«, sagt Karl. Er nimmt einen andern Bierdeckel und zerreißt ihn.

»Ja«, sagt Otto. »Das ist aber oft so in dieser Jahreszeit.«

»Ja«, sagt Karl. »Die gestopften Herren, die sind jetzt auf den Kanarischen Inseln und rösten sich den Arsch an der Sonne, mit ihren Sekretärinnen.«

»Jaja«, sagt Otto. Er trinkt den Kräuter aus. Der Barrierenwächter nickt vor sich hin. »Ich habe einmal, im Vierundfünfzig, die Barriere nicht heruntergelassen, als der 16 Uhr 14 kam. Wie durch ein Wunder ist nichts passiert«, sagt er, »wie durch ein Wunder.«

»Bier kann man auch keines mehr saufen», sagt Karl und schüttet ein Glas Wein hinunter. »Zum Beispiel jetzt das Zeug mit dem Cardinal. Überall plötzlich nur noch Cardinal-Bier. Cardinal schmeckt wirklich wie hingebrunzt, oder?«

»Da hast du recht«, sagt Otto. »Ich habe immer Salmen getrunken.«

Karl nimmt einen Zahnstocher aus dem Zahnstocherhalter und zerbricht ihn in der Mitte. »Ich kann mich genau daran erinnern, wo der Becher dreißig Rappen gekostet hat«, sagt er. »Und es gab keine Stangen und Tulpen und Rugeli, und wie das Zeug alles heißt. Es gab einen Becher, oder dann eine Flasche.«

»Ja«, sagt Otto.

Karl trinkt sein drittes Glas aus und hebt den Dreier hoch. Die Serviertochter nickt. Otto dreht sich nach dem Buffet um und ruft: »Bringen Sie grad einen Halben, Fräulein, und noch ein Glas.« Er zündet sich seinen Stumpen neu an und bläst langsam Rauch aus den Mundwinkeln. Karl wirft mit dem Ärmel sein Glas um. Der Barrierenwächter schaut ihn an. »Wie durch ein Wunder ist nichts passiert«, sagt er. Karl und Otto trinken. Otto schaut zu, wie das Pendel der Wanduhr hin- und herschwingt. Die Alten mit den Hüten jassen jetzt auch. Sie klopfen auf den Tisch beim Ausspielen der Karten. Karl steht auf und zieht den Regenschutz aus. Er zieht eine feuchte Spur hinter sich her, als er zu den Kleiderhaken geht.

»Tatsächlich«, sagt Otto. »Ich habe meine Pelerine auch die ganze Zeit noch an.« Er legt den Stumpen in den Aschenbecher, auf dem Villiger steht, steht auf und zieht sie aus. Er wartet, bis Karl von den Kleiderhaken zurück ist, dann geht er hin und hängt die Pelerine an einen Haken. Er nimmt den Regenschutz Karls und hängt ihn darüber. Auf dem Rückweg nickt er den Alten mit den Hüten zu. »Wie ist die Arbeit?« sagt einer. Otto macht eine Grimasse. »Immer dasselbe«, antwortet er.

»Seit fünfundzwanzig Jahren komme ich in diese Beiz«, sagt Karl, als Otto sich wieder gesetzt hat, »aber jetzt haben sie doch wirklich so eine Hurenmusikmaschine hineingestellt. Das hätte es unter dem alten Wirt nicht gegeben.«

»Ja«, sagt Otto. »Der schaute auch auf den Batzen, aber er duldete nicht jeden Halbstarken als Gast. Wenn ich denke, das Geld, das in diesen Musikmaschinen verpulvert wird.«

»Wenn wenigstens noch eine anständige Musik drin wäre«, sagt Karl. »Aber nur so Negerzeug.«

Karl winkt der Serviertochter. Sie ist dick, trägt einen weißen Pullover und einen schwarzen Rock, sie hat eine große Brust, toupierte Haare, feste Beine, ein rundes Gesicht mit ein paar Pickeln. Sie lacht. Karl hält sie um die Hüften, während er ihr sagt, daß sie noch einen halben Liter bringen soll. Die Serviertochter lacht lauter, sie tapst Karl auf die Finger, dann geht sie zum Buffet. Karl und Otto schauen ihr nach. Sie sehen, wie sie den Weißwein aus einer lLiterflasche in das Halbliterglas abfüllt. »Ein richtiger Weißer macht einen Stern«, sagt Karl. »Nach dem Krieg hatten wir den Rubateller, der war auch eine schöne Sauerei. Aber heute sitzen die gestopften Säcke von der Ciba im Aufsichtsrat von den Weinproduzenten. So ist das heute.«

»Ja«, sagt Otto.

Die fremden Gäste lachen jetzt laut. Die dicke Frau klatscht in die Hände, der Mann mit dem Schnurrbart hat sich verschluckt und hustet mit einem roten Kopf, und der Mann mit dem Overall lacht dröhnend.

»Ich möchte wissen, was die hier wollen«, sagt Karl, »Ausländer.«

»Vielleicht ist ihr Flugzeug hier notgelandet«, sagt Otto. »Der Große sieht aus wie ein Pilot, oder wie vom Fernsehen.«

Er zieht an seinem Stumpen, heftig, bis er wieder brennt. Er hustet.

»An der letzten Jaßmeisterschaft ist der Keller Jakob bis in den Halbfinal gekommen«, sagt Karl. »Er mußte nach Frauenfeld fahren, auf eigene Kosten, und hat einen ganzen Schinken gewonnen.«

»Ich habe davon gehört», sagt Otto.

»Wenn es diesen Tourismus nicht gäbe«, sagt Karl, »sähe es auch anders aus in der Welt. Früher sind wir alle geblieben, wo wir gewesen sind. Darum gab es auch kein Biafra und Vietnam und so Zeug. Einmal im Monat sind wir nach Olten, das hat uns genügt.«

»Eben«, sagt Otto.

»Heute will jedes Arschloch auf eine Südseeinsel«, sagt Karl. »Aber wenn sie auf einem Velo hocken, haben sie nach hundert Metern einen Herzkollaps. In den Städten fahren die Jungen mit dem Auto zur Schule. Wenn wieder einmal eine Not kommt, dann sitzen die schön da. Sie tun den ganzen Tag nichts und schimpfen auf den Bundesrat und sehen aus wie Mähnenschafe.«

»Richtig«, sagt Otto. » Meine Frau will unserem Bub jetzt dann einmal mit der Schere dahinter, wenn er schläft, nachts.«

»Recht hat sie«, sagt Karl, »sie hat ganz recht.«

»Ja«, sagt Otto, »natürlich. Nur, der Bub schließt die Tür ab, und manchmal schläft er überhaupt nicht zu Hause.«

Karl sieht Otto mit großen Augen an. Er nimmt einen Schluck. »Was?« sagt er. »Ich würd meinem aber schön die Meinung sagen, wenn er.« Otto nickt. Die Fremden am Nebentisch lachen.

»Schau dir den dort zum Beispiel an«, sagt Karl und zeigt mit dem Daumen auf den Fremden mit dem Schnurrbart. »Er ist erwachsen, er ist bestimmt fünfunddreißig, und wie er aussieht.« Otto nickt. »Das gäbe es bei uns nicht, sicher nicht.«

Karl schenkt sich und Otto ein. »Sicher nicht.« Er trinkt sein Glas leer. »Wir würden ihm mit dem Sackmesser den Schwanz abschneiden.« Karl haut mit der Faust auf den Tisch. Die Gläser hüpfen herum. Otto lacht. Karl hat jetzt ein rotes Gesicht. Der Barrierenwächter, der eingenickt war, schreckt auf. Karl dreht sich nach den fremden Gästen um.

»Wo kommen Sie denn her, Sie?« fragt er.

Die dicke Frau, die eine Karte in der erhobenen Hand hat, schaut ihn an und fragt: »Verzeihung, meinen Sie mich?«

»Ja«, sagt Karl.

Die dicke Frau schaut den Mann mit dem Schnurrbart an.

»Was hat er gesagt?« fragt sie leise. »Er hat gefragt, woher wir kommen«, sagt der Mann mit dem Schnurrbart. Dann sagt er zu Karl: »Aus Frankfurt. Aus Deutschland.«

»Soso«, sagt Karl, »aus Deutschland.«

Er dreht den Fremden wieder den Rücken zu und trinkt einen Schluck. Er schaut Otto an. »Aus Deutschland also.« Er schaut auf die pensionierten Jasser, die braunen Vorhänge, die jungen Mädchen hinter ihren Cocas, den Wandkalender mit einem Farbfoto von einem Gletscher, die Parisienne-

Reklame, das Fondue-Plakat, das Amtsblatt, das an einem Bügel an einem Haken hängt. Er sagt: »Warum bleiben die nie, wo sie sind? Wo man hinkommt steht einer von denen und läßt sich unser Benzin in seinen Mercedes füllen. Acht Jahre bin ich mit dem Gewehr am Rhein gestanden, und jetzt sitzen sie in unsern Wirtschaften.«

»So ist es«, sagt Otto. »Ich bin im Aktivdienst in der Gotthard-Festung gewesen. Acht Jahre im Felsen, aber wenigstens gab es keine Ausländer.«

»Ja«, sagt Karl. »Unsere Jungen wären auch anders, wenn es nur unsereinen gäbe. Zum Beispiel diese Bombenwerfer. Wir haben damit nicht angefangen, wir bestimmt nicht.«

Sie trinken ihre Gläser aus.

»Einer von denen hat jetzt das Schloß Sargans gekauft und überall Kachelbäder eingebaut«, sagt Karl dann, »und ein anderer will das Gotthard-Hospiz kaufen.«

»Ja«, sagt Otto. »Es ist aber so, daß sie den Krieg nicht gewonnen haben, wie wir. Und sie haben ein scheußliches Land.«

Karl nickt. »So etwas wie die Klus von Balsthal gibt es in Deutschland nicht. Wir sind ja auch nicht so Arschlöcher.«

Otto macht mit Bierdeckeln ein Kartenhaus. Er hält den Atem an, wenn er einen Deckel auf die untere Deckeletage stellt. Seine Hand zittert ein bißchen. Karl winkt mit der Hand, und die Serviertochter bringt noch einen Halben. »Komm, trink auch ein Glas«, sagt er zu ihr. Sie lacht und schüttelt den Kopf. »Ich trinke nur mit schönen Männern«, sagt sie. Karl bekommt einen roten Kopf. Er trinkt sein Glas leer. Otto lacht. Karl dreht sich um und schaut zu, wie die Fremden jassen. Sie sprechen viel und die dicke Frau hat die Karten verkehrtherum sortiert. Der Mann mit dem Schnurrbart zählt jetzt die Karten. »Zweiundsechzig«, sagt er.

»Fünfundneunzig«, sagt Karl laut.

Die dicke Frau schaut zu ihm hinüber. »Ja«, sagt er. »Ich kann von jeder Jaßzahl die Gegenzahl. Ich jasse seit fünfunddreißig Jahren.«

»Danke«, sagt die dicke Frau. Jetzt verteilt der Mann im Overall die Karten. Karl stößt die dicke Frau mit dem Daumen in den Rücken. »Sie müssen nicht die Trumpfkarten ziehen, wenn Sie nur den Bauern und den Zehner haben«, sagt er.

»Ja«, sagt die dicke Frau, »danke.«

»Bei uns sagen die Kiebitze kein Wort«, sagt der Mann im Overall, »sie wundern sich still über die fernen Sitten und Gebräuche.« Karl bekommt einen roten Kopf. »Bei Ihnen, bei Ihnen«, sagt er. »Ich weiß überhaupt nicht, ob das in der Schweiz erlaubt ist, daß Ausländer jassen.« Er schlägt auf den Tisch. Ottos Kartenhaus stürzt zusammen. Der Barrierenwächter umklammert sein Bier. Otto sagt: »Komm, Kari, laß sie.«

»Wieso ich?« sagt Karl laut und wendet sich Otto zu. »Die kommen doch hierher und spielen, daß es einem graust. Sie spielen ein Nell, wenn der Bauer noch nicht gelaufen ist.«

Otto nimmt sein Glas. »Prost!« sagt er. Er trinkt. Karl schaut ihn an. »Du bist wohl für diese gestopften Säcke?« sagt er. »Zuerst haben wir sie durchgefüttert, und jetzt kaufen sie jede Alpenwiese.« Er beugt sich über den Tisch und starrt Otto an.

»Aber nein«, sagt Otto. »Aber es sind doch nicht alle so.«

Karl bekommt geschwollene Adern an den Schläfen.

»Sag das nochmals«, sagt er.

»Sag das nochmals.«

»Was denn?« sagt Otto. »Daß sie nicht alle so sind?«

Karl nimmt sein Glas und schüttet Otto den Wein ins Gesicht. Otto spürt, wie ihm der Wein von der Stirne herunterläuft, über die Augen, den Mund, in den Hemdausschnitt. Er steht auf. Sein Stuhl fällt um. Er wischt sich mit dem Ärmel über die Nase. Sein Mund ist offen. Er starrt Karl an. Langsam, ganz langsam steht dieser auf. Ottos Unterlippe zittert.

»Willst du etwa einen auf den Schnauz?« sagt Karl. Er öffnet den obersten Knopf seines Kittels. Otto sagt:

»Das lasse ich mir nicht bieten, ich nicht.«

»So«, sagt Karl.

Alle Gäste der Wirtschaft haben jetzt die Jaßkarten auf die Tische gelegt. Es ist still. Alle schauen auf Karl und Otto, mit glänzenden Augen. Die Alten mit den Hüten lecken sich die Lippen. Sie trinken, ohne auf ihr Glas zu sehen. Otto und Karl stehen sich gegenüber. Sie schauen sich in die Augen. Otto läßt langsam den Ärmel seines Kittels den Arm hinuntergleiten. Karl öffnet jetzt mit kräftigen Rucken seinen zweitobersten, seinen zweituntersten und seinen untersten Knopf. Er schiebt die Rockschöße nach hinten und steckt die Daumen in den Gürtel. Ottos Kittel hängt jetzt nur noch an seiner rechten Hand. Sein Oberkörper ist vorgebeugt. Die Mädchen stöhnen auf, als er einen Schritt nach vorn macht. Karl zieht mit einem Ruck den Kittel von seiner Schulter, auch sein Kittel baumelt jetzt nur noch über der rechten Hand. Der Barrierenwächter steht auf. Er nimmt sein Bierglas und geht an einen andern Tisch. Der Holzboden knarrt. Der Barrierenwächter setzt sich zu einem der Alten und nimmt einen Schluck Bier.

»Wie durch ein Wunder ist nichts passiert«, sagt er zu ihm.

»Wart nur«, sagt dieser, »das kommt schon noch.«

Langsam ergreift Otto mit der linken Hand den Halbliterkrug mit dem Weißwein. Er gießt sein Glas voll, stellt den Krug ab, nimmt das Glas, hebt es hoch und schaut Karl an. Karl starrt unbewegt zurück. Die Mädchen stecken sich die Finger in den Mund und beißen darauf. Otto schüttet Karl den Wein ins Gesicht. Sofort werfen beide die Kittel weg und stürzen sich mit geballten Fäusten aufeinander. In der Wirtschaft wird jetzt geredet und gelacht. Alle Gäste stehen. Die Mädchen klettern auf die Bänke und kreischen. Die Männer knöpfen langsam ihre Kittel auf, während sie die Schlägernden nicht aus den Augen lassen. Die Alten haben glänzende Augen, langsam tun sie die Hüte von den Köpfen, sie schlagen, während sie auf Karl und Otto schauen, die Fäuste der rechten gegen die Handflächen der linken Hand. Otto und Karl boxen sich an die Kinne. Die Serviertochter rennt von Tisch zu Tisch und sammelt die Gläser ein. Sie stellt Flaschen und Teller unters Buffet. Karl erwischt Otto mit einem Schwinger, so daß dieser über den Tisch der fremden Gäste fällt. Der Tisch kippt um, mit den Getränken, der Jaßtafel, den Karten. Die Männer in der Wirtschaft johlen. Die dicke Frau rennt mit einem erschreckten Gesicht rückwärts in eine Ecke des Lokals. Der Mann mit dem Schnurrbart hüpft zur Seite. Der Mann mit dem Overall bleibt stehen. Er strahlt übers ganze Gesicht.

Karl und Otto rollen durchs Lokal, stumm auf sich einschlagend. Endlich werfen sie den Tisch der Alten mit den Hüten um, diese ziehen die Kittel aus und stürzen sich auf die beiden. Nun schlägert das ganze Lokal. Die Mädchen starren mit glitzernden Augen auf die kämpfenden Männer. Alle brüllen jetzt. Flaschen fliegen durch die Luft, Bänke, Tische, Stühle. Die Glasscheibe der Musikbox zersplittert. Die Serviertochter schlägt die Hände vors Gesicht. Sie hört, hinter ihr Buffet gekauert, das Stampfen, Brüllen und Schlagen der Gäste, dann noch das Brüllen und Schlagen, dann nur noch das Schlagen. Dann ist es still. Die Serviertochter lugt über die Buffetkante. Sie sieht die Männer, die sich langsam vom Boden erheben und die Hosenbeine abklopfen. Sie stopfen sich die Hemden in die Gürtel und wischen sich den Schweiß von der Stirn. Die Saaltochter nimmt den ersten Tisch, der vor ihr steht, und schiebt ihn an seinen Platz zurück. Ein paar Männer liegen noch immer am Boden. Die Mädchen klettern von den Bänken und rennen zu ihnen. Sie wischen ihnen mit ihren Taschentüchern über die Stirn. Sie flüstern ihnen Worte ins Ohr. Die Serviertochter läuft in den Saal hinüber und bringt neue Stühle. Sie tut die abgebrochenen Stuhlbeine in den Kachelofen. Sie bringt Wein und Bier. Musik kommt aus der Musikbox. Die alten Männer reden laut und zeigen sich ihre Wunden. Karl und Otto sitzen mit roten Gesichtern nebeneinander. »Eine Runde fürs ganze Lokal«, ruft Karl. Er sieht sich mit seinen beiden blauen Augen im Raum um. Alle lachen und prosten ihm zu. Otto hält ein Seidentaschentuch in der Hand und tupft sich die blutende Stirn ab. Er lacht. Er bestellt zweimal Servelat mit Senf und Brot, einmal für Karl, einmal für sich. Alle reden jetzt sehr laut. Der Barrierenwächter sagt etwas zu seinem neuen Nachbarn, einem der jungen Arbeiter. Dieser nickt.

Der Mann im Overall und Karl reden miteinander. »Ich bin Setzer in einer Druckerei in Olten«, sagt Karl. »Wenn ich zur Arbeit fahre, ist Nebel, und wenn ich zurückkomme, ist wieder Nebel. Wir drucken Gebetbücher und Etiketten für Konservendosen, von morgens bis abends, von morgens bis abends. Schau meine Hände an. Am Freitag bin ich immer so. Am Samstag und am Sonntag fahre ich mit dem Velo an die Aare und fische, aber es hat keine Fische mehr. In der Nacht vom Montag träume ich dann wieder von den Setzmaschinen. Und du?« »Ich bin Pilot von einem Fesselballon«, sagt der Mann im Overall. »Diese da, die Dicke, ist Verkäuferin in einem

Warenhaus, aber jetzt hat sie Ferien. Der mit dem Schnauz schreibt Bücher.«

»Aha«, sagt Karl. Otto erklärt inzwischen der dicken Frau und dem Mann mit dem Schnurrbart die Spielregeln der Wirtshausschlägerei. »Einmal in der Woche ist das Normale«, sagt er, »aber man muß mit der Vorbereitung schon zu Hause anfangen. Wenn einer schon gutgelaunt in die Wirtschaft kommt, wird nie eine brauchbare Schlägerei daraus.« Die Serviertochter bringt eine neue Runde Bier. »Jetzt, danach«, sagt Karl, »trinke ich immer Bier, oder einen Magdalener. Während der Arbeit kann ich dafür keinen Weißen trinken, ich würde die Maschinen zusammenschlagen vor Wut.« Er tastet mit den Fingern über die geschwollenen Augen. »Ist euch auch schon aufgefallen«, sagt er dann, »daß das Schweizer Bier friedlicher ist als das deutsche? Eine Flasche Feldschlößchen oder Salmen macht ruhig wie ein Schaf, ein deutscher Humpen aber macht böse wie ein nasser Zollbeamter.« Der Mann mit dem Schnurrbart nickt. Dann singen alle. Sie singen »Vo Luzärn gäge Wäggis zue« und »Lustig ist das Zigeunerleben« und »Grüetziwohl, Frau Stirnimaa«. Otto hat, wenn er singt, eine Fistelstimme, wie ein Sopran. »Schunkeln tun wir nie«, schreit er der dicken Frau ins Ohr, die ihn am Arm hält. »Lieber versinken wir im Erdboden.«

Dann öffnet die Saaltochter die Fenster und stellt die freien Stühle auf die Tische. Sie ruft: »Feierabend!« Sie geht von Tisch zu Tisch und kassiert. Karl gibt ihr ein rechtes Trinkgeld. Sie lacht. »Ihr seid mir zwei«, sagt sie. Karl und Otto stehen auf, nehmen den Regenschutz und die Pelerine und öffnen die Tür. »Gute Nacht«, sagen sie. Der Barrierenwächter ruft etwas. Sie lachen. Sie gehen die Stufen hinunter, es regnet nicht mehr, und ein leiser Wind rauscht in den Kastanienbäumen. Sie hören, während sie an einen Baum pinkeln, fernes Hundegebell. Sie bellen auch. Karl sucht in seinen Taschen nach dem Schlüssel für das Fahrradschloß. Otto singt. Er krempelt die Hosenbeine hoch und schaut zu, wie das Polizeiauto vor der Wirtschaft hält. Zwei Polizisten steigen aus und gehen langsam die Stufen hinauf. Karl steckt sich seine Fahrradklammern an. Sie nehmen ihre Fahrräder, schwingen sich in den Sattel und fahren los, Karl nach rechts, Otto nach links. Sie rufen sich Sätze zu, bis sie sehr weit auseinander sind. Schwankend fahren sie durch die leere, dunkle Dorfstraße. Ein halber Mond kommt zwischen den Regenwolken hervor. Sie hören jetzt nur noch das Surren ihrer Dynamos und, in ihrem Rücken, das ferne Grölen der Gäste des Restaurants Zum Kreuz. Sie atmen tief ein und aus. Ahh. Mit kräftigen Schritten gehen sie zur Haustür und stecken den Schlüssel ins Schloß.

J.P. DONLEAVY

Ginger Man

Im Labyrinth der Nacht

Sebastian hockte vornüber gebeugt, von Freude durchströmt. Das war eine Party. Sie hockten im Scotch-Haus zwischen zwei großen Fässern. Draußen schwappte das Wasser gegen die Guinessboote. Clocklan bellt Lachen heraus.

Ich glaube, das wird eine großartige Nacht. Alle möglichen Typen sind eingeladen. Ungute und Unbedarfte, die Boshaften und die Behämmerten. Die Unreinen und die Entehrten. Täglich Kommunizierende und angesehene Mitglieder des Marienvereins. Die Versager und die, die gerade am Kippen waren. Dublin ist berühmt wegen seiner kleinen Angestellten und Beamten. Um neun im Büro, um sechs wieder zu Hause. Die Wracks dieser vermieften Körper. Die Frau langt längst nicht mehr hin, oder sie bekommt Herzstiche. Eine Party der Angstverzehrten und der Unterlinge. Mr. Dangerfield, alias Danger, Barren (aus Gold, versteht sich), Bulle Bumfiedeler und Biest wird euch erzählen, wie man da rauskommt. Dabei darf man nicht vergessen, daß es hart aber fair ist. Diese kleinen Lottereien zeigen den Leuten, daß du hart im Nehmen bist. Von Ungemach so gut wie von Vergnügen.

Und meiner Meinung nach sollte eigentlich in der Mitte ein Tisch stehen, damit man das Tier auch demonstrieren kann. Stenoblocks zum Notizenmachen, bitte. Ich erzähl euch alles, was ihr wissen wollt. Jetzt seh ich ja vielleicht noch nicht nach viel aus, aber kommt mal in fünf Jahren wieder. Hui. Und vergeßt auch bitte nicht, daß ich auf dem Trinity College bin. Wo ich bin, ist immer was los. Zum Abschluß leg ich euch dann noch einen Flamenco hin und fange Oliven mit dem Mund auf und noch so ein paar Kleinigkeiten. Und gesungen wird natürlich, wobei Mr. Dangerfield dirigiert und Tee und Gebäck wird von echten Norddubliner Huren aufgetragen für diejenigen unter euch, die unter Verdrängungen leiden.

»Clocklan, ich hab schwer den Moralischen.«

»Hol dir einen Kasten Stout und schwemm den Moralischen runter. Die Party wird großartig, kann ich dir sagen.«

»Ich müßte eigentlich nach Hause, Percy.«

»Ach, hör auf. Das kannst du dir doch nicht entgehen lassen.«

Sie gehen die Grafton Street hinauf und tragen graue Kartons mit Stoutflaschen. Dangerfield singt:

Mein Herz ist wie
Eine ausgequetschte Traube

Nur der Kern
Ist übrig.
Nur der Kern.

»Ich werd zu Hause rausgeschmissen!«

»Mensch, was hältst du dir denn für ein Zuhause? Gib deiner Alten einen anständigen Tritt in den Hintern. Dich rausschmeißen? Unsinn. Hier sind wir schließlich in Irland.«

Sie gingen durch ein eisernes Tor und dann die steilen, schwarzen Stufen hinunter. Tony Malarkey, Gastgeber, grinsend, ein zufriedener Bulle, der den warmen Körper einer läufigen Kuh wittert, zählt die Stoutflaschen. Augen auf die Korken geheftet. Durch eine Spülküche in einen großen Küchenraum. Etwas zu trinken kam auf den Tisch. Clocklan nahm sein Glas und ging in eine Ecke hinüber, die Flaschen versteckte er unter ein paar Lumpen. Malarkey schaute ihm zu.

»Wo willst du denn mit dem Stoff hin, du Hund?«

»Wird nicht an deine miesen Kutteln verschwendet.«

Überall knallen Korken. Ein Geruch nach feuchten Wänden und Nischen. Ein Gefühl von langen Korridoren und verborgenen Räumen, Tunnel in der Erde, schwarze Schächte und Weinkeller, die mit verschimmelten Matratzen angefüllt sind. Mitten in der Küche brennt eine Glühbirne. Der Boden: schmutzige rote Fliesen. Weiß gekalkte Wände und mickrige Strebpfeiler, die die Decke kreuzen. Und noch mehr Leute strömen zur Tür herein, beladen mit Taschen voller Stout.

Sebastian steckt sich ein paar Flaschen in die Taschen. Tankt auf. Er geht durch das Zimmer. Ein untersetztes Mädchen steht da ganz allein. Schmelzende grüne Augen und langes schwarzes Haar. Vielleicht ist ihr Vater Sargschreiner und sie ist irgendwo Hausmädchen.

Sebastian neben ihr. Sie zog eine Augenbraue hoch. Hui, das ist kein Hausmädchen und keine Schranze. Was für grüne Tieraugen. Er nahm die Flasche, hielt sie zwischen den Knien, ein schnelles Drehen des Korkenziehers. Dann strafft sich der Körper. Plopp. Der braune Schaum tropft ihm aus den Mundwinkeln. Er lächelt das Mädchen an.

»Wie heißt du?«

»Das ist ja wohl ein bißchen direkt gefragt.«

»Was soll ich denn fragen, wenn es nach dir geht?«

»Ich weiß nicht, ich find es nur sonderbar, wenn man mich gleich nach dem Namen fragt.«

»Ich heiße Sebastian.«

»Ich heiße Mary.«

»Du siehst italienisch aus, Mary.«

»Wollen Sie mich auf den Arm nehmen?«

»Bueebo. Dangidegi. Das ist afrikanisch und heißt: Ganz gewiß nicht, schöne Maid.«

»Sie machen sich über mich lustig. Das finde ich gar nicht nett. Sie sind ein sonderbarer Bursche.«

»Hier, nimm eine Flasche Stout, Mary. Ich will dir mal was erzählen. Zuerst etwas über die Sünde.«

»Was verstehen Sie schon von der Sünde?«

»Ich kann Sünden vergeben.«

»Das ist eine Sünde, wenn man das sagt. Ich will mich nicht mit Ihnen unterhalten, wenn Sie solche Dinge sagen.«

Die Rolle des Gentleman annehmend gab Sebastian Mary ein Glas Stout. Er geleitete sie in einen Teil des Raumes, wo sie sich auf eine Bank setzen und unterhalten konnten. Sie sagte, sie wäre das Leben zu Hause satt. Ihr Vater hatte schon seit drei Wochen überhaupt keine Verdauung mehr und da mußten sie den Doktor holen und der Doktor konnte nichts für ihn tun, und sie glaubten, daß er von dem ganzen Gift im Körper sterben würde. Sie sagte, er läge einfach im Bett und würde einfach nicht zur Arbeit gehen. Schon seit Monaten, und der Gestank sei nicht mehr zu Aushalten, und sie mußte das Haus in Ordnung halten und noch für ihre beiden jüngeren Brüder sorgen.

Clocklan hofierte in einer anderen Ecke des Raumes eine glatthäutige Blonde. Die Party hatte bereits einen Bodensatz von Langeweile und Unzufriedenheit. Plötzlich pfiff eine Stoutflasche durch die Gegend und knallte einem effeminierten Burschen gegen den Kopf. Ein zaghafter Ausruf der Mißbilligung und ein Chor der ermunternden Zustimmung. Ein Stuhl krachte, ein Mädchen wand sich und schrie, sie lasse sich nicht anfassen. Sebastian rückte mit Mary ans Ende der Bank und gab ihr einen Bericht über das, was vorging. Irgend etwas war da drüben im Gange. Clocklan hatte seine blonde Frau stehen lassen und redete mit einem Männchen, der, so hatte jemand gesagt, von Hause aus Juwelier war. Plötzlich hob Clocklan den Arm und schlug dem Männchen mit der Faust ins Gesicht. Der fiel hin, kroch verzweifelt und Schutz suchend unter eine Bank, weg von dem johlenden Clocklan und bekam von einem Mädchen einen Tritt ins Gesicht, weil sie glaubte, er wollte ihr unter den Rock schauen.

Ganz gewiß ein Keller der Verdammten. Ich kann einfach keine Wirtschaftskrüppel ausstehen, und ich mag die Leute nicht, die früher mal reich gewesen sind. Die wollen bloß immer dabei sein, damit sie vor ihrem Schlamassel weglaufen können. Vielleicht kann ich einfach nicht warten, bis es soweit ist. Da sind noch ein paar in der Mitte des Raumes übriggeblieben. Die anderen — im Kampf geschlagen — hatten sich in die Ecken zurückgezogen und äußerten keine dezidierte Meinung, standen bloß da mit verglasten Augen, besoffen.

Mary hebt den Kopf und schaut ihn mit ihren grünen Augen an.

»Ach, was hier alles so passiert.«

»Eine schlimme Bande, Mary.«

»Wo bist du in England zu Hause?«

»Ich bin kein Tommy, Mary.«
»Woher bist du denn?«
»Ich bin Amerikaner.«
»Wirklich?«
»Und du bist Irin?«
»Ja.«
»Gefällt dir Irland denn?«
»O ja, ich möchte nirgendwo anders leben.«
»Bist du denn schon mal woanders gewesen?«
»Nein.«
»Hast du deinen Vater gern?«
»Das ist eine ganz komische Frage. Warum fragst du so komisch?«
»Ich mag dich. Ich möchte gern wissen, ob du deinen Vater gern hast.«
»Nein, ich mag ihn nicht.«
»Warum?«
»Weil er mich nicht mag.«
»Warum mag er dich denn nicht?«
»Ich weiß nicht. Er hat mich nie wirklich gemocht.«
»Woher weißt du denn, daß er dich nicht gern hat?«
»Weil er mich rumstößt und mich verprügelt.«
»Darf ja wohl nicht wahr sein, Mary. Schlägt er dich wirklich?«
»Ja, er verprügelt mich.«
»Warum denn?«
»Für nichts und wieder nichts.«
»Er muß doch irgendeinen Grund haben?«
»Nein. Wenn ich spät nach Hause komme, dann fragt er mich, warum es so spät ist und ganz egal, was ich auch sage, er findet immer irgendeinen Vorwand, um mich zu hauen und er fängt mich immer draußen in der Garderobe ab, damit ich ihm nicht entwischen kann, und dann schlägt er einfach auf mich ein. Er kann mich nicht ausstehen.«
»Wirklich?«
»Ja. Und dabei hat er doch gar keinen Grund. Wenn ich nach Hause komme, dann hockt er vor dem Radio, ich häng meinen Mantel auf und er ruft mich ins Zimmer, und dann fragt er mich, wo ich gewesen bin und behauptet, ich würde mich im Park mit Männern treffen und mit ihnen gehen. Und dabei hab ich überhaupt keinen Mann gesehen. Dann nennt er mich eine Lügnerin und beschimpft mich, und wenn ich dann sage, daß ich ihm die Wahrheit erzählt hab, dann prügelt er los.«
»Und was sagt deine Mutter dazu?«
»Sie ist tot.«
»Und du sorgst für deinen Vater und für deine Brüder?«
»Ja.«
»Warum gehst du nicht weg von zu Hause? Geh doch nach England und such dir eine Stellung.«

»Ich will meine kleinen Brüder nicht im Stich lassen. Die sind noch sehr klein«

»Aber dein Vater kann dich doch jetzt nicht mehr verhauen.«

»Er versucht es manchmal, aber ich bin jetzt stärker.«

Ich mag Mary gern anschauen. Was ist das bloß? Sie ist angenehm zum Ansehen. Ob sie sich auch so angenehm anfühlt? Die Ärmel ihres Pullovers hat sie bis über die Ellenbogen hochgeschoben. Schlanke glatte Handgelenke und stattliche Schultern. Möchte nicht mit ihr aneinandergeraten, höchstens in beiderseitiger Leidenschaft.

Plötzlich gab es einen Krach bei der Tür. Die Türfüllung fiel nach innen und ein mächtiger Kopf schaute singend herein.

Mary Maloney hält den Arsch
wie 'nen Sündenapfel hin.
Gib mir Marys drallen Arsch
und 'ne volle Flasche Gin!

Ein Mann, die Haare verklebt von Stout und Schuppenfett, mit einer rot behaarten Brust, die aus dem schwarzen Anzug hervorleuchtete, mit klobigen Fäusten, die um seinen massigen Schädel kreisten, brach mit schallendem Gesang in diesen Keller der gequälten Seelen ein.

Kommt dein Mütterlein von Jesus
Mit dem Haar so weiß wie Schnee,
Mit dem schönsten Paar von Titten,
die die Welt je hat gesehn...

Mary zupfte Sebastian am Ärmel.

»Wer ist das? Das ist ja schockierend.«

»Er ist der Sohn des Oberbürgermeisters von Dublin. Und sein Onkel hat die Nationalhymne geschrieben.«

»Ist das wirklich wahr?«

»Mary, wenn ich etwas sage, dann ist es immer die Wahrheit. Übrigens, was hast du eigentlich vor?«

»Wie meinst du das?«

»So im Leben.«

»Du meinst, was ich werden will? Das weiß ich nicht. Ich weiß nicht, was ich werden will. Als ich klein war, wollte ich immer Tänzerin werden. Ich hätte eigentlich nichts dagegen, auf eine Kunstakademie zu gehen. Zeichnen macht mir Spaß.«

»Was zeichnest du denn?«

»Ach, alle möglichen Dinge. Ich zeichne gern Frauen.«

»Warum denn keine Männer?«

»Ich zeichne lieber Frauen. Männer zeichne ich natürlich auch.«

»Aber Frauen am liebsten?«

»Ja. Solche Fragen hat mir noch keiner gestellt. Ich bin noch nie einem netten Mann begegnet.«

»Gar keinem?«

»Na, dich meine ich nicht. Dich kenne ich ja gar nicht. Vielleicht bist du ganz in Ordnung. Frauen sind meist freundlich.«

»Hast du auch Frauenkörper gern?«

»Das ist vielleicht eine lustige Frage. Warum willst du das eigentlich alles wissen?«

»Weil du sehr nett gebaut bist.«

»Wie willst du das denn wissen?«

»Das kann ich an deinen Zähnen sehen.«

»Wieso?«

»Gute Zähne bedeuten einen guten Körper. Gottes Zähne sind großartige Zähne. Mary, du mußt noch auf einen Drink mit mir kommen.«

»Aber alles ist doch zu.«

»Ach, es gibt schon noch Lokale.«

Der Raum voller Rauch. Auftauchende Köpfe. Jene, die zum Schweigen geprügelt worden waren, hockten gegen die weißen abblätternden Wände gelehnt und auch die, die sie geschlagen hatten — ein großartiger Haufen. Barney singt, schwankt auf den Fliesen hin und her. Schwitzt. Clocklan hatte die Blonde allein gelassen und zog den kleinen Juwelier in den schwarzen Hintergrund der Katakomben, um ihm dort noch einmal den Kopf zu waschen. Er haute ihn noch einmal auf den Kopf mit der Faust. Ich kann dir sagen, hier, hier ist was los. Schwer was los. Malarkey schrie, er wäre hier der König, und wenn sie nicht alle ein bißchen fröhlicher würden, dann würde er ihnen die Fresse polieren. Clocklans Mieze sprang auf den Tisch und begann zu tanzen. Wackelpudding nannte sie den Tanz. Und Percy kam mit einem breiten Grinsen auf dem Gesicht zurück, das er sich abwischte, als er sah, daß seine Mieze auf dem Tisch stand, und er sagte, sie wäre eine widerliche Schlampe, und ob sie denn überhaupt keinen Stolz hätte, sich so vor all den Leuten aufzuführen.

Ich glaube, Marys Vater ist ein ungehobelter Bauernlümmel, der unter Verstopfung leidet. Im Norden Dublins gibt es überhaupt nichts, das wirklich empfehlenswert wäre. Aber ich glaube, daß Mary einen großartigen Charme hat und auch recht empfindsam ist. Ich werde sie mit mir in meinen eigenen sonnenbeschienenen Garten nehmen, den ich — aus naheliegenden Gründen — nicht Eden nenne.

Madam, darf ich Ihre Titten mit meinen Augen berühren? Ich glaube, die Leute hier haben fast alle was gegeneinander. Sie machen sich nichts daraus, zwischen zwei dreckigen Laken zu liegen und es wahllos miteinander zu treiben. Kaum einer macht sich mal Gedanken über die Konsequenzen, die Gott alle auf Lager hat.

Malarkey ergriff Dangerfield beim Arm.

»Sebastian, willst du mal etwas ganz Verrücktes sehen?«

»Ja, natürlich.«

»Komm mit nach hinten in den Weinkeller.«

Sebastian und Mary folgten Tony.

»Jetzt gebt um Gottes willen keinen Laut von euch, oder der Clocklan schnappt über. Schaut da mal rein.«

Am Ende des langen dunklen Gewölbes blieben sie vor einem halbgeöffneten Fenster stehen. Beugten sich über die Fensterbank, versuchten das schwarze Loch mit ihren Blicken zu durchdringen. Mitten im Raum zwei Gestalten auf einem schmalen Feldbett, vier ineinander verklammerte Beine winden sich. Ein Hin- und Herrollen. Ein lautes Quietschen. Und dann ein Aufschrei. Das Feldbett bricht zusammen, nackte Hintern klatschen auf den Steinboden. Ein nackter Clocklan klammert sich verzweifelt an die geschmeidige Nackte. Sie sagt, mein Gott, was ist nur passiert, und jammert. Clocklan grunzt, macht sich nichts aus dem Gelächter draußen im Gewölbe, ist wie festgeklebt an die blökende Blonde.

»Hast du schon jemals in deinem Leben so was gesehen, Sebastian?«

»Ich muß schon sagen, Tony, daß Clocklan voller Energie ist.«

»Er ist ein altes Dreckschwein. Der würde noch seine Mutter im Sarg bespringen.«

Mary war in die Küche zurückgelaufen. Da war alles überfüllt. Der Boden war voller Flaschenscherben. Ein Mädchen steht in der Ecke, völlig betrunken, sie läßt einfach das Wasser an ihrem Nylonstrumpf runterlaufen. Eine ganz nette Pfütze.

Eine Stimme erklärt:

»Ihr könnt von mir ja sagen, was ihr wollt, aber beleidigt nur nicht meinen König.«

»Bums doch deinen alten König.«

»Wer hat das gesagt?«

»Bums doch deinen alten König.«

»Wer war das, wer?«

»Dein König ist ein Haufen Scheiße.«

»Hör zu du, ich laß mir das nicht bieten.«

»Hoch lebe Irland.«

»God save the King.«

»Den König — am Arsch.«

»Gott segne euch alle hier, und auch alle anderen.«

Oh, ich muß erst meinen Weg zu diesem katholischen Blut zurückfinden. Und da war auch irgendwas mit dem Schlachten. Fäuste im Rauch und Dunst. Was für eine langweilige Szene. Ein Dezibel von diesem Geräusch ist schon übergenug. Moralische Dekadenz. Und ein allerdings angenehmer Mangel an strammer Haltung. Aber Anständigkeit — nicht die Bohne. Dem muß ich ein Ende bereiten.

Dangerfield nimmt einen Stuhl, steigt auf den Tisch, wickelt sich den Draht der Lampe um die Hand und reißt das Kabel aus der Decke. Eine blaue Flamme zuckt auf. Stuck klatscht auf den Boden. Überall in dem

Raum schreien sie auf.
»Maria und Josef, jetzt bringen sie uns um.«
»Nimm nur ja deine schmierigen Hände weg.«
»Wer hat das getan?«
»Man hat mir was gestohlen.«
»Wer stupft mich da?«
Sebastian führte Mary durch die Dunkelheit und zusammen stampften sie die eisernen Stufen zur Straße hinauf. Eine Pferdedroschke kam gerade vorbei.
»Hallo da, Kutscher.«
Die Kutsche hielt.
»Können Sie mir sagen, wo die Dame und ich noch was zu trinken kriegen?«
»Aber natürlich, Sir, gewiß doch.«
Sie kletterten in das muffige Innere. Saßen auf dem zerrissenen Polster, auf feuchten Decken.
»Ist das nicht großartig, Mary?«
»Warum hast du denn die Lampe aus der Decke gerissen? Da hätte sich jemand verletzen können.«
»Mich hat einfach die Sittenlosigkeit und das allgemeine Absinken der Moral angewidert. Schlägt dein Vater dich auch manchmal auf die Brust, Mary?«
»Der schlägt mich überall hin. Aber ich weiß mich schon zu wehren.«
»Ich nehm dich jetzt mit zum Head, Mary. Da können wir mit netteren Leuten zusammen ein Glas trinken.«
»Ich glaube, ich muß wohl nach Hause.«
»Warum?«
»Ich muß. Du gehst aufs Trinity College, nicht wahr?«
»Woher weißt du das?«
»Eins von den Mädchen hat es mir gesagt. Die Studenten vom Trinity sind alle von der gleichen Sorte. Die einzig netten sind die Schwarzen. Das sind wirklich Gentlemen. Die werden nicht aufdringlich und frech.«
»Mary, ich bin zwar kein Schwarzer, aber so schlecht bin ich nun auch wieder nicht.»
»Du hast ganz laut gelacht, als wir dahinten die Leute in dem Zimmer ganz ohne Kleider gesehen haben.«
»Die hatten eine kleine Zusammenkunft.«
»Papperlapapp.«
Unter der Eisenbahnbrücke weg fuhr die Droschke. Bei den Friedhofsteinmetzen vorbei. Und da ist der Laden, wo ich mir immer meine Rationen gekauft habe. Ein milchiger, kalter Dunst. Oft hab ich da zwei Eier und eine Scheibe Bacon gekauft. Von einem schmalbrüstigen Mädchen. Die hatte wohl ein Auge auf mich geworfen. Einmal habe ich Haferflocken gekauft, bin rausgegangen und habe mich gegenüber in der Kneipe besoffen.

Da hab ich die Pensionäre eingeladen. Die kamen dann alle, rückten sich ihre Schals zurecht und räusperten sich äußerst rechtschaffen. Dann haben sie mir alle Geschichten erzählt. Von Männern und ihren Töchtern. Die hatte ich schon vorher gehört, aber einmal ist dabei nie genug — die muß man einfach öfters hören. Später hab ich dann über alles meine Haferflocken ausgeschüttet.

Sebastian küßte Mary. Sie hielt beide Ellbogen über ihre Brüste. Aber sie öffnet jetzt den Mund. Und sie hat einen sehr festen kleinen Rücken und mächtige Schenkel, aber ich kann einfach meine Hand nicht an den Busen ranbringen. Kann mich da unten nicht durchquetschen. Keinen Zentimeter. Sag mal, Mary, wie wärs denn, wenn du und ich dahin gingen, wo die Zitronen blühen? Oder wenigstens irgendwohin, wo es nicht so feucht und muffig ist. Menschenskinder, deine Lippen sind vielleicht schmal.

Jetzt, wo wir an den Kais entlangfahren, muß ich wieder daran denken, wie sehr gern ich doch ein kleines bißchen Großzügigkeit sehen würde. Dieses Rumfummeln hier an der Mary ist ein bißchen peinlich, denn sie ist steinhart und versucht fast, sich mit mir zu raufen. Jedenfalls habe ich den Eindruck. Da hat sie gerade meine Hand festgehalten und ohne jede Frage hat sie meinen Arm umgedreht. Ich werd dir gleich auch den Arm umdrehen und meine Hand ganz wegnehmen.

»Mary, ich will dir mal was zeigen.«

Sebastian nahm eine Streichholzschachtel aus der Tasche. Er schob sie auf und zeigte Mary ein Medaillon vom seligen Oliver Plunket.

»Bist du katholisch? Du bist doch sicher nicht katholisch?«

»Ich bin alles mögliche. Ganz besonders ein Katholik.«

»Du kannst aber doch nicht Katholik sein und auch noch etwas anderes.«

»Mary, ich bin ein großer Wind, der aus dem Osten weht, ein Großkotz aus Gallien.«

»Du willst mich nur auf den Arm nehmen. Und ich muß jetzt überhaupt nach Hause. Ich wohne auf der anderen Seite von der Capel Street Brücke.«

»Ach, Mary, ich will doch, daß du dir dieses wunderbare alte Restaurant anschaust. Das schönste seiner Art in ganz Europa. Ich sing dir auch ein Lied.«

In der Winetavern Street ist was los,
Denn da feiern sie alle ganz groß.
Da kommen sie lange nicht zur Ruh.
Ach, aus Missouri ist die Kuh!

»Gefällts dir?«

»Du bist ein Windhund.«

»Wenn die ganze Welt schläft, Mary, dann ist die richtige Zeit.«

»Du bist verrückt.«

Sebastian steckte den Kopf zum Fenster hinaus und redete freundlich auf den Kutscher ein.

»Mary, wir gehen in ein nettes, geheiztes Lokal. Da kaufe ich uns etwas zu trinken, und wir können uns in Ruhe hinsetzen und uns unterhalten. Ich möchte gerne mit dir über den Vatikan reden. Wo wären wir schon ohne den Papst. Er sorgt dafür, daß wenigstens ein bißchen Würde auf dieser Erde bleibt. Wenn wir ein paar mehr von seiner Sorte hätten, dann wäre nicht all diese geile Lust und all der Betrug. Mary, es gibt eine Menge böser Menschen auf der Welt.«

Mary drückte ihren Kopf gegen seine Schulter und flüsterte:

»Ich will, daß du mich noch einmal küßt.«

Sebastian fuhr scheinbar entrüstet auf, die Augenbrauen hochgezogen.

»Aber Mary, ich muß doch sehr bitten!«

»Bring mich nicht in Verlegenheit.«

Dort drüben überm Fluß kann ich den Justizpalast sehen. O ja, die Anklage wegen Bruch des Königsfriedens im Königreich England, Bruchs des Königsfriedens mit Waffengewalt darf nicht — so will es Brauchtum und Gesetz in England — ohne einen königlichen Erlaß erhoben werden. Oh, diese kleinen juristischen Dinge. Die kenne ich alle. Und ein Fluß ist ein natürlicher Wasserlauf mit einer größeren Wassermenge als ein Bach oder ein Rinnsal. Und der Liffey ist ein Fluß. Und das Kuppeldach der vier verschiedenen Gerichtskammern sieht aus, wie ein flachliegender Busen. Aber das soll dir egal sein. Diese Mary: ihr keilförmiger Rumpf dreht und windet sich auf dem zähen, festen Untergestell. Setz dich auf meinen Schoß, während ich noch einmal schnell die Abwassergesetze durchgehe. Eine ganze Menge sonderbare, gar nicht geheuerliche Dinge passieren einem doch so. Wenn ich vielleicht einen schleimigen toten Fisch hätte, und bei Miß Frost im Zimmer das Fenster offen ließe — bei zugezogenen Vorhängen — und wenn ich dann auf den neugierigen Skully warten würde, bis der die Nase zum Fenster reinsteckt und ihm dann heftig eins ins Gesicht hauen würde. Platsch. Genau auf die Augen. Pflupf. Da hast du's, du hinterlistiger Lump.

Es gab einen harten Stoß, als die Kutsche mit einem Rad auf den Bürgersteig kam beim Einbiegen in die Winetavern Street. Das schäbige Gefährt blieb vor einem verschlossenen schmiedeeisernen Tor stehen. Das Pferd schnaubt beunruhigt. Ein Fall von Flohjucken. Sebastian stieg munter aus und der Kutscher verlangte ein Pfund von ihm.

Die beiden standen abwartend und schweigend. Da mußte es sich wohl um ein geringfügiges Mißverständnis handeln. Jetzt war es an der Zeit, die Worte genau abzuwägen. Sebastian begann ganz ruhig.

»Mein lieber Freund, was hieltest du davon, wenn du Weihnachten im Mountjoy-Kittchen verbringen würdest, wo dir die Zähne in deinem katholischen Arsch klappern?«

»Um diese nachtschlafene Zeit kostet es ein Pfund.«

Der Mann blickte aus lethargischen shillingshungrigen Augen, die um rote Augäpfel herum grau schimmerten.

»Vielleicht willst du, daß ich diese rollende Rattenfalle kurz und klein schlage und dich auf keltisch im Liffey taufe, du gemeiner Schuft.«

»Ich ruf die Polizei.«

»Was?«

»Ich ruf die Polizei.«

»Was? Verflucht noch mal.«

Sebastians Hand fuhr dem Mann an den Kragen, zog ihn zu sich herunter mit dem Kopf auf die Straße zu, und seine Füße hatten sich irgendwo auf dem Kutschbock verheddert.

»Verflucht noch mal, noch so ein unverschämtes Wort von dir und ich schiebe dir das Pferd und deinen klappernden Sarg unter die Vorhaut. Verstehst du mich?«

»Ich ruf die Polizei.«

»Du bist nicht mal mehr imstande, deine gottverdammte Mutter zu rufen, wenn ich mit dir fertig bin. Flegel. Verstehst du mich? Flegel. Ein Pfund willst du haben, du Hundskerl. Blutsaugender Kriecher. Du hast wohl überhaupt keinen Anstand. Keine Nächstenliebe. Weißt du, was Nächstenliebe ist? Wo ist deine Nächstenliebe, du Lausehund? Ich drück dir die Luft ab, wenn du nicht ein bißchen Rücksicht für andere Menschen zeigst. Zeig mir etwas Nächstenliebe, oder ich erwürge dich.«

Ein verlorenes Lächeln zeigte sich im Gesicht des Mannes. Seine Augen — zwei furchterfüllte Höhlen. Kleine Szene in der Winetavern Street. Mary kam raus und versuchte, seine Finger von der Kehle des Mannes zu lösen.

»Laß ihn doch in Ruhe. Was hat er dir denn getan? Warum zahlst du dem Mann nicht sein Geld und läßt ihn in Frieden?«

»Halt die Klappe.«

»Du bist ein furchtbarer Mensch.«

»Halt den Mund, wir gehen jetzt alle einen trinken.«

Ein Hoffnungsschimmer in den Augen des Mannes, und ein gewisses Schuldgefühl. Sebastian hatte ihn immer noch an der Kehle.

»Kommst du mit auf ein Glas?«

»Na gut, ich komme mit.«

»Ich will aber nach Hause.«

»Jetzt ist alles vorbei, Mary. Dieser Herr kommt mit uns auf einen Drink. Und du kommst auch mit.«

»Ich will nach Hause. Du bist ein schrecklicher Mensch.«

»Aber nicht doch. Dieser Herr hier hat ganz genau gewußt, daß er mich übers Ohr hauen wollte. Ich weiß, wieviel es bis zur Winetavern Street kostet.«

Unsteter Blick des Kutschers.

Sebastian ging an das schmiedeeiserne Tor und griff hinein und drückte auf eine Klingel an der Innenseite der Mauer. Sie warteten. Sebastian rüttelte am Tor. Ein mißtrauisches Geflüster war aus der finsteren Gasse zu hören.

»Wer ist denn da? Nun mal Ruhe da. Geht nach Hause und legt euch schlafen — hier ist nichts mehr los.«

Sebastian drückte sein Gesicht zwischen die Gitterstäbe.

»Reisende aus dem Westen. Nur zehn Minuten. Wir sind Freunde von dem Bärtigen.«

»Ach, macht euch fort. Geht weg. Was glaubt ihr denn, wo ihr seid?«

»Der Bärtige hat uns hierher geschickt. Freund vom wandelnden Leichnam.«

Die Stimme kam näher.

»Stellt euch da mal ins Licht, damit ich euch anschauen kann und macht nicht soviel Lärm. Da werden ja Tote lebendig, wenn ihr solchen Krach schlagt. Laßt mich die Gesichter anschauen. Wer ist die Frau? Wir lassen hier keine Frauen rein. Was glaubt ihr denn, wo ihr seid?«

»Immer mit der Ruhe — sie ist ein Geschöpf der Morgenröte.«

»Geschöpf der Morgenröte — mein jungfräulicher Busen. Ich kann hier solche Umtriebe nicht gestatten — du bist schon vorher hiergewesen — warum so viel Lärm? — du solltest doch eigentlich wissen, was los ist. Macht nur ja keinen Krach beim Reinkommen, und seht zu, daß ihr bald wieder abhaut.«

»Du bist eine stramme Frau mit der Figur einer Dreißigerin.«

»Ach hör doch auf. Wo ist denn der Bärtige?«

»Er ist in Maynooth. Er hat uns erzählt, daß die Preise bei euch skandalös sind, und daß er, wenn er ein paar Rosenkränze betet, umsonst saufen kann.«

»Keine Gotteslästerung, und stoßt euch nicht an den Fässern. Du bist ein Krachschlager, mit deiner Sorte hat man immer nur Ärger.«

»Aber ich bitte Sie, Madam.«

»Nenn mich nicht Madam — ich weiß schon, was du willst.«

Gruppe bewegt sich langsam vorwärts. Die schmale Gasse runter. Durch eine Tür. Den finsteren Flur entlang. Und dann in das gelbe Licht des mittelalterlich anmutenden Zimmers. Das ist hier die Zirbeldrüse der Welt.

»Wo ist Catherine? Schick sie mal mit zwei schäumenden Bieren und einem tropfen Gin für die Dame hier rüber, und lassen Sie sich selbst doch auch was bringen. Übrigens, ich hätte nichts gegen ein Schäferstündchen mit Ihnen.«

»Ach, laß doch den Unfug und seid nicht so laut, paßt auf.«

In diesem Halbkreis der Erwartung. Sonderbar verdrehte mächtige Sofas. Gar nicht viel britische Gemütlichkeit hier, trotz der sportlichen Atmosphäre im Raum, mit Fuchsjagden rundherum. Catherine ist schon eine Schönheit, aber Mary auch um Nase und Augen herum. Aber das hier ist ein Roßhaarsofa. Komm, Mary, sprich mir nach:

Sebastian
Du bist gebenedeit,
Und Sebastian,
Du singst das richtige Lied.

Du bist der Zunder für unsere Nacht
Und auch
Ein Ramschladen
Für Küsse.
Komm über mich.
Berühr mich, sei zärtlich
Zu mir,
Mr. Großer Liebesbaum.

Catherine, die Kellnerin, schob sich mit einem Tablett voller Gläser durch die Tür. Schaute Sebastian mit einem verschlagen-scheuen Lächeln an. Blauäugig und ein bißchen von einer keltischen Kuh um die Fußknöchel. Der Kutscher wischte sich mit dem Ärmel die Lippen und fuhr mit den Fingern über den Glasrand. Mary saß ganz still, glättete ihren Rock und schaute Sebastian an.

»Nun, ist es nicht gemütlich hier, Mary?«

»Es ist ganz nett.«

»Das ist aber ein guter Tropfen, Sir.«

»Ja, es geht.«

»Regnerisches Wetter heute.«

Ich glaube, ich werde mit dieser Konversation und auch mit Mary nicht weit kommen. Ich will versuchen, ihr Mitgefühl zu erwecken, weil ich doch außerhalb der Kirche und der Gnade stehe. Vielleicht ist das das Nadelöhr, um bei ihr reinzukommen. Ich habe doch wirklich eine Kloakeneinstellung zum Leben. Viele Leute haben das schon festgestellt. Aber ich laß ja nicht locker. Wenn es schon Illusionen gibt, dann soll man sie auch mit Bravour auskosten. Ich krieg dich schon, Mary. Genau wie Marion. In den guten alten Tagen konnte ich Marion um den kleinen Finger wickeln. Geh nach oben und bring Tee. Und Toast. Das war wahre Liebe. Aber ich hab sie kaputtgemacht. Solche Dinge sind einfach nicht von Dauer. Sie verändern sich. Und manchmal vermehren sie sich auch, wie kleine Babys.

Die Dame des Hauses kam herein.

»So, das war aber die letzte Runde. Ich muß ja schließlich auch ins Bett.«

»Noch einen auf den Weg, und einen für Sie. Wir sind schließlich müde Wanderer.«

»Wollt ihr, daß man mich einsperrt?«

»Wir brauchen noch einen gegen die Furcht, auf der Landstraße umgebracht zu werden.«

»Ach hör doch auf. Du bist der Richtige. Wenn du erst mal hier reinkommst, dann kriegen wir dich nicht wieder raus. Also noch eine Runde. Catherine, zwei Whiskys und einen Gin, und beeil dich mal. Die wissen heute gar nicht mehr, was Arbeit ist mit all ihren hochgestochenen Kleidern und mit dem dauernden Zumtanzengehen. Vor ein paar Jahren hätte ich der Sorte noch ein Feuer unterm Hintern gemacht und ihren Freunden. Heute wollen sie einfach nichts mehr von der Arbeit wissen.«

»Die wissen eben nicht mehr, was sich für die Dienstboten schickt.«

»Davon kann ich ein Lied singen. Da kommen sie vom Lande und zeigen ein Gehabe, daß man fast meinen sollte, sie wären aus der Gesellschaft. Das muß man ihnen doch abgewöhnen.«

»Die erwischt man sogar in der ersten Klasse.«

»Solche Mädchen müßten laufen — erste Klasse geht die gar nichts an.«

»Mehr Zucht und Ordnung. Zucht und Ordnung.«

»Und jeden Abend gehen sie mit den Schwarzen aus. Das werd ich ihnen auch noch austreiben.«

»Da wird noch mal ein Tag der Abrechnung kommen für all ihre Faulheit. Das ist gewiß.«

»Und das kann gar nicht bald genug sein.«

»Ich glaube ja daran, daß alles seine richtige Ordnung haben muß.«

»Ordnung muß sein.«

»Wenn Sie mich vielleicht einen Augenblick entschuldigen würden, denn ich muß mal.«

»Das macht dreizehn Shilling und Sixpence.«

»Mein Kutscher erledigt das.«

Sebastian tastete sich durch den dunklen Korridor und durch eine Tür hinaus ins Freie. Draußen pißte er achtlos. Auf dem Weg zurück durch die Dunkelheit traf er Catherine. Sie fielen sich in die Arme, und sie fuhr ihm mit der Hand zwischen die Schenkel. Das Tablett fiel scheppernd zu Boden. Plötzlich war es hell im Korridor.

»Was ist denn hier los? Das wird mit meinen Mädchen nicht gemacht. Schluß hier. Catherine, nimm die Arme von dem Gentleman, du kleine dreckige Schlampe.«

»Ist schon gut. Ist ja alles in Ordnung. Catherine und ich, wir haben uns nur hier im Korridor verlaufen.«

»Und von dir hab ich erst recht genug, Romeo. Zurück mit dir in die Küche. Was für eine Unverschämtheit. Nutte.«

Sebastian kniff Madam in den Popo, als er an ihr vorbeischlenderte und sie schlug ihm auf die Finger. Oh, wie gut. Jetzt gehen wir alle und setzen uns unter den Scheibenbaum. Das weiß auch noch keiner, daß ich den Spiegel aus einer öffentlichen Bedürfnisanstalt versetzt habe. Eins von diesen modernen Dingern, die bloß angeschraubt werden. Ich hatte einen Gabelstiel bei mir, um das Ding loszuschrauben und hab ihn dann meinem Pfandleiher gebracht. Dann bin ich ins Grafton-Kino gegangen und hab mir in dem Neureichenbarock-Restaurant ein Abendessen geleistet. Da hab ich mich ans Fenster gesetzt, von dem aus ich Dawson Lounge oben auf die Wand gemalt sehen konnte. Zufriedenheit kann unangenehm sein. Und als ich da auf mein Essen wartete, da hab ich mich recht wohl gefühlt, aber ich habe mir doch ein paar Befürchtungen ins Gedächtnis zurückgerufen, um die konservative Milde in mir ein bißchen abzuschrecken. Die Kellnerin, ein gutgebautes, schwarzhaariges Mädchen, voller Mund und weiße Zähne und gesunde Brüste, voller reicher Kurven, als sie da so mit den Eßschüsseln ankam. Oh, dieser Hunger.

Madam stand an der Tür, ihr mächtiger Busen schob sich aus dem Korridor herein.

»So, jetzt ist aber Schluß. Raus mit euch allen, bevor die Polizei kommt und mir die Tür einschlägt.«

»Und recht verbindlichen Dank auch für einen schönen Abend.«

»Macht bloß, daß ihr rauskommt.«

»Soll ich den Wachhund spielen?«

Die Dame des Hauses lachte, schob sie durch den langen dunklen Korridor hinaus in die enge Gasse, wo die Fässer lagen. Betrunkene hockten in den Toreinfahrten, wälzten sich auf dem Boden und pißten an die Wände. Sebastian bat den Kutscher, sie doch an der Metal Bridge abzusetzen, und der Tag würde sicher kommen, an dem er ihm seine große Freundlichkeit vergelten würde.

Sie gingen flache Stufen hinauf. Blieben stehen, schauten den Möwen und Schwänen nach. Mary hakte sich bei Sebastian ein.

»Ein schöner Blick hier.«

»O ja.«

»All die Möwen.«

»Ja.«

»Ich mag so etwas gern.«

»Wirklich?«

»Ja, ich fühle mich wohl dabei.«

»Stimmt.«

»Als ob man schweben würde, oder so ähnlich.«

»Ja, schweben.«

»Was ist dir denn, hast du's nicht gern?«

»Doch, Mary, ich bin ganz versessen drauf.«

»Einmal hörst du überhaupt nicht auf zu reden und dann plötzlich kommt dir irgendwas in den Sinn und du sagst kaum noch was.«

Es war das Essen im Grafton-Kino, das mich abgelenkt hatte. Weil nämlich die Kellnerin so freundlich war. Ein ganzer Teller voll saftiger fettiger Schweinswürste, mit kroßgebratenem Bacon und einem ganzen Berg von goldbraunen Pommes frites. Ich hörte, wie die Kellnerin in den Speiseaufzug hinaufrief, sie sollten sich doch beeilen, denn der Herr hätte Hunger. Und der Tee war so ausgezeichnet, daß ich vor lauter Freude vor mich hingekichert habe. Und so eine sanfte Grafton Street-Brise, die mich verlockte, für immer am Leben zu bleiben. Aber ich weiß, wann es an der Zeit ist, die Rüben von unten zu betrachten. Und als ich gerade eine Wurst anschneiden wollte, da schrie jemand. Der Vorhang von der Anrichte wurde auseinandergerissen, die Kellnerin kam herausgelaufen, ein weißer Teller zerbrach auf ihrem Kopf. Ihr Haar hing ihr in klebrigen Strähnen um den Kopf, und ein graugesichtiges Mädchen jagte hinter ihr her. Sie schrie, sie würde noch jemand umbringen, sie könnte es in diesem heißen Loch einfach nicht mehr aushalten. Sie weinte und sagte allen, sie sollten sie doch in Ruhe lassen. Sie zerschlug noch ein paar Teller. Ganz selbstsüchtig machte ich mir darüber Gedanken, daß sie vielleicht meinen Nachtisch auch noch zusammenhauen würde. Ich hatte den Eindruck, daß mein Essen sowieso durch diesen unwürdigen Auftritt verdorben war. Aber sie beruhigte sich schließlich, und sie gaben ihr fünf Minuten Pause, damit sie ihre aufsässigen Gedanken loswerden könnte. Wenn es mir nicht um meine Mahlzeit gegangen wäre — ich war ganz Zärtlichkeit für ihre arbeitsharte Haut und die roten Flecken auf den Beinen. Aber Zucht und Ordnung muß sein. Ich bin allerdings dafür, daß man versonnen vor sich hinträumt, wenn es bei anderen Leuten zum Knallen kommt.

Sebastian lehnte sich an Marys feste Schulter, küßte sie auf den Mundwinkel, als sie den Kopf wegzog.

»Tu das doch nicht, wo uns jeder sehen kann. Komm, wir gehen hinüber zu dem Textilgeschäft und schauen uns da das Fenster an.«

Sie gingen Hand in Hand über die Brücke. Sie schauten sich die Tuchballen an. Mary sagte, sie spare gerade, damit sie sich für den Frühling ein Kostüm kaufen könne. Sie sagte, ihr Vater würde es nie zulassen, daß sie sich neue Kleider kaufe und ihr dann nur vorhalten, daß sie sie zum Tanz tragen wolle.

Sie erzählte Sebastian, daß Freundinnen von ihr Fotografien ausmalten, und daß einige der Bilder nicht besonders schön seien. Vielleicht würde sie das auch bald tun, denn ihr Onkel könnte vielleicht die Brüder zu sich nehmen, und dann wäre sie frei. Das einzige, was ihr am Leben in Phibsboro nicht gefiel, war das Mountjoy-Gefängnis. Als sie eines Tages vorbeigegangen war, da sah sie, wie ein Mann mit einem sonderbaren Bart den Kopf zwischen den Gitterstäben durchsteckte, und sie bat, ihm doch etwas Champagner und geräucherten Lachs zu bringen. Da bin ich einfach weggelaufen, und mit den Leuten aus Grangegorman ist es genauso, die laufen doch in der Gegend alle rum, und haben kein Gehirn im Kopf.

Sie gingen an den alten verfallenen Häusern an der Dominick Street vorbei. Mary zeigte ihm das Haus, wo sie gewohnt hatte, bevor ihre Familie in die Cabra Road umgezogen war. Sie sagte, es sei eine widerliche Straße, alles Säufer, und dann prügelten sie einander zu Tode mit Fahrradketten. Damals hatte sie furchtbare Angst, im Dunkeln auf die Straße zu gehen. Aber in Cabra, da konnte sie im Botanischen Garten spazierengehen, und es machte ihr ja Spaß, all die lustigen lateinischen Namen auf den Pflanzen zu lesen, und auch an der Tolka entlang, ein netter kleiner Fluß.

»Hier wohne ich.«

Sie standen vor einem roten Ziegelsteinhaus.

»Wann kann ich dich wiedersehen, Mary?«

»Ich weiß nicht. Sei leise, dann können wir in den Korridor gehen. Wir wohnen oben.«

»Du bist ein nettes Mädchen, Mary.«

»Das sagst du allen.«

»Laß mich deine Hand küssen.«

»Wenn du willst.«

»Wunderschöne grüne Augen und schwarzes Haar.«

»Glaubst du, ich wäre zu fett?«

»Überhaupt nicht. Bist du verrückt, Mary?«

»Ja, ich will aber doch eine Diät machen.«

»Laß dich einmal anfassen. Du bist überhaupt nicht zu dick. Gerade richtig reif. Hier, die sind genauso wie sie sein müssen.«

»Du bist aber wirklich frech.«

Sie stand in ihrem pflaumenfarbenen Mantel mit dem Rücken gegen die Wand gelehnt, er vor ihr, die Arme angewinkelt und hielt sie an den Ellenbogen. Er küßte sie und sie drückte den Kopf in den Nacken.

»Hast du's gern, Mary!«

»Das dürfte ich dir eigentlich nicht sagen.«

»Du kannst es mir ruhig sagen.«

»Aber du küßt nicht wie die anderen.«

»Die anderen?«

»Ja.«

»Aber Mary, ich bin auch ein Mann mit Kultur.«

»Aber die anderen tun das nicht.«

»Die haben auch keinen Geschmack.«

»Das ist es nicht.«

»Ich geb dir noch einen Kuß.«

Sie schlang ihre Arme um ihn, ganz fest.

»Weißt du, es ist nicht, wie sie's tun.«

»Hast du's denn gern?«

»Warum willst du das wissen?«

»Ich will dich mit mir nehmen.«

Oben konnte man ein Geräusch hören. Mary fuhr zusammen, hielt den Kopf zurück, lauschte. Sie flüsterte.

»Gib mir deine Hand.«

Sie führte ihn zum rückwärtigen Ausgang des Korridors, zwei Stufen hinunter. Sie warteten, und dann legte sie ihm die Hand auf den Kopf und kratzte ihn. Gut gegen die Schuppen. Oh, die ganze Atmosphäre hier in diesem Korridor. Diese Geborgenheit. Mary, dein Mund und Tomatenketchup.

»Sebastian ist ein lustiger Name.«

»Ehrwürdig.«

»Was?«

»Das bedeutet Sebastian: der Ehrerbietung und Respekt verdient.«

»Du bist lustig.«

»Ha ha ha ha.«

»Du bist ein Windhund.«

»Und du hast eine großartige Figur, Mädchen.«

»Das sagst du nur so.«

»Doch wirklich. Hier. Wunderbar. Und auch hier. Du bist rundherum eine wahre Wonne.«

»Hier sind wir nicht sicher.«

»Wo sollen wir denn hin?«

»Wir können in den Hinterhof gehen. Wir müssen aber leise sein.«

Am Ende des Ganges schimmert Licht. Gehen an einigen zusammengebrochenen Kinderwagen vorbei, gerade richtig für einen Pfandleiher. Die könnte man an jedem Hausherrn getrost vorbeischieben. Man muß heutzutage immer auf dem Posten sein. Ich bin so liebeshungrig. Nicht die landläufige Liebe, sondern wirkliche Liebe. Die Liebe, die wie Musik oder so etwas Ähnliches ist. Mary ist ein gutes strammes Mädchen für harte Arbeit. Schrubbt den Boden und so. Sie mitnehmen und sich ein Haus besorgen, das der richtige Kasten für die Seele ist. Die Kartenhäuser hab ich leid. Wenn ich Mary als Dienstmädchen hätte, Chris als Untermieterin, Miß Frost als Sekretärin und Marion für die Oberaufsicht, dann wären wir ein großartiges Team. Dann könnte ich auch einen angemessenen Platz in der Gesellschaft einnehmen, könnte mir meine Anzüge in Form bringen lassen und alles was dazugehört. Und da würde sich auch manches ändern. Da würde ich keine Mätzchen zulassen und keine Unachtsamkeit. Ich habe zumindest meine Regeln. Und ich weiß, daß die Gesellschaft einen Mann seiner Manneszucht wegen respektiert.

Sie hielt seine Hand, führte ihn. Schon wieder früh am Morgen. Ich muß nach Hause. Und weg hier von diesem Dunggeruch. Mary stieß die halbverwitterte Tür eines Schuppens auf.

»Stoß dich nicht an den Fahrrädern. Hier herein.«

»Was ist das denn?«

»Kohle.«

»Um Himmels willen.«

»Was ist denn los?«

»Eine Matratze.«

Ein Besen fällt klappernd um. Mary flüstert angsterfüllt:

»Jesus, Maria und Josef.«

Und Sebastian möchte ja auch gern helfen:

»Seliger Oliver, bitte für uns.«

»Es ist schon in Ordnung. Möchtest du eine Flasche Stout?«

»Mary, ich werd dich auf ewig lieben. Wo ist die Flasche?«

Mary suchte hinter Kisten und Torf.

»Die gehören dem Hauswirt. Der versteckt die hier, damit er noch was hat, wenn die Lokale zumachen. Seine Frau schreit Zeter und Mordio, wenn er sie mit nach Hause bringt.

»Das ist aber sehr nett von dir, Mary.«

»Sagst du eigentlich vieles, was gar nicht ernst gemeint ist?«

»Wieso denn?«

»Was du da gerade gesagt hast.«

»Was hab ich denn gesagt?«

»Als ich gesagt hab, daß Stout hier wäre.«

»Komm her und setz dich zu mir, während ich die Flasche aufmache.« Sie kam und setzte sich neben ihn auf die Matratze, lehnte sich gegen die Wand und schaute zu, wie er mit einer eleganten Handbewegung den Korken aus der Flasche zog. Wir liegen im Kohlendreck. Und in einem Haufen Torf. Ich weiß zufällig, daß Katzen und Hunde Kohle und Torf sehr gern haben. Und ich habe gar nicht viel dafür übrig, selbst da drin zu sitzen.

»Endlich haben wir Ruhe, Mary.«

»Hier ist es ruhig.«

»Ich brauche das, Mary.«

»Warum?«

»Ach, da gibt es viele Gründe. Kleine Schwierigkeiten hier und dort. Meistens Mißverständnisse. So ein Mädchen wie du ist ein großer Trost.«

»Hier ist es nicht sehr sauber und auch nicht sehr nett.«

»Komm näher ran.«

»Ich weiß nicht, was ich dir sagen soll.«

»Ich bin verheiratet.«

»Das weiß ich.«

»Ja Himmelkreuzdonnerwetter! Josef und alle Heiligen!«

»Aber das macht mir nichts. Ich glaube nicht, daß ich je heiraten werde.«

»Laß das auch lieber.«

»Warum denn?«

»Du könntest vielleicht an einen Iren geraten.«

»Was ist denn so schlecht an den Iren?«

»Die kommen betrunken nach Hause und prügeln dich dann. Jeden Samstagabend reiten sie auf dir rum und machen dich damit kaputt. Auch an den anderen Abenden. Schweine. Das willst du doch nicht, Mary.«

»Vielleicht doch.«

»Dann sei es fern von mir, dir einen Rat geben zu wollen. Gib mir noch eine Flasche.«

»Du trinkst aber schnell.«

»Was bleibt einem anders übrig, wo alles um uns herum zerfällt, Mary.«

»Was tust du eigentlich?«

»Studiere Jura.«

»Und außerdem?«

»Ich hab meinen Garten. Sammle Briefmarken und Bronzeplaketten vom Pferdeschirrzeug. Ich interessiere mich auch sehr für Vögel. Ich spiele nie. Und ich weigere mich standhaft, auf ein Pferd zu setzen.«

Mary schaute versonnen vor sich hin. Sebastian beugte sich zu ihr hinüber und drückte ihr die Lippen ans Ohr. Mary warf sich auf ihn. Und ich fahre ihr mit den Händen unter den Pullover. Diese beiden Hügel, die da aus der See aufragen.

»Mary, würdest du gern mit mir nach England kommen?«

»Ja. Ich gehe mit dir überall hin.«

»Wir brauchen aber etwas Geld.«

»Ich hab dreißig Pfund auf der Bank.«

»Damit kommen wir schon hin.«

»Aber ich weiß nicht, ob ich es abheben kann.«

»Ist es denn auf deinem Namen?«

»Ja.«

»Dann ist ja alles klar.«

Dangerfield grunzte, denn sie war schließlich kein Fliegengewicht. Aber hier hast du ein Mädchen, umgänglich und stark. Angst vor der Arbeit hat sie, glaube ich, auch nicht. Die packt schon mit an. Das ist ja heute das Elend in der Welt, daß nicht genug Leute da sind, die anpacken, lassen lieber andere die Arbeit machen. Denen muß man doch die Faulheit austreiben, an Sonntagen, wenn sie sinnlos aufs Land hinausfahren. Das tut einem doch weh, wenn man sieht, wie sie an freien Tagen verzweifelt eine Beschäftigung suchen. Ich muß die Mary von mir runterrollen, denn die Kohlenbrocken drücken durch die Matratze in meinen Rücken. Hupps. Als ob man eine Schildkröte auf den Rücken dreht. Nun man rum mit dir. Ich glaube, ich bin dieser Anstrengung nicht ganz gewachsen. Der wahre Zirkus, Clownerie, ihr Pullover ganz hochgeschoben. Mensch, ist das ein Weib, und schnaufen tut sie auch. Ich kann eigentlich am besten denken, wenn ich anderer Leute Leiber durch die Gegend wälze. Dann habe ich die tiefsten Gedanken. Was kann man doch alles für interessante Sachen mit dreißig Pfund anstellen, viel interessanter, als wenn man das Geld in der Bank läßt. Ihr Busen reicht über die ganze Brust. Solche Brustwarzen habe ich noch nie gesehen. Die kann sicher ohne Flasche stillen. In der Grafton Street ist ein Restaurant, das heißt »Zum Euter«, da servieren deftige Weiber vom Lande. Eine Tittenmahlzeit ist ihre Spezialität. Man muß mit der Flachbusigkeit Schluß machen. Denn was mich betrifft, so kann ich nicht genug davon kriegen, und obwohl ich heute nacht schon etwas müde bin, macht es mir doch Spaß, mit diesem sonderbaren Paar herumzuspielen.

»Ich habe mich nie so wohlgefühlt, Sebastian. Ich bin ganz aufgeregt. Mach alles mit mir, alles. Ich will, daß du alles machst.«

»Langsam, Mary. Du willst doch nicht ein Kind haben, oder?«

»Das ist mir ganz egal. Ich will alles, alles.«

»Ruinierst dir dein Leben.«

»Ich will es trotzdem.«

»Ein andermal, wenn ich darauf vorbereitet bin.«

»Ich will nicht, daß du die Dinger benutzt. Ich will es so, wie du bist. Nun komm doch.«

»Um Himmels willen, langsam, Mary. Du willst doch nicht alle Brücken hinter dir abbrechen. Sei doch nicht töricht.«

»Ich bin nicht töricht. Ich weiß ganz genau, was ich will.«

»Du ruinierst mein Leben und dein Leben. Die Babys wollen nämlich essen, weißt du. Nicht heute nacht, Mary, nicht heute.«

»Bitte, tu's doch. Ich will dich ganz haben. Ich hab noch nie ein solches Gefühl gehabt.«

»Das kommt ganz sicher wieder.«

Mary drückte ihre Lippen auf ihn. Umklammerte mit ihren Schenkeln sein Knie, drückte ihn auf den Rücken zurück und warf dabei eine Flasche Stout um. Um Himmels willen, Mary, wir können das jetzt nicht machen. Hör doch zu. In meinem Leben ist schon genug falsch gelaufen, ich muß nicht auch noch ein uneheliches Kind haben. Sie versucht mich zu zwingen. Ich lasse mich aber nicht zwingen. Diese Würdelosigkeit. Sie ist verrückt. Sie hat keine Skrupel mehr. Die kennt nichts.

»Hier hört uns sicher einer, Mary.«

»Die sind doch alle im Bett. Mir macht es Spaß.«

»Mary?«

»Ich hab es gern.«

»Mary, ich bitte dich.«

»Du bist wunderbar.«

»Mary, die erwischen uns.«

»Du bist so wunderbar.«

»Mary, mach Schluß.«

»Oh, ich fühle dich so gern. Das hab ich noch nie geschmeckt. Ist es Gift?«

»Es ist großartig gegen Heiserkeit.«

»Du willst mich nur foppen.«

»Nein, wirklich.«

»Ich habe mich damit berührt.«

»Mary, mir bricht mein Kreuz. Geh doch mal zur Seite.«

»Ist es besser so?«

»Mary, das Stout ist über den ganzen Boden gelaufen.«

»Ich habe ihn geküßt.«

»Mein Stout.«

»Ist es wirklich nicht giftig?«

»Langsam, Mary. Das kann auch weh tun.«

»Du bist wunderbar. Ich mag dich ja so. Ich geh mit dir, wenn du willst.«

»Das wäre schon ganz schön. Kannst du noch irgendwelches Geld sparen? Geld ist wichtig, Mary.«

»Ich hab nur die dreißig Pfund. Mehr kann ich nicht sparen.«

»Wenn du dir ein bißchen Mühe gibst. Man muß sich zu helfen wissen, Mary. Das ist das wichtigste.«

»Bitte küß mich.«

Mit seiner Hand umklammerte er verzweifelt eine Flasche Stout und küßte Mary auf ihren fieberheißen Mund und sie knöpft sein Hemd auf und küßte ihn auf die Brust. Sich im Fleisch wälzen. Meine Problemchen sind immer bei mir, selbst wenn ich mal einen Seitensprung mache. Mary und ich würden wenigstens genug haben, um in London zu wohnen. Für mich einen Ferienausflug. Für sie vielleicht einen Job. Ein paar dieser irischen Ketten abwerfen. So lange, wie ich aus Wales und dem Gefängnis rausbleibe. Denn in London kann ich untertauchen. Acht Millionen andere Menschen. Nur raus aus diesem gottverlassenen Loch, wo Marys nackter Hintern auf mir rumreitet. Jetzt ist die richtige Zeit, um Entscheidungen zu treffen. Für Skully werd ich einen Stolperdraht anbringen, damit ihm ein Sack voller — du weißt schon — auf den Kopf knallt. Und mehr Vorsicht, leiser vorgehen und nur bei Nacht. Die Mary als Versuchstier. Die Vorstellung ist fast zuviel. Ein ganzer Bauch voll Freude. Du, Mary, nimm nur von mir, was du willst, damit du wenigstens nicht nach mehr verlangst. Ein wahres Geschlechtsfest, wenn es nötig ist, alles, was ich dir nur geben kann, denn ich haue ab. Laß mich noch mal ran. Mit meiner neuen Zunge. Du wirst mit mir rechnen müssen.

»Ich liebe dich, Sebastian.«

»Deine hübschen kleinen Augen, Mary.«

»Ich will mit dir weggehen.«

»Brauchen Geld für uns beide.«

»Ich habe auch noch vier Pfund auf die Seite gelegt für mein Kostüm.«

»Das bringst du besser auch.«

»Wann kann ich dich denn wiedersehen?«

»Erst mal eine Weile nicht, Mary.«

»Warum denn nicht?«

»Ich muß Pläne machen.«

»Aber warum kann ich dich denn nicht treffen?«

»Meine Frau.«

»Sie braucht es doch nicht zu wissen.«

»Man muß vorsichtig sein, Mary.«

»Aber ich will doch bei dir bleiben.«

»Das ist ja alles gut und schön, aber wir müssen vorsichtig sein und dürfen nichts überstürzen. Ich kann zuerst nach London fahren, und du kommst dann nach. Ich brauche dann aber etwas Geld.«

»Ich geb dir was.«

»Ich brauche wahrscheinlich ziemlich viel.«

»Ich kann dir die Hälfte von meinem geben.«

»Soviel brauche ich nicht, aber wir werden schon sehen.«

»Ich will mit dir gehen.«

»Ich schreibe dir dann. Postlagernd.«

»Gut. Schreibst du auch wirklich?«

»Du kannst mir völlig vertrauen, Mary. Wir wollen ja schließlich nicht, daß dein Vater von der Sache erfährt. Wir wollen alle Unannehmlichkeiten aus dem Weg schaffen.«

»Er ist ein widerlicher Hund.«

»Das mußt du nicht sagen, Mary. Er ist eben etwas durcheinander. Gibt doch viele solche. Aber deshalb darf man nie verbittert sein. Das darfst du nie vergessen. Es ist hart, aber fair. So muß es sein in dieser Welt. Und ich will nicht, daß du einen Fehler machst, Mary. Ich gebe dir jetzt eine Woche oder zwei, um das Ganze zu überdenken, und wenn du dann schließlich immer noch mitkommen willst, dann schicke mir bitte zehn Pfund. Vielleicht werden wir erst Schwierigkeiten haben.«

»Das ist mir ganz egal, solange ich bei dir bleiben darf.«

»Mary, schau doch mal nach, ob da noch eine Flasche Stout ist, ehe ich gehe. Ich könnte noch einen Tropfen für den langen Weg gebrauchen. Sieh doch mal, ob da nicht noch ein paar sind, die ich einstecken kann. Dann kann ich viel besser denken.«

»Du hast Stout sehr gerne.«

»Gernhaben, Mary, ist nicht das richtige Wort. Das liegt mir im Blut, und das nicht allein, sondern auch noch ein paar andere Dinge. Bitte schreib mir doch postlagernd an das Postamt Geary. Aber nicht unter meinem Namen. Schreib an Percivil Buttermere. Es ist wichtig, daß der Name richtig geschrieben wird. P e r c i v i l B u t t e r m e r e.«

»Das ist lustig.«

»Das ist eine Frage des Überlebens, Mary.«

»Du bist großartig. Wir wohnen dann zusammen in einem Zimmer, und du machst alles mit mir? Oder?«

»Natürlich.«

»Es ist mir ganz egal, und wenn wir sterben.«

»Sag das nicht. Das gibt dem Herrgott die falschen Gedanken. Eine solche Haltung müssen wir doch entschieden von uns weisen. Wickel mir doch diese Flaschen in etwas Papier ein.«

»Küß mich noch mal.«

»Und vergiß nicht Percivil Buttermere. Das ist sehr wichtig. Und ich sag dir, wann du das Geld schicken sollst. Und sprich nur mit niemandem darüber.«

»Kein Sterbenswörtchen. Ich hab ja sowieso niemanden, mit dem ich darüber sprechen könnte.«

»Muß jetzt los.«

»Komm noch mal mit deiner Zunge.«

In Marys Haus ging ein Gebrüll los, aber keine Schreie von ihr. Ich bin schnell aus der Straße weg. Am Viehmarkt vorbei. Männer raunzten die Ochsen an. Wer ist wer. Sie trieben das brüllende Schlachtvieh durch die Gatter und sie würden es in den Kopf schießen oder auf die Schiffe verladen. Die Nacht ist vorbei. Das bedeutet, daß man auf die nächste warten muß.

Ein frischer, neuer Morgen. Nur wenige Menschen auf den Straßen. Er ging in eine Kneipe, wo alte Männer saßen, Hände um die Gläser mit Apfelmost, gezielt in das Sägemehl auf dem Boden spuckend. Gespräche verstummten, als Dangerfield eintrat. Abwechselnd schauten sie sich um.

Es war einmal ein Mann
Der baute ein Boot,
Um darin wegzusegeln.
Und es sank.

JÖRG FAUSER

Zuhause hab ich keine Zeit

... indes eine fahle Röte seine Wangen färbte

Es war gegen Allerheiligen. In dem Stehausschank in einer Durchgangsstraße brannte seit dem frühen Nachmittag das Neonlicht. Die Bauarbeiter und Müllkutscher, die Hausfrauen und Halbstarken waren längst wieder an die Arbeit gegangen, in die Küche oder ins Wirtshaus umgezogen, und seitdem schwieg die Musikbox, der einzige Gegenstand in dem Stehausschank, der etwas Wärme ausstrahlte. Dem Wirt, einem mürrischen Kerl an die Fünfzig, war nicht mehr nach Musik, seit ihm kürzlich die Frau weggelaufen war, und der letzte Gast, ein hagerer Mann in einem Mantel, der ebenso abgenützt war wie das Gesicht seines Besitzers, dem nur die Trinkernase etwas Farbe verlieh, hatte gerade ein paar Mark in der Tasche und mußte, wollte er seinen Pegel halten, auf Musik verzichten.

»Außerdem ist Musik«, erklärte er dem Wirt, »wie die sogenannte Kunst überhaupt, etwas total Unnützes. Für mich als manischen Konstruktivisten stellt sich gar nicht erst die Frage nach der Kunst. Oder kann der Bauer mit Beethoven seinen Acker düngen? Nein, aber mit Jauche, nicht wahr. Jauche, das ist ebenso konstruktiv wie Bier, zwei erstklassige Düngemittel. Die Musik hingegen geht zum einen Ohr hinein und zum anderen hinaus, und ihre Wirkung auf mich ist ebenso, wie wenn der Bauer seinen Acker mit Mondschein düngt. Nicht umsonst gibt es bekanntlich die Mondscheinsonate von diesem Richard Wagner. Musik und Mondschein! Da nehme ich doch lieber eine Halbe Dunkles vom Faß, das ist flüssige Stärke, und Stärke ist das Konstruktive schlechthin.«

Er leerte sein Glas, wobei er den kleinen Finger leicht abspreizte, und schob es über den Tresen. Mit der anderen Hand tastete er nach den Münzen in der Hosentasche. Fünf, sechs Mark, die ergaben, trank man nicht zu schnell, noch eine Stunde im Ausschank, eine Stunde mit Alkohol, eine Stunde am Feuer, bis die Wölfe heulten.

»Ich führe kein Dunkles vom Faß«, sagte der Wirt. Er wäre den Mann gern losgeworden. Er haßte diese Penner mit ihren lächerlichen paar Mark, ihrem wehleidigen Geschwätz, ihrer weibischen Hilflosigkeit, wenn sie wieder auf die Straße mußten. Das war es, was ihn hinter seinem Tresen in diesem Loch von einem Ausschank hielt, wenn er doch am liebsten alles zerschlagen hätte, als ihn seine Frau verließ, die Hure: die Macht über die Trinker, die Macht, Strafe auszuteilen, zu vernichten.

»Dann bleib ich halt bei meinem Hellen«, sagte der Gast, dem es längst nicht mehr um die Farbe des Biers, um Geschmack oder Erfrischung ging. War es ihm je um Genuß gegangen? Er hätte es nicht sagen können. Man trank, um getrunken zu haben. Hatte man genug getrunken, trank man eine Flasche Spiritus auf ex, dann brauchte man nie mehr zu trinken. Und bis dahin trank man nicht bei Bedarf wie die Tiere, sondern wie eben Menschen trinken: aus Gewohnheit, aus Angst, und dann auf der Flucht.

Der Wirt nahm das Glas und hielt es unter den Zapfhahn.

»Das wird dir auch nichts nützen«, sagte er in den Schaum.

Von der Kreuzung hörte man das Kreischen von Bremsen, das Krachen von Blech, das Zersplittern von Glas, und Schreie. Der Wirt schürzte zufrieden seine dicken Lippen. Seine Zunge kam zum Vorschein, ein blaustichiges Gekröse. Seit die Hure, seine Frau, fort war, liebte er die Verkehrsunfälle, die Attentate, die Erdbeben. Vom Fernsehen konnte er überhaupt nicht mehr lassen und hatte sogar ein batteriebetriebenes Gerät unter die Kasse gestellt. Gegen eine Revolution hätte er lediglich einzuwenden gehabt, daß sie dem Abschaum zugute kam. Massenerschießungen hätte er gern jeden Abend live gesehen. An das Dritte Reich dachte er, wie viele, die von Obszönitäten nur träumen, mit unstillbarer Sehnsucht. Mit seinen Feinden würde er jedenfalls kurzen Prozeß machen. Wer aber waren seine Feinde?

Der Gast konnte das Maul nicht halten, ein öder Schwätzer wie alle Penner: »Nur der manische Konstruktivismus zeigt uns einen Ausweg aus der Krise!«

Er trank, wischte den Schaum vom Mund und verrieb ihn mit einem Speichelfaden am Polster seines Hockers. Der Wirt schenkte sich einen Klaren ein und warf einen Blick auf die Uhr überm Eingang. Noch eine Stunde, dann begann endlich das Fernsehprogramm. War er dann noch da, flog der Penner raus. Eine Ambulanz heulte auf der Straße vorbei.

»Warum Konstruktivismus, fragen Sie mich«, sagte der Gast zum Wirt, der überhaupt nichts fragte, sondern in seinen Magen horchte. »Und ich antworte Ihnen: der Destruktivismus hat die Welt lange genug am Schlafittchen gehabt, nun kommt alles darauf an, sie seinen Krallen zu entreißen. Seien wir konstruktiv! Und wir werden der Schwierigkeiten schon Herr.«

Er nahm einen Schluck Bier und wagte, so gestärkt, eine Zugabe:

»Auch wenn ein Mensch vorübergehend kein Zuhause hat, solange er Konstruktivist ist, weiß er doch stets, wo er hingehört.«

Der Wirt nahm seinen Vorteil sofort wahr:

»Ich mache bald dicht. Im Fernsehen kommt ein Kriegsfilm, und in den Antillen ist Revolution, da wird kurzer Prozeß gemacht, verstehst du?«

Der Hagere beugte devot seinen Kopf übers Glas und nickte.

»Ordnung muß sein«, sagte er, »auch die Antillen werden das lernen.«

Der Wirt vermutete in diesen Worten eine versteckte Unverschämtheit, vermochte sie aber nicht zu enttarnen und goß sich mit ruckartigen Bewegungen, die seinen aufsteigenden Zorn nur mühsam kaschierten, noch einen Schnaps ein. Früher hatte sich seine Frau, das Flittchen, um die Narren gekümmert, die beim Trinken das Reden nicht lassen konnten; um die Narren, die Nichtstuer, die Schönschwätzer, diese Sauhunde, mit denen sie durchgebrannt war. Hoffentlich lag sie bald bei den Pennern vor der U-Bahn und bettelte, damit er sie anzeigen konnte. Nein, dachte er, ich werde sie nicht anzeigen, die Polizei steckt ja unter einer Decke mit dem Gesindel; ausspucken werde ich und einfach über sie wegtreten. Er stürzte den dritten Klaren herunter und spürte schon das Sodbrennen. Seit das Flittchen fort war, aß er nur mehr harte Eier und Wurst, denn er verachtete Männer, die kochten, und im Wirtshaus zu essen, wäre ihm als Eingeständnis einer totalen Niederlage erschienen.

Die Tür wurde aufgestoßen, und eine Frau betrat den Stehausschank. Sie war mittelgroß und trug unter einem billigen Pelzmantel ein enganliegendes grünes Kleid, das ihre üppigen Formen betonte. Ihr Haar war blond und glatt gescheitelt und lag dicht um ihr herzförmiges, stark geschminktes Gesicht. Auf der Straße hätte man sie für über vierzig gehalten, doch das Neonlicht auf der Schminke ließ sie seltsam alterslos wirken. Nachdem der Wirt sich davon überzeugt hatte, daß es sich um ein anderes Flittchen als seine Frau handelte, entspannte er sein Gesicht zu einem tölpelhaften Grinsen.

»Was darf's sein?«

Die Frau nahm den Hocker neben dem hageren Gast, der regungslos ihr schweres Parfüm atmete, und kramte in ihrer Handtasche nach Zigaretten.

»Ein Glas Portwein«, sagte sie mit einer melodischen Stimme.

Sie steckte sich eine filterlose Zigarette zwischen ihre weinroten Lippen und wandte ihr Gesicht dem Hageren zu. Er nahm es aus den Augenwinkeln wahr, griff hastig zu seiner Zündholzschachtel, riß ein Hölzchen an und hielt es, indes eine fahle Röte seine Wangen färbte, an die Zigarette. Die Frau dankte ihm mit einem Lächeln und einem Blick aus schwarz umrandeten Augen, denen falsche Wimpern eine künstliche Starrheit verliehen.

Der Wirt beobachtete die Szene und hätte am liebsten beide mit Gewalt entfernt. Schamlos, dachte er, das Pack. Und dieser Penner benimmt sich wie ein pickliger Rekrut, der zum ersten Mal ins Puff geführt wird. Beim Bund hatten wir solch einen Waschlappen, erinnerte er sich. Sie hatten ihn an ein Bett gefesselt und die Sado-Susi auf ihn angesetzt. Erst als das Bett wieder gebraucht wurde, hatte man ihn losgebunden und festgestellt, daß er tot war, der Drückeberger. Herzversagen, hieß es. Die Sache war vertuscht, aber auch dem Wirt eröffnet worden, er werde als Feldwebel — natürlich ehrenhaft — vorzeitig seinen Dienst quittieren. Sado-Susi verlor ihren Bockschein und ging nach Zürich. Der Feldwebel wurde Wirt und dachte jetzt, auch gut; wer wollte mit diesem Haufen von schwulen, rauschgiftsüchtigen, verfetteten Affenärschen den Iwan plätten?

»Ich führe keinen Portwein«, sagte er zu der Blonden. Immerhin, für eine kurze Nummer sah sie gar nicht so übel aus. »Das ist hier schließlich kein Nachtklub«, fügte er hinzu. Seine Zunge erschien und leckte seine Lippen ab. Die Frau hatte fast das gewisse Etwas, dachte der Wirt, das der anderen, der Hure, je älter sie geworden, desto mehr abgegangen war, darum lag sie ja jetzt auch im Dreck bei den Wermutbrüdern, den Fuselsäufern...

Die Frau lachte.

»Wollen Sie damit sagen, daß es in Ihrem Etablissement keinen Striptease gibt?«

Sie lachte wieder und stieß wie zufällig an den aufgestützten Arm des Hageren, der sogleich den Arm auf den Tresen legte und seinen Mund zu einem allerdings vollkommen lautlosen Lachen formte, in das er, mit ängstlichem Blick auf den Wirt, einen Schluck Bier schüttete.

Der Wirt glotzte die beiden Gäste an. Seine Augen lagen in Fettpolstern und waren kaum größer als die einer Ratte. »Ich will damit nur sagen, daß es bei mir keinen Portwein gibt. Wenn Sie was anderes wollen, sagen Sie's. Ich mach nämlich bald zu.«

Die Frau schaute auf die silbrig glänzende Armbanduhr an ihrem Handgelenk, das so schmal und zart war, wie ihre Büste wuchtig und voluminös.

»Es ist doch kaum fünf«, sagte sie.

»Ich schließe, wann ich will«, sagte der Wirt.

Es hörte sich an, als würde ein Priester bei der letzten Ölung zum Sterbenden sagen: Aber wann du stirbst, bestimme immer noch ich.

»Ach so«, sagte die Frau, »Sie haben was Besseres vor. Geben Sie mir einen Jägermeister.«

Der Hagere, der vorübergehend kein Zuhause hatte, sah fern am Horizont eine Chance wie eine Regenwolke über einem Wüstenhimmel. Wie alle Trinker verlegte er das Nahe gern in die Ferne, nicht um dem notwendigen Unglück zu entgehen, sondern um die Pausen dazwischen zu verlängern.

»Geben Sie mir auch einen Jägermeister«, sagte er mit soviel unerwarteter Forschheit in seiner Stimme, daß der Wirt ihn argwöhnisch betrachtete. Er aber sagte, ohne die Frau anzusehen, über sein Bier weg:

»Natürlich lade ich Sie ein...«

Die Blonde bemerkte das Zögern nach diesen Worten und sagte:

»Kommt gar nicht in Frage. Schließlich war der Jägermeister meine Idee. Wie heißt es in der Reklame? Einer für alle.«

»Ich bitte Sie«, sagte der Mann mit einem verstohlenen Blick auf die Ringe an ihrer Hand, »solche Ideen gehören der Allgemeinheit.«

»Sind Sie Kommunist?« fragte die Frau spöttisch.

»Gott bewahre«, sagte der Mann, »ich bin manischer Konstruktivist. Der Geist, der stets das Gute will, Sie wissen ja. Schiller.«

»Ah ja. Und davon kann man leben?«

»Manchmal muß auch das Gute leiden«, räumte er ein.

Der Wirt knallte die Fläschchen auf den Tresen. »Gläser sind aus«, sagte er knurrend.

»Macht nichts«, sagten die beiden Gäste wie aus einem Mund, lachten auch gleichzeitig und tranken den süßen Schnaps ex.

Der Wirt räumte die Fläschchen weg und warf sie mit mehr Lärm als notwendig war in den Abfallkübel. Dabei spürte er sein Glied. Ich werfe den Penner raus, dachte er, und diese Schlunze ... seine Gedanken verwirrten sich. Das Sodbrennen kroch durch seine Speiseröhre. Er hörte die Frau lachen, das Flittchen, und sah den Penner schon an ihren Augen hängen wie ein Hund. Der Wirt haßte Hunde, Tiere, Menschen, Kreatur war ein Greuel, die Menschheit ein Sauhaufen, er stand allein gegen alle im Dreck, keuchend, der Nacken schwoll, das Glied, Flecken tanzten im Neonlicht, Blutflecken, es krachte wieder, es bumste, die Antillen barsten, die Leichen stanken, alles Lebendige verkam, aber nicht rasch genug, er stand allein, die Macht am Tresen, über der wüsten Erde.

»Noch zwei Jäger«, sagte die Frau.

»Jetzt bin ich aber an der Reihe«, sagte der Mann.

»Wer reitet durch die wilde Nacht«, summte die Frau.

»Ein Zuhause kann alles sein«, sagte der Mann.

»Zuhause hab ich keine Zeit«, lachte die Frau.

»Und ich hab zur Zeit kein Zuhause«, sagte der Mann.

»Dann knobeln wir«, sagte die Frau, »Herr Wirt: die Würfel und zwei Jägermeister.«

Der Wirt preßte die linke Hand auf seinen Magen und schob mit der rechten über den Tresen, was die Frau verlangte. Sein Atem ging kurz; Schweißperlen glitzerten auf seiner Stirn. Die Frau sah ihn abschätzig an, klapperte mit den Würfeln im Lederbecher und warf einen Dreier Pasch. Der Hagere verlor, gewann, verlor. Sie tranken, die Frau mit Genuß, der Mann mechanisch. Die Frau bemerkte seine Furcht, wie sie die mit Haß vermischte Begierde des Wirts bemerkte, sie erregte sich an der Erregung, die sie verursachte, sie gewann wieder, drückte den Hageren, wo Männer besonders empfindlich sind, streifte mit ihren Nägeln beim Trinken seinen Handrücken, wobei sie dem Wirt spöttisch zublinzelte, und glitt vom Hocker, üppig und trunken, Musik zu wählen.

»Die Musik«, gab der Hagere zum Besten, »was wären wir Konstruktivisten ohne Musik? Sie ist doch die Krone der Schöpfung!«

Der Wirt war sicher, daß er ihn zertreten konnte wie eine Wanze, wie die ungewaschenen Negligés, die die Hure ihm zurückgelassen hatte, damit sie seine Träume vergifteten, und wirklich barg er die zertretenen, zerfetzten, besudelten Dinger im hintersten Winkel des Schlafzimmerschranks wie ein Lustmörder verwesende Leichenteile, in deren Moder er zwanghaft seinen Samen ergießt.

Marmor, Stein und Eisen bricht
Aber unsere Liebe nicht

Die Frau tanzte ein paar Schritte, kehrte dann zum Tresen zurück, denn die Blicke der beiden Männer erschreckten sie. Sie trank. Die Würfel rollten. Sie verlor. »Und jetzt um's Ganze«, sagte sie und spürte, wie der eine erschrak und der andere sich die Lippen leckte. Sie ließ den neben ihr gewinnen. Er krümmte sich vor Erleichterung, verströmte Mundgeruch, Nässe, auch den Schimmeldunst von kalten Hauseingängen. Sie hatte Mitleid, der Ekel überwog. Und der Wirt sah aus wie ein Schlächter aus Leidenschaft.

»Leider!« sagte sie rasch und sah wieder auf die Uhr. »Ich muß fort. Die Zeit rast ja so, vor allem, wenn man sie nicht hat.«

Der Hagere sah die Wolke über der Wüste verschwimmen, eine Fata Morgana. »Aber noch ein Spielchen, die Revanche, so kann es doch nicht bleiben, und wenn es Ihnen hier nicht zusagt, ich stehe zur Verfügung, vielleicht bei Ihnen, zuhause, mit Musik...«

Alles, alles geht vorbei
Doch wir sind uns treu

Sie klappte ihre Handtasche auf.

»Machen Sie mir die Rechnung«, sagte sie zum Wirt, der auf das Testbild im Fernseher starrte, und zum Hageren sagte sie: »Zuhause hab ich keine Zeit.«

Er lächelte kläglich, ein ewiger Verlierer.

»Aber wenn man ein Zuhause hat, braucht man doch keine Zeit...«

»Sie haben zur Zeit kein Zuhause«, sagte sie schon gleichgültig, »und ich hab zuhause keine Zeit. Sie sehen, mit uns kann es nichts werden.«

Sie lachte, nicht mehr melodisch, sondern schrill. Der Hagere schniefte und starrte in sein Glas.

Der Wirt addierte auf einem fettigen Block die Zahlen. Er zog einen Strich unter die Summe, rechnete nach, sie roch seinen sauren Atem, den Haß in seinem Hals, den Ekel und die Begierde. Sein Blick, als er ihr den Zettel vorlegte, wollte sie töten.

»Vierzehn sechzig«, sagte er.

Sie legte einen zerknüllten Zwanzigmarkschein auf den Tresen. Er nahm den Schein, strich ihn glatt und sagte leise, wobei sein Blick auf ihren Busen gerichtet war: »Bist du sicher, daß du nicht bleiben willst? Du erinnerst mich an meine Frau. Sie ist mir gestorben, weißt du, andere Frauen sind mir gleichgültig, aber du...«

»Behalten Sie den Rest und kaufen Sie ein paar Blumen für ihr Grab«, sagte die Blonde, glitt vom Hocker, nahm ihre Handtasche und ging zur Tür, »ich hab für Männer wie euch auch hier keine Zeit.«

Und sie war weg. Draußen donnerte der Abendverkehr vorbei. Die Straßenlampen tauchten die Umgebung in hartes Licht. Es begann zu regnen.

Der Wirt betrachtete den Schein. Das Sodbrennen erreichte seinen Mund, er vermochte kaum zu schlucken. Er warf den Schein auf den Tresen und sagte zu dem letzten Gast:

»Da, besauf dich damit.«

Der Hagere sah ihn nicht an und rührte sich nicht. Der Wirt ächzte.

»Bleib hier und sauf, du Penner. Dann weiß ich wenigstens, daß du heute nacht nicht neben ihr liegst.«

Er stellte die Flasche Klaren auf den Tresen und hievte sich mühsam, mit schmerzverzerrtem Gesicht, auf einen Hocker. Auf dem Fernsehschirm erschien der Sprecher der Tagesschau und verlas mit Leichenbittermiene die Nachrichten. Von einer Revolution auf den Antillen war nicht die Rede.

Der Wirt sah seinem Gast beim Trinken zu.

»Na«, sagte er nach einer Weile, »willst du mir nicht noch etwas über das Gute erzählen?«

»Lieber nicht«, sagte der Mann leise.

So saßen sie bis Allerheiligen und sitzen sie vielleicht heute noch, denn auf jeden Trinker, der kein Zuhause hat, kommt immer eine Frau, die keine Zeit hat, und auf jeden Wirt, der keine Frau hat, kommt immer ein Trinker, über den er die Macht hat.

NELSON ALGREN

Der Mann mit dem goldenen Arm

In Anteks »Tug & Maul« Bar

In der *Tug & Maul Bar* hatte Antek der Wirt über der Registrierkasse ein Schild, das seine Einstellung zur ganzen West Division Street wiedergab:

SIE HABEN MICH GEBOXT, GETRETEN, BESCHISSEN, REINGELEGT, UMGEHAUEN, ÜBERFALLEN, GEWÜRGT, ANGESCHWÄRZT, BETROGEN, GETÄUSCHT, GELINKT, AUSGELACHT, BELEIDIGT, BEWUSSTLOS GESCHLAGEN UND VERHEIRATET. ALSO, WENN IHR ANSCHREIBEN LASSEN WOLLT UND ICH SAGE »NEIN!«, DANN KOMMT DAS VON HERZEN.

Anteks Stammgäste, von › Gasmann ‹ dem Baseball-Trainer bis Schwabatzki und Süffel-John, begegneten der Bar auf der anderen Straßenseite mit gründlicher Verachtung. Denn der Laden da drüben brachte nicht einmal die simple Ehrlichkeit zuwege, sich eine Taverne zu nennen. Als ›Club‹ gaben die sich aus. Das mußte man sich mal vorstellen. › *Club Safari*. Spezialität: Mixgetränke. ‹

Im *Tug & Maul* trank keiner etwas anderes als Whisky und Bier durcheinander. Von Antek einen Martini zu verlangen, wäre ungefähr dasselbe gewesen, als wollte man einen Kuß von ihm haben. So etwas kam einfach nicht in Frage. Antek küßte keinen außer seiner Frau, und serviert wurde nichts als Whisky und Bier.

Tug & Maul
Halt dich ran
Ex und Hopp
Old Fitz, Old Crow oder Old McCall
Wenn du pleite bist, schieb ab
Das ist *alles*.

Dies war nicht nur ein Gedicht von Antek, es war auch sein Wappenspruch. Es stand auf der Rückseite eines länglichen Blechschilds, das einmal für Coca-Cola geworben hatte, und es lehnte an der Brezel-Schüssel als Warnung an die Barfliegen, die den ganzen Tag zwischen Tresen und Straße hin und her schwirrten.

Und die hielten Antek den ganzen Tag auf dem laufenden, was sich da drüben im *Safari* tat; wer gerade hineingegangen war, und wer gerade herausgekommen war. Selbst von einem Platz am Tresen konnten sie noch direkt ins Fenster des Safari hineinsehen und den Ruf eines Mannes absägen, ohne den Fuß von der Stange nehmen zu müssen. »Gestern hab' ich den schnieken Louie schon wieder mit so ner alten Schwuchtel da drüben reingehen sehen, und sie haben was getrunken mit Blättern drauf.« Das machte Louie im *Tug & Maul* schon fast zum Aussätzigen.

Denn Antek hielt es mit der Tradition und der guten alten Zeit, mit dem ehrlichen herkömmlichen Whisky und erprobten, bewährten Freunden. Weder grelles Neon noch indirekte Schummerbeleuchtung hatten an seinen Wänden etwas zu suchen. Dafür gab es auf dem Boden reichlich Sägemehl, und alle vier Barhocker stand ein altmodischer goldbronzierter Spucknapf. Ob man ein alter Freund oder ein zufällig Hereingeschneiter war — jeder wurde von ihm ausgenommen, bekam aber auch bis zum Strich eingeschenkt, und das Wechselgeld stimmte immer. Während sie in dieser oder jener Nische um Pfennige spielten, von Mittag bis nächsten Morgen um vier. Wer mit einem Rausch hereinkam, konnte gleich wieder zurück in die Kneipe, wo er ihn sich geholt hatte. Wenn man aber bei ihm zu tief ins Glas geschaut hatte, sorgte er dafür, daß man auf seiner Straßenseite nicht auch noch überfallen und ausgemistet wurde.

Nur gegen Fernsehen hatte er etwas. »Ich hab dem Ding eine reelle Chance gegeben, ich wollt' mich gern überzeugen lassen, aber es funktioniert nicht«, sagte er oft zu Frankie.

»Es funktioniert nicht, Wirt? Seit wann denn das?«

»Na ja, irgendwie schon — aber es kommt nichts dabei raus. Ein Gast bestellt ein Bier, guckt auf die Mattscheibe und fragt mich: ›Wie steht das Spiel?‹ Ich weiß es nicht. Hatte zuviel zu tun, um hinzusehn. Muß also einen fragen, der zugesehen hat: ›Wie steht's?‹ Der weiß es auch nicht. 8 : 3, denkt er, aber er ist sich nicht sicher. ›In welchem *inning* sind sie jetzt?‹, will der Gast wissen. Weiß ich auch nicht. Also frag ich wieder den Kerl, der zugesehen hat: ›Welches *inning*?‹ Kann er nicht genau sagen. Er meint, sie sind entweder am Ende vom sechsten oder am Anfang vom siebten, aber ganz sicher ist er sich nicht. ›Wer spielt?‹, will der Gast jetzt wissen. Weiß ich schon wieder nicht. Also frag ich den anderen. Der weiß es auch nicht genau. Er meint, die Red Sox, aber sicher ist er sich nicht. Und so gehts den ganzen Nachmittag, bis ich soweit bin, daß ich aus der Flasche nicht mehr ausschenke, sondern mich selber abfülle. Und wenn ich mal dazu komme, 'ne Weile in den Kasten zu sehen, dann hör ich immer bloß: ›Da kommt jetzt Luke Applin‹, er will den Rekord brechen für die meisten Spiele, die einer auf Third Base gemacht hat, als Short-Stop, oder was weiß ich. Letztes Jahr hat er *so*viele Spiele gemacht, und dieses Jahr sind es schon *so*viele, der Rekord steht auf zweitausend — ›*wird* er es schaffen??‹ Keine Ahnung. ›Luke hätte den Rekord schon längst gebrochen, aber er hat eine Weile auf Third Base spielen müssen. Er hat aber jetzt schon eine bessere Trefferquote als Everett Soundso. Yeah, aber Everett, das waren noch die alten Zeiten des ›Dead Ball‹, das muß man alles berücksichtigen‹ — warum zum Deibel soll *ich* das alles berücksichtigen? Bloß weil ich hinterm Tresen steh? Das nächste Mal, wenn Luke wieder anrückt, werd' ich mir bloß noch eins überlegen: Soll ich drauf warten, bis endlich einer 'n Glas Old Fitz will, oder soll ich mir's gleich selber reingießen.«

Dazu nickte Frankie jedesmal verständnisvoll, und kein Fernsehen hielt ihn davon ab, sich einen Old Fitz zu bestellen.

»Warum soll ich mich mit sowas abgeben?«, fragte dann Antek, die Flasche in der Hand, und Frankie bereute unweigerlich, daß er sich auf das Thema eingelassen hatte. »Wenn ich hier einen Gast bediene, hör ich keinen schreien: ›Da kommt Antek der Wirt! Letztes Jahr hat er 5444 Glas Bier gezapft, 11220 Kurze ausgeschenkt und zweimal in der Woche die Brezelschüssel aufgefüllt, zweiundfünfzig Wochen lang! Und wenn man seine Doppelschicht vom letzten Sonntag dazurechnet, hat er insgesamt 3317 doppelte Old Grandads gekippt, 2343 Schenley's — und Gott allein weiß, wieviele Halbliterflaschen Old Fitz er sich hinter die Binde gegossen hat!‹ Ich meine, was soll's? Ich hab auch meine Bestleistungen. Wenn sie *mich* mal im Fernsehen bringen, dann kauf ich's ihnen ab. Vorher nicht.«

»Im *Safari* haben sie jetzt Ringkämpfe«, informierte Frankie seinen alten Freund. »Die ganzen Schwuchteln rücken an, trinken Pfefferminzlikör und sehn sich die Muskelmänner an.«

Den Boden des *Safari* bedeckte kein Sägemehl, und wer um Geld spielen wollte, wurde nicht geduldet, auch wenn es nur um Pfennigeinsätze ging. Geboten wurden nur Gesellschaftsspiele — ›26‹ und Bingo. Für jeden Drink bekam man eine Quittung, und an fünf Abenden in der Woche gab es ein Unterhaltungsprogramm. Auf den Tischen lagen Tischtücher, die Beleuchtung war gedämpft, aus Deckenlautsprechern drang dezente Musik, und nie gab es einen Drink auf Kosten des Hauses.

Doch auch die seltsamen Figuren, die das *Safari* frequentierten, ließen sich nicht lumpen und erwiderten die Verachtung der Barfliegen von der anderen Straßenseite. Anteks Boys waren für sie »Penner«, und Antek selbst war ihnen einfach zu *gewöhnlich*.

Am schrundigen Tresen des *Tug & Maul* saß jetzt der alte blinde nasenlose Penner namens Pig, das frische Sägemehl unter den Füßen und die alte Hoffnung im Herzen — er sehnte sich nach einem Bier. Doch niemand wollte sich auf die freien Barhocker links und rechts von ihm setzen.

Denn Pig verströmte einen Geruch, der entfernt an ranziges Hammelfett erinnerte, an verschimmelte Bettwäsche, fauligen Fisch und Formaldehyd. Er saß auf dem letzten Barhocker vor der Toilette, und Antek hatte ihm diesen Platz schon vor langer Zeit zugewiesen, weil er der Ansicht war, die eigentümlichen Ausdünstungen des Straßenhändlers würden durch den Geruch des Desinfektionsmittels aus der Toilette einigermaßen neutralisiert. »Da schlag ich zwei Fliegen mit einer stinkenden Klappe«, hatte er Pig erklärt. »Wenn ich noch 'n halben Kanister Bowlene extra reinkippe, fällt den

Leuten dein Gestank kaum noch auf. Nur schummel dich nicht nach da vorne durch, wo die Gäste sitzen, die sich waschen. Und wenn du dich schon in die Richtung bewegst, dann geh gleich weiter und schaff dich mitsamt deinem Gestank raus auf die Straße.«

»Aber manche von denen spendieren mir was zu trinken«, hatte Pig protestiert.

»Wenn dir jemand was spendiert, dann heißt das nicht, daß du dich dazusetzen sollst. Du bleibst, wo du bist, und ich bring dir das Glas hin. Ich kann dich ertragen, ich bin an dich gewöhnt. Gehört nun mal zu meinem Job. Aber meine Gäste kommen hier rein, weil sie sich mit Schlitz benebeln wollen, und nicht mit deinem Gestank.«

Auch wenn er manchmal so tat, als sei er ein bißchen gekränkt — in Wirklichkeit empfand Pig bei solchen Beleidigungen ein heimliches Vergnügen. »Dieses Bowlene ist gar nicht so stark, wie du denkst, Wirt«, pflegte er Antek herauszufordern. »Gib mir noch sechs Monate, und du wirst gar keins mehr brauchen — ich hock einfach hier, und die Leute werden denken, das Scheißhaus ist frisch desinfiziert. Bowlene, das ist doch *gar nichts*. DDT — *das* ist das Wahre.«

Ein verblichenes blaues Matrosenkäppi hing ihm vorne bis auf die Augenbrauen herunter, und seine Finger trommelten ungeduldig auf dem Tresen. Die Geräusche der Trinker rings herum verstärkten seinen Durst, und seine Finger tasteten sich jetzt voran wie die Fühler eines Insekts, das ein Hindernis geortet hat. Für Pig hieß das Hindernis immer nur Antek. Der Wirt ließ sich jeden Tag schwerer herumkriegen.

Denn der Wirt konnte nicht leiden, was Blind Pig mit seinen Fingern machte. Sie ringelten sich so ekelhaft hoch und rieben sich aufgeregt aneinander; sie flüsterten widerwärtiges obszönes Zeug und drückten einander Dellen ins Fleisch mit einem geradezu inzestuösen Einvernehmen.

»Wenn ich fuffzehn Cents hätt', wär ich voll aus dem Schneider!«, rief der Blinde jetzt frohgemut in das Stimmengewirr, das ihn umgab. Doch die Schreihälse hatten nur Ohren für ihre eigene Ausgelassenheit.

Nur der Wirt hörte es. Und der, in seiner glattrasierten, kahlköpfigen, bebrillten Gleichgültigkeit, gab keinen Pfifferling darum.

Die Finger jedoch krochen nun verstohlen über den Tresen, zogen sich langsam zurück, verschwanden in der speckigen Weste und gruben sich in den Tabaksbeutel, den der Blinde an einer Schnur um den Hals hängen hatte. Die Schnur verschob sich ein wenig im Nacken, und sichtbar wurde ein schmaler Streifen, der allerdings nur wenig heller war als der übrige Körper — dieser unförmige, alterslose, anonyme, farblose, hirn- und augenlose Sack aus kalter Berechnung und heißer Gier.

»Ich hab in meiner Zeit schon manchen verlotterten Penner auf dieser Straße gesehn«, rief ihm Antek aus sicherer Entfernung zu, »aber für *dich* haben sie DDT *erfunden*. Denkst du vielleicht, weil du nichts siehst, können dich auch die Leute nicht sehn?«

Hinter einem träumerischen schiefen Lächeln verbarg Pig einen tiefen Groll gegen alle und jeden. Er konnte lächeln wie ein feister verwöhnter Kater und gleichzeitig jedem das schlimmste Pech auf Erden wünschen.

»Sie *brauchen* mich nicht zu sehn«, verkündete er mit seinem selbstzufriedenen butterweichen Lächeln dem schwarzen Spiegel, der hinter jeder Bar seiner dunklen Welt hing. »Es reicht ja, daß sie mich *riechen*.«

»Weiß Gott, riechen können sie dich«, höhnte Antek. »Ich würd' dir persönlich ein Stück Seife borgen — aber du hast ja nichtmal so viel Stolz, daß du es benutzt.«

Pig quittierte das mit den bescheiden gesenkten Augenlidern eines Mannes, der sich geschmeichelt fühlt. »Ich hab meinen Stolz und du deinen. Und auf meine Sorte kann ich auch stolz sein.«

Für Pig waren Augenlicht und Sauberkeit untrennbar verbunden: Wenn er schon das eine nicht haben konnte, dann verzichtete er auch gleich auf das andere. Das tückische Schicksal, das ihn hatte erblinden lassen, verschaffte ihm immerhin die hämische Genugtuung, daß er für die Sehenden eine grenzenlose Zumutung war.

Die Sehenden waren eine feindliche Rasse. Sie hatten eine stillschweigende Übereinkunft getroffen, sich zu waschen, weil sie einander sehen konnten. Er war von diesem Pakt ausgeschlossen worden, und doch wollten sie, daß er nicht nur hilflos, sondern auch noch sauber sein sollte. Sie wollten nicht, daß er sehen konnte, doch gleichzeitig sollte er ihnen auch nicht seinen Anblick zumuten. Das war zuviel verlangt.

Doch die Zumutung, die er ihren Nasen und Augen so bewußt bereitete, machte auch sie ein wenig hilflos. *Sie* mußten ihn ansehen, *sie* mußten würgen, so oft ihnen sein Geruch entgegenschlug, als halte man ihnen verdorbene Schweineleber unter die Nase.

»Schau her, Wirt — ich hab zwölf.« Die schwarzen Fingernägel zupften an der Verschnürung des schmierigen kleinen Beutels, und endlich bohrte sich ein Finger hinein, dann zwei — und sie förderten einen einzelnen schwarzen Penny zutage, der vorsichtig auf den Tresen gelegt wurde; dann stocherten die beiden Finger unermüdlich weiter, wie zwei schwarze Ameisen, die sich mit einer sperrigen Beute abmühen, bis schließlich ein ganzes Dutzend auf dem zerkratzten Holz lag. »Schau her!«, rief er in die Schwärze. »Zwölfe krieg ich zusammen.« Er preßte die Finger auf die Münzen und drehte diese und jene um. Worin Antek nun vollends keinen Sinn erkennen konnte.

Der ganze Dreck der West Division Street klebte an diesen Fingern und an den ausgefransten Enden des Unterhemds aus Heeresbeständen, die sich aus den Jackenärmeln ringelten. Blind Pig trug immer dicke Unterwäsche, einen Militärmantel und das Matrosenkäppi, in der schwelenden Augusthitze genauso wie im tiefsten Winter. Die Dreckschichten auf Gesicht und Kleidung ließen ihn eher wie sechzig wirken, statt der Vierzig-und-nochwas, die er in Wirklichkeit war.

Der Beutel glitt ihm jetzt aus der Hand, und jemand bückte sich und hob ihn für ihn auf.

»Du hast was fallen lassen, Piggy-O.«

Es war der schnieke Louie. Bernsteingelbe Augen und zweifarbige Schuhe, nilgrüner Schlips und weicher grüner Filzhut mit leuchtend roter Feder, blasses hageres Gesicht, dezent betupft mit einem veilchenduftenden Puder.

»Oh Boy«, seufzte Pig erleichtert, als er den Beutel wieder zwischen den Fingern spürte. »Nicht auszudenken, wenn da ein paar Hunderter drin gewesen wären, und jemand anderes hätt' das Ding gefunden.« Vor Schreck tasteten seine Finger so nervös auf den Pennies herum, daß es den Anschein hatte, als breche sogar den Münzen der Angstschweiß aus.

Louie kam selten ins *Tug & Maul*, und für Pig gab es im *Safari* nur den Lieferanteneingang. Was sie geschäftlich zu bereden hatten, war nicht viel, doch es reichte immer zu dem einen oder anderen Bier, das Pig von Louie spendiert bekam.

»Wie sieht's aus, Piggy-O?«

»Geputzt und trocken. Und wie sieht's bei Fomorowski aus? Willst du mir einen spendieren oder einer sein?«

»Was trinkst du?«

»Oh Boy, soll das heißen, ich kann mir's aussuchen? Ich nehm' alles, was ich kriegen kann!« rief er in die biergeschwängerte Luft. Er fuchtelte mit seinem Blindenstock, und dann klemmte er ihn unter den Arm, um die rechte Hand frei zu haben. Der Stock blieb unter der Achselhöhle stecken, als sei er an einem Batzen Wagenschmiere festgeklebt.

»Bedienung! Mal 'n bißchen Bedienung hier!« verlangte Blind Pig.

»Fomorowski ist mein Name«, sagte Louie in die Runde, und in seinen bernsteinfarbenen Augen erschien ein weicher Schimmer von Selbstzufriedenheit und Stolz.

»Der schnieke Louie höchstpersönlich, aus der Clark Street. Wirt, gib meinem fetten Freund hier ein Bier.«

Mit angemessen verächtlicher Geste ließ er ein nagelneues 10-Cent-Stück über den Tresen eiern. Dann stieß er Pig mit dem Ellbogen an und sagte in einem schleimigen Flüstern:

»Und wo juckt's dich, du geiler Wicht?«

Aus irgendeinem Grund fand Pig diese wenig sinnvolle Frage sehr schmeichelhaft und amüsant. Er kicherte, verdrehte die blinden Augen und wurde rot bis hinter die Ohren. Antek kam mit einem Acht-Unzen-Glas an, stellte es vor ihn hin und griff sich die zehn Cents.

»Hier hast du 'n Humpen, Piggy«, sagte er und zwinkerte dem schnieken Louie zu. »Ein Sechzehn-Unzen-Brummer, voll bis zum Rand. Kostet jeden hier fuffzehn Cents, aber für dich bloß 'n Zehner.«

Pig klappte die Unterlippe herunter, leckte eine Portion rötlichen Speichel davon ab, schleckte mit dem schwachen Grinsen eines halb benebelten Spanners an dem Bierschaum herum und sagte »Aaaaah«, als kitzle er mit der Zunge nicht den Schaum sondern sich selbst. Dann tasteten seine obszönen Finger nach demGlas, und im nächsten Augenblick kam ihm ein gequälter Schrei über die Lippen, als habe er sich geschnitten.

»Von wegen Humpen! Das kannst du dem vergrätzten Arsch deiner Schwiegermutter erzählen, aber nicht mir!«

Doch mehr Zeit wollte er nicht verlieren. Eine Weile kurvte seine laszive Zunge ziellos durch den Schaum, und er genoß die erhebende Gewißheit, daß er das Bier nun jeden Augenblick in seiner Kehle spüren konnte; dann setzte er das Glas an und trank so gierig, daß er hinterher dicken Schaum um den Mund hatte – wie ein Hund, der krampfhaft etwas auswürgt. Er spürte, wie sich das Bier in seiner Kehle staute, beugte sich halb über den Tresen, krallte sich die Hand um den Hals, um die kostbare Brühe nach unten zu zwingen und sank mit grenzenloser Erleichterung auf seinen Barhocker zurück.

Dieser verderbte, stumpfnasige, verkommene, obszöne Säufer schmatzte an seinem Bier herum, daß es Antek jedesmal juckte, ihm eine reinzuhauen. Jeden juckte es, denn der unverschämte Penner machte es mit unverkennbarer Absicht, damit sich alle ekelten.

Er hockte da, in seiner stillen Boshaftigkeit, und machte sich über alle lustig. Er wußte, daß er sie alle reizte, ihm eine zu kleben. Und er wußte, daß keiner es wagen würde.

Jetzt lächelte er und zeigte seine verrotteten Zähne her und das graue Zahnfleisch, das einen tiefroten entzündeten Rand hatte und ständig blutete. Der Bierschaum, den er in seinem Mund verteilte, mischte sich mit dem rötlichen Speichel.

Antek prallte zurück und bereute wieder einmal, daß er zu früh von der Schule abgegangen war.

Pig stülpte das Glas hoch, um es vollends auszutrinken, und ein dünner Strahl Bier quoll ihm aus beiden Mundwinkeln, troff in schmalen Rinnsalen an ihm herunter und bildete auf seinen Mantelaufschlägen eine rosig glitzernde Arabeske wie auf einer Pralinenschachtel. Er rang nach Luft, würgte, seufzte und grunzte, setzte endlich das Glas ab und stellte es hin, und sämtlichen Barfliegen drang ein Seufzer der Erleichterung über die Lippen.

»Boy! Kann ich Bier trinken! Und rauchen auch! Soviel ich kriegen kann! Und ich würd' auch gern mal einem sein Girl abfummeln, in so ner Nische da hinten – oder seine *Frau*...da hatte mal eine 'n Schlag, und ich hab mich rangesägt und mmmmmh! – oh Boy! Du da, in der hintersten Nische! – Das kann ich auch! Ich nehm' alles mit, was ich kriegen kann!«

Seine Lippen wellten sich, während er die Erinnerung verarbeitete.

»Oh Boy, wenn ich bloß *davon* mehr kriegen könnte...«

»Magst du Girls, Piggy-O?«

»Und wie!«

»Magst du Kartoffeln und Soße, Piggy-O?«

»Oh *Boy* – Kartoffelbrei und *Soße* mit viel Zwiebeln drin«, sabberte er.

»Und Girls auch — du *sagst* es. Beim Bierbauch deiner Schwiegermutter — du *sagst* es!«

»Aber du bist mal wieder pleite, ja?«

»Du *sagst* es!«

Er grinste verschlagen und pfiff durch die Zähne, denn er sah jetzt, über Louie's Schulter hinweg, einen langsamen eckigen Reigen von Varieté-Tänzerinnen, ein endloses Burlesk-Programm, das Tag und Nacht nur für den blinden Piggy-O spielte — seit dem Tag, als er zum letzten Mal etwas gesehen hatte.

Denn er hatte in einem Burlesk-Theater gesessen, als es vor seinen Augen grau und neblig geworden war, und es hatte Monate gedauert, bis er den Schock überwunden hatte, daß sich der Vorhang für ihn nun nie mehr heben würde. Doch von da an hatte er dann, jeden Monat ein wenig deutlicher, wieder diese letzte Vorstellung gesehen — angereichert mit Clowns, die vorher nicht dagewesen waren; und mit Frauen, die schöner und aufreizender waren als alle, die je vor seinen Augen getanzt hatten. Eine Privatvorstellung, nur für ihn allein. Nie erzählte er den verhaßten Sehenden ein Wort davon. Und es wunderte ihn nicht einmal, daß sich die Gestalten hinter seinen toten Augen so steif und ungelenk wie Marionetten bewegten, obwohl sie ansonsten wie echte lebende Menschen wirkten.

Er schwankte auf seinem Barhocker hin und her wie ein Konzertpianist, der ekstatisch in die Tasten greift. Seine Finger zuckten nach vorn, zogen sich zurück, krümmten und strafften sich, erschlafften dann langsam und glitten über den schrundigen Tresen, wo sie zwischen den Pennies eine gewundene, feuchte, klebrige Spur hinterließen, als hätten ein paar Kellerasseln hastig das Weite gesucht.

»Übernimmst du 'ne kleine Besorgung für mich, Piggy?«

»Ich nehm' alles mit, was ich kriegen kann.«

»Ich besorg dir auch ne knackige Ische — nicht so 'ne Beschickerte aus der hintersten Nische, sondern eine aus 'm Hotel in der Clark Street.«

»Oh Boy, 'ne *Hotel*nutte — führ mich hin, Fomorowski!«

Doch dann hielt er rasch die Luft an, denn er spürte einen vertraulichen Rippenstoß, der ihm sagte, daß jemand hereingekommen war, den sie beide zu gut kannten.

Frankie Machine, die müden Augen auf den Boden gerichtet, schob sich grußlos an den beiden vorbei.

»Suchst du jemand, Dealer?« fragte Louie, um seinen Straßenhändler wissen zu lassen, daß der Dealer wieder auf freiem Fuß war.

Frankie ging nach hinten, wo ein Betrunkener schief auf einem Stuhl hing, den er nach hinten an ein 7-Up-Reklameschild gekippt hatte. Vor den Füßen des Betrunkenen kniete Solly Saltskin und schickte sich gerade an, unter den ungerührten Blicken der Umsitzenden ein kleines Lagerfeuer zu entfachen.

Zielstrebig hatte er unter dem Stuhl des Betrunkenen Papierschnipsel, weggeworfene Schmierzettel und leere Zigarettenschachteln angehäuft und schob jetzt ringsum frisches Sägemehl zusammen.

»Ich mach Shooie 'n bißchen Feuer unterm Arsch«, erklärte er Frankie ganz ernsthaft, als beziehe er dafür einen Stundenlohn.

»Sieht mir eher nach Brandstiftung aus«, meinte Frankie und kickte Papier und Sägemehl auseinander. »Mußt du auch noch Leute anbrennen? Als hätten wir nicht schon genug Ärger am Hals. Komm, ich spendier dir 'n Bier, damit du mir nicht morgen schon wieder im Knast sitzt.«

Der Betrunkene hob den Kopf und kippte seinen Stuhl nach vorn, als gelte die Einladung auch ihm. Doch dann kippte er wieder nach hinten, und sein Kopf ruhte wieder schwer auf der Brust, die sich mühsam hob und senkte, und seine Gedanken kehrten wieder zurück zu einem Wortwechsel mit irgendeinem Barkeeper in seinen Träumen.

»Sag ihm, Shooie ist in Ordnung! Sag's ihm! Was Shudefski verspricht, das hält er! Da, schüttel mir die Hand und sag ihm, daß ich der beste Kumpel bin, den du je gehabt hast. ›Kennst du schon Shudefski? Nein? Komm her, ich will dir den besten Kumpel vorstellen, den ein Polack je gehabt hat‹.«

»Ich möcht', daß du mir 'n Hund besorgst«, sagte Frankie, als er mit Sparrow in der hinteren Nische saß. »Es ist mir egal, wo du ihn klaust, nur darf's keiner von deinen verwilderten Gassenwölfen sein. Er soll wenig Arbeit machen und stubenrein sein und keine Läuse haben. Was Verspieltes, damit Sophie was zu tun hat und mich in Ruh läßt. Aber keine Hündin, die nächste Woche Junge kriegt. Kapiert?«

Sparrow war glücklich, eine Mission zu haben. Er drehte seine Mütze mit dem Schirm nach hinten, schickte sich zum Gehen an und setzte sich wieder.

»Wie wär's denn mit Rumdum?« fragte er. »Rummy braucht 'n Zuhause. Hey, Rummy!« In den Schatten regte sich etwas.

Als sich Frankies Augen an die Dunkelheit gewöhnt hatten, erkannte er Anteks taubstumme Katze, die Rumdum zärtlich am Ohr nagte, um ihn aufzuwecken. Von Rumdum kam nur ein heiserer verträumter Laut. Er zog es vor, irgendeinen gehörlosen Kater in seinen Träumen zu verfolgen. Der schiefe Betrunkene mit dem Sägemehl auf den Schuhen summte jetzt leise vor sich hin. Dann kippte er mit seinem Stuhl nach vorn und fragte laut und deutlich:

»Wer läßt aus diesen Sitzen dauernd die Luft raus?«

Und ließ sich wieder nach hinten an die Wand kippen.

Die Frage weckte Rumdum auf. Er erhob sich, streckte die Hinterläufe, leckte gutmütig die Katze, die in gespieltem Entsetzen einen Buckel machte, und schlurfte in den trüben blauen Lichtschimmer, der aus der schläfrigen Jukebox kam.

Frankie verspürte eine gewisse Übelkeit beim Anblick dieses unappetitlichen Exemplars. Der Hund war unmäßig fett und machte zugleich einen unersättlich verfressenen Eindruck.

»Ein echter Rassehund«, behauptete Sparrow, dem Frankies Bestürzung nicht entgangen war.

»Sowas wie ein polnischer Airedale, und er gehört mir bis zum letzten Haar. Ich würd' ihn keinem anvertrauen außer dir.«

»Ein Rassehund, weiß Gott — ein reinrassiger Streuner. Der frißt soviel wie 'n Brauereipferd. Wenn ich den halten wollte, müßt' ich auch noch tagsüber arbeiten.«

»Er bringt dir Pfandflaschen, Frankie. Ich hab ihn darauf abgerichtet.« Sparrow pfiff leise durch die Zähne, und der Hund schlappte zu ihm hin und ließ ein glasiges, rot entzündetes Auge sehen, das wie eine Warnlampe im Nebel wirkte. Frankie spürte, wie sich eine kalte tropfende Schnauze in seine Hand schob. Dann ließ der unförmige Köter dezent einen fahren und hickste entschuldigend.

»Hier, Prachtstück«, sagte Sparrow und ging mit einer leeren Flasche in die Hocke. Rumdum nahm sie ins Maul und trottete pflichtschuldig und etwas schlingernd im Kreis wie ein geistesabwesendes Pony in der Manege, damit ihn Frankie ausgiebig bewundern konnte.«

»Er ist zu 'nem Viertel Jagdhund, deshalb macht er das so gut«, erläuterte der Strolch.

»Yeah. Und drei Viertel versoffener Schnorrer«, fügte Frankie hinzu. »Er denkt, er kann damit 'n Bier schnorren.«

»Das braucht einem doch nicht peinlich zu sein, oder?« meinte Sparrow tadelnd.

Frankie wagte jetzt eine hoffnungsvolle Vermutung.

»Wenn er ein anständiges Zuhause hätte, wär er vielleicht anders.«

»Wär ich auch, wenn ich eins hätte«, sagte Sparrow versonnen und dachte an den Hundezwinger in der Division Street, den er sein Zimmer nannte. Zwar hatte er das Hundestehlen aufgegeben — bis auf einen gelegentlichen Raubzug, »bloß um in Form zu bleiben« —, doch das Zimmer roch noch immer nach den erbeuteten Hunden, die es in der Zeit vor seiner ersten Begegnung mit Frankie beherbergt hatte. Und in den Ecken lag immer noch ein Sortiment von alten Halsbändern, gestohlenen Hundemarken, schimmeligen Maulkörben und schmierigen Leinen.

Während Sparrow seinen Gedanken nachhing, tappte Rumdum weiter im Kreis und ließ bei jedem Schritt höflich ein wenig Luft ab.

In den alten Tagen hatte er 50 Cents Anzahlung verlangt, und dann konnte man bei ihm alles bestellen, was man wollte, vom Pekinesen bis zum Schlittenhund.

»Ist nicht so, daß ich Ihnen nicht traue«, hatte er sich bei jedem Klienten entschuldigt, »ich bin bloß ein bißchen knapp mit Buletten. Tja, und daß Sie mich jetzt noch zu 'm Drink einladen wollen, find ich ja richtig nett.«

Nach dem zweiten spendierten Whisky konnte der Kunde aufatmen, denn dann schlenderte Sparrow bereits zum nächsten Imbißstand. In eine Metzgerei zu gehen, wäre ihm nie in den Sinn gekommen.

»Wozu hat man denn Imbißstände? Außerdem eß ich nun mal gern frische Buletten. So, und jetzt noch eine *ohne* Zwiebeln, zum Mitnehmen.«

Er selbst aß gerne Zwiebeln, aber er hatte festgestellt, daß sie von manchen Hunden verschmäht wurden. Besonders von Chowchows. Bei Einbruch der Dunkelheit begann er dann, durch die Gassen zu schleichen, die Augen gerade über dem Rand der Hinterhofzäune, und in der Hand die Bulette ohne Zwiebeln.

»Als ich noch meine Hunderoute gemacht hab, da kannte ich jede Gasse«, sagte er jetzt zu Frankie. »Ich hab damals auch alle Fenster gewußt, wo es was zu sehen gab. Ich hab nämlich als Spanner die Runde gemacht, ehe ich mich aufs Hundeklauen verlegt hab. Und dabei hab ich die ganzen Hinterhöfe ausbaldowert. Ich wußte genau, in welchem ein Hund war, und wo nur ein Schild war, wo draufstand, sie hätten einen, und in Wirklichkeit war gar keiner da.«

Im violetten Dämmerlicht pflegte er leise das Hoftor zu öffnen und mit seiner Bulette die Luft zu fächeln, bis der Hund Witterung aufnahm. Wenn er dann ankam, konnte Sparrow auf den ersten Blick sagen, ob er bestechlich war — der Mensch oder Hund, der es nicht war, mußte erst noch geboren werden. Die schnuppernde Nase des Tiers folgte dem Geruch um die nächste Straßenecke und bis zur Tür des alten zugigen fünfstöckigen Mietshauses, in dem der Strolch sein Zimmer hatte.

Wenn sich das zutrauliche Tierchen dann noch die fünf Treppen hoch locken ließ, konnte man es wie ein müdes Baby auf den Arm nehmen und sanft dazu überreden, seine Herkunft zu vergessen. Einmal jedoch hatte Sparrow eine Niederlage einstecken müssen, und er hatte nie diesem zynischen hinterhältigen Spitz verziehen, der drei Buletten samt Gurke vertilgte und sich dabei nur vierzig ganze Schritte von seinem angestammten Territorium entfernte. Um seinen Wohltäter sodann in die Hand zu beißen und ein hysterisches Bellen anzustimmen, als sei *er* gebissen worden. Worauf prompt das Frauchen auf dem Plan erschien. Sparrow hatte jene Nacht in der Arrestzelle der Saloon-Street-Wache verbracht und einer Anklage wegen Hundediebstahls entgegengesehen. Doch der Aktenschädel riet der Frau, die Anzeige zurückzuziehen, und Sparrow schärfte er ein, er solle sich »im Hellen aufhalten, damit wir von jetzt an sehen können, was du treibst.«

Sparrow hatte sich damals fest vorgenommen, die Frau zu vergiften; aber schließlich hatte er sich damit begnügt, den Spitz zu vergiften.

Erst einmal im Zimmer, wurde jeder Hund, auch wenn er den edelsten Stammbaum hatte, geradezu betäubt von den Duftmarken, die hundert verschiedenrassige Artgenossen dort hinterlassen hatten. Der kleine stickige Raum verlor nie die eigentümliche Ausdünstung von gekapertem Hundefleisch. Das Opfer machte es sich auf dem Haarfilz bequem, den irgendein entlaufener Collie zurückgelassen hatte, und bald schnarchte es wie ein Lotos-Esser. Sparrow nahm ihm Halsband und Hundemarke ab, ersetzte beides durch weniger inkriminierende Exemplare und griff zur Schere.

Durch einfallsreiches Trimmen des Fells und Verwendung von Farbe – hier ein Tupfen Schwarz, da ein Tupfen Weiß – verwandelten sich französische Pudel in »Cockerspaniels«, und aus irischen Hühnerhunden wurden »hochgemotzte Pinscher«.

Ein zwei Monate alter Pudel konnte, wenn er wieder zu sich kam, aussehen wie ein ramponierter Terrier: Leukoplast auf einem verräterischen Mal am linken Vorderlauf, dunkle Ringe unter den Augen, und die Spitze eines Ohrs im Spülbecken. Ein derart hergerichtetes Exemplar konnte für jede Rasse durchgehen, die der Markt verlangte.

Sparrow hatte die Hunde miteinander gekreuzt und ihnen die Schwänze gekappt, bis jeder einzelne von ihnen, auch wenn er noch so viele Promenadenmischungen in sich vereinte, als »astreiner blaublütiger Rassehund« seinen Käufer fand.

Sein Meisterwerk war der unselige Freak, der jetzt mit einer leeren Pfandflasche im Kreis tappte und hoffte, er werde sich dafür ein kleines Bier ergattern. »Eine Mischung aus englischem Hirtenhund und Division Street Beagle«, erklärte Sparrow allen Ernstes. »Aber ich nenn ihn einfach 'n soliden Beißer. Am besten fängt er nämlich Eichhörnchen und schlenkert ihnen die dreckigen Nüsse aus'm Maul. Wo der herkommt, braucht man einen Hund wie ihn, wenn man zu'm Sack Nüsse kommen will. Bloß, das Problem ist, daß er nur auf eine ganz bestimmte Art von Eichhörnchen abgerichtet ist, und die werden bei uns hier ziemlich rar, weil sich das Klima so ungünstig für sie entwickelt. Drum bleibt ihm nichts anderes übrig, als in Kneipen rumzuhängen und drauf zu warten, daß das Klima wieder so wird, wie's diese Eichhörnchen brauchen.«

Auf jeden Fall war Rumdum der größte Glückspilz von allen Hunden in Chicago. Denn von den unzähligen Hunden der Stadt, hatte er als einziger bei Prof. Saltskin den soliden Biß erlernt, der zu einem Diplom berechtigt. Er hatte studiert zu Füßen der Philosophen, die ihr Leben lang vor dem *Tug & Maul* den Bordstein anwärmen und auf ein Opfer warten. Er hatte seinen akademischen Grad erworben, indem er mißtrauisch nach allem schnappte, was auch nur entfernt nach Berufskleidung aussah. Briefträger, Milchmänner, Ausrufer auf Fahrrädern kamen da in Frage; und jeder, der einen Henkelmann in der Hand hatte. In der Tat – jeder, der nicht nach Suff und Arbeitslosigkeit roch. Rumdum konnte ein Opfer riechen, auch wenn seine Nasenlöcher so verstopft waren, daß er einmal Melasse mit Bier verwechselte.

»Er hat's bei mir zum Doktor der fiesen Schnappkunst gebracht«, rühmte sich Sparrow gerne. »Dieser Hund hier hat im Leben einen besseren Start gekriegt als die meisten Menschen. Als er zwei Monate alt war, hab ich ihm den Namen Rumdum gegeben, und ich hab ihm gleich gesagt: ›Ich geb dir kein Wasser zu saufen, weil ich nicht will, daß du ein Vorurteil gegen was Besseres kriegst.‹ Zu viele Hunde werden gleich mal an Wasser gewöhnt und können gar nicht mehr selber entscheiden, was ihnen lieber ist – Bier oder Wasser oder Whisky pur. Unsere vierbeinigen Freunde sind zwar ein bißchen schwach im Kopf, aber sie sollten sich wenigstens ihr eigenes Urteil bilden können. Alles andere wär grausam gegenüber so einem hilflosen Tier. Wie wenn man kleine Vögel zu irgendwas abrichtet, eh sie überhaupt das Fliegen gelernt haben. Heute kannst du Rummy in 'ne volle Badewanne setzen, und er wird seine dreckige Schnauze in der Luft behalten, damit er das labbrige Zeug nicht schmecken muß. Aber er gehört nicht zu der Sorte, die sich von dir mit Bier verwöhnen läßt und dann einfach einschläft. Nein, Rummy ist der geborene Entertainer — er *bietet* dir auch was dafür. Sieh ihn dir an: Er dreht immer noch seine Runden, obwohl ihm schon ganz schwindlig ist.«

Sparrow streckte die Hand aus und drehte den Köter in die Gegenrichtung. Was diesen aus irgendeinem Grund veranlaßte, wieder in Abständen zu furzen.

»Wenn du einen Detektiv willst, heuerst du ja auch keinen Konferenzjee an, oder? Also. Und Rumdum ist rein auf dem Unterhaltungssektor zuhause. Er bewacht keine Registrierkasse. Er jault nichtmal, wenn jemand am Krepieren ist. Er hickst bloß. Er macht sich nichts daraus, ob man ihm das Fell striegelt oder nicht. Es ist ihm egal, wie er aussieht oder was aus ihm wird. Er bellt nicht einmal. Er winselt bloß, wenn die Jungs von der Brauerei kommen und die leeren Fässer holen. Weil er nicht weiß, daß sie leer sind. Er denkt, sie nehmen das ganze Bier auf der Welt weg, und es bleibt nichts für ihn übrig. Da sieht er echt traurig drein, wenn sie ihm das antun. Wenn ich die Burschen ankommen seh, sag ich immer zu ihm: ›Sieh mal 'n bißchen weg, Rummy.‹ Aber er linst trotzdem hin, und dann läßt er den Schwanz hängen.«

»Bellen tut er wirklich nicht, da hast du recht«, sagte Frankie. »Er bellt nichtmal, wenn er 'ne Katze sieht. Ich hab mit eigenen Augen gesehen, wie ihn diese taube Katze von Antek auf'n Baum gescheucht hat.«

»Jetzt bleib aber mal auf'm Teppich, Frankie«, protestierte der Strolch. »Es war kein Baum. Er ist bloß auf den Tresen gesprungen, weil er 'n Zoff vermeiden wollte, der die Gäste gestört hätte. Er hat gewußt, daß es nicht anständig ausgesehn hätte, wenn ein Mordskerl von Hund so ne arme kleine verhungerte taubstumme Katze verbeißt. Der Hund hat 'n richtigen Stolz, Frankie. Er kämpft nie außerhalb seiner Gewichtsklasse, wenn's nicht um ein Prinzip geht.«

»Wenn's nicht um ne Schüssel Bier geht, willst du sagen. Das ist das einzige Mal, wo ich gesehn hab, daß er die Zähne zeigt — als ihm jemand sein dreckiges Bier weggenommen hat.«

»Er hat keine Zähne mehr«, erinnerte ihn Sparrow. »Sie ham sich ganz in den Bierbläschen aufgelöst.«

»Ich glaub, du solltest ihn jetzt wieder in die andere Richtung drehn«, riet ihm Frankie. Doch Rumdum hatte inzwischen genug. Mit einem abschließenden röhrenden Furz kam er heran, legte die Flasche vor Frankies Füßen ab und sah zu ihm hoch. Er wartete auf seine Belohnung — den Inhalt einer vollen. Und seine großen blutunterlaufenen Augen schwammen in jener melancholischen Hoffnung, wie sie nur chronische Alkoholiker kennen.

»Er denkt, du bist der Barkeeper, weil du 'n Schlips anhast«, erklärte Sparrow.

»Bring ihn zu mir rauf«, wies ihn Frankie an. »Ich hab noch was zu erledigen.«

Sparrow nahm seine beschlagene Brille ab, um Frankie besser sehen zu können.

»Kann ich nicht mit, Frankie? Wo gehst du hin?«

Seit sie zusammen waren, hatte ihn Frankie nie von einer kleinen Gaunerei ausgeschlossen.

»Vielleicht kann ich was helfen, wie sonst auch.«

»Tu, was ich dir sage.«

Frankie preßte die Fäuste gegen die Schläfen, und als er sie wieder wegnahm, traten die Fingerknöchel weiß hervor.

»Ich versteh nicht, warum du so sauer bist«, setzte Sparrow an. Doch dann nahm er Rumdum auf die Arme, schlurfte an Louie und Blind Pig vorbei und hinaus auf die Straße.

›Der Dealer ist nicht mehr der alte‹, dachte er. ›Die Zosh hackt zu viel auf ihm rum. Ich muß mal mit ihr reden.‹ Dann wurde ihm bewußt, daß es etwas anderes sein mußte. Frankie hatte da oben schon oft schweren Ärger mit ihr gehabt, doch bisher hatte er es noch jedesmal in der hinteren Nische von Anteks Kneipe vergessen können. ›Kommt mir so vor, als ob ihm jetzt auch 'n kräftiger Schluck nicht mehr hilft.‹

Vor Frankies Haustür blieb er stehen. Der Hund drückte sich an sein rechtes Bein und winselte. Er wußte nicht, worauf er eigentlich noch wartete. Frankie hatte ihm gesagt, was er tun sollte, und nun brauchte er es nur noch zu erledigen.

Er wollte gerade hineingehen, als er sah, wie Frankie die Straße zum *Safari* überquerte.

Am Rinnstein stand Blind Pig und wartete auf einen, der ihm hinüberhelfen würde.

Unwillkürlich sah sich Sparrow nach Louie Fomorowski um.

RICHARD L. WAGNER

Neonschatten

wieauchimmer

Nach einem kurzen Seitenblick auf die Wanduhr wußte ich, daß wieder siebzig Minuten vergangen waren. Siebzig Minuten in denen ich fast bewegungslos in einem der Stühle gesessen und vor mich hingestarrt hatte. Es erschien mir sinnlos, aufzustehen und ein Foto zu machen. Es erschien mir sinnlos, überhaupt noch Fotos zu machen. Ich selbst erschien mir sinnlos in meinem wochenlangen Starren auf Gegenstände und Zeitungen, deren Bilder nichts traumhaftes mehr hatten. Ich blieb also sitzen und sah weiterhin in den Hof. Eine leere Cellophantüte wirbelte aus der Einfahrt über die Betonplatten des Platzes und verfing sich dann in dem bräunlichen Gestrüpp, das in dem Winkel zwischen Boden und Hauswand zu wachsen versuchte. Eine Frau kam mit zwei prallen Einkaufstüten in den Hof, sah neugierig zu mir herein und verschwand dann in dem gegenüberliegenden Hauseingang. Um nicht wieder beschäftigungslos ertappt zu werden, nahm ich eine Zeitung in die Hand. Ich blätterte, bis ich Farbfotografien fand. Traumstrände, Katastrophen, Mädchen so schön wie aus Plastik. Bald würde ich die richtigen Begriffe für die entsprechenden Bilder nicht mehr finden.

Seit ich in diese ehemalige Werkstatt eingezogen war, in der ich seit zwei Jahren überlebte, selten aß und wenig schlief, hatte sich draußen auf dem Hof nichts verändert. Immer noch hing an einer rostigen Teppichstange dieser blutrote Plastikeimer. Da er niemals benutzt wurde, war er zwecklos. Gelegentlich wollte ich ihn wegwerfen. Aber ich ließ es immer, ohne ihn wäre der Hof einfarbig und attraktionslos geworden.

Ich schaltete das elektrische Licht ein und zog die Vorhänge zu. Dann ging ich in die linke Ecke des großen Raumes. Dort waren drei Spiegel so installiert, daß ich mich frontal und leicht schräg von der Seite darin sehen konnte. In den Spiegel der vor mir stand, der mittlere der drei, hatte ich ein kreisrundes Loch geschnitten. Dahinter war die Sofortbildkamera, die mich so aufnahm, wie ich mich im Spiegel sah. Ich stellte mich parallel zur Bildachse und zog meine Schultern hoch. Ich streckte meine Arme waagrecht nach hinten ab und beugte dann meinen Oberkörper rechtwinklig zu den Beinen. Dann begann das Telefon zu klingeln. Da ich keinen Anruf erwartete, ließ ich es sechsmal läuten, bevor ich abnahm.

»Hollywood Monster«, meldete ich mich.

»Ben, sind sie dran?« Es war Geigy. Es war mein Galerist. Er hatte keine besonders gutgehende Galerie. Seine Eltern hatten ihm viel Geld vererbt, dadurch war er nicht von Verkäufen abhängig.

»Ben, es ist etwas Ungewöhnliches passiert.« Mir fiel keine Antwort ein, also blieb ich ruhig.

»Ich habe gerade ein Bild aus der ›Image-Serie‹ verkauft.«

»Image« war eine Folge von Polaroids, die ich mit Texten montiert hatte. Vor etwa zwei Monaten waren sie bei ihm ausgestellt worden. Anschließend waren die Arbeiten in der Galerie geblieben.

»Wieviel haben Sie bekommen?« fragte ich, weil ich morgen meine Telefonrechnung bezahlen mußte.

»Es sind vierhundertsiebzig Mark. Wenn Sie wollen, können Sie das Geld noch heute holen.«

»Bis wann sind sie in der Galerie?«

»Na, bis um neun Uhr etwa.«

»Gut, ich werde vorher vorbeikommen.«

»Bis nachher, Ben.«

Durch seinen Anruf hatte sich nichts verändert. Nach Abzug der Telefonrechnung würden etwa dreihundertneunzig Mark übrig bleiben. Und dreihundertneunzig Mark haben, bedeutete nur das Ausgeben von dreihundertneunzig Mark. Das war immer so. Ich tauschte das Hemd, das ich trug, gegen ein frisches T-Shirt und ein altes Jackett. Dann stellte ich die Kamera auf Synchronblitz und den Selbstauslöser auf zehn Sekunden. Vor dem Spiegel nahm ich die gleiche Stellung wieder ein. Daß mein Gesicht auf dem Bild verzerrt erscheinen würde, wußte ich. So war mein Zustand seit Wochen. Ein absurdes Dasein zwischen Zerrspiegeln. Die Bilder aus der »Image-Serie« waren vor Wochen in einer einzigen Nacht entstanden. Elegante Selbstdarstellungen, die ich nachträglich koloriert und mit Texten montiert hatte. Sie waren sehr nahe an der Verlogenheit eines Illustriertenphotos. Mit dieser Aufnahme wollte ich eine Serie beginnen, deren einzelne Bilder intime Abbildungen meiner Zustände sein sollten.

Der Blitz zündete und eine blaue Lichtwand prallte gegen mein Gesicht. Torkelte immer tiefer in die Endlosigkeit der Augäpfel. Die Gegenstände bekamen doppelte Konturen. Es schien, als wäre eine leuchtende Aura um sie. Ich hatte keine Lust mehr auf Drinks, auf Drogen in dieser Nacht. Ich wollte nicht wieder in einer fremden Wohnung unter dem Küchentisch aufwachen, unter dem man mich nur ungern hatte schlafen lassen. Keine Drinks, keine Drogen heute Nacht. Ich zog das Polaroid nicht mehr aus der Kamera und ging aus der Wohnung.

Es war schon fast dunkel, als ich aus Geigys Galerie kam. Mit vierhundertsiebzig Mark in der Tasche war es ein großartiges Vergnügen die Straße hinunter zu gehen. Ich bog in die Leopoldstraße ein und sah in die Auslagen eines Kaufhauses. Wattierte Büstenhalter und pastellfarbene Slips waren auf fleischgetönte Plastikkörper aufgezogen. Das Schaufensterglas reflektierte ein Mädchen, ich bemerkte, daß sie mich beobachtete. Um etwas zu tun, warf ich zehn Pfennig in den kleinen Kasten, der an dem mechanischen

Schaukelpferd angebracht war. Wir sahen uns beide an und sahen dann dem sinnlosen Hin und Her des Apparates zu.

Ich versuchte, mir das Ganze als Fotografie vorzustellen. Wir beide, das Pferd und die Auslage mit der Unterwäsche. Das Mädchen ging wortlos weiter und lenkte mich von meiner Vorstellung ab. Ich ging in die andere Richtung, in der das Cafe › Capri ‹ lag. Ein Bekannter kam mir entgegen und rief mir zu:

»Ich komme später in die › Klappe ‹!«

Fein, wirklich fein, dachte ich und erinnnerte mich, das Mädchen dort auch schon gesehen zu haben. Durch die hohen Glastüren des › Capri ‹ konnte ich Fred allein an der Bar lehnen sehen. Ich stellte mich zu ihm und ließ zwei Bacardi Cola bringen.

»Fred, mein Galerist, hat ein Bild verkauft.«

»Toll, an wen denn?«

Wir nahmen die beiden Gläser von der Theke und stießen an.

»Der Käufer ist so ein Grund, weshalb Geigy lieber in den Staaten eine Galerie hätte.«

»Versteh ich nicht.«

»Ach, irgend so ein ehemaliger Student, der früher Transparente durch die Stadt trug und jetzt ein zu gut verdienender Zahnarzt ist. Das ist ein Problem für ihn. Um sich so progressiv wie früher zu fühlen, kauft er Bilder oder sowas, Sachen, die er avantgardistisch findet.«

»Glaubst du, daß es in den Staaten anders ist?«

»Weiß nicht.«

Als ich vom Zigarettenautomat wiederkam, stand Fred mit Hans an der Theke.

»Hans!«

»Ben!«

Wir hatten immer Schwierigkeiten, miteinander zu sprechen. Ich kannte ihn nur flüchtig aus Nachtclubs und Cafes und wußte nicht mal, was er macht.

»Geht ihr mit ins Kino? Zuschauen wie Bogart Blutegel auf der Brust hat?«

»Alte Filme, alte Filme«, sagte ich und trank meinen Bacardi aus. Dann bestellte ich zwei neue.

»Ich langweile mich zu Tode in diesem Museum aufgewärmter Gefühle und Bilder. Was hat das mit mir zu tun, Bogarts Blutegel.«

»Museum, du sprichst doch von deinem eigenen Kopf«, antwortete Hans mir und ging.

»Ich kann ihn nicht ausstehen, diesen Cineastenfritzen, diesen Superästheten.«

»Aber er mag deine Bilder«, sagte Fred, »› Image ‹ hat ihm gut gefallen.«

»Wahrscheinlich deshalb«, sagte ich, trank wieder Bacardi Cola.

Das Mädchen, mit dem ich am Kaufhaus gestanden hatte, ging draußen am ›Capri‹ vorbei. Ich blieb an der Bar stehen, obwohl ich ihr lieber nachgegangen wäre.

»Wollen wir mal rüber in die ›Klappe‹ schauen?« sagte Fred, »Rosy ist heute da und legt die Platten auf und ich will sie gerne sehen.«

»Keinen Streit mehr?«

»Wenn man sich nicht so irre liebt, machen Auseinandersetzungen nicht so viel aus.«

Fred und Rosy waren ein sehr vernünftiges Paar. Sie lebten nicht zusammen und machten nie Zukunftspläne, die über die nächsten zwei Tage hinausgingen. Sicherlich waren sie gerne beieinander, aber ich glaube, sie vermißten sich nicht. Die ›Klappe‹ war nur einige hundert Meter vom ›Capri‹ entfernt. Auf dem Weg erzählte ich Fred von dem Polaroid, das ich nachmittags gemacht hatte. Ich erzählte ihm den ganzen Nachmittag. Fred war der einzige, dem ich damals etwas erzählt habe. Einiges davon fand ich später in seinen Liedern und Geschichten wieder, von denen er versuchte zu leben. Sein Appartement bezahlte er von dem Honorar, das er von schlechtzahlenden Zeitungen für kurze Film- und Buchkritiken bekam. Was er sonst brauchte, verdiente er mit den seltsamsten Gelegenheitsjobs. Was uns gegenseitig so anzog, war einfach, daß wir damals beide versuchten, etwas zu werden und beide nahe dran waren, es aufzugeben.

In der ›Klappe‹ gaben wir unsere Jacken an der Garderobe ab, und stellten uns an die Theke.

»Zwei Bacardi Cola«, bestellte er und sagte, »ich hab heute auch Geld bekommen, Honorar für eine Kurzgeschichte. Wir beide sind Millionäre heut Nacht.«

»Laß uns so weitertrinken und wir bleibens nur noch eine Stunde.«

Rosy schrie aus der verglasten Discothek, daß Fred zu ihr kommen solle. Er nahm seinen Drink und stellte sich zu ihr hinter die Plattenteller. Die ›Klappe‹ war wirklich die einzige Discothek, in der eine Frau die Musik machte.

Ich bemerkte, daß ich langsam betrunken wurde. Mir war klar, daß ich sofort gehen müßte, um eine durchgemachte Nacht zu vermeiden. Aber dann stand sie leicht wankend neben mir. Das Mädchen vom Kaufhaus.

»Bringst du mich heim, ich brauch jemand, der mich heimbringt.«

Sie war ganz deutlich zu schlank für die Lederjacke, die sie trug.

»Ich finde, wir kennen uns jetzt lange genug, ich bleib ein wenig bei dir und dann bringst du mich nach Hause.«

Sie trug ein T-Shirt, das mit einer Mickey Mouse bedruckt war.

Sie hatte glasige Augen und Pupillen mit dem Durchmesser eines Einpfennigstücks. Sie würde frühestens nach dem siebten Drink anfangen zu lächeln. Vorher nicht. Ich wußte nicht, wieviel sie schon getrunken hatte, also bestellte ich ihr einen Bacardi.

»Ich hab' ein Pseudonym«, sagte sie, »ich heiße Minnie, mein Künstlername, Minnie.«

Wir sahen uns an, tranken unsere Bacardis und sie legte ihren Arm um mich.

»Bist du ein Künstler?«

»Nein, aber Minnie klingt schöner als Mathilde.«

»Minnie paßt auch besser zu dir.«

Dann ging ich aufs Klo und lehnte mich schwerfällig an eines der Porzellanbecken. Fred stand plötzlich neben mir.

»Ich weiß nicht, dahinten ist es so laut, wenn ich Rosy was Zärtliches sagen will, fliegen ihr gleich die falschen Wimpern von den Augen, so muß ich schreien.«

»Gefällt dir das Mädchen?« fragte ich.

»Woher soll ich das wissen, ich kenn sie nicht.«

Wir pißten zu Ende und er ging zurück zu Rosy. Ich blieb im Vorraum und sah mich im Spiegel über dem Waschbecken an. Das Anschauen war schwierig. Schwierig war auch, zu entscheiden, ob ich mit ihr gehen sollte. Ich ging einfach zurück an die Theke. Es war keine Situation, über die man nachdenken konnte. Und ich war nicht mehr in der Verfassung, mir Gedanken zu machen. Wir standen nebeneinander und keiner sagte etwas. Wir betrachteten Fred und Rosy hinter den Glasscheiben. Beide hatten Kopfhörer auf und küßten sich. Wenn Rosy eine neue Platte auflegte, trank Fred aus einer Whiskeyflasche. »Vielleicht fangen die Zärtlichkeiten bei dir auch erst an, wenn du vollständig betrunken bist.«

Minnie hatte lange genug Zeit gehabt, um sich den Satz auszudenken. Oder er stammte aus einem Kinofilm.

»Ich mach so etwas eigentlich nie.«

Ich wußte nicht, ob sie oder ich den Satz gesagt hatte. Aber ich bemerkte, daß ihre Hand auf meiner Hand lag. Und meine Hand lag auf ihrer Brust. Fred kam vorbei, um an der Theke Cola zu holen, sah uns und ging weiter. Wir müssen sehr offensichtlich ausgesehen haben.

»Ich kann ja meine Kamera verkaufen, mein Tonband und meinen Plattenspieler, das müßte reichen für eine Flugreise nach Las Vegas. Wenn alles glatt geht, können wir in vierundzwanzig Stunden verheiratet sein.«

Wieder war ich nicht sicher, wer es gesagt hatte. Aber ich glaube, es war von mir. Es mußte von mir sein, denn ich hatte Wochen vorher das gleiche schon einmal gesagt. Das Ganze fing an, eine wirklich überbelichtete Nacht zu werden.

»Das war sehr komisch, was du heute vor dem Kaufhaus gemacht hast.«

»Ich hab's für dich gemacht«, sagte ich und trank einen Schluck.

»Ich weiß.« Minnie nahm das Glas und trank es leer.

»Es hat mir Spaß gemacht, dir dabei zuzusehen«, sagte ich.

»Und mir macht's Spaß, dich anzusehen.«

»Ich weiß.«

»Kommst du zu mir?« sagte Minnie und stellte das leere Glas weg.

»Du meinst wirklich mich, nicht jemand anders?«

»Ich meine nicht Brando oder Dean, nicht mal Belmondo. Ich hab nichts gegen sie, aber ich meine dich. Und mein Traummann ist Mickey Mouse.«

»Nette Andeutung.«

»Komm, wir nehmen draußen ein Taxi.«

»Großstadttau«, sagte sie und wischte den feuchten Belag von der Autoscheibe. Draußen war eine neonbeleuchtete Straße, auf der wir fuhren. Schnee fiel regelmäßig wie ein Muster. Die beleuchteten Auslagen der Geschäfte waren heller als die Sterne. Als ich es ihr sagte, schob sie ihre Hand unter mein Jackett. Alles wurde sehr friedlich. Alles gehörte uns. Wir verließen die Hauptstraße. Das elektrische Licht wurde immer weniger, und die Sterne gewannen an Helligkeit auf dem tiefblauen Himmel. Große Häuser, in denen schon alle schliefen, standen hinter alten Bäumen. Vor einem Appartementhaus ließ sie das Taxi halten.

Wenn man von einigen Büchern und zwei alten Kleiderschränken absah, stand nichts anderes in ihrem Appartement, als ein schmales Bett. An der Wand hing eine Mickey-Mouse-Plastikmaske. Wir setzten uns in die Küche, wo Bänke und ein Tisch fest eingebaut waren. Sie machte ein Glas im Ausguß sauber und stellte es mit einer Flasche Wein auf den Tisch. Während wir tranken und rauchten, erzählte ich ihr, was ich machte.

»Es gab noch nie etwas, das mich wirklich fasziniert hat,« sagte Minnie. »Kein Film, keine Organisation oder daß ich Karriere mache. Nichts. Ich hab gemacht, was meine Eltern wollten. Dann hab ich gemacht, was mein Freund wollte. Als er mich nicht mehr wollte, hab ich sogar dazu ja gesagt. Dann saß ich ein halbes Jahr hier drin, meine Eltern haben alles gezahlt, in der Hoffnung, ich würde endlich draufkommen, was ich machen will. Aber ich kam nicht drauf. Alles, was mich jemals begeistert hat, war Mickey Mouse. Den würde ich sofort heiraten. Oder ich würde Minnie Mouse im Film spielen, würd' ich auch machen. Einmal hab ich in einem Schaufenster einen Mickey-Mouse-Pullover gesehen. Da hab ich dann gleich gefragt, ob ich da arbeiten kann. Seitdem bin ich da als Verkäuferin.«

Sie trank das ganze Weinglas leer und sagte noch:

»Ich esse wahnsinnig gern Nougat vom Konditor.«

Vielleicht hatte sie noch mehr sagen wollen, aber sie ging ins Badezimmer und ich hörte, wie sie sich übergab. Ich wollte gehen. Ich wollte sehen, was weiter passiert. Ich wollte mich so fühlen, wie im Taxi. Sie kam zurück in die Küche und spülte sich den Mund mit Wasser, dann mit Wein aus. Sie setzte sich wieder, und wir schwiegen. Eine Straßenbahn, die irgendwann später vorbeifuhr, machte uns auf unser Schweigen aufmerksam.

Danach war die Stille erschreckend, und wir sahen uns einigermaßen verstohlen an. Ich plante in meinem betrunkenen Kopf sehr langsam eine Abfolge von Bewegungen und Handlungen, die uns beide zum Sprechen anregen würden. Ich dachte daran, ihr vorzuschlagen, irgendetwas aus dem Kühlschrank zu essen. Dann erinnerte ich mich, daß sie sich gerade übergeben hatte. Sicherlich hatte sie kein Interesse am Essen. Der Kühlschrank schaltete sich mit einem Brummen ein. Sogar das Licht schien Geräusche zu machen. Sie schrie die ersten paar Worte, bemerkte es sofort und wurde leiser.

»Komm, laß uns rübergehen, ich will mich hinlegen.«

Sie stand sehr schnell auf und verließ die Küche. Ich wußte, daß es die einzige Möglichkeit war, um weiteren peinlichen Situationen aus dem Weg zu gehen. Aufstehen und ihr folgen. Ich starrte auf die Tischplatte und überlegte lange und verworren, ob ich an der inneren oder äußeren Bettkante schlafen sollte.

»Was ist dir lieber,« rief sie aus dem Appartment, »eine Nacht mit dem Kühlschrank oder mit mir?«

Ich stand sofort auf, um zu ihr zu gehen. Ich verlor das Gleichgewicht und fiel. Ich fiel und kam mit dem Gesicht auf die Zentralheizungg. Ich fiel mit dem Gesicht genau auf die Zentralheizung. Es war ein Gefühl, als würde man innerlich einen Preßlufthammer an meinen Schädel ansetzen. Ich dachte, mein Schädel ist gespalten. Ich fühlte einen Fleischlappen von meiner Stirn hängen. Eine pochende Wunde, aus der massenhaft Blut floß und einen Schleier über meine Augen legte. Einen roten Vorhang. Ich spürte die körperwarme Flüssigkeit an meinem Hals entlang rinnen. Undeutlich sah ich Minnie im Türrahmen stehen. Sie wankte zum Kleiderschrank und riß ein weißes Frotteehandtuch heraus. Sie hielt es unter das fließende kalte Wasser und kam dann mit dem tropfenden, grellstrahlenden Tuch immer näher an mein Gesicht. Sie legte es auf meine Stirn. So gut es ging, sahen wir uns in die Augen. Ich glaube, wir sahen uns in die Augen, wie wir uns im Taxi in die Augen gesehen hatten. Sie half mir ins Bett, wo ich sofort einschlief.

Ich wachte ziemlich spät auf. Der Wecker, der neben dem Bett stand, zeigte kurz nach eins. Unter dem Wecker lag ein Zettel.

»Bin heute abend in der ›Klappe‹. Grüße Minnie.«

Die Rückseite war leer. Ich las es noch mal und bemerkte, wie sehr das Papier zitterte. Ich fühlte mich leer wie nach zwei, drei durchgemachten Nächten. Mein Kopf dröhnte, als wäre er ein Versuchsgelände für Atombomben. Meine Erinnerung an die vergangene Nacht setzte etwa bei der Taxifahrt aus. Mein Körper war sicherlich dreckig und fürchterlich verschwitzt. Es kam mir vor, als wäre ich quer durch die Sahara gelaufen. Ich entschloß mich zu duschen und wankte ins Badezimmer. Im Spiegel sah ich das Gesicht. Es war mit getrocknetem Blut, Schorf und einer gelblichen Flüssigkeit bedeckt. Die rotbraun klaffenden Narben an der Stirn und einige Zentimeter tiefer an der Nasenwurzel waren zuviel. Mein Magen krampfte sich zusammen, immer schneller und fester. Dann quoll mir grüner Schleim aus dem Mund. Das Gesicht verzog sich und die Wunden rissen wieder auf. Dickes Blut und eitrige Flüssigkeit überschwemmten mein Gesicht. Bröckchenweise fiel mir der Schorf aus dem Gesicht in das weiße Porzellanbecken. Alles, was ich mir wünschte, war ein fester Job, der mir solche Nächte mit solchen Auswirkungen unmöglich machen würde. Ein Mädchen, das bei mir leben würde. Nicht mehr dieser Zwang, nachts raus zu müssen. In die Cafes, in die Discotheken.

Ich wusch mein Gesicht ab, trank etwas Wasser und verklebte dann die Wunden.

Ich duschte vorsichtig und setzte mich im Appartement auf die Bettkante. Ich versuchte mich langsam zurechtzufinden. Das Appartement lag im Erdgeschoß. Der Schneefall der vergangenen Nacht war stark genug gewesen, um die Rasenfläche draußen zehn Zentimeter hoch zu bedecken. Ich konnte den Schnee irgendwie hören. Die Töne der vorbeifahrenden Autos setzten sich als Gefühle im Körper fort. Die Sinneswahrnehmungen waren nicht mehr voneinander gelöst. Alles, was um mich war, ergab ein großes, buntes, taumelndes Brüllen.

Um einen Fixpunkt zu bekommen, konzentrierte ich mich auf meine Fingernägel. Als ich den Kopf senkte, um sie genauer anzusehen, stieg mir Blut in den Kopf und die Wunden begannen heftig zu pochen. Ich hatte Angst, sie würden wieder aufbrechen. Ich betrachtete die Fingernägel, nachdem ich die Hand in Augenhöhe gehoben hatte. Die Nagelhaut war brüchig, die Nägel von senkrechten Einkerbungen durchzogen. In der Nagelsubstanz waren dichte, weiße und gelbliche Flecken.

Das Telefon klingelte und ich ließ es läuten, bis ich es nicht mehr aushalten konnte.

»Ich bin's, Minnie. Hab ich dich geweckt?«

»Nein. Nicht.«

»Dir geht's nicht so besonders. Als ich dich heut' früh angeschaut hab. Wie einer von den Panzerknackern. Fürchterlich. Zum Kotzen, wenn ich ehrlich bin.«

»Das war auch das erste, was ich getan hab, nachdem ich mich im Spiegel gesehen hab.«

»Du, es kommt Kundschaft. Ich muß aufhören. Kommst du in die ›Klappe‹ heut Nacht?«

»Ich weiß nicht, aber morgen ganz bestimmt.«

»Bis dann, Ben.«

»Ja.«

Sie hatte schon eingehängt. Ihr Anruf tat mir gut.

Ich dachte mir, ich könnte Fred anrufen. Es war ein bißchen schwierig, die richtige Zahlenfolge zu finden.

»Fred?«

»Ja, Ben, bist du's?«

»Ich bin bei dem Mädchen von gestern abend.«

»Das dachte ich mir. Was ist los mit dir, du hast eine entsetzliche Stimme.«

»Warte nur, bis du mich siehst. Komm, wir treffen uns in einer Stunde im ›Capri‹. Dann hast du wieder was zum Schreiben.«

»Ich weiß ja nicht, was du meinst. Aber ich komme.«

»Gut, wir sehen uns.«

Ich rauchte eine der Zigaretten, die am Boden lagen. Dann zog ich mich an und verließ das Appartement. Weder an der Klingel, noch am Briefkasten stand ihr Name.

In der Straßenbahn wurde mir klar, daß ich nichts von ihr wußte, daß alles im Schweben war, und daß ich neugierig war, wie es mit ihr und mir weitergehen würde.

Als ich im ›Capri‹ ankam, war Fred nicht zu sehen. Ich setzte mich an einen leeren Tisch und bestellte Kaffee, Toast und Überkinger. Hinterher fühlte ich mich wieder gut. Nur immer noch erschöpft und etwas krank. Der Eindruck, jede Person im Cafe würde auf meine Narben starren, verhinderte, daß ich mich wohlfühlte. Fred kam und setzte sich mir gegenüber.

»Du siehst ja aus, wie einer, der sich geschlagen hat. Mit dem Mädchen?«

»Mit der Heizung in ihrer Küche.«

»Und die Heizung hat gewonnen.«

»Richtig.«

Ich erzählte ihm alles, was in der Nacht passiert war. Wir tranken die Bacardi Cola, die er bestellt hatte, um das Katergefühl zu unterdrücken. Dann fühlte ich mich wieder richtig gut.

»Fred, auf der Fahrt hierher kam mir eine Idee. Ich werde eine Fotoserie in drei Teilen machen. Die Aufnahmetechnik, die Körperstellung und die Mimik sollen die Gefühle und Zustände genau wiedergeben.«

»Wenn ich Kritiker wäre, müßte ich das wohl Ex-pres-sio-nis-mus nennen.«

»Hör mir zu, du Anfänger. Der erste Teil besteht aus Fotografien, die mich in schönen alten Anzügen zeigen. Ich werde sehr euphorisch sein und darstellen, wie schön die Nächte sind, die wir mit den Mädchen, mit zuviel Alkohol und überlauter Musik erleben. Der zweite Teil der Serie zeigt mich fast nackt, mit verkrüppelten Posen und zerstörtem Gesicht, so wie heute. Ich möchte die Fotos zerkratzen, zerreißen und wieder zusammenklammern, wie, so fühlte ich mich heute früh nach dem Aufwachen. Und dann noch Fotos, wo ...«

Die Bedienung kam an den Tisch, und nahm die leeren Gläser mit. Wir bestellten nochmal zwei Bacardi.

»Also im dritten Teil, sieht man mich ganz ordentlich gekleidet. Mein Gesicht ist sauber geschminkt, in ausgewogenen Farben. Vielleicht sitze ich auf einem Stuhl. Der erste Teil, das sind die überbelichteten Nächte, der zweite zeigt die unterbelichteten Tage danach und im dritten Teil die unbelichtete Zeit. Die Zeit, in der man die über- und unterbelichteten Zeiten entwickelt, vergrößert und fixiert.«

»Es gefällt mir«, sagte Fred, »aber ich glaube, wenn jemand die Bilder sieht, wird er nicht verstehen, was du meinst.«

»Aber du verstehst es ...«

»Schließlich hast du es mir erklärt.«

»Ich versteh es und du auch, und andere Leute auch. Der Rest kann's nicht verstehen, weil sie es einfach noch nie erlebt haben. Und mir ist das auch recht so.«

»Vielleicht hast du recht, aber ich will immer so verständlich wie möglich bleiben. So gut es geht. Mag sein, daß es zum Nachteil werden kann, dieses Einfache, ich bin mir da nicht sicher. Ich hab ein anderes Problem im Moment. Es ist, ich habe schreckliche Sehnsucht. Ich will mich verlieben, wie früher als Vierzehnjähriger. Verstehst du?«

»Du wirst sentimental, Fred. Zwei Bacardi am Nachmittag, und du wirst sentimental.«

»Vielleicht hast du recht, laß uns gehen. Ich muß noch arbeiten.«

Wir zahlten an der Theke und gingen.

»Ich glaub, ich fang gleich mit den Fotos an.«

Fred ging in sein Appartement. Ich zahlte bei der Post mein Telefon und nahm dann die U-Bahn.

Als ich im Loft angekommen war, zog ich sofort die Vorhänge zu und machte das elektrische Licht an. Ich wollte so schnell wie möglich mit den neuen Fotografien anfangen. Im Badezimmer sah ich mich genau im Spiegel an, als ich mich wusch. Die Wunden näßten nicht mehr. Das zuviel an eingetrocknetem Blut konnte ich leicht mit dem Fingernagel abbröckeln. Bacardi Cola ist ein gutes Getränk. Innerhalb kürzester Zeit fühlt man sich wohler. Nur wenn man es nicht weitertrinkt, läßt die Wirkung ganauso schnell nach. Das passierte mir im Bad. Ich wurde müde und die Erschöpfung überwog die Euphorie. Ich sah mir genau in die Augen und erkannte, daß die Pupillen auf ein Minimum zusammengezogen waren. Das Weiße des Auges war gelblich und mit einer Menge roter Äderchen durchzogen. Die Mund- und Wangenpartie war von kleinen Rötungen, die teilweise eiterten, sehr regelmäßig strukturiert. Ich sah aus, wie die Fallstudie eines Dermatologen. Ich setzte mich im Loft in einen Stuhl. Minnie hatte so ein konturloses Verlangen nach ihr in mir zurückgelassen, über das ich nachdenken wollte. Ich stellte mir alles mögliche vor, was wir gemeinsam machen könnten. Parties und Vernissagen, auf denen wir die Glanzpunkte waren. Das Tellerwäscherträumen. Um ihm ein Ende zu machen, nahm ich eine Flasche Cognac aus dem Sideboard und schüttete mir einen großen Schluck ein. Ich löschte das Licht und ging im Dunkeln zu Bett. Nachdem ich das Glas ausgetrunken hatte, schlief ich sofort ein. Gegen halb elf Uhr abends wurde ich wieder wach. Ich rasierte und wusch mich, trank Schnellkaffee und fuhr zur ›Klappe‹.

Minnie stand an der Bar und unterhielt sich mit Fred. Nach einigen

Drinks und kurzen Gesprächen wurde das Bedürfnis miteinander allein zu sein immer größer. Wir nahmen ein Taxi und fuhren zu ihr. Sie hatte Bacardi und Cola gekauft. Während sie die Drinks machte, saß ich auf der Bettkante. Ich mochte ihr Appartement. Es hatte fast nichts Persönliches. Keine Atmosphäre eigentlich. Einfach nur ein Raum mit einem Bett. Der ideale Raum für ein Paar wie uns.

Dann saßen wir in der Küche. Die Drinks vor uns in Kaffeetassen. Wir wußten, daß wir bisher nur äußerlich ein Liebespaar waren. Sie angelte einen Briefumschlag von der Anrichte und nahm einige dünnwandige Glasphiolen heraus.

»Das hat mir ein Freund aus Frankreich geschickt. Man muß die Hälse abbrechen und dann dran riechen. Es verdampft sehr schnell.«

»Weißt du wie das wirkt?«

»Also, er schreibt, das ist wie ein Orgasmus im Kopf. Aber er übertreibt immer.«

Sie war neugierig auf die Droge, brach den Hals der Phiole ab und atmete tief ein. Ich wartete einige Sekunden und tat dann das Gleiche.

Es war ein Schock.

Ein skandalöses Gefühl. Ich glaubte, mein Kopf würde sichtbar pulsieren. Druckwellen kamen und verschwanden im ganzen Körper. Ihr Kopf war knallrot. Mir dröhnte das Herz und mein Atem ging ruckweise und sehr tief. Ich dachte an nichts und meine Gefühle waren rein körperlich. Es war die ganze Schönheit der besinnungslosen Leere in diesen Glasphiolen. Sie hielt sich mit beiden Händen an der Tischkante fest. Sie fixierte irgendwas. Ich glaube, die Kühlschranktür. Immer wieder von tiefem Atemholen unterbrochen, sagte ich:

»Ich finde das … toll, wirklich … sehr toll … es ist sehr phan … tastisch.«

Zwei, drei Minuten nachdem wir es genommen hatten, war die Wirkung völlig vorbei. Minnie nahm einen Schluck aus der Kaffeetasse und verließ — ohne vorher zu schlucken — den Raum. Ich blieb sitzen und hörte, wie sie im Appartement das Fenster öffnete und das Bett abdeckte. Dann sah ich an dem Lichtspalt, der sich draußen im Gang vergrößerte, daß sie ins Badezimmer ging. Etwas später stand sie nackt im Türrahmen. Ihr Körper bekam durch die elektrische Beleuchtung eine ungesund aussehende Färbung. Sie war schmal gebaut. Wie ein traumhaft schöner sechzehnjähriger Junge. Ihre Brüste waren sehr rund. Ich stand auf und ging vorsichtig zu ihr. An den Rippen der Heizung waren noch die Blutspuren von gestern. Ich legte meine Hand auf ihre Brust. Sie zog mich aus und sah mich genau an. Wir lagen nebeneinander auf dem Teppich im Appartement.

»Du kannst mich nehmen. Wie du willst. Aber sei vorsichtig.«

Ich hatte es mir anders vorgestellt. Ich hatte mir alles vorgestellt. Ich war überrascht von ihr. Wir liebten uns ruhig und ohne Gier. Wir blieben auf dem Teppich liegen. Dann ging ich in die Küche und holte die Bacardiflasche. Sie trank zuerst.

»Irgendwie komm ich nicht richtig ran an dich,« sagte Minnie. »Ja, ich lieb' noch die Vorstellung, die ich von dir habe. Alles kam sehr plötzlich. Ich hab eine Vorstellung von dir, und diese Vorstellung lieb' ich.«

In diesem Moment lag die ganze Entscheidung.

»Deine Vorstellung von mir kann nicht ohne mich entstehen.«

Ich wollte nicht gehen. Sie zog mich an sich. Wir legten uns in das Bett. Es wurde das Bett, in dem ich wochenlang fast jeden Tag erwachte.

Am nächsten Morgen wurden wir durch ein Klingeln an der Tür geweckt. Sie stand umständlich auf, zog den Bademantel an und öffnete. Zwei Männer kamen mit einem großen Paket ins Zimmer. Sie waren erstaunt, mich im Bett zu sehen. Sie sahen Minnie an, als wollten sie sie kaufen.

»Wohin sollen wir ihn denn stellen?« fragten sie mich.

»Wen?« sagte ich und sah Minnie an.

»Ihren Fernseher!« sagten sie. Ich erschrak bei der Vorstellung, daß ein Fernseher in dem Karton sein sollte. Minnie ging zu einem der Männer, nahm ihn am Ärmel und zog ihn in ein Fenstereck.

»Hierher. Hier ist auch ein Anschluß.«

In wenigen Minuten hatten die Männer den Fernseher ausgepackt, angeschlossen und eingestellt. Die Geschwindigkeit der Routine. Es war ein Farbfernseher, ein Wunderwerk. Lebende Illustriertenbilder. Ein verspätetes Geburtstagsgeschenk ihrer Eltern. Einer Bundeswehrfamilie. Ihr Vater war als General in einem gutbezahlten Posten. Aber das erfuhr ich erst später.

Drei Wochen lang hatte sich fast nichts verändert. Drei Wochen lang war kein Foto entstanden. Die Idee mit der Bilderserie war immer noch eine Idee, für deren Verwirklichung ich nichts getan hatte. Geigy wollte mir einen Ausstellungstermin geben, sobald die Fotografien fertig wären. Er hatte leider kein Bild mehr verkaufen können und mein eigenes Geld wurde täglich rapide weniger. Außer als Packer bei einer Tageszeitung sah ich keine Möglichkeit neues zu verdienen. Täglich traf ich Fred im ›Capri‹. Auch seine Situation hatte sich nicht verändert. Er schrieb immer noch für kleine Zeitungen Artikel und hoffte auf einen Brief, einen Auftrag, der seine Situation grundlegend ändern würde. Täglich holte ich spätnachmittags Minnie von der Arbeit ab. Wir gingen gemeinsam ins ›Capri‹, später in die ›Klappe‹, oder gleich zu ihr nach Hause. Ich hatte nie feststellen können, ob ich sie vermisse. Wir waren nie länger als acht Stunden getrennt. Ihre Arbeitszeit. Manchmal war ich in mein Loft gefahren, hatte nach der Post gesehen und dem Schimmel im dreckigen Geschirr zugeschaut. Aber länger als eine Stunde war ich nie dort geblieben. Minnie hatte mir den Schlüssel des Appartements gegeben, und ich verbrachte viel Zeit dort. Ihr Vater schickte immer wieder Möbel, und das Appartement war schon fast vollständig und elegant eingerichtet. Wir sahen uns in dem Fernsehgerät Filme an, wir tranken miteinander und liebten uns. Wir taten alles mögliche und gingen einmal in den Zoo. Sie war glücklich, daß ich bei ihr war und immer wieder überrascht, wenn ich Essen kochte. Wir gaben unsere Wäsche in die Wäscherei, um uns die Arbeit zu ersparen. Manchmal kam ihre Freundin und wir gingen mit Fred und anderen ins Kino. Einmal hatte mich Minnie im Loft besucht. Ich zeigte ihr meine Bilder, die sie interessiert ansah. Sie stand einige Zeit unentschlossen vor dem schmutzigen Geschirr, beließ es aber dabei, einen Aschenbecher versehentlich neben dem Mülleimer auszuleeren. Dann riefen wir ein Taxi und ließen uns zur ›Klappe‹ fahren.

Alle hielten uns für ein Liebespaar. Wir hielten uns für ein Liebespaar. Und letztlich waren wir ein Liebespaar.

An einem Dienstag holte ich sie von der Arbeit ab. Den ganzen Tag hatte ich meine Beschäftigungslosigkeit sehr stark empfunden. Wir standen kurz vor Ladenschluß an der Coca Cola Kühlbox, die in der Boutique als Verkaufstheke benutzt wurde.

»Minnie, ich will wieder arbeiten. Ich habe wieder Lust, Fotos zu machen.«

Sie sah mich erwartungsvoll an und sagte:

»Wenn es wegen Geld ist, mein Vater hat mir angeboten, dir einen guten Job zu besorgen.«

»Ich brauch keinen Job. Ich will arbeiten. Ich kann mich nicht jede Nacht mit dir betrinken und all das, es macht Spaß, aber es bringt mich nicht weiter.«

Ich merkte, daß sie enttäuscht war von dem, was ich ihr sagte.

»Aber das hast du doch schon oft gesagt. Ich versteh dich nicht. Du hast mich. Ich liebe dich so sehr, daß es meine Freundin für eine Dummheit hält. Das Appartement ist bald eingerichtet. Eigentlich ist doch alles o.k.«

»Minnie, ich will die Fotos machen. Ich bleibe noch heute nacht, dann verschwinde ich für ein paar Tage in die Werkstatt. Ich mach' die Serie fertig und komm dann zurück.«

»Na gut, verstehen tu ich dich nicht, aber mach was du willst.«

Wir verbrachten den Abend gemeinsam in der ›Klappe‹. Fred, den wir dort trafen, erzählte von einem Auftrag. Es ging darum, junge Künstler mit ihren Arbeiten einem gleichaltrigen Publikum vorzustellen. Er hatte eine Seite für mich und meine Bilder reserviert. Nun gab es einen Grund mehr, endlich die Serie zu machen. Einen Grund, den Minnie akzeptierte und verstand. Wir verbrachten einen guten Abend und tranken eine Flasche Bacardi leer.

Am nächsten Morgen stand ich verkatert auf. Mein Kopf dröhnte, und ich hatte das Gefühl, als würden meine Augäpfel von hinten gedrückt. Alles was ich ansah, war größer und klarer als sonst. Ich brauchte viel Energie, zwei Aufputschtabletten und ein viertel Glas Bacardi, um in die Werkstatt fahren zu können. Als ich dort war, sah ich, was mir bevorstand. Das Geschirr im Ausguß war von einer grünlichen Schimmelschicht überwachsen.

Das ganze Zimmer war verdreckt. Die Kamera und die Blitzlichtinstallation waren dick verstaubt. Ich brauchte bis zum Abend, um alles sauber zu machen. Dann war alles bereit, um mit der Arbeit anzufangen. Ich hatte große Lust auf ein Glas Bacardi. Um jeder Einladung von Minnie aus dem Weg zu gehen, stellte ich die Klingel vom Telefon leise. Mein Körper war weich und schlaff, als ob man das Skelett aus ihm entfernt hätte. Ich entschloss mich, gleich schlafen zu gehen, um am nächsten morgen gut beieinander zu sein. Um die Wirkung der Aufputschtabletten zu dämpfen, nahm ich zwei Schlaftabletten. Ich legte mich ins Bett. Außer einem Glas verdammten Bacardi vermißte ich nichts. Ich war seit Wochen wieder einen Abend allein. Ich genoß es, ohne die ›Klappe‹, ohne Minnie, ohne laute Musik und aufgeputschte Gefühle. Ich war einfach unglaublich zufrieden mit allem. Fabelhaft. Ich sah mir noch Bilder von Egon Schiele an. Vieles von dem, was in seinen Skizzen auftauchte, sollte in meinen Bildern sein. Euphorie, Spleen, Paranoia und das Gefühl dieser dumpfen Stunden allein. Ich nahm noch eine Schlaftablette und sackte langsam weg.

Gegen elf Uhr klingelte das Telefon und weckte mich. Ich war noch verschlafen und nahm den Hörer ab.

»Ben, ich bin's,« sagte Minnie, »ich will nur hören, wie's dir geht. Ich habe gestern schon ein paarmal angerufen.«

»Ich weiß, aber ich hab nicht abgenommen.«

»Du, das find ich aber nicht gut, überhaupt nicht.«

»Du weißt, daß ich arbeiten will. Alles lenkt mich ab, deshalb.«

»Und, hast du was gemacht?«

»Ich hab das Loft aufgeräumt und Bilder von Egon Schiele angeschaut.«

»Ich meine, hast du diese Fotos gemacht?«

»Nein, ich sag dir doch, daß ...«

»Aber du wolltest doch diese Fotos machen!«

»Ich hab die Werkstatt aufgeräumt und bin dann schlafen gegangen. Heute fang ich mit den Fotos an.«

»Na ja, du wirst es machen. Gestern hab ich jemand kennengelernt, Rolf heißt er. Ich glaub', ich hab nicht viel Talent zur Treue.«

Rolf hatte sie erfunden, das war mir klar. Aber ich ärgerte mich über diesen Erpressungsversuch.

»Paß auf Minnie, ich mach die Fotos. Ich mach sie zügig, aber es braucht Zeit. Dann komm ich wieder zu dir. Und jetzt laß uns damit aufhören.«

»Ich verstehe nicht, warum diese Fotos wichtiger sind als ich. Als wir.«

»Du wirst es verstehen, wenn sie fertig sind. Minnie, ich mach jetzt Schluß.«

Ich war ziemlich ärgerlich wegen ihrer Vorwürfe, die mir ungerecht erschienen. Sekunden später klingelte das Telefon. Ich war mir sicher, daß Minnie am Apparat war und nahm nicht ab. Ich stellte die Klingel leise und ging ins Badezimmer. Der Spiegel zeigte mich erholt. So mochte sie mich. Sie mochte mich auch, wenn es mir schlecht ging und ich danach aussah.

Sie nahm alles hin, wenn es nur direkt mit ihr oder uns in Verbindung stand. Aber sie wurde böse und aufdringlich, wenn ich nicht hundertprozentig mit ihr oder uns beschäftigt war. Für sie gab es diesen ganz persönlichen Bereich nicht. Sie sah keinen Sinn darin, sich selbst in seltsamen Stellungen zu fotografieren. Alles was sie hatte und dachte, war direkt auf uns gerichtet. Und sie führte das bessere Leben dabei. Das alles liebte ich an ihr. Und ich glaubte, daß für mich ein Leben ohne sie unmöglich geworden war.

Ich zog ein weißes Hemd und einen alten Anzug an. Mit einer fingerbreiten Krawatte sah ich aus wie ein nervöser Gangster aus Brooklyn. Ich legte ein helles Make up und dunkles Rouge auf. Ich zog die Lippen nach und brachte am Objektiv der Kamera einen Starlight-Filter an. Das erste Probepolaroid war gelungen. Jede Modezeitung hätte es mir abgekauft. Von meinen glänzenden Lippen gingen Strahlen in alle Richtungen aus. Ich sah euphorisch und angespannt aus. Aber das Plastikgefühl, die synthetische Hochstimmung einer alkoholisierten Discothekennacht, davon war nichts in dem Bild. Aber genau darum ging's mir. Nachdem ich den ganzen Film aufgebraucht hatte, sah ich mir die acht Fotos an und wußte, daß kein einziges brauchbares dabei war. Die Polaroids bestätigten nur das, was ich als künstlich darstellen wollte. Das Telefon klingelte und eigentlich hoffte ich, daß Minnie am Apparat sein würde. Es war Fred.

»Ben, du brauchst dich nicht zu beeilen mit den Fotos.«

»Was meinst du?«

»Die Redaktion. Die Redaktion von dieser Zeitung, wo ich die Story machen sollte.«

»Und?« Irgendwie wußte ich, was passiert war.

»Die sagen, daß sie die Geschichte nicht brauchen. Eine andere Zeitung hat genau das gleiche Thema in ihrer neuesten Ausgabe.«

»Na, so schlimm ist es nicht,« sagte ich, und setzte mich.

»Ahh, ich weiß, daß du dich darüber gefreut hast.«

»Laß gut sein, Fred. Ich mach jetzt weiter.«

»Wann sieht man dich?«

»Ein paar Tage.«

»Gut, Ben. Bis dann.«

»Wir sehen uns.«

Nachdem ich das Glas fast ausgetrunken hatte, ging's mir besser. Ich dachte, wenn sechs Zentimeter Bacardi meinen Ideen schaden können, sind die Ideen auch nicht gut. Die unterbelichteten Polaroids, die die Tage nach den übersteuerten Nächten zeigen sollten, wurden etwas ehrlicher. Aber mich störte, daß immer noch eine Spur Anmaßung und Manierismus in den Bildern lag. Egon Schieles Bilder waren einfach, stark und ehrlich. Eigenschaften, die meinen Fotos abgingen. Ich arbeitete lange an der Zerstörung der Polaroids. Ich zerkratzte und zerriß sie. Aber es wurde nichts anderes als zerkratzte und zerrissene Bilder. Es wurde immer weniger, nicht mehr. Ich begann mich kläglich zu fühlen und spielte mit dem Gedanken, für eine

Stunde in die Stadt zu fahren. Nachdem ich die Bacardiflasche auf den Tisch gestellt hatte, begann ich ein Glas nach dem andern zu trinken. Bald fühlte ich mich gut genug, um die Fotos für den dritten Teil der Serie zu machen. Ich wusch mir im Badezimmer die Schminke ab und legte nur noch Rouge auf. Es war etwas schwierig, das Rouge gleichmäßig zu verteilen. Als ich den Film in die Kamera einlegen wollte, bemerkte ich an meiner Ungeschicklichkeit, daß ich betrunken war. Der dritte Teil sollte mich so zeigen, wie ich sein wollte, als ich von Minnie wegging. Sauber, inspiriert und mit der notwendigen Kraft und Gesundheit ausgestattet, um die Arbeit mit Lust zu machen. Ich nahm einen Stuhl und setzte mich mit übereinandergeschlagenen Beinen möglichst aufrecht vor die Kamera. Mich selbst darstellen, wie ich am liebsten wäre. Der Selbstauslöser surrte, das Blitzlicht zuckte und das Telefon begann zu klingeln.

Ich sprang aus dem Stuhl und rannte zum Telefon. Ich verhedderte mich in einem Kabel und riß eine Blitzlichtlampe um. Sie fiel zu Boden und explodierte. Es war mir gleichgültig, eigentlich hatte ich es kaum bemerkt. Ich riß den Hörer aus der Gabel und schrie in die Muschel.

»Minnie, bist du dran, Minnie?«

»Ja klar,« sagte sie, sehr weit entfernt.

»Ich habe die Fotos fast fertig, Minnie, sie sind fantastisch, ich werde sie ausstellen bei Geigy und wieder Geld verdienen.«

Ich weiß nicht genau, warum ich sie so anlog, sicherlich lag es am Bacardi, aber das war nicht alles.

»Ben, du bist ja völlig besoffen. Du wolltest Fotos machen, und Fred erzählt mir gerade, daß sie gar nicht gebraucht werden. Ich bin in der ›Klappe‹, Fred ist hier, du kannst ihn selbst fragen.«

»Minnie, die Fotos sind fantastisch, ich weiß das mit Fred, aber ...«

»Woher weißt du das. Sag mir mal, woher du das weißt.«

»Fred hat angerufen, heute nachmittag, aber es ist doch gleichgültig, ich mach die Fotos für die Galerie und kann sie verkaufen und ...«

»Oh, Ben, du läßt dich vollaufen, du gehst nicht ans Telefon, wenn ich anrufe; du machst nur noch Blödsinn, bloß wegen den Fotos. Komm sofort in die ›Klappe‹ laß die Fotos und komm sofort her, verstehst du, laß den Blödsinn ...«

Ich unterbrach die Verbindung und legte den Hörer neben den Apparat. Dann ging ich zum Schrank und nahm die zweite Flasche Bacardi heraus. Ich ging zurück zum Stuhl, um mit den Fotos weiterzumachen. Unterwegs trank ich kräftig aus der Flasche. Eine Blitzlichtlampe würde ausreichen, um weiter zu fotografieren. Ich hatte »Image« in einer Nacht gemacht. In dieser Nacht mußte »Polaroid Panik« entstehen. Für Minnie, das Geld und für mich. In einer Woche könnte »Polaroid Panik« schon in der Galerie hängen. Ich zog das Polaroid, das ich vor Minnies Anruf aufgenommen hatte, aus der Kamera. Nach den sechzig Sekunden Entwicklungszeit trennte ich es vorsichtig von der Negativfahne. Ohne es anzusehen, wedelte ich es in der Luft, damit es völlig trocken würde. Ich stellte das Epidiaskop so auf den Schreibtisch, daß der Lichtstrahl auf die gegenüberliegende weiße Wand fiel. Ich legte das Polaroid ein und stellte es scharf. Die Breitseite der Fotos war auf mehr als zwei Meter vergrößert.

Ich nahm einen langen Schluck aus der Flasche, dann ging ich auf das vergrößerte Bild zu. Mein Umriß lag als Schlagschatten auf der Projektion. Ich konnte deutlich sehen, wie sehr ich wankte. In dieser Nacht würde »Polaroid Panik« entstehen. Ich war mir sicher.

Je mehr ich trank, umso besser würde ich werden. Es gab genug Künstler, die die Droge brauchten. Ich sah mich auf dem Polaroid. Auf der Vergrößerung war mein mißlungenes, streifiges Rouge genau zu sehen. Kleine Erhebungen auf der Haut waren Pickel. Es war kein charmantes Lächeln auf meinem Gesicht, nur ein läppisches, verzerrtes, Grinsen. In den Augen war nichts anderes zu sehen, als die Auswirkungen des Alkohols. Die kleinen roten Äderchen im gelblichen Augapfel. Nichts auf dem Bild war so, wie ich es bei der Aufnahme gedacht hatte. Das Foto gab mich einfach wieder, wie ich war.

»Es gibt nichts mehr, was ich noch tun könnte.«

Ich nahm die Flasche zur Hand und trank so viel, daß es mir aus dem Mund strömte. Ich wankte in die Ecke, in der die Kamerainstallation und die Spiegel aufgestellt waren.

»Es gibt da wirklich nichts mehr, was ich noch tun könnte,« schrie ich mich selbst an. Dreimal schrie ich mich selbst an, in jedem Spiegel einmal. Dann riß ich die drei Spiegel aus der Bodenverankerung und schleuderte sie durch das Werkstattfenster. Während die Glassplitter und das Zerbrechen der Spiegel im Hinterhof hallte, warf ich die zweite Blitzlichtleuchte nach draußen. Undeutlich bemerkte ich noch, daß im Nebenhaus einige Lichter angingen. Ich nahm das Stativ mit der Kamera und holte weit aus. Dann schlug ich sie an den Boden, an den Boden und an die Wand. Ich stolperte und stürzte ins Bücherregal. Ich versuchte mich daran festzuhalten, aber es kippte und fiel über mich. Ich lag am Boden, unter den schweren Regalbrettern und Büchern und fühlte mich an verschiedenen Stellen bluten. Dann fiel ich in ein dunkles Loch. Fotografien und windzerzauste Illustrierten flogen an mir vorbei, Einzelteile der Kamera und Spiegelbilder sausten an mir vorbei. Bilder rasten, Bilder und Negativfahnen, ich sah die Einladung zu »Polaroid Panik« an mir vorbeiflattern. Alles ließ mich hinter sich. Alles entfernte sich nach oben. Am Ende des dunklen Lochs stand mein Bett.

Ich erwachte und Minnie war über mich gebeugt. Sie hatte ein blutiges Tuch in der Hand. Als sie bemerkte, daß ich wach war, gab sie mir einen federleichten Kuß auf die Lippen.

»Du hast siebzehn Stunden geschlafen. Ein Doktor war da und hat dir eine Spritze gegeben. Ich hab noch nie jemand so viel Blödsinn reden hören, wie dich in dieser Zeit.«

»Ich liebe dich, Minnie. Ich bin mir sicher.«

Es war anstrengend zu reden. Ich hatte meine Lippen an Glassplittern aufgeschnitten.

»Das hast du auch vorhin gesagt, als du noch schliefst.«

Sie half mir aufzustehen und brachte mich ins Badezimmer. Der Spiegel war mit einem Geschirrtuch verhängt. Sie verbot mir, es abzunehmen. Sie wollte mir den Anblick meines zerstörten Gesichtes ersparen. Dann zog sie mich an.

»Du kannst nicht mehr hierbleiben. Du kommst jetzt zu mir. Draußen steht ein Taxi, das auf uns wartet.«

Während sie die Tür des Lofts schloß, kam eine Frau aus dem Nebenhaus. Als sie mich bemerkte, sah sie sofort erschrocken weg. Dann ging sie weiter und nahm den blutroten Plastikeimer von der rostigen Teppichstange. Sie warf den Eimer in den Müllcontainer. Minnie nahm mich am Arm und führte mich vorsichtig durch die Hofeinfahrt. Das Hoftor wurde hinter uns zugeschlagen. Ich weiß nicht, ob es der Wind war oder die Frau.

FLANN O'BRIEN

Zwei Vögel beim Schwimmen

Wie ein junger Ire die Ratschläge der irisch-christlichen Bruderschaft mißachtet und dafür bitter büßen muß...

Der biographischen Reminiszenz erster Teil: Wenige Monate bevor ich das Vorhergehende verfaßte, machte ich meine ersten Erfahrungen mit berauschenden Getränken und ihrer merkwürdigen chemischen Wirkung auf die Eingeweide. Ich ging an einem Sommerabend durch Stephen's Green und unterhielt mich mit einem Mann namens Kelly, damals Student und Mitglied des Landwirtschaftsseminars, jetzt Gemeiner in der Wehrmacht des Königs. Er neigte im gewöhnlichen Umgangston zu schmutzigen Ausdrücken, spuckte fortwährend und besudelte auf dem Weg durch den Park die Blumenbeete mit einer unter tiefem Grunzen aus seiner Luftröhre ausgestoßenen schleimigen Absonderung. In mancher Hinsicht war er ein grober Mensch, aber er kannte keine Bosheit oder schlechte Laune. Er gab vor, Mediziner zu sein, hatte aber mindestens einmal den Anforderungen einer Anzahl von Prüfern, die für die Zulassung zur Fakultät zuständig waren, nicht genügt. Er schlug vor, wir sollten in Grogans Gasthaus ein paar Humpen oder Gläser Lagerbier trinken. Ich hatte großes Vergnügen an der beiläufigen Art seines Vorschlags und bemerkte, daß es uns wahrscheinlich nichts schaden würde — indem ich mein aufrichtiges Einverständnis mit Hilfe einer rhetorischen Figur zum Ausdruck brachte.

Name der rhetorischen Figur: Litotes (oder Meiosis).

Er drehte sich mit drollig verzerrtem Gesichtsausdruck zu mir um und zeigte mir einen Penny und Sixpence in seiner groben Hand.

»Ich bin durstig«, sagte er. »Ich hab sieben Pence. Folglich bestelle ich ein Glas.«

Darin erkannte ich sofort einen Wink, daß ich mein Bier selber bezahlen solle.

»Der Schluß in Ihrem Syllogismus«, sagte ich leichthin, »ist irrig, da er sich auf zu freie Prämissen begründet.«

»Freie Prämissen ist richtig«, antwortete er und spuckte heftig aus.

Ich sah, daß mein Witz unbemerkt geblieben war und legte ihn ruhig wieder zurück in die Schatzkammer meines Gedächtnisses.

Wir saßen bei Grogan am Stammtisch und hatten unsere verblichenen Überzieher elegant über die Lehnstühle geworfen. Ein höflicher Mann erhielt einen Shilling und zwei Pence von mir und brachte uns dafür zwei Glas — gesetzliches Maß — dunkles Bier. Ich baute die Gläser vor unseren

beiden Frontseiten auf und stellte Betrachtungen über die Weihe des Augenblicks an. Es war mein erster Schluck Bier. Unzählige Leute, mit denen ich gesprochen hatte, hatten mir auseinandergesetzt, geistige und berauschende Getränke hätten ganz allgemein eine nachteilige Wirkung auf die fünf Sinne und den Körper, und die, die sich in der Jugend solchen Stimulantien ergäben, würden ihr ganzes Leben unglücklich und fänden am Ende durch einen Sturz den Tod des Trunkenbolds, indem sie unrühmlich am Fuß einer Treppe in einer Pfütze von Blut und Erbrochenem verendeten. Ein alter Laienbruder hatte mir indisches Mineralwasser als unvergleichliches Mittel gegen Durst empfohlen.
Die Tragweite der Angelegenheit war mir durch ein Schulbuch eingeschärft worden, das ich mit zwölf Jahren gelesen hatte.

Auszug aus dem Lesebuch der irischen christlichen Bruderschaft für die höheren Klassen:

Und in den Blumen, die die funkelnde Schale umranken, zischen grimmige Ottern und ringeln sich giftige Schlangen. — Prior. Was ist Alkohol? Alle medizinischen Fachgrößen sagen, daß er ein doppeltes Gift sei — ein Reiz- und Betäubungsgift. Als Reizmittel affiziert er das Gehirn, beschleunigt die Herztätigkeit, ruft einen Rauschzustand hervor und führt zur Gewebeentartung. Als Betäubungsmittel greift er vor allem das Nervensystem an, stumpft das Empfindunsvermögen des Gehirns, des Rückenmarks und der Nerven ab und führt, in ausreichender Menge genommen, zum Tode. Wenn Alkohol dem Organismus zugeführt wird, fällt verschiedenen Organen, besonders der Lunge, eine zusätzliche Arbeitslast zu. Da die Lunge überbeansprucht wird, degeneriert sie, und darum leiden auch so viele Trunkenbolde an einer bestimmten Abart der Schwindsucht, alkoholische Phthisis genannt — viele, viele Fälle davon sind leider in unseren Krankenhäusern zu finden, wo die unglücklichen Opfer einem langsamen, aber unaufhaltsamen frühen Tode entgegensehen. Es ist eine feststehende Tatsache, daß Alkohol nicht nur keine zusätzliche Kraft verleiht, sondern sie vermindert. Er bringt die Muskeln oder Werkzeuge der Fortbewegung zum Erschlaffen, und infolgedessen lassen die Kräfte nach. Diese muskuläre Entkräftung hat oft eine völlige Lähmung des Körpers zur Folge, da das Trinken das gesamte Nervensystem zersetzt, welches alsdann den Körper zurückläßt wie ein Schiff ohne Segel und Tauwerk — ein unbewegliches und unkontrollierbares Etwas. Alkohol mag im medizinischen Bereich von Nutzen sein und sollte darauf beschränkt bleiben; sobald jedoch ein Mensch ihm erliegt, ist er ein furchtbarer und unbarmherziger Herr, und sein Opfer findet sich in dem schrecklichen Zustand wieder, wo alle Willenskraft schwindet und ein hilfloser, zeitweise von Reue und Verzweiflung gepeinigter Schwachsinniger aus ihm wird. Schluß des Vorhergehenden.

Andererseits hatten mich junge Leute aus meiner Bekanntschaft, die die Gewohnheit hatten, sich freiwillig unter den Einfluß von Alkohol zu begeben, oft durch die Erzählung ihrer seltsamen Abenteuer überrascht. Wenn der Geist auch durch Alkohol geschädigt wird, grübelte ich, so dürfte er doch zugleich angenehm geschädigt werden. Persönliche Erfahrung schien mir das einzig hinlängliche Mittel, meine Zweifel zu zerstreuen. Im Bewußtsein, daß es mein erstes sei, betastete ich still den Fuß meines Glases, bevor ich es erhob. Leichtfertig unterwarf ich mich einem inneren Verhör.

Art des Verhörs: Wo seid ihr, künftige Kumpane, wo unsere tollen Zechgelage? Welch wohlbereitet Mahl soll uns erquicken, mit Wein nach attischem Geschmack, leicht und erlesen, auf daß wir, wenn wir uns davon erheben, wohlklingend Lautenspiel vernehmen oder toskanische Lieder von geübter Stimme? Welch tolle Jagd? Wozu die Tambourins und Pfeifen? Und welch wilde Verzückung?

»Auf Ihre Gesundheit«, sagte Kelly.

»Zum Wohle«, sagte ich.

Das Bier war säuerlich am Gaumen, aber zähflüssig und stark. Kelly brachte ein langgezogenes Geräusch hervor, als ließe er Luft aus seinem Innern.

Ich sah ihn aus den Augenwinkeln an und sagte:

»Ein gutes Dunkles ist nicht zu verachten.«

Er beugte sich zu mir herüber und brachte sein Gesicht mit ernsthaftem Gehabe an mich heran.

»Wissen Sie, ich sag Ihnen eins«, sagte er mit seinem verzerrten Mund, »ein Maß Dunkles ist die Sache.«

Ungeachtet dieser Lobrede fand ich bald heraus, daß die Menge beim Lagerbier in unbefriedigendem Verhältnis zu seinem toxischen Gehalt steht, und verlegte mich in der Folgezeit auf braunes Starkbier in Flaschen, ein Getränk, das ich immer noch allen anderen vorziehe, trotz der schmerzhaften und betäubenden Anfälle von Erbrechen, die eine Vielzahl von Flaschen oftmals bei mir hervorgerufen hat.

Ich machte mich an einem Oktoberabend auf den Heimweg, nachdem ich eine Gallone halbverdautes Bier auf dem Boden einer Wirtschaft in der Parnell Street zurückgelassen hatte, und legte mich unter erheblichen Schwierigkeiten zu Bett, wo ich unter dem Vorwand einer Erkältung drei Tage verblieb. Ich war gezwungen, meinen Anzug unter der Matratze zu verbergen, weil mindestens zwei der fünf Sinne daran Anstoß nahmen und er eine Wesenserhellung meiner Krankheit enthielt, die zu der bereits vorgebrachten im Widerspruch stand.

Die beiden Sinne, auf die hier Bezug genommen wird: Gesicht, Geruch.

Am Abend des dritten Tages wurde einem Freund von mir, Brinsley, Einlaß in mein Zimmer gewährt. Er trug verschiedene Bücher und Papiere. Ich beklagte mich über meinen Gesundheitszustand und versicherte mich bei ihm des Umstandes, daß das Wetter dem Wohlbefinden Kranker abträglich sei. Er bemerkte im Zimmer herrsche ein komischer Geruch.

Beschreibung meines Freundes: Dünn, dunkelhaarig, unschlüssig; ein intellektueller Meathländer, zu kurz angebundener, epigrammatischer Sprechweise neigend, schmächtig, bleich.

Ich tat meine Luftröhre weit auf und brachte ein ein rauhes, mit den Sitten von Gentlemen unvereinbares Geräusch hervor.

»Ich fühle mich sehr schlecht«, sagte ich

»Weiß Gott, du bist 'ne verdammt komische Type«, sagte er.

»Ich war unten in Parnell Street«, sagte ich, »mit dem Barkeeper zusammen, und wir tranken beide unser Bier. Na ja, egal, wie es kam, ich fing an zu kotzen und ich kotzte, bis mir beinahe die Augen aus dem Kopf traten. Ich hab mir den Anzug ganz schön versaut. Ich kotzte, bis ich Luft kotzte.«

»So ist das also?« sagte Brinsley.

»Sieh dir das an«, sagte ich.

Ich richtete mich in meinem Bett auf und stützte mich auf einen Ellbogen.

»Ich redete mit dem Barkeeper«, sagte ich, »redete über Gott und die Welt und dieses und jenes, und plötzlich hatte ich in mir drin ein Gefühl, als versuchte ein Mann, aus meinem Magen herauszukommen. Einen Augenblick später hielt der Barkeeper meinen Kopf umklammert, und ich legte los wie nichts Gutes. Der Herr behüte uns...«

Hier warf Brinsley ein kurzes Lachen ein.

»Ich dachte, mein Magen wäre auf dem Fußboden«, sagte ich. »› Halb so schlimm ‹, sagte der Barkeeper, › Sie fühlen sich wohler, wenn Sie's los sind. ‹ Wohler? Ich könnte dir nicht sagen, wie ich nach Hause gekommen bin.«

»Na, nach Hause gekommen bist du aber«, sagte Brinsley.

Ich zog meinen Ellbogen weg und ließ mich zurückfallen, als sei ich erschöpft von der Anstrengung. Ich hatte gezwungen geredet und meine Worte in den Akzent der niederen oder arbeitenden Klassen gekleidet. Unter dem Schutz der Bettdecke bohrte ich müßig mit einem Bleistift an meinem Nabel herum. Brinsley stand am Fenster und kicherte in sich hinein.

OTTO JÄGERSBERG

Der Fernsehreporter unterwegs, hoppla

Von der Macht der Erinnerungslücken

Mit Glasendorf im Fahrstuhl. Beim Bericht über den Streik bei Opel hätte er den Eindruck gehabt »rechts von der Gewerkschaft«. »Doktor«, sag ich, »das warn wilder Streik, soll ich das feiern?« Schnauze. Hab ich gern, frühmorgens auf die Tour angepustet zu werden. Im Fahrstuhl zücken die Burschen plötzlich ein Parteibuch links von der Mitte, und hinterm Schreibtisch mauern sie die ›Ausgewogenheit‹. Ausgerechnet Glasendorf. War mal mit ihm bei den Ruhrfestspielen. ›Neue Tendenzen in Recklinghausen?‹, mein Thema schon seit zwölf Jahren. Glasendorf hatte seinen Kofferraum mit verdreckten Schuhen voll. Putzte ihm seine Alte nicht. Stellte im Hotel jeden Abend zwei Paar von seinen Galoschen vor die Tür. Und Glasendorfs Schlitten hat einen großen Kofferraum! ›Rechts von der Gewerkschaft.‹ Da fabriziert unsereins für eine lausige Pauschale mit viel Fleiß und Geschick seine Berichte, damit sie niemandem weh tun, und dann so was! Ich spür, wie seine Galle arbeitet, im 3. Stock hat er sie oben. »Ich erwarte Sie um 11 Uhr 15, Jostes.« »Ist was?« »Stellen Sie sich doch nicht dumm, Jostes, die Sache ist äußerst unangenehm.« Keine Ahnung was er meint, ehrlich. Ich, mit Schafsgesicht: »Können Sie mir nicht 'nen Tip geben?« Er verzerrt die glatten Backen zu einem Trauerspiel, und all die Qualen der Verantwortung sorgen im Abteilungsleiterauge: »Ich bekam da einen Anruf aus Rondheim.« Tupft den Namen wie die Pest. »Rondheim?« Sicher, da war ich, Filmchen über die Kuhfabrik, na und? Der Fahrstuhl parkt auf seiner Ebene, und genüßlich erarbeitet er einige einschüchternde Worte zum Abschied: »Ihr Privatleben geht mich nichts an, Herr Jostes«, dabei setzt er einen seiner Drecklatschen auf den Flurteppich, »aber so lange Sie unterwegs sind, repräsentieren Sie das Haus, stellvertretend den ganzen Sender, sozusagen.« Du Arsch, das vergeß ich bei dem Honorar keine Sekunde. »Um 11 Uhr 15 also.« Damit gibt er den Fahrstuhl frei und wieselt in seine Bude. Verschanzt sich hinter schalldichter Doppeltür, höriger Sekretärin und arscht sich hinterm Schreibtisch ein. 11 Uhr 15! Mit mir kann er das machen. Als seien seine Minuten gezählt. Flötet jetzt die Sekretärin ins Gehege, ›11 Uhr 15, Jostes‹. Wird das einzige sein, was sie auf seinen Terminkalender pinnt. Ich kenn doch die Typen, ehrlich.

Rondheim. Ein lausiges Kaff. Eine kleine Kirche für die Weiber, und für ein Dutzend Bauern drei Kneipen. Brummt mir immer noch der Schädel von. Vor jedem Bier machen die sich mit einem Schnaps den Magen frei und nach jedem wird gespült. ›Anruf aus Rondheim!‹ Von den Kiesköppen kann doch keiner telefonieren.

Im Schneideraum. Die Vogel strickt schon an dem Kuhbericht. »Mann, Sie haben abern Affen.« Und ob, Mädchen. »Zuwenig Schlaf, die Arbeit —« »Ich mach mal Kaffee.« Der Wassertopf ist verkalkt wie ein Gipseimer. Und den schorfigen Tauchsieder muß sie aus einem anderen Schneideraum holen. In Glasendorfs Vorzimmer steht eine piekfeine Kaffeemaschine; nicht von seinem Geld. 11 Uhr 15. Damit die Angst schön brüten kann. Und damit können sie rechnen, daß wir bei jedem Knatsch die Hosen voll haben. Von wegen Sparmaßnahmen, Rationalisierung, Kooperation. Da fangen sie natürlich beim ›freien‹ Mitarbeiter an. Freie Mitarbeiter, nie nannte man arme Schweine sinniger. Und hinterm Mutterhaus wächst der Verwaltungsneubau von den veranschlagten sechsundvierzig auf mittlerweile achtundfünfzig Millionen zu. Aber am Programm wird gespart, dem freien Mitarbeiter die müdeste Mark abgezwackt. 11 Uhr 15. Damit die Pumpe in Schwung kommt.

Die Vogel summt flotte Weisen, die dann später meinen kleinen Meisterwerken untergemischt werden. Sie war auch wohl beim Friseur. »Haben sich ja ein neues Nest bauen lassen, hübsch, Vögelin, sehr hübsch.« »Gefällts Ihnen?« Gleich wird ihr Hals zur Töpferscheibe, und sie läßt das Köpfchen kreisen. »Perfekt!« Ein freundliches Gesicht zu machen kann Knochenarbeit sein: »Und macht sie mindestens zehn Jährchen jünger.« Man schmiert, um zu vergessen, daß man selbst dauernd eingeseift wird. Doch sie macht's glücklich. Wer soll ihr auch wohl sonst was Nettes sagen? Franz Jostes, der Schneideraumbeglücker. »Ich geh mal aufn Topp, dann packen wirs, Vögelin.«

Ich schlepp mich zum Automaten, zieh mir ein Büchsenbier und trinks im Lokus. Muß ja nicht jeder sehen. Man wird verdammt vorsichtig bei dem Job. Das Bier sackt in kaltem Sturz in meine chaotischen Eingeweide. Wäre Nachschub da, ich könnt den ganzen Tag so sitzen. Ich spül, die Dose ist nicht unterzukriegen.

Vorm Schneidetisch. Die Vogel zeigt, was sie hat. Fängt gut an. Schwenk vom Rondheimer Kirchturm auf die Kneipe, von der Kneipe ›Rondheimer Hof‹ wieder hoch zum Kirchturm, runter auf die andere Kneipe, hoch zum Kirchturm und noch mal das Ganze. Einfall von Sölle. Gut für den Text, ›die Rondheimer brauchen nicht weit zu gehen, wenn sie Durst haben‹. Dann Schwenk vom Ortsschild über Felder und Weiden, Wallhecken, Baumgruppen auf den riesigen — Zoom — Betonschuppen, die Milchfabrik. »Sauberer Schwenk«, sagt die Vogel. »Sölle«, brumm ich. »Sieht man gleich«, sagt sie. Innen: Boxenlaufstall, Fullwood-Melkkarussell, Kühlwanne und in den Boxen fünfhundert traurige Milchproduzenten: Kühe, Kühe, Kühe. Abgebrauste Euter, milchperlende Zitzen, durchs Bild wischende Quasten, sich anklemmende und lösende Saughülsen, Schläuche, Hinterteile, Hörner, schlotternde Wammen, feinhäutige, durchsichtige Ohren, träumende Kuhaugen. Alles noch Rohmaterial. »Das schneid ich nach Musik, da leg ich einen harten Rock drunter, zack, zack!« Die Vogel haut mir mit ihrer Handkante den gedachten wilden Rhythmus aufs Knie: »Auge! Euter! Auge! Schwanz! Auge! Zitzen! Auge! Schwanz!« Das macht ihr Spaß. Die Cutterin kann zeigen was sie gelernt hat. Auch von mir, ich geb es zu. Die fünf Minuten, die so ein Bericht dauert, brauchen Bilder. Die müssen geputzt werden. So gerät in dieser Branche alles zu beliebigem Brei. Da hilft nur Fleiß und Kunst: ›Auge! Euter!‹ »Reicht denn das Material?« »Davon bring ich mindestens neunzig Sekunden, Jostes, das wird gigantisch!« Obwohl eine Heidenarbeit. Soll sie, nicht mein Bier. Brauch ich nicht so viel Text. Das ist das Beknackteste bei dieser Arbeit, daß man da noch einen Text drüber donnern muß, einen netten, informativen Text. Auf Sekunde getimt. Ansonsten wissen Kameramann und Cutterin allein, wie man so einen Bericht zusammenstaucht. Doch nicht zuletzt im Text beweist der Fernsehreporter Franz Jostes seine Qualifikation.

»Mehr ist nicht.« Das Material läuft aus, die Vogel stoppt den leerlaufenden Teller, stülpt sich den weißen Handschuh über die Schnippelrechte und will sich in ihr Handwerk stürzen. »Warte mal, Mädchen.« Da war doch noch was. So voll war ich denn nun doch nicht. Das Interview mit Dr. Rüscherheide! »Wo ist der verdammte Milchmann, Vogel, das Wichtigste, das Statement von dem Milchingenieur.« »Ich hab nur diese Rolle vom Kopierwerk —« »Schaff mir den Milchmann her!« Die Vogel wirft ihre braunen Augen zu Gott und geht über meine Laune mümmelnd zum Materialraum. Ich grab mich in den einzigen Polsterstuhl und fetz die Zeitung durch. Ab und an ist ja mal ein Thema drin. Im Kontakthof eines Puffs macht ein DKP-Trupp Straßentheater. »›Wir diskutieren mit den Damen oft stundenlang über unsere Stücke‹, sagt der Leiter der Truppe.« In Essen. Außerhalb meines Einsatzgebietes, Scheiße. Die besten Themen liegen immer woanders oder sind schon geschlachtet. Die Vogel bringt eine Filmbüchse an. »Kein Wunder, wenn die Produktionsnummer fehlt, und nur ›Milch‹ drauf steht.« Warum sollte ausgerechnet der Assi nüchtern bleiben? Daß der noch ›Milch‹ schreiben konnte, ist eine Leistung. »Typische Schlamperei vom Kopierwerk«, sag ich. Im Kopierwerk arbeiten nur Subversive, Dilettanten, Idioten, Blinde. Davon geht jede Cutterin aus. »Im Kopierwerk wimmelts nur so von Schäferhunden und ihren Begleitern mit weißen Spazierstöcken«, sagt sie, und ich: »Eben.«

10 Uhr 18. Die Vogel läßt die Kühe tanzen. Ich mach meinen Text. Wo sind meine Notizen? In der Brieftasche schließlich ein fleckiges, oftmals gefaltetes Blatt. Eine halbe Seite sieht ganz lesbar aus, dann beginnen die Zeilen kühn zu schwingen, und auf der Rückseite torkeln die Buchstaben durcheinander. Ich habe Tage verbracht, um hinter die Bedeutung der von mir im Suff angefertigten Zeichen zu kommen. Immer in der Hoffnung, es stecke mal was Großes dahinter. Wann sonst sollte einem was Umwerfendes einfallen?

›Es begann mit einer Kuh.‹ Milch, welch ein Stoff! ›Dieser besondere sämige Saft, Milch, der Sorgentropfen deutscher Bauern, wird in Rondheim in großem Stil, nachgeradezu in Strömen gewonnen. ‹ 1966 habe ich mal eine › ehrende Anerkennung ‹ von einer Jury des Adolf-Grimme-Preises für die › trockene, sachliche, präzise informative ‹ Darstellung von Problemen der letzten Köhler im Siegerland bekommen. Die Zeiten sind auch vorbei. › In Rondheim begann alles mit einer Kuh, bis eines Tages ... ‹ Ich schmeiß das Papier in den Galgenkorb und schieb zum Automaten. Das Bier bringt mich wieder auf die Milch, und auf den Einfall für den Schluß. › Milchgewinnung, wie sie in Rondheim geschieht, läßt keine Wünsche an Qualität und Hygiene offen. ‹ Das kann man stehen lassen. Obwohl Rüscherheide mir in den Ohren lag mit seinen Euterproblemen. Nachdem die Kamera nicht mehr lief, klar. Ich hol die Rondheimer Notizen raus. › Schlierenbildung, gallertartige Knötchen deuten auf Euterentzündung. Euterkrankheiten sind das große Problem in der Massentierhaltung. Mischinfektionen, Galtstreptokokken, Staphylokokken. ‹ Was soll ich damit? Euterprobleme! Ich hab andre. Die leere Bierdose nehm ich diesmal mit aus der Kabine raus und stopf sie in den Behälter für gebrauchte Papierhandtücher neben dem Waschbecken. Vielleicht schau ich mir vor dem Termin bei Glasendorf doch das Interview an. Ist ja drin, daß es mein letztes war. Langsam wurlt sich die Angst zur Herzgegend vor. Ob die Vogel ein Valium hat?

»Nun lassen Sie mich doch erst den Eutertake schneiden, Jostes, ich bin grad schön drin.« »Ich muß um 11 zu Glasendorf, vorher muß ich das sehen.« Das paßt ihr gar nicht, und aus Trotz legt sie den Ton nicht ganz synchron. Da steh ich also, vor mir Rüscherheide mit hochroter Bombe, ein Schädel wie ein Bierkasten, aber Milchspezialist. Im Hintergrund die Hebel, Knöpfe und Meßgeräte der Automatik für die Gesäuge des Kreismelkstandes und Pegel und Gradmesser für die Kühlwanne. Sölle hält mich schräg von hinten im Bild, gut so, nach dem fünften Schnaps fängt mein linkes Auge an zu schwimmen. Der Stimme ist eigentlich nichts anzumerken. › Wenn man dieses moderne — Büro möchte man eigentlich sagen, diese vielfältigen technischen Einrichtungen sieht, die mir so kompliziert wie ein Mischpult im Fernsehstudio — daran erinnert mich das hier unwillkürlich — erscheinen, dann liegt es einem fern zu glauben, daß es sich hier um einen landwirtschaftlichen Produktionsbetrieb handelt, genauer gesagt um einen Kuhstall. ‹ Die Vogel schaut ganz fasziniert hin. Mach ich was falsch? › Herr Doktor Rüscherheide, Sie sind praktisch der Milch-, ö, Milchexperte dieser Anlage und zugleich der Vorsitzende der Genossenschaft der Rondheimer Milchviehhalter. Wie, Herr Doktor Rüscherheide, kam es nun, daß Sie sich entschlossen haben — trotz des für die Landwirte kritischen Milcherzeugungspreises —, einen so aufwendigen Kuhstall zu bauen? ‹ Können wir alles wegschmeißen. Der Milchmann ist schon ganz aufgeregt von meinem langen Gequatsche, endlich halt ich ihm das Mikro unter die Nase, und er legt los: › Ich kann Ihnen versichern, Herr Jostes, das war ein langer Weg auf dem die Dornen — denken wir mal an den Milchpreis, denken wir mal an die Agrarpreispolitik, die EWG, denken wir — äh — nur so herumlagen.

Den Rondheimer Bauern war klar, daß nur geschickte Unternehmensanpassung, die in einer Konzentration der Milcherzeugerbetriebe, einer Rationalisierung der Erfassung und der Produktion, einer Verbesserung der Finanzstruktur und vor allem in einer Verbesserung des Vertriebes ihren konkreten Ausdruck finden mußte, eine Aufwärtsentwicklung garantieren kann. So schritten wir zur Tat. Der Anpassungsprozess mußte auf technischem, wirtschaftlichem und menschlichem Gebiet — denn es gibt immer wieder Querköpfe, die da nicht mitmachen wollen — durch planvolles ökonomisches Verhalten erfolgen. Jetzt geh ich noch einen Schritt weiter zurück, Herr Jostes, denn das Interessante ist: in Rondheim begann alles mit einer Kuh!‹ Ich stopp den Film. Mir ist übel. Die Vogel hüpft zu ihrer Tasche. »Da muß ich Ihnen was zeigen, Jostes, das haut Sie um!« Sie hält mir eine Illustriertenseite hin und drückt das stehende Bild auf dem Schneidetischschirm. »Ist das nicht irre!« Noch ein Melkkarusselbedienungspult, nur stehen nicht Rüscherheide und Jostes dabei, sondern ein Haufen kleiner Maos in wahnsinnig grünen Schlafanzügen. »Auch ein Fullwood«, sag ich. »Aber in China!« Die Vogel liest die Peking-Revue, mir schauert. Rondheim und China, verrückt. »Ist das nicht wunderbar?« Was ist nur los mit dem Mädchen? Die Vogel schwärmt offensichtlich für die kleinen grünen Penner. »Wenn der Intendant wüßte, Vögelin, daß Sie hier mit der Peking-Revue agitieren —« »Ach, Jostes, Sie wissen doch —« Nichts weiß ich, von dir will ich auch nichts wissen, Vogel, mir graust vor diesem Muff. Eine Enddreißigerin, klein und lieb und grau, deren Leben genauso banal abspult wie das von Millionen anderen Enddreißigerinnen. »Wat denn, Vögelin, nicks weiß ich, sonst säß ich nicht hier und müßte über Milch denken.« Die netten Worte machen ihr Mut. »Die Chinesen sind so —« Sie hat einen Schmelz in der Stimme als träumte sie von einer Gehaltserhöhung. »Wat denn?« »So zärtlich.« Das mir! Nur wenn man ein Maß Normalität in sich zu stabilisieren vermag, kommt man heutzutage über die Runden. Dazu braucht man Nerven, und meine sind heut ganz schön kaputt. Die Chinesen. Halsabschneider, Lustmolche, meinetwegen, aber nicht so was. Das schafft mich. »Fräulein Vogel, hätten Sie vielleicht ein Valium für mich? Ich bin irgendwie —« Natürlich hat sie. Ich nehme gleich zwei und spül mit kaltem Kaffee. Chinesen! In Rondheim sollte man wohnen, den Fernsehapparat in den Kuhstall stellen und sich jeden Tag besaufen. Im ›Rondheimer Hof‹ läuft einem keine Vogel, kein Glasendorf, kein Chinese vors Glas.

10 Uhr 45. »Wollen Sie das Interview nicht weiter sehen?« »Machen Sie ruhig Ihren Eutertake weiter. Ich muß gleich eh zu Glasendorf.« »Ärger?« Sie scheint das wirklich zu interessieren. Rätselhafte Frau. »Nö.«

Rondheim. Sölle irrte mit der Arri im Anschlag durch die Boxen, der Assi durfte dann auch mal einen Euter filmen, der Tonmann — die Namen von denen behält man nie — machte den Viechern vor, was sie zu sagen hätten. Ich saß in Rüscherheides Kabuff. Stripp-strapp-strull. Einfache Rechnung: Bestand aufstocken, Produktion steigern, damit der Milchpreis stimmt.

4600 kg Milch je Kuh und Jahr. Damit wir in der Brühe ersaufen. Unterirdische Tunnelsysteme werden mit Milch gefüllt, stillgelegte Bergwerke, nicht mehr befahrene Tunnels, die Kühlhäuser der Nation vollgestopft mit Butter. Und dann wird der Butterberg zu Weltmarktpreisen in Drittländer verschoben, mit fetten Ausgleichszahlungen, mit meinen Steuergroschen. Rüscherheide amüsierte sich köstlich über all die möglichen Agrargaunereien. Die legalisierte Schweinerei. Wie man mit ›Verschiebungen‹ Millionengewinne kassieren kann. Wie man an die Umsatzsteuerpräferenz für West-Berlin-Produkte kommt, indem man Schlachtvieh verfrachtet. Wie man Grenzen und Bestimmungen umgeht. Grenzen und Bestimmungen ausnutzt, Subventionen absahnt. Da griente der Landmann. Nach dem zehnten Weinbrand geriet er tief in sein Leben. Vor Adolf, ein Jahr vor Adolf, rechnete er, verdiente er siebzehn Pfennig die Stunde, beim Bauern natürlich. Schinderei. Prost. Ich ließ den Assi noch eine Flasche besorgen. Und als Adolf war? Ging Rüscherheide weg von der Scholle, durcheilte Landakademien und half wacker mit siegen und war erst nach einer halben Flasche endlich in Rondheim.

Ich versuchs noch einmal. ›Die Milch wird vom Euter direkt in die Kühlwanne abgesaugt und auf vier Grad abgekühlt.‹ Unter, über Null? Soll der Zuschauer mit sich ausmachen. Wir hätten am Nachmittag bequem zum Sender zurückfahren können. Aber man will sich das Team nicht verderben. Die Jungs sparen sich auf den Dörfern ein paar Mark von den Spesen. ›Wir vom Fernsehen‹, das zieht noch bei den Bauern. Und so wurde es denn auch eine Mordssauferei. Keine Erinnerung mehr. Nur, daß ich an der Theke stand. Von Bauern eingekeilt. Über Milch geredet. Notizen gemacht. Geschluckt wie ein Gulli. Zigarren angeraucht. ›Heißer Sand und ein verlorenes Land‹ gesungen. ›Milch für alle‹ gebrüllt. Freundschaft geschlossen. Ein Glas umgeworfen. Daneben gepinkelt. Soleier gegessen. Gesoffen. Was sollte da passiert sein? Die Rondheimer sind nicht zimperlich. Wer von denen sollte Glasendorf anrufen und warum? Arbeitszeitmanipulation, Spesenfälschung kann er mir auch nicht nachweisen. Das Team hält dicht. Eigene Interessen. Also was?

Von diesen Tabletten kriegt man einen verdammt trockenen Hals. Davon Aktien haben, nur zehn kleine ›Hoffroche‹, auf Knien würde ich dafür nach Basel rutschen. Am Automaten, als die Büchse fällt, habe ich plötzlich einen Klumpen Erinnerung. Ich war bei den Kühen. Ich sah mich aus dem ›Rondheimer Hof‹ torkeln. Ein mieser Film. Ein Mann schleicht um die Kuhfabrik. Der Mann imitiert das sehnsüchtige Blöken der Rinder. Der Mann versucht in den Kuhstall zu klettern. Der Kuhstall hat keine Fenster. Schnitt. Mondhelle Nacht. Schnitt. Der Mann irrt über den Rondheimer Kirchplatz. Der Mann steuert die drei am Kirchplatz liegenden Kneipen an. Die Kneipen sind geschlossen. Der Mann lacht. Der Mann kichert wie ein Irrer. Blackout.

Auf der Toilette. Ich hol nochmal meinen Zettel raus. Die Hieroglyphen auf der Rückseite. ›Solche Mütter!!!‹ Mütter? Das steht reichlich klar. Die Mütter ziehen alles hinter sich, das Blut ist stark, die Welt hängt an den Müttern. Wenn ich drei Zeichen mache, besoffen wie auch immer, muß da was hinter sein. Ein Querkopf! Rüscherheides Feind. Ein Kerlchen, schwelgte im großen Wort. ›Meine Kühe in Rüscherheides Boxen? Nie!‹ Der Mann machte mir klar, daß in dem Betonschuppen kein Liter mehr oder ein Liter Milch einen Pfennig billiger erzeugt werden könnte. ›Die fallen alle auf die Schnauze, die kümmern sich zur Pleite, keine Kuh stell ich da ein. Bei meiner Herde, über 5000 Liter Milch pro Kuh, solche Mütter!‹ Ich wurde den fidelen Milchbauern nicht mehr los. Quatschte mir die Hucke voll. Mußte die Namen seiner Mütter lernen. Alles Rotbunte, Prämienklasse 1, schwere, leichtfuttrige Prachtexemplare, Siegerkühe. ›Linde‹, Vater ›Almjäger‹, Mutter ›Laute‹, Mutterleistung 5876 kg Milch, 4 % Fett, das sind über 200 Kilo! Ich floh.

Sauerei! Büchsenbier. Wir leben wie Barbaren. Mir ist Bier auf die Hose geschlabbt. Beschissener kann man nicht leben. Auf dem Lokus sitzen und sich mit Büchsenbier bekleckern, Angst um seinen Job haben und nicht wissen, was war. Ich irrte durch Rondheim, um Rondheim herum. Der ›Rondheimer Hof‹ hatte geschlossen. Auf dem Kirchplatz stand unser Kamerawagen. Ich war müde. Ich öffnete die Tür vom Kamerawagen. Ich hatte keinen Schlüssel. Die Kerle ließen den Wagen da offen rumstehen. Mensch, das Material, die Ausrüstung! Wäre ich Glasendorf, ich hätte eine Aktennotitz geschrieben. Der Gedanke ließ mich kichern. Ich mußte das Zeug bewachen. Franz Jostes, Nachtwächter, Hüter öffentlich-rechtlicher Produktionsmittel. Ich legte mich auf die Vordersitze. Blackout. Dong! Dong! Kirchenglocken. Ich hoch. Vor der Windschutzscheibe Frauen, Frauen. Glotzen mich an. Somnambule. Rondheimerrinnen. Ich glotz zurück. Sie weichen. Wo bin ich? Ich bin nicht im Kamerawagen, hier riechts nach Blut. Im Fond hängen Fleischerhaken. Ich raus. Die Frauen zuckeln in die Kirche. Ich blick zum Turm. Sechs Uhr. Ich bin ganz klar. Da ist der ›Rondheimer Hof.‹ Die Tür ist auf. Ich finde mein Zimmer und hau mich hin.

Da war noch was. Schreie! Irgendjemand schrie. Ich versuch noch einmal das Geschehen aus dem Geschmier zu lesen. Nur ›Mutterkuh‹ und ›Milchleistung‹. Ich zerreiß das Blatt und steck die Schnipsel in die leere Dose.

Sölle weckte mich am Nachmittag. Mein Gaumen brannte. Sölle sah auch wenig klar. Wir versuchten uns zu einigen, was sich ereignet hatte, und kamen schnell durcheinander. Der Assi hatte ein Trinklied halb gelernt und versuchte durch Singen es ganz zu kriegen. Der Tonmann war stumm, hielt die Hand schützend an der Leber. Kein böses Wort. Der Wirt, der kräftig mitgesoffen hatte, fand uns noch immer wunderbar. »Ein wunderschöner Abend, Kerls, bleibt doch noch hier!« Ab. Sölle und ich besiegten dann in der Kantine noch unseren Nachdurst. Mit Erfolg. Wer soll da angerufen haben?

11 Uhr 5. Ich leg die Dose wieder in den Handkasten, geh zur Vogel, »nur

weiter so, Mädchen«, und winde mich die Treppe runter. In Glasendorfs Vorzimmer. »Sie sind —«, guckt die Kuh doch tatsächlich in den Kalender, »für 11 Uhr 15 bestellt, Herr Jostes, einen Augenblick noch bitte.« Ich hau mich in ein Sesselchen und töte, töte mit meinem Blick dies korrekte, brillig verhuschte Wesen. In diesem Zimmer führte ich einst das entscheidende Gespräch, das mich zum Fernsehreporter machte. Vor siebzehn Jahren! Seit siebzehn Jahren schleich ich durch die Lande für mehr Information, Aufklärung und Unterhaltung. Wie hab ich mich früher in ein Thema gehackt! Ich bin ein schlaffer Typ geworden. Jetzt braust durch meine Adern nur noch die Angst. Summ, summ. »Herr Glasendorf läßt bitten.« Ich könnt ihr auf den Schreibtisch kotzen.

»Nun, wie ist das Material?« Das kümmert ihn doch nicht. Scheinheiliges Interesse. »Ich glaube, es wird mir gelingen, die antiquierten Vorstellungen, die die meisten Zuschauer noch von unserer Landwirtschaft haben, durch meinen Bericht gründlich zu erschüttern.« Vorm Kaufhaus stehen und den Hausfrauen einen neuen Zwiebelschneider anpreisen, ich glaub ich könnts, ehrlich. »Sehr schön.« Er nickt mir gnädig zu. »Doch weswegen ich Sie sprechen wollte, Herr Jostes — Zigarette?« Oh, ist der in Form. Er raucht nicht. Läßt mich in seiner unendlichen Güte ein paarmal paffen, bevor er mit seinem Statement loslegt. Natürlich weidet er sich dabei an meiner zitternden Rauchhand. Aber ohne einen Schnaps krieg ich die jetzt nicht beruhigt. »Als Abteilungsleiter der Regionalschau trage ich die Verantwortung für das Tun und Lassen der Mitarbeiter dieses Hauses draußen im Lande. Ich bin kein Sittenwächter, aber es gibt Grenzen. Das alles brauche ich Ihnen nicht zu sagen.« Dann sags doch nicht, du Heuchler. »Immerhin arbeiten wir nun schon eine Reihe von Jahren zusammen.« Zusammen! »Siebzehn, Herr Dr. Glasendorf, siebzehn sinds.« Das überrascht ihn. »Zum Sachverhalt, Jostes. Ein Herr Hassenkamp, Fleischer in Rondheim, rief mich an. Ein unangenehmes Gespräch. Der Mann bediente sich einer äußerst groben Ausdrucksweise. Übrigens kam das Gespräch zu mir, weil Sie noch nicht im Schneideraum waren, Herr Jostes.« Er läßt sich auch nichts entgehen. Ich zuck die Achseln, kann vorkommen. »Also der Mann war aufgebracht. ›Jostes will ich‹, schrie er, ich zitiere wörtlich, ›wo ist der Frauenschänder!‹« Soll ich zittern? »Ich kenne keinen Hassenkamp.« »Sie scheinen auch eher mit der Frau — nun, wie soll ich sagen — zusammengekommen zu sein« So besoffen wie ich war? »Ich kenne auch keine Frau Hassenkamp« »Nun werden Sie nicht gleich aggressiv, Jostes, ich will Ihnen doch nur helfen.« Ausgerechnet. »Nach Sachlage sieht es prekär für Sie aus. Der Herr Hassenkamp behauptet, vorgestern nacht, gegen vier, als seine hochschwangere Frau zum Schlachthof fahren und dazu das Betriebsauto besteigen wollte, hätten Sie die Frau — erschreckt — oder — genau war das nicht aus ihm rauszukriegen, daß sie umgehend ins Krankenhaus eingeliefert werden mußte. Sie können sich vorstellen, daß der Fleischer sich anders ausgedrückt hat.« Jetzt hab ich wirklich Bammel. Der Schrei. Vor den Kirchgängerinnen war eine Frau am

Wagen. Was ist da geschehen? ›Betrunkener Fernsehreporter verursacht Fehlgeburt‹, ich seh die Zeile schon in ›Bild‹. »Und weiter?« Kommt sehr bescheiden raus. Glasendorf hat seine Stunde. »Ich hab hier die Nummer von Herrn Hassenkamp. Für 11 Uhr 30 habe ich einen Rückruf mit ihm vereinbart. Vorher wollte ich mit Ihnen die Marschroute festlegen. Die Sache muß vom Tisch, bevor die Intendanz — ich will mich bemühen, sie nicht informieren zu müssen.« Das sitzt. »Aber dazu muß ich rückhaltlos über die Vorgänge in Rondheim aufgeklärt werden.«

Dann wärs aus. So einen Vorwand kriegen sie nicht alle Tage. Schon morgen ständ ich vor der Tür. Und mit solcher Vorgeschichte könnte ich eine Klage auf Wiedereinstellung beim Arbeitsgericht auch nicht durchziehen. So gehen Traumkarrieren zu Bruch. Vielleicht sollte ich doch mal die Marke wechseln: Milch!, und immer obenauf, konfirmandenklar durchs Leben eiern und nicht immer bierdösig und im Kopp schwappende Sülze und mit'm Weltbild dumpf und dunkel.

»Ich weiß wirklich nichts, Herr Doktor. Ich kann mich an diesen Vorgang nicht erinnern, ehrlich.« Klingt wenig überzeugend. »Bitte«, Glasendorf eingeschnappt, drückt zum Vorzimmer. »Geben Sie mir die Rondheimer Nummer.« Und hält mir — er hat seine Schuldigkeit getan — den Hörer hin.

Tuut, tuut. Als ich in Rondheim über den Kirchplatz ging, so irre lachte, mir fällt jetzt ein warum. Es war, weil ich mir einbildete, alles schon einmal erlebt zu haben. Was einem hin und wieder bei großen Räuschen widerfährt. Klein- und Großhirn im Streit um die Aufnahme der Realität. In dem Durcheinander da oben finden Verschiebungen statt. Zeitliche und räumliche Desorientierungen. Da wird die Wirklichkeit als schon einmal durchgemacht registriert. Halluzination der Gegenwart, Gedächtnisillusion, déjà vu. Die verzögerte Aufnahme dessen, was geschieht, projiziert das Geschehen als Erinnerung im Gehirnkasten. Das läßt die erfahrensten Säufer manchmal so hirnverbrannt kichern, das hat beerenschluckende Indianer, opiumrauchende Chinesen, kaktusessende Mexikaner an die Seelenwanderung glauben lassen. Deswegen fand Marco Polo die Schamanen so behämmert. Ich muß mich zusammennehmen, Glasendorfs empörte Visage vor mir, daß ich nicht hinter die Wand trete und losgacker.

»Herr Hassenkamp aus Rondorf, ich verbinde«, Glasendorfs Vorzimmer. Ich, ruhig: »Jostes hier.« »Mensch, Jostes, altes Haus!« Worte wie Schulterklopfen, die Stimme kenn ich. »Ich bins, Horst aus Rondorf, wie gehts denn? He, he, hörst du mich?« »Gut gehts mir.« Rondorfer Nacht. Mein Ohr hatte auch für diese Stimme Raum. »Heißer Sand und ein verlorenes Land.« Alles klar, die Musik verband uns. Wir sangen unser Lieblingslied durch eine feuchte Stunde. Ich krächz in den Hörer: »Und ein Leben in Gefahr.« Glasendorf hat angewidert den Mithörer in den Raum gestreckt. »Jostes, ich konnte — wir alle, ich habe überall rumgefragt — wir konnten uns alle nicht an deinen Vornamen erinnern.« Horst Hassenkamp muß immer noch besoffen sein. Glasendorf säuert weiter am Mithörer. Ich lebe auf: »So schnell habt Ihr mich vergessen. Schande über Rondorf!« »Ne doch, Mensch, ist doch von wegen dem Kind. Wir haben dich nicht vergessen, Mensch, du bist das Tagesgespräch, aber das Kind muß doch einen Namen haben und zur Taufe mußt du auch kommen, und dann machen wir ordentlich einen drauf!« Was soll man in Rondorf anderes machen. »Was für ein Kind?« »Mein Sohn, Mensch!« brüllt Hassenkamp. »Meine Alte, kaum hat sie dich da pennen sehen, fühlt sie die Wehen kommen. Ganz leichte Geburt. Neuneinhalb Pfund! Das Kind muß deinen Namen haben, das sind wir dir schuldig, sagt meine Frau auch.« »Na dann, Franz heiß ich.« »Franz, Franz!« jubelt Hassenkamp. »Franz August Horst Hassenkamp. Franz nach dir, August ist der andere Pate, kennst du ja auch aus dem ›Rondheimer Hof‹, Horst nach mir. Am Zwölften ist Taufe, Franz, um elf Uhr, wir treffen uns vorher alle im ›Rondheimer Hof‹. Ist ja klar, Mensch Franz das wird ein Fest!« Hassenkamp hat aufgelegt. Eine treue Seele. Solche Männer wünschte ich mir am Sender. Glasendorf drückt die Backen in die aufgestützte Hand, wohl um nicht grinsen zu müssen. Ich fühle mich prächtig. »Bei unserer Arbeit draußen im Lande, Herr Glasendorf, das vergißt man leicht hinterm Schreibtisch, müssen wir flexibel sein, und auch den Mut haben als Geburtshelfer einzuspringen, wenns Not tut.« Bevor er zurückspucken kann, verschaff ich mir einen soliden Abgang: »War sonst noch was?« Meine Herzhälfte ist schon im Vorzimmer, Glasendorf liefert ein geknicktes »Nein, danke« hinterher.

Ein schöner Tag. Ich fahr nach unten. Schwebe durchs Foyer auf die Straße. Der Fernsehreporter unterwegs zu ›Getränke-Mayer‹. Rondorf, warum nicht? Franz undsoweiter Hassenkamp, mein Patenkind! Das wird ein Fest. Ich nehm die Vogel mit. Mit der Vogel nach Rondorf! Die Vogel ist gar nicht so ohne. Was sie nur mit ihren kleinen grünen Männern hat? Ich werds erfahren.

»Guten Morgen, Herr Jostes, was darf es heute sein?« »Champagner!« »Aber gern, welchen bitte?« »Chinesischen«, sag ich.

CHARLES BUKOWSKI

Die Wahrheit über den Tod von Dylan Thomas

...und einen anderen trinkenden Dichter

Das ist es, was Dylan Thomas umgebracht hat:

Ich steige ins Flugzeug mit meiner Freundin, mit dem Soundmann, dem Kameramann und dem Producer. Die Kamera läuft. Der Soundmann hat meiner Freundin und mir kleine Mikrofone angesteckt. Ich bin unterwegs nach San Francisco zu einer Lesung. Ich bin der Dichter Henry Chinaski. Ich bin bedeutend, ich bin eine große Erscheinung. Ja, Scheiße. Das einzig Große an mir sind meine Eier.

Channel 15 möchte ein Feature über mich bringen. Ich habe ein sauberes neues Hemd an, und meine Freundin ist ein quicklebendiges Ding, strahlend schön und Anfang Dreißig. Sie macht Skulpturen, Gedichte und fabelhafte Sachen im Bett. Die Kamera hängt mir vor dem Gesicht. Ich versuche so zu tun, als sei sie nicht da. Die Passagiere sehen her, die Stewardessen strahlen, die Indianer sind um ihr Land betrogen, Tom Mix ist tot, und ich habe ein erstklassiges Frühstück im Bauch.

Aber ich kann mir nicht helfen, ich muß zurückdenken an all die Jahre in gottverlassenen Buden, wo nie jemand an die Tür klopfte; und wenn, dann war es die Hausverwalterin, die wegen der rückständigen Miete ankam, oder es waren welche vom FBI. Ich lebte in Gesellschaft von Ratten und Mäusen und Weinflaschen, und mein Blut pappte an den Wänden einer Welt, die ich nicht begreifen konnte und bis heute nicht begreife. Ich wollte nicht so leben wie die; lieber wollte ich verhungern. Ich kniff aus, verkroch mich in mich selber, versteckte mich. Ich machte die Jalousien dicht und starrte an die Decke. Wenn ich mal ausging dann in eine Bar, wo ich Drinks schnorrte, kleine Botengänge erledigte und in einer Seitenstraße Prügel bezog von gutgenährten Männern in sicheren Positionen, von trüben Tassen, die ein bequemes Leben führten. Naja, ein paar Fights gewann ich auch; aber nur weil ich verrückt war. Ich kriegte jahrelang keine Frau, ich lebte von Erdnußbutter und altbackenem Brot und Pellkartoffeln. Ich war der arme Irre, der blöde Hund, der Idiot. Ich wollte schreiben, aber die Schreibmaschine war ständig im Pfandhaus. Ich gab es auf und trank ...

Das Flugzeug hebt ab, und die Kamera läuft weiter. Meine Freundin und ich machen Konversation. Die Drinks werden serviert. Ich habe große Dichtung vorzuweisen und eine fabelhafte Frau. Das Leben läßt sich allmählich recht gut an. Aber sieh dich vor, Chinaski, sieh dich vor. Du hast lange darum gekämpft, das Wort so aufs Papier zu bringen, wie du es wolltest. Laß dich nicht von einer Filmkamera und ein bißchen Bauchpinselei aus der Spur bringen. Denk daran, was Jeffers gesagt hat — auch die stärksten Männer können aufs Kreuz gelegt werden; so wie Gott, als er den Fehler machte, auf die Erde runterzukommen.

Naja, du bist nicht Gott, Chinaski. Also relax und trink noch ein Glas. Wie wärs, solltest du vielleicht dem Soundmann was Profundes ins Mikrofon sagen? Ah nee, laß ihn schwitzen. Laß sie alle schwitzen. Es ist denen ihr Film. Sieh dir die Wolken draußen an. Du bist unterwegs mit leitenden Angestellten von IBM, von TEXACO, von...

Du bist unterwegs mit dem Feind.

Auf der Rolltreppe im Flughafen fragt mich einer: »Was sollen die ganzen Kameras? Was ist los?«

»Ich bin ein Dichter«, sage ich zu ihm.

»Ein Dichter?«, fragt er. »Wie heißen Sie denn?«

»Garcia Lorca«, sage ich...

Tja, North Beach hat sich verändert. Sie sind jetzt jung und tragen Jeans, und sie hängen rum und warten auf etwas. Ich bin alt. Was ist aus denen geworden, die vor 20 Jahren jung waren? Wo ist Joltin' Joe? All sowas. Na jedenfalls, als ich vor 30 Jahren in San Francisco war, machte ich um North Beach immer einen Bogen. Jetzt gehe ich mitten durch. Überall hängen Plakate mit meinem Gesicht drauf. Sieh dich vor, alter Mann, die Blutegel sitzen dir schon auf der Haut.

Meine Freundin und ich gehen mit Marionetti durch die Straßen. Tja, da latschen wir also nun mit Marionetti durch die Gegend. Man fühlt sich so richtig wohl in Gesellschaft von Marionetti. Er hat sehr sanfte Augen, und die jungen Girls halten ihn auf der Straße an und reden mit ihm. Na, sage ich mir, in San Francisco könnte ichs vielleicht auch aushalten ... aber nein, ich weiß Bescheid. Für mich heißt es zurück nach L.A., zurück zu dem Maschinengewehr, das ich am Fenster zur Straße hin aufgebaut habe. Den lieben Gott mögen sie drangekriegt haben, doch Chinaski hält sich den Teufel als Berater.

Marionetti geht mal kurz weg, und da ist ein Beatnik Coffee Shop. Ich war noch nie in einem Beatnik Coffee Shop. Jetzt bin ich in einem. Mein Girl und ich bestellen uns das Teuerste, was es gibt — 60 Cents die Tasse. So ganz im großen Stil. Die Ausgabe lohnt sich nicht. Die Kids sitzen rum und nippen an ihrem Kaffee und warten darauf, daß es passiert. Es wird nicht passieren.

Wir gehen über die Straße in ein italienisches Café. Marionetti ist jetzt wieder da, und bei ihm ist der Typ vom *San Francisco Chronicle*, der in seiner Kolumne geschrieben hat, ich sei der beste Short-Story-Schreiber seit Hemingway. Ich sage ihm, daß er sich irrt; ich wisse nicht, wer der beste seit Hemingway sei, aber Henry Chinaski sei es jedenfalls nicht. Ich bin zu schlampig, sage ich. Ich bringe nicht den vollen Einsatz. Ich bin müde.

Der Wein wird serviert. Schlechter Wein. Die Lady schleppt Suppe an, Salat, eine Schüssel voll Ravioli. Noch eine Flasche schlechten Wein. Als das Hauptgericht kommt, kriegen wir schon nichts mehr in uns rein. Die Unterhaltung ist locker. Wir geben uns keine Mühe brillant zu sein. Vielleicht könnten wirs auch gar nicht. Wir gehen wieder.

Ich gehe hinter ihnen den Hügel rauf. Meine sagenhaft schöne Freundin geht neben mir. Ich fange an zu kotzen. Schlechten Rotwein, Salat, Suppe, Ravioli. Ich kotze immer vor einer Lesung. Es ist ein gutes Zeichen. Ich bin auf Draht. Ich spüre die Messerklinge in den Eingeweiden, während ich hinter ihnen den Hügel raufgehe.

Sie stecken uns in ein Zimmer und lassen uns ein paar Flaschen Bier da. Ich sehe meine Gedichte durch. Sie treiben mir den Angstschweiß aus den Poren. Ich kotze in den Ausguß, in die Kloschüssel, auf den Fußboden. Okay, kann losgehen.

Die größte Menschenmenge seit der Lesung von Jewtuschenko ... ich steige auf die Bühne. Hot shit. Hot shit, Chinaski. Hinter mir steht ein Kühlschrank voll Bier. Ich fasse rein und nehme mir eine Flasche. Ich setze mich hin und beginne zu lesen. Sie haben alle 2 Dollar Eintritt bezahlt. Sehr nett von den Leuten. Manche zeigen gleich von Anfang an, daß sie gegen mich sind. Ein Drittel von ihnen haßt mich, ein Drittel von ihnen liebt mich, das restliche Drittel weiß noch nicht so recht. Ich habe ein paar Gedichte auf Lager, von denen ich weiß, daß sie den Haß noch anheizen werden. Es ist gut, wenn einem Haß entgegenschlägt. Man behält einen klaren Kopf.

»Würde Laura Day bitte aufstehen? Würde sich meine große Liebe bitte erheben?«

Sie tut es und wedelt mit beiden Armen.

Langsam interessiere ich mich mehr für das Bier als für meine Gedichte. Ich rede zwischen den einzelnen Gedichten, trockenes banales Zeug, müde Soße. Ich bin H. Bogart. Ich bin Hemingway. Ich bin eine heiße Nummer.

»Lies deine Gedichte, Chinaski!« schreien sie.

Sie haben recht. Ich versuche mich an den Text zu halten. Aber einen großen Teil der Zeit beschäftige ich mich auch mit dem Kühlschrank. Es macht die Arbeit leichter, und bezahlt haben sie ja eh schon. Ich höre, daß John Cage einmal auf die Bühne kam, einen Apfel aß und wieder abtrat. Und dafür kriegte er tausend Dollar. Ich schätze, da kann ich mir auch ein paar Biere leisten.

Na, dann ist es vorbei. Sie drängen sich um mich. Autogramme. Sie sind aus Oregon gekommen, aus L.A., aus Seattle. Sehr hübsche Girls darunter. Das ist es was Dylan Thomas umgebracht hat.

Zurück in das Apartment, Bier trinken, sich mit Laura und Joe Krysiak unterhalten. Unten hämmern sie an die Tür. »Chinaski! Chinaski!« Joe geht runter und versucht sie abzuwimmeln. Ich bin ein Rock Star. Schließlich gehe ich nach unten und lasse ein paar von ihnen rein. Einige kenne ich.

Hungerleidende Poeten. Herausgeber von kleinen Zeitschriften. Es drängen sich auch noch einige rein, die ich nicht kenne. All right, all right — verrammelt die Tür!

Wir trinken. Wir trinken. Wir trinken. Al Masantic rutscht in der Toilette aus und hat ein Loch im Kopf. Ein hervorragender Dichter, dieser Al.

Naja, alles redet durcheinander. Wieder mal so eine Biersauferei, wo sich jeder gehen läßt. Der Herausgeber einer kleinen Zeitschrift beginnt auf einen Schwulen einzuschlagen. Das gefällt mir nicht. Ich versuche die beiden zu trennen. Eine Fensterscheibe geht dabei zu Bruch. Ich stoße alle die Treppe runter, mit Außnahme von Laura. Die Party ist vorbei. Naja, noch nicht ganz. Laura und ich kriegen uns in die Haare. Meine große Liebe und ich haben mal wieder Krach. Sie hat ein schlimmes Temperament. Ich auch. Es ist wieder wegen nichts, wie üblich. Ich sage ihr, sie soll machen, daß sie rauskommt. Sie tut es.

Stunden später wache ich auf, und da steht sie mitten im Zimmer. Ich bin mit einem Satz aus dem Bett und schreie sie an. Sie geht auf mich los.

»Ich bring dich um, du Saukerl!«

Ich bin blau. Wir liegen auf dem Küchenboden, sie auf mir. Mein Gesicht blutet. Sie beißt mir ein Loch in den Arm. Ich will nicht sterben. Ich renne zum Küchenschrank und schütte mir eine halbe Flasche Jod auf den Arm. Sie wirft meine Unterhosen und Hemden aus ihrem Koffer und schnappt sich ihr Flugticket. Sie ist mal wieder fertig mit mir. Es ist mal wieder aus zwischen uns beiden, für immer. Ich lege mich wieder ins Bett und höre zu, wie sich das Klappern ihrer hohen Absätze draußen entfernt.

Auf dem Rückflug, und die Kamera läuft. Die Jungs von Channel 13 wollen sich vom Leben nichts entgehen lassen. Die Kamera macht eine Großaufnahme von dem Loch in meinem Arm. Ich habe einen doppelstöckigen Drink in meiner Hand.

»Gentlemen«, sage ich, »mit Fauen ist nicht auszukommen. Läßt sich unmöglich machen.«

Alle nicken zustimmend. Der Soundmann nickt, der Kameramann nickt, der Producer nickt. Einige Passagiere nicken. Ich trinke während des ganzen Fluges, ein Glas nach dem anderen; ich genieße meinen Kummer, wie man so schön sagt. Was macht schließlich ein Dichter ohne Qualen? Er braucht sie so sehr wie seine Schreibmaschine.

Natürlich steuere ich im Flughafen sofort die Bar an. Hätte ich sonst auch getan. Die Kamera folgt mir in die Bar. Die Kerle an der Bar drehen sich um, heben ihre Gläser und reden davon, wie unmöglich es ist, mit Frauen auszukommen.

Mein Schnitt von der Lesung berägt 400 Dollar.

»Was soll die Kamera hier?« fragt der Kerl neben mir.

»Ich bin ein Dichter«, sage ich zu ihm.

»Ein Dichter?«, fragt er. »Wie heißen sie denn?«

»Dylan Thomas«, sage ich.

Ich hebe mein Glas, leere es auf einen Zug, starre geradeaus. Ich bin auf dem besten Weg.

THOMAS MANN

Über den Alkohol

Ermahnungen aus eines Dichters guter Stube

Es ist ganz gegen meine Gewohnheit, vor der Arbeit oder während der Arbeit Alkohol zu mir zu nehmen. Dennoch ist das ein paarmal vorgekommen. Während ich seit langem nur noch vormittags arbeite, habe ich vor Jahren einmal eine Novelle zur Abendzeit geschrieben, und zwar unter Mithilfe von Kognak-Grog. Man merkt's ihr an. Ferner habe ich einmal, als ich eine Termin-Arbeit (sie sind schrecklich, diese Termin-Arbeiten) durchaus noch nachmittags fertigmachen mußte, eine halbe Flasche Champagner hinzugezogen, die mich wirklich bis zur Beendigung der Novelle am Schreibtisch festhielt. Aber es handelte sich dabei weniger um Stimulation als um Beruhigung. Der Wein lähmte mir Ungeduld und Überdruß, machte mich still und verhinderte, daß ich davonlief. Das ist alles.

Im allgemeinen halte ich nicht das geringste von der ›Inspiration‹ durch Alkohol – ich glaube nicht daran. Daß mehrere große Dichter Potatoren gewesen sind, beweist mir nichts. Denn wie beinahe alles Große, was dasteht, als ein Trotzdem dasteht, trotz Kummer und Qual, Armut, Verlassenheit, Körperschwäche, Laster, Leidenschaft und tausend Hemmnissen zustande gekommen ist, so glaube ich, daß auch jene Poeten ihre Leistungen nicht mit dem Alkohol, sondern trotz ihm vollbracht haben. Zuweilen freilich reichte die Moralität nicht aus. Ein Widersacher, der einen so edlen Geist wie den Hartlebens zu zerstören vermochte, muß Schrecken erregen. Ich verstehe mich wenig auf den physischen Rausch und befinde mich damit, glaube ich, nicht in der schlechtesten Gesellschaft. Kann man sich Wagner im Weindunst denken, als er das rauschvollste und todseligste Werk, den ›Tristan‹, machte? Kann man sich Ibsen denken, am ›Solneß‹ sinnend, ein wenig angekneipt? Ich Geringer trinke täglich zum Abendbrot ein Glas helles Bier und reagiere auf diese anderthalb Quart so stark, das sie regelmäßig meine Verfassung durchaus verändern. Sie verschaffen mir Ruhe, Abspannung und Lehnstuhlbehagen, eine Stimmung von »Es ist vollbracht!« und »Oh, wie wohl ist mir am Abend!« – ein Zustand, aufs innigste zu wünschen, ein Zustand, der gelegentlich vielleicht sogar noch einen brauchbaren Einfall mit sich führt, aber ein Zustand, der dem der Arbeit, des Kampfes, des Bezwingens genau entgegengesetzt ist.

Ich glaube nicht, daß der Alkohol Stimmung macht, ich glaube nicht an die Stimmung, die er macht, ich glaube überhaupt nicht sehr an Stimmung. Was man so nennt, scheint mir etwas ziemlich Dilettantisches zu sein, was mit wirklichem Schöpfertum wenig zu tun hat. Ein Zustand, in dem die Hemmungen ausgeschaltet, die Selbstkritik betäubt, die gute künstlerische

Haltung in Frage gestellt wäre, ein unbesonnener und hektischer Zustand scheinbaren Allvermögens und trügerischer Leichtigkeit wäre mir höchst verdächtig. Wer ihm traut, wer sich wohl darin fühlt, ist kein Künstler nach meinem Sinne. Stimmung ist nicht Betrunkenheit. Stimmung ist Ausgeschlafenheit, Frische, tägliche Arbeit, Spazierengehen, reine Luft, wenig Menschen, gute Bücher, Friede, Friede…

ALAN SILLITOE

Samstagnacht und Sonntagmorgen

Der wilde Auftakt zu einem Wochenendkater

Die grölende Bande ringsum an den Tischen sah Arthur unsicher auf die Treppe zusteuern; und obwohl alle wußten, daß er stockbetrunken war, und die Gefahr voraussehen mußten, in die er gleich geraten würde, versuchte niemand, ihn anzusprechen und ihn an seinen Platz zurückzubringen. Mit elf Glas Bier und sieben kleinen Gins, die in seinem Magen Verstecken spielten, fiel er von der obersten Stufe die ganze Treppe hinunter.

Der White Horse Club versoff in seiner Stammkneipe die Sparbeiträge und feierte in sämtlichen Räumen ein tobendes Fest. Die Dielen schwankten, die Fensterscheiben klirrten, und die Blätter der Aspidistra welkten in Bier- und Rauchschwaden. Nottinghamshire County hatte die Gastelf geschlagen, und die fördernden Mitglieder des White Horse Club begossen in den oberen Räumen den Sieg. Arthur war kein Mitglied des Clubs, wohl aber Brenda, und daher vertrank er den Anteil ihres abwesenden Mannes, soweit er reichte. Als der Club pleite war und der gewitzte Wirt denen, die nicht zahlen konnten, den Hahn abdrehte, legte Arthur acht Half-crowns auf den Tisch, um für sich selbst zu blechen.

Es war Samstag, der beste Abend in der Woche, um mal richtig auf die Pauke zu hauen, einer der zweiundfünfzig Festtage im langsam rotierenden Riesenrad des Jahres, ein wilder Auftakt zu einem Wochenend-Kater. Aufgespeicherte Leidenschaften explodierten am Samstagabend, die Wirkung einer Woche monotoner Hetze in der Fabrik wurde in einer einzigen Ladung guter Laune aus dem Körper geschwemmt. Es galt das Motto: ›Sauf und sei froh‹, man umfaßte mit geübtem Arm weibliche Taillen und fühlte, wie das Bier wohltuend in die aufnahmebereiten Gedärme rann.

Brenda und die beiden anderen Frauen, die an Arthurs Tisch saßen, sahen, wie er seinen Stuhl zurückstieß und mit Gepolter aufstand; seine grauen Augen glänzten trübe, so daß er wie ein großer, dürrer Barde aussah, drauf und dran, einen Wahnsinnstanz aufzuführen. Statt dessen murmelte er irgend etwas vor sich hin, das sie nicht verstanden, weil sie zu beschwipst oder zu weit weg waren, und schwankte zur Treppe. Viele beobachteten ihn, wie er sich da am Geländer festhielt. Er drehte langsam den Kopf und starrte in dem überfüllten Raum umher, als wisse er nicht, welchen Fuß er zuerst bewegen sollte, um seinen Körper hinabsteigen zu lassen, oder als wisse er nicht einmal, weshalb er gerade in diesem Augenblick die Treppe hinuntergehen wollte.

Er spürte die Grelle der elektrischen Birnen stechend im Hinterkopf: im Aufblitzen einer Sekunde empfand er, daß Geist und Körper zwei getrennte

Wesen waren, von denen jedes rücksichtslos den eigenen Weg gehen wollte. Aus irgendeinem Grund schien ihm die laute, brüchige Stimme, die im Hintergrund sang, wie ein Signal, sofort mit dem Abstieg zu beginnen. So setzte er denn einen Fuß vorwärts, sah ihn zur nächsten Stufe neblig schwinden und fühlte das Gewicht seines Körpers ihm nachdrängen, bis der Druck von oben so groß wurde, daß er anfing wie ein Sack die Treppe hinunterzurollen.

Ein hochoktaniges Treibstoffgemisch von sieben Gin und elf Glas Bier hatten ihn wie eine Maschine in Bewegung gesetzt, und dies Gemisch hatte seinen Weg in ihn hineingefunden, weil ein Mann geprahlt hatte. Ein riesiger, großmäuliger Kerl, der sagte, er sei Seemann gewesen — so beschrieb Arthur ihn später —, gab mächtig an und führte das große Wort über mehrere Tische hin. Er erzählte seinen Zuhörern von allen Orten der Welt, wo er schon gewesen war, und jede seiner Geschichten lief auf die Behauptung hinaus, daß er den Rekord im Saufen hielte und der tollste Bursche in der Kneipe sei. Er war vierzig und in Saft und Kraft, sein Bauch hatte noch nicht zuviel Fett angesetzt; er trug einen braunen Anzug mit Weste und ein Hemd mit passenden Streifen, dessen Manschetten bis zu dem potenzbewußten Haarwuchs auf dem Rücken seiner Fleischerpfoten herunterreichten.

»Saufen?« rief Brendas Freundin. »Wetten, daß Sie nicht so viel vertragen wie der junge Arthur Seaton hier«, — sie nickte zu Arthur hinüber. »Der ist erst einundzwanzig und säuft wie'n Loch. Ich weiß nicht, wo er's läßt. Das rutscht nur so runter, du denkst, der platzt gleich und du kannst ihn von der Wand kratzen, aber er wird nicht mal blau davon.« Das Großmaul grunzte und versuchte, ihre Lobrede zu überhören, aber als er die wüste und plastische Beschreibung eines Bordells in Alexandria beendet hatte, rief er Arthur zu: »Ich höre, du kannst 'ne Menge vertragen, Freundchen!«

Arthur ließ sich nicht gern per ›Freundchen‹ anreden. So was bekam er gleich in den falschen Hals. »Geht so«, erwiderte er bescheiden. »Warum?«

»Was ist denn dein Rekord bisher?« wollte Großmaul wissen. »Wir haben nämlich beim Landurlaub immer Wettsaufen veranstaltet«, fügte er mit einem breiten überlegenen Grinsen für die interessierten Zuhörer hinzu. Er erinnerte Arthur an einen Feldwebel, der ihm mal eine Strafe aufgebrummt hatte.

»Keine Ahnung«, sagte Arthur. »Ich kann nicht zählen.«

»Na gut«, entgegnete Großmaul, »dann wollen wir mal sehen, was du jetzt vertragen kannst. Wer verliert, blecht.«

Arthur zögerte nicht. Freibier war nicht zu verachten. Und außerdem gönnte er solchen Großtuern ihren unverdienten Ruhm nicht; dem wollte er's mal zeigen.

Großmauls Taktik war geschickt und sicher, das mußte er zugeben. Das Münzorakel gab ihm die erste Wahl, und er fing mit Gin an; nach dem siebten Gin ging er dann zu Bier über, zu Halblitergläsern. Arthur genoß den

Gin und schlürfte das Bier mit Wonne. Lange Zeit sah es nach einem toten Rennen aus; sie saßen da und kippten das Zeug runter, als ob es ewig so weitergehen würde, bis Großmaul plötzlich mitten in seinem zehnten Bier grün wurde und rausstürzte. Er mußte wohl unten die Rechnung bezahlt haben, denn er kam nicht wieder. Arthur wandte sich wieder seinem Bier zu, als sei nichts geschehen.

Er lachte in sich hinein, als er die Stufen hinunterrollte, freute sich über das dumpf dröhnende Stoßen hinten im Kopf und am Rückgrat, als ob sich das alles meilenweit entfernt zutrüge, wie das Vibrieren einer anderen Stelle der Erdoberfläche, und als ob er ein Erdbebenmesser sei, der es schwach aufzeichnete. Diese rollende Bewegung war so bequem und einschläfernd, daß er einfach die Augen geschlossen hielt und in Schlaf versank, als seine Reise am Fuß der Treppe endete. Es war so ein angenehmes und gelöstes Gefühl, und er wünschte sich, für den Rest seines Lebens in derselben Lage zu bleiben.

Irgend jemand stieß ihn in die Rippen; er merkte, daß es nicht der bösartige Stoß eines Mannes war, der ihn in einer Schlägerei besiegt hatte, oder der zärtliche und neckische Stups einer Frau, mit der er ins Bett gegangen war, sondern der vorsichtige Puff eines Mannes, der nicht wußte, ob er's nicht mit jemandem zu tun bekam, der plötzlich aufspringen und kräftig zuschlagen würde. Es schien Arthur, als ob der Mann ihm auch etwas sagen wolle; deshalb gab er sich, obwohl er noch nicht wußte, was der Mann eigentlich sagte, große Mühe zu antworten, allerdings ohne Erfolg. Wäre er imstande gewesen, die Lippen zu bewegen, hätte der Mann ihn doch nicht verstanden, da Arthurs Gesicht so ungefähr in seinem Bauch steckte, so daß er der Welt den Anblick eines riesenhaften Embryos in vollem Dreß bot, der am Fuß der Treppe auf einem roten Plüschteppich zusammengerollt dalag, im Schatten der beiden Aspidistren, die über ihm rankten wie Dschungelgezweig.

Die Rippenstöße des Mannes wurden nachdrücklicher, bis Arthur vage begriff, daß die Finger entweder einem der Kellner oder gar dem Wirt gehören mußten. Es war ein Kellner, Serviette in der einen und Tablett in der anderen Hand, die weiße Jacke in der Hitze der Arbeit aufgeknöpft, mit leerem Gesicht, das jetzt aber etwas Ausdruck zeigte, da er anfing, sich über diesen großen jungen Burschen mit den harten Zügen und dem Bürstenhaar zu beunruhigen, der da bewußtlos zu seinen Füßen lag.

»Der arme Kerl hat einen über den Durst getrunken«, sagte ein älterer Mann, stieg, einen Choral summend, über Arthurs Körper die Treppe hinauf und dachte dabei, wie spaßig und doch auch sündhaft es wäre, wenn er die Schwäche oder die Charakterstärke besäße, sich dermaßen zu betrinken und so total k.o. die Teppe herunterzurollen.

»Steh auf, Mann«, drängte der Kellner Arthur. »Wir wollen doch nicht, daß die Polente kommt und dich so findet, sonst kriegen wir noch 'ne Vorladung. Wir hatten schon letzte Woche Scherereien mit einem, der 'nen Anfall kriegte und im Unfallwagen ins Krankenhaus gebracht werden mußte. Wir wollen nicht noch mehr Scherereien, sonst kommt der Laden in Verruf.«

Als Arthur sich herumrollte, um ausgiebiger und tiefer zu schlafen, stach ihm der Schein einer grellen Birne in die Augen. Er öffnete sie und sah die weiße Jacke und das rote Gesicht des Kellners.

»Heiland«, murmelte er.

»Der wird dir nicht helfen«, sagte der Kellner ungerührt. »Los, steh auf und geh raus, frische Luft schnappen, dann wird dir besser.«

Arthur fühlte sich glücklich, aber nicht zur Mithilfe geneigt, als der Kellner ihn auf die Beine zu stellen versuchte: es war wie im Krankenhaus, wenn die Schwester mit angestrengter Beflissenheit alles für einen tat und einen dabei pausenlos beschwor, ja keinen Finger zu rühren, sonst werde es damit enden, daß man noch eine Woche im Bett bleiben müsse. Wie damals vor zwei Jahren, als er auf dem Weg nach Derby von einem Laster angefahren worden war. Aber der Kellner war anderer Ansicht, und als er ihn zum Sitzen gebracht hatte, rief er, und sein schwerer Atem pfiff dabei gegen die Aspidistrablätter:

»Also, nun langt's aber! Du bist schließlich nicht tot. Loß, reiß dich zusammen!«

Als die Beine eines anderen Mannes sich über Arthur öffneten und schlossen — der weggezogene Schuh stieß an seine Schulter —, brüllte er mit angriffslustiger und völlig wacher Stimme: »He, Kumpel, paß doch auf, was du tust, du mit deinen verdammten Tretern!« Er wandte sich an den Kellner: »Manche Leute gehen am Samstagabend wohl am liebsten in Grubenstiefeln aus.«

Der Mann drehte sich auf halber Treppe um: »Du solltest nicht da schlafen, wo jeder über dich fällt. Können eben keinen Schnaps vertragen, die grünen Burschen.«

»Denkste!« erwiderte Arthur, zog sich am Treppengeländer hoch und hielt sich daran fest.

»Du mußt abhauen«, sagte der Kellner betrübt, als hätte er sich eben das Barett zur Urteilsverkündung aufgesetzt. »In diesem Zustand können wir dir hier kein Bier mehr ausschenken.«

»Ist doch alles okay mit mir«, rief Arthur. Er merkte, daß die Situation brenzlig wurde.

»Ja, ja, alles okay«, gab der Kellner mit kühlem Sarkasmus zurück. »Aber ich muß schon sagen, das ist 'n starkes Stück, sich so vollaufen zu lassen.«

Arthur bestritt, daß er betrunken sei, und sprach so deutlich, daß der Kellner es fast glaubte.

»Rauch eine, Mann«, sagte er und zündete beide Zigaretten mit vollkommen ruhiger Hand an. »Sicher viel Betrieb heut abend«, meinte er dann, so vernünftig, als wäre er gerade von der Straße hereingekommen und hätte noch keinen Tropfen intus.

Seine Worte trafen bei dem Kellner ins Schwarze. »Haben wir immer. Ich bin so müde, daß ich meine Füße nicht mehr spüre. Diese Samstagabende bringen mich noch ins Grab.«

»Ist ja auch nicht grade 'n bequemer Job«, sagte Arthur voll Mitgefühl.

»Nein, das nicht grade«, klagte der Kellner auf einmal freundschaftlich und vertrauensselig. »Das kommt, weil wir zu wenig Personal haben. Niemand will so 'n Job wie den hier, und...«

Der Wirt kam aus der Tür der Saloon-Bar heraus, ein kleiner sehniger Mann in einem Nadelstreifen-Anzug, dem man den Kneipenwirt nicht ansah, solang einem nicht der leichte Anflug von Autorität und Abstinenzlertum in seinem rechten Auge auffiel. »Los, Jim«, sagte er scharf. »Ich bezahle meine Kellner nicht dafür, daß sie mit ihren Freunden schwatzen. Sie wissen, es ist viel Betrieb heute abend. Gehen Sie zurück nach oben und sorgen Sie dafür, daß keiner trocken sitzt.«

Jim wies mit dem Kopf auf Arthur: »Der Kerl hier...« — aber der Wirt trug seinen Fanatikerblick bereits in die nächste Abteilung, und daher fand es der Kellner zwecklos, weiterzusprechen. Er zuckte die Achseln, gehorchte dem Befehl und überließ Arthur sich selbst. Arthur aber begab sich in die Saloon-Bar.

Mit einem Griff packte er die Messingstange und bestellte lautstark einen halben Liter Bier, das einzig angemessene Quantum, um den faden, aschigen Durst hinten im Mund wegzuspülen. Wenn er sein Bier gekippt hätte — wie lange sollte er hier eigentlich darauf warten? —, wollte er sich am Kellner vorbei zurück nach oben schmuggeln und sich wieder zu Brenda setzen, der Frau, mit der er vor seinem Sturz zusammengewesen war. Er konnte nicht glauben, daß ihm dieser verrückte Treppensturz wirklich passiert war. Sein Gedächtnis reagierte zunächst wie ein wohltätiger Propagandaapparat, der die Aufgabe hat, die innere Moral zu stützen und zu bewahren: er konnte ja gar nicht derart betrunken gewesen und so die Treppe hinuntergerollt sein; in Wirklichkeit war es ganz anders gewesen, ja, bestimmt: er war die Treppe hinunter*gegangen* und auf der untersten Stufe eingeschlafen. Das konnte jedem passieren, besonders wenn man den ganzen Tag gearbeitet und im eintönigen Lärm der Dreherei an der Drehbank gestanden hatte. Allerdings war diese Erklärung zu harmlos. Vielleicht war er die Treppe wirklich ein bißchen heruntergestolpert; ja, er erinnerte sich genau, daß er ein paar Stufen runtergepoltert war.

Zum drittenmal verlangte er einen Halben. Seine Augen waren glasig vor Müdigkeit und er hätte die Barstange losgelassen, wenn nicht ein allzeit wacher Selbsterhaltungstrieb sich noch im letzten Augenblick in seiner Faust gemeldet und ihn gezwungen hätte, fester zuzupacken. Der Versuch, eine beginnende Übelkeit zu bekämpfen, erhöhte nur noch seine Müdigkeit. Er wußte nicht, ob er hinterher wieder nach oben zu Brenda gehen, oder lieber sein Bier trinken und machen sollte, daß er nach Hause kam, ins Bett, den besten Zufluchtsort, wenn man so erledigt war.

Der Mann hinter der Theke setzte das Bier vor ihn hin. Er zahlte einen Shilling acht Pennies und goß es beinahe in einem Zug runter. Seine Kräfte kehrten wie durch Zauber zurück, und er rief nach einem weiteren Bier und dachte: das dreizehnte. Eine Unglückszahl für manche, aber wir werden ja sehen, wie die Karre läuft. Er bekam sein Bier und trank etwas langsamer, aber als er es zur Hälfte geleert hatte, wurde die Versuchung, sich zu übergeben, zu einem Zwang, der sich hinten im Hals eindringlich bemerkbar machte. Er kämpfte dagegen an und bemühte sich krampfhaft, eine Zigarette anzuzünden.

Rauch geriet in seine Luftröhre, und er hatte gerade noch Zeit genug, sich durch das Gedränge einen Weg zu bahnen — er bohrte seine Ellbogen in die Herumstehenden, die ihm ahnunglos den Weg versperrten, halb erstickt vom Rauch, der ihm jetzt aus Mund und Nase trat, seltsam emporgetragen von einer wilden Kraft, die er nicht niederringen konnte —, bevor er der Versuchung nachgab, die ihm seit dem Treppensturz zusetzte. Dann ließ er ein rülpsendes Rauschen über einen Mann mittleren Alters los, der mit einer Frau auf einer der grünen Lederbänke saß.

»Mein Gott!« schrie der Mann auf. »Sieh dir das an! Sieh dir an, was der Saukerl gemacht hat. Ist das zu glauben! Mein bester Anzug. Gerade heute gereinigt und gebügelt. Nicht zu fassen! Ach, du liebe Güte! Das hat mich fünfzehn Shilling gekostet. Als ob das Geld einfach auf den Bäumen wächst. Und Anzüge dazu. Ich möchte bloß wissen, wie ich diese Flecken je wieder rausbekommen soll. Du liebe Güte!«

Er jammerte noch einige Minuten weiter, und die Leute, die sich umdrehten und zu ihm hinsahen, erwarteten bei jedem seiner Worte, daß er in Tränen ausbrechen werde.

Arthur war verdutzt und außerstande zu glauben, daß diese Tragödie in irgendeiner Weise mit ihm und der Versuchung, der er soeben nachgegeben hatte, zu tun habe. Doch durch Dunst und Rauch und das gellende Gezeter der Freundin dieses Mannes bekam er ungefähr mit, daß er schuld daran hatte und daß das, was geschehen war, ihm leid zu tun habe.

Er stand aufrecht, starr, leicht schwankend da, mit glasigen Augen und offenem Mund. Automatisch griff er nach einer weiteren Zigarette, aber er erinnerte sich beizeiten, was sein Versuch, die letzte zu rauchen, für Folgen gehabt hatte; so gab er die Suche auf und ließ die Hände hängen.

»Da, sieh her, was du getan hast, du Ferkel«, kreischte die Frau ihn an. »Alfs besten Anzug hast du vollgekotzt. Und du stehst einfach da. Warum tust du nicht was? Warum entschuldigst du dich nicht wenigstens für das, was du getan hast?«

»Mensch, sag doch was!« rief ein Zuschauer, und am Ton seiner Stimme merkte Arthur, daß die Menge nicht auf seiner Seite war; aber er war nicht imstande, zu sprechen oder sich zu verteidigen. Er sah die Frau an, die ihn weiter ankeifte, während das Opfer mit einem Taschentuch herumfummelte und vergeblich versuchte, seinen Anzug zu säubern.

Die Frau stand einen Schritt von Arthur entfernt. »Seht ihn bloß an«, höhnte sie ihm ins Gesicht. »Er ist nicht bei sich. Er kann nicht mal 'n Wort sagen. Er kann sich nicht mal entschuldigen. Warum entschuldigst du dich nicht, he? *Kannst* du dich nicht entschuldigen? Sich so zu besaufen! Der sieht wie einer von diesen Teddy-Boys aus; wo die auftauchen gibts immer Krach. Na los, entschuldige dich!«

Da sie dauernd das Wort ›entschuldigen‹ gebrauchte, hatte man fast den Eindruck, daß sie entweder gerade dessen Bedeutung entdeckt hatte – vielleicht nach einer Sendestörung beim Fernsehen – oder daß sie es eben zum erstenmal auszusprechen gelernt hatte, wie damals vor vierzig Jahren, als es mit Hilfe von bunten Steinen in der Schule buchstabiert wurde.

»Entschuldige dich!« brüllte sie, ihr wutverzerrtes Gesicht ganz nahe vor dem seinen. »Na los, entschuldige dich!«

Die Bestie in Arthurs Magen packte ihn wieder, und plötzlich, erbarmungslos, bevor er sie aufhalten oder aus dem Weg gehen oder irgend jemanden warnen konnte, daß sie kam, sprang sie mit erschreckendem Röhren aus seinem Mund.

Die Frau fuhr zurück. Im Dunst wurde ihr Gesicht erkenntlich. Arthur sah Zähne zwischen offenen Lippen, verkniffene Augen, erhobene Krallen. Sie war eine Tigerin.

Er sah nichts anderes. Bevor sie sich auf ihn stürzen konnte, nahm er seine ganze Kraft zusammen und drängte sich, von einem starken Überlebenswillen getrieben, durch die Menge zum Ausgang, um der Lächerlichkeit, der Katastrophe und der sicheren Vergeltung zu entgehen.

Leise klopfte er bei Brenda an die Haustür. Keine Antwort. Er hatte das erwartet. Die Kleinen schliefen, ihr Mann, Jack, war in Long Eaton bei den Rennen – Hunde, Pferde, Motorräder – und würde vor Sonntagmittag nicht zurückkommen, und Brenda war in der Kneipe geblieben. Als er jetzt auf der Schwelle vor ihrer Tür saß, kam ihm die Erinnerung an seine Reise hierher wieder: eine schwache Erinnerung an Kämpfe mit Laternenpfählen und Mauern und Bordsteinen, an das Anrempeln von Leuten, die ihm rieten, doch aufzupassen, und drohten, ihm eine zu kleben, an zornige Stimmen und die harten, mitleidlosen Steine der Häuser und des Pflasters.

Es war eine milde Herbstnacht, ein Windstoß trug ihm den scharfen Knall einer Tür oder eines Fensters zu, die jemand zuschmetterte. Er lag quer über der Türschwelle und versuchte, nicht auf das Straßenpflaster zu rutschen. Ein Mann ging vorbei, sang vergnügt vor sich hin und bemerkte nichts. Arthur döste im Halbschlaf, öffnete jedoch ab und zu die Augen, um sich zu vergewissern, daß er nicht im Bett lag, da die harte Türschwelle rund und weich wie ein Kissen war. Er war selig, denn er hatte nicht mehr das unangenehme Gefühl, sich übergeben zu müssen, obwohl er noch genug Alkohol im Leibe hatte, um glänzender Laune und zugleich schläfrig zu bleiben. Neugierig machte er den Versuch, laut zu reden, um herauszukriegen, ob er seine eigene Stimme hören könne. »Ist mir völlig wurst — ist mir völlig wurst — ist mir völlig wurst« —, als Antwort auf die Fragen, die ihm in den Sinn kamen, wie zum Beispiel, ob es recht war, mit einer Frau zu schlafen, die einen Mann und zwei Kinder hatte, sich dermaßen mit sieben Gins und -zig Bieren vollzusaufen, eine Teppe runterzufallen und einen Mann und eine Frau zu bekotzen. Glückseligkeit und Schuldgefühl hielten sich die Waage, so daß diese Fragen ihn nicht allzusehr beunruhigten, sondern seinen Verstand in willkommene Gleichgültigkeit einlullten. Der nächste Eindruck, den er wahrnahm, war, daß Brenda sich über ihn beugte und kräftig in die Rippen stieß.

»Puh!« grunzte er, als er merkte, wie ihr Atem nach Hefe und Hopfen roch. »Du hast gesoffen!«

»Na, hört euch das an! Der hat's nötig!« sagte sie und gestikulierte, als ob sie Publikum mitgebracht hätte. »Ich hab zwei Bier getrunken und drei Orangeaden, und der redet von saufen! Dafür hab ich alles gehört, was du da in der Wirtschaft angestellt hast, Treppen runterfallen und Leute bekotzen!«

Er erhob sich und stand mit klarem Kopf da. »Ich bin wieder in Ordnung, Schatz. Tut mir leid, daß ich in der Kneipe nicht wieder zu dir nach oben kommen konnte, aber ich weiß nicht, was eigentlich los war.«

»Ich werd's dir mal erzählen«, lachte sie. »Aber wir wollen still sein, wenn wir reingehen, sonst wecken wir die Kinder auf.«

Muß vorsichtig sein, sagte er sich. Schnüffelnde Nachbarn könnten's Jack stecken. Er hob den Haarschopf von ihrem Mantelkragen und küßte ihren Nacken. Sie wandte sich unmutig um: »Kannst du nicht warten, bis wir oben sind?«

»Nein«, gestand er, lachte und grinste schadenfroh.

»Aber du *mußt* eben warten«, sagte sie und hielt die Tür auf, so daß er hineingehen konnte.

Er stand in der guten Stube, während sie die Tür verriegelte und abschloß, und atmete den schwachen Geruch von Gummi und Öl ein, den Jacks Fahrrad ausströmte. Es lehnte am großen Büfett, das beinahe die ganze Breite des Zimmers einnahm. Diese Stelle war wie eine kleine, ihm wohlbekannte dunkle Insel, auf der ein anderer Mann seine irdischen Güter gesammelt hatte: altmodische Stühle und ein Sofa, ein Kamin, eine Uhr, die auf dem Kaminsims tickte, der Geruch nach Packpapier, nach feuchter Blumentopferde, der übliche abgelagerte Staub, Ruß im Kamin vom Feuer des letzten Winters und der muffige Geruch der Teppiche unter dem Tisch beim Kamin. Brenda kannte dieses Zimmer nun schon sieben Ehejahre, aber es war ihr in all dieser Zeit bestimmt nicht so vertaut geworden wie Arthur während der zehn Sekunden, in denen Brenda mit dem Schlüssel herumhantierte.

Er stieß mit dem Bein gegen das Fahrradpedal, fluchte vor Schmerz und schimpfte über Jacks Idiotie, es an so ungeeigneter Stelle stehenzulassen.

»Wie stellt er sich das eigentlich vor? Wie soll ich denn hier reinkommen, wenn das Ding da mitten im Weg steht?« spaßte er. »Sag ihm, ich hätte gesagt, er soll es nächste Woche hinten in den Hof stellen, wo es nicht stört.«

Brenda zischte und befahl ihm,still zu sein. Wie zwei Diebe schlichen sie ins Wohnzimmer, wo das elektrische Licht die Reste des Abendessens beschien — Teetassen, Teller, Marmeladenglas, Brot —, die noch auf dem Tisch standen. Katzen schrien in einem Nachbargarten, und der Deckel einer Mülltonne schepperte aufs Kopfsteinpflaster.

»Ach was«, sagte er mit normaler Stimme und stand aufrecht und groß da. »Wozu sollen wir hier flüstern, wenn draußen so 'n Krach ist?«

Sie standen zwischen Tür und Kamin, und Brenda schlang die Arme um seinen Hals. Beim Küssen drehte er den Kopf so, daß sein Gesicht ihn aus dem ovalen Spiegel über dem Kaminsims anstarrte. Seine Augen weiteten sich, als er sich aus diesem Blickwinkel betrachtete: er bemerkte sein kurzes, wirres Haar, das wie die Borsten eines blonden Stachelschweins hochstand, und die Narbe eines alten Pickels, der auf seiner Wange verheilte.

»Laß uns nicht so lange hier unten bleiben, Arthur«, sagte sie sanft.

Er ließ sie los, und da er jeden Winkel des Hauses kannte und sich darin bewegte, als ob es ihm gehörte, zog er Jacke und Hemd aus und ging in die Küche, um sich die Müdigkeit aus den Augen zu waschen. Im Bett würden sie doch nicht sofort einschlafen: er wollte noch eine Stunde lang frisch sein, bevor er unter den warmen Decken neben Brendas weichem Körper ins Grenzenlose abschwebte.

KURT KUSENBERG

Geist aus der Flasche?

Hier wird der Fage nachgegangen, wieviel Wein, Bier oder sonstig gehaltvoll Getränk in so einen Dichter hineinpaßt

Fallstaff: Er (der Wein) steigt Euch in das Gehirn,
zerteilt da alle albernen und rohen Dünste,
die es umgeben, macht es sinnig, schnell und erfinderisch,
voll von behenden, feurigen und ergötzlichen Bildern.
Shakespeare, König Heinrich IV.

»Wenn man«, schreibt Lichtenberg, »manchen großen Taten und Gedanken bis zu ihrer Quelle nachspüren könnte, so würde man finden, daß sie öfters gar nicht in der Welt sein würden, wenn die Bouteille verkorkt geblieben wäre, aus der sie geholt wurden. Man glaubt nicht, wieviel aus jener Öffnung herauskommt.«

Am 11. März 1828 verteidigte Eckermann im Gespräch mit Goethe die geistigen Getränke, indem er berichtete, bei »gewissen komplizierten Zuständen« hätten ihm einige Gläser Wein stets geholfen, den richtigen Entschluß zu fassen.

»Es liegen« erwiderte Goethe, »im Wein allerdings produktivmachende Kräfte sehr bedeutender Art; aber es kommt dabei alles auf Zustände und Zeit und Stunde an, und was dem Einen nützet, schadet dem Anderen.« Dabei mag er vor allem an Schiller gedacht haben, über den er, ebenfalls zu Eckermann, sagte: »Schiller hat nie viel getrunken, er war mäßig, aber im Augenblick körperlicher Schwäche suchte er seine Kräfte durch etwas Likör oder ähnliche Spirituosen zu steigern. Dies aber zehrte an seiner Gesundheit und war auch den Produktionen selbst schädlich. Denn was gescheite Köpfe an seinen Sachen aussetzen, leite ich aus dieser Quelle her.«

Schiller trank zwar bei weitem nicht so viel wie Goethe, der täglich (allerdings: nach der Arbeit) meistens drei Flaschen leerte, aber er sprach dem Wein munter zu. Er hat sich jedoch nicht eben freundlich über seinen Anreger geäußert: »Der Wein erfindet nichts, er schwatzt's nur aus.« Damit meinte er wohl, daß der Wein bloß ein Medium sei, das uns mit unseren eigenen Erfindungen bekannt machte. Natürlich kann das Gärungsprodukt eines Obstsaftes nichts erfinden, doch es kann aus dem Unterbewußtsein Gedanken und Bilder fördern, die uns sonst vielleicht verborgen blieben. Es löst sie, führt sie empor und schenkt sie unserem Bewußtsein, damit dieses etwas daraus mache.

Man könnte die Frage stellen: Regt der Alkohol nur die Imagination an — oder hilft er auch bei der Arbeit? Aber das wäre falsch gefragt, denn es gibt da kein Entweder-Oder. Wenn durch alkoholische Beihilfe Bilder und Gedanken in uns aufsteigen, so ordnen wir sie meistens auch gleich; wir bringen sie in einen Zusammenhang oder Ablauf, und das ist Arbeit. Sind es gar Pläne oder Konzepte, so ist die Arbeitsleistung beträchtlich, und daß sie zustande kam, danken wir der lösenden, stimulierenden Wirkung des Alkohols. Er hilft also tatsächlich bei der Arbeit — zumindest bei der Vorarbeit.

Wir wollen aber genau sein und (obwohl es fast sinnlos ist) unterscheiden zwischen Entwurf und Ausführung, zwischen Notiz und Verwirklichung. Darum müßte die Frage lauten: Gibt es Kunstwerke, die zum großen Teil oder zur Gänze mit Beistand des Alkohols entstanden sind? Es liegt auf der Hand, daß die Frage schwer zu beantworten ist, weil Augenzeugenberichte darüber spärlich und Selbstbekenntnisse nicht ehrlich sind. Einiges aber läßt sich vorweisen.

Als man Gluck fragte, was auf der Welt er am meisten liebe, antwortete er: »Das Geld, den Wein, den Ruhm.« Und als man ihn bat, die merkwürdige Sequenz zu erklären, sagte er: »Mit dem Geld kaufe ich mir den Wein, der Wein erweckt meinen Genius, und diesem verdanke ich meinen Ruhm.« Natürlich läßt sich dagegen einwenden, Gluck habe die Frager zum Besten gehalten. Aber man muß auch hinzufügen, daß er an Alkoholvergiftung gestorben ist.

In »Dichtung und Wahrheit« bekennt Goethe, als er auf seine literarische Posse »Götter, Helden und Wieland« zu sprechen kommt, er habe »bei einer guten Flasche Burgunders das ganze Stück, wie es jetzt daliegt, in einer Sitzung« niedergeschrieben. Da es jedoch kein Kunstwerk, sondern eine zeitgebundene Spottschrift ist, fällt das nicht sehr ins Gewicht.

Rabelais, der es mit der Flasche hielt, sagt über sie: »Das ist doch mein wahrer und einziger Helikon, mein Zauberborn und unüberefflicher Quell der Entzückungen. Wenn ich draus trinke, steigen Gedanken, Worte und Entschlüsse in mir auf. Nach dem Epilog lach ich und schreib ich, sinnier ich und trink ich.«

Die Flasche des Rabelais, die in »Gargantua und Pantagruel« eine göttliche Glorifizierung erfährt, bringt uns auf eine Polemik zwischen zwei attischen Dramatikern. In seiner Komödie »Die Richter« spielte Aristophanes sehr deutlich auf die Trunksucht des Kratinos an. Dieser, damals fast hundertjährig, rächte sich mit der witzigen Selbstpersiflage »Die Flasche«. Das Stück handelt davon, daß seine Ehe mit Frau Komödie durch seine Neigung zu Frau Flasche gefährdet ist; die Sache nimmt jedoch einen guten Ausgang. Im Wettstreit des Jahres errang Kratinos für sein Werk den ersten Preis — vor Aristophanes. Doch damit wissen wir immer noch nicht, ob er vor, während oder erst nach der Arbeit getrunken hat.

Lichtenberg war davon überzeugt, daß Shakespeare sich Verse aus der Flasche holte: »Unter den heiligsten Zeilen Shakespeares wünschte ich, daß diejenigen einmal mit Rot erscheinen möchten, die wir einem zur glücklichen

Stunde getrunkenen Glas Wein zu verdanken haben.« Lichtenbergs Überlegung ist jedoch nur eine Annahme. Zudem läßt er es bei einem Glas Wein bewenden — und bringt es noch dazu in Koinzidenz mit der glücklichen Stunde, die erfahrungsgemäß in sich selbst Trunkenheit ohne Wein ist.

Bei Jean Paul sieht es für unsere Untersuchung schon anders aus. Wenn er in seiner Bayreuther Zeit die Stadt verließ und hinauswanderte zur Rollwenzelei, einer Wirtschaft, in der er zu arbeiten pflegte, enthielt seine buntbestickte Tragetasche außer den Papieren eine Flasche Wein. »Ach Gott«, sagte nach seinem Tode die Wirtin, die Rollwenzelin, zu einem Besucher, »da dachten die bösen Menschen, die ihn nicht kannten, er hätte zuviel getrunken. Aber, so wahr mich Gott selig mache, das war es nicht. Ein Fläschchen Rousillon des Tags über, abends manchmal ein Krug Bier, mehr hat er bei der Rollwenzelin nicht zu sich genommen.«

Ein »Fläschchen« (als ob die Flasche durchs Diminutiv kleiner würde) also nur; immerhin. Friedrich Burschell schreibt in einer kleinen Studie: »Statt des Kaffees trank er jetzt als Anregungsmittel Wein, Likör und vor allem Bier, sehr viel Bier von einer bestimmten Bayreuther Sorte, das ihm schon seit Weimar unentbehrlich geworden war und immer in Fässern bei ihm lagern mußte. Es ist durchaus kein Witz, daß er hauptsächlich wegen dieses Biers nach Bayreuth gezogen war. Jean Paul trank unmäßig, aber, wie er immer wieder beleidigt erklärte, nur zum Besten seiner Arbeit.« Wer hat nun recht — die Rollwenzelin oder Burschell? Wohl eher der Essayist als die pietätvolle Wirtin.

Zu den vielen Verehrern Jean Pauls gehörte auch der trunksüchtige E.T.A. Hoffmann. Über seine Trinkgewohnheiten handelt eine noch unveröffentlichte Studie von Gabrielle Wittkop-Ménardeau, aus der wir zitieren. Das Zitat hat den Vorteil, daß es sich nebenbei auch mit E.A. Poe befaßt.

Täglich verbringt Hoffmann mehrere Stunden in der »Rose«, dem vortrefflichen Gasthof in Alt-Bamberg, einem Wirtshaus mit großem Backofen und der Schankstube zwischen dicken Mauern, von der aus man durch einen Korridor hinter die Kulissen des Theaters gelangen kann, was äußerst praktisch ist. Der Wirt weiß die Kundschaft dieses Gastes zu schätzen, denn Hoffmann trinkt, bis er, den Kopf auf der Tischplatte, einschlummert, und er billigt ihm mit Gunst den reichlichen Gebrauch der Kreide zu. Dort trifft der Dichter seine Freunde und lädt sie ein. Meistens aber setzt er sich allein in einen Winkel, steckt seine lange Pfeife an, und betrinkt sich schweigend, Beute seiner Gespenster und Visionen.

Nach Hoffmanns Tode hat Hitzig versucht, aus Rücksicht auf das Andenken des Dichters, mit dem er befreundet gewesen war, dessen Leidenschaft für alkoholische Getränke als eine Art dionysischer Ekstase auszugeben, und naiverweise so getan, als habe der Verstorbene nur edelste Tropfen und große Liköre getrunken. Sicherlich hat Hoffmann auf Grund seiner Herkunft, seiner Erziehung und seiner verfeinerten, äußerst differenzierten Sinnlichkeit, die bis zur komplexen Wollust der Askese geht, eine ausgesprochene Vorliebe für alles, was von hervorragender Qualität ist: für Champagner, alten Burgunder, Tokayer; doch in der Not frißt der Teufel Fliegen; wenn es keinen Champagner gibt, muß es auch ein Steinwein tun in seiner flachen, kreisrunden Flasche, dem Bocksbeutel, und gibt es nicht einmal einen herben Pfälzer Rotspon, läßt sich doch immer irgendein Fusel auftreiben, um der Chimäre die Sporen zu geben. Hoffmann trinkt alles, was ihm unterkommt, nur kein Bier, das verabscheut er, weil es ruhig, schwer und schläfrig macht, und das er als geist- und seelenloses Getränk verachtet. Die Wahrheit, die sich übrigens auf sein intimes Tagebuch stützt, zwingt zu der Feststellung, daß er, was man rundheraus einen Trunkenbold nennt, gewesen ist.

Ein törichter Trugschluß wäre es, wollte man annehmen, er sei durch den Alkohol erst zum Dichter geworden. Der Alkohol schreibt nicht für ihn, er schreibt in ihm und spielt gewissermaßen die Rolle des Mikroskopes, das dem Auge vorhandene, doch bis dahin unsichtbare Dinge vorführt. Auch ist wohl die Annahme nicht von der Hand zu weisen, daß er ohne die von einem alkoholischen Vater vererbte Neigung nicht in Versuchung geraten wäre, zu trinken, und dann vielleicht niemals der Dichter geworden wäre, der er gewesen ist. Betrachtet man den Tatbestand unter diesem Gesichtspunkt, muß man zugeben, daß sein Genie dem Alkohol viel verdankt.

Schreibt Hoffmann im Zustand der Trunkenheit oder eher »nachher« wie zum Beispiel E. A. Poe, der sein Werk in den Stunden schafft, in denen die Wirkung des Whisky in ihm abklingt? Vermutlich muß man letzteres annehmen. Hoffmann hätte demnach im Rausch konzipiert und die Bilder seiner Weindunstphantasien in sich bis zu den bitteren und grauen Stunden des Katers bewahrt. Erst dann hätte er sich an den Schreibtisch gesetzt und seine Visionen zu Papier gebracht, wenn die physische und psychische Depression den kritischen Sinn schärfte. Diese Hypothese scheint mir durch eine Stelle auf den letzten Seiten der »Serapionsbrüder« bestätigt; es heißt dort: »...Es gibt aber sonst ganz wackere Leute, die so schwerfälliger Natur sind, daß sie den raschen Flug der erregten Einbildungskraft irgendeinem krankhaften Seelenzustande zuschreiben zu müssen glauben, und daher kommt es, daß man von diesem, von jenem Dichter bald sagt, er schriebe nie anders, als berauschende Getränke genießend, bald seine phantastischen Werke auf Rechnung überreizter Nerven und daher entstandenen Fiebers setzt. Wer weiß es denn aber nicht, daß jeder auf diese oder jene Weise erregte Seelenzustand zwar einen glücklichen genialen Gedanken, nie aber ein in sich gehaltenes, gegründetes Werk erzeugen kann, das eben die größte Besonnenheit erfordert.«

Tatsächlich trinkt er ein wenig, weil es ihm schmeckt, sehr viel mehr jedoch, um seine Phantasie anzuheizen. Er spielt übrigens häufig darauf an, und neben vielen anderen Stellen finden wir folgende aus dem April 1812 in seinem Tagebuch: »Abends mich mit Mühe heraufgeschraubt — durch Wein und Punsch.«

»Man führt«, schreibt Lichtenberg, »gegen den Wein nur die bösen Taten an, zu denen er verleitet; allein, er verleitet auch zu hundert guten, die nicht so bekannt werden.« Es fällt auf, wie häufig man Lichtenberg zitieren kann, wenn man freundliche Worte über den Alkohol braucht. In der Tat trank Lichtenberg gern und auch viel. In seinen Tagebüchern läßt sich nachlesen, daß er von seiner Gewohnheit lassen wollte, es aber nicht vermochte; auf temporäre Siege folgte immer wieder die Niederlage. Ein Brief des Kant-Schülers Lehmann, der in Göttingen dasselbe (dem Verleger Diederichs gehörende) Haus bewohnte wie Lichtenberg, enthält folgende Schilderung, die wohl nicht anzuzweifeln ist:

Des Morgens stand er spät auf, gleich darauf trank er Kaffee, Spanischbitter und Wein. Zu Mittage wurde auch wieder Wein getrunken. Nachmittag wieder Wein und Liquör, um sich immer munter zum Schreiben zu erhalten. Des Abends wurden viele Eyerspeisen gegessen und die halbe Nacht durch gelesen oder geschrieben. Nie verließ er sein Zimmer oder genoß die frische Luft.

Der Bericht wirkt etwas unvollständig, weil er nicht meldet, was Lichtenberg abends getrunken hat. Ein Mann, der schon beim Frühstück Alkohol zu sich nimmt und dies nachmittags fortsetzt, wird bestimmt den Abend nicht trocken verbringen. Man darf also ruhig annehmen, daß Lichtenberg sich auch nach dem Abendbrot durch Wein und Likör (Schnaps) »munter zum Schreiben« gemacht hat.

Im Jahre 1906 richtet das »Literarische Echo« an 150 deutsche Dichter die Frage, ob sie beim Schreiben tränken. Von 115 Dichtern, die sich zu einer Antwort bereit fanden, erklärten 108, sie mieden den Alkohol vor und während der Arbeit. Fast alle fügten jedoch hinzu, sie schätzten ihn als geselligen Trank. Schade, daß man über jene sieben Dichter, die offenbar bei der Arbeit dem Wein zusprachen, nichts Näheres erfährt. Im Übrigen ist den 108 Asketen nicht unbedingt zu trauen, denn im Jahre 1906 dachte das Publikum über Alkoholismus bei Schriftstellern weniger tolerant als heute.

Da wir nun schon bei statistischen Erhebungen sind, können wir zu Gottfied Benn übergehen, der enge Zusammenhänge zwischen Genie und Sucht diagnostiziert hat. In seinem Essay »Das Genieproblem« ließt man:

Es tranken, wobei Trinken keine bürgerliche Flüssigkeitsaufnahme bedeutet, ... sondern Trinken mit der erklärten Absicht des Rausches: Opium: Shelley, Heine, Quincey (5000 Tropfen pro Tag), Coleridge, Poe. Absinth: Musset, Wilde. Äther: Maupassant (außer Alkohol und Opium), Jean Lorrain. Haschisch: Baudelaire, Gautier. Alkohol: Alexander (der im Rausch seinen besten Freund und Mentor tötete und der an den Folgen schwerster Exzesse starb), Socrates, Seneca, Alkibiades, Cato, Septimus Severus (starb im Rausch), Caesar, Muhamed II., der Große (starb im Delirium tremens), Steen, Rembrandt, Caracci, Barbatelli Pocetta, Lo-Tei-Ke (»der große Dichter, welcher trinkt«, starb durch Alkohol), Burns, Gluck (Wein, Branntwein, starb an Alkoholvergiftung), der Dichter Schubart, Schubert (trank seit dem 15. Jahr), Nerval, Tasso, Händel, Düssek, G. Keller, Hoffmann, Poe, Musset, Verlaine, Lamb, Murger, Grabbe, Lenz, Jean Paul, Reuter (Dipsomane, Quartalsäufer), Scheffel, Reger, Beethoven (starb bekanntlich an alkoholischer Leberzirrhose). — Fast alle waren ehelos, fast alle kinderlos, über glückliche Ehen weiß man eigentlich nur von einem halben Dutzend Musikern, dann von Schiller und Herder.

Benns Liste mit ihren 48 Namen, ist bei weitem nicht vollständig — sie sollte es auch wohl nicht sein. Und selbst wenn ich jetzt noch 48 Namen hinzugebe, erreich ich nicht mehr als eine Annäherung an den wirklichen Stand der Dinge. Hier sind die vier Dutzend: die Maler Brouwer, Grimou, Toulouse-Lautrec, Böcklin, Wilhelm Busch, Modigliani und Gilles; der Pädagoge Basedow; die Musiker Händel, Liszt und Mussorgsky; die Lyriker Li-tai-pe, Villon, Bellman, Christian Günther, Platen, Lenau, Mörike, Rimbaud, Ringelnatz und Dylan Thomas; die Dramatiker Kratinos, Euripides, Hebbel, Gerhard Hauptmann und Brendan Behan; die Schriftsteller Ullrich von Hutten, Gottfried August Bürger, Byron, Chamisso, Rückert, Uhland, Körner, Mark Twain, Theodor Storm, Chesterton, Fitzgerald, Jack London, Sinclair Lewis, Joseph Roth, Fallada, Hemingway, Lowry und Faulkner. Jene Namen, die am vierten Dutzend noch fehlen, sollen hier nicht genannt sein; ihre Träger leben noch. Als Dreingabe nenne ich noch einen Schriftsteller, bei dem man Süchtigkeit nicht vermutet: Voltaire. Er nahm Opium, täglich bis zu 30 Gramm.

Letztlich verhält es sich wohl so, daß ein Künstler, der sich stimuliert, gute Arbeit zu leisten vermag, solange er die Führung behält und sie nicht an sein Getränk abgibt. In der richtigen Mittellage provoziert der alkoholische den schöpferischen Zustand, und dabei kommt etwas heraus. Manche Schriftsteller merken beim »feuchten« Schreiben nicht, wann die Feder ihrer Kontrolle entgleitet und eigene Wege geht; sie stutzen erst, sobald ihre Schrift krakelig wird. Aber das macht nichts: was nach dem Schwund der Urteilsfähigkeit geschrieben worden ist, kann man am nächsten Tag ja streichen.

JAMES JOYCE

Entsprechungen

Suff und Elend in Dublin

Die Klingel rasselte wütend, und als Miss Parker zum Sprachrohr ging, rief eine wütende Stimme mit schneidendem nordirischen Akzent:

»Schicken Sie Farrington hoch!«

Miss Parker kehrte an ihre Maschine zurück und sagte zu einem Mann, der an einem Pult schrieb:

»Mr. Alleyne will Sie oben sprechen.«

Der Mann murmelte flüsternd *Zum Teufel mit ihm!* und stieß seinen Stuhl zurück, um aufzustehen. Stehend wirkte er groß und massig. Er hatte ein sackendes dunkel-weinfarbenes Gesicht mit hellen Augenbrauen und Schnurrbart: seine Augen traten leicht hervor, und ihr Weißes war schmutzig. Er hob die Barriere und ging, vorbei an den Klienten, mit schwerem Schritt hinaus.

Schwer stieg er hinauf zum zweiten Treppenabsatz, wo eine Tür ein Messingschild mit der Aufschrift *Mr. Alleyne* trug. Hier blieb er stehen, schnaufte vor Anstrengung und Verdruß und klopfte. Die schrille Stimme rief:

»Herein!«

Der Mann betrat Mr. Alleynes Zimmer. Im gleichen Moment ließ Mr. Alleyne, ein kleiner Mann mit einer goldgerandeten Brille auf einem glattrasierten Gesicht, seinen Kopf über einem Stapel von Dokumenten hochschnellen. Der Kopf war so rosig und haarlos, daß er wie ein großes Ei aussah, das da auf den Papieren ruhte. Mr. Alleyne verlor keinen Augenblick:

»Farrington? Was soll das heißen? Warum muß ich mich immer über Sie beschweren? Darf ich wohl fragen, warum Sie keine Abschrift von dem Vertrag zwischen Bodley und Kirwan gemacht haben? Ich habe Ihnen doch gesagt, daß er um vier fertig sein muß.«

»Aber Mr. Shelley hat gesagt, Sir —«

»*Mr. Shelly hat gesagt, Sir* ... Kümmern Sie sich gefälligst um das, was ich sage, und nichts da von *Mr. Shelley hat gesagt, Sir.* Immer haben Sie irgendeine Ausrede, um sich um die Arbeit zu drücken. Lassen Sie sich gesagt sein, daß ich die Sache Mr. Crosbie melden werde, wenn der Vertrag bis heute abend nicht abgeschrieben ist ... Haben Sie mich jetzt verstanden?«

»Jawohl, Sir.«

»Haben Sie mich jetzt verstanden? ... Und dann noch eine Kleinigkeit! Ich könnte ebensogut einer Wand predigen wie Ihnen. Merken Sie sich ein für allemal, daß Sie eine halbe Stunde Mittagspause haben und nicht anderthalb. Ich möchte mal wissen, wieviele Gänge denn der Herr speist ... Hab ich mich jetzt klar ausgedrückt?«

»Jawohl, Sir.«

Mr. Alleyne senkte den Kopf wieder auf seinen Papierstapel. Der Mann starrte unverwandt auf den blanken Schädel, der die Geschäfte von Crosbie & Alleyne führte, und schätzte seine Zerbrechlichkeit ab. Ein Zornkrampf umklammerte eine kurze Weile seine Kehle und löste sich dann, um ein akutes Durstgefühl zu hinterlassen. Dem Mann kam das Gefühl bekannt vor, und es war ihm nach einer ordentlich durchzechten Nacht zumute. Der Monat war schon mehr als halb vorbei, und wenn er die Abschrift rechtzeitig fertig bekäme, gäbe ihm Mr. Alleyne vielleicht eine Anweisung für den Kassierer. Er rührte sich nicht und blickte unverwandt auf den Kopf über dem Papierstapel. Plötzlich begann Mr. Alleyne alle Papiere durcheinander zu werfen, auf der Suche nach irgendetwas. Dann, als wäre er der Anwesenheit des Mannes bis zu diesem Augenblick nicht gewahr gewesen, ließ er den Kopf von neuem hochschnellen und sagte:

»Nanu? Wollen Sie den ganzen Tag dastehen? Auf mein Wort, Farrington, Sie nehmen die Dinge leicht!«

»Ich habe gewartet, um zu sehen...«

»Sehr schön, Sie brauchen nicht zu warten, um zu sehen. Gehen Sie runter und machen Sie Ihre Arbeit.«

Der Mann ging schwer zur Tür, und als er das Zimmer verließ, hörte er, wie Mr. Alleyne ihm nachrief, daß Mr. Crosbie von der Sache erfahren würde, wenn der Vertrag bis zum Abend nicht abgeschrieben wäre.

Er kehrte an sein Pult im Büro unten zurück und zählte die Blätter, die noch abzuschreiben blieben. Er nahm seinen Federhalter und tauchte ihn in die Tinte, doch dann blickte er weiter dümmlich auf die letzten Worte, die er geschrieben hatte: *In keinem Fall soll besagter Bernard Bodley* ... Der Abend brach herein, und in ein paar Minuten würden sie die Gasbeleuchtung anstecken: dann könnte er schreiben. Er spürte, daß er den Durst in seiner Kehle löschen mußte. Er stand von seinem Pult auf, hob die Barriere wie zuvor und verließ das Büro. Als er hinausging, sah ihn der Bürovorsteher fragend an.

»Schon in Ordnung, Mr. Shelley«, sagte der Mann und zeigte mit dem Finger, um den Bestimmungsort seiner Unternehmung anzudeuten.

Der Bürovorsteher warf einen Blick auf den Hutständer, doch da er die Reihe vollzählig fand, sagte er nichts. Sobald er draußen auf der Treppe war, zog der Mann eine karierte Schäfermütze aus der Tasche, setzte sie auf und lief schnell die wacklige Treppe hinab. Von der Haustür an ging er verstohlen dicht an den Häusern entlang zur Ecke und tauchte plötzlich in einen Hauseingang. Im dunklen Hinterzimmer von O'Neills Kneipe war er jetzt in Sicherheit, und indem er das kleine Fenster zum Schankraum mit seinem geröteten Gesicht ausfüllte, das die Farbe dunklen Weines oder dunklen Fleisches hatte, rief er:

»Los, Pat, bringen Sie uns mal ein Glas Porter, seien Sie so gut.«

Der ›Kurat‹ brachte ihm ein Glas einfachen Porter. Der Mann stürzte es auf einen Zug herunter und verlangte einen Kümmelkorn. Er legte seinen

Penny auf die Theke, ließ den › Kuraten ‹ in der Düsternis danach tasten und zog sich aus dem Hinterzimmer so verstohlen zurück, wie er gekommen war.

Dunkelheit, begleitet von dichtem Nebel, überwältigte die Februardämmerung, und die Laternen auf der Eustace Street waren angezündet worden. Der Mann ging an den Häusern entlang bis zur Tür seines Büros und fragte sich, ob er seine Abschrift wohl rechtzeitig schaffen würde. Auf der Treppe grüßte ein feuchter durchdringender Parfumgeruch seine Nase: offenbar war Miss Delacour gekommen, während er bei O'Neill gewesen war. Er stopfte seine Mütze in die Tasche zurück, nahm eine geistesabwesende Miene an und trat wieder in das Büro.

»Mr. Alleyne hat nach Ihnen gerufen«, sagte der Bürovorsteher streng. »Wo waren Sie?«

Der Mann warf einen kurzen Blick auf die beiden Klienten, die an der Barriere standen, als wolle er zu verstehen geben, daß ihre Gegenwart ihn an einer Antwort hindere. Da die Klienten beide männlichen Geschlechts waren, erlaubte sich der Bürovorsteher ein Lachen.

»Ich kenn die Tour«, sagte er. »Fünfmal am Tag ist ein bißchen ... Na, machen Sie schon schnell und suchen Sie die Abschrift unserer Korrespondenz in der Sache Delacour für Mr. Alleyne heraus.«

Diese Worte in Gegenwart des Publikums, das schnelle Treppensteigen und der Porter, den er so hastig heruntergestürzt hatte, brachten den Mann durcheinander, und als er sich an sein Pult setzte, um das Verlangte herauszusuchen, wurde ihm klar, wie hoffnungslos die Aufgabe war, die Abschrift des Vertrages noch vor halb sechs fertigzustellen. Die finster-feuchte Nacht kam, und er sehnte sich, sie in den Kneipen zu verbringen, mit seinen Freunden inmitten des grellen Gaslichts und des Geklirrs der Gläser zu trinken. Er suchte die Delacour-Korrespondenz heraus und verließ das Büro. Er hoffte, Mr. Alleyne würde nicht entdecken, daß die beiden letzten Briefe fehlten.

Das feuchte durchdringende Parfum lagerte auf dem ganzen Weg hinauf in Mr. Alleynes Zimmer. Miss Delacour war eine Frau mittleren Alters und von jüdischem Aussehen. Mr. Alleyne, hieß es, habe es auf sie oder ihr Geld abgesehen. Sie kam oft ins Büro und blieb dann immer lange. Sie saß jetzt in einer Wolke von Parfum neben seinem Pult, strich über den Griff ihres Schirms und nickte mit der großen schwarzen Feder auf ihrem Hut. Mr. Alleyne hatte seinen Stuhl so gedreht, daß er ihr gegenübersaß, und seinen rechten Fuß forsch auf sein linkes Knie geworfen. Der Mann legte die Korrespondenz auf das Pult und verbeugte sich respektvoll, doch weder Mr. Alleyne noch Miss Delacour nahm irgendeine Notiz von seiner Verbeugung. Mr. Alleyne tippte mit dem Finger auf die Korrespondenz und schnickte ihn dann in seine Richtung, als wolle er sagen: *Schon gut, Sie können gehen.*

Der Mann kehrte in das Büro unten zurück und setzte sich wieder an sein Pult. Er starrte angespannt auf den unvollendeten Satz: *In keinem Fall soll besagter Bernard Bodley* ... und dachte, daß es doch seltsam wäre, wie die letzten drei Wörter mit demselben Buchstaben anfingen. Der Bürovorsteher begann Miss Parker zu drängen – sie würde, sagte er, die Briefe nie rechtzeitig für die Post getippt haben. Der Mann lauschte ein paar Minuten lang dem Klappern der Maschine und machte sich dann daran, seine Abschrift zu beenden. Doch sein Kopf war nicht klar, und seine Gedanken wanderten fort zu dem grellen Licht und dem Geklirr des Wirtshauses. Es war eine Nacht für heißen Punsch. Er quälte sich weiter mit seiner Abschrift, aber als die Uhr fünf schlug, hatte er immer noch vierzehn Seiten zu schreiben. Zum Teufel damit! Es war nicht zu schaffen. Gerne hätte er laut geflucht, hätte er seine Faust wuchtig auf irgendetwas niedergehen lassen. Er war so erbittert, daß er *Bernard Bernard* statt *Bernard Bodley* schrieb und auf einem neuen Blatt noch einmal anfangen mußte.

Er fühlte sich stark genug, das ganze Büro eigenhändig kurz und klein zu schlagen. Sein Körper brannte darauf, etwas zu tun, hinauszustürzen und in Gewalttätigkeit zu schwelgen. All die Demütigungen seines Lebens erbitterten ihn...Ob er den Kassierer privat um einen Vorschuß bitten konnte? Nein, mit dem Kassierer war nichts anzufangen, verdammt nichts: der würde ihm keinen Vorschuß geben ... Er wußte, wo er die Jungs finden würde: Leonard und O'Halloran und Nosey Flynn. Das Barometer seiner Gefühlslage zeigte eine Unwetterperiode an.

Seine Vorstellungen hatten ihn so abgelenkt, daß sein Name zweimal gerufen wurde, ehe er antwortete. Mr. Alleyne und Miss Delacour standen vor der Barriere, und alle Angestellten hatten sich erwartungsvoll umgewandt. Der Mann stand von seinem Pult auf. Mr. Alleyne begann eine Schimpftirade und sagte, daß zwei Briefe fehlten. Der Mann antwortete, er wisse nichts von ihnen, er habe eine genaue Abschrift gemacht. Die Tirade ging weiter: sie war so bitter und heftig, daß der Mann nur schwer seine Faust zurückhalten konnte, auf den Kopf des Männchens vor ihm niederzufahren.

»Ich weiß nichts von irgendwelchen anderen zwei Briefen«, sagte er dümmlich.

»– *Sie – wissen – nichts.* Sie wissen natürlich nichts«, sagte Mr. Alleyne. »Sagen Sie«, fügte er hinzu, nachdem er zunächst einen beifallheischenden Blick auf die Dame neben sich gerichtet hatte, »halten Sie mich für einen Idioten? Halten Sie mich für einen Vollidioten?«

Der Mann blickte von dem Gesicht der Dame zu dem kleinen Eierkopf und wieder zurück; und fast ehe es ihm bewußt wurde, hatte seine Zunge einen glückhaften Augenblick gefunden:

»Das, Sir, fragen Sie mich besser nicht.«

Die Angestellten hielten den Atem an. Alle waren sie perplex (der Urheber des Bonmots nicht minder als seine Nachbarn), und Miss Delacour, die eine derbe freundliche Person war, begann breit zu lächeln. Mr. Alleyne lief rot an wie eine wilde Rose, und sein Mund begann vor zwergenhafter Leidenschaft zu zucken. Er schüttelte seine Faust vor dem Gesicht des Mannes, bis sie wie der Griff eines elektrischen Gerätes zu zittern schien:

»Sie unverschämter Flegel! Sie unverschämter Flegel! Ich mache kurzen Prozeß mit Ihnen! Warten Sie nur ab! Sie werden sich bei mir für diese Unverschämtheit entschuldigen, oder Sie verlassen das Büro auf der Stelle! Sie verlassen es, sage ich Ihnen, oder Sie entschuldigen sich bei mir!«

. . . .

Er stand im Hauseingang dem Büro gegenüber und wartete ab, ob der Kassierer allein herauskommen würde. Alle Angestellten kamen heraus, und schließlich kam auch der Kassierer mit dem Bürovorsteher. Es hatte keinen Zweck, auch nur ein Wort mit ihm zu sprechen, wenn er mit dem Bürovorsteher zusammen war. Seine Lage, fühlte der Mann, war schlecht genug. Er war genötigt worden, sich bei Mr. Alleyne für seine Unverschämtheit unterwürfig zu entschuldigen, doch er wußte, was für ein Wespennest das Büro jetzt für ihn sein würde. Es war ihm in Erinnerung, wie Mr. Alleyne den kleinen Peake aus dem Büro getrieben hatte, um Platz für seinen eigenen Neffen zu schaffen. Er war wütend und durstig und rachsüchtig, böse auf sich selber wie auf alle anderen. Keine Stunde würde Mr. Alleyne ihn in Frieden lassen; sein Leben würde die Hölle sein. Dieses Mal hatte er sich richtig zum Idioten gemacht. Konnte er denn seine Zunge nicht im Zaum halten? Aber sie waren von Anfang an nicht miteinander ausgekommen, er und Mr. Alleyne, jedenfalls seit dem Tage nicht, als Mr. Alleyne mitangehört hatte, wie er zur Belustigung von Higgins und Miss Parker seinen nordirischen Akzent nachmachte: damit hatte es angefangen. Er hätte versuchen können, Higgins anzupumpen, aber Higgins hatte ja selber nie etwas. Ein Mann, der für zwei Haushalte aufzukommen hatte, natürlich konnte der nicht...

Wieder fühlte er, wie sein großer Körper auf die Wohltat des Wirtshauses brannte. Der Nebel ließ ihn frösteln, und er fragte sich, ob er Pat bei O'Neill anhauen könne. Mehr als ein Shilling war bei ihm nicht zu holen — und ein Shilling hatte keinen Zweck. Doch irgendwoher mußte er das Geld bekommen: seinen letzten Penny hatte er für das Glas Porter ausgegeben, und bald wäre es zu spät, noch irgendwo Geld herzukriegen. Plötzlich, als er an seiner Uhrkette fingerte, fiel ihm Terry Kellys Pfandhaus in der Fleet Street ein. Das war die Idee! Warum war ihm das nicht eher eingefallen?

Er ging schnell durch die enge Temple Bar und murmelte vor sich hin, daß sie von ihm aus alle zur Hölle fahren könnten, weil er sich jedenfalls einen vergnügten Abend machen würde. Der Angestellte bei Terry Kelly sagte *Eine Crown!*, doch der Deponent bestand auf sechs Shilling; und schließlich wurden ihm tatsächlich sechs Shilling bewilligt. Er verließ das Pfandhaus fröhlich und machte einen kleinen Geldzylinder zwischen Daumen und Fingern. Auf der Westmoreland Street wimmelten die Gehsteige von jungen Männern und Frauen, die von der Arbeit kamen, und zerlumpte Knirpse liefen hin und her und riefen die Namen der Abendausgaben aus. Der Mann schritt durch die Menge, betrachtete das Schauspiel im großen und ganzen mit stolzer Genugtuung und starrte die Büromädchen gebieterisch an. Sein Kopf war voll von dem Lärm der Tramglocken und der sirrenden Stromabnehmer, und seine Nase schnupperte schon die kräuselnden Punschdämpfe. Während er weiterging, überlegte er sich im voraus, wie er den Jungs den Vorfall erzählen würde:

»Also, ich hab ihn nur angesehen — ganz kühl, nicht, und dann hab ich sie angesehen. Dann hab ich wieder ihn angesehn — ich hab mir Zeit gelassen, nicht. *Das fragen Sie mich besser nicht*, sag ich.«

Nosey Flynn saß in seiner Stammecke bei Davy Byrne, und als er die Geschichte hörte, gab er Farrington einen Halben aus — das wäre eine der dollsten Sachen, die er je gehört hätte. Farrington gab seinerseits einen aus. Nach einer Weile kamen O'Halloran und Paddy Leonard herein, und die Geschichte wurde ihnen wiederholt. O'Halloran gab der ganzen Runde je einen dreiviertel heißen Malzwhisky aus und erzählte die Geschichte von der Replik, die er dem Bürovorsteher gegenüber gemacht hatte, als er bei Callan in der Fownes's Street arbeitete; doch da es eine Replik in der Art der losen Schäfer in den Eklogen war, mußte er zugeben, daß sie nicht so gescheit war wie Farringtons Replik. Darauf forderte Farrington die Jungs auf, ihren Schnaps wegzuputzen und noch einen zu sich zu nehmen.

Als sie gerade ihre Medizin bestellten, wer kam da herein? Higgins! Natürlich mußte er sich zu den anderen setzen. Die Männer forderten ihn auf, seine Version zum besten zu geben, und er tat es sehr lebhaft, denn der Anblick fünf kleiner heißer Whiskys war sehr aufmunternd. Alle brüllten sie vor Lachen, als er zeigte, wie Mr. Alleyne die Faust vor Farringtons Gesicht geschüttelt hatte. Dann machte er Farrington nach, sagte: *Und da steht er, so kühl wie nur was*, während Farrington die Gesellschaft aus seinen schweren schmutzigen Augen ansah, lächelte und von Zeit zu Zeit mit Hilfe seiner Unterlippe verirrte Schnapstropfen aus seinem Schnurrbart herunterholte.

Als diese Lage zu Ende war, entstand ein Schweigen. O'Halloran hatte Geld, doch von den anderen beiden schien keiner welches zu haben; also verließ die ganze Gesellschaft etwas bedauernd die Kneipe. An der Ecke Duke Street schwenkten Higgins und Nosey Flynn links ab, während die anderen drei zurückgingen in Richtung Stadtzentrum. Regen nieselte auf die kalten Straßen nieder, und als sie das Ballast Office erreichten, schlug Farrington das Scotch House vor. Die Kneipe war voll von Männern und laut vom Lärm der Zungen und Gläser. Die drei drängten sich an den winselnden Streichholzverkäufern nahe der Tür vorbei und bildeten eine kleine Gruppe an der Ecke der Theke. Sie begannen Geschichten auszutauschen. Leonard stellte sie einem jungen Kerl namens Weathers vor, der im Tivoli als Akrobat und dummer August auftrat. Farrington gab eine ganze Runde aus. Weathers sagte, er nehme einen kleinen Irischen und Apollinaris. Farrington, der feste Vorstellungen davon hatte, was sich gehörte, fragte die Jungs, ob auch sie ein Apollinaris wollten; aber die Jungs forderten Tim auf, ihren heiß zu machen. Das Gespräch wandte sich dem Theater zu. O'Halloran gab eine Runde aus, und dann gab Farrington noch eine Runde aus, während Weathers einwandte, daß solche Gastfreundschaft zu irisch wäre. Er versprach, sie hinter die Kulissen zu bringen und mit ein paar netten Mädchen bekannt zu machen. O'Halloran sagte, daß er und Leonard mitkommen würden, aber Farrington nicht, weil er ja ein verheirateter Mann wäre; und Farringtons schwere schmutzige Augen musterten die Gesellschaft tückisch, zum Zeichen, daß er verstand, daß man sich über ihn lustig machte. Weathers ließ allen grade nur einen Kurzen auf seine Rechnung kommen und versprach, sie später bei Mulligan in der Poolbeg Steet wiederzutreffen.

Als das Scotch House schloß, gingen sie um die Ecke zu Mulligan. Sie gingen in die Hinterstube, und O'Halloran bestellte eine Runde kleiner heißer Specials. Sie begannen sich alle benebelt zu fühlen. Farrington gab gerade noch eine weitere Runde aus, als Weathers zurückkam. Zu Farringtons großer Erleichterung trank er diesmal ein Glas Bitter. Die Mittel wurden knapp, aber noch hatten sie genug, um weiterzumachen. Im Augenblick kamen zwei junge Frauen mit großen Hüten und ein junger Mann in einem karierten Anzug herein und setzten sich an einen Tisch in der Nähe. Weathers grüßte sie und erzählte den anderen, daß sie aus dem Tivoli wären. Farringtons Augen wanderten jeden Moment zu einer der jungen Frauen hinüber. Ihre Erscheinung hatte etwas Auffallendes. Ein riesiger Schal aus pfauenblauem Musselin war um ihren Hut geschlungen und in einer großen Schleife unter dem Kinn verknotet; und sie trug hellgelbe Handschuhe, die bis zum Ellbogen reichten. Farrington starrte bewundernd auf den rundlichen Arm, den sie sehr oft und mit viel Anmut bewegte; und als sie nach kurzer Zeit seinen Blick erwiderte, bewunderte er noch mehr ihre großen dunkelbraunen Augen. Ihr schräger staunender Ausdruck faszinierte ihn. Ein- oder zweimal sah sie flüchtig zu ihm herüber, und als die Gruppe aufbrach, streifte sie seinen Stuhl und sagte mit Londoner Akzent *O pardon!* Er verfolgte, wie sie den Raum verließ, in der Hoffnung, daß sie sich nach ihm umsehen werde, doch er wurde enttäuscht. Er verfluchte seinen Geldmangel und verfluchte all die Runden, die er ausgegeben hatte, besonders all die Whiskys und Apollinaris, die er Weathers ausgegeben hatte. Wenn ihm etwas verhaßt war, dann ein Schmarotzer. Er war so zornig, daß ihm die Unterhaltung seiner Freunde entging.

Als Paddy Leonard ihn rief, stellte er fest, daß sie über Kraftproben redeten. Weathers zeigte der Runde seinen Bizeps und gab so an, daß die anderen beiden Farrington aufgefordert hatten, die nationale Ehre zu retten. Farrington zog also seinen Ärmel hoch und zeigte der Runde seinen Bizeps. Die beiden Arme wurden geprüft und verglichen, und schließlich kam man überein, eine Kraftprobe zu veranstalten. Der Tisch wurde abgeräumt, die beiden stützten ihre Ellbogen darauf und verklammerten ihre Hände. Wenn Paddy Leonard *Los!* sagte, sollte jeder versuchen, die Hand des anderen auf den Tisch herunterzudrücken. Farrington sah sehr ernst und entschlossen aus.

Die Probe begann. Nach etwa dreißig Sekunden drückte Weathers die Hand seines Gegners langsam auf den Tisch herunter. Der Zorn und die Demütigung, von einem solchen Grünschnabel geschlagen worden zu sein, rötete Farringtons dunkel-weinfarbenes Gesicht noch mehr.

»Man darf sein Körpergewicht nicht einsetzen. Fair spielen«, sagte er.

»Wer spielt hier nicht fair?« sagte der andere.

»Noch mal. Wer zweimal von dreien gewinnt.«

Die Probe begann von neuem. Auf Farringtons Stirn traten die Adern hervor, und Weathers' bleiches Gesicht bekam die Farbe einer Päonie. Ihre Hände und Arme zitterten vor Anstrengung. Nach langem Kampf drückte Weathers die Hand seines Gegners wieder langsam auf den Tisch. Die Zuschauer murmelten beifällig. Der › Kurat ‹, der neben dem Tisch stand, nickte mit seinem roten Kopf zum Sieger hin und sagte mit blöder Vertraulichkeit:

»Jawoll! So wird's gemacht.«

»Was zum Teufel verstehen Sie davon?« sagte Farrington grimmig und drehte sich zu dem Mann um. »Wieso haben Sie dazwischenzureden?«

»Pst, Pst!« sagte O'Halloran mit einem Blick auf Farringtons gewalttätigen Gesichtsausdruck. »Jetzt blecht mal, Jungs. Einen Schluck trinken wir noch, und dann raus hier.«

Ein Mann mit sehr verdrossenem Gesicht stand an der Ecke der O'Connell Bridge und wartete auf die kleine Tram nach Sandymount, die ihn nach Hause bringen sollte. Er war voll von schwelendem Zorn und Rachsucht. Er fühlte sich gedemütigt und mißgelaunt; er fühlte sich noch nicht einmal betrunken; und er hatte nur noch Twopence in der Tasche. Er fluchte auf alles. Er hatte sich geschafft im Büro, hatte seine Uhr versetzt, sein ganzes Geld ausgegeben; und er war noch nicht einmal betrunken. Wieder kam das Durstgefühl und er sehnte sich zurück in die heiße stinkige Wirtschaft. Er hatte seinen Ruf als starker Mann verloren, zweimal war er von einem bloßen Jungen geschlagen worden. Wut stieg in ihm hoch, und als er an die Frau mit dem großen Hut dachte, die ihn gestreift und *Pardon!* gesagt hatte, erstickte ihn die Wut fast.

Seine Tram setzte ihn an der Shelbourne Road ab, und er steuerte seinen massigen Körper im Schatten der Kasernenmauern entlang. Es graute ihm davor, nach Hause zu kommen. Als er durch die Seitentür eintrat, fand er die Küche leer und das Küchenfeuer beinahe erloschen. Er brüllte nach oben:

»Ada! Ada!«

Seine Frau war klein, hatte scharfe Gesichtszüge, tyrannisierte ihren Mann, wenn er nüchtern war, und wurde von ihm tyrannisiert, wenn er betrunken war. Sie hatten fünf Kinder. Ein kleiner Junge kam die Treppe herabgerannt.

»Wer ist das?« sagte der Mann und spähte in die Dunkelheit.

»Ich, Papa.«

»Wer ist ich? Charlie?«

»Nein, Papa. Tom.«

»Wo ist deine Mutter?«

»Sie ist in der Kirche.«

»Achja ... Hat sie daran gedacht, mir was zu essen dazulassen?«

»Ja, Papa. Ich —«

»Mach die Lampe an. Was soll das überhaupt heißen, hier alles dunkel zu lassen? Sind die anderen Kinder im Bett?«

Der Mann setzte sich schwer auf einen der Stühle, während der kleine Junge die Lampe anzündete. Er begann, die ordinäre Dubliner Aussprache seines Sohnes nachzumachen, indem er halb zu sich selber sagte: *In der Kirche. In der Kirche, wenn du nichts dagegen hast!* Als die Lampe angezündet war, schlug er mit der Faust auf den Tisch und schrie:

»Was krieg ich zu essen?«

»Ich ... ich werde es dir kochen, Papa«, sagte der kleine Junge.

Der Mann sprang wütend auf und zeigte auf das Feuer.

»Auf diesem Feuer! Du hast das Feuer ausgehen lassen! Bei Gott, ich will dich lehren, das nochmal zu machen!«

Er machte einen Schritt auf die Tür zu und griff sich den Spazierstock, der dahinter stand.

»Ich will dich lehren, das Feuer ausgehn zu lassen!« sagte er, während er den Ärmel hochkrempelte, um seinem Arm Spielraum zu geben.

Der kleine Junge rief *Ach, Papa!* und rannte heulend um den Tisch, doch der Mann folgte ihm und bekam ihn an der Jacke zu fassen. Der kleine Junge blickte verängstigt umher, aber da er keinen Fluchtweg sah, fiel er auf die Knie.

»Du wirst mir das Feuer nochmal ausgehen lassen!« sagte der Mann und schlug mit dem Stock böse auf ihn ein. »Da hast du's, du Bengel!«

Der Junge stieß einen wimmernden Schmerzenzschrei aus, als der Stock in seinen Schenkel schnitt. Er faltete die Hände in der Luft, und seine Stimme bebte vor Angst.

»Ach Papa!« rief er. »Schlag mich nicht, Papa! Ich sag ... ich sag auch ein *Ave Maria* für dich ... Ich sag ein *Ave Maria* für dich, Papa, wenn du mich nicht schlägst ... Ich sag ein *Ave Maria*...

DYLAN THOMAS

An einem schwülen Samstag

Von der Liebe der Trunkenen und vom Verlorensein in der Nacht

Der junge Mann im Matrosenjersey, der in der Nähe der Badehütten saß, um die braunen und bleichen Frauen herauskommen zu sehen und die Gruppen von hübschen Mädchen mit dem bleichen, V-förmigen Fleck und den sonnenverbrannten Rücken, die Mädchen, die mit häßlichen, rotzehigen Füßen auf den spitzen Steinen behutsam ihren Weg zum Wasser suchten — der junge Mann im Matrosenjersey zeichnete eine große, von Begehrlichkeit diktierte Frauengestalt in den Sand, und ein nacktes, kleines Mädchen, direkt aus dem Meer, rannte darüber, schüttelte das Wasser ab und markierte die Zeichnung mit zwei großen, nassen Augen und einem Loch in der Mitte durch ihren Fußabdruck. Der junge Mann strich den Sand wieder glatt und zeichnete einen schmerbäuchigen Mann; das kleine Mädchen lief darüber, schüttelte sein Haar und damit eine Knopfreihe auf den gezeichneten Wanst, die wie das Pinkeln auf einer Kinderzeichnung als Tropfenlinie zwischen den langen, mit Muschelschalen besteckten Beinen weiterlief.

Inmitten des Trubels von Frauen beim Picknick und deren Kindern, die sich schlaff und stumm im Sand rekelten unter der brütenden Sonne, oder sich aufregten über die Zeitungsjungen oder Sandburgen bauten, die schon im nächsten Augenblick ausgetilgt waren von dem achtlosen Tritt anderer Picknick-Fresser auf dem Weg zu anderen Strandplätzen — inmitten der Eiscreme-Schreie, des ärgerlichen und glücklichen Gebrülls von Buben beim Ballspiel, des Kreischens der Mädchen, wenn die See ihnen bis an die Hüften stieg — inmitten alles dessen saß der junge Mann für sich allein, einzig die Schatten seines Versagens neben sich. Ein paar stumme Ehemänner, mit aufgekrempelten Hosen und baumelnden Hosenträgern, plantschten bedächtig am Rande des Meers. Weiber wateten in dicken, schwarzen Picknick-Kleidern im Wasser und belachten die eigenen Beine, Hunde jagten nach geworfenen Steinen, und ein stolzgeschwellter Junge ritt auf einem Gummiseehund übers Wasser. Der junge Mann, in seiner Abgesondertheit, sah den freien Samstagnachmittag vor sich, sah ihn zu Ende gehen, falsch und nett und hübsch — ein plattes Abziehbild unter der vulgären Sonne; all die Familien da, wie sie sich vergnügten mit Papiertüten, Eimern und Schaufeln, Sonnenschirmen und Flaschen, die glücklichen, erhitzten oder schmerzlich seufzenden Mädchen mit ihren gegen Sonnenbrand eingeriebenen Rücken, die bronzefarbnen jungen Männer mit ihren zur Schau getragenen Brustkörben, und die neidvollen, bleichen in ihren Gilets, die dünnen, haarigen, kläglichen Beine der Ehemänner, wie sie da so still im Wasser wateten, die gedrungenen, kraushaarigen oder kahlgeschorenen Kinder, wie sie sich in ihrem sinnlosen Tun unwiederholbarer Freude in den verschmutzten Sand kauerten — all das, so dachte er theatralisch in seiner Isoliertheit, gemahnt ihn an längstvergangenes Schamgefühl und Selbstmitleid; Außenseiter den ganzen freien Tag, ein junger Mann, auf ewig verdammt zum Gesellschafter seiner eigenen Launen und Grillen, ausgeschlossen von aller hochgemuten, ordinären, schwitzenden, sonnengeweckten, kraftgeschwellten Stupidität des sommerlichen Fleisches an einem Tag auf einer Welt im Freien — fing er den Ball auf, den ein kleiner Junge mit dem Blechschläger in die Luft geschnellt hatte, und erhob sich, um ihn zurückzuwerfen.

Der Junge lud ihn zum Mitspielen ein. Eine freundliche Familie stand abwartend abseits: die windzerzausten Frauen mit ihren in die Unterhosen gestopften Kleidern, die barfüßigen, hemdsärmeligen Männer, eine Anzahl Kinder in Badehosen oder abgeschnittenem Unterzeug. Erbittert zielte er nach einem Vater, der mit einem Schläger vor einem durch Hüte markierten Tor stand. »Der einsame Wolf beim Ballspiel«, sagte er sich, als der Schläger des anderen davonwirbelte. Als er dem Ball in Richtung Meer nachjagte, unter Winken an sich ausziehenden Weibern vorbeistürzte, über eine Sandburg stolperte, mitten hinein in ein Gewirr aus nassen, sich aalenden Gören, beim Herausfischen des Balls sich die Schuhe durchweichte, fühlte er sich plötzlich wieder glücklich im Auftrumpfen seines Körpers und schrie »Obacht, da kommt ein Scharfer!« der Mutter hinter den Hüten zu. Der Ball traf einen Buben mitten auf den Kopf. In und neben die verstreut gelagerten Familien, zwischen belegte Brote und abgelegte Kleider, zwischen Onkels und Mütter schlug der aufhüpfende Ball. Ein glatzköpfiger Mann mit heraushängendem Hemd prellte ihn in die falsche Richtung, und ein Collie schnappte ihn sich und sprang damit ins Meer. Jetzt war Mutter dran mit ihrem Schläger, und Schläger wie Ball flogen ihr über den Kopf weg. Ein Onkel mit Panamahut spielte den Ball wieder dem Hund zu, der damit außer Reichweite schwamm. Dann boten sie dem jungen Mann Sandwiches an, mit Kresse und Eiern belegt, und warmes Stout, und er und ein Onkel und ein Vater setzten sich auf die Blätter der *Evening Post*, bis das Meer an ihren Füßen leckte.

Aufs neue allein, erhitzt und unglücklich ob dieser Minute des Auftrumpfens, während derer er zwischen den fremden Leuten umhergerannt war mit einem Getöse, als wär' der Friede wie ein Ball ins Meer geschossen, schritt er auf eine Strandstelle zu, wo ein Bußprediger auf einer Kiste mit der Aufschrift › Mr. Matthews ‹ auf eine Versammlung ausdrucksloser Weiber einredete. Buben mit Blasröhrchen saßen stumm neben ihm. Ein zerlumpter Kerl ging mit aufgehaltener Kappe umher, doch nichts fiel hinein. Mr. Matthews schüttelte die kalten Hände, wütend gegen den Feiertag und verfluchte den Sommer von der splitternden Kiste herab. Er forderte eine neue Warmherzigkeit. Die heiße Sonne brannte ihm bis auf die Knochen, und er knöpfte seinen Mantelkragen zu. Valley-Kinder mit eingesunkenen, schamlosen Augen, flinken Zungen und singenden Stimmen, die Körper spindeldürr, drängten sich um die Kasperlbühne und das ›Stop mich‹-Dreiradspiel, und er machte einen Bogen darum. Er hatte etwas gegen die Gören in ihrer Unterwäsche, wie sie sich da kämmten und Puder auflegten, und auch die gesitteten Mädchen, die sich geschickt hinter schirmenden Handtüchern ankleideten, waren ihm zuwider.

Als Mr. Matthews herzog über die Hurenstadt; als er die nacktbäuchigen Buben verscheuchte, die um den Eismann tanzten; als er die sonnenverbrannten Schenkel der Mädchen mit seinem schwarzen Überrock verhüllte und schrie: »Nieder! Nieder! Die Nacht ist über uns!« —, stand der junge Mann in aller Niedergeschlagenheit da, schon bis an die Schultern im Schatten, und dachte an Porthcawls Coney Beach, wo seine Freunde jetzt mit Mädchen herumschwangen auf der schrägen rotierenden Riesenscheibe, oder hinuntersausten durch den Skelett-Tunnel der Geisterbahn. Leslie Bird hatte jetzt die Arme voll Kokusnüsse. Brenda war mit Herbert an der Schießbude. Gil Morris bestellte gerade im ›Esplanade‹ seiner Molly einen Cocktail mit Kirsche. Er aber stand hier, hörte Mr. Matthews zu, dem bekehrten Säufer, der die Finsternis herabbeschwor auf den abendlichen Strand, und das Geld brannte ihm in der Tasche, und der Samstag brannte langsam aus.

In seiner Verlassenheit hatte er ihre Einladungen ausgeschlagen. Herbert, in seinem niedrigen, roten Sportwagen, das G.B. auf dem Heck und eine meerumspülte Wassernixe auf dem Kühler, war zuhause vorbeigekommen, aber unser junger Mann hatte gesagt: »Ich bin nicht in Stimmung, Alter. Ich habe vor, einen geruhsamen Tag zu verbringen. Laßt euch's gut gehn — aber trinkt nicht zu viel über den Durst!« Während er nur noch das Untergehen der Sonne abwartete, stand er in dem trübseligen Kreis mit den freudlosen Frauen, die an ihrem Propheten vorbei auf einen Punkt im Himmel starrten, und wünschte sich den Morgen zurück. Junge, Junge, jetzt sein Geld an den Buden und Ständen des Rummelplatzes verschleudern, in der chromblitzenden Halle mit 'nem Schnaps für Einssechs und einer türkischen Zigarette sitzen, den Mädchen den neuesten Witz erzählen, durch die Palmen im Hallenfenster nach der Sonne schauen, wie sie über der Promenade untergeht über den Rollstühlen, den Krüppeln und Witwen, den Weekendweibern mit Strandanzügen und Kopftüchern, den flotten, vom Küssen zerzausten Mädchen mit ihren miesen, bebrillten Begleitern, den harmlosangeberischen, lauten ungezogenen Buben und den Hunden-bei-Fuß und den radelnden Süßwarenmännern! Roland war auf der *Lady Moira* nach Ilfracombe gesegelt und kippte sich jetzt wohl einen um den anderen hinter die Binde im vollgepferchten Saloon, mit einer Schar Freunde aus Brynhyfryd, ohne einen Gedanken daran, daß daheim am Strand sein Freund allein war und abstinent noch um sechs Uhr abends, und der Abend so leblos wie eine Kirche. Alle Freunde hatten sich in ihr Vergnügen gestürzt — waren weg.

Er dachte: Dichter leben auf Schritt und Tritt mit ihren Gedichten; ein Mann mit Visionen braucht keine andere Gesellschaft; der Samstag ist ein gemeiner Tag; ich muß nach Haus, mich in meine Schlafkammer setzen, neben den Boiler. Aber er war kein Dichter auf Schritt und Tritt, er war ein junger Mensch in einer Hafenstadt an einem schwülen Bankfeiertag und hatte zwei Pfund in der Tasche; er hatte keine Visionen, nur die zwei Pfund und einen schmächtigen Körper mit den Füßen im verunreinigten Sand; Abgeklärtheit — das war was für alte Herren. So ging er davon, über die Bahnübergänge und weiter zu der Straße mit den toten Trambahngleisen.

Er knurrte die Blumenuhr an in Victoria Gardens.

»Und was wird unser junger Tugendbold jetzt machen?« sprach er laut vor sich hin, so daß eine junge Frau auf der Bank gegenüber dem weißgekachelten Pissoir aufblickte und lächelnd ihren Roman sinken ließ.

Sie trug ihr kastanienbraunes Haar auf altmodische Weise hochfrisiert, in losen Locken und am Hinterkopf geknotet, und eine weiße Woolworth-Rose steckte darin und neigte sich fast bis ans Ohr. Die junge Frau trug ein weißes Kleid mit einer an die Brust gesteckten roten Papierblume und Ringe und Armbänder wie von der Jahrmarktsbude. Ihre Augen waren schmal und ganz grün.

Er registrierte sorgsam und kühl auf einen einzigen Blick, all die ungewöhnlichen Details ihrer Erscheinung: die ruhige, unverstörte Selbstgewißheit unter seinem von Kopf bis Fuß abschätzenden Blick, das arglose Wissen in ihrem Lächeln und die Haltung ihres Kopfes, die sie in all ihrer Sanftheit und zugänglichen Fremdheit absicherten gegen jederlei rüde Anpöbelung oder zudringliche Blicke — und das machte ihm die Finger zittern. Wiewohl ihr Kleid lang war und hochgeschlossen, hätte sie genau so gut nackt auf jener schäbigen Bank sitzen können: ihr Lächeln allein entblößte ihm einen Körper, der ohne Makel war und willens und warm unterm Gewebe des Kleides, und sie wartete ohne Arg.

Wie schön sie ist, dachte er, nach Worten suchend und den Blick auf ihr Haar gerichtet und die rote und weiße Haut — wie wunderschön sie da wartet auf mich, obwohl sie gar nicht weiß, daß sie wartet, und ich's ihr nicht sagen kann.

Er war stehen geblieben und starrte sie an. Wie ein vertrautes Mädchen vor einer Kamera saß sie und lächelte, die Hände zusammengelegt, den Kopf leicht zur Seite geneigt, so daß die Rose ihren Hals berührte. Sie akzeptierte seinen bewundernden Blick. Dies eine Mädchen unter Millionen nahm seinen langen Blick in sich auf und ermunterte seine törichte Liebe.

Mücken flogen ihm in den Mund. Schamerfüllt eilte er weiter. Am Tor zu den Gardens wandte er sich, um die Fremde zum letzten Mal auf Erden wiederzusehen. Sie hatte ihre Gelassenheit verloren bei seinem abruptlinkischen Weggehen und starrte verwirrt hinter ihm her. Die eine Hand war halb erhoben, als wollt' sie ihn zurückwinken. Wenn er jetzt innehielte — sie würde ihn zurückrufen! Er bog um die Ecke und hörte ihre Stimme, nein, hundert Stimmen, doch alle die ihren, seinen Namen rufen und hundert Namen, doch alle die seinen, herüber über die trennenden Wände aus Strauchwerk.

Und was wird der aufgeschreckte Tugendbold, der liebestolle junge Mann als nächstes tun? fragte er sein Spiegelbild vor dem Zerrspiegel des leeren Victoria-Saloon. Sein affenhaftes, in die Länge gezogenes Gesicht, mit ›Bass‹ quer über die Stirn, gab ein zersprungenes, höhnisches Grinsen zur Antwort.

»Wenn man mir jetzt die Venus hereinbrächt' auf einem Tablett«, sagten die zwei roten, an Melonenschnitten erinnernden Lippen, »ich würde Essig verlangen zum Drübergießen.«

»Sie könnte mir meine Schuldgefühle nehmen; könnte meine Befleckung fortschmeicheln. Warum bin ich nicht geblieben, um mit ihr zu reden?« fragte er.

»Hast eine überdrehte Hure gesehn in einem Park«, antwortete sein Spiegelbild. »Sie war ein Kind der Natur, du lieber Gott! Die Tautropfen in ihrem Haar hast du wohl auch gesehn? Hör auf, in den Spiegel zu quatschen wie ein Mann in der Illustrierten, dich kenn' ich *zu* gut!«

Ein neuer Kopf, gedunsen und mit Hängebacken, schob sich hinter seiner Schulter ins Bild. Er fuhr herum und hörte den Barmann sagen:

»Ist dir die Herzallerliebste davon? Schaust ja aus wie 'ne aufgewärmte Leiche! Da, nimm das da, auf Kosten des Hauses. Freibier heute, Bankfeiertag.«

Er zog den Bierhahn. »Hier wird nur vom Besten ausgeschenkt, bloß ein bißchen überständig. Schaust komisch aus der Wäsche«, sagte er, »als einziger vom Wrack gerettet als gerettetes Wrack. Das schaut dich an!« Er trank das Bier, das er abgezapft hatte.

»Kann ich bitte ein Glas Bier bekommen?«

»Na, was sonst hast du geglaubt in einem Schanklokal?«

Auf dem polierten Tisch in der Mitte des Saloons zeichnete der junge Mann mit dem in Starkbier getauchten Finger den runden Kopf eines Mädchens und häufte den gelben Bierschaum als Frisur darüber.

»Ah — dreckig, dreckig!« sagte der Barmann, lief hinterm Schanktisch hervor und rieb den Kopf mit einem trockenen Lappen vom Tisch.

Seine Schweinerei mit dem Hut verdeckend, schrieb der junge Mann seinen Namen an den Rand der Tischplatte und sah zu, wie sich die Buchstaben beim Trocknen in Nichts auflösten.

Durch das zur Bucht hinaus offene Fenster, über die nicht mehr befahrene, vom Sand überwehte Bahnlinie hinweg, sah er die Badenden als schwarze Pünktchen, sah die gebrechlichen Hütten, die hüpfenden Zwerge rund um das Kasperltheater und auch den winzigen Kreis der Gläubigen. Seit er dort draußen spazierengegangen war, ja Ball gespielt hatte in der übervölkerten Ödnis, und seine Verzweiflung beschönigt, nach Geselligkeit gesucht hatte, obwohl er sie gar nicht wollte, hatte er sein eigenes, wahres Glück gefunden und es schon wieder verloren in der nächsten halben Minute unbeholfener Verwirrung, genau bei dem Schild »Für Herren« und der Blumenuhr. Älter und weiser, wenngleich um nichts besser geworden, hätt' er jetzt gern in den Spiegel gesehen, ob jene schon wieder verlorene Entdeckung sich niedergeschlagen habe als Schatten unter den Augen oder als Falten um den Mund – hätte er nicht die Antwort seines verzerrten Spiegelbildes schon vorausgewußt.

Der Barmann kam und setzte sich zu ihm und sagte mit geheuchelter Teilnahme: »Na, jetzt erzähl mir mal alles wie's war. Ich bin ein regelrechtes Magazin für Geheimnisse.«

»Da gibt's nichts weiter zu erzählen. Hab' ein Mädchen gesehen in Victoria Gardens und war zu schüchtern, sie anzusprechen. Sie war ein Prachtstück von Weib, so wahr mir Gott helfe!«

Beschämt ob seines Wunsches, gesellig zu tun auch noch am Tiefpunkt seiner verzweifelten Liebe, mit jenem stillen Gesicht vor Augen und dem Lächeln, das ihm in der Mißbilligung schon wieder vergab, was er da redete, entweihte der junge Mann sein Mädchen auf der Bank, zerrte sie hinunter in die Spucke und die Sägespäne des Fußbodens und putzte sie wieder heraus, bis der Barmann sagte:

»Mir sind die Dicken lieber. Einmal Bessy rundum, dann das Gaswerk rundum. Ich hab die Chance meines Lebens genauso vertan. Fünfzig Schönheiten grob geschätzt, und ich hätt' meinen Bunsenbrenner daheim lassen können.«

»Noch einmal dasselbe, bitte.«

»Du meinst, das gleiche.«

Der Barmann zapfte ein Glas Bier, trank es und zapfte ein weiteres. »Ich nehm' immer eins mit der Kundschaft«, sagte er. »Das hilft beim sich Aussprechen. Jetzt sind wir zwei beide schon Zwei Junggesellen mit gebrochenem Herzen.« Er setzte sich wieder.

»Kannst mir gar nichts erzählen, was ich nicht schon wüßte«. sagte er. »Ich hab' hier in dieser Bar schon gute zwei Dutzend Tänzerinnen des ›Empire‹ gesehen, sternhagelvoll wie die Drucker! Oh, diese Girls! Diese Schenkel!«

»Kommen sie heut' abend auch?«

»Diese Woche ist da nur ein Kerl, der 'ne Frau in zwei Teile zersägt.«

»Heben Sie mir die eine Hälfte auf!«

Ein Betrunkener wankte herein, bemüht, die Richtung zu halten, und der Barmann in verständnisvollem Mitgefühl, schwankte gleichfalls durch den Raum und stellte eine Halbe vor den neuen Gast. »Freibier heute«, sagte er. »Bankfeiertag. Sind wohl draußen in der Sonne gewesen?«

»Den ganzen Tag draußen in der Sonne«, sagte der Mann.

»Ja, das hab' ich mir gedacht, Sie schauen so sonnenverbrannt aus.«

»Kommt alles vom Saufen«, sagte der Mann. »Gesoffen hab' ich.«

Der Feiertag zieht sich zu Ende, flüsterte der junge Mann in sein Glas. Leb wohl, Blackbird, der Augenblick ist unwiederbringlich dahin, dachte er, indem er mit einem Interesse, das er sich nicht verzieh, die lustig kolorierten Postkarten betrachtete, Strandweiber mit Riesenärschen und Pantoffelhelden mit Spindelbeinen und einem Fernrohr vorm Auge, die an die Wand geklebt waren unter das Bild eines Stout schlappernden Terriers; und jetzt, in Gesellschaft eines angeheiterten Barmanns und eines Volltrunkenen mit zerknautschter Kappe, spülte er den verpfuschten Tag hinunter. Er schob den Hut in die Stirn, und eine Haarlocke, die unterm Hutrand hervorhing, kitzelte ihn am Auge. Er sah mit dem stechenden Blick eines Fremden, dem nicht die kleinste Nuance des schiefen Grinsens, dem nicht die leiseste Geste entging, welche da die Form seines Tods in die Luft malte, einen wirrhaarigen jungen Mann vor sich, der in der Ecke eines verkommenen Gastzimmers in die hohle Hand hustete und den Rauch seiner giftigen › Weight ‹ von sich blies.

Aber als der Betrunkene hartnäckigen Fußes auf ihn zuschwankte, seine Würde hochhaltend wie ein Mann sein Glas auf dem Deck eines schlingernden Schiffs, und als der Barmann hinterm Ausschank klapperte und pfiff und sich ein weiteres Bier eingoß, schüttelte er die verlogene, heimliche Theatralik mit hochrotem Kopf und verächtlicher Grimasse ab, glättete seinen traurigen Hut zum steifkrempigen Filz und gab dem geheuchelten Fremden den Laufpaß. Im sicheren Zentrum seines wahren Selbst, die vertraute Welt gleich einer zweiten Haut um sich, saß er traurig und zufrieden in dem häßlichen Raum dieses verwahrlosten Hotels am Ende der Bucht, bis zu dem sich die schäbige Stadt ausdehnte und wo alles und jedes vor sich gehen konnte. Er brauchte sie nicht, die düstere Innenwelt, wenn Tawe ihn erdrückte, wenn die überspannt ordentlichen Leute aus ihren Behausungen barsten unter Gelärm und in buntfarbigem Gewirr — heraus aus ihren schamlosen Häusern, den Fabriken, den Avenuen, den strahlenden Geschäftslokalen und den gotteslästerlichen Kirchen, den Kopfstationen und den Versammlungshallen, aus den herbstlichen Alleen und ziegelummauerten Gassen, aus den Gewölben und Unterschlupfen und Löchern hinter den Bauplanken und Bretterzäunen, heraus aus der gemeinen, zügellosen Intelligenz der Stadt.

Jetzt hatte der Betrunkene ihn doch noch erreicht. »Leg deine Hand da drauf«, sagte er und drehte sich herum und klopfte sich auf den Hintern.

Der Barmann stieß einen Pfiff aus und erhob sich hinter seinem Glas, um zu sehen, wie der junge Mann dem betrunkenen Mann den Hosenboden befingerte.

»Was spürst du da?«

»Nichts.«

»Stimmt genau. Nichts. Nichts. Da gibt's nichts mehr zu spüren.«

»Wie können Sie dann drauf sitzen?« fragte der Barmann.

»Ich sitz grad' noch auf dem, was der Doktor drangelassen hat«, sagte der Mann gereizt. »Ich hab' meinen Hintern mit auf die Welt gekriegt so gut wie Sie auch. Ich hab' in den Gruben von Dowlais gearbeitet, und dann war plötzlich das Ende der Welt da — alles auf mich herunter. Und wissen Sie, was ich gekriegt hab' für meinen verlorenen Hintern? Vier und drei! Macht zwei Shilling und drei Ha'pence die Backe! Noch Schweinefleisch ist teurer.«

Das Mädchen aus den Victoria Gardens betrat die Bar mit zwei Freundinnen: einer jungen Blondine, fast so hübsch wie sie selber, und einer Frau mittleren Alters, die auf jung zurechtgemacht war. Alle drei setzten sich an den Tisch. Das Mädchen, das er liebte, bestellte drei Porters mit Gin.

»Herrliches Wetter heute, nicht?« sagte die Fau in mittleren Jahren.

Darauf der Barmann: »Massenhaft blauer Himmel draußen.«

Unter vielem Dienern und grinsendem Getue stellte er die Getränke vor sie hin. »Hab' schon geglaubt, die Prinzessinnen haben heut' ein besseres Lokal mit ihrer Anwesenheit beehrt«, sagte er.

»Was wär' denn ein besseres Lokal ohne dich, Hübscher?« sagte das blonde Mädchen. »Das hier ist das ›Ritz‹ und das ›Savoy‹ in einem, nicht wahr, *Garçon-Liebling*?« fragte das Mädchen aus den Gardens und warf ihm eine Kußhand zu.

Der junge Mann am Fensterplatz, noch immer ganz verwirrt von dem ersten plötzlichen Anblick bei ihrem Eintritt in den dämmrigen Raum, bezog die Kußhand auf sich und errötete. Er dachte daran, auf und davon zu rennen, hinaus und durch die wunderwirkenden Gardens, dann in sein Haus zu stürzen und den Kopf im Bettzeug zu vergraben und die ganze Nacht so zu liegen, angezogen und bebend, ihre Stimme im Ohr, ihre grünen Augen hellwach unter seinen geschlossenen Lidern. Aber nur ein enttäuschter Junge mit aufgeputschtem Blut würde vor seiner echten Liebe flüchten in einen Traum, sich aufs Bett werfen in einer Schlafkammer, die voll war von seiner Befleckung, und in die weichen, fetten Brüste und Wangen seiner bettheißen Kissen schluchzen. Er dachte an sein Alter und seine Gedichte und bewegte sich nicht.

»Tausend Dank, Lou«, sagte der Barmann.

Also Lou war ihr Name, Louise, Louisa! Sie mußte spanischer oder französischer Abkunft sein oder eine Zigeunerin, aber er kannte die Straße, in der ihre Stimme zuhaus war: er wußte, wo ihre Freunde wohnten, kannte das Auf und Ab ihrer grellen Stimmen, und die Frau in mittleren Jahren hieß Mrs. Emerald Franklin. Man konnte sie Nacht für Nacht in der ›Judenharfe‹ antreffen, wo sie trank, herumäugte und auf die Uhrzeit achtete.

»Wir haben am Strand Matthews' Höllenfeuerpredigt gehört. Nieder mit diesem und nieder mit jenem, und früher hat er schon vorm Frühstück eine Halbe Irisches getrunken«, sagte Mrs. Franklin. »Oh, der hat vielleicht Nerven!«

»Und immer ein Auge aufs junge Gemüse«, sagte die Blondine. »Ich würd' ihm weniger über den Weg trauen als dem Ramon Navarro dort hinter dem Schanktisch!«

»Hört, hört! Da hab' ich ja Karriere gemacht in der Welt! Letzte Woche war ich noch Charley Chase«, sagte der Barmann.

Mrs. Franklin hob ihr leeres Glas mit behandschuhter Hand und schwang es wie eine Glocke. »Die Männer sind alle Betrüger«, sagte sie. »Und auch noch der Ruin ihrer Mütter!«

»Speziell Mr. Franklin«, sagte der Barmann.

»Aber da ist schon was dran, was der Prediger sagt«, meinte Mrs. Franklin, »über den Lebenswandel und so. Wenn du 'n Verdauungsspaziergang machst, nach der Sperrstunde am Strand, das ist schon so viel wie Sodom und Gomorrha.«

Das blonde Mädchen lachte. »Nehmt nur mal Mrs. Grundy! Hab' sie mit 'nem Schwarzen schmusen sehn, letzten Mittwoch am Museum.«

»Das war ein Inder«, sagte Mrs. Franklin, »von der Hochschule, und ich wäre dir dankbar, das in Rechnung zu stellen. Alle Menschen sind Brüder, ob schwarz oder weiß, obwohl es in meiner Verwandtschaft kein Negerblut gibt.«

»Ach du lieber Himmel!« sagte Lou. »Hör auf damit, das ist die Liebe! Heut' ist mein Geburtstag, und ein Feiertag dazu! Macht ihn ein bißchen lustiger. Miau, miau! Marjorie, gib Emerald einen Kuß und seid lieb zueinander!«

Sie lächelte, ja lachte beiden zu. Sie blinzelte nach dem Barmann, der die Gläser bis an den Rand füllte. »Auf deine blauen Augen, *Garçon*!« den jungen Mann in der Ecke hatte sie noch nicht bemerkt. »Und einen für den Opa dort«, sagte sie, indem sie dem trunken schwankenden Mann ein Lächeln schenkte. »Er ist auf den Tag Einundzwanzig heute! Schau — jetzt hab' ich ihn zum Lächeln gebracht!«

Der Betrunkene machte eine tiefe, gewagte Verbeugung, lüftete den Hut, taumelte gegen den Kaminsims, und das volle Halbe in seiner freien Hand blieb so unerschüttert wie ein Felsen. »Auf das hübscheste Mädchen in Carmarthenshire«, sagte er.

»Das hier ist Glamorganshire, Papi!« sagte sie. »Wo hast du nur deine Geographie gelassen? Schaut hin, wie er herumwalzt! Obacht auf eure Gläser! Jetzt hat er's eilig wie aufs Klo — los, noch schneller! Und jetzt einen Charleston!«

Der Betrunkene, der sein Halbes noch immer hochhielt, tanzte weiter bis zum Umfallen, verschüttete aber die ganze Zeit keinen Tropfen. Jetzt lag er zu Lous Füßen auf dem staubbedeckten Boden und grinste zu ihr auf voll Vertraulichkeit und Sympathie. »Bin hingefallen«, sagte er. »Hab' einmal tanzen können wie'n Wilder, als ich noch meinen Arsch gehabt hab'!«

»Er hat seinen Hintern beim Jüngsten Gericht verloren«, erklärte der Barmann.

»*Wann* hat er seinen Hintern verloren?« fragte Mrs. Franklin.

»Als der Erzengel Gabriel es mal tuten hat lassen, drunten in Dowlais.«

»Sie wollen mich wohl auf den Arm nehmen?«

»Aber liebend gern, Mrs. Em! He, Sie, auf da und aufhören mit ihrer Kotzerei!«

Der Mann wedelte mit dem ihm verbliebenen Steiß wie mit einem Schweif und stieß Knurrlaute aus zu Lous Füßen.

»Leg den Kopf auf meinen Fuß — und schön brav sein! Laß ihn da liegen«, sagte sie.

Er war im Augenblick eingeschlafen.

»Ich kann keine Besoffenen brauchen hier im Lokal.«

»Dann wissen Sie ja, wohin Sie sich zu wenden haben.«

»Grau-same Mrs. Franklin!«

»Los, kümmern Sie sich ums Geschäft! Bringen Sie dem jungen Mann in der Ecke was zu trinken, die Zunge hängt ihm aus dem Hals.«

»Grau-same Lady!«

Sobald Mrs. Franklin die Aufmerksamkeit auf den jungen Mann gelenkt hatte, spähte Lou kurzsichtig durch den Saloon und sah ihn, wie er mit dem Rücken zum Fenster dasaß.

»Ich werd' noch ein paar Gläser brauchen«, sagte sie.

»Sie werden noch haufenweis' haben, bevor die Nacht um ist.«

»Nein, im Ernst, Marjorie, ich hab' nicht gewußt, daß da noch jemand ist. Bitte um Vergebung, du dort in der Ecke«, sagte sie.

Der Barmann drehte das Licht an. »Ein bißchen *lux in tenebris.*«

»Oh!« sagte Lou.

Der junge Mann wagte keine Bewegung, aus Angst, er könnte ihren langen forschenden Blick unterbrechen, diese Bezauberung, die wie eine einzige Linie aus Licht zwischen ihnen schimmerte, oder sie gar zum Sprechen aufstören; und er verbarg nicht die Liebe in seinen Augen, denn das Mädchen konnte sie durchdringen mit derselben Leichtigkeit, mit der sie ihm das Herz in der Brust pochen und schlagen machte, viel lauter als das zungenfertige Geschwätz ihrer zwei Kumpaninnen, das Klirren und Klappern der Gläser hinter dem Ausschank, wo der Barmann spuckte und auf Hochglanz polierte und sich nichts entgehen ließ, und lauter auch als die Schnarchlaute des behaglichen Schläfers. Nichts kann mich treffen. Laß doch den Barmann spotten, kicher' du nur in dein Glas, gute Em! Die ganze Welt soll es wissen, ich bin mitten im Glück, ich starre dich an, Lou, wie ein Narr starr' ich dich an, sie ist mein Mädel, meine Einzige, Reine! Oh Liebe, oh Liebe! Sie ist keine Dame mit ihrer singenden Tontine-Stimme, und sie kann saufen wie ein Tiefseetaucher. Dennoch, Lou, ich gehör' dir und du gehörst mir! Er wollte jetzt nicht an ihre Stille denken, nicht ihre Schönheit mit Worten zerpflücken. Unter Sonne wie Mond war sie nichts als sein eigen. Ohne jede Beschämung und voller Gewißheit lächelte er ihr zu. Und obwohl er auf alles gefaßt war, machte ihr Antwortlächeln seine Finger aufs neue erbeben — so, wie sie gezittert hatten in den Gardens, und trieb ihm das Blut in die Wangen und brachte sein Herz zum Jagen.

»Harold, geh, füll dem jungen Mann das Glas nach«, sagte Mrs. Franklin.

Der Barmann rührte sich nicht, den Putzlappen in der einen, das tropfende Glas in der anderen Hand.

»Wohl Wasser in die Ohren gekriegt? Nachfüllen sollst du dem jungen Mann!«

Der Barmann führte den Putzlappen an die Augen. Er schluchzte. Er wischte sich die geheuchelten Tränen aus dem Gesicht.

»Hab' geglaubt, ich wohne einer Première bei, und das hier wär' die Königliche Loge«, sagte er.

»Im Hirn hat er Wasser, nicht in den Ohren«, sagte Marjorie.

»Mir hat geträumt, das sei eine herrliche Tragikomödie, betitelt › Liebe auf den ersten Blick ‹, oder › Wieder ein guter Mensch auf des Lasters Pfade ‹. Erster Akt — in einem Sauflokal am Meer.«

Die zwei Weiber tippten sich an die Stirn.

Lou, immer noch lächelnd, fragte: »Und wo spielt der zweite Akt?«

Ihre Stimme klang so sanft, wie er sie sich vor ihrem nervösen Wortgefecht mit dem aufdringlich-vertraulichen Barmann und den billigen Weibern vorgestellt hatte. Er sah in ihr ein kluges, sanftes Mädchen, dem keine schlechte Gesellschaft Schaden tun konnte, denn ihr sanftes Wesen, entblößt bis ins Herz hinein, machte alle Einwände ihrer sinnlichen Verführer zunichte.

Während ihm dies durch den Kopf ging und er ihre Sanftheit in Worte zu fassen suchte, ihnen ungläubig nachlaufend, fort aus dem realen Raum und seiner Liebe darin, wurde er plötzlich hellwach und sah ihren liebenswerten Körper sechs Schritte vor sich, nicht als ruhiges, in eine Sentenz gehülltes Herz, sondern als ein hübsches Mädchen, das man packen und festhalten mußte. Er mußte sie ganz an sich fesseln. Er stand auf, um zu ihr hinüberzugehen.

»Bin aufgewacht vor Beginn des zweiten Akts«, sagte der Barmann. »Meine gute alte Mutter würd' ich verkaufen, um ihn zu sehen. Gedämpftes Licht, purpurne Divans, Seligkeit bis zur Ekstase. Là, la Cherie!«

Der junge Mann nahm am Tische Platz, direkt neben seiner Angebeteten.

Harold der Barmann, lehnte sich über den Schanktisch und hielt die Hand lauschend ans Ohr.

Der Mann auf dem Fußboden rollte im Schlaf herum, und sein Kopf lag nun im Spucknapf.

»Du hättest schon viel früher herüberkommen und dich zu mir setzen sollen«, flüsterte Lou. »Schon in den Gardens hättest du stehenbleiben und mich ansprechen sollen. Warst wohl zu schüchtern?«

»Ja, ich war zu schüchtern«, flüsterte der junge Mann.

»Flüstern ist keine Art! Ich kann kein Wort verstehen«, sagte der Barmann.

Auf ein Zeichen des jungen Mannes — ein Fingerschnalzen, das die mit Austern geschäftigen Kellner in Abendkleidung durch den riesigen Saal scheuchte — füllte der Barmann die Gläser mit Porter, Gin und Nußbraun.

»Wir trinken sonst aber nie mit Fremden«, sagte Mrs. Franklin lachend.

»Er ist kein Fremder«, sagte Lou. »Oder doch, Jack?«

Er schmiß eine Pfundnote auf den Tisch. »Alles auf meine Rechnung!«

Der Abend, der vergangen war noch ehe er begonnen hatte, raste nun seinem Ende zu durch das Gelächter der bezaubernden Frauen, die so scharf waren wie Messer, durch die Anekdoten des Barmanns, der auf der Bühne hätte stehen sollen, und durch Lous entzücktes stummes Vor-sich-Hinlächeln an seiner Seite. Jetzt ist sie geschützt und in Sicherheit, dachte er, nach ihrem Gang, der so ungewiß war wie der meine über die einsamen Strecken des Feiertags. In dem warmen, kreiselnden Mittelpunkt waren sie einander ganz nahe, ja gleich. Die Stadt und das Meer und die letzten Spaßvögel trieben hinaus in die Dunkelheit und hatten nichts mehr mit ihnen gemein, ließen nur diesen einen erhellten Raum zurück.

Nach und nach schlurften ein paar verlorene Männer aus der Finsternis draußen in die Bar, tranken lustlos ihr Bier und entfernten sich. Mrs. Franklin, hochrot und in trippelnder Unruhe, hob ihr Glas bei jedem Abgang. Harold winkte hinterher. Marjorie zeigte ihnen ihre langen, weißen Beine.

»Niemand hat uns lieb, ausgenommen wir selber«, sagte Harold. »Soll ich zusperren und uns das Gesindel vom Leib halten?«

»Lou wartet noch auf Mr. O'Brien, aber laß dich dadurch nicht aufhalten«, sagte Marjorie. »Er ist ihr Zuckerdaddy aus Old-Ireland.«

»Du liebst Mr. O'Brien?« flüsterte der junge Mann.

»Wie könnt' ich, Jack?«

Er vermeinte, Mr. O'Brien vor sich zu sehen als einen witzelnden, hochgewachsenen Kerl in mittleren Jahren, mit gewelltem, ergrauendem Haar und einem kurzgestutzten, dunklen Schnurrbart, einen blitzenden Ehering am Finger, mit Tränensäcken und wissenden Augen, unecht herausgeputzt im Fischbeinkorsett, so ein Tausendsassa aus der Gegend von Cardiff, Lous entsetzlichen Liebhaber, wie er nun angebraust kam durch die stickigen Straßen im Firmenwagen. Der junge Mann krampfte die Hand zusammen auf der mit Tod gedeckten Tischplatte und schützte das Mädchen in der warmen Stärke seiner Faust. »Noch eine Runde, auf meine Kosten«, sagte er, »los, noch eine und nicht zu wenig! Doppelte, dreifache, Mrs. Franklin ist ein bockiger Gaul.«

»Meiner Mutter Kind war nie ein bockiger Gaul.«

»Oh, Lou«, sagte er, »ich bin überglücklich mit dir!«

»Kuckuruu, kuckuruu — hört nur wie das turtelt!«

»Laß sie nur turteln«, sagte Marjorie. »Ich könnt' es auch — kukuruu!«

Der Barmann blickte verblüfft um sich. Er hob die Hände, Handflächen nach oben, und richtete den Kopf auf.

»Die Bar ist voller Vögel«, sagte er.

»Emerald legt gerade ein Ei«, sagte er, als Mrs. Franklin auf ihren Stuhl zu rücken begann.

Alsbald war die Bar voll von Gästen. Der Betrunkene erwachte, lief hinaus und ließ seine Kappe in einer braunen Pfütze liegen. Sägespäne rieselten ihm vom Haar. Ein kleiner, alter, rundlicher und rotgesichtiger Mann setzte sich dem jungen Mann und Lou gegenüber, wie sie da Händchen hielten unterm Tisch und die Schenkel gegeneinander rieben.

»Was für eine Nacht — wie gemacht für die Liebe!« sagte der alte Mann. »In einer Nacht wie dieser hat Jessica den reichen Juden um sein Geld erleichtert und sich fortgestohlen. Ihr wißt doch, woraus das ist?«

»›*Der Kaufmann von Venedig*‹«, sagte Lou. »Aber Sie kommen aus Irland, Mr. O'Brien.«

»Ich hätte schwören mögen, Sie seien ein hochgewachsener Mann mit einem kleinen Schnurrbart«, sagte der junge Mann ernst.

»Auf welche Waffen, Mr. O'Brien?«

»Brandies im Morgengrauen, würd' ich sagen, Mrs. Franklin.«

»Ich hab' dir Mr. O'Brien überhaupt noch nicht beschrieben. Du träumst ja!« flüsterte Lou. »Oh, nähme diese Nacht doch nie ein Ende!«

»Aber nicht hier. Nicht in der Bar. In einem Zimmer mit einem breiten Bett.«

»Ein Bett in einer Bar«, sagte der alte Mann, »wenn Sie verzeihen, daß ich mitgehört habe, aber genau das hab' ich mir immer gewünscht. Denken sie dran, Mrs. Franklin.«

Der Barmann tauchte hinterm Ausschank auf.

»Sperrstunde, Gentlemen und die andern!«

Die nüchternen Fremden machten sich unter Mrs. Franklins Gelächter auf die Beine.

Die Lichter erloschen.

»Lou — verlier mich nicht!«

»Ich hab' ja deine Hand.«

»Drück sie mit aller Kraft — tu mir weh!«

»Brich ihm das verdammte Genick«, sagte Mrs. Franklin im Finstern. »War aber nicht so gemeint.«

»Marjorie schnalzt dich auf die Hand«, drohte Marjorie.

»Und jetzt raus aus der Finsternis! Harold ist ja ein richtiger Räuber im Dunkeln!«

»Und das Mädchen führt.«

»Nehmen wir jeder 'ne Flasche mit, und dann hinunter auf Lous Bude!« sagte sie.

»Die Flaschen auf meine Rechnung«, sagte Mr. O'Brien.

»Daß du mich jetzt nur nicht verlierst«, flüsterte Lou. »Halt dich an mich, Jack! Die andern werden nicht lange bleiben. Oh du lieber Herr Jesus, wenn wir beide nur ganz allein wären!«

»Werden wir denn ganz allein sein?«

»Du und ich und sonst nur der Mond.«

Mr. O'Brien machte die Saloontür auf. »Zwängt euch in den Rolls, meine Damen. Die Herren werden sich inzwischen um die Medizin kümmern.«

Der junge Mann verspürte Lous flüchtigen Kuß auf dem Mund, ehe sie Marjorie und Mrs. Franklin nach draußen folgte.

»Wie wär's, wenn wir uns die Rechnung teilten?« fragte Mr. O'Brien.

»Schaut mal, was ich da auf der Toilette gefunden hab'«, sagte der Barmann, »er ist auf dem Klositz gesessen und hat gesungen!«

Er trat hinter dem Schanktisch hervor, den Betrunkenen auf seinen Arm gestützt.

Alle miteinander pferchten sie sich in den Wagen.

»Zunächst einmal halten wir bei Lou!«

Der junge Mann, Knie an Knie mit Lou, sah in Betäubung die Stadt sich vorüberdrehn, die Stadt vorbeifliegen, die rauchblauen, beschornsteinten und bemasteten Umrisse der stillen und untätig liegenden Docks, die Leuchtlinien der armseligen Straßen, wie sie länger und länger wurden, und die flimmernden Geschäftslokale, deren Lichter eins ums andere abgedreht wurden. Im Wagen roch es nach Parfüm, nach Puder und Fleisch. Der junge Mann stieß aus Versehen mit dem Ellbogen in Mrs. Franklins fettgepolsterte Brust. Ihre Schenkel, gleich Kissen, trugen das schaukelnde Gewicht des Betrunkenen. Er wurde hin und hergestoßen auf einem Klumpen aus Weibern. Brüste, Beine, Bäuche, Hände berührten ihn, wärmten ihn und raubten ihm den Atem. Weiter durch die Nacht, dem Bett von Lou entgegen, dem unglaublichen Ende des hinsterbenden Feiertags entgegen, fuhren sie an schwarzen Häusern und Brücken vorüber, eine Station ganz in einer Rauchwolke, und hinauf ging's eine stille Seitengassse mit einer schwächlichen Laterne in einem Umkreis von Geländern am oberen Ende, und dann kurvten sie auf einen Platz, wo eine hohe Mietskaserne sich erhob, umgeben von Baukränen, aufgestellten Leitern, Pfosten und Trägerbalken, Schubkarren, Baugerätschaft und Haufen von Ziegeln.

Sie stiegen hinauf zu Lous Zimmer über viele Fluchten düsterer, gefahrvoller Treppen. Wäsche hing über den Geländern vor den verschlossenen Türen. Mrs. Franklin, die hinter den anderen mit dem Betrunkenen allein herumfummelte, trat in einen Kübel, und eine unglückbringende schwarze Katze sprang ihr über den Fuß. Lou führte den jungen Mann an der Hand durch einen Gang, an Türen mit Namensschildern vorbei, riß ein Streichholz an und flüsterte: »Es wird nicht sehr lange dauern. Sei lieb und hab' Geduld mit Mr. O'Brien. Hier ist es. Komm als Erster herein. Sei mir willkommen Jack!« Aufs neue küßte sie ihn auf der Schwelle ihres Zuhauses. »Dieser Kuß ist mein festes Versprechen!«

Sie drehte das Licht an, und er betrat voll Stolz mit ihr zusammen das Zimmer, ihr Zimmer, das er nun kennenlernen würde, und er sah ein breites Bett, ein Grammophon auf einem Stuhl, ein in der Ecke halbverdecktes Waschbecken, einen Gasofen mit Kochring, einen verschlossenen Geschirrschrank und ihre Photographie in einem Papprahmen auf der Kommode, an deren Schubladen die Handgriffe fehlten. Hier also schlief und aß sie. Nacht für Nacht lag sie in dem Doppelbett, bleich und lockig, und schlief auf ihrer linken Seite. Würde er auf Dauer mit ihr leben, er würd' sie nicht zum Träumen kommen lassen! Keine anderen Männer mehr durften ihr im Kopf liegen und lügen und lieben. Er spreizte die Finger auf ihrem Kopfkissen.

»Weshalb wohnst du auf der Spitze des Eiffelturms?« fragte der Barmann beim Eintreten.

»Was für 'ne Klettertour!« sagte Mr. O'Brien. »Aber ist man erst mal da, so ist es sehr hübsch und intim.«

»*Wenn* du erst mal da bist!« sagte Mrs. Franklin. »Ich bin auf den Tod erschöpft. Das alte Ekel da wiegt ja 'ne Tonne! Leg dich hin, leg dich auf den Fußboden und schlaf deinen Rausch aus! So ein altes Ekel!« sagte sie ein wenig übertrieben. »Wie heißt du denn?«

»Ernie«, sagte der Betrunkene und hob den Arm schützend vors Gesicht.

»Niemand will dir was zuleide tun, Ernie. Da, gib ihm 'nen Schluck Whisky! Vorsicht! Gieß ihn dir nicht aufs Gilet, sonst kannst du dir's am Morgen draußen auswinden. Zieh die Vorhänge zu, Lou, ich seh' den gräßlichen alten Mond da draußen!« sagte sie.

»Macht er dir blöde Gedanken im Kopf?«

»Ich hab' den Mond gern«, sagte Lou.

»Noch nie hat's einen jungen Verliebten geben, der den Mond nicht gerngehabt hätte.« Mr. O'Brien lächelte dem jungen Mann aufmunternd zu und tätschelte ihm die Hand. Seine eigene war rot und behaart. »Auf den ersten Blick hab' ich gesehen, daß Lou und dieser nette junge Bursche für einander geschaffen sind. Von den Augen hab' ich's den beiden abgelesen. Na und, warum denn auch nicht! Ich bin nicht so alt und blind, daß ich die Liebe vor der eigenen Nase nicht mehr sehen könnte. Und Sie, Mrs. Franklin? Und Sie, Marjorie?«

In dem langen Schweigen holte Lou die Gläser aus dem Geschirrschrank, ganz als hätte sie Mr. O'Briens Worte nicht vernommen. Sie zog die Vorhänge zu, sperrte den Mond aus, kauerte sich auf die Kante ihres Betts, die Füße unter sich, blickte auf ihre Photographie wie auf die einer Fremden, legte die Hände zusammen wie beim ersten Zusammentreffen unter den huldigenden Blicken des jungen Mannes in den Gardens.

»Da muß ein Engel durchs Zimmer schweben«, sagte Mr. O'Brien. »So was von Stille! Hab' ich was Ungehöriges gesagt? Trinkt und seid lustig, morgen schon sind wir tot! Was glaubt ihr, wofür ich diese so herrlich schimmernden Flaschen gekauft habe?«

Die Flaschen wurden geöffnet, die leergetrunkenen auf dem Kaminsims aneinandergereiht. Der Whisky lief nur so hinunter. Harold der Barmann und Marjorie mit hochgezogenem Kleid saßen zusammen in dem einzigen Lehnstuhl. Mrs. Franklin, Ernies Kopf im Schoß, sang mit wohltönendgeübter Altstimme ›*Des Schäfers Liebste*‹. Mr. O'Brien klopfte mit dem Fuß den Takt dazu.

Ich wünsch' mir Lou in *meinen* Armen, sagte der junge Mann zu sich, während er dem lächelnden Mr. O'Brien beim Abtappen seiner Lou zusah und der Barmann Marjorie tief hinunterzog. Mrs. Franklins Stimme tönte voll Wohllaut in dem kleinen Schlafzimmer, wo er und Lou eigentlich ganz allein hätten liegen müssen in dem weißen Bett, ohne jede grinsende Gesellschaft, die ihnen zusah, wie sie ineinander ertranken. Er und Lou, sie hätten miteinander hinuntergehen können als ein einziger kühler Leib, nur beschwert mit einem siedend heißen Stein, hinaus zu der ebbewärts ziehenden, weißlich-blanken, gänzlich verlassenen See, um nimmermehr aufzutauchen. Sie saß auf dem gemeinsamen Brautbett, nahe genug, um seinen Atem zu hören, und war jetzt weiter von ihm entfernt als vor ihrem Zusammentreffen. Damals hatte er alles von ihr gehabt, alles bis auf ihren Körper; nun aber hatte sie ihn zweimal geküßt, und alles war fort, bis auf jenen Beginn. Er mußte lieb sein und Geduld haben mit Mr. O'Brien. Er hätte das besitzergreifende, alte Grinsen mit eisernem Handrücken aus der Welt fegen können! Nur tiefer, nur tiefer, Harold und Marjorie, tummelt euch wie die Wale zu Mr. O'Briens Füßen!

Er wünschte sich, das Licht möge versagen. In der Finsternis hätten er und Lou unters Bettzeug kriechen und sich totstellen können. Wer hätte dort nach ihnen gesucht, wenn sie lautlos gewesen wären, totenstill? Die anderen hätten nach ihnen die schwindelerregenden Treppen hinuntergerufen oder nach ihnen gestöbert in der Stille der engen, vollgeräumten Korridore, oder wären hinausgestolpert in die Nacht, um nach ihnen zu suchen in dem Durcheinander aus Kränen und Leitern inmitten der Trostlosigkeit aus niedergerissenen Häusern. In der imaginären Finsternis konnte er Mr. O'Briens Stimme nachgerade hören: »Lou, wo bist du? Gib Antwort! Gib Antwort!« Und dann die hohle Antwort des Echos, »Gib Antwort!« Und konnte ihre Lippen in der kühlen Muldung des Betts hören, wie sie insgeheim einen anderen Namen formten, ja konnte sogar ihre Regung verspüren.

»Ein sehr schönes Gesangsstück, Emerald, und sehr ungehörige Worte — so was nenn' ich mir einen Schäfer, jawohl!« sagte Mr. O'Brien.

Ernie, auf dem Boden, hub an, mit heiserer, verdrossener Stimme zu singen, aber Mrs. Franklin preßte ihm die Hand auf den Mund und er saugte daran und drückte die Nase dagegen.

»Und wie steht's mit diesem jungen Schäfersmann da?« fragte Mr. O'Brien, mit dem Glas nach dem jungen Mann deutend. »Kann er so gut singen wie in Liebe machen? Bitt ihn einmal recht lieb darum, Schätzchen«, sagte er zu Lou, »und er wird uns was vorflöten wie 'ne Nachtigall.«

»Kannst du singen, Jack?«

»Wie 'ne Krähe, Lou.«

»Kann er denn nicht einmal Gedichte aufsagen? Was soll das heißen, ein jugendlicher Liebhaber, der nicht einmal seiner Herzdame die großen Dichter deklamieren kann?« sagte Mr. O'Brien.

Lou holte aus dem Wandschrank ein Buch in rotem Einband, reichte es dem jungen Mann und sagte: »Kannst du uns eine Stelle daraus vortragen? Der zweite Band ist in der Hutschachtel. Lies uns ein träumerisches Gedicht, Jack, es geht schon auf Mitternacht.«

»Einzig ein Liebesgedicht und sonst nichts«, sagte Mr. O'Brien. »Ich mag nichts anderes hören, nur ein Liebesgedicht!«

»Was Sanftes, Liebliches«, sagte Mrs. Franklin. Sie nahm die Hand von Ernies Mund und blickte zur Zimmerdecke.

Der junge Mann begann zu lesen, aber nur für sich, verweilte über dem Namen in der Widmung auf dem Vorsatzblatt des ersten Bandes von Tennysons Gesammelten Gedichten: ›Für Louisa, von ihrer Sonntagsschul-Lehrerin, Miss Gwyneth Forbes. Gott ist im Himmel, und alles ist wohl auf Erden.‹

»Du sollst ein Liebesgedicht auswählen, denk daran!«

Der junge Mann las jetzt laut, das eine Auge zukneifend, auf daß ihm die Druckzeilen nicht so vor dem Blick tanzten: *Komm in den Garten, Maud.* Und als er am Anfang der vierten Strophe angelangt war, erhob er seine Stimme noch vernehmlicher:

Zur Lilie sprach ich: »Einer ist's bloß,
 mit dem sie gern glücklich will sein.
Wann werden die Tänzer endlich wir los?
 Sie ist müde vom Tanzen, vom Schrei'n.«
Halb folgte dem sinkenden Monde ihr Troß,
 Zur Hälfte dem tagenden Schein;
Laut über die Steine und leis durch das Moos
 Rollt's hinweg fern — und wir sind allein.
»Die Nacht, sie geht hin«, so sprach ich zur Ros'
 »Mit Schwatzen und Schwelgen und Wein.
O Jungherr, verliebter, was seufzest du bloß
 um eine, die nimmer wird dein?
Aber mein, nur mein, so schwur ich der Ros',
 Für immer, für ewig mein.«

Nach Beendigung des Gedichtvortrages sagte Harold plötzlich, den Kopf über die Armstütze des Stuhles gelehnt, die Haare zerrauft und den Mund mit Lippenstift verschmiert: »Mein Großvater hat Lord Tennyson noch mit eigenen Augen gesehen, sagt er, er war ein kleiner Kerl und hat einen Buckel gehabt.«

»Nein«, sagte der junge Mann; »er war hochgewachsen, trug langes Haar und hatte einen Bart.«

»Hast du ihn je zu Gesicht bekommen?«

»Damals war ich noch nicht auf der Welt.«

»Mein Großvater hat ihn gesehen. Er hat 'nen Buckel gehabt.«

»Aber doch nicht Alfred Tennyson!«

»Lord Alfred Tennyson war ein kleiner Kerl mit 'nem Mordsbuckel.«
»Dann kann es sich nicht um den nämlichen Tennyson handeln.«
»*Dein* Tennyson ist der falsche, der da war der berühmte Dichter mit dem Buckel.«
Lou, auf dem herrlichen Bett, auf ihn allein wartend von all den häßlichen oder auch sympathischen Männern, den alten wie den jungen, inmitten der weiten Stadt und der engen Welt, die einmal in sich zusammenstürzen würde, senkte den Kopf, warf ihm eine Kußhand zu und hielt dann die Hand über den auf der Steppdecke hinfließenden Lichtstreif. Die Hand wurde durchscheinend für ihn, und das Licht auf der Steppdecke durchglühte beständig die zarte Form ihrer feingliedrigen Finger.
»Frag doch Mr. O'Brien, wie Lord Tennyson ausgesehen hat«, sagte Mrs. Franklin. »Wir appellieren an Sie, Mr. O'Brien, hat er nun einen Höcker gehabt oder nicht?«
Niemand, bis auf den jungen Mann, für den sie in diesem Augenblick lebte und auf den sie wartete, bemerkte Lous kleine Liebeszeichen. Sie preßte die glühende Hand an ihre linke Brust. Sie legte den Finger in schweigendem Einverständnis an die Lippen.
»Das kommt drauf an«, sagte Mr. O'Brien.
Der junge Mann kniff aufs neue das eine Auge zusammen, denn das Bett hob und senkte sich nun wie ein Schiff. Ein Übelkeit erregender, heißer Sturm aus einer Wolke Zigarettenrauchs brachte Wandschrank wie Kommode zum Wanken. Das Schlingern des Schlafzimmers sänftigte sich, als er schnell wieder die Augen schloß, aber er lechzte nach der Frische der Nachtluft. Auf Seemannsbeinen schritt er zur Tür.
»Das House of Commons findest du im zweiten Stock, den Gang hintenhinaus«, sagte Mr. O'Brien.
An der Tür wandte sich der junge Mann zu Lou herum, lächelte ihr zu mit all seiner Liebe, trug diese Liebe offen zur Schau vor der ganzen Gesellschaft und bewirkte damit, daß im Angesicht von Mr. O'Briens neidischen Blicken auch Lou ihm zulächelte und sagte: »Komm bald zurück, Jack! Ich bitte dich! Du *darfst* nicht lange fortbleiben!«
Jetzt wußte jedermann Bescheid. Die Liebe war aufgegangen an einem einzigen Abend.
»Nur auf eine Minute, Liebste, und ich bin wieder bei dir.«
Die Tür fiel hinter ihm zu. Er stieß gegen die Wand des Korridors. Er riß ein Streichholz an. Drei verblieben ihm noch. Er glitt die Stufen hinunter, geklammert an die klebrig-wackeligen Geländer, schwankend über schaukelnde Dielenbretter, schlug sich das Schienbein wund an einem Eimer, schlich vorbei an den Geräuschen verstohlenen Lebens hinter den Türen, strauchelte und fluchte, immer Lous Stimme im Ohr, die ihn antrieb in erneutem Fieber, die ihn zurückrief, die zu ihm sprach mit solcher Leidenschaft und Hingabe, daß er sogar in der Düsternis und der Pein seines Hastens geblendet und festgenagelt war. Sie sprach dort auf den verfallenden

Stiegen inmitten dieses Armeleutehauses, und es war ein erschreckender Strom aus Worten der Liebe, die aus ihrem Mund kamen und an sein Ohr drangen. Rascher, nur rascher! Jede Sekunde stirbt unwiederbringlich dahin! Geliebter! Angebeteter! Teurer! Lauf zurück und pfeif nach mir, reiß die Tür auf, schrei meinen Namen, leg mich aufs Bett! Mr. O'Brien hat seine Hand an meiner Hüfte!

Er hastete voran in eine Höhlung. Ein Zugwind blies ihm die Streichhölzer aus. Er taumelte in ein Zimmer, wo zwei Gestalten in schwarzem Haufen auf dem Boden miteinander flüsterten, und rannte in Panik davon. Er ließ sein Wasser ab am blinden Ende des Korridors und hastete zurück, nach Lou's Zimmer, fand sich zuletzt auf einem lautlosen Treppenabsatz stehen, am oberen Ende des Hauses. Er streckte die Hand aus, aber das Geländer war zerbrochen und nichts war da, den langen Sturz zu lindern, hinab den spiraligen Schacht, dessen Echo den Aufprall und Todesschrei vervielfachen würde, aufscheuchend aus ihren Mauerlöchern die schlafenden, die noch wachen Familien, die tuschelnden Gestalten, die blindlings von der Nacht zum Tag geschrockenen Geschöpfe!

Verirrt in einem Tunnel unterm Dach, tastete er längs der modrigen Mauer nach einer Tür. Er fand einen Türgriff und zog mit aller Kraft — aber der Griff blieb ihm in der Hand. Lou hatte ihn einen längeren Gang entlanggeführt. Er rief sich die Anzahl der Türen ins Gedächtnis: drei waren's gewesen, je drei auf jeder Seite. Er rannte die Treppenflucht mit dem defekten Geländer wieder hinunter, lief in einen anderen Gang und tastete sich mit der Hand an der Wand entlang. Drei Türen, so zählte er. Er öffnete die dritte, trat in die Finsternis und tastete nach dem Schalter zur Linken. Er sah in dem plötzlichen Licht ein Bett, einen Wandschrank und eine Kommode, an deren Schubladen die Griffe fehlten, einen Gasofen, ein Waschbecken in der Ecke. Keine Flaschen, keine Gläser. Kein Foto von Lou. Die rote Steppdecke auf dem Bett war glatt gestrichen. Er wußte nicht mehr, welche Farbe Lous Steppdecke hatte.

Er ließ das Licht brennen. Er öffnete die zweite Tür, aber die Stimme einer fremden Frau rief aus dem Halbschlaf: »Wer ist es? Bist du's, Tom? Tom, dreh das Licht an!« Er sah einen schmalen Lichtstreif am unteren Ende der nächsten Tür und hielt inne, um auf Stimmen zu lauschen. Die Frau im zweiten Zimmer rief noch immer.

»Lou, wo bist du?«, rief er. »Gib Antwort! Gib Antwort!«

»Lou? Welche Lou? Da gibt's keine Lou«, sprach eine Männerstimme aus der offenen Tür des ersten, finsteren Zimmers am Anfang des Korridors.

Er hetzte eine weitere Treppenflucht hinab und zählte vier Türen mit seiner aufgeschundenen Hand. Eine der Türen ging auf, und eine Frau im Nachtgewand steckte den Kopf heraus. Darunter tauchte ein Kinderkopf auf.

»Wo wohnt denn eigentlich Lou? Wissen Sie, wo Lou wohnt?«

Die Frau und das Kind starrten ihn wortlos an.

»Lou! Lou heißt sie, Lou!« hörte er sich schreien. »Sie wohnt hier, in diesem Haus! Wissen Sie nicht, wo, in welcher Wohnung?«

Die Frau packte das Kind an den Haaren und zerrte es ins Zimmer zurück. Er hielt den Türrand fest. Die Frau griff rasch um die Ecke und schlug ihm mit einem Schlüsselbund die Hand herunter. Die Tür schmetterte ins Schloß.

Eine junge Frau mit einem schalumwickelten Baby stand in einer Türöffnung der gegenüberliegenden Gangseite und hielt ihn am Ärmel fest, als er vorbeihasten wollte.

»Welche Lou? Sie haben mein Baby geweckt!«

»Ich kenn ihren anderen Namen nicht. Sie ist zusammen mit Mrs. Franklin und Mr. O' Brien.«

»Sie haben mein Baby geweckt!

»Kommen Sie 'rein und suchen Sie im Bett nach ihr«, sagte eine Stimme aus dem Dunkeln hinter der jungen Frau.

»Er hat das Baby geweckt!«

Er rannte den Gang hinunter, seine nasse Hand gegen den Mund gepreßt. Er stieß sich am Geländer der untersten Treppenflucht. Abermals hatte er Lous Stimme im Ohr, er mög' doch zu ihr zurückkommen, in eben dem Moment, als das Untergeschoß wie ein Lift voller Toter am Geländer heraufkam. Schneller! Schneller! Ich kann nicht, ich mag nicht mehr warten, die Brautnacht wird uns gemeuchelt!

Er kletterte die verfallenen schiefen und steilen Stufen wieder hinauf in all seinem Elend, bis zu dem Gang, wo er im hintersten Zimmer das eine Licht hatte brennen lassen. Das Licht war erloschen. An jede Tür klopfte er und flüsterte Lous Namen. Er trommelte gegen die Türen und schrie, und eine Frau, in Unterhemd und Hut, trieb ihn mit einem Spazierstock aus dem Gang.

Noch lange, lange stand er auf den Stufen, wartend, wiewohl da keine Liebe mehr das Warten lohnte, kein Bett bis auf sein eigenes — zu viele Meilen weit weg, als daß er sich hätte hineinlegen können. Nur der heraufdämmernde Tag verblieb ihm, seiner Entdeckung zu gedenken. Ringsum sanken die aufgescheuchten Bewohner wieder zurück in den Schlaf. Dann schritt er hinaus aus dem Haus und weiter zu dem verödeten Platz zwischen den ragenden Kränen und unter den lehnenden Leitern hindurch. Das Licht der einen, schwachen Laterne in dem rostroten Umkreis fiel auf die Ziegelhaufen und das zersplitterte Holz und den Staub — fiel auf all das, was einst Häuser gewesen waren, Häuser, wo die kleinen und kaum gekannten Leute dieser schmutzigen Stadt, die nie vergessen werden sollten, gelebt, geliebt, den Tod erlitten hatten, und — immer — als Verlierer.

RENÉ DAUMAL

Das große Besäufnis

Wer Durst hat, folge mir nach

Es ist schwierig, in seine nächtlichen Erinnerungen einen Zusammenhang zu bringen. Man verwechselt äußere Ereignisse mit dem Gequassel in seinem Innern. Ich unterdrückte mit aller Gewalt die Vorstellung einer sonnigen Flur voller Vogelgesang, eines Spazierganges im Wald, ich wünschte das alles in den siebenten Himmel, und warum, werden Sie sagen, wünschte ich all das in den siebenten Himmel? Warum? Weil ich der ganzen Teufelsbrut ins Auge sehen wollte, mein Herr, sagte ich, und ich sagte zu ihm, zu diesem Herrn, der ja nichts dafür konnte, ich sagte zu ihm:

»Hat man endlich seine schwarzen Gedanken ersäuft, gibt's prompt blaue Gedanken, rote Gedanken, gelbe Gedanken ...«

»Das sind gar keine Gedanken«, wandte der Herr mit sanfter Stimme ein, »das sind gar keine Gedanken, das sind Tierchen.«

Ich war platt. Dann wurde ich auf eine Tonne gesetzt und sollte bacchische Litaneien improvisieren. Ein riesiger Narrenchor wiederholte den Kehrreim. Ich begann:

Der Durst ...
(Chor: *der kann der kann der könnte*)
... des Magens
(Chor: *der stinkt der stinkt der fault*)
Der Durst ...
(Chor: *der kann der kann der könnte*)
... der Brust
(Chor: *die stinkt die stinkt die fault*
Der Durst ...
(Chor: *der kann der kann der könnte*)
... des Hirns
(Chor: *das stinkt das stinkt das fault*)

Sie sehen, gar so schwierig war's nicht. Nachher kam »Der Hunger des Mundes«, dann »der Nase« und »des Auges«, immer nach dem gleichen System, immer schneller, und einige tanzten, revoltierende Kaulquappen in einer Pfütze, die plötzlich keine Lust mehr haben, Frösche zu werden, dazu einen Höllenreigen. (Kröten möchten sie werden, sie behaupten, das sei lyrischer. Weder Frösche noch Kröten werden sie, Gestank werden sie sein, der kann der kann der könnte, Fraß für andere werden sie sein, der stinkt der stinkt der fault.)

Ich führte diese Sarabande an, ich fühlte mich zumindest wie der Papst, da packte mich plötzlich die Befürchtung: bin ich etwa am Überschnappen? Um mich auf die Probe zu stellen, repetierte ich im Geiste die Theorie der Dampfmaschine. So weit war es schon mit mir gekommen. Plötzlich schrie ich mir zu: »Idiot!« —, und das mit gutem Grund. Da hatte ich die Bescherung. Vielleicht ließ es sich noch ein wenig in die Länge ziehen, aber von nun an trug das große Besäufnis den Keim einer tödlichen Krankheit in sich.

Ich war nicht der einzige, der spürte, daß es so nicht weiterging. Während Totochabo unermüdlich sprach und vor einer Hörerschaft, die kaum abgenommen hatte, auf alles eine Antwort fand, bildeten sich in den dunklen Winkeln Gruppen, die Pläne schmiedeten. Die unruhigste Gruppe scharte sich um Pater Pictorius, der zumindest der Tracht nach Mönch war und mit leiser Stimme böse Zeiten prophezeite. Gepackt hatte er schon. Alles war bereit, verschnürt, beschriftet. Er wollte nur das Allernotwendigste mitnehmen: Schreibmaschine, Tintenfaß, zehn Koffer mit seinen Lieblingsbüchern (die andern konnte er auswendig), die Hühnerställe, den tragbaren Karnickelstall, den bequemsten Sessel, das Klavier, wozu die Wegzehrung kommen sollte und, selbstverständlich, der Stoff.

»Brüder, ihr nehmt zu an Zahl, ein ganzes Rudel seid ihr schon, und am Verdummen seid ihr. Bald werden die Keller geleert sein, und was soll dann aus uns werden? Elendiglich zugrunde gehen werden die einen, während die anderen sich darauf verlegen werden, ganz gemeine chemische Mixturen zu schlucken. Wir werden noch erleben, wie Menschen sich um eines Tröpfchens Jodtinktur willen abkehlen. Wir werden noch erleben, wie Frauen für eine Flasche Fleckwasser auf den Strich gehen. Wir werden erleben, wie Mütter ihre Kinder verkoken und schaurige Liköre aus ihnen brauen. Sieben Jahre wird das währen. Die nächsten sieben Jahre trinkt man Blut. Zuerst Leichenblut, ein Jahr lang. Dann das Blut von Kranken, zwei Jahre lang. Dann wird jeder sein eignes Blut trinken, vier Jahre lang. Die nächsten sieben Jahre trinkt man nichts als Tränen, und Kinder werden, um ihren Brand zu löschen, Maschinen erfinden, um Tränen aus ihren Eltern zu pressen. Dann gibt's nichts mehr zu trinken, und jeder wird zu seinem Gott schreien: ›Gib mir meine Weinberge zurück!‹ und der Gott wird antworten: ›Gib du mir meine Sonne zurück!‹, aber weder Sonnen noch Weinberge werden mehr sein und auch keine Möglichkeiten mehr, sich zu verständigen. Noch gibt es Sonnen und Weinberge. Doch wenn man keinen Durst hat, baut keiner mehr Wein an. Kein Wein mehr, die Weinberge verwildern. Keine Weinberge, da wandern die Sonnen ab: Sie haben Besseres zu tun, als trinkerlosen Landstrichen Wärme zu spenden, sie werden sich sagen: Jetzt leben wir auf eigene Faust. Ist das euer Wille?«

»Nein!« grollten die Zuhörer.

»Habt ihr Durst?«

»Ja!« bekannten die Zuhörer.

»Nun denn, marsch in die Weinberge! Ihr müßt aber aufbrechen wie ich, müßt auf alle irdischen Güter verzichten und nur das Allernotwendigste mitnehmen.

Wer Durst hat, folge mir nach!«

ERNEST HEMINGWAY

Scott Fitzgerald

Eine vertrackte Reise zweier Schriftsteller in Frankreichs Süden

> Sein Talent war so natürlich wie das Muster, das der Staub auf den Flügeln eines Schmetterlings bildet. Einst verstand er es ebensowenig, wie der Schmetterling es verstand, und er wußte nicht, wann es angestoßen oder beschädigt war. Später wurde er sich seiner verletzten Flügel und ihrer Konstruktion bewußt, und er lernte denken und konnte nicht mehr fliegen, weil die Liebe zum Fliegen fort war, und er konnte sich nur daran erinnern, wie es mühelos gewesen war.

Das erste Mal, als ich Scott Fitzgerald traf, passierte etwas sehr Seltsames. Mit Scott passierten einem eine Menge seltsame Dinge, aber dieses konnte ich niemals vergessen. Er hatte die *Dingo Bar* in der Rue Delambre betreten, wo ich mit ein paar nichtsnutzigen Typen saß, hatte sich vorgestellt und hatte einen großen, angenehmen Menschen, der mit ihm war, als Dunc Chaplin, den berühmten Pitcher, vorgestellt. Ich hatte die Baseballspiele in Princeton nicht verfolgt und hatte niemals von Dunc Chaplin gehört, aber er war außergewöhnlich nett, unbekümmert, entspannt und freundlich, und ich zog ihn Scott bei weitem vor.

Scott war damals ein Mann, der wie ein Junge wirkte, mit einem Gesicht zwischen hübsch und gut aussehend. Er hatte sehr blondes, welliges Haar, eine hohe Stirn, lebhaft und freundlich blickende Augen und einen sensitiven irischen Mund mit feingeschwungenen Lippen, der bei einem Mädchen der Mund einer Schönheit gewesen wäre. Sein Kinn war wohlgestaltet, und er hatte gut geformte Ohren und eine gutaussehende, beinahe schöne, makellose Nase. Das hätte noch kein hübsches Gesicht ergeben, das machten erst seine Farben, das sehr blonde Haar und der Mund. Der Mund beunruhigte einen, ehe man ihn kannte, und dann beunruhigte er einen noch mehr.

Ich war sehr neugierig darauf, ihn kennenzulernen, und ich hatte sehr schwer den ganzen Tag gearbeitet, und es schien ganz wunderbar, daß Scott Fitzgerald hier war und der große Dunc Chaplin, von dem ich noch nie etwas gehört hatte und der jetzt mein Freund war. Scott hörte nicht auf zu reden, und da mich alles, was er sagte, verlegen machte — es war alles über meine Schriftstellerei und wie großartig sie sei —, betrachtete ich ihn weiter aufmerksam und beobachtete, statt zuzuhören. Wir lebten damals noch in der Vorstellung, daß Lob, ins Gesicht gesagt, einer öffentlichen Kränkung gleichkam. Scott hatte Champagner bestellt, und er und Dunc und ich tranken ihn, glaube ich, gemeinsam mit einigen von den nichtsnutzigen Typen. Ich glaube nicht, daß Dunc oder ich der Rede — denn es war eine Rede — sehr genau folgten, und ich fuhr fort, Scott zu beobachten. Er war zierlich gebaut und schien nicht in besonders guter Form zu sein, denn sein Gesicht war leicht aufgedunsen. Sein Anzug von Brooks Brothers saß gut, und er trug ein weißes Hemd mit angeknöpften Kragenecken und einem Gardekürassierschlips. Ich dachte, vielleicht sollte ich ihn über den Schlips aufklären, weil es ja doch in Paris auch Engländer gab und einer ins *Dingo* kommen konnte — zur Zeit waren zwei da —, aber dann dachte ich, Teufel noch mal, und ich betrachtete ihn weiter. Später stellte es sich heraus, daß er den Schlips in Rom gekauft hatte

Durchs Anschauen erfuhr ich jetzt nicht sehr viel über ihn, außer daß er gut geformte, fähig aussehende, nicht zu kleine Hände hatte, und als er sich auf einen der Barhocker setzte, sah ich, daß er sehr kurze Beine hatte. Mit normalen Beinen wäre er etwa fünf Zentimeter größer gewesen. Wir hatten die erste Flasche Champagner ausgetrunken und fingen mit der zweiten an, und sein Redefluß ließ nach.

Wir beide, Dunc und ich, fingen an, uns noch wohler zu fühlen, als wir uns vor dem Champagner gefühlt hatten, und es war angenehm, daß die Rede ihrem Ende zuging. Bis dahin hatte ich gedacht, daß es ein sorgfältig gehütetes Geheimnis zwischen mir und meiner Frau war und ein paar Menschen, die wir gut genug kannten, um uns mit ihnen zu unterhalten, was ich für ein großer Schriftsteller sei. Ich freute mich, daß Scott, was diese meine mögliche Größe betraf, zu dem gleichen glücklichen Ergebnis gekommen war, aber ich war auch froh darüber, daß ihm allmählich die Worte ausgingen. Aber nach der Rede ging die Fragerei los. Man konnte ihn beobachten und es unterlassen, der Rede zu folgen, aber den Fragen konnte man nicht entgehen. Es wurde mir klar, daß Scott glaubte, der Romanschriftsteller könne alles, was er wissen mußte, durch direktes Befragen seiner Freunde und Bekannten erfahren. Die Ausfragerei war direkt.

»Ernest«, sagte er. »Es ist dir doch recht, daß ich Ernest zu dir sage, nicht wahr?«

»Frag Dunc«, sagte ich.

»Sei nicht albern. Ich mein's ernsthaft. Sag mir, habt ihr, du und deine Frau, miteinander geschlafen, ehe ihr verheiratet wart?«

»Ich weiß nicht.«

»Was soll das heißen, du weißt nicht?«

»Ich erinnere mich nicht.«

»Aber wie kannst du dich an etwas von solcher Wichtigkeit nicht erinnern?«

»Ich weiß nicht«, sagte ich. »Es ist seltsam, nicht wahr?«

»Es ist schlimmer als seltsam. Du mußt dich doch erinnern können.«

»Tut mir leid. Es ist schade, nicht wahr?«

»Red nicht so daher wie ein Engländer«, sagte er. »Versuch seriös zu sein und dich zu erinnern.«

»Nein«, sagte ich. »Es ist hoffnungslos.«

»Du könntest eine ehrliche Anstrengung machen, um dich zu erinnern.«

Das klingt ja ziemlich überspannt, dachte ich. Ob er wohl jedem diese Rede hält? Aber ich glaubte es nicht, weil ich gesehen hatte, wie er schwitzte, während er sie hielt. Der Schweiß war auf seiner feingeschwungenen, vollkommenen irischen Obrlippe in winzigen Tropfen ausgebrochen, als ich hinunter- und von seinem Gesicht wegblickte und die Länge seiner hochgezogenen Beine feststellte, als er auf dem Barhocker saß. Jetzt blickte ich ihm wieder ins Gesicht, und gerade da passierte diese merkwürdige Sache.

Wie er so an der Bar saß, das Glas Champagner in der Hand, schien sich die Haut seines Gesichts zu straffen, bis die ganze Aufgedunsenheit weg war, und dann spannte sich die Haut noch fester, bis das Gesicht wie ein Totenkopf aussah. Die Augen sanken ein und fingen an, tot auszusehen, und die Lippen waren straff gezogen, und die Farbe wich aus seinem Gesicht, so daß es die Farbe von benutztem Kerzenwachs hatte. Ich bildete mir dies nicht ein. Sein Gesicht wurde vor meinen Augen zu einem wahren Totenkopf oder einer Totenmaske.

»Scott«, sagte ich. »Ist dir nicht wohl?«

Er antwortete nicht, und sein Gesicht sah noch verzerrter aus als vorher.

»Wir wollen ihn lieber zu einer Unfallstation schaffen«, sagte ich zu Dunc Chaplin.

»Nein. Es fehlt ihm nichts.«

»Es sieht aus, als ob er stirbt.«

»Nein. So wirkt es bei ihm.«

Wir setzten ihn in ein Taxi, und ich war sehr besorgt, aber Dunc sagte, er sei in Ordnung und man brauche sich nicht um ihn zu sorgen. »Wahrscheinlich wird er, ehe er zu Hause ist, wieder in Ordnung sein«, sagte er.

Er muß es gewesen sein, denn als ich ihn ein paar Tage später in der *Closerie* traf, sagte ich, es täte mir leid, daß das Zeugs so auf ihn gewirkt habe und daß wir es vielleicht zu schnell getrunken hätten, während wir uns unterhielten.

»Was meinst du, was tut dir leid? Was für Zeugs hat auf mich wie gewirkt? Wovon sprichst du denn, Ernest?«

»Ich meinte neulich abend im *Dingo*.«

»Hat mir doch nichts gefehlt, da im *Dingo*. Ich hatte nur einfach genug von diesen absolut verdammten Engländern, mit denen du da warst, und ging nach Hause.«

»Als du da warst, waren keine Engländer da. Nur der Barmixer.«

»Gib dir keine Mühe, daraus ein Geheimnis zu machen. Du weißt, welche ich meine.«

»Ach«, sagte ich. Er war wohl später ins *Dingo* zurückgegangen. Oder er war ein andermal hingegangen. Nein. Jetzt fiel es mir ein, es *waren* zwei Engländer da gewesen. Es stimmte. Ich erinnerte mich, wer es war. Sie waren den ganzen Abend über da gewesen.

»Ach«, sagte ich. »Ja, natürlich.«

»Das Mädchen mit dem fragwürdigen Adelstitel, das so grob war, und der Saufbold bei ihr. Du sagtest, sie seien Freunde von dir.«

»Das sind sie. Und sie *ist* manchmal sehr grob.«

»Siehst du, hat gar keinen Sinn, so geheimnisvoll zu tun, nur weil man ein paar Glas Wein getrunken hat. Wieso wolltest du so geheimnisvoll tun? Ich hätte nie gedacht, daß du so etwas tust.«

»Ich weiß nicht.» Ich wollte das Thema wechseln. Dann kam mir eine Idee. »Waren sie grob wegen deinem Schlips?«

»Warum sollten sie wegen meinem Schlips grob sein? Ich trug einen einfachen schwarzen Schlips zu einem weißen Polohemd.«

Da gab ich es auf, und er fragte mich, wieso ich dieses Café mochte, und ich erzählte ihm, wie es früher gewesen war, und er fing an, zu versuchen, es auch gern zu mögen, und wir saßen da, ich, der es gern mochte, und er, der versuchte, es gern zu mögen, und er stellte Fragen und erzählte mir von Schriftstellern und Verlegern und Agenten und Kritikern und George Horace Lorimer und dem Klatsch und den wirtschaftlichen Problemen, wenn man ein erfolgreicher Schriftsteller war, und er war zynisch und komisch und sehr vergnügt und charmant und gewinnend, selbst wenn man sich bei jemandem, der einen zu gewinnen suchte, vorsah. Er sprach wegwerfend, aber ohne Bitterkeit über alles, was er geschrieben hatte, und ich wußte, daß sein neues Buch sehr gut sein mußte, da er ohne Bitterkeit von den Fehlern früherer Bücher sprach. Er wollte, daß ich das neue Buch *Der große Gatsby* las, sobald er sein letztes und einziges Exemplar von jemandem, dem er es geliehen hatte, zurückbekam. Wenn man ihn so darüber sprechen hörte, wußte man noch lange nicht, wie ausgezeichnet es war; man spürte nur die Schüchternheit, die alle nicht eingebildeten Schrifsteller haben, wenn sie etwas sehr Gutes geschrieben haben, und ich hoffte, er würde das Buch bald zurückbekommen, damit ich es lesen konnte.

Scott erzählte mir, daß er von Maxwell Perkins gehört habe, daß sich das Buch nicht gut verkaufte, aber daß es ausgezeichnete Kritiken gehabt hätte. Ich erinnere mich nicht, ob es jener Tag war oder viel später, als er mir eine Kritik von Gilbert Seldes zeigte, die gar nicht besser hätte sein können. Sie hätte nur besser sein können, wenn Gilbert Seldes besser gewesen wäre. Scott war ratlos und gekränkt, weil das Buch sich nicht besser verkaufte, aber wie gesagt, er war damals überhaupt nicht verbittert, und er war beides, schüchtern und glücklich, was die Qualität seines Buches betraf.

An diesem Tag, als wir draußen auf der Terrasse der *Closerie* saßen und beobachteten, wie es dämmerig wurde und die Leute auf dem Bürgersteig vorübergingen, und das graue Licht des Abends sich veränderte, bewirkten die zwei Whisky Soda, die er getrunken hatte, keine chemische Veränderung in ihm. Ich hielt sorgsam danach Ausschau, aber es kam nicht, und er fragte keine schamlosen Fragen, setzte mich nicht in Verlegenheit, hielt keine Reden und benahm sich wie ein normaler, reizender und intelligenter Mensch.

Er erzählte mir, das schlechte Wetter habe ihn und Zelda, seine Frau, gezwungen, ihren kleinen Renault in Lyon stehen zu lassen, und er fragte, ob ich mit ihm im Zug nach Lyon hinunterfahren würde, um den Wagen abzuholen und dann mit ihm zusammen nach Paris zurückzufahren.

Die Fitzgeralds hatten in der Rue de Tilsit 14, nicht weit von der Etoile, eine möblierte Wohnung gemietet. Jetzt war Frühling und ich dachte, daß das Land sich wohl von seiner besten Seite zeigen würde und wir eine fabelhafte Reise vor uns hätten. Scott schien so nett und so vernünftig zu sein, und ich hatte beobachtet, wie er zwei gute große Whiskies trank und nichts passierte, und sein Charme und seine scheinbare Vernunft ließen den anderen Abend im *Dingo* wie einen bösen Traum erscheinen. Also sagte ich, ich würde gern mit ihm nach Lyon fahren und wann er fahren wollte?

Wir kamen überein, uns am nächsten Tag zu treffen, und verabredeten dann, mit dem Express-Zug, der morgens fuhr, nach Lyon zu fahren. Dieser Zug fuhr zu einer annehmbaren Zeit ab und fuhr sehr schnell. Er hielt, soweit ich mich erinnern kann, nur einmal, in Dijon. Geplant war, nach Lyon zu fahren, das Auto nachsehen und überholen zu lassen, ausgezeichnet zu Abend zu essen und frühmorgens nach Paris aufzubrechen.

Ich war begeistert von der Ausflugsidee. Ich würde die Gesellschaft eines älteren und erfolgreichen Schriftstellers haben, und in der Zeit, die wir uns im Auto unterhalten würden, konnte ich bestimmt vieles lernen, was mir von Nutzen sein würde. Wenn ich jetzt zurückdenke, kommt es mir seltsam vor, daß ich in Scott einen älteren Schriftsteller sah, aber damals hatte ich eben noch nicht *Der große Gatsby* gelesen. Ich dachte, er schrieb *Saturday Evening Post*-Geschichten, die vor drei Jahren gut lesbar gewesen waren, aber ich dachte niemals an ihn als einen ernsthaften Schriftsteller. Er hatte mir in der *Closerie* erzählt, wie er Geschichten schrieb, die er für gut hielt und die tatsächlich gute Geschichten für die *Post* waren, und dann änderte er sie ab, um sie anzubieten, und wußte genau, wie und wo er die Effekte setzen mußte, um sie zu verkäuflichen Zeitschriftengeschichten zu machen. Ich war empört darüber, und ich sagte ihm, ich hielte das für Hurerei. Er sagte, es sei Hurerei, aber er müsse es tun, weil er das Geld von den Zeitschriften brauche, um dann Geld zu haben, anständige Bücher zu schreiben. Ich sagte, ich glaube nicht, daß irgendwer auf eine andere Art, als auf die allerbeste, deren er fähig sei, schreiben könne, ohne seine Begabung zu zerstören. Da er die eigentliche Geschichte zuerst schrieb, sagte er, würde das Zerstören und Umwandeln, das er ja zum Schluß vornahm, ihm keinen Schaden zufügen. Das konnte ich nicht glauben, und ich hätte ihm das gerne ausgeredet, aber ich brauchte einen Roman zur Unterstützung meiner Theorie und um es ihm zu zeigen und ihn zu überzeugen, und bis jetzt hatte ich noch keinen solchen Roman geschrieben. Da ich begonnen hatte, alles, was ich schrieb, zu vereinfachen und mich von aller geläufigen Routine zu befreien, und da ich mich bemühte, etwas zu schaffen und nicht zu beschreiben, war Schreiben eine wunderbare Tätigkeit. Aber es war sehr schwierig, und ich wußte nicht, wie ich je etwas so Langes wie einen Roman schreiben sollte. Ich brauchte einen vollen Arbeitsmorgen, um einen Absatz zu schreiben.

Hadley, meine Frau, freute sich für mich über die Reise, obgleich sie das, was sie von Scott gelesen hatte, nicht ernst nahm. Für sie war Henry James der Inbegriff eines guten Schriftstellers. Aber sie fand, es sei eine gute Idee von mir, eine Arbeitspause einzuschieben und die Reise zu machen, obschon wir beide wünschten, wir hätten genug Geld, um ein Auto zu haben und die Reise zusammen zu machen. Aber das war etwas, von dem ich nicht annahm, daß es jemals passieren könnte. Ich hatte von Boni & Liveright für einen ersten Band Kurzgeschichten, der in jenem Herbst in Amerika erscheinen sollte, einen Vorschuß von 200 Dollar bekommen, und ich verkaufte Geschichten an die *Frankfurter Zeitung* und an den *Querschnitt* in Berlin und an *This Quarter* und die *Transatlantic Revue* in Paris, und wir lebten sehr sparsam und gaben kein Geld aus bis auf das Notwendigste, um das Geld aufzusparen und im Juli zur *feria* nach Pamplona und nach Madrid und zur *feria* von Valencia hinunterfahren zu können.

An dem Morgen, an dem wir von der Gare de Lyon abfahren sollten, war ich reichlich früh da und wartete vor der Sperre auf Scott. Er hatte die Fahrkarten. Kurz vor der Abfahrt des Zuges, als Scott noch immer nicht da war, kaufte ich mir eine Bahnsteigkarte und ging am Zug entlang und suchte nach ihm. Ich sah ihn nicht, und da der lange Zug im Begriff war, auszufahren, stieg ich ein und ging durch den Zug in der Hoffnung, daß er darin sei. Es war ein langer Zug, und er war nicht darin. Ich erklärte dem Schaffner die Lage, bezahlte für ein Billett zweiter Klasse — es gab keine dritte — und fragte den Schaffner nach dem Namen des besten Hotels in Lyon. Ich konnte nichts anderes tun, als Scott aus Dijon zu telegrafieren und ihm die Adresse des Hotels anzugeben, wo ich ihn in Lyon erwarten würde. Er bekam es wohl nicht, ehe er aufbrach, aber seine Frau würde es ihm voraussichtlich nachtelegrafieren. Ich hatte bis dahin noch nie gehört, daß ein erwachsener Mensch einen Zug verpaßt, aber auf dieser Reise sollte ich noch vieles lernen.

In jenen Tagen regte ich mich sehr leicht entsetzlich auf, aber als wir Montereau hinter uns hatten, hatte ich mich so weit beruhigt, daß ich nicht mehr zu wütend war, um die Landschaft zu betrachten und mich daran zu freuen, und mittags aß ich ein gutes Lunch im Speisewagen und trank eine Flasche Saint-Emilion und dachte, daß selbst wenn ich ein Idiot gewesen war, eine Einladung zu einer Reise anzunehmen, die jemand anderes bezahlen sollte und für die ich Geld ausgab, das wir brauchten, um nach Spanien zu fahren, es eine gute Lehre für mich war. Ich hatte niemals zuvor eine Einladung zu einer Reise angenommen, die ein anderer bezahlte, statt daß man die Kosten teilte, und bei dieser hatte ich darauf bestanden, daß wir die Kosten für Hotel und Mahlzeiten teilten. Aber jetzt wußte ich nicht einmal, ob Fitzgerald überhaupt auftauchen würde. Während ich wütend war, hatte ich ihn von Scott zu Fitzgerald degradiert. Später freute ich mich, daß ich meinen Ärger im Anfang aufgebraucht hatte und ich darüber hinweg war. Das war keine Reise, die für jemand geeignet war, der sich leicht ärgerte.

In Lyon erfuhr ich, daß Scott von Paris nach Lyon gefahren war, aber er hatte nicht hinterlassen, wo er in Lyon absteigen würde. Ich wiederholte meine dortige Adresse, und das Mädchen sagte, sie würde sie ihm mitteilen, wenn er anriefe. Madame fühle sich nicht wohl und schliefe noch. Ich rief alle namhaften Hotels an und hinterließ Nachricht, konnte aber Scott nicht ausfindig machen und ging dann in ein Café, trank einen Apéritif und las die Zeitungen. Im Café traf ich einen Mann, der sich seinen Lebensunterhalt als Feuerfresser verdiente und der außerdem Münzen, die er zwischen seinen zahnlosen Kiefern hielt, mit Daumen und Zeigefingern verbog. Sein Zahnfleisch war wund, aber fest, soweit sich sehen ließ, als er es zur Schau stellte, und er sagte, es sei kein schlechtes *métier*. Ich lud ihn zu einem Drink ein, und er freute sich. Er hatte ein nettes dunkles Gesicht, das, wenn er Feuer fraß, glühte und glänzte. Er sagte, es sei in Lyon weder mit Feuerfressen noch mit Kraftproben von Fingern und Kiefern Geld zu verdienen. Falsche Feuerfresser hätten das *métier* ruiniert und würden es immer weiter ruinieren, wo immer sie auftreten durften. Er hatte den ganzen Abend Feuer gefressen, sagte er, und habe nicht genügend Geld bei sich, um noch etwas anderes an dem Abend zu fressen. Ich lud ihn zu einem zweiten Drink ein, um den Benzingeschmack vom Feuerfressen runterzuspülen, und sagte, wir könnten zusammen zu Abend essen, falls er ein gutes Lokal kenne, das billig genug sei. Er sagte, er kenne ein ausgezeichnetes Lokal.

Wir aßen sehr billig in einem algerischen Restaurant, und mir schmeckte das Essen und der algerische Wein. Der Feuerfesser war ein netter Mensch, und es war interessant, ihn essen zu sehen, da er mit seinem Gaumen ebensogut kauen konnte wie die meisten Leute mit ihren Zähnen. Er fragte mich, womit ich meinen Lebensunterhalt verdiente, und ich erzählte ihm, daß ich gerade anfing, als Schriftsteller zu arbeiten. Er fragte, was ich denn schriebe, und ich sagte ihm, Geschichten. Er sagte, er kenne viele Geschichten, manche schrecklicher und unglaubhafter als alles, was geschrieben worden sei. Er könne sie mir erzählen, und ich solle sie aufschreiben, und dann, wenn sie Geld brächten, sollte ich ihm geben, was ich für richtig hielte. Noch besser, wir führen nach Nordafrika, und er würde mich in das Land des Blauen Sultans mitnehmen, wo ich Geschichten hören würde, wie sie noch kein Mensch je gehört habe.

Ich fagte ihn, was für Geschichten, und er sagte, über Schlachten, Hinrichtungen, Folterungen, Vergewaltigungen, grauenhafte Sitten, unglaubhafte Gebräuche, Ausschweifungen, alles, was ich haben wolle. Es wurde Zeit für mich, wieder ins Hotel zurückzugehen und von neuem nach Scott zu fahnden, also bezahlte ich für unsere Mahlzeit und sagte, wir würden uns bestimmt mal wieder begegnen. Er sagte, er arbeite sich runter zu nach Marseille, und ich sagte, früher oder später würden wir uns wiedertreffen, und es sei ein Vergnügen gewesen, zusammen zu essen. Ich verließ ihn, während er verbogene Münzen gerade bog, und sie auf dem Tisch aufstapelte, und ich ging ins Hotel zurück.

Lyon war bei Nacht keine sehr vergnügliche Stadt. Es war eine große, schwerfällige Stadt mit solidem Geld, wahrscheinlich angenehm, wenn man Geld hatte und einem diese Art Stadt gefiel. Seit Jahren hatte ich von den wunderbaren Hühnern in den dortigen Restaurants gehört, statt dessen hatten wir Hammel gegessen. Der Hammel war vorzüglich gewesen.

Im Hotel war keine Nachricht von Scott, und ich ging in dem ungewohnten Hotelluxus zu Bett und las den ersten Band der *Aufzeichnungen eines Jägers* von Turgenjew, den ich mir in der Bücherstube von Sylvia Beach geliehen hatte. Seit drei Jahren war ich nicht mehr im Luxus eines großen Hotels gewesen, und ich machte die Fenster weit auf und rollte die Kissen unter Schultern und Kopf zusammen und war glücklich, mit Turgenjew in Rußland zu sein, bis ich über dem Lesen einschlief. Am Morgen machte ich mich fertig, um frühstücken zu gehen, und als ich beim Rasieren war, rief man vom Empfang an und sagte, es sei ein Herr unten, der mich sprechen wolle.

»Bitten Sie ihn heraufzukommen«, sagte ich und rasierte mich weiter und lauschte auf die Stadt, die schon früh am Morgen schwerfällig zum Leben erwacht war.

Scott kam nicht herauf, und ich traf ihn unten am Empfang. »Es tut mir schrecklich leid, daß es solch ein Durcheinander gegeben hat«, sagte er. »Wenn ich nur gewußt hätte, in welches Hotel du gehen würdest, wäre alles einfach gewesen.«

»Schon gut«, sagte ich. Wir hatten eine lange Fahrt vor uns, und ich war sehr für Frieden. »Mit welchem Zug bist du denn heruntergekommen?«

»Mit einem, nicht lange nach dem, den du nahmst. Es war ein sehr bequemer Zug, und wir hätten ebensogut zusammen fahren können.«

»Hast du schon gefrühstückt?«

»Noch nicht. Ich habe die ganze Stadt nach dir abgegrast.«

»Das ist schandbar«, sagte ich. »Hat man dir nicht zu Hause gesagt, daß ich hier bin?«

»Nein, Zelda fühlte sich nicht wohl, und ich hätte wahrscheinlich gar nicht kommen sollen. Bisher war die ganze Reise verheerend.«

»Wir wollen frühstücken, das Auto abholen und losfahren«, sagte ich.

»Wunderbar. Wollen wir hier frühstücken?«

»Es geht schneller im Café.«

»Aber hier bekommen wir bestimmt ein gutes Früstück.«

»Schön.«

Es war ein großes amerikanisches Frühstück, mit Schinken und Eiern, und es war sehr gut. Aber bis wir es bestellt, darauf gewartet, es gegessen und auf die Rechnung gewartet hatten, hatten wir fast eine Stunde verloren. Erst als der Kellner mit der Rechnung kam, beschloß Scott, daß das Hotel uns ein Picknicklunch zurechtmachen sollte. Ich versuchte ihm das auszureden, da ich sicher war, daß wir in Mâcon eine Flasche Mâcon kaufen konnten und daß wir in einer *charcuterie* etwas kaufen konnten, um uns belegte Brote zu machen. Oder falls alles geschlossen sein sollte, wenn wir durchkamen, würde es eine Unzahl von Restaurants geben, an denen wir unterwegs anhalten konnten. Aber er sagte, ich hätte ihm erzählt, daß Hühner in Lyon wunderbar seien und daß wir ganz bestimmt eines mitnehmen sollten. Also machte uns das Hotel ein Lunch, das uns wohl nicht sehr viel mehr kostete, als vier- oder fünfmal so viel von dem, was es uns gekostet hätte, wenn wir es uns selbst gekauft hätten.

Es war offensichtlich, daß Scott getrunken hatte, ehe ich ihn traf, und da er aussah, als brauche er noch einen Drink, fragte ich ihn, ob er nicht einen in der Bar nehmen wolle, bevor wir uns auf den Weg machten. Er erklärte, daß er kein Vormittagstrinker sei, und fragte, ob ich einer wäre. Ich erklärte, daß es völlig davon abhinge, wie ich mich fühlte und was ich zu tun hätte, und er sagte, wenn ich meinte, daß ich einen Drink brauchte, würde er mir Gesellschaft leisten, damit ich nicht allein trinken müsse. Also tranken wir einen Whisky mit Perrier in der Bar, während wir auf unser Lunch warteten, und fühlten uns beide viel wohler.

Ich bezahlte für das Hotelzimmer und die Bar, obwohl Scott für alles bezahlen wollte. Seit Beginn der Reise hatte ich ein etwas unbehagliches Gefühl gehabt, und ich merkte, daß ich mich um so besser fühlte, je mehr Sachen ich bezahlen konnte. Ich brauchte das Geld auf, das wir für Spanien gespart hatten, aber ich wußte, ich hatte Kredit bei Sylvia Beach und konnte alles, was ich jetzt verschwendete, borgen und zurückzahlen.

In der Garage, wo Scott sein Auto gelassen hatte, war ich erstaunt, als ich sah, daß der kleine Renault kein Verdeck hatte. Das Verdeck war beim Ausladen des Autos in Marseille beschädigt worden, oder es war in Marseille auf irgendeine Weise beschädigt worden, und Zelda hatte bestimmt, es wegzuschneiden, und sich geweigert, es ersetzen zu lassen. Seine Frau hasse Autoverdecks, erzählte mir Scott, und sie waren ohne Verdeck bis Lyon gefahren, wo der Regen sie zwang, haltzumachen. Sonst war der Wagen in ganz gutem Zustand, und Scott bezahlte die Rechnung, nachdem er einige Posten für Waschen, Abschmieren und das Nachfüllen von zwei Litern Öl beanstandet hatte. Der Mann in der Garage erklärte mir, daß das Auto neue Kolbenringe brauche und offensichtlich mit zuwenig Öl und Wasser gefahren worden sei. Er zeigte mir, wie der Motor sich heißgelaufen hatte und der Lack auf der Haube abgesprungen war. Er sagte, falls ich Monsieur überreden könne, die Kolbenringe in Paris machen zu lassen, könne das Auto, das ein gutes kleines Auto sei, noch alle Dienste leisten, für die es gebaut sei.

»Monsieur hat mir nicht gestattet, das Verdeck zu ersetzen.«

»Nein?«

»Man hat einem Fahrzeug gegenüber Verpflichtungen.«

»Das hat man.«

»Haben die Herren denn keine Regenmäntel?«

»Nein«, sagte ich. »Ich habe nichts von dem Verdeck gewußt.«

»Versuchen Sie doch, Monsieur zur Vernunft zu bringen«, sagte er bittend. »Zumindest, was das Auto anbelangt.«

»Hm«, sagte ich.

Eine Stunde nördlich von Lyon mußten wir wegen des Regens haltmachen.

An jenem Tag mußten wir vielleicht zehnmal wegen des Regens haltmachen. Es waren vorübergehende Regenschauer, und einige dauerten länger als andere. Wenn wir Regenmäntel gehabt hätten, wäre es geradezu angenehm gewesen, im Frühlingsregen zu fahren. Aber so suchten wir Schutz unter Bäumen oder hielten vor Cafés an der Straße. Das Hotel in Lyon hatte uns ein wunderbares Lunch mitgegeben, ein ausgezeichnetes, getrüffeltes Brathuhn, vorzügliches Brot und weißen Mâcon, und Scott war sehr glücklich, wenn wir bei jedem Halt den weißen Mâcon tranken. In Mâcon hatte ich weitere vier Flaschen ausgezeichneten Wein gekauft, die ich nach Bedarf entkorkte.

Ich weiß nicht genau, ob Scott je zuvor Wein aus der Flasche getrunken hatte, und er fand es so aufregend, als ob er sich in einem verrufenen Viertel herumtrieb, oder wie ein Mädchen es aufregend finden mag, wenn sie das erste Mal ohne Badeanzug schwimmen geht. Aber am Frühnachmittag fing er an, sich um seine Gesundheit zu sorgen. Er erzählte mir von zwei Leuten, die kürzlich an einer Lungenkongestion gestorben waren. Beide waren in Italien gestorben, und es hatte ihn tief beeindruckt.

Ich erklärte ihm, daß Lungenkongestion der altmodische Name für Lungenentzündung sei, und er erklärte mir, daß ich gar nichts davon verstünde und mich völlig im Irrtum befände. Lungenkongestion sei eine Krankheit, die in Europa heimisch sei, und ich könne unmöglich etwas davon wissen, selbst wenn ich die medizinischen Bücher meines Vaters gelesen hätte, da sie von Krankheiten handelten, die rein amerikanisch waren. Ich erzählte ihm, daß mein Vater auch in Europa studiert habe. Aber Scott erklärte, daß es Lungenkongestion erst kurze Zeit in Europa gäbe und daß mein Vater unmöglich etwas davon gewußt haben konnte. Er erklärte auch, daß die Krankheiten in den verschiedenen Teilen Amerikas verschieden seien. Und wenn mein Vater in New York statt im Mittelwesten als Arzt tätig gewesen wäre, hätte er eine völlig andere Skala von Krankheiten gekannt. Er gebrauchte das Wort Skala.

Ich sagte, er habe ganz recht, daß gewisse Krankheiten in einem Teil der Vereinigten Staaten aufträten und in anderen nicht, und ich führte die Häufigkeit von Lepra in New Orleans an und das damals sehr seltene Vorkommen in Chicago. Aber ich sagte, daß Ärzte ein System des Wissensaustauschs und der Information untereinander hätten, und jetzt, nachdem er es erwähnt hatte, erinnerte ich mich, den maßgebenden Artikel über Lungenkongestion in Europa im *Journal of the American Medical Association* gelesen zu haben, in dem ihre Geschichte bis zu Hippokrates zurückverfolgt wird. Das beruhigte ihn eine Zeitlang, und ich redete ihm zu, noch etwas Mâcon zu trinken, da ein guter, mäßig schwerer Weißwein mit niedrigem Alkoholgehalt fast ein Heilmittel gegen diese Krankheit ist.

Scotts Miene hellte sich etwas auf, aber kurz darauf sank er wieder in sich zusammen und fragte mich, ob wir wohl eine große Stadt erreichen könnten, ehe Fieber und Delirium einsetzen würden, durch die, wie ich ihm erzählt hatte, sich die echte Lungenkongestion, die europäische, ankündigte. Ich übersetzte ihm jetzt etwas darüber aus einem Artikel, den ich in einer französischen medizinischen Zeitschrift über die gleiche Krankheit gelesen hatte, als ich im amerikanischen Krankenhaus in Neuilly darauf gewartet hatte, daß mein Hals kauterisierte. Ein Wort wie kauterisieren hatte eine beruhigende Wirkung auf Scott. Aber er wollte wissen, wann wir in der Stadt wären. Ich sagte, wenn wir ordentlich loslegten, müßten wir es in fünfundzwanzig Minuten bis einer Stunde schaffen.

Dann fragte mich Scott, ob ich Angst vorm Sterben hätte, und ich sagte, zu manchen Zeiten mehr als zu anderen.

Jetzt begann es wirklich heftig zu regnen, und wir suchten in einem Café im nächsten Dorf Schutz. Ich kann mich nicht mehr an alle Einzelheiten dieses Nachmittags erinnern, aber als wir schließlich in einem Hotel waren, aller Wahrscheinlichkeit nach in Châlon-sur-Saône, war es so spät, daß die Apotheken geschlossen waren.

Sowie wir im Hotel ankamen, hatte Scott sich ausgezogen und ins Bett gelegt. Es mache ihm nichts aus, an Lungenkongestion zu sterben, sagte er. Es handle sich nur darum, wer für Zelda und Klein Scottie sorgen würde. Ich wußte nicht recht, wie ich für sie sorgen sollte, da es mir sauer genug wurde, für Hadley, meine Frau, und unseren kleinen Sohn Bumby zu sorgen, aber ich sagte, ich würde mein möglichstes tun, und Scott dankte mir. Ich sollte achtgeben, daß Zelda nicht tränke und daß Scottie eine englische Gouvernante bekäme.

Wir hatten unsere Anzüge zum Trocknen gegeben und waren in Pyjamas. Draußen regnete es immer noch, aber im Zimmer bei elektrischem Licht war es ganz behaglich. Scott lag im Bett, um seine Kräfte für den Kampf gegen die Krankheit zu schonen. Ich hatte seinen Puls gezählt, 72 in der Minute, und hatte seine Stirn angefühlt, die kühl war. Ich hatte seine Brust abgehorcht und ihn tief atmen lassen, und sein Atem hörte sich ganz normal an.

»Hör mal, Scott«, sagte ich, »du bist völlig okay. Das Beste, was du tun kannst, damit du keine Erkältung bekommst, ist einfach im Bett zu bleiben. Ich bestelle uns jedem eine Zitronenlimonade und einen Whisky, und du nimmst ein Aspirin mit deinem und wirst dich großartig fühlen und bekommst noch nicht einmal einen Schnupfen.«

»Diese Altweibermittel«, sagte Scott.

»Du hast keine Temperatur. Zum Teufel noch mal, wie willst du ohne Temperatur Lungenkongestion haben?«

»Beschimpf mich nicht«, sagte Scott. »Woher weißt du, daß ich keine Temperatur habe?«

»Dein Puls ist normal, und du fühlst dich nicht fiebrig an.«

»Fühlst dich nicht an«, sagte Scott verbittert. »Wenn du wirklich mein Freund bist, besorgst du mir ein Thermometer.«

»Ich bin im Pyjama.«

»Laß eins besorgen.«

Ich klingelte nach dem Kellner. Er kam nicht, und ich klingelte noch mal, und als er immer noch nicht kam, ging ich in den Flur hinunter, um ihn zu suchen. Scott lag mit geschlossenen Augen da; er atmete langsam und behutsam und sah mit seiner wächsernen Farbe und seinen vollkommenen Zügen wie ein kleiner toter Kreuzritter aus. Ich hatte genug vom literarischen Leben, wenn das, was ich da führte, ein literarisches Leben war, und ich vermißte bereits meine Arbeit, und ich fühlte die Einsamkeit des Todes, die am Ende eines jeden Tages kommt, den man in seinem Leben vertan hat. Ich hatte nun genug von Scott und seiner dämlichen Komödie, aber ich fand den Kellner und gab ihm Geld, um ein Thermometer und eine Röhre mit Aspirin zu kaufen, und bestellte zwei *citrons pressés* und zwei doppelte Whisky. Ich versuchte, eine Flasche Whisky zu bestellen, aber sie wollten ihn nur glasweise verkaufen.

Ich ging ins Zimmer zurück, und Scott lag immer noch wie auf seinem Grab, in Stein gehauen, sein eigenes Denkmal, mit geschlossenen Augen, und atmete mit vorbildlicher Würde.

Als er mich ins Zimmer kommen hörte, sprach er: »Hast du das Thermometer bekommen?«

Ich ging zu ihm hinüber und legte meine Hand auf seine Stirn. Sie war nicht so kalt wie das Grab, sie war kühl und nicht schweißig.

»Nix«, sagte ich.

»Ich dachte, du hättest es gebracht.«

»Ich habe jemand danach geschickt.«

»Das ist nicht dasselbe.«

»Nein. Das ist es nicht, nicht wahr?«

Man konnte Scott nicht böse sein, ebensowenig, wie man einem Verrückten böse sein kann, aber ich wurde wütend auf mich selbst, weil ich mich in diese alberne Geschichte eingelassen hatte.

Es war aber etwas dran, und ich wußte es recht gut. Die meisten Säufer starben damals an Schwindsucht, einer Krankheit, die heutzutage beinahe völlig ausgemerzt ist. Aber man konnte ihn schwerlich als Säufer bezeichnen, da so geringe Mengen Alkohol auf ihn wirkten.

Damals hielten wir in Europa Wein für etwas so Gesundes und Normales wie Essen und auch für einen großen Spender von Glück, Wohlbefinden und Entzücken. Weintrinken war weder Snobismus noch ein Zeichen von feiner Lebensart, noch ein Kult. Es war ebenso natürlich wie Essen und für mich ebenso notwendig. Es wäre mir nie eingefallen, eine Mahlzeit ohne Wein, Apfelwein oder Bier zu mir zu nehmen. Ich mochte alle Weine gern bis auf süße oder süßliche Weine oder Weine, die zu schwer waren, und es wäre mir nie der Gedanke gekommen, daß einige gemeinsam geleerte Flaschen eines ziemlich leichten, herben weißen Mâcon in Scott eine chemische Veränderung hervorrufen könnten, die ihn zum Narren machten. Am Morgen hatten wir den Whisky mit Perrier getrunken, aber da ich damals nicht viel von Alkoholikern verstand, konnte ich mir nicht vorstellen, daß ein Whisky irgend jemandem schaden konnte, der im Regen in einem offenen Auto fuhr. Der Alkohol mußte in sehr kurzer Zeit abgebaut sein.

Während wir auf den Kellner warteten, der die verschiedenen Sachen bringen sollte, saß ich und las eine Zeitung und leerte eine der Flaschen Mâcon, die bei dem letzten Aufenthalt entkorkt worden war.

Es gibt immer ein paar großartige Verbrechen in den Zeitungen, die man Tag für Tag verfolgen kann, wenn man in Frankreich lebt. Diese Verbrechen lesen sich wie Fortsetzungsromane, und es ist wesentlich, die Anfangskapitel gelesen zu haben, da keine Inhaltsangaben geliefert werden wie bei amerikanischen Fortsetzungsromanen, und selbst so ein Roman in einer amerikanischen Zeitschrift ist keinesfalls so gut, wenn man nicht das überaus wichtige erste Kapitel gelesen hat. Wenn man durch Frankreich reist, sind die Zeitungen enttäuschend, weil man um die Vorgeschichten der verschiedenen *crimes, affaires* oder *scandales* gebracht wird, und man kommt um viel Vergnügen, das man beim Lesen in einem Café von ihnen hat. Heute abend wäre ich sehr viel lieber in einem Café gewesen, wo ich die Morgenausgabe der Pariser Zeitungen hätte lesen können und die Leute hätte beobachten können und vor dem Essen etwas Gewichtigeres zu trinken gehabt hätte als den Mâcon. Aber ich hatte auf Scott aufzupassen, also vergnügte ich mich, wo ich war.

Als der Kellner mit den zwei Gläsern mit dem ausgepreßten Zitronensaft und Eis, den Whiskies und der Flasche Perrier erschien, sagte er zu mir, daß die Apotheke geschlossen sei und er kein Thermometer bekommen könne. Er habe sich etwas Aspirin geborgt. Ich bat ihn, er solle doch zusehen, ob er sich ein Thermometer borgen könne.

Scott öffnete die Augen und warf einen unheilvollen irischen Blick auf den Kellner.

»Hast du ihm gesagt, wie ernst es ist?« fragte er.

»Ich glaube, er hat es verstanden.«

»Bitte versuche, es ihm klarzumachen.«

Ich versuchte, es ihm klarzumachen, und der Kellner sagte: »Ich bringe Ihnen, was ich kann.«

»Hast du ihm auch genug Trinkgeld gegeben? Sie arbeiten nur für Trinkgelder.«

»Das wußte ich nicht«, sagte ich. »Ich dachte, daß das Hotel ihnen noch nebenbei etwas bezahlt.«

»Ich meine eben, daß sie nur gegen ein ansehnliches Trinkgeld etwas für dich tun. Die meisten von ihnen sind durch und durch korrupt.«

Ich dachte an Evan Shipman, und ich dachte an den Kellner in der *Closerie*, den man gezwungen hatte, seinen Schnurrbart abzunehmen, als sie eine *American Bar* in der *Closerie* aufmachten, und daß Evan draußen in seinem Garten in Montrouge gearbeitet hatte, lange ehe ich Scott kennenlernte, und was wir alle in der *Closerie* für gute Freunde waren und lange Zeit gewesen waren, und an all die Veränderungen, die gemacht worden waren, und was sie uns allen bedeuteten. Ich wollte gelegentlich Scott das ganze Problem von der *Closerie* erzählen, obgleich ich es wahrscheinlich ihm gegenüber schon mal erwähnt hatte, aber ich wußte, daß er sich nichts aus Kellnern und ihren Problemen noch ihrer großen Gutmütigkeit und ihren Zuneigungen machte. Zu jener Zeit haßte Scott die Franzosen, und da Kellner, Chauffeure, Garagenangestellte und Hauswirte, die er nicht verstand, fast die einzigen Franzosen waren, mit denen er dauernd zu tun hatte, fand er reichlich Gelegenheit, sie zu beleidigen und zu beschimpfen.

Er haßte die Italiener noch mehr als die Franzosen und konnte, selbst wenn er nüchtern war, nicht ruhig über sie sprechen. Engländer haßte er häufig auch, aber manchmal ließ er sie gelten, und gelegentlich sah er zu ihnen auf. Ich weiß nicht, was er Deutschen und Österreichern gegenüber empfand. Ich weiß nicht, ob er damals je welche — oder auch Schweizer — getroffen hatte.

An diesem Abend im Hotel war ich hocherfreut, weil er so friedlich war. Ich hatte den Zitronensaft mit dem Whisky vermischt und hatte ihm das mit zwei Aspirins gegeben, und er hatte die Aspirins ohne Protest und mit bewundernswerter Ruhe geschluckt und schlürfte seinen Drink. Seine Augen waren jetzt offen und blickten ins Weite. Ich las das *crime* im Innenteil der Zeitung und war vollkommen glücklich, zu glücklich anscheinend.

»Du bist gefühllos, nicht wahr?« fragte Scott, und als ich ihn anblickte, sah ich, daß ich mich mit meiner Verordnung, wenn nicht sogar mit meiner Diagnose geirrt hatte und daß der Whisky gegen uns arbeitete.

»Wie meinst du das, Scott?«

»Du sitzt da und liest dies französische Drecksblatt, und es bedeutet dir überhaupt nichts, daß ich sterbe.«

»Willst du, daß ich einen Arzt rufe?«

»Nein. Ich will keinen schmutzigen französischen Provinzarzt.«

»Was willst du denn?«

»Ich will gemessen werden. Dann will ich, daß meine Sachen getrocknet werden und daß wir einen Express-Zug nach Paris nehmen, und ich will ins amerikanische Krankenhaus in Neuilly.«

»Unsere Sachen werden nicht vor morgen früh trocken sein, und Express-Züge gibt es nicht«, sagte ich. »Warum ruhst du dich nicht aus und ißt dein Abendessen im Bett?«

»Ich will gemessen werden.«

Nachdem dies eine ganze Weile so gegangen war, brachte der Kellner ein Thermometer.

»Ist dies das einzige, das Sie bekommen konnten?« fragte ich.

Scott hatte die Augen geschlossen, als der Kellner hereinkam, und er sah zum mindesten so weit hinüber aus wie Camille. Ich habe nie einen Menschen gesehen, dessen Blut so schnell aus seinem Gesicht schwand, und ich überlegte, wo es wohl bliebe.

»Das ist das einzige im Hotel«, sagte der Kellner und reichte mir das Thermometer. Es war ein Badethermometer mit einer hölzernen Rückseite und genügend Metall, um im Bad unterzusinken. Ich nahm einen kräftigen Schluck Whisky Sour und öffnete einen Augenblick das Fenster, um in den Regen hinauszusehen. Als ich mich umdrehte, beobachtete mich Scott.

Ich schüttelte das Thermometer sachgemäß herunter und sagte: »Du hast Glück, daß es kein Rektalthermometer ist.«

»Wo steckt man so ein Ding hin?«

»Unter den Arm«, sagte ich zu ihm und steckte es unter meinen Arm.

»Bring die Temperatur nicht durcheinander«, sagte Scott.

Ich schlug das Thermometer mit einem einzigen Ruck hinunter und knöpfte seine Pyjamajacke auf und schob das Instrument in seine Achselhöhle, während ich seine kühle Stirn befühlte und dann nochmals seinen Puls zählte. Er starrte unverwandt geradeaus. Sein Puls war zweiundsiebzig. Ich ließ das Thermometer vier Minuten lang drin.

»Ich dachte, man läßt es nur eine Minute drin«, sagte Scott.

»Dies ist ein großes Thermometer«, erklärte ich. »Man multipliziert mit dem Quadrat der Größe des Thermometers. Es ist ein hundertgradiges Thermometer.« Schließlich nahm ich das Thermometer heraus und nahm es hinüber unter die Leselampe.

»Wieviel ist es?«

»Siebenunddreißig und sechs Zehntel.«

»Was ist normal?«

»Das ist normal.«

»Bist du sicher?«

»Ganz sicher.«

»Versuch's mal bei dir. Ich muß sichergehen.«

Ich schüttelte das Thermometer herunter und öffnete meine Pyjamajacke und steckte das Thermometer in meine Achselhöhle, und hielt es da, während ich auf die Uhr blickte. Dann sah ich es mir an.

»Wieviel ist es?« Ich betrachtete es aufmerksam.

»Genau dasselbe.«

»Wie fühlst du dich?«

»Ausgezeichnet«, sagte ich und suchte mich zu erinnern, ob siebenunddreißig sechs wirklich normal war oder nicht. Es machte nichts aus, denn das Thermometer stand unverändert auf dreißig.

Scott war etwas mißtrauisch, deshalb fragte ich ihn, ob er wünsche, daß ich noch eine zweite Probe machen solle.

»Nein«, sagte er, »wir können froh sein, daß es sich so schnell gegeben hat. Ich habe immer die Fähigkeit gehabt, mich rasch zu erholen.«

»Es geht dir ausgezeichnet«, sagte ich, »aber ich glaube, es wäre genausogut, wenn du im Bett bleibst und etwas Leichtes zu Abend ißt, und dann können wir morgen früh aufbrechen.« Ich hatte geplant, uns Regenmäntel zu kaufen. Aber dafür hätte ich mir Geld von ihm borgen müssen, und ich wollte jetzt nicht mit ihm darüber diskutieren.

Scott wollte nicht im Bett bleiben. Er wollte aufstehen, sich anziehen und hinuntergehen und Zelda anrufen, damit sie wisse, daß es ihm gut ginge.

»Warum soll sie denn denken, daß es dir nicht gutgeht?«

»Dies ist die erste Nacht, seit wir verheiratet sind, die ich von ihr getrennt geschlafen habe. Und ich muß sie sprechen. Du kannst doch verstehen, was es für uns beide bedeutet, nicht wahr?«

Das konnte ich schon, aber ich konnte nicht verstehen, wie er und Zelda in der vergangenen Nacht zusammen geschlafen haben konnten, aber darüber ließ sich nicht diskutieren.

Scott trank den Whisky Sour jetzt sehr schnell hinunter und bat mich, einen zweiten zu bestellen. Ich fand den Kellner und gab ihm das Thermometer zurück und fragte ihn, was unsere Anzüge machten. Er meinte, sie könnten wohl in einer Stunde trocken sein. »Der *valet* soll sie bügeln, das wird sie trocknen. Es ist nicht nötig, daß sie knochentrocken sind.«

Der Kellner brachte die beiden Whiskies gegen die Erkältungsgefahr, und ich schlürfte meinen und beschwor Scott, seinen langsam zu schlürfen. Ich machte mir jetzt Gedanken, er möge sich erkälten, und jetzt war ich so weit, einzusehen, daß man ihn, wenn er je etwas so definitiv Schlimmes wie eine Erkältung haben sollte, wahrscheinlich ins Krankenhaus schaffen müßte. Aber durch den Whisky fühlte er sich eine Zeitlang wunderbar, und er war glücklich über die tragischen Verwicklungen seiner und Zeldas erster Nacht der Trennung seit ihrer Hochzeit. Schließlich konnte er nicht länger mit dem Anruf warten, und er zog seinen Morgenrock an und ging hinunter, um das Gespräch anzumelden.

Es würde eine ganze Weile dauern, die Verbindung herzustellen, und kurz nachdem er wieder oben war, erschien der Kellner mit zwei weiteren doppelten Whisky Sour. Soviel hatte ich Scott noch nie trinken sehen, aber sie hatten keine Wirkung auf ihn, außer daß sie ihn anregten und gesprächiger machten, und er fing an, mir in großen Zügen sein Leben mit Zelda zu erzählen. Er erzählte mir, wie er sie während des Krieges kennengelernt hatte und sie dann verlor und zurückgewann und über ihre Ehe und dann über etwas Tragisches, das ihnen in Saint-Raphaël vor ungefähr einem Jahr passiert war. Diese erste Version von Zeldas Liebesaffäre mit einem französischen Marineflieger war wahrlich eine traurige Geschichte, und ich glaube, es war eine wahre Geschichte. Später erzählte er mir andere Versionen davon, als ob er sie zur Verwertung in einem Roman ausprobieren wollte, aber keine war so traurig wie diese erste, und ich glaubte immer an die erste, obschon jede von ihnen hätte wahr sein können. Jedesmal erzählte er sie besser, aber sie schmerzten einen niemals so, wie es die erste getan hatte.

Scott konnte sich sehr klar und deutlich ausdrücken und eine Geschichte gut erzählen. Er brauchte die Worte nicht zu buchstabieren, noch zu versuchen, richtig zu interpunktieren, und man hatte nicht wie beim Lesen seiner Briefe, ehe sie korrigiert waren, das Gefühl, einen Analphabeten vor sich zu haben. Ich kannte ihn zwei Jahre lang, ehe er meinen Namen buchstabieren konnte, aber es war ja auch ein langer Name, und vielleicht wurde es mit der Zeit immer schwerer, ihn zu buchstabieren, und ich zollte ihm große Anerkennung, weil er ihn schließlich richtig buchstabieren konnte. Er lernte wichtigere Dinge zu buchstabieren, und er versuchte, sich über viele andere klar zu werden.

An jenem Abend jedoch wollte er, daß ich wußte und verstand und richtig einschätzte, was es war, was in Saint-Raphaël passiert war, und ich sah es so deutlich vor mir, daß ich das einsitzige Wasserflugzeug das Springfloß umschwirren sah und die Farbe des Meeres und die Form der Pontons und den Schatten, den sie warfen, und Zeldas Sonnenbräune und Scotts Sonnenbräune und das Dunkelblond und das Hellblond ihres Haares und das dunkelgebräunte Gesicht des Jungen, der in Zelda verliebt war. Die Frage, die mir im Sinn war, konnte ich nicht stellen, wie, falls diese Geschichte wahr sei, und es alles geschehen war, Scott jede Nacht mit Zelda im selben Bett geschlafen haben konnte. Aber vielleicht war es das, was es trauriger machte als irgendeine Geschichte, die mir jemals jemand erzählt hatte, oder vielleicht erinnerte er sich einfach nicht, so wie er sich auch nicht an gestern nacht erinnerte.

Unsere Anzüge kamen noch vor dem Anruf, und wir zogen uns an und gingen hinunter zum Essen. Scott schwankte jetzt ein bißchen, und er sah die Leute mit einer gewissen Feindseligkeit aus den Augenwinkeln an. Wir begannen mit sehr guten Schnecken und einer Karaffe Fleurie, und als wir ungefähr halbwegs durch waren, kam Scotts Gespräch. Er war ungefähr eine Stunde fort, und ich aß schließlich seine Schnecken, stippte die Butter, den Knoblauch, die Petersiliensauce mit abgebrochenen Brotstückchen auf und trank die Karaffe Fleurie aus. Als er zurückkam, sagte ich, ich würde ihm neue Schnecken bestellen, aber er sagte, daß er keine haben wolle. Er wollte etwas Leichtes. Er wollte weder ein Steak noch Leber mit Speck, noch ein Omelette. Er wollte Huhn essen. Wir hatten mittags sehr gutes kaltes Huhn gegessen, aber dies hier war noch berühmtes Hühnerland, also bestellten wir *poularde de Bresse* und eine Flasche Montagny, einen leichten, angenehmen Weißwein aus der Gegend. Scott aß sehr wenig und nippte an seinem einen Glas Wein. Bei Tisch wurde er bewußtlos; sein Kopf lag auf den Händen. Es war echt und kein Theater, und es sah sogar so aus, als ob er vorsichtig war, nichts zu verschütten oder zu zerbrechen. Der Kellner und ich schafften ihn hinauf in sein Zimmer und legten ihn aufs Bett, und ich zog ihn bis auf sein Unterzeug aus, hängte seinen Anzug auf, streifte die Decke vom Bett und breitete sie über ihn. Ich öffnete das Fenster und sah, daß es draußen klar war, und ließ das Fenster offen.

Unten beendete ich mein Essen und dachte über Scott nach. Es war klar, daß er überhaupt nicht trinken durfte, und ich hatte nicht gut auf ihn aufgepaßt. Alles, was er trank, schien ihn zu sehr anzuregen und ihn dann zu vergiften, und ich plante, das Trinken am nächsten Tag auf ein Minimum einzuschränken. Ich würde ihm sagen, daß wir jetzt nach Paris zurückkämen und ich enthaltsam sein müsse, um schreiben zu können. Das war nicht wahr. Mein Training bestand darin, niemals nach dem Abendessen zu trinken, noch bevor ich schrieb, noch während ich schrieb. Ich ging hinauf, machte alle Fenster auf und zog mich aus und schlief gleich ein, sobald ich im Bett war.

Am nächsten Tag, an einem herrlichen Tag, fuhren wir durch die Côte d'Or hinauf nach Paris, in frischer, gewaschener Luft, und die Hügel und die Felder und die Weingärten waren wie neu, und Scott war sehr vergnügt und glücklich und wohl und erzählte mir die Handlung von Michael Arlens sämtlichen Romanen. Michael Arlen, sagte er, sei ein Mann, den man im Auge behalten müsse, und er und ich könnten beide viel von ihm lernen. Ich sagte, ich könne seine Bücher nicht lesen. Er sagte, das brauchte ich nicht. Er würde mir die Handlungen erzählen und die Charaktere beschreiben. Er hielt mir eine Art von mündlicher Dissertation über Michael Arlen.

Ich fragte ihn, ob er am Telefon eine gute Verständigung gehabt hätte, als er mit Zelda sprach, und er sagte, es sei nicht schlecht gewesen und daß sie sich über vielerlei unterhalten hätten. Bei den Mahlzeiten bestellte ich eine Flasche von dem leichtesten Wein, den ich ausfindig machen konnte, und sagte zu Scott, er täte mir einen großen Gefallen, wenn er mich daran hinderte, mehr zu bestellen, da ich trainieren müsse, ehe ich mit Schreiben begann und unter keinen Umständen mehr als eine halbe Flasche trinken sollte. Er machte großartig mit, und als er mich nervös auf den Rest unserer einen Flasche blicken sah, gab er mir etwas von seinem Teil ab.

Nachdem ich ihn zu Hause abgesetzt und ein Taxi zur Sägemühle genommen hatte, war es wunderbar, meine Frau wiederzusehen, und wir gingen zur *Closerie*, um etwas zu trinken. Wir waren so glücklich wie Kinder, die getrennt waren und wieder zusammen sind, und ich erzählte ihr von der Reise.

»Aber hattest du denn gar keinen Spaß, und hast du denn nichts gelernt, Tatie?« fragte sie.

»Ich hätte was über Michael Arlen gelernt, wenn ich zugehört hätte, und ich habe Dinge gelernt, über die ich mir noch nicht klar bin.«

»Ist Scott denn gar nicht glücklich?«

»Kann sein.«

»Der Arme.«

»Eines habe ich gelernt.«

»Was?«

»Niemals mit irgend jemanden auf die Reise zu gehen, den man nicht lieb hat.«

»Ist das nicht herrlich?«

»Ja, und wir fahren nach Spanien.«

»Ja, jetzt sind es noch knapp sechs Wochen, bis wir fahren. Und dies Jahr lassen wir es uns von keinem verderben, nicht wahr?«

»Nein, und von Pamplona fahren wir nach Madrid und nach Valencia.«

»M-m-m-m«, sagte sie leise wie eine Katze.

»Armer Scott«, sagte ich.

»Armer Jedermann«, sagte Hadley. »Reiche Federkatzen ohne Geld.«

»Wir haben schon tolles Glück.«

»Wir müssen brav sein und es festhalten.«

Wir klopften beide auf den Café-Tisch, und der Kellner kam heran, um zu sehen, was wir wollten. Aber was wir wollten, konnte weder er noch sonst jemand noch Klopfen gegen Holz oder Marmor, woraus die Platte dieses Tisches bestand, uns bringen. Aber an jenem Abend wußten wir das nicht, und wir waren sehr glücklich.

Ein oder zwei Tage nach der Reise brachte uns Scott sein Buch herüber. Es hatte einen grellen Schutzumschlag, und ich erinnere mich, daß ich von der Häßlichkeit, dem schlechten Geschmack und dem schlüpfrigen Aussehen peinlich berührt war. Es sah wie der Schutzumschlag eines schlechten utopischen Romans aus. Scott sagte mir, ich sollte mich nicht davon abschrecken lassen und es habe etwas mit einer Plakatwand auf einer Landstraße in Long Island zu tun, die in der Geschichte eine Rolle spiele. Er sagte, zuerst habe er den Umschlag gemocht, und jetzt gefiele er ihm gar nicht. Ich nahm ihn ab, bevor ich das Buch las.

Als ich mit dem Buch fertig war, wußte ich, daß, ganz gleich, was Scott tat noch wie er sich benahm, ich daran denken mußte, daß es eine Art Krankheit sei und daß ich ihm helfen mußte, soweit ich konnte, und versuchen mußte, ein guter Freund zu sein. Er hatte viele gute, gute Freunde, mehr als irgend jemand, den ich kannte. Aber ich merkte mich als ein weiterer vor, ob ich ihm nun von Nutzen sein konnte oder nicht. Wenn er ein so fabelhaftes Buch wie *Der Große Gatsby* schreiben konnte, war ich sicher, daß er sogar ein noch besseres schreiben konnte. Damals kannte ich Zelda noch nicht, und deshalb wußte ich nicht, mit welchem Handicap er belastet war. Aber wir sollten es bald genug kennenlernen.

GRAHAM GREENE

Die Kraft und die Herrlichkeit

Über die Nöte eines trinkenden Priesters

Die jungen Männer und Frauen spazierten um die Plaza in der heißen, elektrischen Nacht: die Männer auf der einen Seite, die Frauen auf der anderen, ohne miteinander zu sprechen. Fernes Wetterleuchten durchzuckte den Himmel im Norden. Es war wie eine religiöse Zeremonie, die jeden Sinn verloren hat, aber für die sie noch immer ihre besten Kleider trugen. Hie und da schloß sich eine Gruppe älterer Frauen der Prozession an, als ob sie noch eine Erinnerung daran hätten, wie es früher war, ehe alle Bücher verlorengingen.

Ein Mann, die Pistole an der Hüfte, hielt Wache an den Stufen des Finanzamtes, und ein kleiner, verwitterter Soldat saß am Gefängnistor, eine Flinte zwischen den Knien; die Schatten der Palmen zeigten auf ihn und sahen aus wie ein Zaun aus Säbeln. Lichter brannten hinter dem Fenster eines Zahnarztes, sie schienen auf den Drehstuhl und die roten Plüschpolster, das Spülglas auf dem kleinen Ständer und die Kinderkommode mit voller Ausstattung. Hinter den Drahtfenstern der Privathäuser wiegten sich Großmütter hin und her im Schaukelstuhl unter den Familienbildern, sie taten nichts, sprachen nichts, hatten zu viele Kleider an und schwitzten ein wenig. Das war die Hauptstadt eines Staates.

Der Mann im schäbigen Drillanzug beobachtete dies alles von einer Bank aus. Ein Trupp bewaffneter Polizisten marschierte vorüber zum Quartier, marschierte ohne Tritt, die Gewehre nachlässig umgehängt. Die Plaza wurde an jeder Ecke von drei zusammengebundenen Kugeln beleuchtet, die durch eine häßliche Drahtspannung oben miteinander verbunden waren. Ein Bettler klapperte die Plaza ab, ohne etwas einzuheimsen. Er setzte sich neben den Mann im Drill und begann eine lange Erklärung. Etwas Zutrauliches und zugleich Drohendes lag in seiner Art. Von allen Seiten liefen die Straßen zum Fluß, zum Hafen und zu der sumpfigen Ebene. Er erzählte, daß er eine Frau und eine Menge Kinder habe und daß es in den letzten Wochen fast nichts mehr zu essen gab. Er unterbrach sich, betastete prüfend den Stoff des Drillanzuges des anderen.

»Und wieviel«, sagte er, »hat das gekostet?«

»Sie würden staunen, wie wenig!«

Plötzlich, als die Uhr halb zehn schlug, gingen alle Lichter aus. Der Bettler sagte: »Es ist genug, um einen Menschen zur Verzweiflung zu bringen.« Er blickte hierhin, dorthin, während die Parade den Hügel hinunterzog. Der Mann im Drill stand auf, und auch der andere stand auf und hängte sich an ihn, bis sie am Ende der Plaza waren. Seine flachen, bloßen Füße klatschten auf das Pflaster. Er sagte: »Ein paar Pesos werden Ihnen nichts ausmachen…«

»Oh, wenn Sie wüßten, was sie mir ausmachen!«

Der Bettler war geschlagen. Er sagte: »Ein Mensch in meiner Lage ist manchmal zu allem fähig für ein paar Pesos.« Nun, da die Lichter der ganzen Stadt ausgelöscht waren, standen sie dicht beieinander im Schatten. Er sagte: »Können Sie mir das übelnehmen?«

»Nein, nein, ich wäre der letzte, es Ihnen zu verübeln.«

Alles, was er sagte, schien die Reizbarkeit des Bettlers zu erhöhen.

»Manchmal«, sagte dieser, »hab ich das Gefühl, ich könnte töten…«

»Das wäre natürlich eine große Sünde.«

»Wäre es eine Sünde, wenn ich einem Menschen an die Gurgel führe?«

»Ein Hungernder hat gewiß das Recht, sich zu helfen.«

Der Bettler sah wütend drein, während der andere sprach, als handle es sich um eine Frage akademischer Art. »In meinem Fall natürlich dürfte es kaum das Risiko wert sein. Ich besitze genau fünfzehn Pesos fünfundsiebzig Centavos auf der Welt. Ich hab selbst seit achtundvierzig Stunden nichts gegessen.«

»Heilige Maria«, sagte der Bettler, »Sie sind hart wie ein Stein. Haben Sie denn kein Herz?«

Der Mann im Drillanzug kicherte plötzlich. Der Bettler sagte: »Sie lügen. Warum haben Sie nicht gegessen – wenn Sie fünfzehn Pesos besitzen?«

»Wissen Sie, ich möchte sie für Getränke verwenden.«

»Was für Getränke?«

»Die Art Getränke, die ein Fremder so schwer bekommt in so einem Ort.«

»Sie meinen Schnäpse?«

»Ja – und Wein.«

Der Bettler rückte sehr nahe, sein Bein berührte das Bein des anderen Mannes; er legte die Hand auf dessen Ärmel. Sie hätten gute Freunde, ja Brüder sein können, wie sie so beisammen im Dunkeln standen; selbst die Lichter in den Häusern gingen aus, und die Taxis, die während des Tages auf dem Weg zum Hügel auf Fahrten warteten, die nie zu kommen schienen, verschwanden schon. Eine Laterne blinkte und verlöschte bei den Polizeikasernen. Der Bettler sagte: »Mann, das ist ihr Glückstag. Wieviel zahlen Sie mir?«

»Für einen Trunk?«

»Wenn ich Sie irgendwo hinführe, wo Sie einen Schnaps bekommen können, echten, guten Vera-Cruz-Schnaps?«

»Meine Kehle«, erklärte der Mann im Drill, »verlangt nach Wein.«

»Pulque oder Mescal – er hat alles.«

»Wein?«

»Quince-Wein.«

»Ich würde alles geben, was ich besitze«, schwor der andere feierlich und präzis, »außer den Centavos, für einen wirklich echten Traubenwein.« Unten am Hügel beim Fluß schlug eine Trommel: eins, zwei, eins, zwei, und der Klang marschierender Füße in festem Takt war zu hören: die Soldaten — oder die Polizisten — gingen nach Hause und zu Bett.

»Wieviel?« wiederholte der Bettler ungeduldig.

»Ich würde Ihnen die fünfzehn Pesos geben, und Sie zahlen für den Wein, was Sie wollen.«

»Kommen Sie mit.«

Sie stiegen den Hügel hinunter. An der Ecke, dort, wo die eine Straße an der Apotheke vorbei zur Kaserne führte und die andere Straße zum Hotel, dem Kai, dem Lagerhaus der Vereinigten Bananengesellschaft, blieb der Mann im Drill stehen. Die Polizei marschierte hinauf, die Gewehre nachlässig geschultert. »Warten wir einen Moment.« Mitten unter ihnen ging ein Mestize mit nur zwei Zähnen, die wie Fänge aus der Lippe sprangen. Der Mann im Drill, der im Schatten stand, wartete, bis er vorüber war; einmal drehte der Mestize den Kopf, und ihre Blicke begegneten sich. Die Polizei schritt vorbei, auf die Plaza zu. »Gehen wir. Schnell.«

Der Bettler sagte: »Die kümmern sich nicht um uns, die sind nach fetterem Wild aus.«

»Was, glauben Sie, macht der Mann, der mit ihnen ist?«

»Wer weiß? Vielleicht eine Geisel.«

»Wenn er eine Geisel wäre, hätten sie ihm die Hände gebunden, nicht?«

»Woher soll ich das wissen?« Er hatte jene mürrische Ungebundenheit, die man in den Ländern findet, wo der Arme das Recht hat zu betteln. Er fragte: »Wollen Sie den Schnaps oder wollen Sie ihn nicht?«

»Ich möchte Wein!«

»Ich kann nicht versprechen, was er haben wird. Sie müssen nehmen, was kommt.«

Er führte ihn den Weg hinunter zum Fluß. Er sagte: »Ich weiß nicht einmal, ob er in der Stadt ist.« Die Käfer flogen in Schwärmen über das Pflaster; sie knallten unter den Füßen wie Staubschwämme; ein saurer Geruch kam vom Fluß her. Die weiße Büste eines Generals schimmerte in einem kleinen öffentlichen Park, das Pflaster war ganz heiß und staubig, ein Dynamo pochte im Erdgeschoß des einzigen Hotels. Weiße Holzstufen, von Käfern wimmelnd, führten zum ersten Stock.

»Ich hab getan, was in meiner Macht steht«, sagte der Bettler, »mehr kann ein Mensch nicht tun.«

Aus einem Schlafzimmer im ersten Stock trat ein Mann, das Handtuch über der Schulter, er trug feierliche, dunkle Hosen und eine weiße, pralle Weste. Er hatte einen kleinen grauen, aristokratischen Bart und trug Hosenträger und einen Gürtel. In der Ferne zischte ein Wasserrohr, die Käfer zerplatzten an einer glatten Kugel. Der Bettler sprach feierlich, und als er sprach, ging das Licht gänzlich aus und flackerte schwächlich wieder auf. Oben im Stiegenhaus standen Schaukelstühle aus Weidengeflecht, und auf einer großen Tafel waren mit Kreide die Namen der Gäste notiert, im ganzen drei für zwanzig Zimmer. Der Bettler wandte sich an seinen Gefährten. »Der Herr«, erklärte er, »ist nicht da, sagt der Manager. Sollen wir warten?«

»Zeit spielt keine Rolle bei mir.«

Sie gingen in ein großes, leeres Schlafzimmer mit Fliesenboden. Das kleine, eiserne Bettgestell war wie etwas, das jemand zufällig vergessen hatte, als er auszog. Sie setzten sich darauf, einer neben den anderen, und warteten, und die Käfer schwirrten durch die Löcher im Moskitonetz.

»Er ist eine sehr wichtige Persönlichkeit«, sagte der Bettler. »Er ist der Vetter des Gouverneurs, er kann Ihnen alles verschaffen, einfach alles. Natürlich nur, wenn Sie jemand einführt, dem er vertraut.«

»Ihnen vertraut er?«

»Ich hab einmal für ihn gearbeitet.« Freimütig fügte er hinzu: »Er muß mir vertrauen.«

»Weiß es der Gouverneur?«

»Natürlich nicht, dieser harte Mensch.«

Hie und da gurgelten die Wasserröhren geräuschvoll.

»Und warum wird er mir vertrauen?«

»Einen Säufer erkennt jeder sofort. Sie werden noch mehr holen kommen. Er verkauft gute Ware. Geben Sie mir lieber gleich die fünfzehn Pesos.« Er zählte sie sorgfältig zweimal nach. »Sie bekommen von mir eine Flasche besten Vera-Cruz-Schnaps. Sie werden sehen.« Das Licht ging aus, sie blieben im Dunkeln sitzen; das Bett krachte, als einer von beiden sich bewegte.

»Ich will keinen Schnaps«, sagte eine Stimme. »Oder — nicht viel.«

»Was wollen Sie denn eigentlich?«

»Ich habe es Ihnen gesagt: Wein.«

»Wein ist zu teuer.«

»Das macht nichts. Ich will Wein oder gar nichts.«

»Quince-Wein?«

»Nein, nein. Fanzösischen Wein.«

»Er hat manchmal kalifornischen Wein!«

»Das genügt mir.«

»Natürlich, er kriegt ihn umsonst. Vom Zollamt.«

Der Dynamo unten begann wieder zu pochen, und der Raum erhellte sich ein wenig. Die Tür ging auf, der Direktor winkte dem Bettler; ein langes Gespräch folgte. Der Mann im Drill auf dem Bett lehnte sich zurück; sein Kinn war an mehreren Stellen zerschnitten, wo er sich zu kräftig rasiert hatte; sein Gesicht war hohl und krank, es machte den Eindruck, als wäre es einmal dick und rund gewesen und nun eingefallen. Er sah aus wie ein Geschäftsmann in schlechten Zeiten.

Der Bettler kam zurück. Er sagte: »Der Herr hat zu tun, aber er wird bald hier sein. Der Direktor hat den Burschen nach ihm geschickt.«

»Wo ist er?«

»Man darf ihn nicht stören. Er spielt Billard mit dem Polizeichef.« Er setzte sich wieder aufs Bett und zerquetschte zwei Käfer mit seinen nackten Füßen. Er sagte: »Das ist ein feines Hotel. Wo wohnen Sie? Sie sind hier fremd?«

»Ich bin auf der Durchreise.«

»Der Herr ist sehr einflußreich. Man muß ihm ein Glas zum Trinken anbieten. Schließlich werden Sie sich doch nicht alles mitnehmen wollen. Sie können hier genauso trinken wie woanders.«

»Ich möchte ein wenig — nach Hause nehmen.«

»Das ist doch ganz gleich. Ich sag, ich bin zu Hause, wo ein Sessel ist und ein Glas.«

»Trotzdem —«. Wieder ging das Licht aus, und am Horizont verzog sich das Wetterleuchten wie ein Vorhang. Der Donner rollte durchs Moskitonetz, von sehr fern wie der Lärm, den man vom anderen Ende der Stadt her hört.

Der Bettler fragte zutunlich: »Was für ein Geschäft haben Sie?«

»Oh, ich mach allerhand, was mir gerade in den Weg kommt.«

Schweigend saßen sie und lauschten den Schritten auf der hölzernen Stiege. Die Tür öffnete sich, doch sie konnten nichts sehen. Eine Stimme fluchte verhalten und fragte: »Wer ist da?« Dann flammte ein Zündholz auf, zeigte einen großen, blauen Unterkiefer und erlosch. Der Dynamo stampfte weiter, das Licht brannte plötzlich. Der Fremde sagte müde: »Oh, Sie sind es.«

»Ja, ich.«

Er war klein, mit einem zu großen, feisten Gesicht, er trug einen engen, grauen Anzug. Ein Revolver zeichnete sich unter der Weste ab. Er sagte: »Ich hab nichts für Sie. Gar nichts.«

Der Bettler schlurfte durchs Zimmer und begann nun ernsthaft mit sehr leiser Stimme zu sprechen; einmal quetschte er mit seiner nackten Zehe leicht die gewichsten Schuhe des anderen. Der Mann seufzte, blähte die Wangen und sah scharf zum Bett hin, als fürchtete er, daß sie Absichten auf das Bett hätten. Scharf sagte er zu dem im Drillanzug: »Also, Sie wollen einen Vera-Cruz-Schnaps, nicht? Das ist gegen das Gesetz.«

»Nicht Schnaps. Ich will keinen Schnaps.«

»Bier genügt Ihnen nicht?«

Wichtig und mit Autorität trat er in die Mitte des Zimmers, seine Schuhe quieschten auf den Fliesen. Der Vetter des Gouverneurs. »Ich könnte Sie arretieren lassen«, drohte er.

Der Mann im Drill verbeugte sich förmlich. Er sagte: »Natürlich, Exzellenz...«

»Glauben Sie, ich hab nichts Besseres zu tun, als den Durst jedes Bettlers zu löschen, der glaubt...?«

»Ich hätte Sie nie behelligt, wenn dieser Mann mir nicht...«

Der Vetter des Gouverneurs spuckte auf die Fliesen.

»Wenn Eure Exzellenz es wünschen, daß ich gehe, dann...«

Der andere sagte scharf: »Ich bin nicht hartherzig. Ich bin immer bemüht, meine Freunde ... wenn es in meiner Macht steht und niemandem schadet. Ich habe ein Amt, verstanden? Diese Getränke werden mir ganz legal gebracht.«

»Natürlich.«

»Und ich muß dafür dasselbe verlangen, was sie mich kosten.«

»Natürlich.«

»Sonst bin ich ruiniert.« Er ging, als drückten ihn seine Schuhe, vorsichtig zum Bett und begann es aufzumachen. »Sind Sie geschwätzig?« fragte er über die Schulter.

»Ich kann ein Geheimnis bewahren.«

»Wenn Sie es den – richtigen Leuten sagen, das macht nichts.« In der Matratze war ein tiefer Riß: er zerrte eine Handvoll Stroh heraus und steckte die Finger wieder hinein. Der Mann im Drill blickte mit gemachter Gleichgültigkeit auf den öffentlichen Park hinunter; auf die dunklen Sumpfufer, auf die Maste der Segelschiffe; der Blitz zuckte hinter ihnen auf, und der Donner kam näher.

»Da«, sagte der Vetter des Gouverneurs, »das kann ich Ihnen zukommen lassen. Ein guter Stoff.«

»Ich hab eigentlich nicht Schnaps haben wollen.«

»Sie müssen nehmen, was kommt.«

»Dann möchte ich lieber meine fünfzehn Pesos zurück.«

Der Vetter des Gouverneurs rief scharf: »Fünfzehn Pesos!« Der Bettler stürzte schnell heran, um zu erklären, der Herr wünsche auch etwas Wein und den Schnaps; heftig und mit verhaltener Stimme stritten sie beim Bett über Preise.

Der Vetter des Gouverneurs sagte: »Wein ist schwer zu bekommen. Ich geb Ihnen zwei Flaschen Schnaps.«

»Eine mit Schnaps und eine...«

»Es ist der beste Vera-Cruz-Schnaps.«

»Aber ich bin Weintrinker ... Sie haben keine Ahnung, wie ich nach Wein lechze...«

»Wein kostet mich sehr viel Geld. Wieviel können Sie noch zahlen?«

»Ich hab nur noch fünfundsiebzig Centavos, das ist alles, was ich besitze.«

»Sie können eine Flasche Tequila haben.«

»Nein, nein.«

»Also geben Sie noch fünfzig Centavos ... dafür bekommen Sie eine große Flasche.« Er kramte in der Matratze herum und zog Stroh heraus. Der Bettler winkte dem Mann im Drill und machte die Bewegung des Korkenziehens und Glasfüllens.

»Da«, sagte der Vetter des Gouverneurs, »nehmen Sie's, oder lassen Sie's!«

»Oh, den nehm ich!«

Der Vetter des Gouverneurs verlor plötzlich seine üble Laune. Er rieb sich die Hände und sagte: »Eine stickige Nacht. Heuer wird die Regenzeit früh einsetzen, glaube ich.«

»Vielleicht machen mir Exzellenz die Ehre und trinken ein Glas Schnaps auf unser Geschäft.«

»Gut, gut ... vielleicht.« Der Bettler öffnete die Tür und rief energisch nach Gläsern.

»Es ist lang her«, sagte der Vetter des Gouverneurs, »daß ich Wein getrunken habe. Der wäre auch besser für einen Toast.«

»Natürlich«, sagte der Mann im Drill, »wie Exzellenz belieben.« Er sah mit schmerzlicher Besorgnis zu, wie der Kork aufflog. Er sagte: »Wenn Sie nichts dagegen haben, nehm ich lieber Schnaps«, und er lächelte verwirrt und mit Anstrengung, als er den Wein in der Flasche weniger werden sah.

Sie tranken einander zu, die drei auf dem Bett. Der Bettler trank Schnaps. Der Vetter des Gouverneurs sagte: »Ich bin stolz auf den Wein. Das ist ein guter Wein. Bester kalifornischer.« Der Bettler blinzelte, und der Mann im Drill sagte: »Noch ein Glas gefällig, Exzellenz – oder darf ich etwas Schnaps anbieten?«

»Der Schnaps ist gut, aber ich trink lieber noch ein Glas Wein.« Sie füllten die Gläser wieder. Der Mann im Drill sagte: »Ich nehm etwas von dem Wein mit, für meine Mutter. Sie trinkt gern ein Glas Wein.«

»Sehr gescheit von ihr«, sagte der Vetter des Gouverneurs und leerte sein Glas.

»Sie haben also eine Mutter?«

»Haben wir nicht jeder eine?«

»Ah, Ihnen geht's gut. Meine ist tot.« Seine Hand verirrte sich zur Flasche, und ergriff sie. »Manchmal fehlt sie mir. Ich hab sie immer ›kleine Freundin‹ genannt.« Er neigte die Flasche. »Sie gestatten doch?«

»Natürlich, Exzellenz«, sagte der andere hoffnungslos und nahm einen langen Zug von dem Schnaps. Der Bettler sagte: »Ich hab auch eine Mutter.«

»Wen interessiert das schon?« sagte der Vetter des Gouverneurs scharf. Er lehnte sich zurück, und das Bett krachte. Er sagte: »Ich hab immer behauptet, daß die Mutter ein besserer Freund ist als der Vater. Ihr Einfluß heißt Friede, Güte, Barmherzigkeit ... An ihrem Todestag geh ich immer an ihr Grab, mit Blumen.«

Der Mann im Drill unterdrückte höflich ein Rülpsen. Er sagte: »Ah, wenn ich auch...«

»Aber Sie haben doch gesagt, Ihre Mutter lebt?«

»Ich hab geglaubt, Sie sprechen von Ihrer Großmutter.«

»Wieso denn? Ich kann mich an sie nicht mehr erinnern.«

»Ich auch nicht.«

»Ich schon«, sagte der Bettler.

Der Vetter des Gouverneurs antwortete ihm: »Sie sprechen zuviel.«

»Vielleicht könnt ich ihn hinausschicken, daß er den Wein einpacken läßt ... Aus Rücksicht auf Exzellenz will ich nicht gesehen werden...«

»Warten Sie doch. Keine Eile. Sie sind hier willkommen. Alles in diesem Zimmer steht zu Ihrer Verfügung. Trinken Sie ein Glas Wein.«

»Ich denke, Schnaps...«

»Dann mit Ihrer Erlaubnis...« Er neigte die Flasche und verschüttete einiges über die Leinentücher. »Worüber haben wir gesprochen?«

»Über unsere Großmütter.«

»Das glaub ich nicht. Ich kann mich doch an meine gar nicht erinnern. Meine früheste Erinnerung...«

Die Tür öffnete sich. Der Direktor sagte: »Der Polizeichef kommt herauf.«

»Ausgezeichnet. Er soll hereinkommen.«

»Sind Sie seiner sicher?«

»Natürlich. Er ist ein guter Kerl.« Zu den anderen gewendet, sagte er: »Nur beim Billard kann man ihm nicht trauen.«

Ein großer, dicker Mann in einer Joppe, in weißen Hosen, den Revolver in dem Halfter, erschien auf der Schwelle. Der Vetter des Gouverneurs sagte: »Herein, nur herein, wie geht's mit den Zahnschmerzen? Wir haben gerade von unseren Großmüttern gesprochen.« Scharf fuhr er den Bettler an: »Platz machen für den Jefe.«

Der Jefe stand an der Schwelle und betrachtete den Kreis mit leichter Verlegenheit. Er sagte: »Schon gut...«

»Wir haben eine kleine Privatgesellschaft. Wollen Sie mithalten? Es wird uns eine Ehre sein.«

Das Gesicht des Jefe erhellte sich beim Anblick des Weins: »Natürlich, ein wenig Bier ist immer willkommen.«

»Bravo. Geben Sie dem Jefe ein Glas Bier!« Der Bettler füllte sein eigenes Glas mit Wein und hielt es ihm hin. Der Jefe nahm dessen Platz auf dem Bett ein und leerte das Glas; dann griff er selbst zur Flasche. Er sagte: »Ein gutes Bier. Ein sehr gutes Bier. Ist das die einzige Flasche?« Der Mann im Drill sah ihm mit eiskalter Angst zu.

»Leider die einzige Flasche.«

»Salud!«

»Und worüber«, fragte der Vetter des Gouverneurs, »haben wir gesprochen?«

»Über das Früheste, woran Sie sich erinnern können.«

»Das Früheste, woran ich mich erinnern kann«, begann der Jefe bedächtig, »— aber dieser Herr trinkt ja nicht.«

»Ich nehm etwas Schnaps.«

»Salud!«

»Salud!«

»Das Erste, woran ich mich genauer erinnern kann, ist meine Kommunion. Ah, die seelische Aufregung, meine Eltern um mich...«

»Wieviele Eltern haben Sie denn?«

»Zwei natürlich.«

»Dann haben sie doch nicht um Sie sein können, dazu braucht man wenigstens vier, ha, ha.«

»Salud!«

»Salud!«

»Nein, aber wie ich vorhin sagte, das Leben ist voller Ironie. Es war meine schmerzliche Pfilcht zuzuschauen, wie der Priester, bei dem ich kommuniziert habe, erschossen wurde. Ein alter Mann. Ich schäm mich nicht zu sagen, ich hab geweint. Ein Trost ist nur, daß er wahrscheinlich ein Heiliger ist und für uns gebetet hat. Nicht jeder verdient die Gebete eines Heiligen.«

»Ein ungewöhnlicher Fall.«

»Ja, das Leben ist geheimnisvoll.«

»Salud!«

»Salud!«

Der Mann im Drill sagte: »Ein Glas Schnaps, Jefe?«

»In der Flasche ist nur noch so wenig, daß ich genau so gut...«

»Ich wollt gern ein wenig meiner Mutter mitbringen.«

»Aber! So wenig! Das wäre eine Beleidigung. Das ist nur noch der Satz.« Er goß es in sein Glas und gluckste: »Wenn man bei Bier überhaupt ›Satz‹ sagen kann.« Dann hielt er mit der Flasche über dem Glas inne und sagte erstaunt: »Mann, Sie weinen!« Alle drei blickten auf den Mann im Drill, der Mund blieb ihnen offen. Er sagte: »So packt es mich immer, — Schnaps. Die Herren müssen verzeihen. Ich bin immer gleich betrunken und dann seh ich...«

»Was sehen Sie?«

»Oh, ich weiß nicht, die ganze Hoffnung der Welt schwinden.«

»Mann, Sie sind ein Dichter!«

Der Bettler sagte: »Ein Dichter ist die Seele des Landes.«

Der Blitz füllte die Fenster wie ein weißes Leintuch, und der Donner rollte zu ihren Häupten. Die eine Kugel auf dem Plafond flackerte auf und verblaßte.

»Das ist schlecht für meine Leute«, sagte der Jefe und zertrat einen Käfer, der ihm zu nahe gekommen war.

»Warum schlecht?«

»Der Regen kommt zu schnell. Sie sind auf der Jagd.«

»Der Gringo?«

»Der ist nicht so wichtig, aber der Gouverneur hat entdeckt, daß sich da noch ein Priester herumtreibt, Sie wissen doch, wie scharf er auf die ist. Wenn es nach mir ginge, würd ich den armen Teufel in Ruh lassen. Entweder er verhungert, oder er stirbt am Fieber oder er gibt's auf. Er kann nichts Gutes tun und nichts Schlechtes. Es hat ihn doch überhaupt niemand bemerkt bis vor ein paar Monaten.«

»Da müßt ihr euch beeilen.«

»Oh, der hat keine Chance. Wenn er nicht über die Grenze geht. Wir haben einen Mann, der ihn kennt. Der hat mit ihm gesprochen und eine

Nacht mit ihm verbracht. Reden wir von etwas anderem. Wer will schon gern Polizist sein!«

»Wo, glauben Sie, ist er?«

»Sie werden staunen.«

»Warum?«

»Hier. In dieser Stadt, meine ich. Das ist unser Verdacht. Wir haben nämlich Geiseln aus den Dörfern geholt, er kann wirklich nirgends ... sie jagen ihn fort, sie wollen ihn nirgends haben. Jetzt lassen wir den Mann, von dem ich Ihnen gesprochen habe, los wie einen Hund — er wird ihn auf einmal anrennen und dann...«

Der Mann im Drill fragte: »Haben Sie schon viele Geiseln erschießen müssen?«

»Noch nicht. Drei oder Vier vielleicht. Also, hier geht das letzte Bier weg. Salud!« Bedauernd stellte er das Glas nieder. »Jetzt könnt ich noch einen Tropfen von ihrem — Sidral versuchen, nennen wir ihn so?«

»Ja, natürlich.«

»Kenn ich Sie nicht schon? Ihr Gesicht kommt mir irgendwie...«

»Ich glaub' nicht, daß ich die Ehre habe.«

»Das ist auch so ein Geheimnis«, sagte der Jefe und streckte ein langes, fettes Bein aus und drängte so den Bettler etwas ans Bettende, »wie man sich einredet, daß man Leute und Orte schon gesehen hat. War das im Traum oder in einem früheren Leben? Ein Arzt hat mir einmal gesagt, das hat etwas mit dem Brennpunkt der Augen zu tun. Aber er war ein Yankee. Ein Materialist.«

»Ich erinnere mich...«, sagte der Vetter des Gouverneurs. Der Blitz schoß über den Hafen nieder, und der Donner rollte auf dem Dach: so war die Atmosphäre eines ganzen Staates — der Sturm draußen und hier das Gespräch, das weitergeführt wurde. Worte fielen wie › Mysterium ‹ und › Seele ‹ und › Quell des Lebens ‹; sie wurden wiederholt im Gespräch auf dem Bett, da die Sprecher nichts Besseres zu tun hatten, nichts Besseres zu glauben und nirgends hinzugehen, wo es besser war.

Der Mann im Drill sagte: »Ich denke, ich mach mich jetzt auf den Weg.«

»Wohin?«

»Oh, zu Freunden«, sagte er beiläufig und bezeichnete mit den Händen eine ganze Welt fiktiver Freundschaften.

»Nehmen Sie ruhig Ihren Schnaps mit«, sagte der Vetter des Gouverneurs. Und gab zu: »Schließlich haben Sie ihn bezahlt.«

»Danke, Exzellenz.« Er hob die Flasche auf. Drin waren etwa drei Fingerbreit Schnaps übrig. Die Weinflasche war natürlich ganz leer.

»Verstecken, Mann, verstecken«, sagte der Vetter des Gouverneurs streng.

»Natürlich, Exzellenz, ich werde achtgeben.«

»Den brauchen Sie nicht Exzellenz zu nennen.« Der Jefe brüllte derart vor Lachen, daß der Bettler vom Bett herunterfiel.

»Nein, nein, das heißt...« Er schlich vorsichtig davon, Tränen unter den roten, entzündeten Augen, noch in der Halle hörte er, wie das Gespräch — ›Mysterium‹, ›Seele‹ — endlos weitergeführt wurde.

Die Käfer waren verschwunden; der Regen hatte sie offenbar weggewaschen; er fiel senkrecht mit gemessener Dichte, als wollte er Nägel in einen Sargdeckel klopfen. Aber die Luft wurde nicht reiner; Schweiß mit Regen vermischt klebte an des Priesters Kleidern. Er stand einen Augenblick lang auf der Schwelle des Hotels, der Dynamo pochte hinter ihm, dann schoß er in ein anderes Haustor dicht daneben, zögerte, sah über die Büste des Generals hinweg zu den festgemachten Segelbooten hin und auf eine Barke mit einem Blechrauchfang. Er wußte nicht, wohin sich wenden; mit dem Regen hatte er nicht gerechnet; er wollte vagabundieren, auf einer Bank schlafen oder am Fluß.

Einige Soldaten stritten wütend miteinander und marschierten hitzig die Straße entlang auf den Kai zu; sie ließen den Regen auf sich niederprasseln, als machte das nichts mehr aus, weil ohnehin alles so schlecht stand, daß man nicht … Der Priester stieß die Holztür auf, an die er lehnte, sie reichte bis zu den Knien und führte in eine Kantine. Er ging hinein, weg aus dem Regen. Drin gab es Reihen von Gaseosa-Flaschen und nur einen Billardtisch, Ringe auf einem Strick bezeichneten die Schuldposten; drei, vier Männer im ganzen, einer hatte sein Halfter auf den Bartisch gelegt. Der Priester bewegte sich hastig und stieß dabei an den Ellbogen eines Mannes, der gerade zu einem Stoß ausholte. Wütend drehte er sich um: »Heilige Mutter Gottes!« Es war ein Rothemd. Gab es denn nirgends Geborgenheit, auch nicht für einen Augenblick?

Demütig entschuldigte sich der Priester und wollte sich der Tür zuwenden, aber wieder war er zu hastig, seine Tasche schlug gegen die Wand, und die Schnapsflasche klirrte. Drei oder vier Gesichter sahen ihn mit Schadenfreude an: er war ein Fremder, mit ihm konnte man seinen Spaß haben. »Was tragen Sie in der Tasche?« fragte das Rothemd, ein Bursche unter zwanzig mit Goldzähnen und einem witzelnden, dünkelhaften Ausdruck um den Mund.

»Limonade«, sagte der Priester.

»Wozu tragen Sie Limonade bei sich?«

»Ich nehme sie in der Nacht mit meinem Chinin.«

Das Rothemd stelzte auf ihn zu, schlug mit dem Ende seines Queue auf die Flasche. »Limonade, was?«

»Ja, Limonade.«

»Schauen wir uns diese Limonade einmal an.« Stolz wandte er sich zu den anderen und erklärte: »Ich riech den Schmuggler auf zehn Schritte.« Er griff in die Tasche des Priesters und langte nach der Schnapsflasche: »Da«, rief er, »was hab ich euch gesagt —« Der Priester stürzte zur Glastür und in den Regen hinaus. Eine Stimme rief: »Haltet ihn!« Sie amüsierten sich glänzend.

Er lief die Straße entlang zur Plaza, wandte sich nach links und wieder nach rechts, gut, daß es so finster und der Mond bedeckt war. Solange er sich keinem beleuchteten Fenster näherte, war er beinahe unsichtbar. Er hörte ihre Rufe. Sie gaben es nicht auf; das gefiel ihnen noch besser als Billard; ein Pfiff ertönte, die Polizei schloß sich an.

Das geschah gerade in der Stadt, die er einst für seinen Aufstieg ausersehen hatte. Er sah die Kathedrale vor sich und Montez und einen Domherrn, den er einmal gekannt hatte, während er in mehrere Winkelgäßchen einbog. Tief eingewurzelt war der Wille zu entkommen und brachte ihn in eine schreckliche und zugleich komische Lage. Er kicherte, keuchte und lachte wieder in sich hinein. Er hört ihr Hallogeschrei, ihren Pfiff in der Dunkelheit; der Regen fiel, er floß und klatschte gegen die Fassade, zu der einmal eine Kathedrale gehört hatte. Er schleppte sich bergan; er hatte eine Idee.

Die Rufe kamen näher, vom Fluß her drängte ein Menschenhaufe heran, die Jagd war methodisch, an ihrem bedachtsamen Gang war zu erkennen: es war die Polizei, die Jäger von Amts wegen. Er stand nun zwischen beiden, den Amateuren und den Beruflichen. Aber — dieses Tor kannte er, er stieß es auf, er trat in den Patio und schloß das Tor hinter sich.

Atemlos keuchend stand er in der Finsternis und hörte, wie draußen die Schritte sich näherten, während der Regen niederprasselte. An einem Fenster sah er ein kleines, schwarzes, welkes Gesicht, wie einer der präparierten Köpfe sah es aus, wie sie die Touristen gerne kauften. Er ging ans Gitter und sagte: »Padre José?«

»Dort drüben.« Ein zweites Gesicht erschien lauernd hinter dem ersten, nur schwach durch eine Kerzenflamme beleuchtet, und dann noch eines: Gesichter schossen auf wie Gemüse. Er fühlte ihre Blicke, als er durch die Nässe zurück über den Hof ging und an eine Tür klopfte.

Einige Sekunden lang erkannte er Padre José nicht: im lächerlichen, aufgeblähten Nachthemd, die Lampe in der Hand. Das letztemal hatte er ihn bei einer Konferenz gesehen, in der letzten Reihe, Nägel kauend, immer voller Angst aufzufallen. Ganz unnötig: denn die geschäftigen Geistlichen der Kathedrale wußten nicht einmal, daß er eingeladen war.

»José«, sagte er ganz leise und winkte ihm zu aus dem plätschernden Dunkel.

»Wer ist es?«

»Kennen Sie mich nicht? Natürlich, es ist Jahre her ... erinnern Sie sich nicht an die Konferenz in der Kathedrale...?«

»Oh Gott!« sagte Padre José.

»Ich werde verfolgt. Ich habe mir gedacht, vielleicht können Sie mich nur für diese Nacht...«

»Weggehen«, sagte Padre José.

»Sie wissen noch nicht, wer ich bin, sie halten mich für einen Schmuggler, aber bei der Polizei würden sie mich erkennen.«

»Nicht so laut. Meine Frau...«

»Führen Sie mich in eine Ecke«, flüsterte er, er fürchtete sich jetzt wieder. Offenbar war die Wirkung des Schnapses schon verflogen (in diesem heißen, feuchten Klima konnte man nicht lange berauscht sein; der Alkohol floß aus den Armhöhlen wieder heraus; er troff von der Stirne) oder war es nur der Trieb, zu leben, der verglomm und wieder aufflackerte – wie schlecht das Leben auch sein mochte.

Im Lampenlicht trug das Gesicht Padre Josés einen Ausdruck des Hasses. Er sagte: »Warum gerade zu mir? Warum haben Sie…? Ich ruf die Polizei, wenn Sie nicht gehen! Sie wissen doch, was für ein Mensch ich bin!«

Er bat ruhig: »Ihr seid ein guter Mensch, José. Ich hab es immer gewußt.«

»Ich schrei, wenn Sie nicht gehen.«

Er dachte darüber nach, warum er ihn so haßte. Stimmen tönten von der Straße – Streit, ein Klopfen – werden sie jetzt das Haus durchsuchen? Er sagte: »Wenn ich Sie beleidigt hab, José, verzeihen Sie mir. Ich war dünkelhaft, hochmütig, herrschsüchtig – ein schlechter Priester. Ich hab im Herzen immer gewußt, daß Sie der Bessere von uns beiden sind.«

»Gehen Sie«, kreischte José, »gehen Sie! Ich brauch keine Märtyrer hier. Ich gehör nicht mehr dazu. Lassen Sie mich in Ruhe! Ich bin ganz gut so, wie ich bin.« Die Galle floß ihm vor Ärger im Mund zusammen, er schoß den Speichel schwächlich ins Gesicht des anderen; es traf ihn nicht, sondern fiel ohnmächtig durch die Luft. Er sagte: »Gehen Sie und sterben Sie schnell! Das ist Ihr Amt!« Und er schlug die Tür zu. Das Tor des Patio wurde aufgerissen, die Polizei erschien. Er sah, wie Padre José durchs Fenster lugte und wie ihn eine mächtige Gestalt verschlang, ihn wegzog, ihn wegriß aus dem gefährlichen Kampf wie ein Schutzgeist. Eine Stimme sagte: »Da ist er.« Es war das Rothemd. Der Priester öffnete die Faust und ließ vor Padre Josés Mauer den kleinen Papierballen fallen; jetzt hatte er seiner Vergangenheit gänzlich entsagt.

Jetzt kam der Anfang vom Ende, nach all den Jahren. Leise murmelte er ein Bußgebet, während sie ihm die Schnapsflasche aus der Tasche zogen. Aber er war nicht mit dem Herzen beteiligt. Darin liegt der Unfug der Reue auf dem Totenbett: Zerknirschung ist die Frucht langer Übung und Disziplin, Furcht allein genügt nicht. Er wollte sich mit Beschämung seines Kindes erinnern, doch konnte er an sie nur mit verhungerter Zärtlichkeit denken. Was würde aus ihr werden? Und die Sünde war so alt, daß die verzerrte Form verblaßt war wie bei einem alten Bild, und etwas wie Anmut blieb zurück. Das Rothemd zerschlug die Flasche auf dem Steinpflaster, der Geruch von Alkohol stieg in ihre Nasen, kein sehr starker Geruch: es war nicht mehr viel übrig.

Dann führten sie ihn weg; nun sie ihn gefangen hatten, behandelten sie ihn freundlich, zogen seinen Fluchtversuch ins Lächerliche, das Rothemd ausgenommen, dem er das Spiel verdorben hatte. Er wußte auf ihre Scherze keine Antwort. Sein Selbsterhaltungstrieb beherrschte ihn wie eine furchtbare Besessenheit. Wann werden sie entdecken, wer er wirklich ist? Wann wird er dem Mestizen gegenüberstehen oder dem Leutnant, der ihn schon einmal verhört hat? Die ganze Schar bewegte sich mit ihm den Hügel hinauf, der Plaza zu. Ein Gewehrkolben scharrte über den Boden vor der Polizeistation, als sie eintraten; eine kleine Lampe blakte gegen die schmutzige, getünchte Wand; im Hof schaukelten die Hängematten, sie wickelten die schlafenden Körper ein, wie Netze das Geflügel einhüllen. »Sie können sich setzen«, sagte einer der Männer und stieß ihn kameradschaftlich gegen eine Bank. Alles schien jetzt unwiderruflich. Die Wache vor der Tür ging auf und ab, im Hof war das gleichmäßige Murmeln des Schlafes hörbar.

Jemand hatte zu ihm gesprochen; hilflos gaffte er ihn an. »Was?« Ein Streit schien ausgebrochen zwischen der Polizei und dem Rothemd, ob eine bestimmte Person gestört werden sollte. »Es ist seine Pflicht«, wiederholte das Rothemd beständig. Er hatte Vorderzähne wie ein Kaninchen. Er sagte: »Ich werde es dem Gouverneur melden.«

Ein Polizist fragte: »Sie bekennen sich schuldig, nicht?«

»Ja«, sagte der Priester.

»Also, was will man mehr. Fünf Pesos Strafe darauf. Warum ihn stören?«

»Und wer bekommt die fünf Pesos, he?«

»Das geht Sie nichts an.«

Der Priester sagte plötzlich: »Niemand bekommt sie.«

»Niemand?«

»Ich besitze auf der ganzen Welt nur fünfundzwanzig Centavos.«

Eine innere Tür öffnete sich, der Leutnant kam heraus. Er sagte: »Was ist das für ein Lärm um Gottes willen...?« Der Polizist salutierte nachlässig und faul.

»Ich hab einen Mann aufgegriffen, der Alkohol hat«, sagte das Rothemd.

Der Priester saß mit gesenkten Lidern...»weil es gekreuziget hat ... gekreuziget ... gekreuziget.« Vergebens wollte sich Reue an das Wort heften. Er fühlte nur Furcht.

»Nun«, sagte der Leutnant, »was ist zu tun? Wir fangen Dutzende.«

»Sollen wir ihn hereinbringen?« fragte eine der Männer.

Der Leutnant blickte hin zu der gebeugten, unterwürfigen Gestalt auf der Bank. »Aufstehen!« sagte er. Der Priester stand auf. Jetzt, dachte er, jetzt ... er hob die Augen. Der Leutnant wurde durch die Wache abgelenkt, die vor der Tür hin- und herschlotterte. Sein ernstes Gesicht war entsetzt und gequält...

»Er hat kein Geld«, meldete einer der Polizisten.

»Heilige Jungfau«, rief der Leutnant, »werdet ihr es denn nie lernen...?« Er trat zwei Schritte auf die Wache zu, und dann wandte er sich um: »Durchsucht ihn! Wenn er kein Geld hat, steckt ihn in eine Zelle! Gebt ihm Arbeit...« Er trat hinaus, und plötzlich hob er die flache Hand und schlug der Wache ins Gesicht. Er sagte: »Du schläfst. Marschier, als ob du etwas Stolz in dir hättest...mit Stolz«, wiederholte er, während die kleine Azetylenlampe über der getünchten Wand rauchte. Uringeruch drang vom Hof herüber, die Männer lagen in ihren Hängematten, gut und sicher.

»Sollen wir seinen Namen aufschreiben?« fragte ein Sergeant.

»Ja, natürlich«, entgegnete der Leutnant, ohne ihn anzusehen, während er schnell und nervös an der Lampe vorbei in den Hof trat; da stand er ungeschützt und blickte um sich und ließ den Regen auf seine saubere Uniform fallen. Er sah aus, als quäle ihn eine Sorge: als stünde er unter dem Einfluß einer geheimen Leidenschaft, die die Bahn seines Lebens zerstört hatte. Er kam zurück. Er hatte keine Ruhe.

Der Sergeant stieß den Priester vor sich hin in das innere Zimmer; ein bunter Amtskalender hing über der abbröckelnden Tünche, eine dunkelhäutige Mestizin im Badekostüm empfahl ein Mineralwasser; jemand hatte mit netten, belehrenden Bleistiftlettern die entschiedene Behauptung aufgestellt, daß der Mensch nichts zu verlieren habe als seine Fesseln.

»Name?« fragte der Sergeant. Ehe er sich selbst daran hindern konnte, hatte er schon geantwortet: »Montez.«

»Wohnort?«

Er nannte ein Dorf, das ihm gerade einfiel. Er war in sein eigenes Bild vertieft. Da saß er inmitten der weißen, gestärkten Kleider der Firmungsgäste. Sein Gesicht war mit einem Kreis umgeben, um es hervorzuheben. Ein zweites Bild hing an der Wand: der Gringo von San Antonio, Texas, der wegen Mordes und Bankraubes gesucht wurde.

»Ich nehme an«, sagte der Sergeant vorsichtig, »Sie haben den Schnaps von einem Fremden gekauft...?«

»Ja.«

»Den Sie nicht identifizieren können.«

»Nein.«

»So wird das immer gemacht«, sagte der Sergeant billigend; es war klar, er wollte die Geschichte nicht breittreten. Er nahm den Priester vertraulich beim Arm und führte ihn hinaus und über den Hof; er trug einen mächtigen Schlüssel, wie sie in den Mirakelspielen oder Märchen als Symbol getragen werden. Einige Leute bewegten sich in den Hängematten; ein großes, unrasiertes Kinn hing heraus wie ein Stück Fleisch, das auf der Fleischbank des Metzgers liegengeblieben war; ein großes, verstümmeltes Ohr; ein nackter schwarzhaariger Schenkel. Er erwartete, daß nun der Mestize aufkreuzte, Erkennungsfreude im Gesicht.

Der Sergeant sperrte ein kleines, vergittertes Tor auf und, indem er mit dem Fuß etwas wegstieß, versperrte er breitbeinig den Eingang. Er sagte: »Die sind alle unschuldig, lauter Unschuldige«, und bahnte sich, mit den Füßen stoßend, einen Weg. Ein furchtbarer Gestank verpestete die Luft, jemand weinte in der Finsternis.

Der Priester zögerte an der Schwelle und versuchte etwas in der tiefen Dunkelheit zu erkennen; die schwarze Masse schien sich zu bewegen und zu rühren. Er sagte: »Ich bin so durstig. Könnte ich Wasser haben?« Der Gestank drang ihm in die Nase und würgte ihn.

»Morgen«, sagte der Sergeant. »Sie haben gerade genug getrunken.« Er legte seine mächtige, sichere Hand auf den Rücken des Priesters, stieß ihn hinein und warf die Tür ins Schloß. Der Priester trat auf eine Hand, einen Arm, preßte das Gesicht gegen das Gitter und verwahrte sich mit schwachem Entsetzen: »Hier ist kein Platz. Ich sehe nichts. Wer sind diese Leute?«

Draußen, inmitten der Hängematten, lachte der Sergeant auf. »Hombre«, sagte er, »hombre, sind Sie noch nie im Gefängnis gewesen?«

ERIK SATIE

Betrübliche Beispiele

Der Meister spricht

Das Cabaret*, dessen schlechter Ruf nicht mehr zu retten ist, hat im literarischen und künstlerischen Leben eine sehr bedeutende Rolle gespielt — und spielt sie noch immer. Leider! sehen wir gegenwärtig zahlreiche Intellektuelle, die es nicht scheuen, sich in Cafés zu zeigen — zumindest — und sich dort sichtbar niederlassen (sogar auf der Terrasse), derart jede Zurückhaltung vergessend, die ein anständiger Mensch sich selbst schuldet — und die er ebenso ein wenig dem anderen schuldet. Ist dies nicht ein Affront gegen die Moral, jene tristen Apéritif-Vorstellungen? Diese öffentlichen Bacchanalien? Diese maßlose Abscheu?

Sicher, es kommt vor, daß ich in die Bierhalle gehe; aber ich jedenfalls verstecke mich — nicht aus tadelnswerter Heuchelei, sondern aus kluger Zurückhaltung — und vor allem, damit ich nicht gesehen werde! Denn, wie mir Alphonse Allais sagte: »Das kann Ihnen eine Heirat verpfuschen«.

Seinerzeit war ich manchmal im »Chat Noir«, wie übrigens auch Maurice Donnay; und ich war häufig in der »Auberge du Clou« — heimlich versteht sich, und ich ging nur zwischen den Mahlzeiten dorthin — den Mahlzeiten, die ich in einem anderen ganz nahe gelegenen Gasthaus einnahm.

Kurz und gut: ich bin kein Mann der Cafés. Ich bevorzuge die Bierhalle.

Früher waren die Cafés ganz anders als heute. Es waren eher Cabarets; und die Getränke hatten nichts zu tun mit jenen, die uns heute in den Bars, den Wirtschaften, den »tea-rooms« gereicht werden, oder in den Schenken, an denen wir während unserer Gänge durch die Stadt vorbeikamen. Dennoch wurde da »übel« geschluckt, sehr »übel« sogar; einer meiner Großonkel — der, der lange Zeit Leutnant bei den Pertuisaniers war — erzählt in seinen *Vieux Souvenirs*, er habe gemeinsam mit Rabelais oft einige Krüge geleert, vor allem im »Pomme de Pin«, dem berühmten Cabaret an der Ecke Rue Dopeau und Contrescarpe-Saint-Michel, außerhalb der Porte Bordet (die Rue Copeau wurde 1853 umbenannt in Rue Lacépède).

Welch schönes Cabaret! Villon ging ins »Pomme de Pin«, lange vor Rabelais, der dort Despériers, Dolet, Marot und meinen Onkel traf.

Mein Onkel trank, wie alle wackeren Soldaten, in überraschendem Ausmaß und erzählte dabei eine ganze Reihe Geschichten, deren gepfefferter

*Das alte Pariser *Cabaret* war eine Bohème-Kneipe, in der gelegentlich Musik geboten wurde. (Anm. d. Übers.)

Humor seine Kehle kitzelte und ihn ständig dazu verführte, kräftig einen zu heben. Es ist betrüblich, daß er Villon nicht begegnen konnte: Letzterer hätte ordentlich was abgekriegt, wenn ich einmal so sagen darf.

Leider hat man Villon schon vor geraumer Zeit »ums Leben gebracht« — und er dachte nicht mehr ans Trinken, nicht einmal mehr in kleinen Schlucken; zudem wurde mein Onkel erst lange nach dem Tod Villons geboren. Alle entscheidenden Voraussetzungen waren gegeben, die den einen vom anderen fernhielten. Jawohl!

Seltsame Zeiten müssen das gewesen sein, in denen ein Dichter dieses zweifelhafte Leben führen konnte, ohne etwas von seinem Talent und seiner Würde einzubüßen. Die religiösen Schriftsteller der folgenden Jahrhunderte haben sich wenig im Cabaret blicken lassen. Bossuet und Massillon scheinen diesen Ort gemieden zu haben. Sicher haben sie gut daran getan, so zu handeln. Ihre Werke hätten wahrscheinlich darunter gelitten und ihr Ansehen wäre sicher getrübt worden. Jawohl!

Boileau, Racine, Furetière, La Fontaine, Chapelle, der Anwalt Mauvillain, der Rat Brillac und andere Schöngeister verabredeten sich in der »Bouteille d'Or«, am Place du Cimetière-Saint-Jean (wo heute die Lobau-Kaseren steht). In diesem Cabaret schrieb Racine *Les Plaideurs*. Ist das nicht unglaublich?

Heutzutage weiß Raoul Ponchon, was es bedeutet, ins Café zu gehen. Ich habe ihn dort häufig gesehen; er dagegen sah mich nicht; ich war zu gut versteckt.

Es ist mir unmöglich, Ihnen hier all jene zu nennen, die ich kenne, und die ins Café gehen — sie ahnen es bereits. Ich glaube nicht, daß es an sich schlecht ist, ins Café oder an andere Orte dieser Art zu gehen. Ich gestehe, dort viel gearbeitet zu haben: und ich glaube nicht, daß all die berühmten Leute, die vor mir dort waren, dort ihre Zeit vergeudet haben. Es enstand ein Gedankenaustausch, der nur zu jedermanns Nutzen sein konnte — unter der Bedingung, daß man Zurückhaltung zeigte.

Doch, um Moral zu zeigen und mir einen respektierlichen Anstrich zu geben, sage ich: Ihr jungen Leute, geht nicht ins Café: Hört auf die ernste Stimme eines Mannes, der viel zu oft dort gewesen ist, seiner Meinung nach — es aber nicht bereut — dieses Monster!

JACK KEROUAC

Dharma Bums

Eine Party nach kalifornischer Art

Die Nacht der großen Party kam. Ich konnte praktisch die ganzen Vorbereitungen hören, die unten eifrig im Gang waren, und ich war deprimiert. »O mein Gott, der ganze Gesellschaftskram ist bloß ein großes Lächeln, und ein großes Lächeln ist nichts als Zähne, ich wünschte, ich könnte einfach hier oben bleiben und ruhen und freundlich sein.« Aber jemand brachte Wein hoch, und das brachte mich in Schwung.

In jener Nacht floß der Wein wie ein Strom den Hügel hinab. Sean hatte für ein ungeheures Lagerfeuer im Hof eine Menge großer Klötze zusammengelegt. Es war eine sternklare Nacht, warm und angenehm, im Mai. Alle kamen. Die Party teilte sich bald wieder in drei Gruppen auf. Ich verbrachte die meiste Zeit im Wohnzimmer, wo wir Platten von Cal Tjader auf dem Hi-Fi hatten, und eine Menge Mädchen tanzten, während Bud und ich und Sean und manchmal Alvah und sein neuer Kumpel George auf umgedrehten Konservendosen Bongotrommeln spielten.

Draußen im Hof ging es ruhiger zu, das Feuer glühte und viele Leute saßen auf den langen Baumstämmen, die Sean rund um das Feuer gerollt hatte, und auf der Planke waren Fressalien ausgebreitet, die für einen König und seine hungrige Gefolgschaft gereicht hätten. Hier am Feuer, abseits von der Raserei des bongotrommelnden Wohnzimmers, dozierte Cacoethes und diskutierte mit der einheimischen Intelligenz über Dichtung, etwa in folgendem Tonfall: »Marshall Dashiell ist zu sehr damit beschäftigt, seinen Bart zu pflegen und mit seinem Mercedes Benz in Chevy Chase von einer Cocktailparty zur anderen zu fahren, O. O. Dowler wird in Limousinen auf Long Island herumgereicht und verbringt den Sommer damit, auf dem Markusplatz Entzückensschreie auszustoßen, und Tough Shit Short, leider Gottes, hat es mit Erfolg zum piekfeinen Gecken mit Melone und Weste gebracht, und was Manuel Drubbing angeht, so wirft er bloß noch fleißig Münzen hoch, um rauszufinden, wen er in seinen Kritiken verreißen und wen er leben lassen soll, und über Omar Tott habe ich nichts zu sagen. Albert Law Livingston ist eifrig dabei, Autogrammexemplare seiner Romane zu signieren und Sarah Vaughan Weihnachskarten zu schicken; Ariadne Jones wird von der Ford-Gesellschaft belästigt; Leontine McGhee sagt, sie sei alt, und wer bleibt da noch übrig?«

»Ronald Firbank«, sagte Coughlin.

»Ich nehme an, die einzigen wirklichen Dichter im Lande, die sich nicht im Umkreis dieses kleinen Hofes aufhalten, sind Doctor Musial, der wahrscheinlich in diesem Augenblick hinter seinen Wohnzimmervorhängen vor sich hin mosert, und Dee Sampson, die zu reich ist. Da bleiben uns nur noch der liebe alte Japhy, der nach Japan weggeht, und unser großer Freund und Schaffer Goldbook und unser Mr. Coughlin, der eine scharfe Zunge hat. Mein Gott, ich bin hier der einzige, der was taugt. Wenigstens komme ich aus einem ehrlichen anarchistischen Milieu. Wenigstens habe ich Frost in der Nase gehabt, Stiefel an den Füßen und Protest im Munde.« Er streichelte seinen Schnurrbart.

»Was ist mit Smith?«

»Ich nehme an, er ist ein Bodhisattva in einer besonders schauerlichen Ausprägung, das ist ungefähr alles, was ich dazu sagen kann.« (Beiseite, höhnisch: »Er ist immer viiiel zu besoffen.«)

Henry Morley kam auch den Abend, nur für kurze Zeit, und benahm sich sehr seltsam, saß im Hintergrund und laß *Mad*-Bildgeschichten und die neue Zeitschrift *Hip* und ging früh wieder weg mit der Bemerkung: »Die Würstchen sind zu dünn, meinst du, das ist ein Zeichen der Zeit oder meinst du, › Armour and Swift ‹ verwerten Mexikaner, die sich über die Grenze verirrt haben?« Niemand redete mit ihm außer mir und Japhy. Es tat mir leid, ihn so früh wieder gehen zu sehen, er war ungreifbar wie ein Geist, wie immer. Trotzdem hatte er einen nagelneuen braunen Anzug zu diesem Anlaß angehabt, und plötzlich war er weg.

Währenddessen schlichen ab und zu liebebedürftige Paare auf den Hügel, wo sich die Sterne in den Bäumen wiegten, oder brachten Weinkrüge und Gitarren rauf und machten kleine Extraparties in unserer Hütte. Es war eine gewaltige Nacht. Japhys Vater kam schließlich, nach der Arbeit, und er war ein kleiner zäher Bursche genau wie Japhy, war schon etwas kahl, aber durch und durch ein Mann der Tat und irre genau wie sein Sohn. Er fing sofort an, mit den Mädchen wilde Mambos zu tanzen, während ich wie verrückt auf einer Konservenbüchse trommelte. »Go, man!« Einen so rasenden Tänzer hast du noch nicht gesehen: er stand da, beugte sich weit zurück, bis er beinahe hinfiel, und bewegte seine Lenden auf das Mädchen zu, schwitzend, scharf, grinsend, glücklich, der verrückteste Vater, den ich je gesehen habe. Kurz vorher, bei der Hochzeit seiner Tochter, hatte er die Gartengesellschaft durcheinander gebracht, indem er mit einem Tigerfell auf dem Rücken auf Händen und Füßen herausgestürzt kam, nach den Fersen der Damen schnappte und bellte. Jetzt nahm er ein fast eins achtzig großes Mädchen mit Namen Jane und schwenkte sie herum und stieß beinahe den Bücherschrank um. Japhy wanderte von einer Gruppe der Party zur anderen mit einem großen Krug in der Hand, und sein Gesicht strahlte vor Glück. Eine Zeitlang lockte die Party im Wohnzimmer die Lagerfeuerclique zu sich hinein, und bald führten Psyche und Japhy einen wilden Tanz auf, dann sprang Sean auf und wirbelte sie herum, und sie tat, als ob sie ohnmächtig wurde, und fiel mitten zwischen Bud und mich, die wir auf dem Boden saßen und trommelten (Bud und ich, die wir nie eigene Mädchen hatten und uns um nichts kümmerten), und lag da eine Sekunde und schlief auf unserem Schoß. Wir pafften unsere Pfeifen und trommelten weiter. Polly Whitmore trieb sich immer in der Küche rum und half Christine beim Kochen und stellte sogar selbst einen Berg köstlichen Gebäcks her. Ich sah, daß sie einsam war, denn Psyche war da, und Japhy gehörte nicht ihr, darum ging ich hin und faßte sie um die Hüfte, aber sie sah mich mit einer solchen Angst an, daß ich nichts tat. Anscheinend war ihr angst und bange vor mir. Princess war mit ihrem neuen Freund da, und auch sie schmollte in einer Ecke.

Ich sagte zu Japhy: »Was zum Teufel willst du mit all diesen Zähnen anfangen? Willst du mir nicht eine abgeben?«

»Nimm dir, welche du willst. Ich bin heut abend geschlechtslos.«

Ich ging zum Lagerfeuer hinaus um Cacoethes mit seinen neuesten Witzeleien zu hören. Arthur Wane saß auf einem Baumstamm, gut angezogen, Schlips und Anzug, und ich ging hin und fragte ihn: »Na, was ist Buddhismus? Ist er eine blitzartige Erleuchtung der Phantasie und des Geistes, ist er Spiel, Traum oder nicht mal Spiel, Traum?«

»Nein, für mich bedeutet Buddhismus, möglichst viele Leute kennenzulernen.« Und da ging er auf der Party umher, richtig liebenswürdig, und gab jedem die Hand und plauderte, echt Cocktailparty. Die Party drinnen wurde immer wilder. Ich fing selber an mit dem großen Mädchen zu tanzen. Sie war unheimlich scharf. Ich wollte sie heimlich auf den Hügel schleppen mit einem Krug Wein, aber ihr Mann war da. Später in der Nacht tauchte ein verrückter Farbiger auf und fing an, auf seinem eigenen Kopf und seinen Backen und seinem Mund und Brustkorb Bongos zu spielen, schlug auf sich ein mit richtig lautem Klatschen, und einem duften Beat, einem unheimlichen Beat. Alle waren hingerissen und behaupteten, er müsse Bodhisattva sein.

Alle möglichen Leute strömten aus der Stadt hinzu, wo die Nachricht von der großen Party in unseren Bars die Runde machte. Plötzlich guckte ich hoch, und Alvah und George liefen nackt rum.

»Was macht ihr denn?«

»Ach, wir haben gerade beschlossen, uns auszuziehen.«

Niemand schien sich etwas dabei zu denken. Ich sah sogar, wie Cacoethes und Arthur Wane tipptopp gekleidet dastanden und im Schein des Feuers mit den beiden nackten Verrückten eine höfliche Unterhaltung führten, eine Art ernste Unterhaltung über den Lauf der Welt. Schließlich zog sich Japhy auch aus und wanderte mit seinem Krug umher. Jedesmal wenn eins seiner Mädchen ihn ansah, brüllte er laut und sprang auf sie zu, und sie rannten kreischend aus dem Haus. Es war wahnsinnig. Ich fragte mich, was bloß passieren würde, wenn die Polizei in Corte Madera hiervon Wind bekam und mit ihren Einsatzwagen den Hügel raufgerauscht kam. Das Lagerfeuer war hell, unten auf der Straße konnte man alles sehen, was sich im Hof abspielte. Trotzdem wirkte es seltsamerweise nicht unpassend, wenn man so das Lagerfeuer, das Essen auf der Planke sah, den Gitarrenspielern zuhörte, die dichten Bäume in der Brise schwanken und ein paar nackte Männer auf der Party herumhopsen sah.

Ich unterhielt mich mit Japhys Vater und sagte: »Was halten Sie davon, daß Japhy nackt ist?«

»Oh, das ist mir völlig egal, Japh kann tun, was er will, von mir aus. Sag mal, wo ist denn das gute, alte Riesenmädchen geblieben, mit dem wir getanzt haben?« Er war der wahre Vater für einen Dharma-Gammler. Er hatte es in seinen jungen Jahren in den Wäldern von Oregon auch verdammt schwer gehabt, mußte für eine ganze Familie in einer selbstgebauten Hütte sorgen, und all die Hindernisse und Schwierigkeiten, als er versuchte, ein so karges Land zu bebauen, und die kalten Winter. Jetzt war er ein gutsituierter Farbenlieferant und hatte sich eins der schönsten Häuser von Mill Valley gebaut und sorgte gut für seine Schwester. Japhys eigene Mutter wohnte allein in einer Pension im Norden. Japhy wollte sich um sie kümmern, wenn er von Japan zurückkam. Ich hatte einen Brief von ihr gesehen, der war voll von Einsamkeit. Japhy sagte, seine Eltern hätten sich ziemlich entgültig getrennt, aber wenn er aus dem Kloster wiederkäme, würde er sehen, wie er sich um sie kümmern könnte. Japhy sprach nicht gern von ihr, und sein Vater erwähnte sie natürlich nie. Aber ich mochte Japhys Vater gern, die Art, wie er schwitzend und wild tanzte, die Art, wie er bei dem ganzen exzentrischen Rummel nie die Fassung verlor, die Art, wie er jeden tun ließ, was er wollte, und gegen Mitternacht unter einem Schauer von Blumen nach Hause ging, zu seinem Wagen heruntertänzelte, den er auf der Straße geparkt hatte.

Und dann war noch Al Lark da, auch ein netter Kerl, der sich mit seiner Gitarre irgendwo hinflegelte, klingende, swingende Bluesakkorde zupfte oder manchmal Flamenco und ein Loch in die Luft guckte, und als die Party um drei Uhr morgens aus war, gingen er und seine Frau in Schlafsäcken auf dem Hof schlafen, und ich konnte sie im Gras rumalbern hören. »Laß uns tanzen«, sagte sie. »Ach, schlaf endlich ein!« sagte er.

Psyche und Japhy waren in jener Nacht sauer aufeinander, und sie wollte nicht mit auf den Hügel kommen und seine neuen weißen Laken beehren und rauschte davon. Ich beobachtete Japhy, wie er auf den Hügel stieg, besoffen schwankend, die Party war aus.

Ich ging mit Psyche zu ihrem Wagen und sagte: »Komm schon, warum machst du Japhy in seiner Abschiedsnacht unglücklich?»

»Oh, er war gemein zu mir, er kann mich mal.«

»Ach los, auf dem Hügel frißt dich schon keiner.«

»Interessiert mich nicht, ich fahr wieder in die Stadt.«

»Das ist aber nicht nett, und Japhy hat gesagt, daß er dich liebt.«

»Das glaub ich nicht.«

»So spielt das Leben«, sagte ich, als ich davonwanderte, einen riesigen Weinkrug am gekrümmten Zeigefinger, und ich ging wieder den Hügel rauf und hörte, wie Psyche versuchte, ihren Wagen zurückzusetzen und auf der schmalen Straße zu wenden, und das Hinterteil landete im Graben, und sie kam nicht wieder raus und mußte doch auf Christines Fußboden schlafen. Inzwischen waren Bud und Coughlin und Alvah und George alle oben in der Hütte in verschiedenen Decken und Schlafsäcken auf den Fußböden ausgestreckt. Ich legte meinen Schlafsack in das sanfte Gras und hatte das Gefühl, von dem ganzen Haufen am glücklichsten dranzusein. Die Party war also aus und das ganze Geschrei vorüber, und was war dabei herausgekommen? Ich fing an, in der Nacht zu singen, und amüsierte mich mit dem Weinkrug. Die Sterne waren blendend hell.

»Ein Moskito, so groß wie Mount Sumeru, ist viel größer als du denkst!« rief Coughlin aus der Hütte, als er mich singen hörte.

Ich rief zurück: »Ein Pferdehuf ist zerbrechlicher, als er aussieht!«

Alvah kam in seiner langen Unterwäsche rausgerannt und vollführte einen langen Tanz und jaulte lange Gedichte im Gras. Schließlich berichtete uns Bud ernsthaft von seiner jüngsten Idee. Wir machten da oben eine Art neue Party. «Laßt uns runtergehen und nachsehen, wie viele Mädchen noch da sind!« Ich ging den Hügel runter, kullerte den halben Weg, und versuchte Psyche wieder mitzuschleifen, aber sie schlief wie ein Stein auf dem Fußboden. Die Glut des großen Lagerfeuers war noch glühend heiß und gab viel Wärme ab. Sean schnarchte im Schlafzimmer seiner Frau. Ich nahm etwas Brot von der Planke und schmierte etwas Hüttenkäse drauf und aß und trank Wein. Ich war ganz allein beim Feuer, und es dämmerte grau im Osten. »Mensch, bin ich besoffen!« sagte ich. »Aufwachen! Aufwachen!« rief ich. »Die Ziege des Tages nimmt die Dämmerung auf die Hörner! Kein Wenn und Aber! Hallo! Loß, ihr Mädchen! Krüppel! Strichjungen! Diebe! Zuhälter! Henker! Rennt!« Dann fühlte ich plötzlich zutiefst die Erbärmlichkeit aller Menschenwesen, ihre Gesichter, gequälten Münder, ihre Versuche, Charakter zu zeigen und fröhlich zu sein, ihre kleinen Verdrießlichkeiten, Gefühle der Verlorenheit, ihre langweiligen und leeren, so schnell vergessenen Witzeleien: Ach wozu? Ich wußte, daß das Geräusch des Schweigens überall war, und deshalb alles überall Schweigen war. Angenommen, wir wachen plötzlich auf und merken, daß das, was wir für dies und das gehalten haben, gar nicht dies und das ist. Ich wankte bergan, von Vögeln begrüßt und blickte auf all die zusammengekauerten, schlafenden Gestalten am Boden. Wer waren all diese fremden Geister, die mit mir in dem törichten kleinen Abenteuer Erde verwurzelt waren? Und wer war ich? Armer Japhy, um acht Uhr stand er auf und gongte mit seiner Bratpfanne und sang den »Gocchami«-Gesang und rief alle zum Pfannkuchenessen.

HANS FALLADA
Der Trinker
Ein Kleinbürger auf dem Weg in die Tiefe

Ich gehe und gehe. Ich marschiere und singe mir ein Lied dazu, eines jener Wanderlieder, die ich früher bei Ausflügen mit Magda sang. Dann humpele ich wieder lange Strecken auf schmerzenden Füßen. Ich habe mir eine Zehe an einem Stein gestoßen, mit meinen unbeschuhten Füßen ist es schlechtes Wandern. Längst sind meine Strümpfe zerrissen. Kreuze ich einen Bach, klettere die Böschung hinunter, setze mich auf einen Stein und halte die Füße ins Wasser, das mich zuerst durch seine Eiseskälte erschreckt. Dann tut es gut, und, auf einem Stein sitzend, schlafe ich ein. Ich erwache frierend, eisig, ich bin von meinem Sitz gefallen, ich wandere weiter. Je schneller ich gehe, um so länger scheint der Weg zu werden. Die Obstbäume an den Straßenrändern fliegen nur so an mir vorbei, aber ich komme nicht vorwärts. Ich weiß nicht, wo ich bin, nur sehr fern von Haus. Ich weiß nicht, wie spät es ist, aber noch ist es Nacht. Zwei Hände breit steht der Mond hoch über dem Horizont. Und ich wandere. Ich wandere durch ein schlafendes Dorf. Nirgends ist mehr Licht, alle schlafen, nur ich bin noch unterwegs, ich, Erwin Sommer, Inhaber eines Landesproduktengeschäftes en gros. Nicht mehr, nicht mehr, das war einmal. Was hier wandert durch die monderfüllte Nacht, was ist das noch? Es war einmal – lange ist's her. Versunken, vorbei, fast vergessen ... Ein Hund erwacht in seiner Hütte von meinem Schlurfschritt, schlägt an, fängt an zu kläffen, andere Hunde erwachen, und nun bellt das ganze Dorf, und ich schlurfe hindurch, auf blutigen Sohlen, ein Stromer, und gestern war ich noch ... O schweig stille –! Und im Schatten des hölzernen Kirchturms bleibe ich stehen, wieder einmal hebe ich die Flasche zum Mund und trinke. Das lullt die Fragen ein, das bringt die Schmerzen zur Ruhe, das ist eine Peitsche für die nächste halbe Stunde Weg ... Aber nicht viel ist mehr in der Flasche, ich muß den kostbaren Stoff zu Rate halten. Den letzten Schluck – und er muß groß sein! – trinke ich auf der Schwelle meines Hauses, ehe ich vor Magda trete. Aber Magda schläft, ich werde ganz leise mich auf ein Sofa legen, heute nacht wird es keine Auseinandersetzung mehr geben. Und morgen? Morgen ist sehr weit, bis morgen werde ich tief, tief schlafen, ich werde alles vergessen, was heute war, ich werde wieder der Chef der Firma sein, der wohl einen kleinen Fehler begangen hat, aber der auch die Fähigkeit besitzt, die Scharte wieder auszuwetzen ... Ich habe die leere Flasche in einem Gebüsch des Gartens verborgen, nun steige ich auf meinen nackten Füßen ganz leise die Stufen zur Haustür empor. Auch das leise Öffnen des Schlosses gelingt mir leicht. Ich bin jetzt nicht mehr die Spur betrunken, obgleich ich eben erst nicht nur einen, nein, sogar zwei sehr große Schlucke Korn genommen habe — der Rest in der Flasche war größer gewesen, als ich erwartet hatte. Aber das ist nur gut, um so klarer und sicherer bin ich jetzt. Ich werde keinen Fehler begehen, niemanden werde ich wecken. Wie listig ich bin. Es zog mich ins Badezimmer, mir die blutigen Füße zu waschen, aber mein klarer Kopf erinnerte mich, daß das Rauschen der Hähne dort Magda wecken würde, und jetzt schleiche ich in die Küche. In der Küche darf ich mich waschen, neben der Küche schläft nur die kleine Else, sie meint es gut mit mir. Sie hat mich getröstet, sie ist nicht tüchtig und hart wie Magda. Ich mache Licht, ich sehe mich in der Küche um. Ich wähle eine große Emailleschüssel, und ich denke daran, im Boiler am Herd nachzusehen, ob dort noch etwas warmes Wasser ist. Das Wasser ist wirklich noch lau, und ich bin stolz auf meine Tüchtigkeit, ich hole Waschseife, das Küchenhandtuch, die Geschirrtücher und eine Bürste. Dann setze ich mich auf einen Stuhl und stecke die Füße ins Wasser. Ach, wie gut das tut, wie sanft dieses laue Streicheln ist! Ich lehne mich zurück, ich schließe die Augen — wenn ich jetzt noch etwas zu trinken hätte, würde ich ganz glücklich sein. Irgend etwas fehlt immer am menschlichen Glück, ganz zufrieden werden wir nie. Ich habe den Rotwein ausgetrunken, sonst gibt es nichts zu trinken in diesem Haus. Ich muß mir gleich morgen einen Weinkeller zulegen, und ein paar Flaschen Schnaps müssen auch in ihm sein. Schnaps ist etwas sehr Gutes — wie schade, daß ich so viele Jahre versäumt habe, in denen ich hätte Schnaps trinken können — in aller Mäßigkeit natürlich. Ich lehne mich noch weiter zurück, genieße das Bad, fühle die brennenden Schmerzen nachlassen ... Und springe plötzlich auf! Das Wasser schwappt aus der Schale und überschwemmt den Fliesenboden. Aber das ist jetzt ganz egal! Eine Erleuchtung ist über mich gekommen! Natürlich haben wir noch etwas zu trinken im Haus! Hat denn nicht Magda Madeira für manche Suppen, zum Beispiel für die Ochsenschwanzsuppe? Und besitzt sie nicht Rum, zum Sterilisieren ihrer Gelees? Ich weiß das doch aus den Haushaltsbüchern!

Und ich laufe mit meinen nackten Füßen in die Speisekammer, ich suche, ich rieche an Flaschen, ich rieche Essig und Öl — und hier, da steht es ja: › Fine old Sherry ‹ und hier sogar Portwein, dreiviertel voll die Flasche, und Rum, halb voll — oh, wie schön ist das Leben. Rausch, Vergessen, auf dem Strome des Vergessens dahintreiben, in die Dämmerung hinein, tiefer in die Schwärze hinab, dorthin, wo es weder Versagen noch Reue gibt ... Guter Alkohol, sei gegrüßt, la reine Elsabe, an deiner nackten Brust habe ich geruht, den Ruch von Haar und Fleisch geatmet! —

Ich habe die Schüssel wieder gefüllt, ich habe die drei Flaschen aufgekorkt vor mich aufgebaut, ich habe einen tiefen Zug aus der Rumflasche getan. Zuerst widerstand er mir nach dem sanfteren und reineren Geschmack des Korns, dieser Rum schmeckte schärfer, brennender, er ist zusammengesetzt, aber auch feuriger. Wie dunkelrote Wolken fühle ich ihn in meinem Blute treiben, er beschwingt meine Phantasie, er macht mich noch wacher, achtsamer, listiger ... Ich weiß, ich muß die Küche gut aufräumen, aufwischen muß ich die Überschwemmung auf dem Fliesenboden, die Flaschen gut verkorkt wieder wegsetzen. Niemand darf etwas merken, auch Else nicht. Die gute Else, sie schläft fest, sie ist noch jung, sie hat den Schlaf der Jugend, aber ich, ihr Brotherr, ich sitze hier in der Küche und bewache ihren Schlaf. Wenn jetzt ein Einbrecher käme ... Aber wo habe ich bloß die Korken gelassen? Ich sehe sie nirgends, ich habe sie auch nicht in den Taschen — ob sie wohl in der Speisekammer liegen? Ich müßte dort nachsehen, ich muß die Flaschen gut verkorkt fortsetzen, aber das Wasser ist so linde an den Füßen, und jetzt werde ich müde, möchte ich schlafen, noch einen Schluck, dann werde ich so schlafen, nur einen kurzen Augenblick, und ich werde alles hier ordnen, tadellos werde ich alles in Ordnung bringen, und auch die Korken werde ich finden ... Wer kommt? Wer stört mich schon wieder? Ach, es ist nur Magda, die tüchtige Magda, mitten in der Nacht, nein, mehr dem Morgen zu, steht sie da gewissermaßen gestiefelt und gespornt, jedenfalls völlig angezogen in der Küchentür und sieht stumm mit einem sehr blassen, erschrockenen Gesicht auf mich! Ich richte mich halb auf, mache eine begrüßende Geste mit dem Arm, nicke ihr zu und sage fröhlich: »Da bin ich wieder, Magda! Ich habe einen Ausflug gemacht, eine kleine Landpartie in das Frühlingsgrün hinaus. Hast du in diesem Jahr überhaupt schon die Lerchen singen hören? Morgen werden wir gemeinsam gehen. Du sollst die Birken sehen, wie sanft grün sie sind, und du sollst die Königin des Schnapses kennen lernen, la reine d'alcool, ich habe sie Elsabe getauft ... Du bist so tüchtig, Magda, ich sah dich im Geschäft mit Hinzpeter über den Büchern. Du hast Bilanz gemacht, du hast Klarheit gewonnen, ich habe mich immer vor dieser Klarheit gefürchtet! Diesen Schluck dir, meine Magda, und noch einen und noch einen! Ich weiß, es ist dein Rum, aber ich werde ihn dir ersetzen, ich werde dir alles ersetzen; wir haben noch Geld, ich kann das Geschäft verkaufen. Es gehört mir, ich bin der Chef, ich kann tun, was ich will! Oder sagst du etwas dagegen?«

Sie sagte nichts, sie sah stumm auf mich, dann auf meine blutigen Füße. Sie war sehr bleich. Aus ihren Augen lösten sich zwei Tränen, sie rannen langsam über ihre blassen Wangen, sie wischte sie nicht fort, ich verfolgte gespannt ihren Weg mit den Augen, bis sie auf das Kleid tropften. Diese Tränen rührten mich nicht, im Gegenteil, es tat mir nur gut, daß sie weinte, es war ein süßes Gefühl in mir, daß sie noch Schmerz empfinden konnte meinetwegen.

Ich trank wieder.

»Du bist so mitleidslos tüchtig, ja, ich habe die Lieferung für das Gefängnis nicht bekommen, aber du wirst das schon wieder ausgleichen. Ich habe immer in deinem Schatten gelebt, du hast mich deine Überlegenheit nie fühlen lassen, aber ich kam nie hoch, und nun bin ich unten angelangt. Auch unten läßt es sich leben, ich habe ein seltsames Mädchen kennen gelernt, auch sie ist ganz unten, aber auch sie empfindet Schmerz und Freude. Auch unten empfindet man Lust und Leid, Magda, es ist genau wie oben, es ist gleich, ob man oben oder unten lebt. Es ist vielleicht das Schönste, sich fallen zu lassen, mit geschlossenen Augen ins Nichts zu stürzen, immer tiefer in das Nichts. Man kann unendlich fallen, Magda, ich bin noch nicht unten angelangt, ich bin noch nicht aufgeprallt, alle meine Glieder sind noch heil ... «

»Erwin«, sagte sie bittend, »Erwin, rede nicht mehr. Höre auf zu trinken. Du bist krank, Erwin. Komm, lege dich ins Bett, ich will deine Füße verbinden. Deine Füße sehen schrecklich aus, ich will deine Füße verbinden ... «

»Siehst du«, rief ich und trank noch einmal, »du gönnst mir nicht einmal die paar Schlucke, gewiß, es sind deine Flaschen, aber ich bezahle sie dir. Ich bezahle sie dir bar, oder ich gebe sie dir in natura wieder, das ist ein glattes Geschäft, dagegen kannst du nichts sagen. Du fragst mich nach meinen Füßen? Ich habe eine Landpartie gemacht, wenn die tüchtige Chefin arbeitet, kann der Chef sich wohl einmal eine Ausspannung gönnen! Ich bin barfuß gegangen, Barfußgehen soll gesund sein ... «

Sie ließ mich weiterreden. Sie hatte schnell die Küche verlassen und kam mit dem großen Badeschwamm, einer Salbendose und Binde wieder. Sie kniete neben mir, und während ich immer abgerissener und lallender über ihr fortredete, wusch sie meine Füße, wusch den Straßenschmutz aus den Wunden, trocknete sie gelinde ab, salbte sie und wickelte sie ein.

»Gut, gut«, sagte ich und trank, »du bist wirklich gut, Magda; wenn du nur nicht so verdammt tüchtig wärst!«

Ich erwache. Ich liege in meinem Bett, die Fenster stehen offen, die Vorhänge bewegen sich leise im Wind, draußen scheint die Sonne. Es muß schon spät sein, das Bett neben mir ist bereits gemacht, das Schlafzimmer ist leer, ich bin allein drin. Mir ist sehr schlecht, mein Magen hat ein trockenes Brennen, nur langsam entschließt sich mein Kopf zu denken. Nur langsam kommen mir die Erinnerungen an die vergangene Nacht zurück, dann fühle ich die Schmerzen in den Füßen. Ich streife die Decke zurück und sehe die Verbände.

Und mit einem Schlage steht alles wieder vor mir: das Lauern vor meinem eigenen Geschäft nach den Schatten auf der Glasscheibe, die gemeine Trinkerei in der Schankstube, die schamlose Szene in der Kammer des gemeinen Mädchens, mein schuhloser betrunkener Heimweg und, als Schlimmstes von allem, die Szene in der Küche mit Magda! Wie ich mich beschmutzt habe, ach, wie ich mich beschmutzt habe. Eine brennende Reue überfällt mich. Scham, peinigende schmerzende Scham, ich verberge mein Gesicht mit den Händen, ich presse die Augen fest zu ... Ich will nichts mehr sehen, ich will nichts mehr hören, nichts mehr denken! Ich stöhne, ich beiße die Kiefer zusammen, ich knirsche mit den Zähnen. Ich stöhne: › Es kann nicht wahr sein! Es ist nicht wahr! Das bin ich nicht gewesen, ich habe alles nur geträumt! Ich muß alles vergessen, auf der Stelle muß ich alles vergessen! Es darf nichts wahr sein!‹

Das schüttelt mich wie ein Krampf, und dann kommen die Tränen, Tränen über all das, was ich so mutwillig verlor. Endlose, bittere, lange, schließlich doch lösende Tränen.

Und als ich mich ausgeweint habe, ist immer noch die Sonne vor meinen Fenstern, wehen die frischen duftigen Vorhänge im leichten Winde. Immer noch ist das Leben da, jung und lächelnd, du kannst es in jeder Stunde noch einmal beginnen, es kommt nur auf dich an. Neben meinem Bett steht ein Tischchen mit einem Frühstückstablett, der Kaffee ist sorgsam mit einer Haube verdeckt, und nun beginne ich zu frühstücken. Die ersten Bissen der Semmel kaue ich noch zäh und träge im Munde, aber der Kaffee ist extra stark zubereitet; allmählich kommt der Appetit wieder, und ich genieße mit dankbarer Freude all das, was mir Magdas Sorgsamkeit an Extrabissen auf das Tablett gestellt hat: scharfe Anchovis, eine schöne fette Leberwurst und wunderbaren Chesterkäse. Selten habe ich mit solchem Genuß gegessen, ich fühle mich wie ein Genesender. Dankbar begrüße ich die säuberlichen Dinge der bekannten Umwelt, grüße sie wie alte vertraute Freunde, die man lange entbehrt hatte. Nun finde ich auch auf dem Nachttisch einen Zettel von Magda. Sie teilt mir mit, daß sie nur auf wenige Stunden ins Geschäft gegangen sei, sie bittet mich, bis zu ihrer Rückkunft im Bett oder doch im Hause zu bleiben; das Bad sei für mich geheizt.

Eine halbe Stunde später verlasse ich das Haus. Zwar macht mir das Gehen mit meinen wunden Füßen arge Schmerzen, aber ich bin nicht gesonnen, weiter tatenlos zu verharren. Ich habe mich gesäubert von oben bis unten, ich zog frische Wäsche an, meinen besten Anzug — und nun will ich meinen alten Platz in der Welt wieder einnehmen. Wenn ich auch nicht so tatkräftig wie Magda bin, möchte ich doch wieder die Bremse am eilig vorgetriebenen Wagen sein: die Fahrt regelnd und sichernd!

Ich zögere nicht, ich schiele nicht von Torwegen her nach Schatten; ich trete ohne weiteres ein. Ich grüße die Angestellten in meinen beiden vorderen Büros freundlich und trete in mein Chefbüro ein. Magda springt von meinem Schreibtischsessel auf; früher hat sie dort nie gesessen, wenn ich nicht anwesend war; sie hatte einen Platz an einem Nebentisch. Ein wenig schmerzt es mich, daß sie mich so ganz schon von der Liste der Mittätigen ausgestrichen hat; sie wird auch sehr rot.

»Erwin, du?« ruft sie. »Ich dachte ... «

Und sie schaut erst mich, dann Herrn Hinzpeter an.

»Guten Morgen, guten Morgen, Herr Hinzpeter«, sage ich freundlich und lasse mir nichts anmerken. »Ja, du dachtest ... aber ich fand, daß es mir heute früh doch schon erträglich ging, bis auf die Füße ... die Füße natürlich ... aber lassen wir das. Nun erzähle mir, was ihr festgestellt und was ihr vielleicht sogar schon beschlossen habt. Werden wir den Verlust der Gefängnislieferungen verschmerzen können —?« Ich hatte mich in den Sessel an meinem Schreibtisch gesetzt. Ich sah sie freundlich an, ganz der Chef, der bereit war, die Vorschläge seiner Angestellten wohlwollend anzuhören, ehe er seine Entscheidung traf. Ich hatte — kaum eine Stunde war es her — in einem Krampf geschrien, daß ich vergessen wollte, daß ich vergessen mußte ... Und nun saß ich hier, ich, ich konnte nicht vergessen, schon Magdas Blässe, schon meine in den engen Schuhen schmerzenden Füße erinnerten mich stets, aber sie mochte ich vergessen. Keine fünf Minuten, und es mußte Magda wie ein böser Traum vorkommen, daß sie mich vor noch nicht zwölf Stunden am Küchentisch hatte sitzen sehen, drei Flaschen vor mir, die verschmutzten Füße in einer Schüssel, der Fliesenboden überschwemmt — nichts wie ein böser Traum! Vergessen! Vergessen!! (Auch dies, es war mir klar, war Schamlosigkeit; wortlos ging ich über das Geschehene fort, wischte es aus, duldete keine Anspielung, keinen nachdenklich forschenden Blick ... schamlos auch das!) Im übrigen zeigte es sich, daß ich nicht umsonst auf Magdas Tatkraft gerechnet hatte. Schon am frühen Morgen hatte sie bereits einen Besuch bei ihrem Freund, dem Oberinspektor, gemacht, um festzustellen, ob nicht vielleicht doch noch etwas zu retten war. Und, siehe, dieser brave Mann hatte ihr wirklich einen Tip gegeben, einen sehr wertvollen Tip ... Ein Teil der Gefangenen wurde im Anfang der Strafzeit in Einzelzellen mit Wergzupfen beschäftigt, altes verbrauchtes oder zerrissenes Tauwerk wurde wieder in seine Grundbestandteile zerlegt, zerzupft, mit dem gewonnenen Werg konnten wieder neue Seile gemacht werden ... Der Bedarf an solchem Tauwerk war immer recht groß, und gerade im Augenblick waren die Vorräte der Gefängnisverwaltung darin ziemlich am Ende. Der Oberinspektor hatte Magda vorgeschlagen, nach Hamburg zu fahren und dort altes Seilwerk aufzukaufen, zwei oder auch drei Waggons. Seinen Angaben nach war dabei ein recht gutes Geschäft zu machen, wenn man nur die rechten Quellen kannte, und er hatte es sogar nicht an Hinweisen auf diese guten Quellen fehlen lassen.

Wie gesagt, ich hörte mir das alles wohlwollend an. Es war natürlich nur ein kleines Gelegenheitsgeschäft, das auch bei günstigstem Einkauf nicht annähernd eine dreijährige Lebensmittellieferung für annähernd fünfzehnhundert Menschen ersetzen konnte, aber es war mitzunehmen, wenn es eigentlich auch nicht in den Rahmen meines Geschäftes paßte.

»Und wer, dachtest du, soll hinfahren, Magda?« fragte ich. »Du selbst etwa —?«

»Nein, so gern ich möchte«, antwortete sie zögernd. »Ich glaube, ich kann im Augenblick schlecht fort. Gerade jetzt ... « Sie brach ab und sah mich etwas hilflos und doch mit Bedeutung an. Dies war einer jener Blicke, die ich unter keinen Umständen dulden wollte. »Du hast ganz recht, Magda«, antwortete ich darum, »du bist hier im Augenblick wirklich schlecht abkömmlich. Und dann ist da dein Haushalt. Else ist doch noch sehr jung ... (gute tröstende Else —!) Es ist schon das beste, ich fahre selbst. Ich fühle mich wieder ganz frisch, und mit meinen Füßen, das werde ich mir schon so einrichten ... Ich kann ja Taxen nehmen ... «

Hastig unterbrach mich Magda: »Du kannst keinesfalls fahren, Erwin. Du weißt, du bist noch nicht ganz in Ordnung.«

Sie sah mich fest an, nicht böse, sondern eher traurig-liebevoll, aber unausweichlich und fest. Diesmal senkte ich den Blick.

»Nein«, fuhr sie fort, »das beste ist, wir schicken Herrn Hinzpeter. Er könnte heute abend noch fahren und wäre dann vielleicht schon übermorgen früh ...«

»Einen Augenblick bitte, Magda«, unterbrach ich sie.

»Besten Dank, Herr Hinzpeter, ich rufe Sie dann gleich wieder ...«

Ich wartete, bis sich die Tür hinter dem Buchhalter geschlossen hatte. Dann sah ich Magda fest an.

»Magda«, sagte ich, »wir wollen das Vergangene ruhen lassen, wir wollen nie mehr davon sprechen. Es soll für immer vergessen sein.«

Sie machte eine Bewegung, als wollte sie reden, dieser vielleicht etwas zu einfachen Lösung widersprechen.

»Nein, nein, Magda«, sagte ich darum eilig, »laß mich erst ausreden. — Ich bitte dich herzlich, laß du mich nach Hamburg fahren, es liegt mir sehr viel daran, und mit den Füßen, das richte ich schon ...«

Wieder machte sie eine heftige Bewegung, als seien meine Füße im Moment ganz belanglos. Diese Interesselosigkeit an meinem Wohlergehen kränkte mich sehr, aber ohne mir etwas anmerken zu lassen, fuhr ich fort: »Es wird für meine Stimmung sehr gut sein, wenn ich für ein oder zwei Tage hier herauskomme.« Leiser setzte ich hinzu: »Dieser Mißerfolg mit den Lebensmittellieferungen hat mich doch recht mitgenommen, ich komme mir doch sehr blamiert vor.«

Sie sah mich sehr fest an.

»Erwin«, sagte sie, »du hast selbst gesagt, wir wollen das Vergangene ruhen lassen, und ich will damit einverstanden sein, obwohl ...« Sie brach ab. »Aber nun fange nicht du selbst wieder davon an. — Was aber deine Reise nach Hamburg angeht, so bin ich fest davon überzeugt, daß sie dir jetzt nicht gut tut. Nicht Ablenkung brauchst du, sondern Ruhe und Konzentration. Ich habe uns übrigens beide für heute nachmittag bei Doktor Mansfeld angemeldet ...«

»Das ist wieder so eine von deinen Eigenmächtigkeiten, Magda!« rief ich ärgerlich. »Was soll ich bei Doktor Mansfeld? Ich bin völlig gesund. Das bißchen Füße ...«

»Ach, deine Füße!« rief sie, nun auch ärgerlich. »Das bißchen zerschundene Haut wird schon heilen. Nein, du bist wirklich krank, Erwin, ich habe es schon seit Monaten gemerkt, wie du dich veränderst, der Doktor muß dich einmal ganz gründlich untersuchen.«

»Und unter deiner Aufsicht!« sagte ich spöttisch. »Nein, dafür muß ich wirklich danken ...«

»Erwin«, sagte sie wieder bittend, »laß uns dieses eine Mal nicht streiten. Tu mir den Gefallen, geh mit mir zum Arzt. Er kann ja dann entscheiden, ob diese Hamburger Reise für dich gut ist.«

»Oh«, sagte ich bitter, »wenn er unter deiner Beratung entscheiden soll, dann brauchen wir erst gar nicht hinzugehen, dann kannst du Hinzpeter gleich sagen, daß er nach Hamburg zu fahren hat.«

Wir standen jetzt jeder an einem Fenster des Kontors und starrten auf die Straße, was mich anging, so starrte ich nicht nur, sondern trommelte auch mit den Fingern gegen die Scheiben. Draußen schien noch immer die Frühlingssonne, und was an Weiblichem vorüberging, war frühlingsmäßig gekleidet ... Noch immer war es nicht lange her, daß ich mich wie ein Genesender gefühlt hatte und alte Dinge um mich mit frischem Interesse begrüßt hatte, überzeugt davon, heute ein neues Leben zu beginnen ... Und nun drehte sich wieder die alte knarrende Mühle der Streiterei und zermahlte meine besten Vorsätze. Und warum? Weil Magda rechthaberisch war und über alles allein bestimmen wollte. Nein, diesmal war ich nicht gesonnen, nachzugeben. Wir hatten ausgemacht, daß das Vergangene vergangen sein sollte, wegen der Vorgänge in der letzten Nacht brauchte ich nicht nachgiebig zu sein.

Magda drehte sich mit einem Ruck vom Fenster fort und mir zu.

»Erwin...«, sagte sie leise.

»Ja?« fragte ich mürrisch und trommelte weiter, ohne sie anzusehen.

»Erwin«, wiederholte sie. »Ich möchte mich heute nicht mit dir streiten. Ich habe das Gefühl, als schweben wir in einer schrecklichen Gefahr und müßten um jeden Preis zusammenhalten. Also, ich will dir den Willen tun, fahre nach Hamburg, aber, wenn du zurückkommst, tu auch du mir den Gefallen und geh mit mir zu Doktor Mansfeld.«

Ich wandte mich ihr zu, ich lachte vergnügt.

»Wenn ich wiederkomme, wirst du selber sehen, wie gesund ich bin, und von allein auf den Arztbesuch verzichten. Aber immerhin, ich verspreche es dir. Im übrigen danke ich dir schön, Magda, ich werde dir auch etwas Schönes mitbringen ...«

Und wieder lachte ich. Ich war ganz glücklich über diese Reiseaussicht.

»Ich habe es nicht um Dank getan«, sagte Magda ziemlich steif. »Ich habe es sogar ganz und gar gegen meine Überzeugung getan. Ich bin überzeugt, diese Reise wird dir nicht gut tun ...«

»Aber ich werde sie mit deinem Einverständnis machen«, unterbrach ich sie wieder, »und hinterher wollen wir darüber sprechen, wer von uns beiden recht hat. Jetzt aber sage mir, welche Firmen für diese Lieferung etwa in

Frage kommen. Natürlich werde ich mich auch auf eigene Faust umtun …«

Meine Reise nach Hamburg wurde geschäftlich zu einem großen Erfolg: Ich konnte drei Waggons altes Reepwerk zu einem unglaublich niedrigen Preis ankaufen: wir verdienten sehr hübsch an diesem Gelegenheitsgeschäft. Ich erzählte Magda hinterher mancherlei von meiner Jagd nach diesen Tauen, in Wahrheit aber war mir das Geschäft ganz durch Zufall, wie es eben manchmal geht, in den Schoß gefallen; ich hatte nichts dazu tun müssen. Aber ich mußte doch etwas erzählen, um meine fast fünftägige Abwesenheit zu begründen. Ich hatte mich aber in Hamburg nicht einmal betrunken, das muß ich hier ausdrücklich feststellen. Doch hatte ich dort die Gewohnheit der kleinen Gläschen zu jeder Tagesstunde, auch schon am frühen Vormittag, angenommen, eine Angewohnheit, die vielleicht noch verhängnisvoller ist als ein gelegentlicher schwerer Rausch. Ich hatte mich viel – das ganze Geschäft war schon am zweiten Tag in einer halben Stunde erledigt – viel in der schönen Stadt, an der Alster und am Hafen herumgetrieben, war zu den Werften hinübergefahren, war durch die endlosen Hallen des Altonaer Fischmarktes gewandert und hatte eine Auktion dort mitgemacht, war nach Ohlsdorf hinausgefahren und hatte den weltberühmten Friedhof stundenlang durchwandert – und zwischen alledem war ich alle naselang in eine Kneipe gehuscht und hatte ein oder zwei Gläschen irgendeiner klaren oder braunen brennenden Flüssigkeit getrunken.

Das machte mir Laune, das tat meinem Magen gut, erfreute mein Herz, ließ mich die bunt dahinstürmende Stadt mit fröhlichen Augen ansehen, kurz: hob mich über mich hinaus. Nie ganz trunken, ja, eigentlich sehr weit ab von jeder Trunkenheit, und doch nie ganz nüchtern, verlebte ich dort meine Tage, und wenn ich zu Anfang noch bis zehn oder gar bis elf mit meinen ersten Schnäpschen gewartet hatte, so klingelte ich an den beiden letzten Tagen schon gegen acht Uhr dem Zimmermädchen und ließ mir meinen ersten doppelstöckigen Kognak ganz fromm und frei ans Bett bringen. Das Frühstück schmeckte mir dann um so besser.

Die Rückreise, die ich mit einer guten Taschenflasche ausgerüstet antrat, ließ in mir die besten Vorsätze reifen. Es war klar, daß ich diese Gewohnheit daheim unter Magdas scharfen Augen nicht fortsetzen konnte, und nachdem ich eben einen kräftigen Schluck auf der Toilette des Zuges genommen hatte, schien es mir auch ganz leicht, darauf zu verzichten. Es waren doch immer nur ein, zwei Gläschen gewesen, alle ein, zwei Stunden nur, auf so etwas mußte doch leicht zu verzichten sein! Die Rückreise erwies sich wider Erwarten länger als der Inhalt meiner als so ausgiebig eingeschätzten Taschenflasche; in dem Wartesaal unseres Bahnhofs (wo ich nicht bekannt bin) nahm ich noch ein paar Gläschen und machte mich dann auf den Heimweg. Dabei vergaß ich nicht, in einer Drogerie eine Schachtel mit wohlriechenden Mundpillen zu kaufen, die den Alkoholgeruch verdecken sollten. Denn daß nach so langer Abwesenheit ein Begrüßungskuß mit Magda nicht zu umgehen war, ahnte ich. Sie empfing mich freundlich, aber kühl, sah mich mehrmals prüfend an und fand mich stärker geworden, oder so ein wenig gedunsen im Gesicht, wie sie sich ausdrückte. Das ärgerte mich, aber ich ließ mir nichts davon merken, sondern erzählte mit Eifer zuerst von meinem Seilkauf, dann von der schönen Stadt Hamburg, dem Friedhof in Ohlsdorf und der Reiherstiegwerft, auch von einem Orgelkonzert, das ich (ganz zufällig) in der Nicolaikirche mit angehört hatte. Dadurch bewies ich, daß ich nicht etwa nur in Schenken herumgesessen, sondern ein interessantes, lebendiges Dasein geführt hatte, und ich munterte die viel zu ernste Magda damit auch wirklich ein wenig auf. Sie hingegen berichtete mir viel von dem Gang der Geschäfte; sie hatte wieder etwas Neues angefangen. Sie war mit unserem kleinen Wagen fast alle Tage über Land gefahren und hatte bei allen Imkern Honig aufgekauft, noch vorhandenen, aber auch schon im voraus den der künftigen Raps- und Lindenblüte; sie hatte Gläser gekauft und wollte unserer Firma ein großes Honig-Versand-Geschäft direkt an die Kundschaft angliedern. Sie fing an, mit mir von den Inseratentexten zu sprechen und von den Zeitungen, in denen unser Honigversand angezeigt werden sollte. Ich aber konnte kaum noch zuhören. Ich war nicht eigentlich müde, aber ich war all dieser Dinge so müde, dieser unermüdlichen Geschäftigkeit — um gar nichts. Denn was war das, Honigversenden? Es war nichts, die Leute aßen ihn, und dann war es wieder vorbei, es war wie Seifenblasen, ein schillerndes Nichts mit wenig Luft gefüllt in sehr viel Licht. Es zerplatzte, nichts blieb, alles Täuschung und schwarze Magie! › Ach, geh doch weg du! Rede nicht ewig, schwätze nicht so viel! Laß mich in Frieden! Was rennst du dich ab? Es gibt hunderttausend und Millionen Firmen auf der Welt; glaubst du, deine ist wichtig? Sie ist ganz schnurz, nicht einmal eine Fliege kümmert sich darum! Ja, wenn ich jetzt einen Schnaps hätte, dann könnte ich dir wieder mit Aufmerksamkeit zuhören; ich könnte wohl einen holen, ich könnte mir eine ganze Buddel Schnaps durch Else aus der nächsten Kneipe holen lassen, aber ich kann's nicht tun, weil du hier rumsitzt und ewig schwätzt. Weil du in meinem Leben rumsitzt, darum kann ich nicht tun, was meinem Leben gefällt. Nein, nein, es ist natürlich nicht so schlimm gemeint, ich habe sie schon ganz gerne, die Magda, aber es wäre furchtbar nett von ihr, wenn sie sich mal für eine Weile gänzlich aus meinem Leben verdünnte; Kuh, diese langweilige, ewig schwätzende! ‹

Ich hatte mich während dieses Selbstgespräches immer mehr in einen heftigen Zorn hineingeredet; nun stand ich plötzlich auf und sagte brüsk zu der völlig überraschten Magda, daß ich wegen starker Kopfschmerzen noch eine Viertelstunde spazierengehen wollte ... nein, danke, keine Begleitung ... Und damit war ich schon draußen, und es war mir wirklich ganz egal, was sie von mir dachte, oder ob ich schon wieder Gefühle bei ihr verletzt hatte. Ich ging nur um sieben oder zehn Ecken, bis ich in eine Gegend kam, wo ich mich unbekannt glaubte, und ich trat dort in eine kleine Kneipe und bat den dicken bärtigen Wirt um einen doppelstöckigen Kognak .,. Als ich den dritten kippte, denn ich wollte mich für die Nacht ausgiebig verproviantieren, sagte der Wirt langsam: »Das kennt man ja garnich bei Sie, Herr Sommer. Sie haben wohl eine kleine Erkältung —?« Ärgerlich, ein so bekannter Mann zu sein, verzichtete ich auf den vierten und machte mich wieder auf den Heimweg. Ich lutschte meine süßen Atembonbons, und auch dabei ärgerte ich mich wieder über Magda, die mich zwang, den schönen Kognakgeschmack durch solch süßliche Mundparfüms zu vertreiben.

Sie erwartete mich noch, wahrscheinlich wollte sie mich wieder auf ihren langweiligen Honig locken, aber ich ging direkt ins Schlafzimmer und redete auch nur noch ein paar mürrische Worte, Fortbestand starker Kopfschmerzen vorgebend. Dann schlief ich rasch ein.

Aber mitten in der Nacht, kurz nach ein Uhr, stand ich schon wieder barfüßig im Pyjama in der Speisekammer und leerte rasch nacheinander, was noch in den drei drin Flaschen war. Und während ich noch die letzte Flasche am Munde hatte, wurde mir mit schrecklicher Gewißheit klar, daß ich verloren war, daß es keine Rettung mehr für mich gab, daß ich dem Alkohol gehörte mit Leib und Seele. Nun war es gleichgültig geworden, ob ich noch einige Tage oder Wochen irgendwelchen Schein von Anstand und Sitte aufrecht erhielt — es war doch vorbei. Sie sollte nur kommen, die Magda, und mich hier trinken sehen. Ich würde ihr ins Gesicht sagen, daß ich ein Trinker geworden war, und sie hatte mich dazu gemacht, sie mit ihrer infernalischen Tüchtigkeit!

Aber sie kam nicht. So ließ ich die drei leeren Flaschen offen dastehen und legte die Korken daneben; mochten sie wissen, alle wissen, Magda, Else, wer noch wollte —: es war doch alles egal!

Dann aber, gegen Morgen, mein Herz ging so schwer, stand ich noch einmal auf, leckte gewissermaßen den allerletzten Tropfen aus den Flaschenhälsen, füllte Wasser ein, halb oder eindrittel, je nachdem, verkorkte sie und stellte sie wieder an ihre alten Plätze. So gewann ich wieder eine Anstandsfrist von ein oder zwei Tagen ...

In der nun folgenden Zeit besuchte ich mein Kontor ziemlich regelmäßig und leistete auch einige Arbeit, nicht aus Lust daran, sondern einer alten Gewohnheit folgend, mit der nicht sofort zu brechen war, und aus Scham vor Magda. Magda war sehr still geworden, wir sprachen beide nur noch das Allernotwendigste miteinander. Am lebhaftesten ging es noch zwischen uns zu, wenn Dritte zugegen waren, Hinzpeter oder Else oder Kunden. Dann konnten wir sogar Späßchen miteinander machen, der vergnügte Ton früherer Ehejahre schien wiedergekommen, kaum aber hatte sich die Tür hinter jenen Dritten geschlossen, so verstummten wir auf einen Schlag, meine Miene wurde eisig, und Magda fing an, emsig mit Papier zu rascheln. Sie hielt sich in dieser Zeit ständig in meiner Nähe. Nicht daß sie mit mir zum oder vom Kontor gegangen wäre, aber drei oder zehn Minuten nach mir tauchte sie bestimmt auf, der Haushalt lag ganz in Elses Händen. Natürlich hatte solche Beaufsichtigung nicht den geringsten Einfluß auf mich, ich tat doch, was ich wollte, das heißt: ich trank nach Bedürfnis. Von der Gewohnheit der kleinen Gläschen war ich zu der der großen Schlucke aus der Flasche übergegangen. Ich hielt mir immer eine solche Flasche in meinem Schreibtisch auf dem Kontor und eine zweite in einer Ecke des Badezimmerschrankes daheim. Es machte mir Vergnügen, diese Flaschen gewissermaßen unter Magdas Augen einzuschmuggeln, in der Aktenmappe oder gar in der Hosentasche, vom Jackett verdeckt. Wenn ich meine Vorratsdepots frisch versorgt hatte, erfüllte mich ein wirkliches Glücksgefühl, als sei ich reicher geworden. Bei dem geringsten Anzeichen von Durst schon konnte ich einen Schluck nehmen. Zu Hause im Badezimmer war das einfach genug, aber auf dem Kontor, das Magda mit mir teilte, gab es manchmal Schwierigkeiten. Dann saß ich viele Minuten und grübelte über einen Vorwand, sie hinauszuschicken. Einmal, als mir gar nichts einfiel, ging ich sogar so weit, daß ich heimlich in ihrer Gegenwart — der Schreibtisch deckte mich gegen Sicht — die Flasche entkorkt auf den Boden stellte, dann den Radiergummi zu Boden fallen ließ und ihn mir umständlich suchte, zuletzt auf allen vieren, wobei ich unter der Wölbung des Schreibtisches, sehr vergnügt über meine List, beträchtlichen Kognak in mich hineingluckern ließ.

Ich wechselte meine Ansicht, wie weit Magda mich durchschaute, fast stündlich. Meist war ich fest davon überzeugt, daß sie gar nichts ahnte, zu anderen Stunden, namentlich wenn ich mißmutig und gereizt war, wußte ich es beinahe, daß sie mich ganz und gar durchschaute. Dann grübelte ich wieder. Manchmal ging ich lange Zeit im Kontor nachdenkend auf und ab, immer an Magdas Platz vorüber; dann war ich böse, wie ich es nannte, nicht auf etwas speziell, nicht einmal auf Magda, sondern ich war einfach böse, wie eben ein Mensch schlecht und böse sein kann, von Urgrund her, so ist er einmal, so böse war ich, und ich suchte einen Grund, mit ihr Streit anzufangen. In diesem Streit wollte ich die Gewißheit aus ihr herauslocken, ob sie gar nichts oder alles wußte, und wußte sie alles, so wollte ich auch den letzten Schein von Anstand fallen lassen. Gerade in ihrer Gegenwart, in Anwesenheit meiner nüchternen, sauberen, tüchtigen Frau wollte ich mich toll und voll saufen, ich wollte die Füße auf den Schreibtisch legen und wüste, schweinische Lieder singen und zotige Redensarten gebrauchen — welche Wollust, sie mit in den Dreck zu ziehen, ihr zu zeigen: den hast du einmal geliebt, und unter deiner Liebe ist er so geworden … Nun gerade! Gebt her! —

Ich ging immer schneller auf und ab, ich genierte mich nicht mehr, ich warf ihr böse, herausfordernde Blicke zu, aber dann, direkt vor meinem Ausbruch, stand sie stets auf und verließ das Kontor. Ich aber starrte ihr nach, starrte wütend die braun gemaserte Tür an, ich ballte die Fäuste, ich knirschte mit den Zähnen: ›Feige ausgerissen, aber das hast du aus mir gemacht, du – Tüchtige!‹ Schließlich setzte ich mich wieder an meinen Schreibtisch, trank kräftig und wurde müde und sanft.

Übrigens, wenn ich gesagt habe, ich hätte meine Arbeit nur soso gemacht, aus alter Gewohnheit, so ist nicht einmal das ganz richtig: man soll sein Licht auch nicht unter den Scheffel stellen. Der Alkohol machte es, daß ich in dieser Zeit viel von meiner vornehmen Chef-Zurückhaltung verlor, ich konnte mit der Landkundschaft viel besser schwätzen, wir klopften einander auf die Schulter, erzählten uns Witzchen, wobei wir uns achtsam umsahen, ob Magda auch nicht in der Nähe war, und dabei gelang mir mancher ungewöhnlich vorteilhafte Abschluß. Was ich früher nie getan hatte, wofür ich mich zu fein gehalten hatte und meine Firma zu ansehnlich, das tat ich jetzt gerne: ich ging mit den Landwirten in eine kleine Kneipe, und dort, über einem zerschnitzelten Lindenholztisch, auf dem unsere Stangen kreisrunde nasse Ränder hinterließen, erzählten wir uns vielerlei, tranken noch mehr, und ich kaufte von den oft stark Angetrunkenen zu vorteilhaftesten Preisen. Wenn ich dann, wieder auf dem Büro angelangt, dem Hinzpeter diese Abschlüsse zur Verbuchung angab, sah ich wohl die Blicke, die der trockene Zahlenmensch mit meiner Frau tauschte, aber ich lachte nur darüber.

Jedoch eines Morgens, nach einem solchen Abschluß, bei dem ich den Inspektor eines größeren Gutes regelrecht eingeseift und ihm einen ganzen Waggon Erbsen zu der Hälfte des regulären Marktpreises abgeschwatzt hatte, also am Morgen nach diesem vorteilhaften Einkauf, hörte ich aufgeregtes Reden auf dem Hof des Geschäftes, und als ich ans Fenster ging, sah ich den jetzt sehr ernüchterten Inspektor, der wild auf meine Frau und Hinzpeter einredete. Ich sah durch die Scheiben eine ganze Weile zufrieden den aufgebrachten Mann an und dachte bei mir: ›Ja, rede du jetzt nur und sei so nüchtern, wie du magst. Deine Unterschrift auf dem Abschluß von gestern abend kannst du doch nicht wegreden!‹

Jetzt sprach Magda, und der Inspektor nickte und schüttelte den Kopf und trat mit dem Fuße auf, und plötzlich sah er zu mir herüber und entdeckte mich wohl hinter dem Glas, und wirklich und wahrhaftig, der Mann hob den Arm und schüttelte die Faust gegen mich, vor den Augen meiner Frau und Hinzpeters, und nun schrie er sogar ein Schimpfwort, und das lautete nicht anders wie: »Oller Leutebetrüger!« Ich wartete, ich wartete darauf, daß Magda den Frechling vom Hof weisen würde, aber sie redete nur auf ihn ein, und nach einer Weile ließ der Inspektor die Faust wieder sinken, und sie verhandelten weiter. Mich ekelte vor der Schlappheit meines Weibes, und nach einer Weile, als sie immer noch verhandelten, setzte ich mich an meinen Schreibtisch nieder, öffnete das bewußte Fach und stärkte mich. Wieder nach einer Zeit, während ich da so gesessen und an nichts gedacht hatte, ging die Tür auf, und Magda kam blaß herein, eine Mappe in der Hand. Sie legte die Mappe auf den Tisch und fing an, mit den Papieren zu rascheln, sonst war es ganz still bei uns im Kontor, und der Alkohol ging sachte in mir herum und machte mich friedlich und zufrieden. Plötzlich aber ließ Magda die Papiere fallen, sie warf den Kopf auf den Tisch und weinte wild darauf los. Ich war sehr hilflos, wußte gar nicht, was ich tun sollte, war auch in dem jetzigen angenehmen Zustand viel zu bequem, etwas zu tun. So sagte ich nur etwas matt: »Aber was ist denn nur los? Beruhige dich bloß, Magda, es wird ja alles halb so wild sein!«

Sie aber warf den Kopf hoch und starrte mich mit ihren tränenüberströmten Augen an und rief:

»Es ist doppelt schlimm! Es ist zehnfach schlimm! Nicht genug, daß du alle Tage stark betrunken bist, bringst du auch noch unsere Firma in Verruf. Überall erzählen sich schon die Leute, daß wir unsolide geworden seien und auf Betrug ausgehen ...«

»Halt, stop, Magda«, sagte ich, und plötzlich war es mir ganz recht, daß es endlich zu einer Aussprache zwischen uns kam, und ich war fest entschlossen, ihr nichts zu ersparen ...

»Halt, stop, Magda«, sagte ich. »Nicht soviel auf einmal! Was das angeht, daß ich alle Tage stockbetrunken sein soll, so möchte ich dich wohl fragen, ob du mich je einmal hast torkeln sehen oder lallen hören? Ich nehme dann und wann ein Gläschen, das gebe ich ohne weiteres zu, aber ich vertrage es auch. Es macht mich klarer. Den Alkohol soll meiden, wer ihn nicht verträgt, das bin aber nicht ich. Sieh«, sagte ich langsam und schloß wieder das bewußte Schreibtischfach auf, »hier haben wir eine Flasche Kognak, die war heute früh um neun Uhr noch voll, und jetzt ist etwa ein Drittel heraus, ein gutes Drittel sagen wir. Stammle ich deswegen? Bin ich nicht Herr meiner Glieder? Bin ich unklar im Kopfe? Ich bin zehnmal klarer als du! Ich würde es nicht zulassen, daß ein hergelaufener Mistbock meine Frau Betrügerin schimpft, in die Fresse würde ich solchem Kerl schlagen!« schrie ich plötzlich. Und fuhr ruhiger fort: »Du aber verhandelst mit ihm und begütigst ihn, und wenn ich dich und das ängstliche Huhn, den Hinzpeter, recht kenne, so habt ihr ihm sogar den guten Erbsenabschluß gestrichen oder die Preise erhöht ...«

Ich sah sie spöttisch an.

»Gewiß haben wir das!« rief sie, und ihre Tränen waren jetzt versiegt, und sie sah mich ohne jede Liebe und Zuneigung an. »Gewiß haben wir das. Wir haben den Abschluß gestrichen, den guten Kunden sind wir aber trotzdem los für alle Zeit.«

»Soso«, antwortete ich noch viel spöttischer. »Ihr habt den Abschluß gestrichen. Ich bin ja hier bloß der letzte Laufbursche, und das, worunter ich meinen Namen setze, ist nur ein Wisch! Ich will dir aber eins sagen, Magda: Wenn der Inspektor Schmidt vom Fliederhof seinen Abschluß nicht bis auf den letzten Zentner erfüllt, so klage ich gegen ihn, und ich werde recht bekommen. Denn ein Abschluß ist ein Abschluß, das wird dir jeder Rechtsanwalt sagen, und wenn er mein niedriges Angebot angenommen hat, so ist das seine Schuld, nicht meine. Ich habe ihn nicht besoffen gemacht, sondern er hat mich besoffen machen wollen, und wenn er dabei hereingefallen ist, ist es nicht meine Schuld. Und, Magda«, sagte ich und stand jetzt von meinem Stuhl auf, »ich will dir noch sagen, daß ich hier der Chef bin, ich allein, und wenn Abschlüsse gelöst werden sollen, so werde ich gefragt, und kein anderer. Das paßt mir nicht mehr, daß du dich hier aufspielst und willst mich unter deinen Fuß treten und redest von Stockbesoffenheit, wo ich nüchtern bin wie ein Aal im Wasser und zehnmal klüger und tüchtiger als du. Ich bin hier der Chef, und mich verdrängst du nicht. Geh wieder zu deinen Kochtöpfen, da rede ich dir nicht hinein. Ich habe dich nicht hierher gebeten, aber jetzt bitte ich dich, zu gehen.«

Ich hatte sehr ernst und überlegt gesprochen, und während ich so sprach, war mir immer klarer geworden, daß ich wirklich in allem recht und sie in allem unrecht hatte. Nun setzte ich mich wieder.

Magda hatte mich sehr aufmerksam angesehen, während ich so gesprochen hatte, gleichsam als wollte sie jedes einzelne Wort von meinem Munde ablesen. Nun, da ich geendet hatte, nickte sie und sagte: »Ich sehe schon, daß mit dir nicht mehr zu reden ist, Erwin. Du hast jedes Gefühl für Recht und Unrecht verloren. Dem Inspektor hat sein Graf gesagt, er wird seine Stellung verlieren, wenn dieser betrunkene Abschluß nicht auf der Stelle rückgängig gemacht wird, und du sollst wegen Betrugs angezeigt werden...«

»Das soll er nur tun!« rief ich spöttisch. »Dir imponiert natürlich solch Graf, bloß weil er sich blaublütig schimpft, mir aber nicht so viel!«

Ich schnippte mit den Fingern.

»Er soll mich nur anzeigen, er wird schon sehen, wie er dabei hereinfällt!«

»Ja«, rief wieder Magda. »dir ist es schon ganz gleichgültig geworden, ob dein ehrlicher Name vor den Gerichten in den Schmutz gezerrt wird, das habe ich jetzt alles leider begreifen müssen. Doch ich gebe es auf, mit dir darüber zu reden, der Schnaps hat jedes Rechtsgefühl in dir zerstört. — Ich möchte dich aber etwas anderes fragen, Erwin ...«

»Frage nur zu«, antwortete ich mürrisch, war aber sehr auf meinem Posten, denn mir schwante schon, daß jetzt nichts Gutes kommen würde.

»Wer viel fragt, bekommt viel Antwort.«

»Ich brauche nicht viel Antwort«, sagte Magda wieder, »ich brauche nur ein einfaches, klares Ja oder Nein.«

Sie holte Atem, sie sah mich fest an. Dann sagte sie:

»Bist du noch ein Mann von Wort, Erwin? Ich meine, stehst du noch zu dem, was du mir einmal versprochen hast?«

»Natürlich tue ich das«, sagte ich mürrisch, »ich würde zum Beispiel Verträge halten, ob ich nun bei ihrem Abschluß nüchtern oder betrunken war.«

Sie achtete gar nicht auf meinen Spott.

»Du hast«, sagte sie, »damals, als du nach Hamburg fuhrst, mir fest versprochen, hinterher mit mir zum Arzt zu gehen. Willst du dein Wort jetzt einlösen, willst du heute nachmittag mit mir zu Doktor Mansfeld gehen?«

»Halt mal!« rief ich aufgeregt. »Du stellst schon wieder mal die Dinge auf den Kopf, Magda! Ich habe dir nie versprochen, unter allen Umständen nach der Hamburger Reise zum Arzt zu gehen, ich habe nur gesagt, wenn ich krank zurückkäme. Ich bin aber ganz gesund wiedergekommen.«

»Ja, so gesund«, sagte Magda bitter, »daß du in der Nacht nach deiner Ankunft alle meine Flaschen in der Speisekammer leergetrunken hast. Und seitdem bist du auch nicht eine Minute nüchtern gewesen. Ich sehe aber, du willst nicht zu deinem Wort stehen.«

»Zu meinem Wort schon, aber in dieser Sache habe ich dir nie mein Wort gegeben, so nicht.«

»Aber Erwin«, fing Magda wieder an, doch jetzt sanft, »warum sträubst du dich denn so, dich einmal vom Arzt untersuchen zu lassen? Wenn es so ist, wie du sagst, und der Arzt bestätigt es, so ist ja alles gut ... Ist es aber nicht so ...«

»Nun, was ist dann?« sagte ich spöttisch.

»...dann muß eben irgend etwas für deine Gesundheit geschehen. Denn du bist krank, Erwin, du bist so krank, wie du noch gar nicht ahnst ...«

»Ach«, sagte ich gelangweilt, »laß das doch. So kriegst du mich auch nicht rum. Du redest sanft mit mir, aber deinen Augen sehe ich es an, daß du es böse mit mir meinst. Ich lasse mich aber nicht von meiner Frau kommandieren, sie mag so tüchtig sein wie sie will.«

»Ich will dich gar nicht kommandieren ...«

»Bitte: erst löst du meine Abschlüsse, dann soll ich zum Arzt gehen, weil du dir Torheiten einbildest, und schließlich möchtest du hier wohl meinen Chefplatz einnehmen, was? In meinem Sessel hattest du es dir in meiner Abwesenheit ja schon recht bequem gemacht, nicht wahr?«

»Nun gut«, sagte sie, und jetzt flammten ihre Augen wirklich böse auf, und in ihrer Stimme war keine Spur von Sanftheit mehr, »du willst nicht, du willst nichts als trinken und Schaden stiften. Ich lasse es aber nicht zu, daß du mich und die Firma ruinierst. Ruiniere dich selbst nur, soviel du willst. Dann muß ich eben andere Schritte ergreifen ...«

»Ergreife nur, ergreife nur«, sagte ich spöttisch, »du wirst ja sehen, wie du dabei hereinfällst. — Würdest du übrigens vielleicht die Güte haben, mir zu sagen, welche Schritte du etwa vorhast?«

Mein Spott hatte sie ganz außer sich gebracht. »Jawohl werde ich es dir sagen«, rief sie zornig, »zuerst werde ich mich von dir scheiden lassen ...«

»Sieh mal sieh!« lachte ich. »Also von mir scheiden lassen! Ich wüßte nicht, daß ich dir schon einen Scheidungsgrund gegeben hätte. Aber was nicht ist, kann noch werden. – Und was hast du noch vor?«

Aber sie wollte nicht mehr.

»Du wirst schon sehen«, sagte sie und setzte sich wieder an ihren Tisch und zu ihren Papieren.

»Ich kann es auch abwarten«, antwortete ich.

Ich nahm die Kognakflasche und legte sie zu dem noch ungegessenen Frühstück in die Aktentasche.

»Mach dir immerhin schon klar, daß nach dem Gesetz alles mir gehört, da du nichts mit in die Ehe mit eingebracht hast: Haus und Einrichtung und Firma, alles mein!«

Ich lachte, als ich ihre zornige Protestbewegung sah.

»Ja, erkundige dich erst einmal bei einem Anwalt, dann wirst du dir die Scheidung noch gewaltig überlegen. Und nun«, sagte ich und nahm meinen Hut vom Riegel, »überlasse ich dir erst einmal leihweise meine Firma. Sei recht fleißig, liebe Magda, und löse recht viele vorteilhafte Abschlüsse auf ... na, was denn? Willst jetzt du mir einen Scheidungsgrund geben?!«

Mein Spott hatte sie ganz rasend gemacht. Sie hatte das Nächste, was ihr zur Hand war, einen Tintenlöscher, ergriffen und nach mir geschleudert. Ich hatte gerade noch ausweichen können. Sie sah mich schneeweiß und wutzitternd an. Ich hielt es für besser, sie jetzt nicht weiter zu reizen, stellte den Löscher auf seinen Platz zurück und verließ Kontor und Firma.

GILBERT KEITH CHESTERTON

Das Wirtshaus bekommt Flügel

Eine absonderliche Idee, wie man die Prohibition umgehen kann

Mr. Humphrey Pump stand wieder einmal vor seinem Hause, die gereinigte und geladene Flinte lag auf dem Tische, das weiße Wirtsschild mit dem blauen Schiff darauf bewegte sich über seinem Kopfe hin und her. Die Züge auf Pumps lederfarbenem Gesicht verschärften sich beim Grübeln über einem neuen Problem. Er hielt zwei Briefe in der Hand, die gänzlich verschieden voneinander waren und doch denselben Gegenstand betrafen.

Der erste lautete:

»Lieber Hump!

Ich bin mir selber böse, daß ich Sie wieder mit dem alten Namen nenne. Sie verstehen, daß ich zu meiner Verwandtschaft halten muß: Lord Ivywood ist doch sozusagen mein Vetter, und aus diesem und einigen anderen Gründen würde meine arme alte Mutter sterben, wenn ich ihn beleidigte. Sie wissen, wie schwach ihr Herz ist — Sie wissen ja alles, was in unserer Familie vorgeht. Nun, ich schreibe Ihnen nur, um Sie zu warnen. Es wird etwas gegen Ihr liebes altes Wirtshaus unternommen werden. Ich weiß nicht, was aus unserem Lande noch werden soll. Erst vor einem oder zwei Monaten sah ich einen schäbigen alten Hanswurst mit einem grünen Regenschirm am Strande, der das verrückteste Zeug schwätzte, wie Sie es in Ihrem ganzen Leben nicht gehört haben. Vor drei Wochen hörte ich ihn gegen gutes Honorar Vorträge halten in der Ethischen Gesellschaft oder wie diese Leute sich sonst nennen. Und kürzlich war ich bei Ivywood — ich mußte Mama zuliebe hingehen —, und da war dieser entsprungene Irrsinnige wieder — im Frack, und sprach dort zu Leuten, die doch etwas Hirn haben, ich meine, die mehr Verstand haben als er.

Lord Ivywood steht gänzlich unter seinem Einfluß und hält ihn für den größten Propheten, den die Welt gesehen. Und Lord Ivywood ist doch kein Narr, man kann sich nicht helfen, man muß ihn bewundern. Mama meint, ich sollte noch etwas mehr tun, als ihn bewundern. Ich sage Ihnen das alles, Hump, weil ich glaube, daß dieses vielleicht der letzte ehrliche Brief ist, den ich jemals in meinem Leben schreiben werde. Und ich warne Sie ernstlich vor Lord Ivywood, er ist nicht aufrichtig, und das ist das Entsetzliche. Er wird der größte englische Staatsmann werden und wird alle ›Alten Schiffe‹ zugrunde richten. Wenn Sie mich jemals an seinem Tun teilnehmen sehen sollten, so hoffe ich, daß Sie mir vergeben werden.

Einen gewissen Jemand, den wir beide kennen und den ich niemals wiedersehen werde, überlasse ich gänzlich Ihrer Freundschaft. Es ist das beste nächst dem einen, was ich Ihnen zu bieten vermag, vielleicht ist es das Bessere von beidem. Leben Sie wohl.

Joan Brett«

Dieser erste Brief schien ihm mehr Unruhe zu bereiten, als weh zu tun. Der zweite Brief aber tat ihm weh und bereitete ihm doch Unruhe dazu. Er lautete:

»Geehrter Herr!

Der geschäftsführende Ausschuß der königlichen Kommission zur Überwachung des Alkoholverbrauches ist angewiesen worden, Ihre Aufmerksamkeit auf die Tatsache zu lenken, daß Sie die Vorschriften, und zwar Paragraph 5a der Verordnung über öffentliche Vergnügungsstätten, nicht beachtet haben. Sie fallen nunmehr unter Paragraph 47c des Nachtrages besagter Verordnung. Sie sind schuldig, den nachstehenden gesetzlichen Anordnungen nicht nachgekommen zu sein und gegen folgende Bestimmungen verstoßen zu haben:

1. Paragraph 237, nach welchem keine gemalten Schilder aufgestellt werden sollen vor Häusern, die auf weniger als 400 Pfund jährlich besteuert sind.
2. Paragraph 113d, nach welchem keine alkoholischen Getränke in irgendeiner Wirtschaft, einem Hotel, einer Herberge oder einem öffentlichen Ausschank verkauft werden sollen, außer gegen Vorzeigen eines ärztlichen Zeugnisses, das von einem inländischen Arzt ausgestellt ist, der seine Prüfung vor der staatlichen Medizinal-Prüfungskommission abgelegt hat, sowie auf Grund besonderer Genehmigung im Claridge-Hotel und in der Kriterion-Bar mit Rücksicht auf die dort vorliegenden besonderen Voraussetzungen.

Da Sie sich gegen die vorstehenden gesetzlichen Bestimmungen vergangen haben, geht Ihnen hiermit die gegenwärtige Vermahnung zu: Falls Sie weiter gegen die Verordnungen verstoßen, werden gegen Sie die angedrohten gesetzlichen Maßnahmen zur Anwendung kommen.

Ivywood, Präsident. Levyson, Sekretär.«

Humphrey Pump setzte sich an den Tisch, der vor seinem Hause stand, und fing an zu pfeifen, und dieses Pfeifen zusammen mit dem kleinen Backenbärtchen gab ihm einen Augenblick lang das Aussehen eines Stallknechtes. Allmählich kehrte sein wirkliches Leben und der gewöhnliche Ausdruck auf seinem Gesicht zurück, und mit seinen warmen braunen Augen betrachtete er das kalte graue Meer. Aber es war nicht viel, was das Meer ihm sagte. Er hätte sich ins Meer stürzen können, und das würde besser für Humphrey Pump gewesen sein, als am Ende sich doch vom »Alten Schiff« zu trennen. England könnte in das Meer versinken, und auch das würde besser für England sein, als keine solchen Wirtshäuser mehr zu haben wie das »Alte Schiff«. Doch das waren keine ernst zu nehmenden Auswege, und Pump vermochte sich nur der Empfindung bewußt zu werden, daß das

Meer seine Seele verkrüppelt habe, wie es seine Apfelbäume verkrüppelt hatte. Am Strande sah man eine einzige Gestalt. — Jedoch, als die Gestalt näher und näher kam und dabei zu fast übermenschlicher Größe anwuchs, sprang Humphrey Pump mit einem Aufschrei in die Höhe. Das matte Licht des Morgens fiel auf das Haar eines Mannes, das rötlich schimmerte.

Der einstmalige König von Ithaka kam langsam und wie zufällig die Böschung des Strandes herauf, die zum »Alten Schiff« führte. Er war in einem Boote des Kriegsschiffs gelandet, das man fern am Horizont sah, und trug noch die auffallende Uniform in Seegrün und Silber, wie er sie selbst für eine Marine erfunden hatte, die niemals eine bedeutende Rolle gespielt und nun überhaupt zu bestehen aufgehört hatte. Er trug auch noch einen Degen an seiner Seite, denn nach den Bedingungen seiner Übergabe hatte er ihn nicht zu übergeben brauchen. Aber neben diesem Degen und in dieser Uniform war, was immer dort gewesen: ein großer, recht unberechenbarer Mann mit ungepflegten roten Haaren, dessen Unglück es war, daß, wenn er auch einen guten Verstand besaß, seine Körperkräfte und Leidenschaften doch ein wenig zu groß waren für seinen Verstand.

Er hatte sein Gewicht krachend auf den Stuhl vor dem Wirtshaus fallen lassen, bevor der Wirt sein Erstaunen und seine Freude, ihn wiederzusehen, ausdrücken konnte. Die ersten Worte waren: »Hast du Rum?«

Dann, wie wenn er fühlte, daß sein Verlangen eine Erklärung nötig machte, fügte er hinzu: »Ich glaube, daß ich von heute abend an nicht wieder auf See gehen werde — und deswegen muß ich Rum haben.«

Humphrey Pump hatte eine Veranlagung zur Freundschaft und verstand seinen alten Freund. Er ging, ohne ein Wort zu sagen, in das Haus und kam zurück, indem er gemächlich zwei Dinge mit den Füßen vor sich herstieß oder rollte, als wenn er Fußball mit zwei Bällen zugleich spielte, und diese beiden Dinge ließen sich ziemlich leicht rollen. Das eine war ein Faß oder ein Tönnchen mit Rum und das andere ein großes, festes Rad Käse. Unter den tausend Handfertigkeiten, die Pump besaß, war die, ein Faß ohne einen Zapfen anzustecken. Er suchte nach irgendeinem Werkzeug in seiner Tasche, womit er diese Aufgabe lösen konnte, als sein irischer Freund sich pfeilgerade aufrichtete wie einer, der aus einem Schlaf erwacht, und mit einer ausgeprägten und in dieser Gegend ungewöhnlichen Klangfarbe anfing zu reden:

»Danke dir, Hump, danke dir tausendmal — aber ich denke, daß ich jetzt nicht trinken werde. Jetzt, wo ich sehe, daß ich etwas zu trinken habe, scheint es mir, daß ich nichts mag. Aber was ich will« — und dabei schlug er plötzlich mit seiner mächtigen Faust auf den kleinen Tisch, daß eines der Beine einen Sprung bekam und beinahe abbrach —, »ich möchte wissen, ob etwas in eurem England geschehen ist, dem man den Unsinn nicht sofort ansieht.«

»Nun«, meinte Pump und drehte gedankenvoll die Briefe zwischen den Fingern — »was meinst du mit Unsinn?«

»Ich heiße es Unsinn«, brüllte Patrick Dalroy, »wenn man den Koran mit der Bibel zusammenkoppelt. Und ich nenne es Unsinn, wenn irgendein Verrückter sich erlaubt, den Vorschlag zu machen, auf der St.-Pauls-Kathedrale den Halbmond anzubringen. Weiß schon, die Türken sind jetzt unsere Verbündeten, aber sie waren's auch früher öfters, und ich habe niemals gehört, daß Palmerston und Campell jemals hausieren gegangen wären mit solchem Unfug.«

»Lord Ivywood ist ein großer Enthusiast, weiß schon«, sagte Pump mit verhaltener innerer Belustigung, »er sagte erst neulich auf der Blumenausstellung, daß er die Zeit für gekommen erachte für eine Vereinigung von Christentum und Islam.«

»Was man dann vielleicht Christlam nennen wird«, sagte der Irländer mit verschmitztem Augenzwinkern. Er starrte auf den grauen purpurnen Wald hinter der Schenke, in welchem ein weißer Weg steil und bergab verschwand, daß es aussah wie der Beginn eines Abenteuers und als ob er selbst ein Abenteurer sei.

»Aber du übertreibst«, unterbrach ihn Pump und reinigte seine Flinte weiter, »wegen des Halbmondes auf St.-Paul, so war's, genaugenommen, nicht. Was Moole vorschlug, war eine Art Symbolvereinigung, weißt du, so Kreuz und Halbmond zusammen ...«

»Und was man dann das ›Kreuz im Monde‹ heißen wird«, brummte Dalroy.

»Und man kann den Dr. Moole auch nicht als einen Prediger ansprechen«, fuhr Humphrey Pump fort und reinigte eifrig seine Flinte weiter, »man sagt, er sei so eine Art Atheist, oder jetzt sagen sie Agnostiker, wie Herr Brunton, der jetzt die Angewohnheit hat, die Ulmenbäume bei Marley anzuknabbern. Die großen Herren haben ihre Eigenheiten, aber sie halten meiner Erfahrung nach nie lange an.«

»Ich glaube, es kommen jetzt ernste Zeiten«, sagte Dalroy und schüttelte seinen mächtigen Kopf mit dem roten Haar, »dieses ist das letzte Wirtshaus hier an der Küste und wird bald das letzte Wirtshaus überhaupt in England sein. Erinnerst du dich noch des ›Türkenkopfes‹?«

»Ja, ich kenn's gut«, sagte der Wirt, »meine Tante war gerade da, als der Wirt seine Mutter aufhängte – es ist ein hübscher Platz.«

»Bin eben dort vorbeigekommen, es ist erledigt«, sagte Dalroy.

»Niedergebrannt?« fragte Pump und hörte auf, seine Flinte zu reinigen.

»Nein«, sagte Dalroy, »ausgelöscht mit Limonade. Haben die Schankgerechtigkeit weggenommen, oder wie man das Zeug sonst heißt. Hab ein Lied darauf gemacht und will dir's jetzt vorsingen.« Und in erstaunlich rasch wiedergewonnener Laune brüllte er mit einer Donnerstimme die folgenden Strophen zu einer einfachen aber feurigen Melodie eigener Erfindung:

»Der Türkenkopf gafft auf die Gasse nieder,
Nie trinken wir dort unsern Portwein wieder,
Im Türkenkopfe sind jetzt alte Weiber,
Sie schlappern Tee und mästen ihre Leiber.

Der Türkenkopf kommt aus dem Türkenland,
Der König Richard ritt durch Wüstensand,
Der Wein war rar, ein Bissen Brot nicht minder,
Der Türkenkopf sorgt jetzt für seine Kinder.

Der Türkenkopf währt länger als die Kronen,
Er füttert Bienen ebenso wie Drohnen,
Es gibt dort Seife, Käse, Wein und Knöpfe,
Oh, wär die ganze Welt voll Türkenköpfe.«

»Halt«, sagte Pump mit leisem Pfeifen, »dort kommt der Lord, und ich vermute, der junge Mann mit den Eulenaugen ist ein Ausschußmitglied oder etwas ähnliches.«

»Mag er kommen«, sagte Delroy und fuhr fort zu singen; sein Brüllen glich einem Erdbeben:

»Der Türkenkopf steht auf dem eignen Kopfe,
Den Wein hat der Prophet dem armen Tropfe
Verboten, ach, und was nach Weine riecht,
Die Welt ist rund, und Ihr begreift das nicht.«

Als das letzte Echo dieses lyrischen Brüllens in den Apfelbäumen verhallte und den steilen weißen Weg entlangjagte und in dem Walde zugleich mit dem Wege verschwand, lehnte sich Kapitän Dalroy in seinen Stuhl zurück und nickte dem Lord gutmütig zu, der auf dem Rasen stand mit seinem gewohnten kalten Ausdruck, aber ein wenig zusammengekniffenen Lippen. Hinter ihm stand ein dunkelhaariger junger Mann mit einer Brille und Schutzgläsern und einer Anzahl von Drucksachen in der Hand. Es war zu vermuten, daß dies J. Levyson, sein Sekretär, war. Auf der Straße draußen standen drei beisammen, die Pump so belustigend vorkamen wie ein dreiaktiger Schwank. Der erste war ein Polizeiinspektor in Uniform, der zweite ein Arbeiter mit einer Lederschürze, wie sie die Zimmerleute zu tragen pflegen, der dritte war ein alter Herr mit einem scharlachroten Fez, aber sonst in ganz neumodischer englischer Kleidung, worin er sich anscheinend nicht sehr gewohnt bewegte. Er schien dem Polizisten und dem Zimmermann etwas zu erklären, aber diese sahen so aus, als könnten sie ihr Lachen nicht länger zurückhalten.

»Ein gutes altes Lied, lieber Lord«, sagte Dalroy mit vergnüglicher Selbstzufriedenheit, »ich will ihnen noch eins vorsingen«, und er räusperte sich.

»Mr. Pump«, sagte Lord Ivywood mit seiner glockenhellen schönen Stimme, »ich wollte zu Ihnen persönlich kommen, wenn auch nur deshalb, um Ihnen vor Augen zu führen, daß man mit Ihnen jedwede Nachsicht gehabt hat. Nach der Zeit, in welcher das Wirtshaus gebaut worden ist, fällt es unter das Gesetz vom Jahre 1909; mein Urgroßvater lebte damals noch, damals hatte es, glaube ich, einen anderen Namen, und ...«

»Ew. Lordschaft«, unterbrach ihn Pump mit unterdrücktem Ärger, »ich wollte es lieber mit Ihrem Urgroßvater zu tun haben, und er hätte meinetwegen hundert Negerinnen heiraten können, nicht bloß die eine, als daß ich sehen muß, wie einer aus seiner Familie armen Leuten das Brot wegnimmt ...«

»Das Gesetz ist erlassen im Interesse der Armen, um die Armut zu beheben«, fuhr Lord Ivywood unbeirrt fort, »und seine Segnungen werden allmählich allen Bürgern gleicherweise zugute kommen.« Er wandte sich einen Augenblick an den dunkelhaarigen Sekretär und sagte:

»Sie haben den zweiten Bericht?« — und nahm als Antwort ein zusammengefaltetes Blatt entgegen.

»Es ist hier alles ausführlich dargelegt«, sagte Lord Ivywood und setzte eine altmodische Brille auf. »Der Endzweck des Gesetzes ist, im weitesten Umfange die Ersparnisse der niederen und bedürftigeren Bevökerungsklassen zu schützen. Ich finde in Paragraph 3: Wir weisen mit Nachdruck darauf hin, daß der verderbliche Alkohol unter Verbot gestellt werden soll, ausgenommen an solchen Plätzen, die von der Regierung ganz besonders aus politischen oder anderen Gründen hierfür bestimmt sind. Weiter soll die anreizende und demoralisierende Aufstellung von Wirtshausschildern streng verboten sein, abgesehen von ganz besonderen Ausnahmefällen. Das Fehlen solcher Versuchungen wird unserer Meinung nach viel dazu beitragen, die mißliche wirtschaftliche Lage der arbeitenden Klassen zu verbessern. — Dieses widerlegt, glaube ich, solche Vorwürfe, wie sie Mr. Pump vorgebracht hat, als seien derartige unvermeidliche Maßnahmen sozialer Reformen in irgendeinem Sinne Gewaltmaßregeln. Mr. Pump mag sie in seiner Voreingenommenheit einen Augenblick noch so ansehen, als sei es eine Gewaltmaßregel gegen ihn persönlich, aber« — und hier steigerte sich Lord Ivywoods Stimme zu oratorischem Schwung — »welch besseren Beweis könnten wir uns wünschen für die schleichende Gefahr dieses einschläfernden Giftes, das wir verurteilen, welch besseres Beispiel könnten wir aufzeigen für die zunehmende Verderbnis bürgerlicher Tugenden als gerade die Tatsache, daß gute und würdige Männer von festgegründetem Ansehen, indem sie in der Nähe solcher Stätten wie dieser hier wohnen, so unempfindlich, abgestumpft und unsozial werden — sei es durch die Ausdünstung des Weines, sei es durch nebelhafte Grübeleien über Vergangenes — daß sie sich allein in der Welt glauben und über das langsame Hinsterben des armen Volkes lachen.«

Kapitän Dalroy hatte währenddessen Ivywood mit seinen offenen blauen

Augen gemustert und sprach nun weit ruhiger, als er es sonst zu tun pflegte:

»Ich bitte für einen Augenblick um Entschuldigung. Es war da ein Punkt in Ihrer sehr wertvollen Auseinandersetzung, über den ich nicht völlig klargeworden bin. Wenn ich Sie recht verstehe, so folgt aus dem allem: Wenn auch die Wirtsschilder verboten wären, aber irgendwo doch einige erhalten blieben, so wäre damit auch das Recht aufrechterhalten, gebrannte und gegorene Getränke zu verkaufen. Mit anderen Worten, wenn ein Engländer in England ein Wirtshaus oder nur ein Wirtsschild finden sollte, so würde dort mit Ihrer gütigen Erlaubnis, sofern der Ort nur ein Schild hat, in Wahrheit ein gesetzliches Wirtshaus sein?«

Lord Ivywood besaß eine bewundernswerte Selbstbeherrschung, die ihm in seiner Staatslaufbahn sehr förderlich gewesen war. Er verlor keine Zeit damit, sich mit dem Standpunkt des Kapitäns aueinanderzusetzen, er gab ganz einfach zur Antwort: »Ihre Auffassung ist richtig.«

»Wo ich also ein Wirtsschild finde, das von der Polizei erlaubt ist, kann ich dort hineingehen und ein Glas Bier verlangen, und dies mit Erlaubnis der Polizei?«

»Wenn Sie eines finden«, antwortete Ivywood mit vieler Mäßigung, »aber ich hoffe, wir werden sie bald gänzlich beseitigt haben.«

Kapitän Dalroy erhob sich in seiner mächtigen Größe von seinem Stuhle, sich streckend und dehnend.

»Hump«, sagte er zu seinem Freunde, »mir scheint, das beste ist, daß wir die allein wichtigen Dinge mit uns nehmen.«

Mit zwei unerwartet schnellen Fußtritten beförderte er das Faß Rum und das Rad Käse so über den Zaun, daß beide immer rascher ihren Lauf auf den abschüssigen Weg nach dem Walde zu nahmen, wo sie zusammen mit dem Wege verschwanden. Dann langte er nach dem Pfahl, an dem das Wirtshausschild hing, rüttelte daran zweimal hin und her und riß ihn aus wie ein Grasbüschel.

Das alles geschah, noch ehe jemand etwas dagegen tun konnte, aber als er selber auf den Weg hinaustrat, rannte der Polizist auf ihn zu. Dalroy gab ihm mit der Stange einen Stoß gegen Brust und Gesicht, daß er in den Graben auf der anderen Seite des Weges flog. Dann wandte er sich dem Manne mit dem roten Fez zu und rannte mit der Stange so heftig gegen dessen neue weiße Weste an, daß dieser sich plötzlich am Wege hinsetzte und sehr ernst und nachdenklich aussah.

Der dunkelhaarige Sekretär machte eine Bewegung, als wenn er sich retten wolle, aber Humphrey Pump ergriff mit einem Schrei seine Flinte vom Tische und richtete sie auf ihn, und dies brachte den Sekretär in solche Verwirrung, daß er einer Ohnmacht nahe war. Im nächstenAugenblicke eilte Pump mit seinem Gewehre unter dem Arm den Hügel hinab dem Kapitän nach, der seinerseits wieder dem Rum und dem Käse nachrannte.

Bevor der Polizist sich wieder aus dem Graben herausgearbeitet hatte, waren alle in der Dunkelheit des Waldes verschwunden. Lord Ivywood war während des ganzen Vorganges ruhig stehengeblieben, ohne ein Zeichen der Furcht oder der Ungeduld oder — wie ich hinzusetzen muß — der Belustigung. Jetzt hob er seine Hand auf und hielt den Polizisten von jeder Verfolgung ab.

»Wir würden nur uns selbst und das Gesetz lächerlich machen, wenn wir diesen Rohlingen nachlaufen würden. Sie können nicht weit kommen, noch auch ein größeres Unheil stiften bei unseren schnellen Verkehrsmitteln. Es ist weit wichtiger, die Schankstätte hier bis auf den Grund zu zerstören. Nach dem Gesetz aus dem Jahre 1911 haben wir das Recht, alle Wirtshäuser zu konfiszieren, und jedes Besitztum zu vernichten, wo das Schankgesetz verletzt worden ist.«

Und stundenlang stand er auf dem Rasen und sah zu, wie die Flaschen zerschmettert, die Fässer aufgeschlagen wurden, und empfand dabei ein fanatisches Vergnügen. Er fühlte ein Behagen, das seine kalte, verwunderliche Natur bei Wein, gutem Essen oder Weibern nicht haben konnte.

JOHN STEINBECK

Tortilla Flat

Von Dannys Trübsinn. Wie Dannys Freunde unter Selbstaufopferung eine Gesellschaft gaben. Wie Danny der Welt entrückt wurde.

Als Danny von seiner wilden Fahrt in sein Haus und zu seinen Freunden zurückkam, schlug ihn nicht etwa das Gewissen, sondern er war todmüde. Die rauhe Hand seiner gewalttätigen Erlebnisse hatte seiner Seele übel mitgespielt. Er lebte gleichgültig dahin: vom Bett erhob er sich lediglich, um in der Veranda unter dem kastilischen Rosenbusch zu sitzen, und von dieser nur, um zu essen; und vom Tisch stand er nur auf, um zu Bett zu gehen. Um ihn herum schwirrten die Gespräche; er hörte zu, doch ohne Anteilnahme. Um Cornelia Ruiz freiten schnell hintereinander glänzende Bewerber; aber es rührte Danny nicht. Als Big Joe eines Abends in sein Bett eindrang, war Danny so apathisch, daß Pilon und Pablo ihn an seiner Stelle verprügelten. Als Sammy Rasper bei einer verspätet mit einem Schießgewehr und einer Gallone Whisky begangenen Neujahrsfeier eine Kuh tötete und dafür Gefängnis erhielt, war es nicht möglich, Danny in eine Debatte über die ethische Seite der Sache hineinzuziehen, trotzdem das Für und Wider hin und her tobte und die Streitenden ihn leidenschaftlich um sein Urteil befragten.

Nach einiger Zeit fingen die Freunde an, sich Gedanken über Dannys Zustand zu machen. »Er ist verändert«, meinte Pilon; »er wird alt.«

Jesus Maria suchte es so zu erklären: »Danny hat des Lebens Freuden in einen Zeitraum von kaum drei Wochen zusammengedrängt. Nun hat er sie über.«

Vergeblich suchten die Freunde ihn aus der Höhle seiner Teilnahmslosigkeit herauszuziehen. Am Vormittag erzählten sie, in der Veranda mit ihm sitzend, ihre drolligsten Geschichten. Sie berichteten Einzelheiten aus dem Liebesleben von Tortilla Flat mit solcher Genauigkeit, daß es für einen Sezierkurs interessant gewesen wäre. Pilon durchforschte den ganzen Flat nach Neuigkeiten und brachte jedes Körnchen heim, das vielleicht Dannys Neugier erwecken könnte.

Aber in Dannys Augen spiegelten sich nur frühzeitiges Altern und Müdigkeit.

»Du bist nicht wohl«, so suchte Jesus Maria immer wieder an ihn heranzukommen. »Du hütest im Herzen irgendein bitteres Geheimnis.«

»Nein«, war Dannys Antwort.

Sie konnten beobachten, wie er die Fliegen lange auf seinen Beinen herumkriechen ließ und daß, wenn er endlich nach ihnen schlug, diese Schläge kraft- und kunstlos waren. Allmählich erstarb in Dannys Haus die hochgemute Stimmung und das immer bereite fröhliche Lachen, und alles versank mit in den düsteren Sumpf von Dannys Unbeweglichkeit.

Oh, es tat in der Seele weh, diesen Danny zu sehen, der sich einst für so manche Sache, sei sie auch verloren, wehrhaft eingesetzt hatte; diesen Danny, der es mit jedem Manne in der Welt im Trinken aufnehmen konnte — der auf jeden Liebesblick wie ein aufgestachelter Tiger zu reagieren pflegte. Jetzt saß er im Sonnenschein in der Veranda, die in blaue Jeans gekleideten Knie bis zur Brust hochgezogen, die Arme überhängend, die Hände von schlaffen Handgelenken herabbaumelnd und den Kopf vornüber geneigt, wie von schwarzen Gedanken bedrückt. In seinen Augen leuchtete es weder von Begierde noch von Zorn; weder Freude noch Schmerz spiegelten sich darin wider.

Armer Danny, wie hat das Leben dich zugerichtet! Hier sitzest du wie weiland der erste Mensch, ehe die Welt rund um ihn herum heranwuchs; oder wie der letzte Mensch, nachdem die ganze übrige Welt erstorben ist. Aber schau, Danny, du bist nicht allein! Deine Freunde sind von deinem Gemütszustand mitbetroffen. Sie betrachten dich erwartungsvoll aus den Augenwinkeln. Wie Hündchen lauern sie auf die erste erwachende Bewegung ihres Herrn und Meisters. Ein frohes Wort von dir, Danny, ein froher Blick — wie die Hunde aufbellen und mit dem Schwanze wedeln würden, so sähest du deine Freunde alle wieder aufleben. Dein Leben gehört nicht dir allein, Danny, denn es greift über in die Lebensführung der anderen! Sieh, wie deine Freunde leiden! Zurück ins Leben, Danny, damit deine Freunde auch leben können!

Etwa so, wenn auch nicht in so schönen Worten, sprach es aus Pilon. Er hielt Danny eine Schale Wein hin. »Komm«, ermunterte er ihn. »Raff dich auf!«

Danny nahm die Schale und leerte sie in einem Zuge. Dann verfiel er wieder in seine vorherige Stellung und in sein Suchen nach dem Nirwana für sein Gefühlsleben.

»Tut es dir irgendwo weh?« fragte Pilon.

»Nein«, gab er zur Antwort.

Pilon schenkte ihm die Schale noch einmal voll und beobachtete ihn, während der Wein verschwand. Die Augen schienen nicht mehr ganz so glanzlos. Ganz in der Tiefe rührte sich wieder etwas von dem alten Danny, wenigstens für einen Augenblick. Er tötete eine Fliege mit einem Schlag, der einem Meister Ehre gemacht hätte.

Langsam breitete sich ein Lächeln über Pilons Gesicht aus. Etwas später versammelte er alle Freunde, Pablo, Jesus Maria und Big Joe, den Piraten, Johnny Pom-pom und Tito Ralph.

Pilon führte sie alle zu der Schlucht hinter dem Hause. »Ich habe Danny unseren letzten Wein gegeben, und er hat ihm etwas geholfen. Was er braucht ist viel Wein, und vielleicht ein Gelage. Wie können wir Wein auftreiben?«

Ihre Gedanken suchten die Möglichkeiten von Monterey ab wie Terrier in einer Scheune nach Ratten fahnden — aber es zeigten sich keine Ratten. Da wurden die Freunde von einer Welle so reiner Selbstlosigkeit erfaßt, wie wenige Menschen sie sich auch nur vorzustellen vermögen. Denn sie liebten Danny.

Schließlich sagte Jesus Maria: »Chin Kee verpackt Fische.«

Ihr Denken bäumte sich auf, kehrte sich dann aus Neugier der Sache zu, um sie näher in Betracht zu ziehen, kroch heimlich davon zurück und beschnüffelte sie von neuem. Es bedurfte einiger Augenblicke, bis ihre entsetzte Phantasie dem Vorschlag überhaupt nähertreten konnte. Und schließlich — warum nicht? Ein Tag wäre am Ende nicht schlimm — nur ein einziger Tag. So überlegten sie stillschweigend.

Auf ihren Gesichtern war zu lesen, wie der Kampf vor sich ging und wie sie zum Wohle Dannys ihren Widerwillen zu besiegen suchten.

»Wir wollen es tun«, entschied Pilon. »Morgen werden wir alle hinuntergehen und Fische zerschneiden, und morgen abend werden wir zu Ehren Dannys eine Gesellschaft geben.«

Als Danny am folgenden Morgen erwachte, war das Haus menschenleer. Er stand aus dem Bett auf und sah sich in den stillen Stuben um. Aber Danny war nicht in der Verfassung, einer Sache lange nachzuhängen. Er gab das Kopfzerbrechen darüber auf, und bald danach ließ er jeden Gedanken daran fahren. Er ging in die Veranda und setzte sich nieder.

Hast du Vorahnungen, Danny? Fürchtest du, das Schicksal könnte dir ein nahes Ende bereiten? Gibt es keine Freuden mehr für dich? Nein. Danny ist so in sich selbst versunken wie schon seit einer Woche.

Anders Tortilla Flat. Schon in der Frühe sprach sich das Gerücht herum: »Dannys Freunde zerschneiden Fische für Chin Kee.« Es war ein gewaltiges Ereignis, etwas wie ein Regierungssturz, ja fast wie ein Umsturz des Sonnensystems. Man sprach auf allen Straßen davon, und den Damen, die eben hinauseilten um die Nachricht weiterzutragen, wurde sie über den Hinterzaun zugerufen. »Alle Freunde Dannys sind unten in der Stadt und zerschneiden Fische.«

Der Morgen war geladen mit der Neuigkeit. Es mußte einen Grund haben — ein Geheimnis steckte dahinter. Mütter instruierten ihre Kinder und schickten sie eilends nach Chin Kees Fischhof. Junge Frauen warteten begierig hinter ihren Vorhängen auf weiteren Bericht. Und die Meldungen trafen ein.

»Pablo hat sich mit einem Fischmesser in die Hand geschnitten.«

»Chin Kee hat den Hunden des Piraten Fußtritte gegeben!«

Aufruhr!

»Die Hunde sind zurück!«

»Pilon sieht ingrimmig aus.«

Ein paar kleine Wetten wurden abgeschlossen. Monatelang war nichts so Aufregendes passiert. Einen ganzen Morgen hindurch sprach kein Mensch von Cornelia Ruiz. Erst um die Mittagsstunde sickerte die eigentliche Neuigkeit durch — und dafür gleich wie eine Sturzbach.

»Sie wollen eine große Gesellschaft für Danny geben.«

»Jedermann ist eingeladen.«

Weitere Anweisungen wurden vom Fischhof ausgegeben. Mrs. Morales staubte ihr Grammophon ab und legte ihre lautesten Platten zurecht. Funken stoben umher, und Tortilla Flat war wie Zunder. Sieben Freunde, man denke, wollten eine Gesellschaft für Danny geben! Als ob Danny nur sieben Freunde hätte! Mrs. Soto begab sich, mit einem Schlachtmesser versehen, in ihren Hühnerhof. Mrs. Polochico schüttelte eine Tüte voll Zucker in ihre größte Pfanne, um Rahmbonbons zu machen. Eine Delegation von Mädchen ging in den Woolworth-Laden von Monterey und kaufte alles vorhandene buntfarbige Kreppapier auf. Gitarren und Ziehharmonika musizierten versuchsweise durch den Flat.

Das Neueste! Mehr Meldungen vom Fischhof. Sie werden es schmeißen. Sie arbeiten wie toll. Sie werden mindestens vierzehn Dollars verdienen. Sorgt, daß vierzehn Gallonen Wein bereitstehen!

Torrelli wurde überlaufen. Jeder wollte eine Gallone Wein kaufen, um sie in Dannys Haus mitzubringen. Torelli selbst, mitgerissen von dem Strudel, sagte zu seiner Frau: »Vielleicht gehen wir auch in Dannys Haus. Ich möchte meinen Freunden ein paar Gallonen Wein bringen.«

Im Laufe des Nachmittags jagte in Tortilla Flat eine Welle der Aufregung die andere. Seit einem Menschenalter nicht getragene Kleider wurden ausgepackt und an die Luft gehängt. Schals, um die die Motten seit zweihundert Jahren gekämpft hatten, hingen an den Geländern der Veranden und strömten den Geruch von Mottenkugeln aus.

Und Danny? Er saß da, wie ein Mann, der der Auflösung entgegensieht. Er rühte sich nur, wenn die Sonnenstreifen ihren Platz veränderten. Falls er beobachtet hatte, daß an diesem Nachmittag sämtliche Einwohner von Tortilla Flat an seinem Gartentor vorbeigezogen waren, so ließ er es sich nicht anmerken. Armer Danny! Wenigstens zwei Dutzend Augenpaare waren auf seine Vordertür geheftet. Etwa um vier Uhr stand er auf, streckte sich und schlenderte aus seinem Hof hinaus auf Monterey zu.

Siehe da, sie warteten kaum, bis er außer Sicht war. Oh, wie sie das grün und gelb und rote Kreppapier wanden und herumschlangen! Wie sie die Kerzen zuspitzten und die Überreste auf den Boden warfen und wie unvernünftige Kinder das Wachs einstampften!

Nun wurden die Eßwaren hereingebracht. Große Schüsseln voll Reis, Töpfe mit dampfendem Geflügel, Klöße, daß man nur staunen konnte. Und Wein in unendlichen Gallonen. Martinez grub aus seinem Düngerhaufen ein Faß Kartoffelschnaps aus und brachte es in Dannys Haus.

Um fünf Uhr dreißig marschierten die Freunde den Hügel hinauf, müde und mit zerschundenen Händen, aber triumphierend. So muß die »Alte Garde« ausgesehen haben, als sie nach Austerlitz in Paris wieder einzog. Als sie das buntgeschmückte Haus sahen, lachten sie, und die Müdigkeit fiel von ihnen ab. Vor Glück traten ihnen die Tränen in die Augen.

Mama Chipa kam in den Hof, gefolgt von ihren beiden Söhnen, die einen Waschzuber voll Salsa pura trugen. Paulito, dieser reiche Vagabund, schürte das Feuer unter einem großen Kessel mit Bohnen und spanischen Pfefferschoten. Dazwischen Rufe, abgebrochene Lieder, Weibergeschrei und ein allgemeiner Tumult von aufgeregten Kindern.

Da fuhr aus Monterey ein Wagen voller besorgter Polizisten herauf. »Oh, nur eine Gesellschaft! Da bekommen wir wohl auch ein Glas Wein. Paßt auf, daß niemand ums Leben kommt.«

Wo ist Danny? Einsam wie ein Rauchwölkchen in einer kalten Nacht, treibt er sich durch Monterey in den Abend hinein. Geht zum Postamt, zum Bahnhof, in die Spielräume auf der Alvarado Street und nach der Werft, wo das schwarze Wasser die Pfeiler umspült. Was ist's mit dir, Danny? Was für sonderbare Gefühle hast du? Er wußte es selber nicht. Sein Herz schmerzte ihn wie beim Abschied von einer geliebten Frau; eine unbestimmte Trauer wie die verzweifelte Stimmung des Spätherbstes erfüllte ihn. Er ging an den Restaurants vorbei, deren Gerüche er sonst mit Interesse eingesogen hatte, aber kein Appetit regte sich in ihm. Als er an Madame Zucas großem Hause vorüberkam, tauschte er keine unzüchtigen Scherze mit den Mädchen an den Fenstern. Zurück zur Werft! Über das Geländer gelehnt, blickte er in das tiefe, tiefe Wasser. Ahnst du, Danny, daß der Wein deines Lebens sich in die Fruchtschalen der Ewigkeit ergießt? Erblickst du in dem öligen um den Damm spielenden Wasser den Verlauf deiner Lebenstage? Bewegungslos stand er da und starrte hinunter.

Mit dem Dunkelwerden beunruhigte man sich in Dannys Haus um ihn. Die Freunde verließen die Gesellschaft und trabten den Hügel hinunter nach Monterey. Sie fragten: »Habt ihr Danny gesehen?«

»Ja, vor einer Stunde ist Danny hier vorbeigekommen. Er ging langsam.«

Pilon und Pablo jagten zusammen nach ihm. Sie verfolgten seine Spuren, bis sie ihn endlich erspähten, am äußersten Vorsprung des dunklen Piers stehend. Eine trüb brennende elektrische Werftlaterne beleuchtete seine Gestalt. Eilends näherten sie sich ihm.

Damals erwähnte Pablo es nicht, aber späterhin pflegte er, sooft von Danny gesprochen wurde, zu schildern, was er in jenem Augenblick beobachtet, als er und Pilon der Werft entlang auf Danny zugingen. »Dort stand er«, sagte Pablo dann allemal, »ich konnte ihn gerade erkennen, wie er sich über das Geländer beugte. Ich blickte zu ihm, und nun bemerkte ich etwas anderes. Zuerst sah es aus wie eine schwarze Wolke über Dannys Kopf. Und dann sah ich, daß es ein mannsgroßer schwarzer Vogel war. Er hing in der Luft wie ein Habicht über einem Hasenschlupfloch. Ich bekreuzigte mich und sprach zwei Ave Maria. Als wir Danny erreichten, war der Vogel verschwunden.«

Pilon hatte hiervon nichts wahrgenommen. Er erinnerte sich auch nicht, daß Pablo sich bekreuzigt und zwei Ave Maria gebetet hätte. Aber er mischte sich nie in die Erzählung ein, denn es war Pablos Geschichte. Rasch schritten sie auf Danny zu; die Planken der Werft erklangen hohl unter ihren Füßen. Danny wandte sich nicht um. Sie ergriffen ihn bei den Armen und drehten ihn zu sich herum.

»Danny! Was ist mit dir los?«

»Nichts. Alles in Ordnung.«

»Bist du krank, Danny?«

»Nein.«

»Aber warum bist du dann so traurig?«

»Ich weiß es selbst nicht. Mir ist einfach so zumut. Ich mag nichts tun.«

»Vielleicht könnte dir ein Arzt helfen, Danny?«

»Ich sage euch ja, ich bin nicht krank.«

»Nun sieh«, rief Pilon, »wir geben eine Gesellschaft für dich in deinem Hause. Jedermann von Tortilla Flat ist dort, und es gibt Musik und Wein und Geflügel! Etwa zwanzig bis dreißig Gallonen Wein sind vorhanden. Alles mit buntem Papier ausgeschmückt. Willst du nicht mitkommen?«

Danny atmete tief ein. Einen Augenblick wandte er sich nach dem unergründlichen schwarzen Wasser zurück. Vielleicht flüsterte er den Göttern ein Gelübde oder eine Herausforderung zu.

Dann kehrte er sich mit einem Ruck wieder zu seinen Freunden. Seine Augen glänzten fiebrig. »Ihr habt verflixt recht, ich möchte dabeisein. Hurtig! Ich habe Durst. Sind auch Mädchen dort?«

»Massenhaft. Alle Mädchen.«

»So kommt. Macht schnell.«

Er stürmte voran den Hügel hinauf. Lange ehe sie das Haus erreicht hatten, hörten sie durch die Kiefern die liebliche Musik und den grellen Lärm erregter, glücklicher Stimmen. Die drei Spätkömmlinge trafen atemlos ein. Danny hob den Kopf und heulte wie ein Steppenwolf. Ganze Krüge Wein wurden ihm entgegengehalten. Aus jedem tat er einen Zug.

Eine Gesellschaft für ihn! Wenn in der Folgezeit jemand mit Begeisterung von einer Gesellschaft erzählte, konnte man sicher sein, daß irgendeiner voller Ehrfurcht fragte: »Warst du damals bei der Gesellschaft in Dannys Haus?« Und wenn der erste Erzähler nicht gerade ein Neuling war, dann war er bestimmt dabei gewesen. — Eine Gesellschaft für dich, Danny! Niemand hat je eine bessere gegeben. Das wäre undenkbar; innerhalb von zwei Tagen war Dannys Gesellschaft über jeglichen Vergleich mit allen Gesellschaften, die je gegeben worden, erhaben. Welcher Mann hätte aus dieser Nacht nicht ehrenvolle Wunden und Beulen davongetragen? Nie hatte es so viele Keilereien gegeben; nicht Zweikämpfe, sondern ganze tosende Schlachten, in denen die Männer in Klumpen tobten, jeder für sich kämpfend.

Oh, und das Gelächter der Frauen! Dünn und hoch bis zum Brechen wie gesponnenes Glas! Und das schickliche Abwehrgeschrei in der Schlucht.

Pater Ramon war aufs höchste erstaunt über die Beichtgeständnisse in der Woche darauf und konnte das Gehörte nicht glauben. Hochbeglückt riß sich die Seele von Tortilla Flat von allen Fesseln los und erhob sich in ekstatischer Einigkeit in alle Lüfte. Es wurde so heftig getanzt, daß der Fußboden an einer Ecke nachgab. Die Handorgeln spielten so laut, daß sie nachher vom Winde zerbrochen waren, wie erlahmte Pferde.

Und Danny? Wie die Gesellschaft hoch über jedem Vergleich stand, so die Verherrlichung Dannys als Held der Feier. Mag in Zukunft ein Wichtigtuer prahlen: »Habt ihr mich gesehen? Wart ihr dabei, als ich die Negerdirne um einen Tanz bat? Habt ihr uns herumscharwenzeln sehen wie Kater?« — dann würde sich von irgendwoher der weisheitsvoll strafende Blick eines Alten auf ihn richten und eine Stimme, deren Träger für immer erfüllt ist vom höchsten Erlebnis dieser Art, ihn ruhig fragen: »Hast du Danny in jener Nacht bei seiner Gesellschaft gesehen?«

Es mag sein, daß dermaleinst ein Geschichtsschreiber eine trockene, schwammige Geschichte »Die Gesellschaft« schreiben wird. Er wird wahrscheinlich bei dem Augenblick verweilen, wo Danny die ganze Gesellschaft: Männer, Frauen und Kinder, herausforderte und mit einem Tischbein bedrohte. Vielleicht wird er mit der Feststellung schließen: »Es kann oft beobachtet werden, daß ein sterbender Organismus noch einer außerordentlichen Kraft und Zähigkeit fähig ist.« Käme er auf Dannys übermenschliche Liebesanstrengungen in jener Nacht zu sprechen, würde der gleiche Geschichtsschreiber vermutlich mit sicherer Hand den Satz niederschreiben: »Wenn ein lebender Organismus in seinem Bestand angegriffen wird, so streben seine sämtlichen Funktionen nach Fortpflanzung.«

Ich aber sage, und ganz Tortilla Flat mit mir: »Zum Teufel damit. Dieser Danny war ein ganzer Mann.« Niemand hat irgendwelche Aufzeichnungen gemacht, und natürlich hätte hinterher keine Dame zugegeben, sie sei übergangen worden. Daher ist es möglich, daß der Ruhm von Dannys Heldentaten etwas übertrieben war. Ein Zehntel davon dürfte für jeden Mann in der ganzen Welt als übertrieben angesehen werden.

Wohin Danny sich begab, folgte ihm eine großartige Tollheit. Leidenschaftlich wird in Tortilla Flat behauptet, Danny allein habe drei Gallonen Wein getrunken. Dabei ist jedoch zu bedenken, daß Dannys Andenken nunmehr vergöttert wird. In ein paar Jahren mögen es dreißig Gallonen sein. In zwanzig Jahren wird es leicht möglich sein, sich zu erinnern, daß in den Wolken mit gewaltigen Großbuchstaben der Name DANNY flammte; daß Blut vom Monde träufelte und daß von den Gebirgen der Milchstraße der Weltwolf prophetisch heulte.

Allmählich begannen die, welche weniger widerstandsfähig waren als Danny, schlaff zu werden, zusammenzusacken und sich heimlich davonzuschleichen. Die Zurückbleibenden empfanden die Lücke und schrien um so lauter, rauften um so verbissener und tanzten desto heftiger. In Monterey standen die Motoren der Feuerwehrwagen nicht still, und die Mannschaft saß in schweigender Erwartung in ihren roten Mützen und wasserdichten Mänteln da.

Die Nacht verrauschte schnell, und immer noch tobte Danny durch die Gesellschaft.

Was hernach geschah, wird von männlichen und weiblichen Zeugen bekräftigt. Obgleich die Beweiskraft ihres Zeugnisses häufig angegriffen wird, mit der Begründung, daß diese Menschen dreißig Gallonen Wein und ein Faß Kartoffelschnaps ausgetrunken hatten, bestehen sie doch hartnäckig auf den Hauptpunkten. Es dauerte einige Wochen, bis die Geschichte sich formte, weil der eine dies, der andere jenes beitrug. Allmählich aber kristallisierte sich eine vernünftige Gestalt heraus, die sie nun ein für allemal behalten wird.

Dannys irdische Erscheinung, sagen die Leute von Tortilla Flat, veränderte sich zusehends. Sie wuchs zu unheimlicher Größe heran. Seine Augen funkelten wie die Vorderlichter eines Automobils. Es war etwas Fürchterliches an ihm. Dort stand er, in der Stube seines eigenen Hauses. In der rechten Hand hielt er ein Tischbein aus Kiefernholz, und selbst dieses schien gewachsen. Danny forderte die Welt heraus.

»Wer kämpft mit mir?« schrie er. »Gibt es auf der Welt niemanden mehr, der sich nicht fürchtet?« Tatsächlich fürchteten sich alle; das Tischbein, das so grausig lebendig erschien, war ein Schrecknis für jedermann. Danny schwang es gewaltig in der Luft. Die Handorgeln verstummten. Das Tanzen hörte auf. Ein Frost durchschauerte das Zimmer, und in der Luft wogte das Schweigen wie Meereswellen.

»Niemand?« schrie Danny abermals. »Bin ich mutterseelenallein in der Welt? Nimmt es niemand mit mir auf?« Die Männer schauderten vor seinen schrecklichen Augen und folgten wie gebannt den Bahnen des durch die Luft sausenden Tischbeins. Niemand antwortete auf seine Herausforderung.

Danny reckte sich auf. Es heißt, sein Kopf sei fast an die Zimmerdecke gestoßen. »Dann werde ich den einen suchen, der zu kämpfen versteht. In der Ewigkeit werde ich den Kämpen finden, der Dannys würdig ist.« Er taumelte zur Tür, unterwegs mehrmals stolpernd. Die Leute machten erschreckt einen breiten Weg für ihn frei. Er bückte sich, um zur Tür hinauszuschreiten. Vor dem Hause hörten sie ihn weiter seine Herausforderung hinausbrüllen. Das Tischbein pfiff durch die Luft wie ein Meteor. Dann hörten sie, wie seine Schritte ihn über den Hof führten. Und schließlich ließ sich hinter dem Hause von der Schlucht her ein so entsetzlicher und eisiger Gegenruf vernehmen, daß ihnen das Rückgrat zu schmelzen schien, wie die Brunnenkresse unter dem Frost dahinwelkt. Noch heute, wenn die Leute von Dannys letztem Kampfgegner sprechen, senken sie die Stimmen und blicken verstohlen um sich. Sie haben Dannys Schlachtruf gehört — seinen letzten, schrillen und trotzigen Aufschrei, und dann einen dumpfen Fall. Ihm folgte die große Stille.

Einen langen Augenblick verhielten sich die Menschen abwartend und hielten den Atem an, als könne das Geräusch ihrer Lungen einen Laut von draußen verdunkeln. Aber sie lauschten vergeblich. Die Nacht war still, von fern zeigte sich das erste Morgengrau.

Pilon war es, der das Schweigen durchbrach. »Es ist etwas passiert«, sagte er. Er war auch der erste, der zur Tür hinausstürzte. Kein Schrecken vermochte den Tapferen zurückzuhalten. Die Leute folgten ihm. Sie gingen hinter das Haus, wohin sie Dannys Tritte hatten gehen hören, aber kein Danny war zu finden. Sie kamen an den Rand der Schlucht, von dem ein scharfer Zickzackweg zum Boden des alten Wasserlaufs führte, den seit Menschengedenken kein frischer Strom gespeist hatte. Man sah Pilon den Pfad hinuntereilen. Die anderen folgten ihm langsam. Dann fanden sie Pilon am Grunde der Schlucht, um einen gebrochenen und verkrümmten Danny bemüht. Vierzig Fuß tief war er gefallen. Pilon strich ein Zündhölzchen an. »Ich glaube, er lebt«, schrie er. »Lauft einen Arzt rufen. Holt schleunigst Pater Ramon herbei.«

Die Leute liefen in alle Windrichtungen. Innerhalb einer Viertelstunde hatten die wie irrsinnigen Paisanos vier Ärzte geweckt und aus ihren Betten gezerrt. Keine der langsamen Überlegungen, mit denen die Ärzte gern zeigen, daß sie nicht die Sklaven von Gefühlserregungen sind, wurde ihnen gestattet. Nein! Sie wurden von Menschen, die zu aufgeregt waren, um zu erklären, was sie wollten, hinausgedrängt und gestoßen, ihre Instrumentenkästen wurden ihnen hastig in die Hände geschoben. Pater Ramon, den man ebenfalls aus dem Bett geholt hatte, kam keuchend den Hügel hinauf, nicht ahnend, ob er einen Teufel austreiben, einem Neugeborenen die Nottaufe geben oder einer Lynchjustiz beiwohnen sollte. Unterdessen hatten Pilon, Pablo und Jesus Maria Danny den Hügel hinaufgetragen und auf sein Bett gelegt. Sie stellten Kerzen um ihn herum. Dannys Atem ging schwer.

Zuerst trafen die Ärzte ein. Argwöhnisch blickten sie einander an und überlegten, wem der Vortritt gebühre; aber jeder Augenblick des Verzugs brachte drohende Blicke in die Augen der Anwesenden. Es brauchte nicht viel Zeit, um Danny zu untersuchen. Sie waren damit fertig, als Pater Ramon eintrat.

Ich gedenke nicht, Pater Ramon in das Sterbezimmer zu begleiten, denn in diesem befanden sich Pilon, Pablo und Jesus Maria, Big Joe und Johnny Pom-pom, Tito Ralph und der Pirat und die Hunde, und diese bildeten Dannys Familie. Die Tür war und bleibt geschlossen. Die Menschen haben ihren Stolz, und es gibt Dinge, die man mit Ehrfurcht auf sich beruhen lassen soll.

Aber in der großen Stube, die mit den Bewohnern von Tortilla Flat zum Ersticken vollgestopft war, herrschte düstere Stimmung und wartendes Schweigen. Priester und Ärzte besitzen feine Verständigungsmittel. Als Pater Ramon aus dem Sterbezimmer herauskam, war sein Gesicht unverändert. Aber bei seinem Anblick brachen die Frauen in ein schrilles, schreckliches Klagegeheul aus. Die Männer hoben die Füße wie Pferde im Stall und gingen ins Morgengrauen hinaus. Und die Schlafzimmertür blieb geschlossen.

UPTON SINCLAIR
Becher des Zorns

... oder, warum Herr Sinclair so wütend auf den Alkohol ist.

Unser Heim in Kalifornien war Wegstation für Dichter und Politiker, Schriftsteller und Schauspieler, Philosophen und Journalisten. Hier wurden wir von alten Freunden besucht, die auf dem Weg zu einem Auftrag in Hollywood oder zu einem Urlaub in der Sonne waren. Noch Jahre später kamen gelegentlich die Söhne und Töchter dieser Freunde, um uns Neuigkeiten, Anekdoten und Berichte über das Schicksal ihrer Familien zu bringen. Dies ist eine der Entschädigungen eines langen Lebens und einer der Vorteile, wenn man in der Nähe eines Ortes lebt, wo »sich die ganze Welt trifft«.

Es macht Freude, den Gastgeber für junge Leute zu spielen, die vor Talent und Leben platzen. Wir erinnern uns aber an Augenblicke, in denen sich Schmerz zum Vergnügen mischte; es war, wenn wir sahen, wie jugendliche Fähigkeit und Idealismus durch zwanghaftes Trinken verwirrt und aus dem Lot gebracht wurden.

Das war der Fall bei Klaus Mann, dem Sohn des Genies, das in der ganzen Welt für den größten Romancier unserer Zeit gehalten wird. Klaus und seine Schwester Erika kannten viele große und kleine Städte ihres eigenen Kontinents. Jetzt waren sie in die Vereinigten Staaten unterwegs, auf der Entdeckungsreise in den Rest der Welt. Ich bewunderte Thomas Mann, ihren Vater, und hatte mit ihm korrespondiert; jetzt sollte ich zwei seiner Kinder kennenlernen.

Wir unterhielten uns recht angenehm über Pasadena, und als die jungen Reisenden weiterfuhren, schrieben sie angenehme Dinge über mich, was nur selten vorkommt. Von dieser Zeit an wechselte ich Briefe mit Klaus, schickte ihm einige meiner Bücher und erhielt dafür seine.

1942 veröffentlichte Klaus in den USA seine Biographie *Der Wendepunkt*. Darin äußerte er sich recht offen, aber auf eine ruhige und anständige Weise, und seine Worte halfen uns, jene Europäer zu verstehen, die in einer rund um sie in Stücke zerfallenden Welt aufgewachsen waren. Er deutete die Jazz-Ära mit einem klaren Satz: »Wir konnten nicht von einer sittlichen Norm abweichen: Es gab keine solche Norm.«

Er berichtet, daß er und seine Schwester bei den Nachbarn »diese schrecklichen Mannkinder« hießen. Ihre Lebensexperimente waren oft wild und gefährlich, und die beiden kamen nicht immer besonders gut mit ihrem hochberühmten Vater aus.

Während er seine USA-Reise vorbereitete, sprach Klaus mit Sinclair Lewis, der damals in Europa war. Hals Kommentar war: »Ihr werdet es scheußlich finden! Was wollt ihr in diesem furchtbaren Land, wo's nichts zu trinken gibt oder nur schlechtes Zeug?« Und Klaus notiert, daß Hal die Gewohnheit hatte, »Wassergläser mit Schnaps zu füllen und sich den Inhalt in einem Zug hinter die Binde zu gießen«. In Greenwich Village wurden sie von Horace Liveright herumgeführt, und die beiden Besucher konnten »überall die gleichen attraktiven Mädchen ... mit dem gleichen elementaren Penchant für starke alkoholische Getränke« beobachten. Sie trafen Henry Louis Mencken, den Fürsprecher der amerikanischen Kneipen, und Henrys Beitrag zur Erziehung von Klaus und Erika war dies: »Ich kenne Hunderte, vielleicht Tausende von Amerikanern. Sie trinken alle Schnaps ... Also, öffnen wir eine neue Flasche. Prost!«

Und dann reisten sie hinüber nach Hollywood und trafen dort den Schauspieler Emil Jannings, der tausend Dollar am Tag verdiente; und Greta Garbo, die auf die Terrasse trat und verkündete: »Ich bin ja so furchtbar müde. Ich brauche unbedingt einen Schnaps!« In Kalifornien kamen die jungen Besucher beinahe bei einem Autounfall ums Leben, und was Klaus nach diesem Erlebnis anzumerken hatte, war: »Wir hatten reichlich getrunken — Champagner, Ale und Whisky ... Die Bremsen des drolligen alten Wagens waren nicht recht in Ordnung.«

Danach finden wir sie in Paris bei Jean Cocteau. Er trägt dies zu ihrer Philosophie bei: »Der Alkohol ruft Paroxysmen der Narretei hervor; das Opium Paroxysmen der Weisheit.«

Und als nächstes ist Klaus in Marokko und experimentiert mit Haschisch. An dieser Stelle sagt er: »Ich habe mehr Freunde durch Selbstmord verloren (womit hier auch die indirekten Formen der Selbstzerstörung gemeint sein mögen), als durch Krankheit, Verbrechen oder Unglücksfälle.« In der Tat gibt es eine Welle von Selbstmorden bei Kindern berühmter Schriftsteller — eine Tochter Schnitzlers und ein Sohn von Hofmannsthal gehören dazu. Klaus' Freund Ricki schießt sich eine Kugel durch das Herz. Und dann kam Hitler, doch »alle tranken und tanzten weiter«.

Kurz nach Hitlers Ende kehrte Klaus nach Kalifornien zurück, um seine Eltern zu besuchen; sie lebten damals in der Nähe von Santa Monica. Ich laß in der Zeitung, daß der junge Mann versucht hatte, sich das Leben zu nehmen, und schrieb ihm einen mitfühlenden und aufmunternden Brief. In seiner Antwort bat Klaus darum, mich besuchen zu dürfen. Ich kann mich nicht erinnern, was einem sofortigen Treffen im Wege stand — wahrscheinlich die Korrekturarbeiten an den Fahnenabzügen eines neuen Romans. Wir verschoben das Treffen, und dann war Klaus nach Europa zurückgereist. Bald danach starb er dort. Die *New York Times* schrieb, es sei »offensichtlich Selbstmord« gewesen.

Dr. Erich Fromm, ein brillanter zeitgenössischer Psychiater, hält in seinem Buch *Der moderne Mensch und seine Zukunft* die Tatsache fest, daß die »Zahlen der Selbstmordfälle und der Alkoholiker sich weitgehend decken«. Das soll nicht heißen, daß sich beide gegenseitig bedingen; Dr. Fromm stellt wohl eher die Frage, ob sie nicht beide »pathologische Formen der Flucht aus der Langeweile« seien, der Langeweile in einer Gesellschaft, die nur unsere materiellen Bedürfnisse stillt, aber kaum mehr.

Eine solche Gesellschaft existiert, das habe ich oft empfunden, in Hollywoods Filmkolonie, wo das Leben künstlich dargestellt und künstlich gelebt wird. Der Wettbewerb ist grausam, die Belastung durch das Tempo unerbittlich und die ganze Atmosphäre eine seltsame Mischung aus Lobhudelei, Schein, Exhibitionismus und Intrigen.

In Pasadena lebten wir weniger als eine Autostunde von mehreren großen Filmstudios entfernt, und ich habe eine Menge von »der Industrie« gesehen. Ich schrieb einmal einen Roman, der nichts mit Arbeit, Geschäften oder der Weltpolitik zu tun hatte, und die Metro Goldwyn Mayer kaufte ihn für zwanzigtausend Dollar und beauftragte ihren Spitzenproduzenten Irving Thalberg mit der Verfilmung. Der Titel des Romans war *Alkohol*, und die Prohibition war sein Thema. Zu jener Zeit war jeder entweder »trocken« oder »feucht«; ich näherte mich dem Problem mit einer Geschichte, die auf meinen Kindheitserlebnissen im Hause Weisiger basierte.

Thalberg beabsichtigte, die Gewichte zwischen den Trockenen und den Feuchten gleichmäßig zu verteilen, und das gelang ihm auch. Robert Young, der damals am Anfang seiner langen Karriere stand, spielte den jugendlichen Helden; Walter Huston stellte den trinkenden Vater dar; Lewis Stone trat darin auf; und Jimmy Durante agierte mit gewohntem Schwung in der Rolle des Polizeiagenten. Ich hatte diesen begnadeten Komödianten nie zuvor gesehen, und ich war begeistert von ihm.

Als es aber um andere Geschichten für die Kameras der MGM ging, konnten sich Thalberg und ich nicht einigen; selbst nach all den Jahren kann ich meine Aufmerksamkeit nicht von den drängenden Problemen dieser Welt auf die leichtgewichtigeren Anforderungen der Leinwand verlagern. Und so bin ich die meiste Zeit nur Beobachter des Lebens in Hollywood gewesen; allerdings ein zutiefst interessierter und gefühlsmäßig engagierter Beobachter, denn in einigen Geschichten, deren Ablauf ich in der Filmkolonie miterleben konnte, haben liebe Freunde tragische Rollen gespielt.

Horace Liveright war einer meiner Freunde aus der literarischen Welt, die nach Hollywood kamen, um Filme zu machen. Er war in New York mein Verleger gewesen, und ich kannte ihn als einen der gütigsten Menschen, gleichermaßen großzügig und hilfreich zu jungen Schriftstellern wie zu denjenigen, denen der Erfolg bereits zugefallen war. Jeder liebte ihn; wenn er am Tisch saß, bedeutete das Witz, Bildung und Frohsinn. In Hollywood bedeutete es allerdings auch zuviel Whisky.

Ben Hecht erzählt Horaces Geschichte in seiner Autobiographie *A Child of the Century* so:

»Obwohl er nichts anderes zu tun schien, als Frauen nachzustellen und sich allabendlich bis zum Koma zu betrinken, war Liveright eigentlich ein harter Arbeiter und ein glänzender dazu. Er veröffentlichte Dutzende von hervorragenden Büchern und produzierte eine Reihe von erfolgreichen Theaterstücken. Er gab zahlreichen herumtastenden Talenten Zuversicht und Geld. Er stritt geschickt gegen die Zensur und war einer der Hauptkräfte, die die Literatur der Republik aus dem Würgegriff ihrer alten Jungfern befreite. Er lancierte die *Modern Library* — den ersten Versuch, einem größeren Publikum die Bestleistungen der Weltliteratur näherzubringen. Es gab in New York keine beliebtere und aufregendere Persönlichkeit als Liveright. Schönheit, Erfolg und Bewunderung warteten ihm auf wie ein treues Gefolge, und Hunderte von Schmarotzern brüsteten sich voll Stolz mit seiner Freundschaft.

Etwa zehn Jahre später war ich gerade in Hollywood, als Beatrice Kaufmann, die früher als Lektorin im Hause Liveright gearbeitet hatte, mich mit der Neuigkeit anrief, daß Horace gestorben war. Er war in New York gestorben, ohne einen Pfennig und völlig verschuldet.

›Ich würde gern wissen, ob Sie zu seinem Begräbnis kommen können‹, sagte Beatrice. ›Ich habe den ganzen Tag herumtelefoniert. Bis jetzt habe ich nur sechs Leute dazu überreden können, daß sie kommen werden.‹

Ich konnte Hollywood nicht verlassen. An einem regnerisch-trüben Tag begleiteten Beatrice Kaufmann und fünf andere New Yorker den in Vergessenheit geratenen, bettelarmen Horace Liveright zu seinem Grab.«

Lassen Sie mich Ihnen jetzt die Geschichte zu Ende erzählen. Ich war damals in New York, und man hatte mich gebeten, bei der Beerdigung zu sprechen. Ich lobte Horaces Tugenden und ließ seine Fehler unerwähnt, und ich hoffte, daß ich zumindest seiner trauernden alten Mutter etwas Trost brachte. Theodore Dreiser gehörte auch zu der kleinen Gruppe beim Begräbnis; und anschließend gingen wir zusammen die Lexington Avenue hinab und riefen uns die trüben, aber auch die wunderbaren Augenblicke in Liverights Leben ins Gedächtnis zurück. Dreiser und Horace hatten sich einmal bitter befehdet, aber all das war vergeben und vergessen.

Damals erzählte ich Dreiser von den Dinner-Parties, bei denen ich mit Horace in Hollywood gewesen war — wie er mit jedem Gang betrunkener wurde, und wir staunten darüber, wie er Schritt für Schritt sein einsames Ende erreicht hatte.

Hollywoods Trinksitten tauchen seit kurzem auch in Büchern auf. Nicht in Büchern wie diesem, sondern eher in den Memoiren ausgelassener Männer, die einen gelegentlichen alkoholischen Abend für einen Riesenspaß halten. Ein solches Werk ist Gene Fowlers *Minutes of the Last Meeting*, in dem die Saufgelage von Sadakichi Hartmann, John Barrymore und anderen haarklein geschildert werden. Einen weiteren Band hat Fowler allein Barrymore gewidmet, der sicher einer der besten Schauspieler unserer Zeit war, aber zweifellos auch der verrückteste Trunkenbold der Filmbranche. Er selbst hat einmal geschätzt, daß er in vierzig Jahren über sechshundertvierzig Fäßchen hochprozentigen Alkohols getrunken habe.

Barrymore verdiente dreihundertfünfundsiebzigtausend Dollar in einem

Jahr und hatte doch keinen Pfennig, als er starb. Vor seinem Tode versuchten sowohl Gene Fowler als auch Ben Hecht, Geld für die Begleichung der ständig steigenden Arzt- und Krankenhausrechnungen ihres Freundes zu sammeln. Aber nicht ein Produzent, nicht ein Regisseur, nicht einer der millionenschweren Filmmoguln hatte auch nur einen Dollar für diesen gestürzten Fürsten übrig. Nie habe ich eine erschreckendere Schilderung der letzten Tage eines Alkoholikers gelesen, als die von John Barrymore auf dreizehn entsetzlichen Seiten in *A Child of the Century*.

Douglas Fairbanks war ein weiteres Idol der Leinwand, dessen Leben mit einer Tragödie endete. Ebenso wie jeder Junge im Publikum genoß ich es auch als Erwachsener, seine sagenhaften athletischen Leistungen auf der Leinwand zu bewundern. Und als ich ihn »in Person« kennenlernte, wie es die Kinofans nannten, entdeckte ich, daß er ein amüsanter Kerl war. Dougs Hauptquartier war das United Artists Studio am Santa Monica Boulevard, und ich kam dort öfter vorbei und beobachtete ihn bei der Arbeit.

Einmal erzählte ich ihm während einer Drehpause die Haupthandlung von *Nach der Sintflut*, das ich zuerst als Schauspiel geschrieben, dann aber zu einem Roman umgearbeitet hatte. Es war ein satirisches Stück darüber, wie die Welt in weiteren hundert Jahren aussehen würde, wenn wir auf dem eingeschlagenen Kurs weitermachten. In dem Buch ließ ich meine Phantasie schweifen und sagte, unter anderem, die bis in jeden Winkel reichende Rundfunkversorgung voraus, bevor das Radio überhaupt entdeckt war.

In dem Buch ließ ich ein Flugzeug in vierundzwanzig Stunden um die Welt fliegen. Und jetzt, während ich schreibe, überqueren Düsenflugzeuge den Kontinent in wenigen Stunden. Doug war begeistert von den Ideen in *Nach der Sintflut* und wir begannen, in groben Umrissen einen Film zu entwerfen. Aber ich entdeckte bald, daß er nur an den technischen Spielereien interessiert war; das satirische Element, das ich zum Herzstück meiner Geschichte gemacht hatte, war viel zu hoch für ihn. Er war immer noch ein kleiner Junge, der den Fehler begangen hatte, erwachsen zu werden.

Das Leben mußte nach seinen Bedingungen gelebt werden, oder es war es nicht wert, gelebt zu werden. Und seine Bedingungen setzten Könige und Königinnen voraus; sie verlangten Taten und Abenteuer. Er genoß es, Geschichten über die Potentaten zu erzählen, mit denen er zusammen war. Klatsch über Lieschen Müller auf Sauftour bedeuteten Doug nichts, aber amüsante Geschichten über den Zeitvertreib König Alfonsos von Spanien konnte er mit dem allergrößten Vergnügen erzählen und ausschmücken. Er hatte kolossalen Erfolg in der Welt der materiellen Dinge erreicht, fünf Millionen Dollar netto mit einem einzigen Film, *Robin Hood*. Er war perfekt für eine Welt geeignet, die er sich teils selbst geschaffen hatte, und die teils von Presseagenten, durch Lobhudelei und die Verfasser seiner draufgängerischen Rollen für ihn geschaffen worden war.

Mit einem Wort, er konnte es nicht ertragen, sich selbst anders als ein alles- erobernder Held zu sehen, der tausend Feinden entwischte und sie in der Schlußszene besiegte. Doug hatte Amerikas Liebling geheiratet, und das Paar herrschte wie gekrönte Häupter über die Filmindustrie. Ihre ganze Welt war eine Bühne, und alle Mitspieler hatten bestimmten Rollenbildern zu entsprechen: der Clown mußte lachen, die Königin mußte huldvoll sein, der Held heiter.

Aber so funktioniert diese Welt nicht. Man bleibt nicht für immer Amerikas beliebtester Jugendlicher, Cocktails mögen einem vielleicht das Gefühl geben, die Jugend zurückzugewinnen, doch sie können einen nicht in den tatsächlichen Zustand zurückversetzen. Weil ihm der innere Ausgleich fehlte, war Doug einsam, wo er auch hinging. Oft tauchte er plötzlich irgendwo am Ende der Welt wieder auf, nachdem er ohne Ankündigung in Hollywood ausgerissen war. Er begann anderen Frauen nachzustellen; er gab auf einer kurzen Kreuzfahrt mit einer Privatjacht hunderttausend Dollar aus. Er konnte es nicht ertragen, daß sein Sohn Schauspieler, und unter seinem Namen erfolgreich geworden war. Er konnte sich noch nicht einmal mit der Tatsache abfinden, daß sein Sohn größer gewachsen war als er.

Seine rastlose Suche konnte ihm keine Zufriedenheit bringen; seine Ehe zerbrach. Seine Trinkerei nahm zu. Und mit sechsundfünfzig war er, mit den Worten seiner Nichte, ein »zerstreuter alter Mann«. Dann hörte ein weiteres Hollywoodherz plötzlich auf zu schlagen.

Douglas Fairbanks junior verbringt einen Großteil seiner Zeit in England, wo ihm von einer wirklichen königlichen Familie hohe Ehrungen zuteil wurden. Auch ich habe eine Verbindung zu dieser Familie, so merkwürdig, wie nur irgendetwas in der Geschichte von Königinnen sein kann. Einige Seiten weiter vorn erwähnte ich in ein oder zwei Zeilen eine Kissenschlacht aus meiner Kindheit, die die gesamte Geschichte der in Großbritannien herrschenden Dynastie hätte verändern können. Jetzt werde ich die Geschichte ausführlicher erzählen.

Sie beginnt im alten Virginia, wo mein Onkel Powhatan Montague aufwuchs, um ein dem Alkohol verfallener Gentleman aus dem Süden zu werden. Pow war mit zwei lieblichen Töchtern gesegnet, und eine von ihnen, Lelia, war der liebste Spielgefährte meiner Kindertage. Trotz unseren kindlichen Balgereien, von denen eine sich zu einer regelrechten Schlacht entwickelte (sie machte Lelia zu einem keuchenden, halb erstickten, purpurrot angelaufenen kleinen Mädchen), entwickelte sich Lelia zu einer intelligenten, warmherzigen Schönheit. Lelia heiratete General George Barnett, der 1918 in der Schlacht von Bellau Woods das United States Marine Corps befehligte, und sie ließen sich in Washington nieder.

Nahebei in Baltimore lebte eine Nichte, Wallis Warfield, die »etwas beengt« lebte, wie man höflich umschreibend sagt. Lelia nahm sich des Mädchens an und führte sie in die Washingtoner Gesellschaft ein. Wallis war klug und charmant; und bald heiratete sie, ganz in der Familientradition, einen Marineoffizier.

Währenddessen wurde ein junger Mann König von England, der als Prince of Wales die Herzen der Welt erobert hatte. Ebenso wie Douglas Fairbanks wollte er jung bleiben. Auch er wollte sich nicht damit abfinden, daß er nicht mehr der Jüngste war. Er herrschte über das ganze britische Empire, konnte sich aber selbst nicht beherrschen.

Er war bekannt als ein »Brandy-Man«, wie sein Biograf Iles Brody erzählt. Als er König wurde, waren seine Minister äußerst besorgt und suchten verzweifelt nach einer vornehmen Dame, die ihn bezaubern und davon abhalten könnte, »sich ins Regieren einzumischen«. Aber der König hatte seinen eigenen Ansichten; er bevorzugte die Dame aus Baltimore. Sie war inzwischen Mrs. Simpson, nachdem sie sich von ihrem ersten Mann hatte scheiden lassen und einen zweiten geheiratet hatte. Der König wollte sie zur Frau, und sie konnte nichts Unrechtes an diesem Plan entdecken, obwohl die englische Staatskirche eine erneute Heirat nach einer Scheidung verbietet, von zweien ganz zu schweigen!

Bald erfuhr die ganze Welt von der Romanze; und als dann durchsickerte, daß Premierminister Baldwin plante, den König zur Abdankung zu zwingen, ereignete sich eine wahre Atomexplosion des Klatsches. Und was geschah während dieser Zeit im Buckingham Palast?

Ich zitiere aus der Ausgabe des *Time*-Magazins vom 21.Dezember 1936: »Seine Majestät nahm während des frühen Stadiums der Krise soviel Weinbrand und Sodawasser zu sich ... daß die Aufgabe des Premierministers wirklich herzzerreißend schwierig war. Einmal war es notwendig, den Magen auspumpen zu lassen. (Am 4.Dezember durch Lord Horder, den Leibarzt des Königs ...)«

Edward dankte ab und wurde Herzog von Windsor. Er heiratete die Frau, die er liebte, und machte sie zur Herzogin. Ein gutunterrichteter Freund in England schreibt mir, daß man »Wallis den Erfolg seiner Besserung zuschreibt«; und das nehme ich natürlich mit Genugtuung zur Kenntnis. Dadurch folgt sie den Spuren der Frauen unserer Familie — aber mit größerem Erfolg, als ihn meine Mutter mit meinem Vater, Tante Lelia Sinclair mit meinem Onkel Arthur oder Tante Lelia Montague mit Wallis' Großonkel Pow hatte. Als bekannt wurde, daß dieser Großonkel Pow Upton Sinclairs Onkel Pow gewesen war, zahlte mir der Zeitungskonzern Hearst tausend Dollar für einen Bericht über alles, was ich über diese Familie aus Baltimore, ihre Traditionen, ihre Lebensweise wußte. Ich will Sie nicht mit den Einzelheiten langweilen, aber ich möchte Ihnen von einer amüsanten Auswirkung dieses Auftrages auf meine Kusine Lelia berichten, die es (trotz unserem Kissenkrieg) geschafft hatte, eine Frau zu erziehen und anzuleiten, die einen König von seinem Thron zaubern konnte.

Nach einer Operation lag sie in ihrem Krankenhausbett, als ihr ein Exemplar der Washingtoner Hearst-Zeitung gebracht wurde. Die erste Seite war mit nur zwei Geschichten belegt. Eine über Edwards Abdankung, mit einem großen Bild von Wallis. Die andere — meine Geschichte über unsere Familie — brachte ein Bild von mir.

Noch bevor Lelia ihre Aufregung über diesen Anblick verdaut hatte, betrat eine Gruppe von Ärzten den Raum, um ihre Wunde zu untersuchen. Lelia, die einen köstlichen Sinn für Humor hat, hielt ihnen die Zeitung entgegen und verkündete: »Eine dieser Personen ist mein Vetter, und die andere ist meine Nichte.«

Sie sah, wie die Ärzte sie anblickten, und sie konnte ihre Gedanken förmlich lesen: Fieber und Delirium? Oder ein Fall für den Nervenarzt?

Dr. Robert Cabot, ein Wissenschaftler, der als Unparteiischer die Auswirkungen des Alkohols auf Menschen untersuchte, hat geschrieben: »Der Alkohol ist immer eine Droge, niemals nur ein Stimulans.«

Niemals nur ein Stimulans! Und doch trifft man in der ganzen Geschichte der Weltliteratur auf Beispiele von Dichtern und Schriftstellern, die sich Wein und Whisky zuwandten,um zu einer Inspiration zu kommen, zu neuen Gedanken, zur »Anregung«.

Ich will ihnen die Geschichte zweier solcher Dichter unserer Zeit erzählen. Jeder von ihnen loderte vor Begabung; jeder war eine Sternschnuppe, leuchtete kurz auf, und war in einem Augenblick verschwunden; beide waren Alkoholiker.

Die Verfasser der *History of American Poetry* merken zum ersten folgendes an: »Von all den Dichtern, die während der dreißiger Jahre in Amerika bekannt wurden, wird Harold Hart Crane am ehesten Unsterblichkeit erlangen.«

Ich meine jedoch, daß wir die Zeile eines anderen Kritikers hinzufügen sollten. In *Modern American Poetry* stellt Louis Untermeyer fest: »Es wird jene geben, die Cranes Dichtung nicht nur randständig, sondern sogar kryptisch finden werden. Die Schwierigkeit wird durch seine Verbindung von Anspielung und Allegorie verursacht, besonders deshalb, weil seine Anspielungen oft weithergeholt sind, und die allegorischen Symbole so persönlich, daß sie außer ihm niemand erfaßt.«

Ich muß gestehen, daß ich wohl eher zu jenen gehöre, die Cranes Dichtung für kryptisch halten. Bei mir zu Hause steht ein dicker Band mit dem Titel *»The Limits of Art«*. Es ist im wesentlichen eine Anthologie der großen Weltliteratur, die von Huntingdon Cairns, einem Anwalt aus Washington, zusammengestellt wurde. Sie ist anspruchsvoll und wählerisch, und kein lebender Schriftsteller ist im Hauptteil enthalten. Am Schluß stehen zwei Zeilen aus *The Bridge* von Hart Crane, dem einzigen modernen Dichter, der auf den eintausendvierhundert Seiten vertreten ist. Sie sind buchstäblich das »letzte Wort« des Herausgebers der Anthologie:

O Thou steeled Cognizance whose leap commits
The agile precincts of the lark's return.

Vielleicht werden Sie an diesen Zeilen ebenso lange herumrätseln wie ich.

Oder sie suchen, wie es Untermeyer vorschlägt, nach Anhaltspunkten für Cranes Symbolismus in seiner Lebensgeschichte. Und diese Geschichte »vibriert vor explosivem Schrecken, ... erhaben, erbärmlich, gewalttätig, rabelaisisch«, wie sein Biograf Brom Weber schreibt.

Noch bevor er zwanzig war, erschienen seine Gedichte, zunächst in den »kleinen« Magazinen und radikalen Zeitschriften. Er brachte jeden Gedanken zu Papier; seine introspektiven Aufzeichnungen sind umfangreich; seine veröffentlichten Briefe füllen ein Buch von vierhundertsechsundzwanzig Seiten und belegen seine Leidenschaften und seine Vorurteile mit einer fast unerreichten Gründlichkeit.

Wenn man diese Briefe liest, entdeckt man, daß Crane in seiner Jugend an Gedichten von Baudelaire, Poe und Rimbaud Geschmack fand, an Männern, deren Leben von Ausschweifungen und ständiger Verzweiflung bestimmt war. Man entdeckt, wie er die übliche »jugendlich-arrogante« Kritik gegen jene richtet, deren Dichtung verständlich ist: Tennyson wird abgetan, Elizabeth Barret Browning mit einem Schulterzucken weggewischt. Ich denke an *Ulysses* und erinnere mich an das Gedicht über den großen Gott Pan, wie er am Fluß saß und ein Rohr abschnitt, um eine Flöte daraus zu machen — und so »einen Dichter aus einem Menschen machte« - und ich zucke förmlich zusammen bei Cranes unreifen Überlegenheitsgefühlen.

Man liest weiter in seinen Briefen; und wenn man ihn oder einen seiner Freunde kannte, weiß man, daß die Briefe nicht übertreiben. Mit zwanzig hat er eine Stelle in einem Drugstore in Akron, Ohio. Er haßt die Stadt und schreibt an einen Freund: »Allerdings hat Akron mir einen vollkommenen Abend beschert. Ich habe mich mit einem fürchterlichen Traubengebräu ganz fürchterlich betrunken ... « Er geht auf Reisen, und wohin er auch fährt, beschreibt er seine Erfahrungen in Form von neuartigen Getränken. Er zieht nach Cleveland, um für seinen Vater zu arbeiten, und er schreibt: »Letzte Nacht habe ich mich mit etwas Sherry betrunken.« Er kommt nach New York und berichtet: »Wein ist schon da, aber was ist Wein, wenn man ihn allein trinkt?«

Er zieht aufs Land, und da kommt »eine Busladung von Leuten aus New York und eine Kiste Gin, ganz zu schweigen von etlichen Krügen Apfelwein.« Er tanzt »angemalt wie ein afrikanischer Kannibale«. Er fährt zum Flughafen um jemanden abzuholen; sie verpassen sich und bis sie sich dann doch noch treffen, hat er »fast einen Viertelliter Schnaps ausgetrunken, den ich für unser beider Erbauung mitgebracht hatte, und er hatte eine Literflasche Bacardi geleert, der ursprünglich ebenfalls unser beider Herz erquicken sollte«. Er fährt fort mit der langen Beschreibung eines Abends in einer »Flüsterkneipe«, aus der er gegen Mitternacht »torkelnd und widerspenstig« hinausgeworfen wird. Einige Männer beginnen ihn zu verprügeln, er wehrt sich, ist aber »nicht besonders in Form«. Man raubt ihm sein ganzes Geld. Später finden wir ihn dann »mit Rückenschmerzen und Unpäßlichkeit im Bett ... Aber der wahrscheinliche Grund *dafür* sind wohl der Schnaps sowie die Meditationen und zerebralen Reize, in die er mich stürzte«.

Zu diesem Zeitpunkt sind seine ersten Gedichte bereits erschienen, und die Kritiker bezeichnen sie als außergewöhnlich gut. Oft genug in der Vergangenheit war er arm und hungrig; aber jetzt fallen ihm schlagartig Erfolg und Reichtum zu, und er kann seiner Mutter folgendes berichten: »Du hast vermutlich von dem Bankier Otto H. Kahn gehört, der mit seinen Stiftungen die Metropolitan Oper und andere künstlerische Unternehmungen seit Jahren am Leben hält. Nach einem Gespräch mit Mr. Kahn in seinem Haus in der Fifth Avenue 1100 überreichte man mir die Summe von zweitausend Dollar, von der ich meinen Lebensunterhalt im kommenden Jahr bestreiten soll, und diese Zeit soll ich darauf verwenden, die schöpferischsten Botschaften niederzuschreiben, die ich zu geben habe, ganz egal, ob sie sich in Dollars und Cents auszahlen oder nicht.«

Hart Crane ist zweiundzwanzig, als er diese Zuwendung erhält; aber seine Krankheit an Geist und Seele verschwindet nicht mit der Belohnung und Anerkennung. Wir finden ihn danach auf der Isle of Pines, wie er sich mit Bacardi betrinkt und betrunken hält und mit seiner Vermieterin streitet ... Dann finden wir ihn in Mexico.

Er ist jetzt dreiunddreißig und zu einem hoffnungslosen Gewohnheitstrinker geworden; aber wie so viele Alkoholiker leugnet er das. Er schreibt: »Ich bin keineswegs, wie Sie wohl mutmaßen, in dauernder bacchischer Umarmung. Das auf keinen Fall. Ich bin allerdings gerade zufällig in einem Zustand, der dem ähnelt, weil ich mich an das erste größere Gedicht, das ich in den letzten zwei Jahren begonnen habe, setzen muß.«

Dann ereignet sich etwas recht Komisches: Er stellt einen mexikanischen Diener an, der sich ebenfalls die Freiheit nimmt, sich zu betrinken. »Señor Daniel Hernandez ist in der Tat mürrisch und bedrohlich, obwohl ich ihn noch nicht einmal für seinen jüngsten Rausch gerügt habe. Liza hat eine Heidenangst vor ihm«, und so weiter ... »Daniel wird wahrscheinlich gegen acht heute abend hereintaumeln und mit Messer und Pistole herumspielen. So sieht das geruhsame Leben in diesem hübschen Schlupfwinkel aus!«

Er hat sich eine Freundin zugelegt, und er schreibt ihr: »Liebste: Die häusliche Situation, die ich Dir gestern beschrieb, hat mich so zittrig und verwirrt gemacht, daß ich gestern abend mit Liza hier im Wohnzimmer etwas über die Stränge geschlagen bin. Ich habe mich nun endlich entschlossen, zu packen und innerhalb der nächsten Woche in die Vereinigten Staaten aufzubrechen.« Dann: »Daniel kam gestern abend wieder völlig beduselt nach Hause ... Aber ich war viel zu fröhlich mit Liza, dem Tequila und dem Tanzen.«

Dann, fünf Tage darauf: »Getreu meinem Versprechen habe ich mich gestern abend richtig bezecht. Daniel war schon so nach Hause gekommen, und ich ergriff die Gelegenheit, mit ihm über dieAbstinenz zu sprechen — und goß ihm währenddessen Glas auf Glas des Tenampa ein, den ich gekauft hatte.«

Man möchte Mexiko keinesfalls verlassen, ohne »Señor Daniel Hernandez« ein Auf Wiedersehen gesagt zu haben. Hart schreibt seiner Stiefmutter am 22. April: »Und dann, im letzten Augenblick, hat sich mein Diener sinnlos betrunken und verschwand, kam dann zurück, ließ das Tor bis in die Fundamente erzittern, drohte mit lautem Geschrei, mich umzubringen, und terrorisierte uns mehrere Tage, bis wir uns wegen eines besonderen Polizeischutzes an die Amerikanische Botschaft wenden mußten, etc. und so weiter. Wundert es Dich noch, daß ich hier so bald wie möglich wegkommen wollte?«

Und dann seine letzte Mitteilung, die Nummer 405. Sie ist mit dem Datum des 26. April 1932 in Havanna, Kuba, versehen; es ist eine Postkarte, auf der steht: »Bin auf meinem Weg nach Norden hier für einige Stunden von Bord gegangen. Werde bald schreiben.« Von diesem Dampfer sprang er beim Heulen der Mittagssirene hinunter in die Karibische See, und seine Leiche wurde nie gefunden.

Sein großes Werk, der Versuch eines epischen Gedichtes über Amerika, blieb unvollendet.

Es gibt eine Zeile in Wordworths Gedicht *Resolution and Indipendence* die lautet:

And mighty Poets in their misery dead.
(Und mächtige Dichter tot in ihrem Elend)

Das wäre die Grabinschrift, die man Dylan Marlais Thomas zusprechen könnte, geboren im Oktober 1914 und gestorben in seinem neununddreißigsten Jahr. In mancher Hinsicht war er der Byron unseres Jahrhunderts — ein ungestümer, lebenssprühender junger Mann, der von Kollegen ebenso wie von Kritikern als einer der größten Dichter des zwanzigsten Jahrhunderts gefeiert wurde. Wie Byron wurde er noch zu seinen Lebzeiten zur Legende. Menschen, die noch nie eine Zeile seiner Gedichte gelesen hatten, wußten dennoch von seinen grotesken Heldentaten; sie weideten sich an ihnen und klatschten über sie und fragten sich: »Was kann man von solch einem einzigartigen Genie schon anderes erwarten?«

In der Tat habe ich mich manchmal gefragt, ob Thomas' wahnsinnige Taten ihm nicht in England und Amerika zu einem größeren Publikum für seine Dichtung verhalfen, ebenso wie für seine Vortragsabende, seine Rundfunksendungen und später seine Schallplatten. Die Menschen scheinen zügellose Morallosigkeit von Dichtern zu erwarten und zu billigen.

Thomas wurde in Wales geboren, arbeitete kurze Zeit als Journalist und widmete dann seine ganze Kraft der Dichtung; mit einer Bildersprache, die sich sowohl aus den uralten, friedlichen Fischerdörfern seiner Heimat herleitet als auch aus der Welt des Menschen im zwanzigsten Jahrhundert, beweist sein Werk eine Kraft und Lebendigkeit, die sich auf die ganze literarische Welt ausgewirkt hat. Wie Crane ist er oft kryptisch und rätselhaft.

Wie Cranes Leben war auch seines eine Aufzählung von Schrecken und Katastrophen.

Thomas war von John Malcolm Brinnin, dem Leiter eines sehr lebendigen Dichterzentrums in New York, zu einer Vortragsreise durch Amerika eingeladen worden. Die Geschichte seiner vier Reisen wird in Brinnins *Dylan Thomas in Amerika* nacherzählt, und sie ist ebenso anstößig und scheußlich wie mitleiderregend und aufrüttelnd. Brinnin trifft Thomas am Flughafen, und der Dichter geht schnurstracks in eine Bar für ein Frühstück aus einem doppelten Scotch mit Soda. Er betritt sein Hotelzimmer und bestellt Bier. Er zieht sich um, und strebt in eine Bar in der Third Avenue. Dann wandert er von Bar zu Bar, bis er eine findet, die ihm zusagt, und läßt sich dort für eine Reihe von Bieren und Sandwiches nieder. Den Abend verbringt er in Greenwich mit einer »Kneipkur«.

Brinnin kennt ihn erst einen Tag, als er diese Beobachtung notiert:

»Er hatte zu schnell und zuviel getrunken, und wenngleich ich mittlerweile keiner weiteren Beweise für seine unglaubliche Aufnahmefähigkeit bedurfte, merkte ich doch, daß er die Auswirkungen dieses abendlichen Gelages deutlicher verspürte als die eines der anderen seit seiner Ankunft. Das Kinn fiel ihm auf die Brust ... und er schlief bis die Zigarette seine Finger verbrannte und ihn hochschrecken ließ ... Der makelloseste Lyriker des zwanzigsten Jahrhunderts — hier saß er, ein trauriges Wrack alkoholisierter Erschöpfung, schwarzzüngig und berauscht von der rettenden Flasche des Heils, unfähig zu eigenen Gedanken, unfähig sich selbst zu erkennen oder die unablässigen Gefälligkeiten, die ihn nur zugrunderichten konnten, als das zu erkennen, was sie waren.«

Auf Parties machte er direkte und hemmungslose Annäherungsversuche bei Frauen; er war obszön und hatte Spaß am Gebrauch häßlicher Worte und anstößiger Formulierungen. Eines Morgens »danach« sagte er zu seiner Gastgeberin: »Ich schätze, ich war ein ziemlich schlimmer Junge gestern abend, nicht wahr?« Sie beruhigte ihn und sagte, er sei »ganz in Ordnung« gewesen. »Nein, das war ich nicht«, sagte er, »und wissen Sie, was der Haken ist? Ich werde heute abend genau dasselbe wieder tun.« Seine Rundreise war ein Alptraum von geplatzten Auftritten, durcheinandergebrachten Terminen, Saufgelagen, grobem Benehmen — und Schönheit. Seine Lesungen waren ein triumphaler Erfolg. Die Legende wuchs.

Die Menschen drängten sich, um ihn zu hören; andere drängten sich in die Bars, die er gewöhnlich besuchte, um ihn zu *sehen*, wie Neugierige, die aufgeregt den Schauplatz eines Autounfalls, einer Explosion oder eines Feuers bestaunen. Die Ärzte sagten ihm, daß er sich zu Tode tränke, aber er trank weiter. Und er schien zu wissen, was geschah, was er sich selbst antat.

Im Magazin *Reporter* erzählte Mary Ellin Barrett die Geschichte eines gemeinsamen Mittagessens mit Thomas. Sie war vom *Time*-Magazin beauftragt worden, den Dichter zu interviewen. Sie trafen sich:

»Wir gaben uns die Hand. ›Ich fühle mich wie der wandelnde Tod‹, klärte mich Thomas auf. ›Eine schlechte Nacht ... Eine sehr schlechte Nacht ... Lassen Sie uns etwas trinken.‹«

Sie gehen in ein nahegelegenes Restaurant. Thomas nimmt einen Drink; dann kommt seine Frau herein und sagt, daß sie ihn bereits in drei Bars gesucht habe. Er bestellt Austern und noch einen Tom Collins.

Die Reporterin versucht mühsam, ihn zur Beantwortung ihrer vorbereiteten Fragen zu bewegen. Sie hat acht Zeilen aus einem Gedicht abgeschrieben, die sie nicht verstehen konnte, und sie bittet ihn, sie ihr zu erklären. Eine der Zeilen lautet: »Be ye sure the Thief will seek a way sly and sure« (Seid sicher, der Dieb wird einen Weg finden, heimlich und sicher.) Sie will wissen, wofür der Dieb steht.

»Der Dieb?« sagte er ruhig, »wer der Dieb ist? Also, heute ist der Dieb für mich das hier.« Er zeigt auf sein leeres Glas. »Der Alkohol ist heute der Dieb.«

Geschichten wie diese lassen einem angst und bange werden. Angst davor, was Whisky dem Verstand eines Menschen antun kann. Und Bitterkeit ist da, und die Reue des Leidenden, der nicht aus der Umklammerung herausbrechen kann. Menschen, die Thomas kannten, selbst wenn es nur durch sein Werk war, verspürten Erschütterung — und dann Sympathie. Hans Meyerhoff hat ein solches Erlebnis folgendermaßen in seinem Artikel *Das Ungestüm des Dylan Thomas* beschrieben, der in der Ausgabe der *New Republic* vom 11. Juli 1955 erschien:

»Ich sah und hörte Dylan Thomas nur einmal. *De mortuis*. Vielleicht ist es unschicklich, sich so an ihn zu erinnern, wie ich es tue ... Er hatte Mühe, sich hinter dem Pult zurechtzufinden. Er schien zerfahren, nervös und befangen. Die Notizen, die er für seinen Vortrag zusammengestellt hatte, waren auf lose Blätter geschrieben, die wie Papierfetzen aussahen. Während er sie hastig hin- und herschob, vielleicht, um sie irgendwie zu ordnen, flatterten sie auf den Boden hinab. Er bückte sich, sammelte sie hektisch zusammen und schaufelte sie mit ungeschickten Bewegungen auf — und die ganze Zeit fluchte er *sotto voce* Obszönitäten vor sich hin. Dann wollte er sich ein Glas Wasser einschenken; aber er schaffte es nicht. Er hielt die Wasserkaraffe am ausgestreckten Arm und zielte auf das darunterstehende Glas; aber er zielte vorbei, und ein anhaltender Wasserstrahl ergoß sich von der Karaffe auf den Boden. Er war ganz ohne Zweifel völlig durcheinander. Niemand lachte. Im Raum herrschte völliges Schweigen.

Dann begann er, ohne ein Wort der Begrüßung, aus seinen Aufzeichnungen zu lesen. Er las hastig und kaum hörbar, als ob er verlegen wäre ... Laßt uns dies so schnell wie möglich hinter uns bringen, denn ich leide darunter — schien er zu sagen und sagte es fast mit diesen Worten. Und dann machte die anfängliche Erschütterung einer Welle tiefer Sympathie unter seinen Zuhörern Platz; denn ganz offensichtlich litt er wirklich. Dies war irgendwie unwürdig; und er reagierte darauf mit kaum verhohlener Verachtung und unterdrücktem Zorn. Laßt uns das schnell hinter uns bringen, damit ich ein

Gedicht vortragen kann. Denn als er nach den Büchern an seiner Seite griff, war er wie verwandelt ...«

Dylan Thomas starb ganz plötzlich, mitten in seiner Vortragsreise des Jahres 1953. Eine Gruppe von Freunden und Bewunderern veranstaltete eine Sammlung für seine Frau und Kinder.

Und mächtge Dichter tot in ihrem Elend!

CHRISTIANE ROCHEFORT

Das Ruhekissen

Eine endlose Reihe von Flaschen

Ich habe ein riesiges Loch in meinem Budget entdeckt. Das Loch, das kam vom Whisky. Ich rechnete hin und rechnete her: nichts zu machen, ich hatte diesen Monat beinahe fünfzigtausend Franc für Whisky ausgegeben.

Das kam mir absonderlich vor. Dann fielen mir die vielen Flaschen ein, die zurückgebracht werden mußten. Ich hatte den Intervallen nicht allzuviel Aufmerksamkeit gezollt. Im Rückblicken erschien es mir erschreckend.

Mußte diesem Gesamtergebnis auch noch Renauds Taschengeld zugezählt werden? Wenn ich ihm schon einen Schlüssel ausgehändigt hatte, so konnte ich ihm dessen Benutzung nicht praktisch verbieten, indem ich ihn ohne Geld ließ. Also hatte ich es mir zur Gewohnheit gemacht, »etwas Geld« in eine Tasse in der Küche zu legen, und ihn gebeten, darüber im Bedarfsfalle zu verfügen. Ich hielt dieses Geld auf einem korrekten Pegelstand von etwa zweitausend Franc. Da Renaud niemals den Wunsch kundtat, sein Gefängnis zu verlassen, erblickte ich darin lediglich ein Prinzip und die Bezeigung von Takt. Es machte mich ein bißchen betroffen, daß ich diesen Geldvorrat ziemlich oft erneuern mußte. Nun durfte ich allerdings keine Fragen nach dem Verbleib von Geld stellen, das ich ihm zur freien Verfügung hingelegt hatte. Im allgemeinen focht ich einen Gewissenskampf gegen das aus, was mir als »mein Geiz« erschien: aber hatte ich nicht vielmehr gegen meinen schlichten, gesunden Menschenverstand angekämpft?

Mir fiel ein, daß ich ihn eines Tages beim Heimkommen am Schanktisch eines in der Nähe gelegenen Cafés gesehen hatte. Er war dabeigewesen, einem Trunkenbold seine Weltanschauung darzulegen. Er hatte gezahlt und war mir mißgelaunt gefolgt.

Dieses Nachrechnen, das mich jetzt dahin brachte, die rund fünfzehntausend Franc aus der Tasse, die ich mich entschließen mußte, als Kneipen-Ausgaben anzusehen, den fünfzigtausend hinzuzufügen, war filzig. Aber wenn die Buchprüfung filzig war, so war, was sich als logischer Schluß daraus ergab, geradezu hinreißend: mit einem Verschleiß von monatlich fünfundsechzigtausend Franc ist man Alkoholiker.

Wie hatte ich beständig Renaud mit dem Glas in der Hand sehen können, ohne mir darüber Gedanken zu machen? Tägliche Gewohnheit schlägt mit Blindheit. Das Glas war stets voll: ich hatte irgendwie gemeint, er trinke es nie aus, es sei eine Art Koketterie, ein Tick. Ich hatte ihn nur einmal betrunken gesehen, und zwar nach sechs Miniaturkognaks, die mir nichts ausgemacht hätten. Ich hatte gemeint, er könne keinen Alkohol vertragen. Aber die Zahlen dachten richtiger als ich.

Meine erste Regung war tiefe Niedergeschlagenheit; ich erstarrte zu Eis, ich glaubte, meine Liebe weiche von mir. Diese Entdeckung erniedrigte unser Abenteuer; es war nur noch das meine, das meiner Illusion. Ich hatte lange versucht, mir über Renaud klar zu werden. Jetzt hatte ich die Erklärung. Sie war ohne Glanz.

Ich hatte mich gefragt, warum er bei mir bliebe; nun wußte ich es also. Hier konnte er seine Sucht befriedigen. Voller Stolz und Überheblichkeit hatte ich geglaubt, mein Körper sei das Ausschlaggebende; aber jetzt sah ich ein, daß das Ausschlaggebende mein Alkoholvorrat war. Das war eine recht armselige Geschichte. Ein Seufzer entfuhr mir, und Renaud, der für gewöhnlich so wenig auf mich achtgab, rief vom Schlafzimmer her: »Was ist denn los?« Er witterte etwas: in seiner Stimme deutete sich eine gewisse Unruhe an. Er hatte wohl schon seit langem Angst, ich würde dahinterkommen und ihn hinauswerfen, ihn aus dem Schutzwinkel vertreiben, den meine Gutgläubigkeit ihm eingeräumt hatte und dessen Unsicherheit er spüren mußte. Ihn hinauswerfen. Mitleid rang mit Enttäuschung, und beides ekelte mich.

»Nichts«, antwortete ich nach einer Pause, »ich glaube, ich bekomme einen Schnupfen.«

»Komm und wärme dich.«

Mich wärmen! Lautlos schlich ich zum Schlafzimmer. Er süffelte in kleinen Schlucken; er glaubte sich geborgen. Jetzt sah er sich ertappt. Er lächelte; es kostete ihn einige Mühe. Wie elend war er im Grunde mit seinen unaufhörlichen kleinen Listen! Warum mußte ein solcher Mann dadurch in eine solche Würdelosigkeit abgleiten! Ein solcher Mann, ja. Ich sah ihn an. Sein Aussehen, seine stolze Überlegenheit wurden ihm nicht durch den Alkohol zuteil; der Alkohol war lediglich Ursache seiner Schwächen und seiner Verzweiflung, er hinderte ihn, zu sein, was er hätte sein können, er löste ihn auf. Ihn hinauswerfen hieße: ihn erledigen. Als ich zu ihm hintrat, beschloß ich, ihn zu nehmen, wie er war, und in mir stieg das Verlangen auf, ihn zu retten: an diesem Wendepunkt, wo ich ihrer schwerlich gewärtig war, hatte ich meine Berufung von ehedem wiedergefunden.

Ein stummes Ringen hob an; er wurde sich des Wandels sogleich bewußt. Ich merkte, daß er sich stets bemühte, sein Glas auszutrinken, wenn ich gerade nicht aufpaßte; er brachte es sogar fertg, es wieder zu füllen. Er tat das mit einer Geschicklichkeit, die nicht erklügelt sein konnte; sie war eine zweite Natur. Ich war also nicht blind gewesen, sondern ausgenutzt und mißbraucht. Selbst wenn ich genau Obacht gab, fiel es mir schwer, ihn zu ertappen. Ließ ich nicht locker, so lud er mich förmlich ein, »mit ihm zusammen einen zu zwitschern«, unter den fadenscheinigsten Vorwänden. Nach und nach lernte ich, daß ein Alkoholiker jemand ist, den man nie trinken sieht und der kaum je betrunken ist; er verfügt über die gleiche Unzahl von Kniffen und Pfiffen zur Tarnung seines Lasters wie zu seiner Befriedigung. Aber wie armselig waren diese Kniffe und Pfiffe, wenn man erst einmal Bescheid wußte! Er war nie betrunken, weil er es stets war, und ich hatte seine Delirien für einen Charakterzug gehalten! Ständige Disziplin erlaubte es ihm, ohne Schwanken zu gehen, klar zu reden, richtig zu argumentieren; nur ganz leise Anzeichen waren wahrnehmbar: Wiederholungen von Sätzen, die er als Stileffekte hinstellen wollte, Ticks, denen er den Anschein der Spielerei lieh; eine Schwäche des linken Augenlids, das sich schloß oder vielmehr plötzlich herabfiel; eine Ungeschicklichkeit beim Anzünden der Zigarette; wenn er sah, daß ich es bemerkt hatte, war er auf der Hut: so lernte ich die Strenge, die asketische Haltung der Alkoholiker kennen. Im Schlaf konnte er nicht das Gesicht bewahren: sein Schlaf war ein halber Tod mit unaufhörlichem Geröchel, das mich hin und her riß zwischen Grauen und Mitleid. Er wirkte entstellt, fast wie eine Gliederpuppe.

Man konnte machen, was man wollte: ich schüttete ein bißchen aus der Flasche in den Ausguß. Ich weigerte mich nicht mehr, mit ihm zusammen zu trinken: wenigstens das trank er dann nicht. Ich selber lief keine Gefahr, mir die Krankheit ebenfalls zuzuziehen; dazu haßte ich sie viel zu sehr. Ich streichelte mit den Blicken die Plakate des Verbands der Alkoholgegner im Métro: die rissige Mauer — ja, so ist es! Aber leider konnten diese Plakate nur den Temperenzlern gefallen; ich war überzeugt davon, daß sie den andern nur Durst erregten; die sie entworfen hatten, hatten nie in ihrem Leben getrunken, noch mit einem Süchtigen zusammen gelebt. Mich jedenfalls ließen diese Produkte einer auf Moral erpichten Kunst nur das Banale, das Vulgäre meines Falles empfinden. Endlich hatte mein Feind einen Namen, aber er war weder glorreich noch originell. Meine Lebensform flößte mir tiefen Ekel ein, und selbstverständlich sprach ich mich nie mit jemandem darüber aus. Von diesem Schlendrian hing das Leben eines Mannes ab, an den zu glauben ich mich nach wie vor verbiß; ich mußte dieses stumpfsinnige Abenteuer auch weiterhin auf mich nehmen.

Ich bediente mich dieses und jenes Tricks und schämte mich deswegen: ich vergaß, die Tasse aufzufüllen, neue Flaschen mitzubringen; aber dann wurde Renaud plötzlich beflissen, erbot sich, die Besorgungen zu übernehmen: ich konnte ihm dann sämtliche Einkäufe überlassen, und überdies wolle er die Abfalleimer leeren. Aber dadurch, daß ich ihm weniger Geld gab, brachte er es nur soweit, daß die Qualität dessen, was er trank, absank: zwischen den Unterhosen in seinem Schubfach entdeckte ich eine Flasche elend schlechten Kognaks. Er machte Ecken und Winkel ausfindig, wo er die leeren Flaschen verstecken konnte; das war in meiner Wohnung gar nicht leicht, es herrschte dort allzu große Ordnung; ich fand Flaschen unter dem Spülstein, überall; Renaud merkte, daß er in der Falle saß, und das war um so tragischer, als alles sich schweigend vollzog. Ich mußte an das schlechte Rührstück »Lost week-end« denken: leider steckten wir mitten in einem schlechten Rührstück. Der Alkohol läßt einem keine Wahl. Dieses Absinken unserer Geschichte machte mich, wie ich glaube, genauso krank, wie Renaud krank war.

Der Spirituosenhändler — ich war eine seiner besten Kundinnen geworden — sagte mir eines Tages, »Monsieur« habe noch eine kleine Rechnung offenstehen. Mich überraschte das so wenig, daß ich nicht die Fassung verlor; ich tat, als sei ich im Bilde. Lieber alles ertragen, als sich das Elend anmerken lassen, das ich daheim in mich hineintrank. Ekel würgte mich. Renaud trank, aber den Kater hatte ich.

Ich mußte noch mehrmals so tun als ob. Ich konnte wirklich nicht mehr heucheln, ich sei ahnungslos, und Renaud fühlte sich durch meine Stummheit gereizt. Er wurde herausfordernd. »Was siehst du dir da an?« Ich sah mir an, wie er sich mit der heimlichen Schnelligkeit, von der ich mich so lange hatte täuschen lassen, Wein eingoß. »Deine Hände.« — »Was ist denn mit meine Händen?« Seine Hände zitterten. »Du hast so schöne Hände«, seufzte ich, weil ich dachte: Wie schade, so schöne Hände, und sie zittern ... — »Tatsächlich?« Er folgte durchaus der ganzen Hintergründigkeit dieser Unterhaltung. Er ließ seine Hände unter meinen Rock gleiten und liebkoste mich; dann nahm er mich, brutal, in der Küche, über den Küchentisch gebogen, inmitten des schmutzigen Geschirrs: er wollte mich der Trivialität unseres Daseins einverleiben und mich in den Schauplatz hineinzwingen. Bei der Sättigung — ich konnte bei ihm nur zwischen Sättigung und latenter Trunkenheit unterscheiden — hatte er tierische Methoden und wurde eilig, ohne sich um meine Lust zu kümmern.

Ich kam fast nie mehr aus dem Ekelgefühl heraus: wenn ich ihn nach einer Flasche langen sah, wenn ich beim Weinhändler bezahlte, wenn ich eine seiner unnötigen Listen bemerkte. Ich hatte Furcht, schwanger zu sein: man weiß ja, daß »solche Menschen« zu allem Überfluß fruchtbar sind. Ich spann mich in düstere Gedanken über das Kind des Alkoholikers und der Schwindsüchtigen hinein. »Wenn die Eltern trinken, dann saufen die Kinder«. Hübsches Produkt. Hübsches Ehepaar. Ekel schüttelte mich. Ich bekam einen Leberanfall. Renaud trank, und ich hatte Leberanfälle. Ich ließ Alex Duthot kommen, der mich seit dem Tode meines Vaters behandelte; er hatte seine Praxis übernommen. Ich versuchte, dem Haus das Aussehen zu geben, das es früher stets gehabt hatte; aber das gelang mir nicht: es war von innen her verfault. Renaud fiel auf, daß ich das Fenster lange offen ließ und knirschte: es waren seine Miasmen, die da vertrieben wurden. Aber er beförderte diskret Flasche und Glas außer Sichtweite. Er wußte, wie es um ihn bestellt war, und hielt den Arzt spontan für einen persönlichen Feind.

Alex Duthot schnupperte dennoch beim Eintreten: »Haben Sie wieder angefangen zu rauchen?« Als er Renaud sah, wußte er Bescheid. Dennoch schnupperte er weiter; er witterte noch etwas anderes als Tabakgeruch. — »Sie sollten bei offenen Fenstern leben; das wissen Sie doch.«

Er untersuchte mich barsch und sagte, meine Leber interessiere ihn nicht, aber sie zeige Äußerungen nervöser Verstimmungen, die nicht notwendig seien. Er fand, ich sei sehr erschöpft, verlangte, daß ich am 15. mit einer Röntgenaufnahme unterm Arm zu ihm käme, und wenn ich das nicht täte, würde er meine Mutter alarmieren. Ich protestierte: ich hätte mich immer genau an seine Vorschriften gehalten. »Na, dann bleiben Sie dabei!« bellte er. »Denn sonst wissen Sie ja, was Ihnen bevorsteht.« Er tobte hinaus. Flasche und Glas waren in Renauds Nähe nicht zu erblicken. Schließlich stöberte ich beides unter meinem Schreibtisch auf. Ich lief ins Badezimmer und erbrach mich. Dieses Sichüberschneiden von Symptomen gefiel mir nicht. Es ging mir nahe, daß unsere ganze Liebesgeschichte eine Wendung ins Physiologische nahm.

»Trink einen Schluck«, sagte Renaud. »Dann wird dir besser.«

»Nein!« schrie ich angeekelt.

Das war meine erste Anspielung; sie war mir entschlüpft. Er lächelte bitter in sich hinein. Er fühlte, daß der Wind sich gedreht hatte, daß schlimme Tage bevorstanden. Er duckte sich. War auf der Hut, in einer halben Feindseligkeit. Verkroch sich immer mehr in sich selber. Das Zählen der Flaschen, derjenigen wenigstens, die mir vor Augen kamen, enthüllte ein jähes Fortschreiten seiner Krankheit. Meine Nachsicht war schuld daran; die Schwierigkeiten halfen nach. Ich wußte nicht, wie ich mich verhalten sollte.

Eines Nachts überraschte er mich auf der Küchenschwelle dabei, wie ich die kleine Dosis in den Ausguß schütten wollte; er ging wieder ins Schlafzimmer. Ich machte mich auf die »Große Szene« gefaßt, die seit langem fällig war. Ich fand ihn auf dem Bett sitzen; er lächelte.

»Du hast den Schlag eine hübsche Weile zurückgehalten«, sagte er. »Ganz wacker für jemanden wie dich.«

Ich öffnete den Mund, um endlich zu sagen, was ich in diesem Zusammenhang zu sagen hatte. »Renaud, hör zu. —« Aber sein Blick war so klar und gleichzeitig so seltsam, daß alles, was ich mir zurechtgelegt hatte, in einen Abgrund fiel. »Du richtest dich zugrunde, du mußt unbedingt davon loskommen, ich will dir helfen ...« Das schien der reinste Hohn; denn selbstverständlich wußte er alles, was ich vorbringen konnte; ich konnte ihm nichts Neues sagen. Er drehte sich zur Wand, weit von mir weg, und rührte mich nicht an, als ich mich ins Bett legte. Das geschah nicht, um mich zu bestrafen; dergleichen Taktiken wandte Renaud nie an; es geschah, weil er keine Lust hatte. Am nächsten Tag ging ich weg, als er noch schlief oder so tat; es war schon zwölf Uhr durch. Als ich wiederkam, war er nicht daheim.

Seine Aktenmappe war da. Die Flasche war leer. Die Tasse auch. Ich richtete das Essen. Ich wurde nervös. Ich machte mich auf den Weg und durchstöberte die Bistros in der Nähe. Ich wagte es nicht, mich allzu weit zu entfernen. Um acht war er noch nicht zurück. Ich konnte nicht essen. Ich hinterließ ein paar Zeilen auf dem Bett und zog abermals los. Wohin? Es gibt viele Kneipen in Paris. Ich zitterte bei dem Gedanken, er könne inzwischen heimkommen und mich nicht vorfinden ... Nein, er war nicht da. Es war zehn. Grausige Minuten begannen. Bald mußte ich den Wecker abstellen, der allzu geräuschvoll anzeigte, wie langsam die Zeit hinging. Aus nur zu begründeter Verzweiflung versuchte ich es mit einem von Renauds Kriminalschmökern: ich begriff jetzt, wozu sie nütze waren; aber mein Feind war hitziger als seiner; Chase, Chandler und drei andere konnten gegen ihn nichts ausrichten. Ich machte gründlich das Bett; ich wusch die Küche auf, das war wirksamer; ich putzte das ganze Kupfer; ich räumte einen Schrank um ... nach und nach wurde der Druck in meinem Innern immer stärker, meine Bewegungen wurden langsamer, auf meinen Schläfen bildete sich Schweiß, mein Herz schlug allzu heftig, mir blieb nichts als mich aufs Bett zu legen, als sei ich krank; in mir war nichts als Warten. Mein Gehör beherrschte alles: ich hörte die Schritte auf der Straße, kommen, nicht innehalten, schwächer werden. Ich mußte ganz in die Ferne lauschen, mein Gehör wurde immer schärfer. Ich versuchte noch einmal, auf die Suche zu gehen, ich machte drei Schritte und verlor den Mut. Gegen ein Uhr morgens kamen mir endlich die Tränen: das lenkte mich ab, ich versuchte, möglichst lange zu weinen; der Schmerz war mir lieber als die Leere. Ich nahm ein Bad. Ganz allmählich schritt die Nacht weiter vor — aber würde sie je enden? Die Aktentasche, die kostbare, bürgte mir dafür. Bürgte sie tatsächlich? Das hing davon ab, was darin war. Ich langte sie mir her und versuchte, sie aufzumachen — dazu trieb mich weniger die Neugier als das gräßliche Verlangen, noch ein bißchen Zeit totzuschlagen. Sie war verschlossen. Was konnte Renaud denn besitzen, das er so unbedingt verbergen wollte? Ich wandte mehrere Minuten an dieses Problem, dann fing das Sichverströmen wieder an. Ich schluchzte, den Mund im Kopfkissen. Nie zuvor hatte ich die Zeit im Reinzustand erlebt: es war ein schauerlicher Mechanismus. Ich blieb die ganze Nacht starr auf meinem Bette liegen, entrückt. Es wurde drei, vier, fünf, sechs ... ich gelangte in eine Art Resignation. Die Zeit schreitet fort. Ich war in die Dauer eingebettet.

Durch welches Wunder, welche Gnade, welches Mitleiden des Himmels bin ich schließlich eingeschlafen? Die Klingel des Telefons weckte mich, und ich wälzte mich herum. Eine mürrische Stimme fragte nach meinem Namen und meiner Adresse. Stumpfsinnig gab ich Auskunft.

»Wohnt bei Ihnen ein gewisser Jean-Renaud Sarti?«

Ich schrie »Ja«, ich fragte, was passiert sei; die Polizeiwache Jean-Bart hatte angerufen: er war betrunken aufgefunden worden, ohne Papiere, ohne zu wissen, wo er wohne; nur meinen Namen hatte er angeben können. Ich sagte, seine Papiere habe er verloren, und er leide an teilweisem Gedächtnisverlust. Es wurde gelacht. Das war mir schnuppe. Ich sprang in ein Taxi, ohne mir auch nur die Zeit zu nehmen, mich zurechtzumachen. Gottseidank, er war wiedergefunden! Gottseidank, meine Nacht war zu Ende! Ich hätte den Stall des Augias gereinigt für diese Befreiung vom Schmerz, wenn es mir verheißen gewesen wäre, Renaud unter der letzten Kotschicht zu finden. Ich stand gefügig Rede bei einem langen, für meine Würde wenig schmeichelhaften Verhör, bestätigte alles, was man wollte, und unterwarf mich, ohne »piep« zu sagen, der Ironie, die für gewöhnlich dem unglückseligen Weibsvolk zuteil wird, wenn es kommt, um seine Quartalsäufer von Ehemännern abzuholen; ich war ja nichts anderes als sie. Ich ging, meinen Quartalsäufer an der Hand. Er wirkte völlig stumpf. Für den Augenblick war es mir wurst, auf welche Weise er die Nacht verbracht hatte. Die meine war vorüber, ich war aus meinem Tunnel heraus, ich konnte wieder atmen. Ich sprang in ein anderes Taxi, zerrte Renaud hinein und sagte meine Adresse.

»Avenue de Saxe 44«, sprach er mir nach, wie etwas auswendig Gelerntes.

»Hattest du sie vergessen?«

»Ich habe sie nie gewußt; ich habe niemals hingesehen.«

Ich lachte laut auf. Er war nicht heimgekommen, weil er meine Adresse nicht gewußt hatte! Gleichzeitig aber weinte ich ein bißchen, aber das machte nichts. »Avenue de Saxe 44«; sagte ich zwischen den Schluchzern. »Avenue de Saxe 44 ...! Hast du ein Notizbuch?«

»Ein was?«

»Ich will sie dir auf die Brust tätowieren lassen! Wiederhole: Avenue de Saxe 44.«

»Scheiße!« sagte er. »Schließlich brauchst du mich nicht allzusehr durch den Kakao zu ziehen.«

Ich tauchte in Schweigen unter. Ja. Man durfte den Bogen nicht überspannen, nicht wahr? Er war da.

Wiedergefunden. Wir wollen ihn nicht allzu arg mit Fragen bedrängen.

Sein erster Blick galt der Flasche, und diesmal unverhohlen. Sie war leer. Er machte es sich auf dem Bett bequem und wartete ab.

So müde ich war, zog ich los und kaufte Whisky. Der Händler war gerade dabei, seinen Laden aufzumachen; er mußte wohl glauben, ich hätte es sehr eilig. Aber das war es nicht. Ich war bloß verzweifelt.

Ich hatte nichts zu sagen. Er hatte mich nicht heimtückisch überfallen. Von Anfang an hatte er mir klaren Wein eingeschenkt. Der »Bunker«. Ich hatte geglaubt, er spreche in lyrischen Bildern. Er redet nie aus Freude am Reden. Bunker, Pipe-line, all das war wortwörtlich zu nehmen. »Strahlenverseucht« mußte übersetzt werden mit »Alkoholiker«. Man brauchte nur aufmerksam zuzuhören.

Ich hatte geantwortet: »Das ist mir schnuppe.« Und er: »Das sagt man so, aber wenn man drinsitzt, sagt man ›Scheiße‹.« Richtig: Scheiße, aber dann hilft es eben nichts. Ich lasse mich nicht hindern. Bunker und Pipe-line, ich mache weiter. Festhalten oder Loslassen? Ich halte fest. Du hast mir eine Herausforderung entgegengeschleudert; du hast sogar der Liebe eine Herausforderung entgegengeschleudert, ich nehme sie an. Wir werden schon sehen, ob die Liebe eine Bresche oder eine Brücke ist. »Erhebt die Herzen!« wie Renaud wieder einmal zu allem Überfluß so schön sagt. Erhebt das Herz, was es auch kosten möge; auch das ist kein dichterisches Bild.

»Sich nichts anmerken lassen« ist meine Devise geworden. Ich schien auf den Kampf zu verzichten; ich ließ das Haltetau locker. Dennoch hatte ich nichts anderes im Sinne. Ich putzte neue Waffen. So zum Beispiel: man mußte ihn ablenken, diesen Menschen, man mußte ihn aus seiner ummauerten Welt herausziehen, in der er so gern hockte. Als erstes kaufte ich den Wagen: welcher Mann interessiert sich nicht für einen Wagen?

Renaud. Als einziger Mensch seines Jahrhunderts pfeift er darauf. Ich schleppte ihn von einer Garage zur andren; er fand, es stinke dort, und sagte: »Nimm irgendeinen, aber laß uns bloß machen, daß wir hier wegkommen.« Aber dennoch begeisterte er sich für einen Voisin-Leichenwagen Typ 1935 mit Blumenvasen, der an Nosferatu den Vampir denken ließ. Entsetzt riß ich ihn davon los. Die Vorstellung, mit diesem Katafalk, von dem er hingerissen war, durch die Straßen zu fahren, jagte mir einen Schauer über den Rücken. Als ihm auf diese Weise sein Spielzeug verweigert worden war, verfiel er in Gleichgültigkeit und tauchte erst wieder daraus hervor, als er mich für einen schnittigen, offenen Sportwagen stimmen sah. Allein schon die Bezeichnung »offen« hätte mich mißtrauisch machen müssen: er beschwor mich, wenn ich wolle, daß er je hineinsteige, auf »dieses ambulante Glasspülbecken zu verzichten, »in dem man quasi nackt herumfahre wie ein Einsiedlerkrebs ohne Muschel«. Augenscheinlich litt er unter Platzangst. Das ließ ärgerlicherweise alle neuen Modelle ausscheiden. Im Grunde, sagte er, hätte er ganz gern einen Wagen, vorausgesetzt, daß man darin lieben und schlafen und die Fenster dicht zumachen könne; das beste sei, wenn er überhaupt keine Fenster habe; ob er laufe oder nicht, komme erst in zweiter Linie in Betracht.

Kurzum: ein Zimmer. Wir einigten uns auf einen Wagen mit Frontantrieb. Er kam nie in Versuchung, selbst zu fahren; er ließ sich lieber fahren. »Außerdem«, sagte er, »bin ich kurzsichtig.« Das war mir bislang nicht aufgefallen. Mein Anerbieten, ihm eine Brille machen zu lassen, lehnte er ab; er wolle lieber schlecht sehen, sagte er, das sei bereits ein Vorteil.

Wir besuchten entzückende Gasthäuser in der Ile-de-France, luxuriöse und gut geheizte. Es war kaum der Mühe wert, mit Renaud aufs Land zu fahren: wir kamen samstags an, blieben nach dem Abendessen unendlich lange am Tisch sitzen und tranken, und danach liebte er mich die halbe Nacht hindurch. Das erste Frühstück wurde gegen zwei Uhr nachmittags im Bett verzehrt; dann ging es von vorn los und dauerte bis gegen Abend, bei geschlossenen Vorhängen, Liköre griffbereit. Dann kam das Abendessen, dann die Heimfahrt im Dunkel: ich hatte sozusagen kein bißchen Grün zu sehen bekommen und war erschöpft. Ich verzichtete auf diese Fahrten: wenn es nur »darauf« ankam, so war es daheim billiger und mein Bett war besser. Ich beschränkte mich auf Fahrten innerhalb von Paris; ich tat, als verlange mich nach Menschen und danach, meine Kleider zeigen zu können. Er erwies mir die Gnade, mit denjenigen hart ins Gericht zu gehen, die ich kaufte, um glaubwürdig zu erscheinen: bei meinem Wuchs und meinem Gesicht könne ich es mir leisten, elegant aufzutreten, anstatt »provinzlerisch« zu tun. Ich mußte meinen »ewigen« Kostümen und meinem »lächerlich prätentiösen Stil« Lebewohl sagen. Auf sein Betreiben landete ich dann bei der Haute Couture, worauf Claude mich nicht mehr erkannte.

Wir besuchten ein Kabarett nach dem andern: ich mochte die Darbietungen; Renaud mochte, was es dort zu essen und zu trinken gab. So erfüllten diese Lokale zwiefach ihren Zweck, und das schuf wenigstens diesmal einen Einklang zwischen uns. Die Atmosphäre jeder Stätte, wo man trinken konnte, behagte Renaud. Seit ich dazu abgerichtet war zu schweigen, schleppte er mich in Nachtlokale, in Montparnasse und Saint-Germain, und in Bistros in der Nähe der Markthallen, wo er ehedem verkehrt hatte; er verfiel in alte Gewohnheiten, nur daß er mir jetzt die Ehre erwies, mich teilnehmen zu lassen; er redete stundenlang blödes, hochtrabendes Zeug mit zweideutigen Leuten, von denen ich nicht begriff, wie er sich für sie interessieren konnte, sofern es nicht aus dem stillschweigenden Einverständnis zwischen Gescheiterten geschah: verbummelte Künstler, quasi Clochards, Vagabunden aller Klassen, mit einem Worte: Bodensatz. All das trank oder war rauschgiftsüchtig; ich spielte Statistin. Den Chauffeur. Ich wartete, bis Monsieur geneigt war heimzufahren. Ohne mich hätte er nie den Weg gefunden.

Um das Gleichgewicht wiederherzustellen, brachte ich Renaud mit meinen eigenen Bekannten zusammen und veranstaltete kleine Gesellschaften daheim. Früher hatte ich das von Zeit zu Zeit ganz nett gefunden. Aber Renaud führte einen Ton ein, der mich meinen Entschluß bedauern ließ.

Er füllte die Gläser so verschwenderisch, daß bald alles völlig betrunken war, und er besaß die Gabe, die Mädchen zu Unanständigkeiten zu treiben. Ich vermutete, er tue es ausdrücklich, um mich zu schockieren. Er tanzte gut, aber in engster Berührung, unterschiedslos mit allen und jeden, und mit ihm als Spielleiter zeigten meine sympathischen Bekannten Vulgaritäten, die mich aufbrachten. Am Heiligen Abend — ich hatte einen Weihnachtsbaum geschmückt — fand ich ihn um vier Uhr morgens in der Küche; er war dabei, ausgiebig mit Marie-Agnès herumzutätscheln, die mit hochgehobenen Röcken auf dem Küchentisch saß.

»Ach was«, sagte er, als ich schleunigst weggehen wollte, »du bist hier nicht überflüssig, mein Herzchen, im Gegenteil!«

Ich fiel, wie ich war, auf die Fliesen. Als ich am andern Tag aufwachte, haftete dieses Bild noch immer in mir, und mir war schauderhaft schwindlig. Ich hörte Renaud im Badezimmer vor sich hinpfeifen.

»Ich habe Hunger«, sagte er, als er mich mit offenen Augen daliegen sah.

»Ich nicht.«

»Du hast einen verdammten Kater. Ein bißchen Alka-Seltzer ...«

Sicherlich meinte er, ich hätte alles vergessen.

»Wie ist das fröhliche Weihnachtsfest eigentlich zu Ende gegangen?« fragte ich trocken, um ihm anzudeuten, daß ich mich nur zu gut an alles erinnerte.

»Ich habe den Hausherrn gespielt«, sagte er ohne die mindeste Scham.

»Coco hat sich um dich gekümmert. Aber dein Übelbefinden hat wie ein kalter Wasserguß gewirkt, und unsere Gäste sind bald gegangen. Du bist nicht danach gebaut, viel zu trinken, du bist es nicht gewohnt ...«

Sarkasmus um jeden Preis! Fehlte nur noch, daß er mir vorwarf, ich hätte den Abend verdorben! Im Grunde war er gemein. Sicherlich hatte er mein ihm nur zu gelegen kommendes Übelbefinden ausgenutzt und sich Marie-Agnès auf dem Küchentisch zu Gemüte geführt. Das hätte seinen Gepflogenheiten entsprochen. Er war zu allem fähig.

»Sieh mich nicht so an«, sagte er mit träger Stimme. »Das ist vollkommen überflüssig.«

Lächelnd sagte er noch einmal: »Überflüssig«, und verschwand in der Küche. Er kam mit einer Tasse Kaffee und einem Glas Brausewasser wieder. »Trink das.« Ich trank. Der Essig tat ein übriges. Er nahm mir Tasse und Glas ab und setzte sich auf den Bettrand.

»Die Dinge sind, wie sie sind; das ist eine Wahrheit, die immer vergessen wird. Jeder muß sehen, was er will.«

Er stand auf und nahm seinen Lodenmantel.

»Oh, Renaud! Du willst fort?«

»Ich gehe ein bißchen aus.«

Das war eine Provokation. Aber was hätte ich tun können? Er lachte mich aus. Ich besaß keinerlei Macht über ihn; er war der Überlegene. Er konnte sich damit amüsieren, es zu ermessen oder herauszukehren. Er gefiel sich darin zu beobachten, bis wohin die Liebe mich treiben würde. Wohin, das wußte ich selber nicht.

Ich suhlte mich in Tränen und war der Eifersucht preisgegeben. Eine zielsichere Phantasie ließ vor mir quälende Bilder entstehen, die ich nicht ertragen konnte, aber ertragen mußte. Und ich hatte es abgelehnt, zusammen mit meiner Mutter ein schönes Weihnachtsfest zu feiern! Sie hatte deswegen geweint. Jetzt war das Weinen an mir; das war die Rache.

Renaud. Komm nach Haus. Komm. Es wird Abend: wo bist du? Wie kannst du so gut ohne mich auskommen, die ich nicht ohne dich auskommen kann? Ist das gerecht? Komm wieder: ich werde kein Wort sagen.

Die Nacht rückt vor. Ich rauche Zigarette auf Zigarette. Komm, ich flehe dich an, ich zucke die Achseln über alles, was du vielleicht getan hast, ich stelle keine einzige Frage, ich lasse dich in Frieden, ich mache nicht die leiseste Anspielung. Du bist tausendmal stärker als ich.

Aber nicht stärker als meine Liebe. Ich kann nicht ohne dich auskommen: dein Preis soll der meine sein. Nichts zu machen. Ich bewahre dir den wahnwitzigen Glauben, um den du nicht gebeten hast.

Zwei Uhr. Mehr und mehr gelangte ich zu der Überzeugung, daß er sich fern von Marie-Agnès und ihresgleichen herumtrieb, irgendwo im Trüben. Schließlich kannte ich meinen Renaud besser als irgend jemand sonst. Ich kannte ihn zu gut, um ihn zu verlieren. Ich sah ihn vor mir: an einem Schanktisch lehnend, umwölkt von Tabakrauch, ein Auge halb geschlossen, mit durchtriebener Miene, als leiste er sich einen schlechten Streich und wisse genau, woran er sei, führte er große Reden über die Welt; von seinen Lippen flossen hochtrabende, scharf formulierte Phrasen auf eine Zuhörerschaft von armen Schluckern nieder, die so taten, als hörten sie zu, um ihre traurige Nacht in die Länge zu ziehen; ein Clown für Clochards; das war seine Glanzstunde. Das Bild war so überdeutlich, so überzeugend, daß ich meinen Mantel nahm, den Wagen holte und mich auf die Suche nach der Wirklichkeit machte.

Ich durchforschte verschiedene Örtlichkeiten, wo ich ihn schon einmal gesehen hatte. Mein Gedächtnis hatte dieses ganz besondere Verzeichnis getreulich registriert: den Geheimführer durch Renauds Nächte, den er vor mir aufgeschlagen hatte — ob er es vergessen hatte? Vielleicht nicht?

Ich entdeckte ihn in einem Bistro bei der Porte Saint-Martin, und zwar genauso, wie ich es erträumt hatte, der Rauch, die Pose, alles stimmte. Er sah mich hereinkommen, ohne mit der Wimper zu zucken, beendete seinen Satz über »die Menschen, die guten Willens sind, die in Bomben verwandelte Engel zu Boden strecken, während sie auf dem Wege zur Krippe sind, wo, blind noch, ihre Erlösung schlummert«. Dann sagte er mir mit der gleichen beruhigenden Handbewegung wie in andern, ebensolchen Nächten: »Ja, gewiß doch, mein Herzchen, jetzt gehen wir heim, ich komme mit.« Er hatte vergessen, daß ich gar nicht bei ihm gewesen war.

Kaum eine Stunde ließ er mich warten, so lange, bis er einen weiteren Satz zu Ende gebracht, ein weiteres Glas getrunken hatte, und dann folgte er mir, wie stets.

Die Sache war ganz einfach. Es genügte, abzuwarten, bis die Nacht weit fortgeschritten war, bis er nach seinen Irrfahrten an einem seiner Gestade gelandet war, und dann hinzugehen und ihn abzuholen. Wie das Meer seine bevorzugten Plätze hat, wo es seine Ertrunkenen an Land spült, hatte vermöge eines ähnlichen Zusammenwirkens von Strömungen die Nacht die ihrigen, wo Renaud antrieb; ich brauchte ihn nur da oder dort aufzulesen, je nach dem Grade seiner »Reife«. Kein Wesen ist unfreier als ein Alkoholiker; während er seiner frei schweifenden Laune nachzugeben glaubt, hat er seine fixe Idee, steht er im Banne unbegreiflicher, aber unwandelbarer Anziehungskräfte von Zufluchtsstätten, außerhalb derer es um ihn geschehen ist. In der großen, bewegten Flüssigkeit, die sein Leben ist, hat er seine Häfen, seine Bojen, sein abgestecktes Fahrwasser, und man wirft nicht Anker auf offener See. Ich folgte dem allem. Auch ich gehörte zur »Großen Fahrt«: ein kleiner, zäher Schlepper, der das große, leckgeschlagene Schiff ins Trockendock bringt, wo die Havarien bis zum nächsten Auslaufen repariert werden. Sehr schnell lernte er, sich des kleinen Schleppers zu bedienen, ließ sich dabei wie auch sonst von der Fata Morgana seiner geliebten Freiheit umgaukeln, machte aus dem Schlepper ein Spielzeug, für dessen Herrn und Meister er sich hielt, und bildete sich ein, er sei es, der mein Auftauchen veranlasse. Unmerklich nahm unser nächtliches Wiederfinden den Charakter einer Verabredung an und gewann auf diese Weise einen festen Platz in der chaotischen Dramaturgie, daraus Renaud Sartis Leben bestand, und die er zu erschaffen glaubte, während er ihr Spielball war. Es war eine Commedia dell'arte oder vielmehr eine Tragedia dell'arte, oder besser noch alles beides, er in der Komödie, ich in der Tragödie, und niemals aufeinander abgestimmt; ich trat in einer ein für allemal festgelegten Rolle auf, als Pantalon Boy-Scout, deren Text freilich auf offener Szene improvisiert werden mußte, was dann Renaud übernahm, ausgeschmückt und immer weiter ausgeschmückt, je nach der Verfassung des Publikums oder Renauds Stimmung.

Boy-Scout, Schutzengel, Bernhardiner, Heilsarmee, Kindergärtnerin, Blindenhund, Bonne, Amme, Krankenpflegerin, Schwester Geneviève, Ariadne; das alles hatte ich darzustellen. »Da kommt das sanfte Lämmchen«, »Siehe da, La Fayette tritt auf«, »Ich könnte Tag und Nacht warten«, »Ich gehe bis ans Ende der Welt«, »Emilie, zieh nicht solch ein Gesicht«, das waren meine Stichworte, wenn ich hereinkam; unendliche Varianten variierten den Fortgang des Schauspiels.

Welch ein Wahnsinn hatte mich gepackt! Welch unsinnigen Entschluß hatte ich mir im den Kopf gesetzt, diesen Menschen einzuholen? Er ging viel zu schnell, er entglitt auf eine bestürzende Weise gemäß einer Schwerkraft, die nicht minder mathematisch war als die andere. Nichts holte ich ein, nichts bekam ich zu fassen; ich wohnte lediglich dem trudelnden Absinken bei, und als ob ich davon bei mir daheim nicht schon genug hätte, ging ich auch noch nach draußen und schaute zu.

Welch ein Wahnsinn! Ich hatte geglaubt, ich könnte ihn aufklauben, ich gäbe ihm eine Achse, seine Adresse, ich erinnere ihn daran, wo er hingehöre — und dabei hatte ich ihm lediglich ein weiteres Spiel beigebracht, er gab sich ihm auf perverse Weise hin, er machte daraus ein Theater, und mich grüßte er überall als seine Schöpfung, eine Gestalt, die er erfunden und statt auf der Bühne auf der Straße lanciert hatte, denn das war für ihn das gleiche.

»Seht sie euch an: betrachtet dieses Musterexemplar ...«

Er drehte mich im Kreise herum, er ließ mich vor den herumsitzenden Verkommenen schillern, und sie lachten über diese kostenlose Zirkusvorstelleung.

»... dieses Musterexemplar der Treue, diese ideale Inkarnation der Liehiebe. Und sie steht fest auf beiden Beinen. Geh mal! Los, geh, Puppe!«

»Renaud ...«

»... sie kann ›Renaud‹ sagen. Sag Renaud! Zeig den Herren, wie du auf der Höhe bist, Federn in bestem Zustand. Und dies Herz erst! Dies Herz ohne Grenzen, das vor allem muß man sich ansehen. Los, zeig dein Herz.«

Er zog mich an sich und wollte mir die Bluse aufknöpfen. Es war im »Black-Out«, einem Mittelding zwischen Bar und Café, das bei geschlossenen Vorhängen Nacht spielte. Coco war da, ein verkommener Arzt — aus welchem Grunde, sagte der Name; ein ehemaliger Montparnasse-Maler, aus dem kein Modigliani geworden war; ein hinkender Päderast, der ganz sicher eine Mastdarmfistel hatte; und der »Arbeitslose«; und Gladys, die sich zwischen zwei »Verkehren« ausruhte — alles Leute, die zu kennen nichts mich bewog und mit denen ich keine unmittelbaren Beziehungen unterhielt, obwohl sie, was mich betraf, über sehr intime Informationen verfügten.

Beim zweiten Knopf sträubte ich mich. »Renaud, bitte, das nicht.« Ich krallte mich mit beiden Händen in den Stoff. Auch in der absoluten Selbstverleugnung gibt es Grenzen. Dies überschritt sie.

Er ohrfeigte mich mit dem Handrücken, kurz und trocken, ganz unvermutet. »Zeig!« Es war die Bockigkeit eines sinnlos Betrunkenen.

»Laß sie, Jean«, sagte Gladys. »Sie ist für sowas nicht geschaffen, das siehst du doch.«

In seiner Wut hielt er mit der einen Hand noch den Stoff fest, als er sich nach ihr umdrehte.

»Da irrst du dich, mein Hürchen. Sie ist dazu geschaffen. Und da sagt man immer, Nutten verständen sich auf Psychologie! Literaturgeschwätz! Hör mal, mein Kätzchen«, sagte er freundlich zu mir, »wenn du gehorchst, komme ich sofort mit nach Haus. Auf der Stelle. Ohne alle Geschichten. Im Namen der Liehiebe könntest du es recht gut tun, nicht wahr? Wenn man etwas verkörpert, muß man es auch bis zur letzten Möglichkeit verkörpern.«

Er hat recht. Mein Widerstreben schmolz plötzlich hin. Etwas wurde aufgemacht, Heiterkeit brandete auf. Freilich: all das war mir völlig gleichgültig. Mag er doch anstellen, was er will. Ich kann noch weitergehen. Es gibt keine Grenzen. Ich ließ die Arme sinken. Er machte alles auf und drehte mich um, nach dem Impotenten hin, dem Senilen, dem Päderasten, dem Schwachsinnigen und der Hure. Albert wandte sich ab und hantierte an seinen Flaschen herum: dies ging nur seine Gäste an.

»Habt ihr schon mal etwas so Schönes gesehen?« rief Renaud anpreisend. »Weiß,frisch, am Sattel baumelnde Wassersäcke bei großer Hitze …«

»Nehmen Sie es nicht so wichtig«, sagte Gladys aus weiblicher Solidarität heraus. »Hier kommt es nicht so drauf an.«

Sie hatte Mitleid. Das war fehl am Platz. Es war mir schnuppe. Ich lächelte ins Leere.

»Zieh dich an«, sagte Renaud und ließ mich jäh los. »Wir gehen heim.«

Seine Stimme hatte ihre Überzeugungskraft eingebüßt. Ich konnte irgendwie einen geheimnisvollen Schlußpunkt feststellen.

»Und zahle«, sagte er noch, wie um auf irgendeine Weise verlorenen Boden wiederzugewinnen.

Ich habe gezahlt: für alle, glaube ich. Wir fuhren schweigend heim. Renaud schien stumm geworden zu sein. Zu Haus nahm er mich in die Arme und liebte mich, ohne dabei ein Wort zu sagen.

MALCOLM LOWRY
Unter dem Vulkan
perfectamente borracho

Hinter ihnen ging der einzige Gefährte ihrer Pilgerfahrt, der Hund. Und stufenweise näherten sie sich dem Salzmeer, bis sie mit wohldisziplinierten Seelen die nördliche Region erreichten und, die Herzen voller Himmelssehnsucht, den mächtigen Berg Himavat erblickten ... Der See plätscherte, der Flieder blühte, die Chenars trieben Knospen, die Berge glitzerten, die Wasserfälle spielten, der Frühling war grün, der Schnee war weiß, der Himmel war blau, die Obstblüten waren Wolken — und er war noch immer durstig. Dann glitzerte der Schnee nicht mehr, die Obstblüten waren keine Wolken, sondern Moskitos, Staub verhüllte den Himalaja, und er war durstiger denn je. Dann verwehte der See, der Schnee verwehte, die Wasserfälle verwehten, die Obstblüten verwehten, die Jahreszeiten verwehten — wehten davon — er selbst wehte davon, ein Blütensturm wirbelte ihn in die Berge, wo es jetzt regnete. Aber dieser Regen, der nur auf die Berge fiel, vermochte seinen Durst nicht zu stillen. Er war auch gar nicht in den Bergen. Er stand inmitten einer Viehherde in einem Bach. Er rastete mit einigen Ponies, die neben ihm knietief im kühlen Sumpf standen. Er lag bäuchlings auf der Erde und trank aus einem See, der die weißen Gipfel der Gebirgsketten widerspiegelte, die Wolken, die sich fünf Meilen hoch hinter dem mächtigen Berg Himavat türmten, die purpurnen Chenars und ein zwischen Maulbeerbäume geschmiegtes Dorf. Doch sein Durst blieb noch immer ungestillt. Vielleicht weil er kein Wasser trank, sondern Helligkeit, die Verheißung der Helligkeit — wie konnte er die Verheißung der Helligkeit trinken? Vielleicht weil er kein Wasser trank, sondern die Gewißheit der Klarheit — wie konnte er die Gewißheit der Klarheit trinken? Gewißheit der Klarheit, Verheißung der Helligkeit, Verheißung von Licht, Licht, Licht und wieder Licht, Licht, Licht, Licht, Licht!

... Der Konsul ging durch den Garten. In seinem Schädel rumorte ein unsäglich quälender, haarsträubender Kater, in seinen Ohren schnatterten die Dämonen, die ihn wie ein Vorhang von der Welt abschlossen. Ihm kam der gräßliche Gedanke, daß die Nachbarn ihn beobachten könnten und wohl schwerlich annehmen würden, er schlendere mit einer harmlosen gärtnerischen Absicht durch seinen Garten. Der Konsul, der soeben auf der Terrasse aufgewacht war und sich sofort an alles erinnert hatte, schlenderte auch gar nicht, sondern rannte fast, und außerdem taumelte er. Vergeblich bemühte er sich um Haltung: mit bewußter Lässigkeit, die ihn große Anstrengung kostete, aber hoffentlich den deutlichen Eindruck konsularischer Würde erweckte, vergrub er die Hände noch tiefer in die verschwitzten Taschen seiner Smokinghose. Und jetzt rannte er wirklich ungeachtet seines Rheumas

... Aber wenn man ihn nun eines dramatischeren Vorhabens verdächtigte? Wenn man annahm, er befände sich auf ähnlichen Wegen wie beispielsweise William Blackstone, der die Puritaner verließ und unter den Indianern lebte, oder sein Freund Wilson, der mit großer Geste die Universitätsexpedition aufgab und — übrigens auch in Smokinghosen — im Dschungel des finstersten Ozeaniens verschwand, um nie wiederzukehren? Nicht sehr wahrscheinlich. Erstens würde jede solche Flucht ins Unbekannte, sofern er seinen jetzigen Kurs zum unteren Ende seines Gartens beibehielt, in Kürze durch einen für ihn unübersteigbaren Drahtzaun aufgehalten werden. ›Aber sei nicht so töricht, dir einzubilden, du hättest nichts vor. Wir haben dich gewarnt, wir haben es dir vorher gesagt, aber jetzt, da du dich trotz all unserer Bitten in diesen beklagenswerten ... ‹ Er erkannte schwach zwischen den anderen Stimmen einen seiner Vertrauten, während er durch die Metamorphose sterbender und wiedergeborener Halluzinationen weiterstrauchelte wie jemand, der nicht weiß, daß er von hinten erschossen wurde. › ... Zustand gebracht hast ‹, fuhr die strenge Stimme fort, › mußt du etwas dagegen tun. Darum führen wir dich dorthin, wo du dieses Etwas ausführen kannst. ‹ »Ich werde nicht trinken«, sagte der Konsul, plötzlich stehenbleibend. »Oder doch? Jedenfalls keinen Mescal.« › Natürlich nicht, die Flasche steht ja da, gleich hinter dem Busch. Nimm sie auf. ‹ »Ich darf nicht«, widersprach er ... › Schon gut, trink nur einen Schluck, nur den notwendigen, therapeutischen Schluck — vielleicht auch zwei. ‹ »Gott«, sagte der Konsul. »Ah. Gut. Gott. Lieber Himmel.« › Dann kannst du sagen, es zählt nicht. ‹ »Tut es auch nicht. Ist ja kein Mescal.« › Natürlich nicht. Es ist Tequila. Vielleicht noch einen? ‹ »Danke, ja.« Zitternd führte der Konsul die Flasche wieder an die Lippen. »Jesus, welch ein Segen. Zuflucht ... Grauen«, setzte er hinzu. › ... Halt. Stell die Flasche hin, Geoffrey Firmin, was machst du mit dir? ‹ sagte eine andere Stimme ihm so laut ins Ohr, daß er sich umwandte.

Vor ihm auf dem Pfad huschte eine kleine Schlange, die er für einen Zweig gehalten hatte, raschelnd ins Gebüsch, und einen Augenblick sah er ihr durch seine Sonnenbrille fasziniert nach. Wirklich, es war eine richtige Schlange. Nicht daß ihm so einfache Dinge wie Schlangen viel ausmachten, überlegte er nicht ohne Stolz, während er direkt in die Augen eines Hundes blickte. Es war ein Straßenköter, der ihm beunruhigend bekannt vorkam. »Perro«, wiederholte er, denn der Hund stand noch immer da — aber war das nicht vor ein bis zwei Stunden geschehen — geschah es nicht jetzt eigentlich vor ein bis zwei Stunden, dachte er mit einem Lichtblick. Seltsam. Er warf die Flasche — sie war aus gerilltem weißen Glas, und auf dem Etikett stand Tequila Añejo de Jalisco — ins Gebüsch, wo sie nicht zu sehen war. Er sah sich um: alles schien wieder normal zu sein. Schlange und Hund waren jedenfalls fort. Und die Stimmen waren verstummt ...

Der Konsul fühlte sich jetzt in der Lage, die Illusion, daß wirklich alles › normal ‹ sei, für eine Minute aufrechtzuerhalten. Yvonne schlief wahrscheinlich — warum sollte er sie schon stören? Und welch ein Glück, daß ihm die fast volle Tequilaflasche eingefallen war; jetzt hatte er Gelegenheit, sich ein bißchen zu stärken, bevor er ihr wieder begegnete — auf der Terrasse wäre es unmöglich gewesen. Unter den gegebenen Umständen war das Trinken auf der Terrasse mit zu vielen Schwierigkeiten verbunden; es war gut zu wissen, wo man in Ruhe einen Schluck trinken konnte, wenn man es nötig hatte, ohne Störungen usw. usw. ... All diese Gedanken gingen ihm durch den Kopf — und der Kopf akzeptierte sie sozusagen in vollem Ernst mit gewichtigem Nicken —, während er seinen Garten überblickte. Komisch, er kam ihm nicht annähernd so ›verkommen‹ vor wie vorhin. Vielleicht etwas chaotisch, aber das machte ihn sogar um so reizvoller. Ihm gefiel die Üppigkeit der unbeschnittenen Gewächse rundum. Und dort hinten die prachtvollen Pisangstauden in ihrer letzten obszönen Blüte, die herrlichen Trompetenranken, die störrisch-tapferen Birnbäume, die Papayas, die rund um das Schwimmbecken angepflanzt waren, der von Bougainvillea überwachsene niedrige Bungalow mit der langgestreckten Terrasse, die an eine Schiffsbrücke erinnerte — das alles ergab entschieden ein kleines Bild der Ordnung — ein Bild, das jedoch in einem unbewachten Augenblick, als er sich zufällig umwandte, in eine fremdartige Unterwasserlandschaft überblendete: die Ebene und die Vulkane unter einer riesigen, indigoblauen Sonne, die vervielfacht im Südsüdosten flammte. Oder war es Nordnordwest? Er bemerkte das alles ohne Trauer, sogar mit einer gewissen Verzückung, während er sich eine Zigarette anzündete, eine Alas (er sprach mechanisch das Wort ›Alas‹ laut vor sich hin). Dann, während der Alkoholschweiß wie Wasser von seinen Augenbrauen tropfte, begann er den Pfad hinunterzugehen zu dem Zaun, der seinen Garten von dem kleinen neuen öffentlichen Park trennte, dieser Verstümmelung seines Grundstücks.

Er hatte diesen Park nicht angesehen, seitdem er hier am Tage von Hughs Ankunft die Flasche versteckt hatte; damals hatte er den Eindruck sorgfältiger, liebevoller Gepflegtheit gemacht, während jetzt gewisse Dinge von unfertig liegengebliebener Arbeit zeugten: am Zaun lehnten allerhand Geräte — ungewöhnliche Geräte —, eine mörderische Machete und eine merkwürdig geformte Gabel mit gedrehten Zinken, die in der Sonne blitzten und irgendwie nackt aufspießend aufs Gemüt wirkten. Und noch etwas lehnte am Zaun, nämlich ein ausgerissener oder noch nicht eingerammter Pfahl mit einer Tafel, die ihn wie ein bleiches rechteckiges Gesicht durch den Maschenzaun anstarrte. *¿Le gusta este jardin?* fragte sie.

¿LE GUSTA ESTE JARDÍN?
¿QUE ES SUYO?
¡EVITE QUE SUS HIJOS LO DESTRUYAN!

Der Konsul starrte, ohne sich zu rühren, auf die schwarze Inschrift. Gefällt dir dieser Garten? Warum gehört er dir? Verboten für alle Zerstörer! Schlichte Worte, schlichte und schreckliche Worte, die man mit dem tiefsten Grund seines Wesens aufnahm, Worte, die vielleicht einen endgültigen Urteilsspruch bedeuteten und doch keine Gefühlsregung hervorriefen außer einer gleichsam farblosen, kalten, weißen Qual, einem qualvollen Frösteln wie jener geeiste Mescal im Hotel ›*Canada*‹ am Morgen von Yvonnes Abreise.

Jetzt jedoch trank er wieder Tequila — ohne eigentlich zu wissen, wie er so rasch zu der Flasche zurückgelaufen war. Ah, dieses feine Aroma von Pech und Holzwurm! Diesmal trank er, ohne sich um mögliche Beobachter zu kümmern, in langen, durstigen Zügen. Dann — und es gab wirklich einen Beobachter, nämlich seinen Nachbarn Mr. Quincey, der links hinter den Heckenrosen im Schatten ihres gemeinsamen Zaunes seine Blumen goß — wandte er sich wieder seinem Bungalow zu. Er fühlte sich eingekreist. Aus war es mit dem unehrlichen kleinen Bild der Ordnung. Über seinem Haus, über den jetzt nicht mehr zu bemäntelnden Dämonen der Vernachlässigung schwebten die tragischen Schwingen untragbarer Verantwortung. In dem kleinen Park hinter ihm wiederholte die leise Stimme seines Schicksals: ›Warum gehört er dir? Gefällt dir dieser Garten? ... Verboten für alle Zerstörer!‹ Vielleicht lautete die Inschrift nicht ganz so — denn der Alkohol hatte zuweilen eine ungünstige Wirkung auf das Spanisch des Konsuls (oder die vielleicht von irgendeinem Azteken verfaßte Inschrift selbst konnte falsch sein) —, aber annähernd mochte es stimmen. Mit plötzlichem Entschluß warf er den Tequila wieder ins Gebüsch und ging in forciert ›ungezwungener‹ Haltung auf den öffentlichen Park zu.

Nicht daß er die Inschrift, die bestimmt einige überflüssige Fragezeichen aufwies, ›nachzuprüfen‹ beabsichtigte; nein, jetzt mußte er — das wurde ihm immer klarer — mit jemandem reden. Es war eine Notwendigkeit, und nicht nur das, denn wonach ihn in diesem Augenblick verlangte, das war so etwas wie eine glänzende Gelegenheit oder, präziser gesagt, eine Gelegenheit zu glänzen, und diese Gelegenheit bot sich in Gestalt von Mr. Quincey hinter jenen Heckenrosen zu seiner Rechten, die er umgehen mußte, um in dessen Garten zu gelangen. Doch diese Gelegenheit zu glänzen wiederum war mehr als alles andere eine Gelegenheit, sich bewundern zu lassen, ja — und diese wenn auch nur vorübergehende Aufrichtigkeit zumindest verdankte er dem Tequila — eine Gelegenheit, sich beliebt zu machen. Weswegen beliebt, das war eine andere Frage, und da er sie gestellt hatte, durfte er sie wohl beantworten: beliebt wegen meines sorglos-verantwortungslosen Äußeren oder vielmehr wegen der Tatsache, daß unter diesem Äußeren ganz offenkundig das Feuer des Genies brennt. Dieses Genie ist — weniger offenkundig — nicht mein eigenes, sondern merkwürdigerweise das meines guten alten Freundes Abraham Taskerson, des großen Dichters, der einst in meiner Jugend so glühende Worte für die in mir schlummernden Fähigkeiten gefunden hat.

Und was er dann wollte — ah, dann ... (er hatte sich, ohne einen Blick auf das Schild zu werfen, nach rechts gewandt und ging an dem Drahtzaun entlang) ... was er dann wollte, dachte er mit einem sehnsüchtigem Blick auf die Ebene — und in diesem Augenblick hätte er schwören können, daß mitten in dem öffentlichen Park eine Gestalt mit schmerzgebeugtem Haupt gestanden hatte, deren Kleidung im einzelnen er nicht erkennen konnte, aber es war eine Art Trauerkleid — was du dann willst, Geoffrey Firmin, wenn auch nur als Gegengift gegen solche üblichen Halluzinationen, das ist, nun ja, das ist nichts anderes als trinken; trinken, o ja, den ganzen Tag trinken, wie die Wolken es dir wieder gebieten, und doch nicht ganz so, denn ganz so einfach ist es wieder nicht: du willst nicht nur einfach trinken, sondern in einem bestimmten Lokal in einer bestimmten Stadt trinken.

Parián! ... Der Name beschwor alten Marmor und die sturmumtosten Zykladen herauf. Das ›*Farolito*‹ in Parián — wie es mit den düsteren Stimmen der Nacht und des Morgengrauens nach ihm rief! Aber der Konsul (er war wieder rechts abgebogen und hatte den Drahtzaun hinter sich gelassen) merkte, daß er noch nicht betrunken genug war, um seine Aussichten, nach Parián zu kommen, sehr zuversichtlich zu beurteilen; der Tag bot zu viele naheliegende — Fallgruben! Ja, das war genau das richtige Wort ... Fast wäre er in die Barranca gefallen, die hier nicht abgezäunt war. Sie machte hier eine scharfe Kurve auf die Straße nach Alcapancingo zu, verlief dann parallel zur Straße mitten durch den öffentlichen Park und grenzte für eine kurze Strecke unmittelbar an sein Grundstück. Er blieb stehen und spähte, ohne Angst vor dem Tequila, über den Rand. Oh, die furchtbare Kluft, das ewige Grauen der Gegensätze! Du mächtiger Schlund, unersättlicher Kormoran, verhöhne mich nicht, wenn ich auch darauf zu brennen scheine, mich in deinen Rachen zu stürzen. Übrigens stieß man überall auf das verdammte Ding, diesen riesigen, verzwickten Spalt, der die Stadt, ja, das Land mittendurch schnitt, der an manchen Stellen sechshundert Meter tief abstürzte zum Grund, der sich während der Regenzeit als ungebärdiger Fluß gab, aber wahrscheinlich schon jetzt — obwohl man nicht bis ganz hinunter sehen konnte — wieder seine normale Rolle als Riesenlatrine und allgemeiner Tartarus annahm.

Vielleicht war die Schlucht an dieser Stelle gar nicht so schrecklich; wenn man wollte, hätte man sogar hinunterklettern können, natürlich in kleinen Etappen und hin und wieder durch einen Schluck Tequila gestärkt, um den Kloakenprometheus zu besuchen, der zweifellos dort unten wohnte. Der Konsul ging langsam weiter. Er befand sich jetzt wieder seinem Haus gegenüber und zugleich auf dem Weg, der an Mr. Quinceys Garten entlang führte. Links hinter dem gemeinsamen Zaun erstreckte sich parallel zu seiner Rosenhecke der grüne Rasen des Amerikaners, der im Augenblick mittels unzähliger zischender kleiner Schläuche besprengt wurde. Kein englischer Rasen konnte glatter oder schöner aussehen. Der Konsul wurde plötzlich von sentimentaler Erinnerung, aber auch von einem heftigen Schluckauf überwältigt und trat hinter einen knorrigen Obstbaum, der in seinem Garten wurzelte, aber auch der anderen Seite ein wenig Schatten spendete. Während er sich, den Atem anhaltend, an den Baum lehnte, wähnte er sich merkwürdigerweise unsichtbar für Mr. Quincey, der weiter oben arbeitete. Aber bald vergaß er Quincey ganz über einem Anfall von Bewunderung für dessen Garten ... Würde es schließlich dazu kommen, wäre das vielleicht die Rettung, daß ihm eines Tages an dem alten Popeye nicht mehr lag als an einem Schlackenhaufen auf der Chesterle Street, daß es im westlichen Ozean seiner Seele wieder den Weg nach England gab, jene gewaltige Johnsonsche Vision? Wie seltsam würde das sein! Wie merkwürdig, wieder in Liverpool zu landen, durch Nebel und Regen das Liver Building wiederzusehen, schon im Dunkeln Futtersäcke und Caegwyrle Ale zu riechen! Die vertrauten tiefliegenden Frachtdampfer mit dem harmonischen Bild ihrer Mastbäume, die noch immer nur bei Ebbe ausfuhren, die Welten von Eisen zwischen der ausfahrenden Mannschaft und den weinenden Frauen am Pier in ihren schwarzen Umschlagtüchern — Liverpool, von wo während des Krieges so oft unter versiegelter Order die Q-Boote, die geheimnisvollen U-Bootzerstörer, ausfuhren, als Frachtschiffe getarnt, die sich in einem Augenblick in turmbewehrte Schlachtschiffe verwandelten, der überlebte Schrecken der Unterseeboote, Spürhunde im Unterbewußtsein des Meeres ...

»Dr. Livingstone, nehme ich an.«

»Hick«, machte der Konsul verdutzt, als er früher als erwartet Mr. Quincey in nächster Nähe erblickte — eine hochgewachsene, leicht gebeugte Gestalt in Khakihemd, grauer Flanellhose und Sandalen, in der Hand eine Gießkanne, untadelig, grauhaarig, tipp-topp und bestens in Form, wie es sich für einen Sodawassertrinker gehört. Mr. Quincey betrachtete ihn über den Zaun hinweg angewidert durch seine Hornbrille.

»Ah, guten Morgen Quincey.«

»Was soll daran gut sein?« fragte der ehemalige Walnußpflanzer argwöhnisch, während er weiter die Blumenbeete begoß, die von den rastlos kreisenden Rasensprengern nicht erreicht wurden.

Der Konsul deutete zu seinen Heckenrosen und vielleicht unbewußt auch zu der Tequilaflasche hinüber. »Ich sah sie von da drüben ... Ich habe gerade meinen Dschungel inspiziert, wissen Sie.«

»*Was* haben Sie gemacht?« Mr. Quincey sah ihn über die Gießkanne hinweg an, als wollte er sagen: ich habe alles verfolgt; ich weiß alles, weil ich Gott bin, und selbst wenn Gott viel älter wäre als du, wäre er bestimmt um diese Zeit schon auf, um, wenn nötig, dagegen zu kämpfen, während du nicht einmal weißt, ob du schon auf bist oder nicht, und obwohl du die ganze Nacht durchgebummelt hast, bestimmt nicht dagegen kämpfst, wie ich es tun würde, wie ich übrigens beim geringsten Anlaß zu jedem Kampf bereit wäre!

»Ja, es ist leider wirklich ein Dschungel«, fuhr der Konsul fort. »Eigentlich erwarte ich jeden Augenblick, Rousseau auf einem Tiger aus dem Gesträuch kommen zu sehen.«

»Wie bitte?« fragte Mr. Quincey mit einem Stirnrunzeln, das bedeuten konnte: Und Gott trinkt auch nie vor dem Frühstück.

»Auf einem Tiger«, wiederholte der Konsul.

Der andere musterte ihn einen Augenblick mit dem höhnisch kalten Blick der materiellen Welt. »Möglich«, sagte er säuerlich. »Massenhaft Tiger. Auch massenhaft Elefanten ... Darf ich Sie bitten, sich beim nächsten Mal, wenn Sie Ihren Dschungel inspizieren, auf Ihrer Seite des Zaunes zu übergeben?«

»Hick«, antwortete der Konsul. »Hick«, rülpste er lachend, und um sich selbst zu überrumpeln, gab er sich einen kräftigen Schlag in die Nierengegend, ein Mittel, das seltsamerweise zu helfen schien. »Tut mir leid, daß Sie diesen Eindruck hatten. Es war bloß dieser verdammte Schluckauf!«

»Das merke ich«, sagte Mr. Quincey, und vielleicht hatte auch er einen verstohlenen Blick zum Versteck der Tequilaflasche hinüber geworfen.

»Und das Komische ist«, unterbrach ihn der Konsul, »daß ich die ganze Nacht kaum etwas anderes als Tehuacan-Wasser angerührt habe ... Übrigens, wie haben Sie den Ball überstanden?«

Mr. Quincey starrte ihn ausdruckslos an, dann ging er zu einem Hydranten in der Nähe und füllte seine Gießkanne.

»Nur Tehuacan«, fuhr der Konsul fort. »Und ein bißchen Gaseosa. Das sollte einen wieder zu dem lieben alten Sodawasser zurückbringen, was? — Hihi! — Ja, ich habe mir den Schnaps zur Zeit ganz abgewöhnt.«

Der andere wandte sich, streng am Zaun entlanggehend, wieder der Bewässerung seiner Blumen zu, und der Konsul, der sich nicht ungern von dem Obstbaum trennte, weil er daran den unheimlichen Rückenschild einer siebenjährigen Heuschrecke entdeckt hatte, folgte ihm Schritt für Schritt.

»Ja, ich bin jetzt gut in Fahrt«, bemerkte er, »falls Sie es nicht wissen sollten.«

»In Fahrt zum Friedhof, würde ich sagen, Firmin«, brummte Mr. Quincey gereizt.

»Übrigens habe ich eben eine kleine Korallenschlange gesehen«, platzte der Konsul heraus.

Mr. Quincey hustete oder schnaubte, sagte jedoch nichts.

»Und dabei fiel mir ein ... Wissen Sie, Quincey, ich habe mich oft gefragt, ob an der alten Legende vom Garten Eden und so weiter nicht mehr daran ist, als man auf den ersten Blick meint. Wenn nun Adam in Wirklichkeit gar nicht daraus vertrieben worden ist? Das heißt, in dem Sinne, wie wir es bisher gelernt haben ...« Der Walnußpflanzer blickte auf und fixierte ihn, aber sein Blick schien eher auf einen Punkt unterhalb seines Zwerchfells gerichtet. »Wenn nun seine Strafe in Wirklichkeit darin bestanden hätte«, fuhr der Konsul mit Wärme fort, »daß er *weiter dort leben mußte*, natürlich allein — leidend, ungesehen, von Gott abgeschnitten? ... Oder vielleicht«, setzte er heiterer hinzu, »vielleicht war Adam der erste Grundbesitzer und Gott der erste Bodenreformer, eine Art Cárdenas, der ihn rausgeschmissen hat, heh? Ja«, kicherte der Konsul, der übrigens merkte, daß dies alles unter den bestehenden historischen Umständen vielleicht gar nicht so amüsant war, »denn heutzutage ist es für jedermann offenkundig — glauben Sie nicht, Quincey? —, daß die Erbsünde im Besitz von Grund und Boden bestand ...«

Der Walnußpflanzer nickte ihm fast unmerklich zu, schien ihm aber nicht beizustimmen; sein realpolitischer Blick konzentrierte sich immer noch auf die Stelle unterhalb seines Zwerchfells, und als der Konsul an sich hinunterblickte, entdeckte er seinen offenen Hosenschlitz. *Licentia vatum*, wahrhaftig! »Verzeihung. *J'adoube*«, sagte er, und während er sich zuknöpfte, kehrte er, rätselhafterweise ohne sich seines Verstoßes gegen die guten Sitten zu schämen, lachend zu seinem Thema zurück. »Ja, wirklich. Ja ... Und wer weiß, der eigentliche *Grund* für diese Strafe — ich meine, daß er gezwungen wurde, in dem Garten zu leben — kann durchaus darin gelegen haben, daß der arme Kerl den Garten heimlich verabscheute! Daß er ihn einfach haßte und ihn die ganze Zeit gehaßt hatte. *Und daß der Alte das herausgekriegt hat* ...«

»War es Einbildung, oder habe ich wirklich vor einer Weile da oben Ihre Frau gesehen?« fragte Mr. Quincey geduldig.

»... und das ist auch kein Wunder! Zum Teufel mit dem Garten Eden! Denken Sie nur an all die Skorpione und Laubschneideameisen — um nur einige von den Greueln zu erwähnen, denen er da ausgesetzt war! Was?« rief der Konsul, als der andere seine Frage wiederholte. »Im Garten? Ja — das heißt, nein. Woher wissen Sie? Nein, sie schläft, soviel ich ...«

»War ziemlich lange fort, nicht wahr?« fragte der andere milde, während er sich vorbeugte, so daß er den Bungalow des Konsuls deutlicher sehen konnte. »Ihr Bruder noch da?«

»Bruder? Oh, Sie meinen Hugh ... Nein, der ist in Mexico City.«

»Ich glaube, er ist wieder da.«

Der Konsul blickte nun auch zu seinem Haus hinüber. »Hick«, machte er kurz und besorgt.

»Ich glaube, er ist mit ihrer Frau weggegangen«, setzte der Walnußpflanzer hinzu.

»... Hallo, hallo — sieh mal an — wer kommt denn da, hallo, mein Grasschlängelchen, mein kleiner Krautschleicher ...« begrüßte der Konsul in diesem Augenblick Mr. Quinceys Katze, die mit ihrem lang nachschleifenden Schwanz beschaulich durch die Zinnien stieg. Er vergaß vorübergehend ihren Herrn, bückte sich und klopfte sich auf die Schenkel: »Hallo, Pussy, mein kleiner Priapusspuss, mein kleiner Ödipusspusspuss«, und die Katze, die mit freudigem Miau einen Freund erkannte, wand sich durch den Zaun und rieb sich schnurrend an den Beinen des Konsuls. »Mein kleiner Xicotancatl.«

Der Konsul richtete sich auf. Er stieß zwei kurze Pfiffe aus, und die Katze zu seinen Füßen zuckte mit den Ohren. »Sie hält mich für einen Baum mit einem Vogel«, setzte er hinzu.

»Würde mich nicht wundern«, erwiderte Mr. Quincey, der wieder am Hydranten seine Gießkanne füllte.

»Tiere, die nicht eßbar sind und nur zum Vergnügen, als Kuriosität oder aus Laune gehalten werden — heh? Wie William Blackstone gesagt hat — Sie haben natürlich von ihm gehört!« Der Konsul war wieder in Hockstellung gegangen und sprach halb zu der Katze, halb zu dem Walnußpflanzer, der seine Arbeit unterbrochen hatte, um sich eine Zigarette anzuzünden. »Oder war das ein anderer William Blackstone?« Er wandte sich jetzt direkt an Mr. Quincey, der ihm nicht zuhörte. »Eine Persönlichkeit, die ich immer gern gehabt habe. Ich glaube, es war William Blackstone. Oder auch Abraham ... Jedenfalls kam er eines Tages irgendwo in dem heutigen Massachusetts an — ich glaube wenigstens, ist ja auch egal. Und da lebte er ganz friedlich unter den Indianern. Nach einiger Zeit siedelten die Puritaner sich am anderen Flußufer an. Sie sagten, er solle zu ihnen herüberkommen, es sei auf ihrer Seite gesünder, verstehen Sie. Ach, diese Leute, diese Kerle mit ihren Ideen«, sagte er zu der Katze, »die mochte der alte William nicht — nein, wahrhaftig nicht — und so ging er wieder zu den Indianern, ja, das tat er. Aber die Puritaner kamen ihm natürlich auf die Spur, Quincey, und dann verschwand er spurlos — weiß Gott, wohin ... *Jetzt*, mein Kätzchen«, schloß der Konsul, sich bedeutungsvoll an die Brust schlagend, so daß die Katze einen Buckel machte und mit gesträubtem Fell zurückwich, »jetzt sind die Indianer hier drin.«

»Das sind sie bestimmt«, seufzte Mr. Quincey etwa im Ton eines leise verbitterten Wachtmeisters, »zusammen mit den Schlangen und rosa Elefanten und Tigern, von denen Sie vorhin sprachen.«

Der Konsul lachte, aber es war ein freudloses Lachen, als wüßte er mit einem Teil seines Innern, der dies alles im Grunde als Possenspiel eines ihm einst befreundeten, großen und gütigen Menschen erkannte, welch hohle Befriedigung sein Theater ihm gewährte. »Keine richtigen Indianer ... und ich meinte nicht im Garten, sondern *hier* drin.« Er schlug sich wieder an die Brust. »Ja, gerade die letzte Grenze des Bewußtseins, weiter nichts. Das Genie, pflege ich gerne zu sagen«, fügte er hinzu, während er sich aufrichtete, seinen Schlips zurechtrückte, den Schlips wieder vergaß und die Schultern zurücknahm, als wollte er gehen, und zwar mit einer Entschiedenheit, die aus derselben Quelle herrührte wie das Genie und sein Interesse für Katzen und die ihn ebenso plötzlich wieder verließ, wie sie gekommen war. »... das Genie wird für sich selber sorgen.«

Irgendwo in der Ferne schlug eine Uhr; der Konsul hatte sich noch immer nicht von der Stelle gerührt. »Ach, Yvonne, kann ich dich schon vergessen haben, an diesem Tag aller Tage?« Neunzehn, zwanzig, einundzwanzig Schläge. Auf seiner Uhr war es ein Viertel vor elf. Aber die Turmuhr war noch nicht fertig: sie schlug noch zweimal, *bing-bong*, zwei traurig verzerrte schwirrende Schläge. Danach füllte die leere Luft sich mit Gewisper: *alas, alas*. Das heißt eigentlich ›Flügel‹.

»Wo ist denn Ihr Freund — ich kann seinen Namen nie behalten — dieser Franzose?« hatte Mr. Quincey soeben gefragt.

»Laruelle?« Die Stimme des Konsuls kam von weither. Ihm war schwindlig; müde die Augen schließend, hielt er sich am Zaun fest. Mr. Quinceys Worte klopften an sein Bewußtsein — oder klopfte tatsächlich jemand an die Tür? Es hörte auf, dann klopfte es noch einmal lauter. Der alte De Quincey: Das Klopfen am Tor in *Macbeth*. Klopf-klopf — wer da? Katze. Was für eine Katze? Katastrophe. Was für eine Katastrophe? Katastrophysiker. Was, du bist es, mein kleiner Popokatz? Warte nur eine Ewigkeit, bis Jacques und ich den Schlaf gemordet haben! Von Katabasis zu Katzenbasen. Cathartes atratus ... Natürlich, er hätte es wissen können, das waren die letzten Augenblicke der Abdankung des Menschenherzens vor dem endgültigen Einzug der teuflischen, beziehungslosen Nacht — so wie für den echten De Quincey (nur ein Rauschgiftsüchtiger, dachte er, die Augen aufschlagend — und sein Blick war genau auf den Platz der Tequilaflasche gerichtet) die Ermordung von Duncan und den anderen etwas Beziehungsloses war, ein Aussetzen des Bewußtseins und der irdischen Leidenschaft ... Aber wo war Quincey? Und, mein Gott, wer war das, der da hinter seiner Morgenzeitung über den Rasen kam, wo jetzt der Atem der Rasensprenger wie durch Zauberei versagte, wer kam ihm da zu Hilfe, wenn nicht Dr. Guzmán?

Wenn es nicht Guzmán war, wenn nicht — es konnte nicht sein —, aber es war so, es war kein anderer als sein Gefährte der letzten Nacht, Dr. Vigil; was in aller Welt hatte der hier zu suchen? Während die Gestalt näher kam, wuchs das Unbehagen des Konsuls. Quincey war zweifellos Vigils Patient. Aber warum war der Arzt dann nicht im Haus? Warum schlich er heimlich im Garten herum? Das konnte nur eines bedeuten: Vigils Besuch war irgendwie so abgepaßt, daß er mit dem vorauszusehenden Besuch des Konsuls bei der Tequilaflasche zusammentreffen mußte (aber da hatte er sie ganz schön hereingelegt), und hatte natürlich den Zweck, ihn auszuspionieren, Informationen über ihn einzuziehen, einen Anhaltspunkt zu finden für das, was höchstwahrscheinlich auf einem dieser anklagenden Zeitungsblätter stand: ›Der Fall der ‚*Samaritan*' wieder aufgerollt, Kommandant Firmin vermutlich in Mexiko.‹ — ›Firmins Schuld erwiesen, Firmin freigesprochen, der Angeklagte in Tränen.‹ — ›Firmin unschuldig, trägt aber die Schuld der Welt.‹ — ›Firmins Leiche betrunken im Bunker aufgefunden.‹ Derlei monströse Schlagzeilen standen tatsächlich vor dem geistigen Auge des Konsuls, denn der Doktor las nicht nur im *El Universal*, sondern in seinem Schicksal; aber die Geschöpfe seines Oberbewußtseins ließen sich nicht verleugnen, auch sie schienen stumm diese Morgenzeitung zu begleiten und, als der Doktor stehenblieb und sich umsah, mit abgewandten Köpfen lauschend beiseite zu treten und zu murmeln: ›Uns kannst Du nicht belügen. Wir wissen, was du letzte Nacht getan hast.‹ Aber was *hatte* er getan? Während Dr. Vigil ihn lächelnd erkannte, seine Zeitung zusammenfaltete und auf ihn zueilte, sah er wieder deutlich das Sprechzimmer des Arztes in der Avenida de la Revolución, das er in seiner Betrunkenheit aus irgendeinem Grunde in den frühen Morgenstunden aufgesucht hatte, die makabren Bilder der alten spanischen Chirurgen mit ihren Bocksgesichtern, die so sonderbar auf den ektoplasmaähnlichen Halskrausen saßen und sich lachend und inquisitorisch über den Operationstisch beugten. Aber all das hatte er lediglich als eine lebhafte Szene im Gedächtnis behalten, in der er selbst keine aktive Rolle gespielt hatte, und im übrigen war es ungefähr alles, woran er sich überhaupt entsinnen konnte; es war also kaum ein Trost, daß er sich dabei anscheinend nicht irgendwie anstößig benommen hatte. Wenigstens war es nicht so tröstlich wie Vigils Lächeln und nicht halb so tröstlich wie die Tatsache, daß der Arzt, der jetzt an der Stelle stand, die der Walnußpflanzer geräumt hatte, sich plötzlich aus den Hüften heraus tief vor ihm verbeugte – einmal, zweimal, dreimal. Obwohl er es wortlos tat, war es für den Konsul eine ungeheure Beruhigung: er hatte also während der Nacht doch kein so schweres Verbrechen begangen, daß er keinen Respekt mehr verdient hätte.

Dann stöhnten die beiden Männer gleichzeitig.

»*Qué t* ...«, begann der Konsul.

»*Por favor*«, unterbrach ihn der andere mit heiserer Stimme, während er einen etwas zitterigen, aber tadellos manikürten Finger an die Lippen legte und sich leicht besorgt im Garten umblickte.

Der Konsul nickte. »Natürlich. Sie scheinen glänzend in Form zu sein. *Sie* waren gestern abend bestimmt nicht auf dem Ball«, sagte er treuherzig mit lauter Stimme und folgte dem Blick des anderen, obwohl Mr. Quincey, der wohl doch nicht so gut in Form war, nirgends zu sehen war. Wahrscheinlich hatte er am Haupthydranten die Wassersprenger abgedreht – wie lächerlich, einen ›Plan‹ zu argwöhnen, wo es sich offensichtlich um einen ganz zwanglosen Besuch handelte, nachdem der Doktor zufällig von der Auffahrt her Mr. Quincey im Garten hatte arbeiten sehen. Mit gedämpfter Stimme fuhr er fort: »Darf ich Sie trotzdem bei dieser Gelegenheit fragen, was sie gegen einen leichten Fall von Katzenjammer verordnen?«

Der Doktor sah sich noch einmal besorgt im Garten um, dann begann er leise zu lachen; sein ganzer Körper schüttelte sich vor Vergnügen, seine weißen Zähne blitzten in der Sonne, und selbst sein untadeliger, blauer Anzug schien mitzulachen. »Señor«, begann er, wie ein Kind seinen Lachanfall mit den Vorderzähnen abbeißend. »Señor Firmin, *por favor*, entschuldigen Sie, aber ich muß mich hier ...«, Er sah sich wieder mit verhaltenem Atem um. »... wie ein Apostel aufführen. Sie meinen, Señor«, fuhr er gelassener fort, »daß sie sich heute morgen glänzend fühlen, frisch und froh wie der Mops im Paletot.«

»Wohl kaum«, antwortete der Konsul leise wie vorher, nun seinerseits einen mißtrauischen Blick in die andere Richtung werfend, wo jenseits der

Barranca einige Agaven wie ein Bataillon unter Maschinengewehrfeuer den Abhang heraufmarschierten. »Das ist vielleicht etwas übertrieben. Um es einfacher auszudrücken: was würden Sie in einem Fall von eindeutig fortschreitendem, chronischem, unausweichlichem Delirium tremens tun?«

Dr. Vigil erschrak. Ein halb scherzendes Lächeln umschwebte seine Mundwinkel, während er sich etwas unsicher bemühte, seine Zeitung zu einer zylindrischen Röhre zusammenzurollen. »Sie meinen, nicht wie ein Mops ...«, sagte er, und er beschrieb mit der Hand einen flink krabbelnden, gewellten Kreis vor seinen Augen. »Sondern vielmehr ...«

Der Konsul nickte fröhlich, denn sein Gemüt war beruhigt. Er hatte einen Blick auf die Schlagzeilen der Morgenzeitung geworfen, und sie schienen sich lediglich mit der Erkrankung des Papstes und der Schlacht am Ebro zu befassen.

»... *progresión*«, sagte der Arzt, seine Bewegung langsamer mit geschlossenen Augen wiederholend. Er ließ die wie Klauen gekrümmten Finger einzeln krabbeln und wackelte dazu blöde mit dem Kopf. *»... a ratos!«* stieß er hervor. *»Sí«*, sagte er, die Lippen schürzend und sich in komischem Entsetzen mit der Hand an die Stirn schlagend. *»Sí«*, wiederholte er. »Schreeecklich ... Mehr Alkohol ist vielleicht das Beste.« Er lächelte.

»Ihr Arzt sagt mir eben, daß in meinem Fall Delirium tremens nicht tödlich zu sein braucht«, teilte der Konsul, endlich triumphierend, Mr. Quincey mit, der in diesem Augenblick zurückkam.

Und im nächsten Augenblick ... Aber vorher hatte zwischen ihm und dem Doktor ein kaum merklicher Austausch von Signalen stattgefunden, bei dem Konsul ein winziges symbolisches Zucken des Handgelenks in Richtung des Mundes, verbunden mit einem Blick zu seinem Bungalow, bei Vigil ein leichtes Flattern der Arme, während er sich scheinbar reckte, eine Geheimsprache, die nur den fortgeschrittenen Jüngern der großen Bruderschaft des Alkohols bekannt ist und bedeutete: ›Wenn du hier fertig bist, komm auf einen Schluck rüber‹, und: ›Ich darf nicht, denn sonst ‚fliege' ich, aber mal sehn, vielleicht werde ich doch ...‹ Und im nächsten Augenblick trank er wieder aus seiner Tequilaflasche. Und noch einen Augenblick später trieb er langsam, krafterfüllt durch den Sonnenschein zu seinem Bungalow hinauf. Begleitet von Mr. Quinceys Katze, die hinter irgendeinem Insekt her war, wandelte der Konsul in bernsteinfarbener Glut. Jenseits des Hauses, wo die ihn erwartenden Probleme schon einer tatkräftigen Lösung entgegenzureifen schienen, lag der Tag vor ihm wie eine grenzenlos wogende, wunderbare Wüstenlandschaft, in der man sich köstlich verirren würde — allerdings nicht so hoffnungslos verirren, daß man nicht imstande wäre, die wenigen notwendigen Wasserlöcher oder einzelnen Tequila-Oasen zu finden, wo die gewitzten Legionäre der Verdammnis, die seine Sprache nicht verstanden, ihn frischgefüllt weiterscheuchen würden in die herrliche Wildnis von Parián, wo es keinen Durst gab und wohin es ihn jetzt wie an gefrorenen Drähten zog, vorbei an den Skeletten und den träumend wandernden Löwen, hin zu der unausweichlichen persönlichen Katastrophe, selbstverständlich immer auf köstlich beglückende Weise. Es konnte sich letzten Endes sogar herausstellen, daß die Katastrophe ein Element des Triumphes enthielt. Nicht daß der Konsul jetzt mißmutig gewesen wäre. Ganz im Gegenteil. Die Aussichten waren selten so freundlich gewesen. Er wurde sich zum ersten Mal des regen Lebens bewußt, das ringsum in seinem Garten herrschte: eine Eidechse huschte einen Baum hinauf, eine andersgeartete Eidechse huschte an einem anderen Baum herunter, ein flaschengrüner Kolibri untersuchte eine Blume, ein andersgearteter Kolibri fiel gefräßig über eine andere Blume her; riesige Schmetterlinge, deren penibel gestickte Muster an die auf dem Markt feilgebotenen Blusen erinnerten, umflatterten ihn mit träger gymnastischer Anmut (ähnlich wie die von Yvonne geschilderten, die sie gestern in der Bucht von Acapulco begrüßt hatten, der Sturm von vielfarbigen Liebesbriefschnitzeln, der an den Salons des Promenadendecks vorübergebraust war). Ameisen mit Blütenblättern oder scharlachroten Blümchen krabbelten auf den Wegen hin und her, während von oben und unten, vom Himmel und vielleicht aus der Tiefe der Erde ein ununterbrochenes Pfeifen, Nagen, Rascheln, ja, Trompeten zu hören war. Wo war seine Freundin, die Schlange, geblieben? Wahrscheinlich auf einem Birnbaum versteckt. Eine lauernde Schlange, die Ringe auf ihn werfen wollte — Hufeisen. An den Zweigen dieser Birnbäume hingen Karaffen mit einer klebrig gelben Flüssigkeit: Insektenfallen, die jeden Monat durch die hiesige Gartenbauschule andächtig ausgewechselt wurden. (Wie heiter waren diese Mexikaner! Die Gartenbauschüler benutzten diese wie jede andere Gelegenheit zu einer Art Tanzfest, zu dem sie ihre Mädchen mitbrachten; sie flitzten von Baum zu Baum, sammelten die alten Karaffen ein und ersetzten sie durch neue, als wäre das Ganze eine komische Ballettnummer, und hinterher lungerten sie stundenlang im Schatten herum, als existiere der Konsul gar nicht.) Das Benehmen von Mr. Quinceys Katze begann ihn zu faszinieren.

Sie hatte das Insekt endlich gefangen, aber statt es richtig aufzufressen, hielt sie seinen noch unversehrten Leib zwischen den Zähnen, während das Insekt keinen Augenblick aufhörte, mit den schönen, glänzenden Flügeln zu schlagen, die zu beiden Seiten aus dem Maul der Katze ragten und ihre Schnurrhaare fächelten. Der Konsul bückte sich, um das Insekt zu retten, aber die Katze sprang mit einem Satz außer Reichweite. Er bückte sich noch einmal mit demselben Erfolg. Auf diese alberne Art und Weise — der Konsul sich bückend, die Katze ihm gerade noch entwischend, das Insekt im Maul der Katze wild mit den Flügeln schlagend — näherte er sich seiner Terrasse. Schließlich streckte die Katze ihre Pfote zum tödlichen Schlage aus und öffnete das Maul, und das immer weiter mit den Flügeln schlagende Insekt entflog ihr plötzlich und wunderbar, vielleicht wirklich so, wie die menschliche Seele dem Rachen des Todes entfliegt. Es schwang sich höher, höher, höher hinauf, bis über die Baumkronen — und in diesem Augenblick sah er sie. Sie standen auf der Terrasse, Yvonne die Arme voll von Bougainvillea, die sie in einer kobaltfarbenen Keramikvase arrangierte. »... aber wenn er nun absolut nicht nachgibt. Wenn er einfach nicht fort will ... Vorsicht, Hugh, da sind Stacheln dran, und man muß überall sorgfältig nachsehen, ob keine Spinnen daran sind!« — »Hallo, Suchiquetal!« rief der Konsul fröhlich winkend, während die Katze ihm einen kühlen Blick über die Schulter zuwarf, der deutlich sagte: ›Ich wollte es sowieso nicht; ich wollte es von Anfang an fliegen lassen‹, und gedemütigt ins Gebüsch galoppierte. »Hallo, Hugh, du alte Schlange im Gras!«

———Wieso saß er dann aber im Badezimmer? Schlief er? War er tot? Oder ohnmächtig? War er jetzt im Badezimmer oder vor einer halben Stunde? War es Nacht? Wo waren die anderen? Aber jetzt hörte er einige der anderen Stimmen auf der Terrasse. Einige? Natürlich waren es nur Hugh und Yvonne, denn der Doktor war gegangen. Trotzdem hätte er im Augenblick beschwören können, daß das Haus voller Menschen sei. Aha, es war noch immer heute vormittag, oder beinahe nachmittag, tatsächlich erst 12 Uhr 15 nach seiner Uhr. Um elf hatte er mit Mr. Quincey geplaudert. »Oh ... oh.« Der Konsul stöhnte laut ... Ihm fiel ein, daß er sich für die Fahrt nach Tomalín fertig machen sollte. Aber wie hatte er es fertiggebracht, jemandem einzureden, er wäre nüchtern genug, um nach Tomalín zu fahren? Und wieso überhaupt Tomalín?

Eine Prozession von Überlegungen defilierte durch den Kopf des Konsuls wie kleine, ältliche Tiere, und in Gedanken ging er wieder festen Schrittes über die Terrasse wie vor einer Stunde, unmittelbar nachdem er gesehen hatte, wie das Insekt dem Katzenmaul entflog.

Er war über die Terrasse — Concepta hatte sie gekehrt — gegangen und hatte auf seinem Weg zum Eisschrank Yvonne nüchtern zugelächelt und Hugh die Hand geschüttelt. Während er den Eisschrank aufmachte, wußte er nicht nur, daß sie über ihn gesprochen hatten, sondern der Gesprächsfetzen, den er deutlich gehört hatte, rundete sich und gewann einen Sinn, als hätte er in einem Augenblick den zunehmenden und den abnehmenden Mond zugleich erblickt und das Gestirn als vollständiges Ganzes gesehen, obwohl der nur vom Licht der Erde erhellte Teil im Schatten lag.

Aber was war dann geschehen? »Oh«, schrie der Konsul noch einmal laut. »Oh.« Die Gesichter der letzten Stunde tauchten jetzt vor ihm auf, die Gestalten von Hugh und Yvonne und Dr. Vigil mit raschen, ruckartigen Bewegungen wie in einem alten Stummfilm, und ihre Worte waren stumme Explosionen in seinem Gehirn. Niemand schien etwas Bedeutsames zu tun, und doch schien alles von äußerster, hektischer Bedeutung, zum Beispiel Yvonnes Worte: »Wir haben ein Gürteltier gesehen.« — »Was, kein Gespenstmaki?« hatte er erwidert. Dann hatte Hugh ihm die eiskalte Flasche Carta Blanca-Bier aufgemacht, wobei er den Rand der Brüstung als Hebel für die Verschlußkapsel benutzte; er hatte den Schaum zischend in sein Glas gegossen, dessen enge Beziehung zu seiner Strychninflasche ihre Bedeutung fast ganz verloren hatte, wie man jetzt zugeben mußte ...

Der Konsul im Badezimmer bemerkte, daß er noch ein halbes Glas leicht abgestandenes Bier bei sich hatte; seine Hand war einigermaßen ruhig, aber vom Halten des Glases eingeschlafen. Er trank behutsam und verschob das Problem des bald geleerten Glases vorsichtshalber auf später.

»Unsinn«, hatte er zu Hugh gesagt, und mit eindrucksvoller konsularischer Autorität hatte er hinzugefügt, Hugh könne sowieso nicht sofort abreisen, wenigstens nicht nach Mexico City, weil es heute nur einen Bus gebe, denjenigen, mit dem Hugh gekommen war, und der sei schon wieder zurückgefahren. Sonst gebe es nur einen Zug, der erst um 11 Uhr 45 abends abfahre ...

Dann: »Aber war es nicht Bougainville, Herr Doktor«, hatte Yvonne gefragt — und es war wirklich erstaunlich, wie unheimlich und dringend und *hitzig* all diese Kleinigkeiten ihm jetzt hier im Badezimmer erschienen. »War es nicht Bougainville, der die Bougainvillea entdeckt hat?« Der Doktor, der sich über ihre Blumen beugte, hatte nur wachsam und etwas ratlos ausgesehen, er hatte nichts gesagt, nur seine Augen hatten vielleicht andeutungsweise verraten, daß er hier in eine ›Situation‹ hineingestolpert war. »Wenn ich darüber nachdenke, glaube ich auch, daß es Bougainville war. Daher der Name«, hatte Hugh, sich auf die Brüstung setzend, albern bemerkt ... *»Sí* — Sie *können* in die *›Botica‹* gehen, und um Mißverständnisse zu vermeiden, sagen Sie: *»favor de servir una toma de vino quinado o en su defecto una toma de nuez vómica, pero ...«* Dr. Vigil hatte gekichert, während er vermutlich mit Hugh sprach, denn Yvonne hatte sich für einen Augenblick in ihr Zimmer zurückgezogen, während der Konsul lauschend am Eisschrank stand, um noch eine Flasche Bier herauszunehmen. Dann: »Oh, mir war so furchtbar schlecht heute morgen, daß ich mich an den Straßenfenstern festhalten mußte«, und zu dem zurückkehrenden Konsul: »Bitte verzeihen Sie mein dummes Benehmen gestern abend — oh, ich habe diese letzten paar Tage überall viele dumme Sachen gemacht, aber ...« Er hob sein Whiskyglas. »... ich werde nie mehr trinken; ich werde zwei volle Tage Schlaf brauchen, um mich zu erholen.« Und dann, als Yvonne zurückkam, hatte er mit großer Geste das ganze Theater aufgegeben und dem Konsul zugeprostet: *»Salud!* Hoffentlich ist Ihnen nicht so schlecht wie mir. Sie waren letzte Nacht so *perfectamente borracho*, daß ich denke, Sie müssen sich mit Trinken umgebracht haben. Ich denke heute vormittag sogar daran, einen Jungen zu Ihnen zu schicken und bei Ihnen anzuklopfen und nachzusehen, ob Sie nicht schon tot sind vom vielen Trinken«, hatte Dr. Vigil gesagt.

Ein sonderbarer Bursche. Der Konsul im Badezimmer nippte an seinem abgestandenen Bier. Ein sonderbarer, anständiger, großherziger Bursche, wenn auch nicht sehr taktvoll, außer in bezug auf sich selbst. Warum konnten die Leute ihren Schnaps nicht bei sich behalten? Er selbst hatte es in Quinceys Garten noch fertiggebracht, auf Vigils Position Rücksicht zu nehmen. Wenn man der Sache auf den Grund ging, konnte man niemandem zutrauen, daß er mit einem beim Trinken durchhielt. Ein einsamer Gedanke. Aber an der Großherzigkeit des Doktors war kaum zu zweifeln. Er hatte sie sogar — trotz der Notwendigkeit von ›zwei vollen Tagen Schlaf‹ — alle eingeladen, mit ihm nach Guanajuato zu fahren, hatte leichtsinnig vorgeschlagen, sie sollten ihn heute abend begleiten, wenn er im Wagen auf Urlaub fuhr, nach einer noch ungeklärten Tennisverabredung für heute nachmittag mit ...

Der Konsul trank noch ein Schlückchen Bier. »Oh«, sagte er schaudernd. »Oh.« Es war ein kleiner Schock gewesen, als er gestern abend entdeckte, daß Vigil und Jacques Laruelle befreundet waren, und noch peinlicher war es gewesen, heute vormittag daran erinnert zu werden ... Jedenfalls hatte Hugh die Idee der Zweihundertmeilenfahrt nach Guanajuato verworfen, denn er — und wie erstaunlich gut paßte dieser Cowboyanzug doch zu seiner sorglos-aufrechten Haltung! — hatte sich inzwischen entschlossen, diesen Nachtzug zu nehmen, während der Konsul aus Rücksicht auf Yvonne abgelehnt hatte.

Der Konsul sah sich wieder an der Brüstung stehen und auf das Schwimmbecken — einen vom Garten gefaßten kleinen Türkis — hinunterzublicken. Du bist das Grab, in dem begrabene Liebe lebt. Die auf dem Kopf stehenden Spiegelbilder der Bananenbäume, Vögel und Wolkenkarawanen bewegten sich im Wasser. Frischgemähte Grasbüschel schwammen auf der Oberfläche. Aus dem rissigen Schlauch, aus dem eine Reihe kleiner Fontänen sprang, rieselte frisches Gebirgswasser in das fast überfließende Becken.

Dann schwammen Hugh und Yvonne unten in dem Becken ...

»Absolutamente«, hatte der Doktor, neben dem Konsul an der Brüstung stehend, gesagt und sich aufmerksam eine Zigarette angezündet. Der Konsul hob das Gesicht zu den Vulkanen auf und spürte seinen Jammer hinaufschweifen zu jenen Höhen, wo selbst jetzt, am hellen Vormittag, heulender Schnee das Gesicht peitschen würde, wo der Boden unter den Füßen tote Lava war, ein seelenlos versteinerter Rückstand von ausgelöschtem Plasma, in dem selbst die wildesten und einsamsten Bäume keine Wurzeln schlagen konnten. »Ich habe«, sagte er, »da hinten noch einen Feind, den Sie nicht sehen können. Eine Sonnenblume. Ich weiß, sie beobachtet mich, und ich weiß, daß sie mich haßt.« — *»Exactamente«*, sagte Dr. Vigil, »sehr möglich, sie wird Sie vielleicht ein bißchen weniger hassen, wenn sie aufhören Tequila zu trinken.« — »Ja, aber heute vormittag trinke ich nur Bier«, sagte der Konsul mit Überzeugung, »Sie sehen es ja selbst.« — *»Sí, hombre.«* Dr. Vigil nickte; nach einigen Whiskies (aus einer neuen Flasche) hatte er den Versuch, sich vor Mr. Quinceys Haus zu verstecken, aufgegeben und sich kühn neben den Konsul an die Brüstung gestellt. »Es gibt«, setzte der Konsul hinzu, »tausend Aspekte dieser infernalischen Schönheit, von der ich sprach, und jeder hat seine besonderen Qualen, jeder ist eifersüchtig wie eine Frau auf alle Reizmittel bis auf sein eigenes.« — *»Naturalmente«*, sagte

Dr. Vigil. »Aber ich glaube, wenn Sie es wirklich sehr ernst meinen mit Ihrer *progresión a ratos*, sollten Sie eine längere Reise machen, als Sie vorhaben.« Der Konsul stellte sein Glas auf die Brüstung, während der Arzt fortfuhr. »Ich auch, es sei denn, wir verpflichten uns, nie mehr zu trinken. Ich denke, *mi amigo*, die Krankheit ist nicht nur im Körper, sondern auch in dem, was man für gewöhnlich Seele nennt.« — »Seele?« — »*Precisamente*«, sagte der Doktor, rasch die Finger verschränkend und wieder lösend. »Aber ein Netz? Netz. Die Nerven sind ein Netz, genau — wie sagt man — genau wie eine eklektische Systeme.« — »Ah, sehr gut«, sagte der Konsul, »Sie meinen ein elektrisches System.« — »Aber nach viel Tequila ist die eklektische Systeme vielleicht *un poco descompuesto, comprenez*? Wie manchmal im Kino — *claro*?« — Eine Art Krampf, ja«, nickte der Konsul verzweifelt, und während er seine Brille abnahm, fiel ihm ein, daß er seit annähernd zehn Minuten nichts getrunken hatte. Die Wirkung des Tequila war fast vergangen. Er hatte in den Garten hinuntergespäht, und es war, als wären kleine Stücke von seinen Augenlidern abgebrochen und flirrten zuckend vor ihm herum; sie wurden zu nervösen Formen und Schatten, deren Sprünge begleitet waren von dem schuldbewußten Geschnatter in seinem Innern, noch nicht ganz Stimmen, aber sie kamen wieder, sie kamen wieder. Das Bild seiner Seele in Gestalt einer Stadt erschien wieder vor ihm, aber diesmal war es eine Stadt, die auf dem schwarzen Pfad seiner Ausschweifungen verheert und verwüstet worden war; die brennenden Augen schließend, hatte er an das schön funktionierende System bei den wahrhaft Lebenden gedacht, wo die Schalter intakt waren, die Nerven sich nur in wirklicher Gefahr anspannten und in einem alptraumfreien Schlaf nicht versanken, sondern ruhig schwebten: ein friedliches Dorf. Lieber Gott, wie es die Qual erhöhte (und mittlerweile konnte er mit gutem Grund annehmen, daß die anderen sich einbildeten, er amüsiere sich großartig), das alles zu sehen und sich zugleich des gräßlich zerfallenden Mechanismus bewußt zu sein, Licht an, Licht aus, jetzt zu grell, jetzt zu trübe mit dem Flackern einer krampfhaft verendenden Batterie — und dann schließlich zu wissen, daß die ganze Stadt in Finsternis versinken wird, jede Verbindung abgerissen, jede Bewegung blockiert, drohende Bomben und Gedankenflucht ...

Der Konsul, der sein schales Bier ausgetrunken hatte, saß da und starrte die Badezimmerwand an; seine Haltung war wie eine groteske Parodie auf die Statue eines Meditierenden. »Ich interessiere mich sehr für Geisteskranke.« Eine sonderbare Gesprächseröffnung mit jemandem, der einem gerade einen Drink spendiert hatte. Aber so hatte der Doktor gestern abend in der ›*Bella Vista*‹-Bar die Unterhaltung eröffnet. War Vigil vielleicht der Meinung, sein geschultes Auge habe die herannahende Geisteskrankheit entdeckt (und es war eigentlich komisch, nur von »Herannahen« zu sprechen, wenn man sich seine diesbezüglichen Gedanken von vorhin ins Gedächtnis rief), so wie manche Leute, die ihr Leben lang Wind und Wetter beobachtet haben, bei klarem Himmel das herannahende Unwetter prophezeien können, die aus dem Nichts hervorbrechende Finsternis, die in Windeseile die Landschaft des Geistes überzieht? Allerdings könnte man in diesem Zusammenhang kaum von einem sehr klaren Himmel sprechen. Aber wie würde der Doktor sich erst für jemanden interessieren, der sich von den universalen Mächten selbst zerrüttet fühlte! Welche Kompressen würde er für seine Seele verordnen? Was wußten selbst die Oberpriester der Wissenschaft von der furchtbaren Gewalt eines für sie unlukrativen Übels? Der Konsul hätte auch ohne geschultes Auge an dieser — oder jeder anderen — Wand ein Menetekel für die Welt erkennen können, neben dem bloße Geisteskrankheit so gut wie nichts war. Aber wer hätte je geglaubt, daß ein unbekannter Mann, der im Mittelpunkt der Welt — sagen wir, in einem Badezimmer — saß und seine einsamen, elenden Gedanken dachte, ihren Untergang entfesselte, daß selbst jetzt, während er das dachte, hinter den Kulissen gewisse Drähte gezogen wurden, die ganze Kontinente in Brand setzten und das Unheil immer näherrücken ließen. Vielleicht rollte schon jetzt, in diesem Augenblick, das Unheil polternd und knirschend heran, vielleicht hatte sich der Himmel draußen schon verdunkelt, ohne daß der Konsul es wußte. Oder vielleicht war er, der irgendwo spielend wie auf einem Orgelboden saß und auf gut Glück alle Register zog, und Königreiche stürzten und zerfielen, und Greuel regneten vom Himmel — vielleicht war er gar kein Mann, sondern ein Kind, ein kleines Kind, unschuldig wie der Geoffrey einer früheren Zeit, ein unschuldiges Kind wie jener im Sarg schlafende Säugling, der auf der Calle Tierra del Fuego an ihnen vorübergetragen worden war ...

Der Konsul hob sein Glas an die Lippen, stellte noch einmal fest, daß es leer war, und setzte es auf den von den Füßen der Schwimmer noch nassen Fußboden. Das kontrollierbare Geheimnis des Badezimmerfußbodens. Er erinnerte sich, das nächste Mal mit einer Flasche Carta Blanca auf die Terrasse zurückgegangen zu sein, obwohl das aus irgendeinem Grunde jetzt schrecklich lange her und längst vergangen zu sein schien. Zwischen ihn, der auf die Terrasse zurückgegangen war, und ihn, der jetzt im Badezimmer saß, schien sich geheimnisvollerweise etwas Gewaltsames, Ungreifbares geschoben zu haben (die Gestalt auf der Terrasse schien zu seinem Ärger jünger zu sein und mehr Bewegungs- und Entscheidungsfreiheit und bessere Zukunftsaussichten zu haben, wenn auch nur darum, weil sie wieder ein volles Glas Bier in der Hand hielt). Yvonne, hübsch und jugendlich in ihrem Badeanzug aus weißem Atlas, war auf Zehenspitzen um den Arzt herumgegangen, und der hatte gesagt:

»Senora Firmin, ich bin aber wirklich enttäuscht, daß Sie nicht mitkommen.«

Der Konsul und sie hatten einen fast verständnisvollen Blick getauscht, dann schwamm Yvonne wieder, und der Doktor sagte zum Konsul:

»Guanajuato liegt in einer schönen Arena von steilen Bergen. Guanajuato«, sagte der Doktor, »Sie werden es nicht glauben, wie es daliegt, wie der alte Goldschmuck an der Brust unserer Großmutter.

»Guanajuato«, sagte Dr. Vigil, »diese Straßen. Wie kann man diesen Straßennamen widerstehen? Straße der Küsse. Straße der Singfrösche. Die Köpfchenstraße. Ist das nicht abstoßend?«

»Äußerst abstoßend«, antwortete der Konsul. »Ist Guanajuato nicht der Ort, wo die Leute aufrecht stehend begraben werden?« Ach ja, und da war ihm die Stierhatz eingefallen, und mit neuer Energie hatte er zu Hugh, der in der Badehose des Konsuls nachdenklich am Rande des Beckens saß, hinuntergerufen: »Tomalín ist ganz nah von Parián, wo dein Kumpel hingefahren ist. Wir könnten auch dahin fahren.« Und zum Doktor hatte er gesagt: »Vielleicht kommen sie auch mit ... Ich habe meine Lieblingspfeife in Parián liegenlassen. Wenn ich Glück habe, kriege ich sie wieder. Im ›*Farolito*‹.« Und der Doktor hatte gesagt: *»Puh, es un infierno«*, während Yvonne ihre Bademütze lüftete, um besser hören zu können, und sanftmütig fragte: »Kein Stierkampf?« Und der Konsul: »Nein, eine Stierhatz. Wenn du nicht zu müde bist?«

Aber der Doktor konnte natürlich nicht mit nach Tomalín fahren, und sie sprachen auch gar nicht weiter darüber, denn gerade da wurde das Gespräch durch eine plötzliche Detonation unterbrochen, so heftig, daß das Haus erbebte und die Vögel im Garten verängstigt aufflatterten. Schießübungen in der Sierra Madre. Der Konsul hatte sie schon vorhin im Schlaf halb wahrgenommen. Rauchwölkchen trieben hoch über den Felsen zu Füßen des Popo am Ende des Tales. Drei schwarze Geier stiegen aus den Bäumen auf und flogen tief über das Dach, ihr leises, heiseres Kreischen klang wie Liebesschreie. Die Furcht trieb sie zu ungewohnter Schnelligkeit an, sie schienen sich fast zu überschlagen, während sie dicht aneinandergedrängt, einen Zusammenstoß gerade vermeidend, sich einen anderen Baum suchten, auf dem sie sich abwartend niederließen. Das Echo des Geschützfeuers fegte über das Haus, schwang sich höher und höher und verhallte, während irgendwo eine Uhr neunzehn schlug. Zwölf Uhr, und der Konsul sagte zum Doktor: »Ach, wäre der Traum des dunklen Magiers in der Höhle seiner Vision, selbst während seine Hand versagend bebt — diese Stelle liebe ich —, das wahre Ende dieser so schönen Welt! Jesus. Wissen Sie, *compañero*, manchmal habe ich das Gefühl, daß sie tatsächlich unter meinen Füßen versinkt wie Atlantis. Hinab, hinab zu den furchtbaren ›Mollusken‹. Meropis von Theopompus ... Und die *feuerspeienden* Berge.« Und der Doktor sagte düster nickend: »*Sí*, das ist der Tequila. *Hombre, un poco de cerveza, un poco de vino*, aber nie mehr Tequila. Nie mehr Mescal.« Und dann hatte der Doktor geflüstert: »Aber jetzt, *hombre*, wo Ihre *esposa* wieder da ist.« (Doktor Vigil schien das mehrmals gesagt zu haben, nur mit verschiedenem Gesichtsausdruck: ›Aber jetzt, *hombre*, wo Ihre *esposa* wieder da ist.‹) Und dann war er gegangen. »Ich brauchte nicht besonders neugierig zu sein, um zu wissen, daß Sie vielleicht meinen Rat wünschen. Nein, *hombre*, wie ich gestern abend sagte, Geld interessiert mich nicht so sehr. *Con permiso*, dieser Verputz nicht gut.« Tatsächlich war ein kleiner Gipsregen auf das Haupt des

Arztes niedergegangen. Dann vom Schwimmbecken her: »*Hasta la vista*«, »*Adiós*«, »*Muchas gracias*«, »Vielen Dank«, »Schade, daß wir nicht mitkommen können«, »Viel Vergnügen.« Noch einmal »*Hasta la vista*«, dann Stille.

Und nun war der Konsul im Badezimmer, um sich für die Fahrt nach Tomalín fertigzumachen. »Oh ...« sagte er. »Oh ...« Aber siehst du, schließlich ist gar nichts so Gräßliches passiert. Erst waschen. Schwitzend und wieder zitternd, zog er Jackett und Hemd aus. Er hatte das Wasser am Waschbecken angedreht. Aber aus irgendeinem unerfindlichen Grunde stand er unter der Dusche und wartete in Todesangst auf den Schock des kalten Wassers, der nicht kam. Und seine Hose hatte er auch noch an.

Der Konsul saß hilflos im Badezimmer und beobachtete die Insekten, die in verschiedenen Richtungen an der Wand lagen wie Schiffe am Ankerplatz. Eine Raupe begann, die Fühler prüfend hier- und dorthin ausstreckend, auf ihn zuzukriechen. Eine große Grille mit blankem Rumpf hing leise schaukelnd am Vorhang und putzte sich wie eine Katze, während die Stielaugen in ihrem Kopf zu rotieren schienen. Er wandte sich wieder zu der Raupe in der Erwartung, daß sie näher gekommen sei, aber sie hatte sich abgewandt und war ein Stückchen weiter vor Anker gegangen. Jetzt bewegte ein Skorpion sich langsam auf ihn zu. Plötzlich stand der Konsul auf, an allen Gliedern zitternd, aber nicht aus Furcht vor dem Skorpion, sondern weil mit einemmal die dünnen Schatten einzelner Nägel, die Flocken erschlagener Moskitos und sogar die Risse und schadhaften Stellen der Wand ihn zu umschwärmen begannen. Wohin er auch blickte, wurde ein Insekt geboren, das unverzüglich auf sein Herz zukroch. Das Erschreckendste war, daß die ganze Insektenwelt irgendwie nähergerückt war und ihn einzuschließen, sich auf ihn zu stürzen schien. Einen Augenblick blitzte in seiner Seele das Bild der Tequilaflasche unten in seinem Garten auf, dann stolperte der Konsul in sein Schlafzimmer.

Hier war der schreckliche Insektenschwarm nicht mehr sichtbar, aber — er lag jetzt auf dem Bett — er schien sich, so wie vorhin die Vision des Toten, in seinem Kopf als eine Art Brodeln festgesetzt zu haben, ähnlich dem anhaltenden Trommelwirbel in der Sterbestunde eines großen Monarchen, aus dem hin und wieder eine halb erkennbare Stimme herauszuhören war:

Hör um Gottes willen auf, du Narr. Paß auf, wohin du trittst. Wir können dir nicht mehr helfen.

Es wäre mir ein Vergnügen, wenn Sie mich als Ihren Helfer, Ihren Freund betrachten würden. Ich würde mit Ihnen arbeiten. Mir liegt sowieso nichts am Geld.

Was, bist du es, Geoffrey? Kennst du mich nicht mehr? Deinen alten Freund Abe? Was hast du getan, mein Junge?

Haha, jetzt bist du so weit. In einem Sarg! Jawohl!

Mein Sohn, mein Sohn!

Mein Geliebter. Ach, komm, daß ich dich wieder habe wie einst im Mai.

GEORGES SIMENON

Antoine und Julie

Der Auftritt des Komikers

Es mußte gegen zwei, vielleicht auch drei Uhr morgens sein, denn die Kneipe an der Rue Montmartre bildete immer den Abschluß. Die Blumenverkäuferin, die hereinkam, hatte ihn sofort bemerkt und ihm mit ihrer heiseren Stimme zugerufen:

»Spendierst du mir einen Grog, Künstler?«

Er hatte dem Kellner hinter der Theke ein Zeichen mit dem Kopf gegeben, und der hatte verstanden. Seine Gespräche mit der Alten beschränkten sich meistens auf diesen einen Satz. Sie stand schon vor dem Ofen, um ihre wulstigen Hände zu wärmen. Es fror Stein und Bein zusammen. Weihnachten stand vor der Tür, und die Plakate oder Transparente an den Türen der Restaurants wiesen auf die Festessen zu Heiligabend und zu Silvester hin.

»Auf dein Wohl!« rief sie ihm von weitem zu, bevor sie die Lippen in die brennende Flüssigkeit tauchte.

Er glaubte bei ihr eine gewisse Sympathie zu verspüren, und sie erwies ihm einen Respekt, den sie sonst niemandem entgegenbrachte. Den andern gegenüber verhielt sie sich gern aggressiv und grob. Manchmal mußten die Kellner sie hinausschmeißen, weil sie ordinär wurde oder weil sie, zum Zeichen der Verachtung, mit beiden Händen ihre Röcke hochhob.

Antoines Koffer machten sie neugierig wegen ihres Formats und wegen der Ecken aus Weißmetall. Ein einziges Mal hatte sie sich erlaubt, etwas persönlicher zu sein. Ihm mit der Hand über den Rücken streichend, hatte sie gemurmelt:

»Mach dir nichts draus, Mann! Uns ist es allen mal so ergangen. Eines Tages wirst du nicht mehr dran denken.«

Mit den Augen suchte er immer den Mann mit dem Schnurrbart, war jedesmal darauf gefaßt, ihn an dem Platz wiederzufinden, an dem er ihn zum erstenmal, vor fast einem Jahr, gesehen hatte. Es war eine fixe Idee geworden. Er war überzeugt, daß es zu einer neuen Begegnung kommen mußte.

Statt dessen kam in dieser Nacht der Komiker herein, ein Bein nachziehend, und bevor er näher trat, sah er sich reihum die Gäste an. Sicherlich hätte er den Rückzug angetreten, wenn er keinen Bekannten bemerkt hätte, denn er hatte kein Geld, um sich was zum Trinken zu bestellen, und wäre weitergegangen, um in andere Kneipen hineinzuschauen. Er trug nicht mehr seinen Übergangsmantel vom vergangenen Winter. Sein Mantel war wärmer, von einem gräulichen Schwarz; er war nicht für ihn zugeschnitten worden und hing ihm wie ein Sack am Körper. Auch seine Schuhe hatten einmal jemand anderem gehört, und die Spitzen standen hoch.

Erkannte er Antoine wieder? Sicher ist jedenfalls, daß er lächelte, mit seinem mechanischen Lächeln; wie auf der Bühne. Er trat zu ihm, und wie bei ihrer ersten Begegnung schlug er ihm auf die Schulter und ließ eine Hand, der es an Festigkeit fehlte, darauf liegen.

»Mensch, Alter, ich bin froh, daß ich dich treffe! Du würdest nie erraten, was mir passiert ist. Es ist so außergewöhnlich, daß es fast zum Totlachen ist. Stell dir vor, daß ich im Augenblick im Zug sitzen müßte nach ...«

Seine Augen waren klarer und leerer geworden. Sie waren dadurch ungewöhnlich, denn man hatte den Eindruck, in ihnen seine Intelligenz flackern, fast erlöschen und dann wieder hell brennen zu sehen, wie die Flamme einer verbrauchten Kerze. In einem bestimmten Augenblick erstarrte sein Lächeln, verschwand, für eine Sekunde entstand Angst, dann, sich noch stärker auf die Schulter seines Kumpels stützend, entschied er sich dafür zu lachen.

»Hab ich dich schon einmal damit hereingelegt? Du mußt doch zugeben, daß es zum Schießen ist. Als ich reinkam, hab ich mir gleich gesagt: Das Gesicht kennst du doch. Danach habe ich mich erinnert, daß du Bauchredner bist. Du bist doch Bauchredner, nicht wahr? Wie ist dein Name noch?«

Er stammelte wider Willen:

»Antoine.«

»Siehst du! Ich wußte es doch. Die Concerts Pacra. Übrigens, wenn ich zu Boden geschaut hätte, hätte ich deine Koffer erkannt. Was habe ich dir denn das letzte Mal erzählt, wo ich ein Engagement hätte?«

»In Nevers.«

»Richtig. Nevers! Ich wähle zwischen den beiden, verstehst du? Manchmal sage ich Romorantin. Das ist nicht so weit. Nicht jeder kann mir eine Fahrkarte nach Nevers bezahlen. Wenn der Kerl Geld wie Heu hat, erzähle ich was von Fréjus, im Var. Gib zu, daß wir Lumpen sind! So, dann hab ich dich damit schon mal reingelegt?«

Er war wieder dick geworden, aber sein Fleisch blieb weich, und wenn man den Finger hineingedrückt hätte, wäre sicherlich eine Kuhle zurückgeblieben.

»Spendierst du mir trotzdem einen, Antoine?«

»Kellner!«

»Was hast du denn gerade getrunken?«

»Rum.«

»Dann bekomme ich auch einen Rum. Wie lange ist das jetzt her? Es war nicht erst gestern, Mann.«

Man hätte nicht sagen können, ob er betrunken war oder nicht. Er war über das Stadium hinaus, wo der Unterschied noch spürbar ist. Trotzdem brannte die kleine Flamme von Zeit zu Zeit, und er sah alles, die Koffer, die matte Haut seines ehemaligen Kameraden, seine Verlegenheit, an diesem Ort beim Trinken überrascht zu werden.

»Kommst du oft hierher? Ich frag nur so ... Mich geht's ja nichts an.«

Es war nicht so sehr, weil sein Kamerad um einige Stufen gefallen war, sondern weil er sich geändert hatte, daß er nicht so mit ihm sprach wie im Januar. Während ihrer ganzen Unterhaltung war sich Antoine dessen bewußt, und es kam vor, daß er sich flüchtig im Spiegel betrachtete, um Symptome seines Verfalls zu entdecken.

»Aber sonst klappt's immer noch?« fragte Dagobert, nachdem er sein Glas geleert hatte, mit einem erneuten Blick auf den Koffer.

Dann ohne Übergang:

»Hast du immer noch eine Frau? Ich erinnere mich nicht mehr, ob du mir gesagt hast, du hättest Kinder.«

»Nein.«

»Um so besser. Ich...Hör zu. Ich weiß, was du denkst. Trotzdem, wenn du ein bißchen Mitleid hast, dann spendierst du mir noch einen.«

Er schaute Antoine anerkennend an, der dem Kellner ein Zeichen machte, folgte dessen Gebärden, ergriff das Glas mit gieriger Hand.

»Was mich angeht, alter Junge, ich habe keine Frau und keine Kinder mehr.«

Er schnalzte mit den Fingern, starrte ins Leere.

»Husch! ... Verschwunden! ... Einfach so! ... Hokus pokus, verschwindibus! ... Niemand mehr zu Hause ... Nicht einmal mehr die Möbel ... Du würdest nie erraten, was das Luder mir zurückgelassen hat, wahrscheinlich, weil ihr irgend jemand einen Tip gegeben und ihr gesagt hat, daß niemand, nicht einmal der Gerichtsvollzieher, das Recht hat, das einem Mann wegzunehmen: einen Strohsack, einen Tisch und einen Stuhl. Einen Strohsack! Kein Bett! Sie hat eines Abends die Gelegenheit genutzt, daß ich im Châtelet arbeitete, verstehst du?«

Er hatte dort natürlich als Statist gearbeitet. Von Zeit zu Zeit stand Dagobert wohl vor den Theatern Schlange, in denen Ausstattungsstücke gespielt wurden, und wenn man einen Dicken brauchte, und er nicht allzu betrunken war, hatte er eine kleine Chance.

»Gut! Ich komme heim. Ich klopfe an die Tür. Nichts! Ich klopfe noch einmal. Ich werde wütend. Ich fange an zu schreien, und darauf haben mir die Nachbarn mitgeteilt, daß niemand mehr in der Bude ist. Kannst du dir das vorstellen? Von den Nachbarn habe ich erfahren, daß sie mit den Kindern weggegangen war.«

Er schien nahe daran zu weinen, besann sich aber im letzten Augenblick eines andern, erklärte:

»Die bin ich los! Denn ich werde dir jetzt was sagen, was ich noch nie jemand gesagt habe, wegen der Kinder, denn schließlich ist sie die Mutter meiner Kinder. Wohlgemerkt, wir sind so ordnungsgemäß verheiratet, wie es nur geht, standesamtlich und kirchlich, in ihrem Dorf in der Bretagne, wohin sie mich geschleppt hat, um mich ihrer Familie vorzustellen. Kannst du mir folgen?«

»Ja.«

»Also gut, alter Junge, ob du es glaubst oder nicht, als ich das erste Mal mit diesem Mädchen geschlafen habe, hat sie zehn Francs von mir verlangt! Das war damals der Tarif! Zehn Eier! Sie war Dienstbolzen bei Geschäftsleuten am Boulevard Beaumarchais, und an ihren freien Tagen hat sie an der Tür eines Tanzlokals in der Nähe vom Boulevard Sébastopol die Kunden angelockt. Was meinst du dazu? Sie hat sich mit den Kindern aus dem Staub gemacht und die Möbel und den ganzen Plunder mitgenommen. Ich habe nicht lange gefackelt. Ich bin zur Polizei gegangen. Ich habe ihnen gesagt, daß sie nicht das Recht hat, mir, dem Vater, das anzutun. Weißt du, was die mir zur Antwort gegeben haben? Daß es für mich vernünftiger wäre, mich ruhig zu verhalten, und daß ich nur froh sein sollte, daß sie keine Anzeige erstattet und auch keinen Unterhalt von mir verlangt hat, und daß man, falls ich auf den Gedanken kommen sollte, um sie herumzustreichen und die Kinder zu belästigen, dafür sorgen würde, daß ich für eine Weile in den Bau komme. Voilá, Alter! Du mußt doch zugeben, daß du das nicht erwartet hast!«

»Dasselbe, Kellner!« murmelte Antoine, der unfähig war, den Komiker aus den Augen zu lassen.

»Du hast Glück, daß du keine Kinder hast. Ich weiß nicht einmal, wo die meinen wohnen. Ich darf nicht wissen, was mit ihnen ist, wie es ihnen geht, und ihre Mutter, das Luder, kann ihnen über mich erzählen, was sie will. Neulich habe ich auf dem Boulevard Magenta den Kleinen gesehen, der jetzt schon größer ist als ich. Ich laufe zu ihm hin. Ich mache den Mund auf. Er sieht mich an, als ob er mich noch nie gesehen hätte, besteigt wieder sein Lieferdreirad und schlängelt sich zwischen den Lastwagen hindurch, ohne sich auch nur umzudrehen. Ich habe nicht sehen können, für welche Firma er arbeitet. Auf dem Fahrzeug stand in gelber Schrift ein Name, ein Name auf *ien*, aber er war schon zu weit weg, als ich auf den Gedanken gekommen bin hinzuschauen. Was soll ich da machen? In dem Aufzug, in dem ich herumlaufe, habe ich mit meiner Masche von Nevers oder Romorantin natürlich auch kein Glück mehr. Im besten Fall bezahlt man mir ein Glas Rotwein, um mich loszuwerden. Die Polizei hat mich im Auge. Es ist schon eine Ewigkeit her, daß ich mich nicht mehr in dieses Viertel getraut habe. Was meinst du, was sie ihnen erzählt hat?«

Er klammerte sich an der Theke fest, wie damals der Mann mit der Rosette. Sein Körper schwankte. Einen Augenblick lang schien er in Gedanken versunken, dann beobachtete er Antoine mit plötzlich glänzenden Augen.

»Wir sind ja doch Schweine, Mann! Ich spreche nicht von dir. Du weißt das sicherlich. Aber ich, Alter, ich bin ein verdammter Schweinehund. Es erleichtert, wenn man das von Zeit zu Zeit sagen kann. Du wirst sehen.«

Er belauerte wieder seinen ehemaligen Kameraden, schien zu zögern.

»Hast du nicht den Eindruck, ein Schweinehund zu sein? Gut! Das erste Mal habe ich ihr zehn Francs gegeben, geht in Ordnung. Oder genauer, es stimmt nicht ganz. Ich habe ihr ein altes Fünffrancstück in die Hand gedrückt und behauptet, daß ich nicht mehr bei mir hätte. Du hast es bestimmt auch schon so gemacht.

Trotzdem haben wir uns später zusammengetan, und sie hat mir zwei Kinder in die Welt gesetzt. Wenn ich nach Hause kam, stand die Suppe auf dem Tisch. Siehst du, ich behaupte immer, nach Hause kommen und Licht vorfinden und Suppe, die auf dem Tisch dampft, das zählt im Leben eines Mannes.«

Seine Stimme zerbrach, eine Träne zitterte auf seiner Wange, bevor sie zu seinem Kinn rollte.

»Ich versuche nicht, dir was vorzumachen. Außerdem würde ich nach dem, was ich dir gerade erzählt habe, keinen Pfennig von dir annehmen. Ein Gläschen, ja, weil ich ohne nicht mehr auskomme. Es ist zu spät, verstehst du? Anfangs, wenn mir das passierte, behauptete ich immer, es sei das letzte Mal, und ich meinte es ehrlich.«

Auch Antoine hätte sich um diese Stunde gern zu Geständnissen hinreißen lassen. Es war schon vorgekommen, daß er es bei Leuten versucht hatte, die er eine Stunde zuvor noch nicht kannte und in denen er plötzlich Brüder sah. Jedesmal waren ihm die Worte im Hals steckengeblieben.

»Schlägst du deine Frau?« fragte der andere, und die Iris seiner Augen war ganz klein, der Blick wurde stechend.

Und mit hängenden Schultern:

»Bei mir ist es vorgekommen. Das Seltsame ist nur, daß ich nie herausfinden konnte, warum. Sie ist an sich schon nicht sehr kräftig. Seit dem zweiten Baby hat sie ein Magenleiden. Einmal, als ich spät nach Hause gekommen bin und sie mit mir herumstritt, habe ich ihr das Nachthemd heruntergerissen und angefangen, sie mit dem Gürtel zu schlagen.«

Antoine hätte lieber nicht hingehört, aber er war unfähig wegzugehen. Er mußte alles wissen.

»Hast du nie deine Frau mit einem Gürtel geschlagen?«

Dagobert flüsterte. Der Rest der Welt war versunken. Um sie herum blieb nichts mehr übrig, keine Stadt mehr, keine Häuser, keine Bürgersteige; das Universum beschränkte sich auf diese Theke, auf der Gläser standen, und dort, um den Ofen herum, auf einige groteske Gestalten. Ihr Atem vermischte sich. Sie hatten Angst voreinander. Antoine auf jeden Fall hatte Angst. Dagobert hatte wohl Angst vor dem, was er sagen würde. Seine Stimme hatte sich verändert. Er sprach wie zu sich selber.

»Siehst du, Alter, ihr Körper war ganz weiß, und es war ein Geräusch, das du dir nicht vorstellen kannst. Es tat mir genauso weh wie ihr. Ich weinte, und konnte doch nicht aufhören. Ich schrie ihr die häßlichsten Worte ins Gesicht. Verstehst du? Du mußt mich verstehen. Du bist doch gebildet, kannst du mir sagen, warum ich das gemacht habe, obwohl uns die Kinder in ihrem Zimmer hören konnten? Ja? Warum? Halt den Mund! Warte! Du weißt noch nicht alles. Ich habe sie wieder geschlagen. Und das gab mir das Gefühl, ein Mann zu sein, der Recht spricht.«

Fast verstört blickte er um sich, auf der Suche nach einem Glas, in dem noch Flüssigkeit war, egal welche.

»Noch einen?«

Antoine nickte. Dagobert stammelte mit gesenktem Kopf:

»Bestell du.«

Er kippte den Schnaps in einem Zug runter, wurde heiser, hustete, zog ein schmutziges Taschentuch aus der Tasche.

»Ich will dir nicht erzählen, wie es endete. Auch das verstehe ich nicht. Selbstverständlich wollte sie nicht. Ich habe sie dazu gezwungen.«

Er nahm sich Zeit, um sich wieder zu fangen.

»Das ist auch der Grund, weshalb die Polizei mir hart zugesetzt hat und weshalb sie mich im Auge behalten. Sie hat ihnen wahrscheinlich die Spuren gezeigt. Sie hatte Angst, sie behauptete, daß ich sie eines Tages noch umbringen würde. Jetzt ist es vorbei. Sie ist mit den Kindern fortgegangen. Ich bin nicht einmal mehr ein Vater, Alter! Ich weiß nicht, in welchem Viertel sie wohnen. Wohlgemerkt, es ist mir Wurscht ... Früher oder später mußte es ja soweit kommen. Wenn man dann soweit ist, hat man eigentlich seine Ruhe. Abends kannst du mich sehen, wie ich vor dem Kahn der Heilsarmee Schlange stehe. Dagobert, wenn's recht ist! Zu seiner Zeit ein berühmter Komiker. Nicht einmal! Ein Kerl, der versuchte, die Leute zum Lachen zu bringen. Findest du das nicht zum Schießen?«

Antoine war es kalt, er versuchte um sich zu schauen, sich an den vertrauten Gegenständen festzuklammern, aber alles war unscharf in dem allzu grellen Licht, das den Augen wehtat. Die alte Blumenverkäuferin stand nicht mehr am Ofen. Hätte er den Mann mit der Rosette erkannt, wenn er hereingekommen wäre?

Er erinnerte sich nicht, daß er gesehen hatte, wie Dagobert ihn verließ, er stand allein vor der Theke und sah auf der andern Seite, sehr verschwommen, das weiße Hemd und die blaue Schürze des Kellners. Er schnüffelte, ohne zu merken, daß er weinte, und sagte, den Kopf schüttelnd:

»Gib mir noch mal dasselbe.«

»Für heute ist es genug. Es ist Zeit, daß sie schlafen gehen.« Wäre es nicht menschlicher gewesen, ihm eine Ohrfeige zu geben? Im Grunde hatte man ihn gerade öffentlich geohrfeigt. Offenbar meinte man, er sei betrunken und würde einen Skandal heraufbeschwören. Er zog es vor zu lächeln, und es war ein so bitteres Lächeln, daß er den Eindruck hatte, die ganze Trauer der Welt hineinzulegen.

»Sehr gut, mein Freund. Wie Sie wollen. Wenn Sie das meinen, haben Sie recht. Allerdings werde ich eines Tages in Ruhe mit Ihnen darüber reden. Wissen Sie, wer ich bin?«

Man wußte tatsächlich nicht, wer er war! Dabei kam er schon über ein Jahr mindestens einmal wöchentlich her. Nicht von Anfang an. Zuerst war es einmal im Monat, dann alle vierzehn Tage. Man fragte sich nicht, warum er diese Kneipe ausgesucht hatte. Für sie war er ein Gast wie jeder andere.

»Geben Sie zu, daß Sie nicht wissen, wer ich bin.«

Sich mit beiden Händen an der Theke festhaltend, senkte er seinen Blick zum Fußboden und sah nur noch einen Koffer. Wie bei Dagobert vorhin änderte sich der Ausdruck seiner Augen von einer Sekunde zur andern. Anstatt sich zu ärgern oder in Panik zu geraten, lachte er, ein schroffes Lachen, das er der Situation angepaßt fand.

»Es ist doch zum Schießen. Haben Sie keine Angst. Ich habe nicht die Absicht, Ihnen einen Prozeß anzuhängen. Es ist nicht Ihre Schuld. Aber Sie müssen doch zugeben, daß es zum Schießen ist. Man hat mir einen meiner beiden Koffer gestohlen!«

Er mußte die Geschichte auch dem Fahrer des Taxis erzählen, in das ihm der Kellner hineinhalf.

»Welche Adresse?«

»Kennen Sie die russische Kirche an der Rue Daru? Genau dort ist es.«

Das erschien ihm von größter Lustigkeit, und er lachte von neuem.

»Zur russischen Kirche, alter Junge!«

Ob ihn der Taxifahrer wohl für einen Popen hielt? Es war zum Schießen. Alles war zum Schießen. Es herrschte eine Hundekälte, und seine Finger waren erstarrt. Hatte er nicht die Treppe seines Hauses auf allen vieren hinaufgehen müssen?

Wie er sich auch abmühte, es gelang ihm einfach nicht, den Schlüssel umzudrehen. Hatte Julie etwa das Schloß ausgewechselt, um ihn daran zu hindern, seine Wohnung zu betreten? Vielleicht bildete sie sich ein, daß es nur ihre und nicht ihrer beider Wohnung war? Sie hatte bereits vor ihm mit ihrer Mutter in der Wohnung gelebt. In ihren Augen mußte es natürlich eine Travot-Wohnung sein. Er grüßte, wobei er feierlich den Hut zog, alle toten und lebenden Travots. Es wäre noch lustiger, wenn sie fortgegangen wäre, wie Dagoberts Frau, und die Möbel mitgenommen hätte.

Sieh da! Die Tür ging auf, ohne daß der Schlüssel im Schloß steckte. Er hatte ihn in der Hand, war im Begriff, in Gelächter auszubrechen, denn das war noch mehr zum Schießen als alles andere.

»Pst! ... Versuchen Sie keinen Lärm zu machen ... «

Mit gerunzelter Stirn bemühte er sich zu verstehen, betrachtete den Treppenabsatz, um sich zu vergewissern, daß er sich nicht im Stockwerk geirrt hatte. Die kleine, rundliche Alte, die an der Türspalte stand, war ihm unbekannt. Sie sprach unfreundlich und, wie er bemerkte, unhöflich mit ihm.

»Wenn Sie ihr Mann sind, dann kommen Sie herein und lassen Sie sie in Ruhe.«

»Was ist los?«

»Ihre arme Frau ist krank, und der Doktor verbietet Ihnen, daß Sie in ihr Zimmer gehen, das ist los.«

Sie hatte ihr Zimmer gesagt.

»Doktor Bourgeois?«

»Sprechen Sie nicht so laut. Ja, Doktor Bourgeois. Er hat mich auch rufen lassen.«

»Was hat sie denn?«

»Wahrscheinlich machen Sie ihr nicht genug Kummer. Geben Sie mir ihren Koffer, sonst stoßen Sie ihn noch gegen alle Möbel.«

Er war viel zu benommen, um sich über die Lage ganz klar zu werden. Die alte Frau ließ ihm keine Zeit zu protestieren. Durch die Schlafzimmertür, die einen Spalt offen stand, sah er kaum Julies Gesicht und Haare auf dem Kopfkissen. Sie schien zu schlafen. Er erkannte nur schlecht ihre Züge, denn man hatte lediglich eine Nachttischlampe brennen lassen. Es herrschte ein merkwürdiger Geruch, sicherlich Medikamente.

»Kommen Sie hier entlang. Ziehen Sie nicht die Füße nach.«

Sie schob ihn in sein Arbeitszimmer, in dem ein Sofa stand, auf dem er hin und wieder seinen Mittagsschlaf hielt.

»Setzen Sie sich. Ziehen Sie Ihre Schuhe aus. Aber in dem Zustand, in dem Sie sind, ist es besser, wenn ich sie Ihnen ausziehe.«

Später, als sie seine Krawatte aufknotete, protestierte er:

»Mißhandeln Sie mich nicht.«

Es kam auch der Augenblick, wo er fragte:

»Sie ist doch nicht tot, nicht wahr? Antworten Sie mir wenigstens auf diese Frage. Schwören Sie mir, daß sie nicht tot ist.«

»Sie ist nicht tot, nein.«

»Wird sie auch nicht sterben?«

»Diesmal nicht, wenn Sie sie in Ruhe lassen. Und jetzt schlafen Sie, und lassen Sie nichts mehr von sich hören.«

Sie ließ ihn sich angekleidet hinlegen, zog eine Decke über ihn, löschte das Licht und schloß die Tür hinter sich.

Er weinte in der Dunkelheit, schlief, hatte Alpträume. Er watete lange in einem endlosen unterirdischen Kanal herum, dessen Decke nicht hoch genug war und wo Tiere ihn streiften. Hinter sich hörte er Dagoberts Atem, aber Dagobert sagte nichts, und er konnte nicht verstehen, warum er sich weigerte, mit ihm zu sprechen.

LUIS BUÑUEL

Irdische Vergnügen

Eine praktikable Philosophie des Genießens

Manche köstliche Stunde habe ich in Bars verbracht. Die Bar ist für mich ein Ort der Meditation und der Sammlung, ohne sie könnte ich mir mein Leben nicht vorstellen. Es ist eine alte Gewohnheit, die sich im Lauf der Jahre noch verstärkt hat. Wie Sankt Symeon der Stilit sich oben auf seiner Säule mit seinem unsichtbaren Gott unterhielt, habe ich in Bars viele Stunden in Träumereien zugebracht, im Gespräch mehr mit mir selbst als mit dem Kellner, versunken in einer endlosen Flut von Bildern, die mich immer aufs neue überraschten. Heute, da ich alt bin wie das Jahrhundert, verlasse ich kaum noch das Haus. Aber in der geheiligten Stunde des Aperitifs denke ich, allein in dem kleinen Raum, in dem meine Flaschen untergebracht sind, gern an die Bars zurück, die ich besonders gemocht habe. Zunächst einmal unterscheide ich zwischen Bars und Cafés. In Paris zum Beispiel habe ich nie eine anständige Bar gefunden. Dagegen ist die Stadt reich an wunderbaren Cafés. Wohin man auch geht, von Belleville bis Auteuil, nie braucht man Angst zu haben, daß man keinen Platz findet, wo man sich hinsetzen und bei einem Kellner eine Bestellung aufgeben kann. Wäre Paris ohne seine Cafés, ohne seine Terrassen, ohne seine Tabakläden überhaupt vorstellbar? Es wäre wie eine Stadt nach einer Atombombenexplosion.

Ein großer Teil der surrealistischen Aktivitäten vollzog sich im Café Cyrano an der Place Blanche. Das Sélect an der Champs Elysées mochte ich auch gern, und zur Eröffnung der Coupole am Montparnasse war ich eingeladen. Dort war ich auch mit Man Ray und Louis Aragon verabredet, um die erste Aufführung des *Chien Andalou* vorzubereiten. Ich kann sie gar nicht alle aufzählen. Hinzufügen möchte ich nur noch, daß zum Café das Reden, das Kommen und Gehen gehören, die manchmal geräuschvolle Gesellschaft von Frauen.

Dagegen ist die Bar eine Schule der Einsamkeit.

Sie muß vor allem ruhig sein, möglichst düster und sehr bequem. Jede Musik, auch noch die entfernteste, ist verpönt – ganz entgegen dem üblen Brauch, der sich heute in aller Welt breitmacht. Höchstens ein Dutzend Tische, möglichst nur Stammgäste, und zwar wenig gesprächige.

Mir gefällt zum Beispiel die Bar des Hotels Plaza in Madrid. Sie befindet sich im Untergeschoß – ein eminenter Vorzug, denn Landschaft stört nur. Der Maître d'Hôtel kennt mich und geleitet mich gleich zu meinem Lieblingstisch, wo ich mit dem Rücken zur Wand sitze. Nach dem Aperitif kann man sich etwas zu essen bringen lassen. Die Beleuchtung ist unaufdringlich, aber die einzelnen Tische sind hell genug.

In Madrid hatte ich auch das Chicote sehr gern, es ist für mich angefüllt mit teuren Erinnerungen. Aber dahin geht man eher mit Freunden als zur einsamen Meditation.

Im Hotel del Paular im Madrider Norden, im Hof eines großartigen gotischen Klosters, nahm ich in einem langgestreckten Raum mit Granitsäulen abends gern meinen Aperitif ein. Außer samstags und sonntags, schlimmen Tagen, an denen überall Touristen mit lauten Kindern herumwimmeln, war ich praktisch allein, umgeben von Reproduktionen der Gemälde von Zurbarán, einem meiner Lieblingsmaler. Schweigend glitt zuweilen der Schatten eines Obers im Hintergrund vorüber, ohne meine alkoholisierten Meditationen zu stören.

Ich kann sagen, daß ich diesen Ort wie einen alten Freund geliebt habe. Nach einem Tag voller Muße und Arbeit ließ mich Jean-Claude Carrière, wenn wir gemeinsam an einem Drehbuch arbeiteten, hier für eine Dreiviertelstunde allein. Pünktlich hörte ich dann seine Schritte auf dem Steinboden, er setzte sich mir gegenüber, und ich mußte ihm — so war es abgemacht, denn ich bin überzeugt, daß die Imagination eine geistige Fähigkeit ist, die man ausbilden und entwickeln kann wie das Gedächtnis — eine Geschichte erzählen, kurz oder lang, die ich mir während meines fünfundvierzigminütigen Sinnierens ausgedacht hatte. Es kam nicht darauf an, daß sie zu dem Drehbuch, an dem wir gerade arbeiteten, einen Bezug hatte. Sie konnte burlesk sein oder melodramatisch, blutrünstig oder lieblich. Die Hauptsache war das Erzählen.

Allein mit den Reproduktionen von Zurbarán und den Säulen aus Granit, diesem phantastischen Stein aus Kastilien, und in der ausgezeichneten Gesellschaft meines Lieblingsgetränks — auf das ich gleich noch zu sprechen komme —, ließ ich mich ohne Anstrengung aus der Zeit gleiten und öffnete mich den Bildern, die alsbald den Raum erfüllten. Manchmal kamen mir Familienangelegenheiten in den Sinn oder andere Alltäglichkeiten, und dann plötzlich geschah etwas, eine oft überraschende Handlung schälte sich heraus, Personen traten auf, sprachen, erzählten mir von ihren Konflikten, ihren Problemen. Manchmal mußte ich, allein in meiner Ecke, still vor mich hin lachen. Wenn ich den Eindruck hatte, daß diese unerwartete Geschichte dem Drehbuch dienlich sein konnte, begann ich noch einmal von vorn, versuchte, Ordnung hineinzubringen und meine schweifenden Gedanken zu bändigen.

In New York mochte ich vor allem die Bar im Hotel Plaza, auch wenn es ein beliebter Treffpunkt ist (und Frauen keinen Zutritt haben). Ich pflegte meinen Feunden zu sagen (und manchmal machten sie die Probe aufs Exempel): »Wenn ihr in New York seid und wissen wollt, ob ich da bin, geht mittags ins Plaza. Wenn ich in New York bin, trefft ihr mich da bestimmt.« Leider hat diese großartige Bar mit Blick auf den Central Park dem Restaurant Platz machen müssen, die eigentliche Bar hat nur noch zwei Tische.

Was die mexikanischen Bars betrifft, in denen ich verkehre, so habe ich in Mexiko selbst die des El Parador sehr gern, aber auch dahin geht man besser mit Freunden, so wie in Madrid ins Chicote. Lange habe ich mich in der Bar des Hotels San José Purúa im Staat Michoacán wohl gefühlt, in das ich mich dreißig Jahre hindurch zurückzog, um meine Drehbücher zu schreiben.

Das Hotel liegt auf der einen Seite eines großen halbtropischen Cañons. Die Fenster der Bar gehen also auf eine sehr schöne Landschaft, eigentlich ein Nachteil, aber glücklicherweise erhebt sich genau vor dem Fenster ein Zirando, ein tropischer Baum mit verschlungenem Geäst, das wie ein Nest mit riesigen Schlangen aussieht und einen Teil der grünen Landschaft verdeckt. Ich ließ meine Blicke in dem ungeheuren Wirrwarr der Zweige wandern, folgte ihnen wie den verworrenen Fäden einer komplizierten Geschichte und sah hin und wieder, wie sich eine Eule, eine nackte Frau oder irgend etwas anderes darin niederließ.

Leider ist diese Bar ohne jeden Grund geschlossen worden. Ich sehe uns noch, den Produzenten Serge Silberman, Jean Claude und mich, wie wir 1980 verzweifelt durch die Hotelflure irrten, auf der Suche nach einem annehmbaren Ort. Es ist eine schlimme Erinnerung. Unsere alles verheerende Epoche macht nicht einmal vor Bars halt.

Ich muß nun von dem reden, was ich trinke. Weil das ein Kapitel ist, über das ich mich endlos auslassen kann — mit Silberman rede ich darüber manchmal zwei Stunden lang —, will ich versuchen, mich kurz zu fassen. Wer sich für das Thema nicht interessiert — leider gibt es solche Leute —, überschlägt besser die nächsten Seiten.

Über alles andere geht mir der Wein, vor allem der Rotwein. Frankreich hat den besten und den schlechtesten Wein — so gibt es nichts Scheußlicheres als das ›Glas Roten‹ in Pariser Bistros. Sehr angenehm finde ich den spanischen Valdepeñas, den man kühl trinkt, aus einem Schlauch von Ziegenhaut, und den weißen Yepes aus der Gegend von Toledo. Die italienischen Weine kommen mir immer gepanscht vor.

In den Vereinigten Staaten gibt es gute kalifornische Weine, den Cabernet und andere. Manchmal trinke ich einen chilenischen oder mexikanischen Wein. Das ist auch schon fast alles.

Natürlich trinke ich Wein nie in einer Bar. Wein ist ein rein physisches Vergnügen, das die Phantasie überhaupt nicht anregt.

Um sich in einer Bar in einen Zustand der Träumerei zu versetzen und darin zu verweilen, braucht man englischen Gin. Mein bevorzugtes Getränk ist Martini Dry. Angesichts der herausragenden Rolle, die der Martini Dry in dem Leben gespielt hat, von dem ich hier erzähle, muß ich ihm zwei oder drei Stunden widmen. Wie alle Cocktails ist der Martini Dry vermutlich eine amerikanische Erfindung. Er besteht vor allem aus Gin und einigen Tropfen Wermut, vorzugsweise Noilly-Prat. Die wirklichen Kenner, die ihren Martini gern ganz trocken trinken, behaupten sogar, man dürfe den

Noilly-Prat erst dann in den Gin geben, wenn ein Sonnenstrahl ihn berührt habe. Ein guter Martini Dry, sagt man in Amerika, sei wie die unbefleckte Empfängnis. Bekanntlich habe dem heiligen Thomas von Aquin zufolge die befruchtende Kraft des Heiligen Geistes das Hymen der Jungfrau durchquert ›wie ein Sonnenstrahl, der durch eine Glasscheibe fällt, ohne sie zu zerbrechen‹. Genauso sei es mit dem Noilly-Prat. Das finde ich etwas übertrieben.

Das Eis, das man verwendet, muß sehr kalt und sehr hart sein, damit es kein Wasser abgibt. Nichts ist schlimmer als ein feuchter Martini.

Ich möchte hier noch mein persönliches Rezept verraten – ein Ergebnis langer Erfahrung, mit dem ich großen Erfolg hatte.

Am Tage bevor die Gäste kommen, stelle ich alles Notwendige, die Gläser, den Gin, den Shaker, in den Eisschrank. Ich habe ein Thermometer, welches es erlaubt, die Temperatur des Eises bei ungefähr zwanzig Grad unter Null zu halten.

Am Tage darauf, wenn die Gäste da sind, nehme ich alles, was ich brauche, heraus, schütte zunächst ein paar Tropfen Noilly-Prat und einen halben Teelöffel Angostura auf das sehr harte Eis, schwenke das Ganze und schütte es aus bis auf die Eiswürfel, auf denen eine leichte Spur des Geschmacks von Wermut und Angostura zurückbleibt, und darauf gieße ich dann den reinen Gin. Ich schwenke noch ein wenig und serviere. Das ist alles, es gibt nichts Besseres.

In New York habe ich vom Direktor des Museum of Modern Art in den vierziger Jahren eine leichte Variante gehört: Statt des Angostura nimmt man etwas Pernod – für mich ist das Ketzerei. Es war auch nur eine Mode, sie ist längst wieder vorbei.

Abgesehen von dem Martini, der mein Lieblingsgetränk geblieben ist, bin ich auch der bescheidene Erfinder eines Cocktails mit Namen Buñueloni. In Wirklichkeit ist das weiter nichts als ein Plagiat des berühmten Negroni, nur nimmt man statt des Campari, den man sonst mit Gin und süßem Cinzano mischt, Carpano. Das ist ein Cocktail, den ich gern abends vor dem Essen trinke. Auch bei ihm gewährleistet der Gin, von dem man mehr nimmt als von den anderen Bestandteilen, ein gutes Funktionieren der Phantasie. Warum das so ist? Ich weiß es nicht, ich stelle es nur fest.

Wie man sicher verstanden hat, bin ich kein Alkoholiker. Es ist mir in meinem Leben bei bestimmten Anlässen zwar immer wieder passiert, daß ich bis zum Umfallen getrunken habe, aber in der Regel geht es mir um ein subtiles Ritual, das einen nicht betrunken macht, sondern einen leichten Rausch bewirkt, ein ruhiges Wohlbehagen, das vielleicht den Wirkungen einer leichten Droge gleicht. Es hilft mir, zu leben und zu arbeiten. Wenn ich gefragt werde, ob ich jemals auch nur einen einzigen Tag in der mißlichen Lage gewesen sei, auf meine Drinks verzichten zu müssen, so muß ich sagen: nicht, daß ich wüßte. Ich habe immer etwas zu trinken gehabt, weil ich immer meine Vorkehrungen traf.

Ich war zum Beispiel 1930, während der Prohibition, fünf Monate in Amerika, und ich glaube, ich habe nie in meinem Leben so viel getrunken wie damals. In Los Angeles hatte ich einen Bootlegger zum Freund — ich kann mich noch gut an ihn erinnern, er hatte an einer Hand nur drei Finger —, der mir beigebracht hat, echten Gin von falschem zu unterscheiden. Man braucht nur die Flasche auf eine bestimmte Weise zu schütteln; wenn sich Blasen bilden, ist der Gin echt.

In den Apotheken gab es Whisky auf Rezept, und in gewissen Cafés wurde der Wein in Tassen serviert. In New York kannte ich ein gutes Speakeasy. Man klopfte auf eine bestimmte Weise an eine kleine Tür, ein Guckloch öffnete sich, dann mußte man ganz schnell eintreten. Drinnen war es eine Bar wie jede andere. Es gab alles, was man wollte.

Die Prohibition war wirklich eine der absurdesten Ideen dieses Jahrhunderts. Die Amerikaner betranken sich damals wie wild. Erst danach haben sie richtig zu trinken gelernt.

Ich hatte auch immer eine Schwäche für französische Aperitifs, wie Picon-Bier-Grenadine, das Lieblingsgetränk des Malers Yves Tanguy, und vor allem Mandarin-Curaçao-Bier, wovon ich sehr schnell betrunken wurde, stärker als vom Martini Dry. Diese großartigen Mischungen verschwinden leider immer mehr. Wir erleben einen entsetzlichen Niedergang des Aperitifs — eins von vielen traurigen Zeichen dieser Zeitläufte.

Natürlich trinke ich von Zeit zu Zeit auch einmal zum Kaviar einen Wodka und zum geräucherten Lachs einen Aquavit. Ich mag die mexikanischen Schnäpse Tequila und Mezcal, aber das sind nur Surrogate. Whisky hat mich nie interessiert, das ist ein Getränk, das ich nicht verstehe.

Einmal habe ich in der Ratgeberspalte einer französischen Illustrierten — ich glaube, es war *Marie-France* — gelesen, Gin sei ein ausgezeichnetes Beruhigungsmittel und sehr wirksam gegen die Angst beim Fliegen. Sofort habe ich mich entschlossen, diese Behauptung auf ihren Wahrheitsgehalt hin zu prüfen.

Ich habe immer Angst im Flugzeug gehabt, eine ständige, nicht zu unterdrückende Angst. Wenn ich zum Beispiel einen der Piloten mit ernstem Gesicht durch den Gang kommen sah, dachte ich: »Es ist was passiert, jetzt sind wir verloren, ich sehe es seinem Gesicht an.« Und wenn er lächelnd und liebenswürdig daherging, dachte ich: »Die Sache muß sehr schlecht stehen, er will uns beruhigen.« Alle diese Befürchtungen schwanden wie durch einen Zauber an dem Tag, an dem ich mich entschloß, dem ausgezeichneten Ratschlag von *Marie-France* zu folgen. Ich habe es mir zur Gewohnheit gemacht, vor jeder Flugreise einen Flachmann mit Gin einzustecken, in Papier eingewickelt, damit er kalt bleibt. In der Wartehalle, vor dem Aufruf des Flugs, mache ich heimlich ein paar ordentliche Züge, und sofort fühle ich mich ruhig und sicher und bin bereit, mit einem Lächeln den schlimmsten Turbulenzen entgegenzusehen.

Ich käme nie ans Ende, wenn ich alle Wohltaten des Alkohols aufzählen wollte. 1978 in Madrid, als ich mich schon damit abgefunden hatte, die Dreharbeiten zu *Cet obscur objet du désir (Dieses obskure Objekt der Begierde)* wegen des totalen Zerwürfnisses mit einer Schauspielerin abzubrechen, und als auch Silberman, der Produzent, trotz des beträchtlichen Verlustes, den das für ihn bedeutet hätte, entschlossen war, den Film zu stoppen, saßen wir beide eines Abends ziemlich niedergeschlagen in einer Bar. Und plötzlich — allerdings erst nach dem zweiten Martini Dry — kam mir die Idee, die Rolle von zwei Schauspielerinnen spielen zu lassen, was es noch nie gegeben hatte. Serge war begeistert von der Idee, die ich eigentlich erst nur zum Scherz geäußert hatte, und der Film war gerettet — dank einer Bar.

In New York war ich in den vierziger Jahren eng mit Juan Negrín, dem Sohn des ehemaligen republikanischen Ministerpräsidenten Spaniens, und seiner Frau, der Schauspielerin Rosita Díaz, befreundet. Zusammen entwickelten wir die Idee einer Bar, die ›Zum Kanonenschuß‹ heißen und skandalös teuer sein sollte, die teuerste Bar der Welt. Da durfte es nur ganz exquisite Drinks geben.

Es sollte eine intime, sehr bequeme, in erlesenstem Geschmack eingerichtete Bar sein, mit höchstens zehn Tischen. Vor der Tür — deshalb der Name — sollte eine alte Bombarde mit Lunte und schwarzem Pulver stehen, und immer wenn ein Kunde tausend Dollar ausgegeben hatte, ob am Tage oder bei Nacht, sollte ein Schuß abgefeuert werden.

Dieses verlockende, wenn auch wenig demokratische Projekt gelangte nie zur Ausführung. Ich gestatte jedermann, sich der Idee zu bemächtigen. Man stelle sich vor, wie ein mittlerer Angestellter im Wohnblock nebenan um vier Uhr morgens von einem Kanonenschuß geweckt wird und zu seiner neben ihm im Bett liegenden Frau sagt: »Wieder so ein Saukerl, der tausend Dollar auf den Kopf gehauen hat!«

Unmöglich zu trinken, ohne zu rauchen. Ich habe im Alter von sechzehn Jahren damit angefangen und nie wieder aufgehört. Allerdings habe ich selten mehr als zwanzig Zigaretten an einem Tag geraucht. Was ich geraucht habe? Alles. Zuerst schwarzen spanischen Tabak, seit zwanzig Jahren habe ich mich an französische Zigaretten gewöhnt, Gitanes und vor allem Celtiques, die ich über alles schätze.

Der Tabak, der wunderbar mit dem Alkohol zusammengeht — wenn der Alkohol die Königin ist, ist der Tabak der König —, ist ein angenehmer Begleiter in allen Wechselfällen des Daseins. Er ist ein Freund in guten und schlechten Augenblicken. Man steckt sich eine Zigarette an, um ein freudiges Ereignis zu feiern oder um eine Qual zu verbergen.

Der Tabak ist ein Vergnügen für alle Sinne, für die Augen — welch ein Anblick, wenn man unterm Silberpapier, wie bei einer Parade, die weißen Zigaretten in Reih und Glied liegen sieht —, für die Nase, für die Fingerspitzen ... Würde man mir die Augen verbinden und eine brennende Zigarette in den Mund stecken, würde ich mich weigern, sie zu rauchen. Ich möchte das Päckchen in meiner Tasche anfassen, es aufmachen, die Konsistenz der

Zigarette zwischen zwei Fingern prüfen, das Papier auf meinen Lippen schmecken, den Geschmack des Tabaks auf meiner Zunge, die Flamme aufspringen sehen, mich ihr nähern und die Wärme in mir fühlen.

Ein Mann namens Dorronsoro, den ich seit meiner Studentenzeit kannte, ein spanischer Ingenieur baskischer Herkunft, der nach Mexiko emigrierte, starb an sogenanntem Raucherkrebs. Ich besuchte ihn in Mexiko im Krankenhaus. Er hatte Schläuche überall und eine Sauerstoffmaske, die er von Zeit zu Zeit abnahm, um schnell und heimlich an einer Zigarette zu ziehen. Er rauchte bis in die letzten Stunden seines Lebens, dem Vergnügen treu, das ihn umbrachte.

ECKHARD HENSCHEID

Die Vollidioten

Wie Max Horkheimer einmal Bier in den Spielautomaten schüttete

Ach was, warum ein Buch lesen, wenn 200 Meter weiter der gleiche Kampf in der Wirklichkeit vorkam! Und zudem noch in der menschlichen Wärme eines Gasthauses! Und schon saß ich im »Krenz«, wo auch bereits Herr Eilert wartete. Das Ehepaar Müller fehlte noch, aber der alte Herr Mentz begrüßte mich sofort mit einer wichtigen und brandneuen Nachricht über Herrn Kloßen. Dieser sei nämlich gegen 18 Uhr schon mal hiergewesen und habe ihn, Mentz, gebeten, ihm, »und nun passen Sie auf, meine Herren«, 50 Mark zu leihen, weil er nämlich eine Bundesbahn-Dienstreise nach Düsseldorf zwecks einiger Fotos machen müsse. Selbstverständlich, berichtete Herr Mentz, habe er das Geld aber verweigert, weil erstens noch »zwei offene Bierdeckel« des Herrn Kloßen »im Schubfach liegen«, zweitens die Fahrt nach Düsseldorf und zurück sowieso teurer sei, »und drittens habe ich dem Kloßen gesagt, daß man bei Dienstreisen immer einen Spesenvorschuß kriegt, das weiß ich hundertprozentig von der Agenta-Werbeagentur.«

Nun habe, pappelte Herr Mentz aufgeregt weiter, Herr Kloßen angegeben, diesen Spesenvorschuß habe er natürlich auch bekommen, er habe ihn aber einem Herrn Ruhleder geliehen, weil dessen Frau plötzlich niedergekommen sei, ins Krankenhaus geschafft werden mußte und Ruhleder erstens die Taxi-Fahrt habe zahlen müssen, und morgen kämen außerdem noch die Schwiegereltern, denen Ruhleder aufkochen müsse. Herr Mentz erzählte, daß er dem natürlich keinen Glauben geschenkt habe, da habe Herr Kloßen zuletzt tatsächlich eine Contaflex-Kamera aus seiner Aktentasche gezogen und ihm, Mentz, angeboten, diese für 50 Mark zu verpfänden. Wiederum er, Mentz, habe nun darauf verwiesen, daß dann die photographische Dienstreise nach Düsseldorf doch völlig wertlos sei, wenn die Kamera fehle. Jetzt habe Herr Kloßen gesagt, er könne in Düsseldorf jederzeit zur Bank gehen und eine neue einkaufen. Dann habe er ja aber doch zwei Kameras, habe er, Mentz, gesagt, und außerdem gefragt, warum er denn hier nicht zur Bank gehe. Daraufhin wieder habe Kloßen unter anderem vorgebracht, er wolle sich als Auftrags-Photograph jetzt ohnehin selbständig machen, da mache »eine Kamera mehr oder weniger nichts aus«, und das mit der Bank sei so, daß er in unserer Stadt »wegen meiner Scheidungsgeschichte« nichts, in Düsseldorf aber soviel kriegen könne, wie er wolle.

Natürlich, sagte Herr Mentz, habe er auch das nicht geglaubt, »denn, meine Herren: Bank ist Bank und Geld ist Geld«, aber er habe dem Kloßen dann »über die Bierdeckel hinaus« nochmals 10 Mark geliehen, und mit diesen sei dieser sofort weggegangen. »Ach ja«, ergänzte Herr Mentz, »und

Ihnen« — dabei wackelte er mit seinem runden Kopf in meine Richtung — »soll ich von Herrn Kloßen ausrichten, daß die Sache mit dem *Revue*-Stück nächste Woche klappt!«

Nun ja, vom letzten Punkt abgesehen war dieser Bericht des Herrn Mentz sogar in zweifacher Hinsicht erfreulich, denn er bewies einmal, daß Herr Kloßen noch tadellos in unserer Stadt weilte, zum anderen unterstrich er, daß er sogar mit besonderer Vehemenz seinem angestammten Handwerk nachging und nicht etwa gar ein Arbeitsamt oder dergleichen aufgesucht hatte. Auf manche Leute ist eben Verlaß. So, und da kam auch schon das junge Ehepaar Müller zur Türe herein, und wir konnten anfangen, Karten zu spielen.

Ein Wort noch zu dieser jungen Familie Müller, obwohl ich es recht ungern niederschreibe, vor allem weil mich Frau Barbara heute nachmittag mit ihrem Telefonanruf so schön getröstet hatte. Aber meiner Meinung nach sind die beiden einfach zu jung bzw. sie erkennen die Autorität von uns Alten nicht mehr recht an — ich meine jene echte Autorität, die sich der Überlegenheit des gereiften Denkens verdankt. Außerdem ärgert mich, daß die beiden mit 19 bzw. 22 Jahren schon geheiratet haben. Was hat nun sonderlich diese Barbara Müller von ihrer blühenden Jugend? Außerdem erklärte sie neulich einmal, sie gehe jetzt für zwei Jahre nach Afrika, weil man in unserem Lande nichts Vernünftiges mehr tun könne. Ich meine, diese Frau ist jetzt 20 Jahre alt, und wenn ich denke, was ich in dem Alter noch alles gemacht habe! 1960 war ich sogar Jugend-Stadtmeister im Schleuderball! Aber das genügt denen eben alles nicht mehr.

Einmal allerdings gelang es mir, dieses junge Ehepaar Müller glänzend in die Schranken zu verweisen. Das junge Ehepaar Müller war nämlich einmal zu Herrn Peter Knott gekommen, wo bereits außer dem Hausherrn Herr Domingo und ich gesellig herumsaßen und unter Plaudern ein bißchen Obstschnaps tranken. Unerwartet hatte nun das junge Ehepaar — und vor allem die junge Frau Barbara immer voran — völlig störrisch angefangen, uns drei Alte ganz niederträchtig zu bekritteln und aufzustacheln, und zwar mit der Frage, was wir in dieser Gesellschaft und ihrer bevorstehenden Veränderung eigentlich für einen »Stellenwert« hätten und ob wir überhaupt »kritisch« über uns »reflektierten« usw. usf. Jedenfalls hat mir Herr Knott dann später erzählt, daß er und Herr Domingo eine Zeitlang sich lebhaft verteidigt hätten, und als die Geschichte ausgetragen war, habe man bemerkt, daß ich derweil im Sessel eingeschlafen war und zuvor die halbe Flasche Obstschnaps ausgeleert hatte. Und Herr Knott lobte mich sehr für die elegante Abfuhr, die ich so der jungen Frau Müller erteilt hatte.

So macht man das. Ich meine, natürlich ist es das Vorrecht der Jugend, zu fragen, uns Ältere zu fragen, meinetwegen sogar nach unserem »Stellenwert« zu befragen, aber irgendwo ist dann doch mal Schluß, und da müssen wir Alten eben unsere Würde bewahren und den Jungen ihre Grenzen aufzeigen.

Dagegen ist Herr Eilert, unser vierter Kartenspieler, trotz seiner ebenfalls erstaunlichen Jugend schon ein gesetzter, guter und sogar fast vornehmer Herr, der sich uns Alten in Stil und Denkweise schon recht ordentlich angepaßt hat und keine dummen Fragen stellt. Ich nenne das Takt und Herzenswärme.

Er und ich spielten gegen die junge Familie Müller, und als die reiferen und überlegeneren Köpfe durften wir uns einen kleinen Gewinn erhoffen.

Im Lokal war es zu dieser Zeit noch recht still, selbst die Herren Pettler und Dr. Mangold lehnten noch ruhig an der Theke und machten noch keinen Radau. Ein älterer, verhärmt aussehender Herr spielte mit dem Geldautomaten und erzielte, dem häufigen Erklingen von Münzen nach zu schließen, ganz erhebliche Gewinne. Bald hatten auch Herr Eilert und ich dank ein paar einfacher Mogeleien das erste Spiel für uns entschieden und damit zwei Schnäpschen gewonnen. So zeigt man es den jungen Leuten. Sie haben ohnehin zuviel Geld.

Nun betrat eine dicke ältere Frau das Lokal, setzte sich an unseren Nachbartisch, hinter den Kachelofen, bestellte ein Bier und einen Korn, ergriff die herumliegende Wochenzeitung »Der Heimkehrer« und las dessen Leitartikel »Bausparer, aufgepaßt!« Es war dies, wie ich von Herrn Domingo wußte, eine Redakteurin der Zeitschrift »Elegante Welt«. Kurz nach ihr erschien der Universitätslehrer Schmidt, nahm auf einem Hocker an der Theke Platz, bekam ein Bier und versenkte sich sofort in die ebenfalls herumliegende Zeitung »Links«. Wir begannen unser zweites Spielchen.

Wiederum gab ich mir statt der vorgeschriebenen fünf ständig sechs Karten, und das dreimalkluge Ehepaar Müller merkte es noch immer nicht. An der Theke flackerte eine erste Unruhe auf. Nämlich der junge Herr Mentz sagte laut und leidenschaftlich zu Herrn Dr. Mangold, daß »wenn diese Sauerei nicht aufhört«, bekomme er Lokalverbot. Wir unterbrachen unser Spielchen und sahen, daß Herr Pettler, offenbar in der Absicht, den jungen Herrn Mentz rücksichtlich seines Freundes Dr. Mangold zu besänftigen, auf diesen einredete, sich dabei wohl aber im Ton vergriff, denn der Wirt rief nun noch mächtiger als zuvor: »Und das gilt auch für Sie, und wenn Sie zehnmal Studienrat sind — Sie habe ich schon gestern verwarnt, jawohl, genau Sie!« Wieder sah man nun Herrn Pettler etwas Aufmunterndes sagen, worauf der junge Herr Mentz zweimal hintereinander und mit großem Pomp rief: »Ich sagte Lokalverbot!« Bewundernswert mutig fletschte dabei Dr. Mangold die Zähne, die Lächerlichkeit dieser Drohung zum Ausdruck bringend. »Ich frage Sie als Studienrat«, schrie nun in neu hochlodernder Wut der junge Herr Mentz, »macht ein kultivierter Mensch in einem öffentlichen Lokal solche Sauereien?« Und dann: »Glauben Sie, wir Gastwirte sind dazu da, solche Sauereien wieder aufzuputzen?« Diese Sauerei wollte ich mir nun doch näher ansehen, und ich schlich mich also schnell an den Ort des Geschehens heran. »Da, sehen Sie!« rief mir der junge Herr Mentz zu und deutete auf einen vor Herrn Dr. Mangold postierten Aschenbecher, in dem auf den Kippen ein Berg Senf aufgebaut war, auf dessen Spitze wiederum mittels zweier zusammengebundenener Streichhölzer eine Art Gipfelkreuz errichtet stand: »Da, sehen Sie!«

Aufmerksam und nachdenklich betrachtete, von seiner sozialistischen Lektüre aufblickend, auch der Universitäts-Dozent Schmidt diese Sauerei. Stolz und festlich lächelte Dr. Mangold.

Kaum hatten wir nun unser Kartenspiel wieder aufgenommen, da betrat Frl. Majewski das Lokal, begleitet von einem kleinen, drahtigen und prallen Mann mit wetterfestem Struppelkopf, den ich überhaupt noch nicht kannte. Frl. Majewski lächelte ihr »Hallo!«, stellte uns den neuen Herrn als »Alfred Edel« vor, und beide nahmen gleichsam erwartungsvoll Platz. Dabei glaubte ich sofort zu bemerken, daß dieser Herr Edel Frl. Majewski ununterbrochen mit wieselflinken Äuglein umspielte, ja sogar aus innerer Nervosität mehrfach und rasch hintereinander den Mund in Richtung dieser Dame spitzte. Und zwischendurch lächelte er uns vier freundlich und möglichst unverdächtig an.

Das alles verwirrte mich so sehr, daß mir beim Kartenspiel, das wir noch schnell zu Ende führten, geradezu unverständliche Fehler unterliefen und wir allein durch Herrn Eilerts aufopferungsvollen Kampf zu einem erneuten Sieg und Schnäpschen kamen. Was hatte nun das wieder zu bedeuten, dieser Edel? Schon den dritten Abend hintereinander verlebte jetzt Frl. Majewski ohne Herrn Johannsen! Zuerst mit Herrn Hoffmann, dann bei den Negern und jetzt brachte sie auch noch diesen neuen Menschen Edel mit, der überhaupt nicht edel, sondern besitzergreiferisch, ja unzüchtig lächelte! Und offenbar trotz seines Struppelkopfes als Sieger aus dem ganzen Rennen hervorgehen wollte!

Kaum war unser Kartenspiel beendet, teilte Herr Edel mit, daß er unser Spiel aus seiner »bayerischen Phase« gut kenne, nämlich er habe einmal kurz im Büro des damaligen SPD-Landesvorsitzenden Gabert gedient, er sei Mitglied der »Gabert-*Gang*« gewesen, heute dagegen sei er in der Werbebranche tätig und spiele nur zwischendurch ab und zu gewisse Rollen in den Filmen von Alexander Kluge, so etwa kürzlich den »Tobler im Weltraum«. Anschließend fragte Herr Edel, ob vielleicht Historiker am Tisch säßen, und teilte, als wir verneinten, mit, daß er nämlich das 19. Jahrhundert für eine »in jeder Hinsicht faszinierende Periode« halte, insbesondere die Entwicklung der verschiedenen Nationen und Staatsformen betreffend. Am faszinierendsten allerdings sei für ihn die ethnologische Eigenart des Tessin, indem nämlich dort zwei völlig unterschiedliche Bevölkerungsgruppen absolut unabhängig nebeneinander herlebten, die einen oben, die anderen unten, »buchstäblich wie es beim Brecht steht.«

Ich machte hier Herrn Edel ohne Furcht darauf aufmerksam, daß die Gliederung bei Brecht eine etwas andere sei, nämlich nach »Licht« und »Dunkel«. »Exakt«, antwortete Herr Edel ernst, »in dieser Beziehung ist das

Tessin eine einzigartige polithistorische Landschaft.« Ebenfalls faszinierend aber sei die immer noch verkannte und von Rudolf Steiner begründete Wissenschaft der Anthroposophie, die gleichsam aus Mystik und aufgeklärtem Christentum erwachsen sei und deren Idee einer inner- und außerkosmischen Harmonie faszinierender Weise zu solch erhabenen Entdeckungen geführt habe wie der, daß z.B. den Planeten bestimmte Farben zugeordnet seien. Leider schreite diese Wissenschaft nur sehr mählich voran, er, Edel, vermisse seit drei Jahren nennenswerte Neuveröffentlichungen …

Frl. Majewski lächelte glücklich. Herrn Edel also war es vorbehalten, Herrn Johannsen aus dem Rennen zu werfen, zu meinem und indirekt auch Herrn Jackopps Schaden. Dieser Struppelkopf hatte es geschafft. Seltsam. Mit solchen losen Redensarten macht man das heutzutage. Während Herr Jackopp und ich uns die fundiertesten Aussagen abringen …

Nur allzu gern, fuhr Herr Edel gleichmäßig lächelnd fort, würde er sein Geschichtsstudium wieder aufnehmen, aber sein harter Beruf in der Werbung, »mein siebter Beruf und der, den ich bisher am längsten ausübe«, lasse das nicht zu. Denn er, Edel, sei es, der heute das gesamte Denken, Fühlen und Handeln der deutschen Frau entscheidend diktiere, indem er deren »faszinierender Weise sogar jahreszeitlich motivierte Wertorientierungen und Leitideen« in diesem Jahr auf die »zielgruppenspezifisch relevante Formel Klamotten-Kosmetik-Koitus-Kinder« gebracht habe, eine Formel, die sich seither in der gesamten Bundesrepublik als »Basisidee für fast alle Langzeitkampagnen« durchgesetzt habe. Anschließend sagte Herr Edel noch etwas, das ich leider nicht verstand, weil an der Theke — ah, da betrat gerade Herr Domingo den Raum! — ein kleines Gewürge in Gang gekommen war mit verschiedenen kleinen Schreien und Gegenschreien, an deren Ende Herr Dr. Mangold von dem jungen Herrn Mentz zur Tür hinausgeschoben wurde, dabei aber so bravourös verächtlich lächelte, als wollte er dem ihn mit den Worten »So-so-so-so« vorwärts schiebenden jungen Herrn Mentz jetzt schon bedeuten, daß er ja morgen abend doch wieder hier sein und Spaß machen werde.

Übrigens ging Herr Studienrat Pettler, wie aus Einspruch gegen die ungerechtfertigte Behandlung seines Freundes, seinerseits trotzig hinter Herrn Mentz her und verschwand ebenfalls.

Angenehm überrascht über diesen lockeren Empfang setzte sich nun Herr Domingo zu uns. Bei der Vorstellung muß Herr Edel Herrn Domingos italienischen Namen registriert haben und er fragte ihn auch deshalb sofort, ob er etwa aus dem Tessin komme. Nein, sagte Herr Domingo, er wisse es zwar nicht genau, wie das mit seinen Ahnen zugegangen sei, vermutlich habe aber um die Jahrhundertwende irgend so ein venezianischer Teppichhändler seinen Kragen über die Alpen gestreckt und erkannt, daß in Deutschland auch einiges abzusahnen sei. »Genau«, lächelte Herr Edel dazwischen, »ein faszinierendes Jahrhundert!« Ich sagte nun, um auch einmal zum Zuge zu kommen, zu Herrn Edel, der sich längst als der geheime Kommandant des Abends installiert hatte, wir hätten allerdings einen Schweizer unter uns, einen Herrn Jackopp — die Redakteurin der »Eleganten Welt« kippte gerade flott einen neuen Korn — und dieser Herr Jackopp habe auch seine Frau mitgebracht und habe eine ganz tiefe Stimme und (hier fiel mir nun absolut nichts mehr ein) »würde Sie sicher gern einmal kennenlernen.«

»Interessant«, antwortete Herr Edel, lächelte sinnlos und warf einen gierigen Blick auf die Brust von Frl. Majewski. Ich muß übrigens sagen, daß Herrn Edels Ausführungen ausnahmslos alle Mitglieder an unserem Tisch irgendwie entzückten, auch die autoritätverachtende junge Frau Müller lauschte diesem älteren Herrn willig und teilweise sogar mit offenem Munde. Gleichfalls Herr Domingo schien zufrieden mit diesem Neuankömmling, und Frl. Majewski machte an seiner Seite einen so restlos, ja glühend glücklichen Eindruck, daß für mich endgültig feststand: Diese Frau war für mich verloren. Ein Begräbnis ersten Ranges ...

»Klamotten-Kosmetik-Koitus-Kinder«, nahm Herr Edel den Faden erneut auf, diese Formel habe die alte Frauenformel »Kinder-Küche-Kirche« heute bereits restlos überholt. Als Herr Edel dies sagte, wußte ich plötzlich nicht mehr, wo eigentlich die kleinen Kinder herkamen. Erst nach einigen Sekunden erstaunten Nachdenkens fiel es mir wieder ein. Ach ja, natürlich, was denn sonst? Da betraten auch schon Herr Peter und Frau Johanna Knott das Lokal, begleitet von einem Herrn, den ich ebenfalls nicht kannte und der Ossenbach hieß und von dem ich, daran erinnere ich mich genau, sofort wußte, der würde einmal Bundespräsident werden, so vertrauenswürdig sah er aus und hatte auch nur noch wenige Härchen am Kopf.

Und wieder ein paar Minuten später saßen plötzlich auch Herr Rösselmann und Frl. Bitz an unserem Tisch, wo kamen die beiden eigentlich her? Wo war Frl. Czernatzke? Betörend, ja sphinxhaft lächelte Frl. Majewski und nippte an ihrem Bierchen ...

Da! An der Theke war schon wieder etwas im Gange oder doch im Entstehen. Der junge Herr Mentz, der heute offenbar einen besonders kampffreudigen Tag hatte, schrie jetzt unbarmherzig auf jenen älteren Herren ein, der schon den ganzen Abend über an dem »gold&silber«-Geldautomaten gespielt und immer wieder gewonnen hatte, doch man hörte jetzt von Seiten des Herrn Mentz mehrmals die Worte »Betrug« und »Schweinerei« und »Der Dumme ist der Wirt.« Dabei sah man den älteren angeschuldigten Mann scheue und gleichsam resignierende Abwehrgesten vollziehen, dann legte er einige Münzen auf den Tisch und verließ flüchtend das Lokal, indessen der junge Herr Mentz ihm nach und weiter wütete.

»Komm!« winkte mir Herr Domingo, »hier müssen wir unverzüglich einschreiten«, und wir begaben uns also an die Theke. Dort ergab sich aus des jungen Herrn Mentz nicht ganz leicht zu verstehenden Ausführungen, daß es beim Geldautomatenspiel des Alten zu gewissen Unregelmäßigkeiten und Schädigungen gekommen sein muß; Herr Mentz behauptete nachdrücklich, daß der Alte nur deshalb immer so viel gewinne, weil er — »und jetzt habe ich es selbst gesehen« — immer von oben durch einen Schlitz Bier in den Automaten schütte und so den Apparat vollkommen beherrsche — »und ich, die Wirtschaft, muß jetzt einen neuen Automaten kaufen!« »Wer ist denn dieser Alte eigentlich?« fauchte der junge Herr Mentz nach einer kleinen Pause, während der er hektisch mit einem Lappen den Thekentisch rieb, als wolle er das unsittliche Verhalten des Alten gleichsam aus seinem Lokal fegen, — niemand kenne diesen Mann, niemand wisse seinen Namen, mit niemandem rede er an der Theke, immer nur spiele er am Automaten ...

Aber das sei doch, raunte Herr Domingo nun fast beschwörend, das sei doch der alte Max Horkheimer. »Wer? Was? Hockenheim?« fragte der junge Herr Mentz scharf und ungnädig zurück. Ja, freilich, der Professor Horkheimer, »einer der wertvollsten und stichhaltigsten Köpfe unserer Zeit«, erklärte Herr Domingo. »Das ist mir ein schöner Professor, der da ..., konterte Herr Mentz. Nun ja, beschwichtigte ich, das sei eben so, der Professor Horkheimer sei natürlich jetzt schon ein wenig alt und verkalkt, und das Geldautomatenspielen sei sozusagen seine letzte Freude, man müsse ihm da seine Kindereien schon ein wenig nachsehen. Und es mache ihm halt den größten Spaß, wenn viel Geld herauspurzele. »Und wenn er zehnmal der Professor Horkheim ist«, brüllte der junge Herr Mentz unbeherrscht weiter, »in meinem Lokal wird anständig Automat gespielt!«

Inzwischen war durch des jungen Mentz anhaltendes Geschrei auch der praktisch an allem interessierte Herr Rösselmann an die Theke gelockt worden, er hatte die Entwicklung schnell erfaßt und versicherte deshalb Herrn Mentz eindringlich, im Falle Horkheimer gehe es ja auch gar nicht um Unehrlichkeit und Raub, dieser hervorragende Gelehrte könne von seiner »Dialektik der Aufklärung« ganz fabelhaft leben — »abgesehen von der Verfilmung des Buchs«, ergänzte Herr Domingo, und wiederum Herr Rösselmann forderte Nachsicht mit diesem bewährten alten Denker, der nun mal seit dem Tod seines Freundes Adorno ein wenig aus dem Trott geraten sei. Außerdem sei dies hier, sagte Herr Domingo fast unwirsch, »ein Lokal mit alter kritischer Tradition ...«

»Bei mir«, krähte nun der junge Herr Mentz noch erschütternder, »haben schon der Adorno und der Dr. Mabuse, der Mabuse und wie sie alle heißen verkehrt, und alle haben sich bisher anständig aufgeführt, sonst hätten sie kein Land mehr gesehen. Wie vor zwei Stunden der Dr. Mangold!«

Übrigens erklärt sich das tölpelhafte Zeug, das der junge Herr Mentz da zusammenredete, wahrscheinlich aus einer falschen und noch dazu falsch aufgeschnappten Information seines Vaters. Dieser hatte nämlich Herrn Rösselmann gegenüber einmal behauptet, er habe gleich nach dem Krieg, »als die Herren Gelehrten noch schauen mußten, wo sie blieben«, den gesamten Vertretern der Kritischen Theorie »von Adorno bis Alfred Schmidt« 20 Mark geliehen bzw. »die Herren haben hier in die Kneipe ihre Studenten mitgebracht und Vorlesungen gehalten.«

Nun, das mögen später einmal die Historiker und Biographen nachprüfen, ich jedenfalls wollte mir das Loch, in das da Bier geschüttet wurde, ansehen und kletterte dazu auf einen Stuhl. Von dort berichtete ich, daß sogar zwei Löcher daseien, eines links, das andere rechts. Herr Rösselmann wollte nun wissen, in welchen der beiden Schlitze der Professor Horkheimer sein Bier gieße, und der junge Herr Mentz deutete sofort auf den rechten, der beistehende Zeuge Tarzan Schatz bestätigte es nickend. Ha! rief Herr Rösselmann, das könne nimmermehr sein, Max Horkheimer als einer der bewährtesten Kämpfer der Linken gieße, wenn überhaupt, sein Bier wenigstens in den linken Schlitz. So vergeßlich, schüttelte Herr Domingo den Kopf, könne er doch nicht geworden sein, der Max. »Da sehen Sie«, heulte der junge Herr Mentz auf, »was der Alkohol aus diesen Professoren macht!«

An diesem Satz war nun freilich so gut wie alles unlogisch. Abgesehen davon, daß der junge Herr Mentz vom Alkohol lebte, hatte ja der alte Horkheimer den Alkohol eben nicht in sich hinein, sondern in den Automaten geschüttet, und nachdem der alte Horkheimer ja vielleicht auch noch dann und wann ein Gläschen dazu genippt hatte, hatte der junge Herr Mentz sogar dabei doppelt was verdient und sollte überhaupt froh sein usw.

Es war aber dieser schlichte Gedankengang dem jungen Herrn Mentz nicht mehr einzutrichtern, und so begaben wir drei Herren uns wieder an unsere Plätze zurück und berichteten unser Erlebnis, für das wir viel Anerkennung ernteten, ja es gelang uns damit sogar, Herrn Edel kurzzeitig die Regie zu entreißen — obwohl es doch ein leichtes gewesen wäre, hier sofort wieder auf Tessin zu rekurrieren! Wer, Herr Edel, ist denn der wertvollste Bewohner des Tessin? Keine Ahnung von wegen Kritischer Theorie weiterführen — aber Frl. Majewski mit Redensarten umgaunern ...!

Jetzt kam innerhalb eines Haufens von Studenten ein sehr wilder, unschöner, sogar rothaariger Mann zur Tür herein, lief zu einem schon voll bepackten Tisch und wurde dort von mehreren jungen Damen sehr lebhaft mit »Dany« und immer wieder »Dany« begrüßt. »Der Cohn-Bendit schleicht sich hier auch immer öfter an«, kommentierte Herr Knott den Vorgang. »Alle wertvollen Kräfte kommen wieder«, antwortete seufzend Herr Domingo.

Und Frl. Majewski lächelte noch immer hingebend, vollkommen in den schamlosen Fängen dieses Edel.

Da überfiel mich plötzlich eine große Müdigkeit und die nun folgenden Vorgänge — das möchte ich dem Leser gleich hier mitteilen und erbitte seine Nachsicht — erschienen mir wie im Traum, *un sogno*, und streckenweise verlor ich wohl auch die Übersicht, sogar über mich selbst. Eines aber weiß ich noch ganz genau: Es fing damit an, daß mir, möglicherweise in der Folge unseres Horkheimer-Erlebnisses, ein philosophischer Lehrsatz einfiel und überhaupt nicht mehr aus dem Kopf gehen wollte, ein Satz, den ich wie so viele sogar wörtlich im Kopf herumtrage und der mir in diesem Augenblick besonders einleuchtete: »Will man aber standhalten, so darf man nicht befangen bleiben im leeren Erschrecken.«

C'est ca. Richtig. Man mußte etwas dagegen tun. Widerstand leisten. Und schon stand ich wieder an der Theke. Weg von dieser Welt der Freunde, von Frl. Majewski, die mich verriet, weg von der Politfaszination des Herrn Edel, weg von Herrn Knott, der in Ibiza »ausflippte«, und von dieser jungen Frau Müller, die nach Afrika davonrennen wollte — hier galt es den ungebrochenen Willen des Einzelmenschen, der sich behaupten mußte, die Stellung halten, Widerstand leisten ...

Ich muß wohl schon eine Weile reflektierend an der Theke gelehnt haben, da hörte ich neben mir einen älteren Herrn, den ich flüchtig kannte, der Egon hieß und in der Nähe eine kleine Wirtschaft besitzt, fragen, ob er mich zu einem Bier einladen dürfe. Der erste Lohn des Widerstands! Ich nahm das Angebot an und verspürte gleich darauf, daß Herr Egon sein Knie an meines rieb. Nun, man mußte standhalten. Gleich darauf fragte Herr Egon, ob ich jetzt mit ihm nach Hause gehen möchte, er würde mir auch etwas Schönes zeigen. Und erneut rieb Herr Egon. Und ich könnte auch bei ihm schlafen.

Ich gestehe frei, daß ich in diesem Augenblick etwa Folgendes zusammendachte: *Vorrei e non vorrei*. Dieser Egon, das Optimale ist er nicht. Aber er besitzt ein kleines Gasthaus, das ich vielleicht einmal beerben könnte. Herr Kloßen würde den Wirt abgeben, Herr Jackopp den Stammgast. Außerdem verschaffte mir die neue Lebensgemeinschaft mit Herrn Egon Unabhängigkeit gegenüber Frl. Majewski. Und drittens — daran erinnere ich mich ganz genau — stellte ich mir vor, wie mir Herr Egon zum Weihnachtsfest eine elektrische Eisenbahn schenken würde mit Schranken, Drehscheibe, Leuchtsignal und Tunnels und wie schön wir dann zusammen spielen könnten.

Les jeux sont faits. Ich stimmte zu. Herr Egon spendierte sofort und galant ein neues Bier. Es kommt alles, wie es kommen muß. Fahr hin, Frl. Majewski, fahr hin, Frau Knott, Cordula Trantow, fahr du auch hin, du türkische Frau! — wollte man standhalten, so durfte man nicht befangen bleiben im leeren Erschrecken ...

Und dafür bekam man sogar noch eine elektrische Eisenbahn ... Ich bekam aber am Ende doch keine, sondern plötzlich lehnte die junge Ehefrau Müller neben mir und schmiegte sich nachhaltig an mich. Und dann muß sich, nach ihrem später eingeholten Bericht, etwa Folgendes abgespielt haben: Der Gastwirt Egon habe dieses Schmiegen sofort bemerkt und gegenüber Frau Müller mehrfach betont, dieser Herr gehöre zu ihm. Darauf habe sie, berichtete Frau Müller, Herrn Egon bedeutet, dieser Herr sei ganz im Gegenteil ihr Verlobter und er gehöre also absolut ihr an und deshalb gehe dieser Herr jetzt auch wieder ganz brav zurück an unseren Tisch. Herr Egon soll daraufhin noch eine Weile protestiert haben, aber — und daran erinnere ich mich nun wieder — irgendwann einmal faßte mich die junge Ehefrau Müller liebreich unter die Arme, führte mich zum Haupttisch zurück und zischelte mir dabei scharf zu, ich sei ein ganz blöder Esel, und sie habe es von hinten nicht mehr mitansehen und verantworten können, wie mich dieser Egon umgarnte, und so einen Schwachsinn solle ich ja nicht noch einmal machen!

Heute, im nachhinein, möchte ich dazu Folgendes sagen: Natürlich bin ich der jungen Ehefrau Müller sehr dankbar, daß sie mich gerettet und Herrn Egon entwunden hat. Ich mache so etwas wahrscheinlich auch nicht wieder. Andererseits ist das noch längst kein Beweis dafür, daß wir Alten die Dummen und die Esel sind. Ich vermute vielmehr, die Aufreibungen der letzten Tage haben mich etwas übermüdet, mein vielseitiges Engagement, meine zahllosen Funktionen, die mir von der jungen Ehefrau Müller am allerwenigsten abgenommen werden. Sollte sie doch mal Herrn Jackopp betreuen! Deshalb bei aller Dankbarkeit: Diese Person braucht sich gar nicht so aufspielen. Ich meine, sie hat sich auch gar nicht aufgespielt, aber innerlich feiert sie sicher den Triumph. Das ist gemein. Ich könnte da nämlich auch ganz schön auspacken …

Jedenfalls nahm ich jetzt halb beschämt, halb einfach nur benommen wieder brav am Gemeinschaftstisch Platz. Da saßen sie nach wie vor, diese Rösselmanns und Domingos, Knotts und Müllers und schwätzten ungerührt, während ich geschlagen aus der Widerstandsbewegung zurückkehrte. Es hatte sich aber zwischendurch noch etwas Erstaunliches angebahnt — Herr Edel tönte jetzt nicht mehr auf Frl. Majewski, sondern auf Frl. Bitz ein, ja er war sogar eine Stuhl nachgerückt, so daß neben Frl. Majewski ein Freiraum entstanden war. Zum Letzten entschlossen besetzte ich ihn.

An die nächsten eineinhalb Stunden erinnere ich mich teilweise wieder nur dunkel. Frl. Majewski saß rosig und lieblich und merkwürdig still in ihrem Eckplatz und lächelte, doch nicht mehr sonnig, wie es mir zuerst erschienen war, sondern geradezu traurig und irgendwie sogar gleichgültig. Da faßte ich mir ein Herz und ergriff ihr Händchen und streichelte es. Sofort streichelte Frl. Majewski mit der anderen Hand zurück. Es war jedenfalls ein fast edles Gefühl, was mich durchlief, ich bestellte deshalb zwei Korn und teilte Frl. Majewski mutig mit, daß ich sie schon sehr lieb hätte. Auf diese äußerst dürftige Aussage hin lächelte Frl. Majewski huldreich und drückte mir, während wie aus unendlich weiter Ferne träumerisch die Stimme Alfred Edels an mein Ohr drang, noch etwas heftiger das Händchen. Im Anschluß schoben diese Dame und ich wohl immer zärtlicher die Leiber aneinander und sandten gewisse erotische Signale aus und zuletzt lehnten wir die Köpfe gegeneinander — und in dieser zugleich ulkigen und fesselnden Stellung sollen wir, nach mehreren Zeugenaussagen, die nächsten eineinhalb Stunden verbracht und nur zwischendurch pausiert haben, um ab und zu einen Korn zu bestellen, den wir, nach der kichernd vorgetragenen Darstellung des Herrn Domingo, stets synchron gekippt hätten, nachdem wir uns jeweils zuvor innig und zufrieden in die Äuglein gestrahlt hätten. Genau dagegen erinnere ich mich, in dieser Zeit nachgemessen zu haben, daß eine Schachtel Malboro-Zigaretten haarscharf so lang ist wie eine Schachtel Streichhölzer einmal längs und einmal quer genommen. *C'est la vie ...*

So richtig kam ich aber erst wieder zu mir, als plötzlich das Licht in unserer Tisch-Nische ausgeschaltet wurde und der junge Herr Mentz zum Abkassieren anrückte. Da bemerkte ich auch, daß das ganze Lokal schon leer war, nur über die Theke krümmte sich noch zäh und einsam Herr Tarzan Schatz — der Taumel des langersehnten Einanderfindens hatte die Zeit stillstehen lassen, hatte uns den Abgang dieser Rösselmanns und Knotts und Ossenbachs erspart — ja auch Herr Edel war wundersamer Weise verschwunden, wie ein Spuk, ein böser. Jetzt waltete das Reich der Liebe ...

Ich zahlte die Zeche und strich Frl. Majewski noch einmal herzklopfend und versiert über das braune Rapunzelhaar. *Andiam.*

Da hätten um ein Haar zwei Vorkommnisse das Glück noch verhindert. Eben als wir beide Liebenden aufbrechen wollten, schellte das Telefon, und es war Herr Kloßen, der mich zu sprechen verlangte. Leider hatte der junge Mentz schon zugegeben, daß »der noch da ist«, und so mußte ich vor der Erreichung des größten Glücks noch einmal Herrn Kloßens Stimme anhören, die mir mächtig scheppernd mitteilte, daß ganz in der Nähe des »Krenz« bei einem Mitglied der Itzehoe-Gruppe ein rauschendes Fest stattfinde, und ich müsse unbedingt hinkommen, es seien sogar »Klasse-Weiber« da, und »das mit dem Geld«, darüber redeten wir morgen, es sei von ihm heute auch bei der Bank für Gemeinwirtschaft ein Dispositionskredit-Verfahren eingeleitet worden »und du brauchst also überhaupt keine Angst zu haben«, sondern ich solle gleich herlaufen und möglichst vielleicht auch noch zwei, drei Flaschen Wein mitbringen. Und dann hörte man auch noch so eine ordinär fette Stimme: »Hallo! Hier ist die Gabriele« und »Süßer, komm doch!«

Ich kam aber nicht, sondern zwang den betrübten Kloßen zu begreifen, daß ich einfach zu müde sei, morgen aber gern den Kontakt zu ihm wieder aufnähme. Leider hatte das wohl kurzfristig wiedererstarkte Frl. Majewski bei meinem Telefonat mitgekriegt, daß irgendwo noch eine Feier stattfinde, und wollte plötzlich, kurz vor dem höchsten Glück, »noch vorbeigucken, komm laß uns mal!« Diese fast beleidigende Unentschlossenheit nach vorherigem so raschen und trefflichen Entschluß verstimmte mich natürlich ein wenig, aber jetzt galt es hart zu bleiben, und endlich verließen wir also zusammen mit Tarzan Schatz, der noch ein wenig ein Sex- und *Erotic*-Theater aufsuchen wollte — »kommt ihr mit?« —, das Lokal. Wir hatten uns schon ein paar Meter entfernt, da erschien noch einmal der junge Mentz unter der Türe und rief uns, offenbar aufs neue erhitzt, nach, es könnte so »schön und Klasse« in seinem Hause sein, »wenn nur nicht diese drei wären: der Pettler, der Dr. Mangold und dieser alte Horkheimer. Und wo sitzen sie jetzt? In der ›Goldenen Gans‹, in diesem Zuhälterlokal! Und immer dieselben, immer diese drei!«

Ein letztes Mal ereignete sich ein kleiner Zwischenfall, als in einer Kurve das recht matt an mir hängende Frl. Majewski plötzlich strauchelte, mich zu Boden riß und wir dort unten reinzufällig genau jene Stellung schon vorwegnahmen, die uns dann wenig später ebenfalls gegönnt sein sollte.

Ein gutes Omen? Nun, darüber berichte ich als Kavalier der alten Schule natürlich nichts. Frl. Majewski schlief auch bald ein, vielleicht war sie auch nur zu 85 oder 90 Prozent zufrieden, so wie es mir das Frl. Kopler einmal gestanden hat. Immerhin, irgendetwas war da noch, und ich wünschte bei dieser Gelegenheit Herrn Jackopp von Herzen, daß ihm wenigstens das mit Frl. Czernatzke vergönnt gewesen sein möchte, was mir diesmal die Kraft des Alkohols noch unvermutet zuspielte. Wer hätte das gedacht.

GEORGE ORWELL
Erledigt in Paris und London
Im »bistro«

Mit dreißig Francs pro Woche nur zum Vertrinken konnte ich am sozialen Leben des Viertels teilnehmen. An manchen Samstagen hatten wir lustige Abende in dem kleinen *bistro* am Fuße des Hôtel des Trois Moineaux.

Der Raum mit dem Ziegelboden war etwa fünf Quadratmeter groß und mit zwanzig Leuten überfüllt. Die Luft war natürlich dunstig vom Tabaksrauch. Der Lärm war ohrenbetäubend, denn jeder hier versuchte sich durch höchste Lautstärke oder Gesang durchzusetzen. Manchmal war es nur ein tösendes Durcheinander von Stimmen; manchmal aber brachen alle mit dem selben Lied in Gesang aus — die ›Marseillaise‹ oder die ›Internationale‹ oder ›Madelon‹ oder ›Les Fraises et les Framboises‹. Azaya, ein schwerfälliges Mädchen vom Lande, das vierzehn Stunden täglich in einer Glasfabrik arbeitete, sang ein Lied, das ging: *»Il a perdu ses pantalons, tout en dansant le Charleston.«* Ihre Freundin Marinette, ein dünnes korsisches Mädchen von zweifelhaftem Ruf, band sich die Knie zusammen und tanzte den *danse du ventre*. Die alten Rougiers gingen aus und ein, nassauerten Drinks und versuchten ständig eine lange, verworrene Geschichte von einem Mann aufzutischen, der übernachtet hatte, ohne zu bezahlen. R., totenblaß und stumm, saß in seiner Ecke und betrank sich still und leise. Charlie stolperte betrunken und halb tanzend mit einem Glas nachgemachtem Absinth, das er in einer Hand balancierte, auf und ab, kniff die Frauen in die Brüste und deklamierte Gedichte. Die Leute spielten Darts und würfelten um eine Lage. Manuel, ein Spanier, zog die Mädchen zum Tresen und meinte, es brächte ihm Glück, wenn er ihre Bäuche als Würfelunterlage benutzte. Madame F. stand an der Bar und goß schnell *chopines* von Wein durch den Zinnzylinder der Lampe; ein nasses Geschirrtuch lag in ständiger Reichweite, denn jeder Mann hier wollte mit ihr ins Bett gehen. Zwei Kinder, Bastarde vom Großen Louis, dem Maurer, saßen in der Ecke und teilten sich ein Glas *sirop*. Jedermann war sehr glücklich und überwältigend sicher, daß die Welt eine gute Sache und wir alle zusammen ein bemerkenswerter Haufen waren.

Eine Stunde lang änderte sich an dem Lärm überhaupt nichts. Dann, plötzlich um Mitternacht, schrie jemand gellend *»Citoyens!«* und man hörte, wie ein Stuhl umfiel. Ein blonder, rotgesichtiger Arbeiter hatte sich erhoben und zerschlug eine Flasche auf dem Tisch. Keiner sang mehr, man flüsterte: »Pscht! Furex fängt wieder an!« Furex war ein seltsames Wesen, ein Steinmetz aus Limousin, der die ganze Woche hindurch gleichmäßig arbeitete, um sich samstags in eine Art Anfall extremer Gefühlsausbrüche zu trinken. Er hatte sein Geld verloren und konnte sich an nichts erinnern, was zeitlich vor dem Krieg lag, und wenn Madame F. sich nicht um ihn gekümmert hätte, hätte er sich schon längst zu Tode getrunken. An Samstagabenden gegen fünf Uhr pflegte sie irgend jemand zu bitten: »Paß auf Furex auf, bevor er wieder seinen Lohn verjubelt«, und wenn man dann seiner habhaft geworden war, nahm sie ihm immer sein Geld ab und ließ ihm gerade genug für einen schönen, großen Drink. Eines Tages riß er aus, wälzte sich sturzbesoffen auf der Place Monge herum und wurde überfahren und schwer verletzt.

Das Ulkige an Furex war, daß er im nüchternen Zustand zwar ein Kommunist war, sich aber unter Alkohol in einen leidenschaftlichen Patrioten verwandelte. Er fing am Abend immer mit guten kommunistischen Prinzipien an, aber nach vier oder fünf Litern war er ein nicht mehr zu bremsender Chauvinist, der Spione denunzierte, alle Ausländer zum Kämpfen herausforderte und, wenn man ihn nicht bremste, mit Flaschen warf. So eine Phase hatte er, als er seine Rede hielt — denn einen patriotischen Vortrag hielt er jeden Samstag abend. Der Vortrag war Wort für Wort immer der gleiche. Er lautete so:

»Bürger der Republik, gibt es hier irgendwelche Franzosen? *Wenn* irgendwelche Franzosen hier sind, erhebe ich mich, sie zu erinnern — sie zu erinnern nämlich an die glorreichen Tage des Krieges. Wer zurückschaut auf jene Zeit der Kameradschaft und des Heldentums — der nämlich schaut zurück auf jene Zeit der Kameradschaft und des Heldentums. Wenn man der Helden gedenkt, die gefallen sind — dann nämlich gedenkt man der Helden, die gefallen sind. Bürger der Republik, in Verdun wurde ich verwundet —«

An dieser Stelle zog er sich teilweise aus und demonstrierte die Verwundung, die er in Verdun erlitten hatte. Man vernahm beifällige Zurufe. Wir alle glaubten, daß es nichts auf der Welt geben könnte, was komischer wäre als Furex' Rede. Im ganzen Viertel war er ein wohlbekanntes Original; die Leute pflegten aus anderen *bistros* herüberzukommen, um ihn zu beobachten, wenn sein Anfall losging.

Man gab die Parole aus, Furex zu reizen. Einer blinzelte den anderen zu, sie sollten still sein, und bat ihn, die ›Marseillaise‹ zu singen. Er sang sie gut, mit tiefer schöner Baßstimme und patriotischen Gurgelgeräuschen tief aus seiner Brust, wenn er zu *»Aux arrmes, citoyens! Forrmez vos bataillons!«* kam. Echte Tränen rollten ihm übers Gesicht; er war zu betrunken, um zu erkennen, daß alle über ihn lachten. Dann, kurz bevor er zum Ende kommen konnte, ergriffen ihn zwei starke Arbeiter bei den Armen und hielten ihn fest, während Azaya außer Reichweite rief: *»Vive l'Allemagne!«* Furex' Gesicht wurde ob solcher Infamie puterrot. Jeder im *bistro* fing an, entweder *»Vive l'Allemagne!«* oder *»A bas la France!«* zu brüllen, derweil Furex krampfhaft versuchte, den Schreiern das Handwerk zu legen. Plötzlich aber verdarb er den Spaß. Sein Gesicht wurde blaß und mißmutig, seine Glieder wurden ihm schlaff, und bevor ihn irgend jemand aufhalten konnte, erbrach er sich auf dem Tisch. Dann nahm Madame F. ihn wie einen nassen Sack über die Schulter und brachte ihn hinauf und zu Bett. Am nächsten Morgen erschien er wieder, ruhig und normal, und kaufte sich eine Ausgabe von *L'Humanité*.

Der Tisch wurde mit einem Tuch abgewischt, Madame F. brachte weiter Literflaschen und Laibe Brot, und man setzte sich zusammen zu ernsthaftem Trinken. Mehr Lieder. Ein Wandersänger kam mit seinem Banjo herein und sang Fünf-Sous-Lieder. Ein Araber und ein Mädchen aus der Straße tanzten, wobei der Mann mit einem bemalten hölzernen Phallus hantierte, der so groß wie ein Nudelholz war. Inzwischen gab es Lücken in dem Lärm. Die Leute hatten angefangen, von ihren Liebesaffären zu erzählen, vom Krieg und vom Barbenangeln in der Seine und davon, wie man am besten *fait la révolution*, und sie erzählten einfach Geschichten. Charlie, der mittlerweile wieder nüchtern geworden war, riß das Gespräch an sich und erzählte fünf Minuten Tiefschürfendes von der eigenen Seele. Die Türen und Fenster wurden geöffnet, um frische Luft hereinzulassen. Die Straßen leerten sich, und in der Ferne konnte man den einsamen Milchzug hören, wie er den Boulevard St. Michel entlangdonnerte. Die Luft kühlte unsere Stirnen, und der rauhe afrikanische Wein schmeckte noch immer: Wir waren noch immer glücklich, aber jetzt, wo das Geschrei und die fröhliche Stimmung zu Ende war, auch nachdenklich.

Um ein Uhr waren wir am Ende mit unserem Glücklichsein. Wir spürten, wie das abendliche Vergnügen immer spärlicher wurde und riefen eiligst nach neuen Flaschen, aber Madame F. panschte den Wein jetzt, und er schmeckte nicht mehr so gut. Die Männer wurden streitsüchtig. Die Mädchen wurden brutal geküßt und Hände in ihre Ausschnitte geschoben, und sie gingen, damit nicht noch Schlimmeres geschehen konnte. Der Große Louis, der Maurer, war betrunken und kroch bellend auf dem Boden umher, weil er einen Hund markierte. Die anderen wurden seiner überdrüssig und traten ihn, wenn er an ihnen vorbeikam. Leute ergriffen sich an den Armen und begannen, weit ausholende Beichten abzulegen, und sie wurden böse, wenn sie nicht erhört wurden. Die Menge löste sich auf. Manuel und ein anderer Mann, sie beide Spieler, gingen hinüber in das arabische *bistro*, wo man bis zum Tag Karten spielen konnte. Charlie borgte sich von Madame F. aus heiterem Himmel dreißig Francs und verschwand – vielleicht in ein Bordell. Leute begannen, ihre Gläser zu leeren, riefen kurz: *»Sieurs, dames!«* und gingen schlafen.

Um halb zwei hatte sich der letzte Tropfen Vergnügens in Luft aufgelöst und nichts als Kopfweh hinterlassen. Wir begriffen, daß wir keine wunderbaren Bewohner einer wunderbaren Welt waren, sondern ein Verein unterbezahlter Arbeiter, die schmutzig und elend betrunken waren. Wir machten immer weiter und schluckten den Wein, aber taten das nur mechanisch, und plötzlich schmeckte das Zeug widerwärtig. Man hatte einen Kopf, der aufgeschwollen schien wie ein Ballon, der Boden schaukelte, Zunge und Lippen hatten sich dunkelrot gefärbt. Schließlich wurde es sinnlos, noch weiter zu machen. Einige Männer gingen hinaus auf den Hof hinter dem *bistro* und übergaben sich. Wir krochen hinauf in unsere Betten, fielen noch halb angezogen hinein und blieben zehn Stunden darin liegen.

Die meisten meiner samstäglichen Nächte vergingen auf diese Art. Insgesamt kann man sagen, daß die zwei Stunden perfekten und vollen Glücksgefühls die nachfolgenden Kopfschmerzen wert waren. Für viele dieser Männer im Quartier, die unverheiratet und ohne Zukunftsaussichten waren, war diese allwöchentliche Sauftour das einzige, was ihnen ihr Leben lebenswert machte.

VLADIMIR MAKANIN

Der Mann aus dem Gefolge

...oder vom Schnaps des Vergessens

Zwei Ausdrücke bohren sich in sein Seelenfleisch: »sich betrinken« und »sich ausquatschen«. Es ist wie in einem schlechten Film, wenn ein Mann im Stand des Gekränktseins sich unbedingt vollaufen lassen muß, und zwar so, daß andere Leute es sehen, damit kein Zweifel an seiner Gekränktheit aufkommen kann. »Sich einen antrinken« ist dabei das gewichtigere Wort, ein Mann aus dem Gefolge tut so etwas nicht, fünfzig Gramm Kognak sind für ihn die Obergrenze, wenn er sie überschreitet, dann ist das bereits der reinste Aufruhr, fast ein Skandal. Natürlich gab es auch solche Gefolge, wo man sich etwas mehr als fünfzig Gramm genehmigen durfte, wo es feuchtfröhlicher zuging. Aber dort hatte Rodionzew nie hineingerochen, weshalb er keine Vergleichsmöglichkeiten hatte.

Die in ihm aufkeimende Begierde enthielt ein Element des Neuen, was ihm unverzüglich und auf Anhieb gefiel. Einen Moment lang trug er sich mit dem Gedanken, seine Ehefrau anzurufen und ihr zu sagen: Ein einziges Mal im Leben will ich mich heute betrinken, gib deinen Segen! Er gab diese Absicht indessen gleich wieder auf, es war seinem Eheweib zuzutrauen, daß sie ihm seinen Vorsatz nicht nur auszureden versuchen würde, sondern vielleicht sogar herbeigeeilt käme, ohne Rücksicht auf Hausarbeit oder Bürodienst, von der Furcht angetrieben, Rodionzew könnte vor lauter Seelenschmerz den Verstand verloren haben. Daß ein solcher Gedanke immerhin im Bereich des Möglichen lag, schmeichelte ihm wiederum.

Seine Frau ruft er dennoch an, aber nur um ihr zu sagen, daß er heute länger ausbleibt. Nach Feierabend sei mit einer geschäftlich relevanten Person noch etwas zu bereden...

Heute verläßt Rodionzew als einer der ersten seine Dienststelle und eilt hinaus, dem Taxistandplatz zu. Dort stellt er sich in einer Schlange an, die aus lauter ziemlich nervösen Leuten besteht. Die Reihe kommt an ihn, er läßt sich auf den Rücksitz fallen und lockert sich sogleich, der Weg ins Restaurant ist wohlbekannt. Mehr als einmal hat Rodionzew dort Treffen oder Feten arrangiert, so daß er jetzt, falls man dort warten muß oder keine Plätze frei sind, sich ungeniert hinauf zum Direktor begeben kann, der richtet das dann schon, bringt es in Ordnung, für den Direktor des Restaurants ist Rodionzew immer noch Rodionzew.

Aber vor dem Lokal steht keine Schlange, er kann sofort und ungehindert hineintreten und sich in aller Ruhe einen Platz an einem Tisch aussuchen. Nicht weit vom Tisch entfernt ist allerdings ein Bankett im vollen Gange, dort läßt man ständig einen gerade Promovierten hochleben, aber die laute

Nachbarschaft ist sogar angenehm, insofern nämlich, als sie Rodionzew daran erinnert, daß er heute abend keine Witze reißen, nicht auf der Hut sein muß. Heute werden keine Trinksprüche von ihm erwartet, weder nützliche noch launige. Zum ersten Mal ist Rodionzew ein freier Mann...

An seinem Tisch sitzen außer ihm noch zwei andere Männer, beide nicht mehr die Jüngsten. Ihre Gesichter sind breitflächig, pockennarbig. Rodionzew mimt den Stammgast, er gibt seine Bestellung mit der geläufigsten Stimme von der Welt auf. Er verspürt plötzlich große Lust auf Wodka. Eine Last rutscht ihm von den Schultern.

Er schaut sich die Leutchen etwas genauer an, die an dem lautstarken Bankett teilnehmen, wo ständig auf irgendwas angestoßen oder einfach sinnlos krakeelt wird. Etwas weiter sieht er die Tür zum Nebenraum, wo nicht gefeiert und gelärmt, sondern schlicht gegessen und getrunken wird. Die Insassen jenes Saales wirken alle wohlbetucht, vielleicht legt sich deshalb das Orchester dermaßen ins Zeug, das Saxophon stellt sich wie übergeschnappt an.

Rodionzew ist bereits am Kauen und Trinken, vorerst hat man ihm zwar nur die Vorspeise serviert, aber der Wodka macht auch diesmal wie immer den Anfang, man kann ihm ungeniert und guten Gewissens zusprechen. Der Wodka bewegt sich leise in der Karaffe, die Fünfziggrammgrenze ist eindeutig überschritten, und Rodionzew weiß den guten Stil des Kellners zu schätzen, als dieser ihm mitteilt, für einen Stammgast und Freund eines guten Tropfens ließe sich gewiß eine rosarot angehauchte schlanke Pfefferschote ausfindig machen, die, in die Wodkakaraffe versenkt, dortselbst herumschwimmen und Aroma verbreiten wird. Davon abgesehen, daß das ein prima Anblick ist ... Rodionzew ist sofort mit der Pfefferschotenaktion einverstanden.

Die beiden Männer, mit denen er seinen Restauranttisch teilt, erwecken den Eindruck erfahrener Leute, man sieht es nicht nur ihren Mienen an, sondern auch den Bewegungen, mit denen sie das Fleisch auf ihren Tellern zerteilen und sich den Wodka in die Gläser gießen. Rodionzew beschließt, ohne erst viel Umstände zu machen, an die Lebenserfahrung der beiden zu appellieren, er sagt frei heraus:

»Ich bin hergekommen, um mich zu betrinken...«

»Soso«, sagt der eine der Männer, nachdem eine Weile verstrichen ist.

Der zweite wartet sogar noch länger, bis er endlich »Soso« sagt.

Die zwei Männer sind offenbar Sibirier, man merkt das an den langsamen Bewegungen und an der Schweigsamkeit. Beides kommt Rodionzew sehr gelegen. Mutmaßlich sind sie geschäftehalber nach Moskau gekommen. Ausgezeichnet, ganz famos. Sollen sie schweigsam hier an diesem Tisch sitzen und der Speise und dem Trank zusprechen!

Indessen hält Rodionzew das Schweigen nicht durch, er sagt:

»Ihr kennt mich nicht, desto leichter fällt es mir, euch zu sagen, was mit mir los ist. Man hat mich gekränkt. Meine Vorgesetzten. Wobei zu bemerken ist, daß ich nichts weniger als ein Nichts bin. Jawohl, nichts weniger...«

Rodionzew begreift jäh, daß er gleich schon beim ersten Ansatz ins Schwafeln gekommen ist. Kein Wunder, die beiden ersten Gläser hat er praktisch auf nüchternen Magen gekippt. Zugleich ist ihm aber auch klar, daß es besser wäre, von seinen Schmerzen vom Standpunkt, sagen wir, eines prominenten Gelehrten zu berichten als von dem eines kleinen Fisches oder auch eines gewieften Halblakaien, als der er, nicht ganz ohne Grund, diesen beiden lebenserfahrenen Männern erscheinen könnte. Rodionzew ertappt sich bei dem nun schon etwas einfältigen Gedanken, daß er sich vor diesen beiden ausquatschen wird, wobei er es mit der Wahrheit nicht allzu genau nehmen muß. Schließlich braucht des Menschen Seele ab und zu ein weiches Ruhekissen, aber wenn diese zwei Männer dann aufgestanden und fortgegangen sind, wird er, wieder mit sich alleingelassen, alles noch einmal genau durchdenken, das wird ein der Wahrheitsfindung förderlicher authentischer Rausch sein, die Tränen, die ihm dann kommen werden, werden von Nutzen sein, und die endlich gefundene Wahrheit bitter und ehrlich...

»Heute ist mein allerschlechtester Tag«, sagt er in raschem Parlando. »Mein schwärzester Tag. Heute ist mit Arbeiten nichts drin. Heute wird nachgedacht.«

Ihm gefällt seine eigene Stimme, zudem kommt ihm gerade jetzt eine wichtige Einsicht, die ihn zusätzlich anspornt, er begreift plötzlich, warum die Filmemacher schlecht auf bedeutende Wissenschaftler und prominente Chirurgen verzichten können, diese Burschen sind auf der Filmleinwand deshalb unersetzlich, weil es ihnen so gut zu Gesicht steht, sich in aller Öffentlichkeit vollaufen zu lassen und anschließend einen Sermon zum Besten zu geben, eine Art Beichte, ein Bekenntnis. Anderen weniger bedeutenden Persönlichkeiten würden die Zuschauer im Kinosaal einfach nicht zuhören wollen. Na, und wir? Wir kleineren Leute, was ist mit uns? Die Leinwand ist für uns unerklimmbar, dafür stehen uns die Restaurants offen, hier können wir unsere Monologe vom Stapel lassen, und das ist gut so, denn ein Mensch hat Anspruch darauf, daß ihm zugehört wird.

»Die Glücklichen legen Bekenntnisse ab, während die Unglücklichen davon krakeelen, daß sie als erste gerettet werden müssen! So ist es doch, oder nicht? ... Ich habe gelebt, und gelebt, und gelebt, ich wurde benötigt, ich habe meine Sache vorzüglich und zur allseitigen Zufriedenheit gemacht. Und was ist dabei herausgekommen? Herausgekommen ist ein Debakel, dazu ein schmachvolles und totales. Nein-nein, ich bin kein zu Rettender, das will ich hier in aller Öffentlichkeit bemerkt haben. Man hat mich weder umgebracht noch ausgeraubt, man hat mich beleidigt und gekränkt. Man hat mir einen Spiegel vorgehalten, um den ich gar nicht nachgesucht hatte, woraufhin ich zu sehen bekam, daß ich eine Null und ein Nichts bin...«

Rodionzews Redefluß stockt, das mit dem Nichts und der Null klingt etwas ungereimt, vorhin hat er gerade erst die Bedeutsamkeit seines Kalibers hervorgekehrt. Aber die betagten, mit allerlei Wassern gewaschenen pockennarbigen Männer werden seine Worte schon richtig verstehen, sie werden deren scheinbare Widersprüchlichkeit ins Image des prominenten Gelehrten, als dessen liebenswerte Koketterie, einbeziehen ... Rodionzew nimmt wieder einen herzhaften Schluck, der seiner Redseligkeit neuen Auftrieb gibt, und sieht plötzlich, als er die Augen hebt, daß diese beiden Männer ihm überhaupt nicht zuhören. Es ist, als hätten sie ihn gezeichnet: Dieser Bursche ist ein Säufer, soll er quatschen. Wir verzehren indessen in Ruhe unsere Mahlzeit.

»Hört mir wenigstens ein klein wenig zu, ihr beiden!« ruft Rodionzew emphatisch aus.

Woraufhin einer der beiden Männer (die Pockennarben auf seinem Gesicht sind von kleinerem Format, dafür dichter gesät) einen Schluck nimmt und weiterkaut, während der andere nicht einmal sein Gesicht hebt.

Jetzt sagt Rodionzew etwas, das ihn selber noch im gleichen Moment verblüfft:

»Mag ich eine Null und ein Nichts sein, mag nichts an mir dran gewesen sein, was der Rede wert ist. Aber meine Jugend, die wenigstens hat es doch gegeben, oder etwa nicht? Wofür und weswegen habe ich sie vergeudet? Meine Altersgenossen haben alle schon irgendetwas erreicht. Sie besitzen Privatwagen, sie haben sich Landhäuser gebaut, die Brüder. Sogar jene unter ihnen, die das große Genie gespielt haben, die sich weiß Gott wie angestellt haben: alle haben sie etwas erreicht, alle haben sie sich angepaßt und irgendwo verankert. Der eine lebt von seinen romantischen Erinnerungen, wieder ein anderer hat ein höhergelegenes Plätzchen erklommen und es sich dort gemütlich gemacht. Bei diesen Kerlen ist alles in Butter, warum nicht bei mir?«

Der Redende läßt ein bitteres Lachen erklingen:

»Ausgerechnet ich, der sich für nichts zu schade war. Der immer auf Achse war, der, darf man sagen, vor Eifer entbrannt war für die Sache. Und was ist das Ergebnis von allem? Das Ergebnis ist, daß der Zug abgefahren ist ... Ja, hört ihr mir überhaupt zu, ihr zwei?«

»Mhmm«, macht einer der beiden Pockennarbigen.

Aber er hört nicht zu.

Rodionzew ist inzwischen zur nüchternen Einsicht gelangt, daß die beiden Männer am Tisch ihm nicht zuhören. Sie sitzen gleichmütig und gelassen da, sie tafeln, prosten sich manchmal zu, nehmen ab und zu einen Schluck. Jetzt haben sie zu rauchen begonnen. Erstaunlich, daß zwei Menschen dergestalt die Rede eines Dritten mitanhören können, ohne sie zu vernehmen. Er könnte sich den komischsten Versprecher leisten, er könnte laut aufschreien oder sich das Hemd vorn an der Brust zerreißen: die beiden würden genauso dasitzen und kauen, sie haben in ihrem Leben genug Besoffene oder, sagen wir, Angetrunkene gesehen...

Aber über die Gleichgültigkeit, über das Ungute hinaus gab es in diesen Minuten etwas, was man als an seine, Rodionzews, Adresse gerichtete Vergebung werten konnte. Eine Vergebung auf längere Sicht, wie er sie sich schon seit langem gewünscht und erwartet hatte. Es war überhaupt nicht notwendig, an Aglaja Andrejewna, oder auch nur an sich selber zu denken. Sogar das Denken als solches durfte man bleiben lassen. Das Schwanken zwischen dem rationalen Gedanken und der Verzweiflung war nicht mehr notwendig, da war etwas Drittes, das ruhig und erbarmungsvoll schien. Er, Rodionzew, konnte diese seligen Minuten zudem nach seinem Gusto zerdehnen, er durfte sich von seinen Gedanken emportragen lassen, auf einen Flug, auf dem alles Offenkundige und scheinbar Selbstverständliche banal und unwichtig erschien. Ich bin betrunken, dachte er freudevoll.

Hinzu kam hier noch die Begeisterung über seine eigene Beichte, mochte diese auch teilweise gemogelt sein. Aber sie war heraus, die Beichte, zum erstenmal und mit spontaner Jähheit, unter Hintansetzung jedweder Selbstkontrolle. Hierzu gehörte eine gewisse Impulsivität, denn wenn jemand seinen angestammten Kreis verloren hat und ratlos um sich blickt, hat er etwas von einem Kind an sich, das ein Spiel zu spielen beginnt, wohlgemerkt ein kindliches, keines von jenen sattsam bekannten Erwachsenenspielchen...

»Ich habe den Faden verloren«, sagt er. »Bitte sehr um Verzeihung...«

Er streckt die Hand (er versucht das möglichst selbstsicher zu tun) nach der Karaffe aus und schenkt sich wieder ein. Der erste Rausch ist verflogen. Rodionzew hat Gewissensbisse, weil er jetzt den Eindruck hat, die beiden am Tisch würden ihn, den Schwätzenden, vorwurfsvoll anblicken. Die zwei Männer sind sichtlich aus einfachem Holz geschnitzt. Der eine hält dem anderen eine Zigarette hin, sagt halblaut: Da, fang auf ... Sie fahren im Rauchen und Schweigen fort, diese zwei.

In Rodionzew ist ein Gefühl der Leere entstanden, wie das nach einem mit Genuß durchgehaltenen Gefühlsausbruch oft ist, er trinkt jetzt unter ihren stummen Blicken weiter, nimmt Messer und Gabel und beginnt, ohne die Augen zu heben, das noch auf seinem Teller verbliebene Fleisch zu zerschneiden.

Das Schweigen der beiden Männer ist so hartnäckig wie ein Landregen.

»Ich habe...«, beginnt Rodionzew wieder mit leiser und wie zerknautschter Stimme. »Leider habe ich den Faden verloren...«

Die beiden Männer aber schweigen.

Jetzt, da seine Ernergie verpufft ist, erscheinen Rodionzews Worte, und sein den-beiden-Männern-Gegenübersitzen, und sogar der noch in der Karaffe verbliebene Wodka irgendwie dumm und ungeschützt, irgendwie preisgegeben, wozu noch kommt, daß die beiden mutmaßlichen Sibirier das Leben kennen und nicht so leicht in Verwunderung zu versetzen sind. Sie wissen alles im voraus. Sie verstehen auf Anhieb die Chemie des Alkohols, oder genauer gesagt: ohne etwas über Alkohol und über Chemie zu wissen, kennen sie die Reihenfolge der fälligen Handlungen. Sie wissen, daß Rodionzew gerade jetzt wieder trinken muß und wird, daran führt für ihn kein Weg vorbei. Eine neue Welle der Erregung und Geschwätzigkeit wird die vorausgegangene einholen, im Moment der Interferenz der beiden Wellen wird es ein kurzes Stocken geben, der Saufende am Restauranttisch wird den abenteuerlichsten Blödsinn verzapfen, aber das macht nichts, das ist nicht weiter tragisch, nach einer Weile werden neue leidenschaftliche Worte entstehen und zur Eruption kommen, die dieser gutgekleidete Vierziger offenbar bitter nötig hat, dieser Zecher, dem langsam die Haare ausfallen, dieser korrekt angezogene Bürger, dem auch im Suff nie der Schlips verrutscht.

Rodionzew kippt wieder ein Glas.

»Ich hab wohl dummes Zeug geredet?« fragt er, als wolle er sich entschuldigen.

Die beiden Sibirier kauen an ihrem Fleisch, von ihnen kommt kein Laut, der als Antwort gewertet werden könnte. Sie schweigen, möglicherweise sogar beredt. Nicht auszuschließen, daß sie begreifen, wen sie hier vor sich haben: einen Mann nämlich, der jenen Punkt erreicht hat, an dem sich junge dynamische Burschen zu betagten, verzagten, vom Leben verschlissenen und gezeichneten Veteranen mausern. Unter welchen speziellen Umständen sich diese Mauserung und Verwandlung in diesem speziellen Fall vollzieht, ob und wieweit sie sich von dem unterscheidet, was ihnen selber einst widerfuhr, das interessiert sie nicht weiter, jeder lebt für sich allein.

Gut möglich, daß dieses Schweigen der beiden Männer am Tisch Ursachen hat, die dem Erscheinen Rodionzews zeitlich weit vorauslagen. Jedenfalls hebt jetzt einer von ihnen, im Schweigen verharrend, sein Glas, welches Beispiel von dem zweiten sogleich befolgt wird.

Von diesem Schweigen ist er geradezu erschüttert, das wäre genau der richtige Augenblick einzuhalten und das Geheimnis Geheimnis sein zu lassen. Aber er hält nicht ein. Er kann nicht. Das Heruntergekippte ist stärker.

»...begreift dies eine, ihr beiden: ich hätte auch ein anderes Leben leben können, jawohl: ein ganz und gar und völlig anderes Leben!«

Rodionzew gestikuliert nicht. Er ist mit dem Oberkörper vorgeprescht, seine Hände sind zwischen den Knien eingeklemmt, das bewahrt ihn vor jedwedem Gestikulieren. Mutiger werdend gibt er den beiden Schweigern kund, daß er vorhin ein wenig geflunkert hat. Ich bin nämlich gar kein an Geheimhaltungsvorschriften gebundener prominenter Wissenschaftler, das habe ich so hinerfunden, ihr müßt schon entschuldigen. Das Breittreten der eigenen Lüge ist nicht gerade angenehm, deshalb entschließt er sich endgültig zur Flucht nach vorn und teilt mit, daß das von ihm Beschriebene dem Format nach weitaus bescheidener sei, im Prinzip ist nichts weiter passiert, als daß man ihm einen Job weggenommen hat, einen durchaus mickrigen Job, aber einen, der mit einem sonnigen Plätzchen verbunden war, an diesen Platz an der Sonne hat er sich im Lauf der Zeit gewöhnt.

Sein Gedanke verläßt die gerade Bahn des Bekenntnisses und schweift wieder zu irgendwelchen Altersgenossen ab:

»Sie belehren jetzt ihre Mitmenschen, diese Brüder, ihr Arbeitsfeld ist die moderne Jugend, dabei haben sie sich seinerzeit als Genies aufgespielt und breitgemacht...«

Rodionzew begreift selber nicht, was er redet und vor wem er sich rechtfertigt. Die beiden pockennarbigen Männer sind wie Brüder. Vielleicht sind sie auch wirklich Brüder, wer weiß. Sie sitzen in Tabakswolken eingehüllt da, grobgesichtig und alt. Beider Gesichter sind mit Pockennarben bedeckt und irgendwie wie bemoost. Sie sitzen hier von Anbeginn da, seit der Zeit, da die Stadtmauern errichtet wurden, als die Teilfürstentümer ihre Streithändel ausfochten, sie gleichen alten Türmen, auf die mit Pfeilen, Steinen und Kugeln geschossen wurde, später füllten sich die Einschußlöcher langsam mit Staub und mit Moos, Vögel bauten sich ihre Nester darin.

»Versteht mich richtig, ich bin kein Säufer«, verkündet Rodionzew. »Ich bin weder ein Säufer noch Schönredner, sondern ein Mensch...« — Seine Worte klingen geradezu flehend, er will von den beiden ein Wort oder wenigstens ein Zeichen erflehen, er fürchtet sich vor ihrem Schweigen, er fürchtet sich davor, daß das von ihm Gesagte sich noch weiter mindern wird, wenn er nicht von diesen zwei Männern ein artikuliertes Wort als Antwort vernimmt. Er sitzt da, auf seinem Stuhl, konfrontiert mit seiner Unfähigkeit, das auszudrücken und bis zu Ende ausschöpfen zu können, was er sagen möchte, indes die beiden pockennarbigen Männer dasitzen und schweigen und sich darauf beschränken, ihren Wodka auszutrinken.

Als Rodionzew einen Ruck auf die Karaffe zu tut, um sich seinerseits nachzuschenken und das Nachgeschenkte rasch hinunterzukippen, erscheint Wika auf der Bildfläche.

Jetzt sitzen sie zu viert am Tisch. Wika ist rasch hinzugetreten und hat am Tisch Platz genommen, sie sagt mit halblauter Stimme, die Mühe hat, gegen den Heidenlärm im Lokal anzukommen:

»Nein-nein, ich werde nichts essen oder gar trinken, ich will mit dir reden, Mitja, nur ein paar Worte...«

Rodionzew fällt das Artikulieren schwer, er bringt seine Lippen nicht auseinander, woraufhin er Wika stumm sein Wodkaglas zuschiebt.

»Ich will keinen Schnaps, pfui Teufel nochmal«, bricht es aus ihr heraus. »Mein Gott, wie ich diese Restaurants hasse! Man versteht sein eigenes Wort nicht in diesem Lärm!«

Sie läßt einen zornigen Blick über die nahegelegenen Bankettische schweifen.

»Das ist wirklich nicht zum Aushalten«, fügt sie hinzu, mutmaßlich an die Adresse der beiden Schweiger gerichtet, quasi als Entschuldigung für ihre Gereiztheit.

Wika läßt eine Erklärung vom Stapel, deren Quintessenz darin besteht, daß der Lärm die Menschen beim Leben behindere. Es gäbe sogar, sagt sie, eine Theorie, wonach der Lärm auf fatale Weise das menschliche Nervensystem zerstört. Sie gibt zu verstehen, daß sie an diesem Tisch nicht den Status einer Fremden bekleiden will, sie lächelt die zwei Männer in gewissen, genau berechneten Abständen an, wird dann wieder ganz ernst, aber die beiden verhalten sich, wie auch immer Wika sich anstellt, weiterhin in einundderselben Weise: sie rauchen und schweigen. Als bereits geraume Zeit verstrichen ist, sagt endlich einer der beiden, sicherheitshalber:

»Soso.«

Nachdem sie sich etwas eingewöhnt hat, schiebt Wika ihr Gesicht näher an das von Rodionzew heran und flüstert:

»Begreifst du, Mitja, es ist schrecklich. Ich habe gleich bei dir daheim angerufen. Du warst nicht da, aber ich hab begriffen, daß dein Weg nur hierher in das Lokal führen konnte. Da hab ich beschlossen, dich hier aufzusuchen...«

Wika legt eine kleine Pause ein und fährt dann fort:

»Hör zu, auch mich jagt Aglaja davon, auch mich!«

Rodionzew hat diese Worte vernommen und sogar ihren Sinn begriffen, aber in seinem Kopf geht es drunter und drüber, was zur Folge hat, daß ihm seine eigene Zunge nicht mehr gehorcht. Aber damit Wika nicht denkt, daß er ihre Leiden hintanstellt, preßt er mit der größten Mühe aus sich heraus, was sich herauspressen läßt:

»Tttrink doch mal, Wika, nnnimm einen Schluck ...«

Aber der ist nicht nach irgendwelchen Schlucken zumute, sie berichtet, wie Aglaja sie für eine Minute bei sich ließ, um sie zu bitten, die kleine Marina auf den Stand der laufenden Dinge zu bringen...

»Du weißt schon, diese Rothaarige, diese Junge. Es ist die einfachste Sache von der Welt. Ich werde Marinotschka beibringen, wie man Exzerpte aus Stenogrammen macht, ich werde ihr über die Beziehungen der Firma zu den diversen Betrieben erzählen, werde sie womöglich in erzieherischer Absicht auf die nächste Provinztour mitnehmen. Und dann?«

Rodionzew gibt keinen Kommentar ab, er beschränkt sich auf ein Kopfnicken. Ja, und dann? Dann haut man sie in die Pfann'! Aber aus Rücksicht auf die langjährige Kollegin zieht er es vor, das nicht offen auszusprechen.

»Wir müssen etwas unternehmen, Mitja«, fährt Wika unterdessen fort. »Was glaubst du, weshalb ich hier angelaufen kam ... Was hältst du davon, ein kleines häusliches Besäufnis zu veranstalten? Zumal ich bald Geburtstag habe. Ich lade sie ein, wir werden in aller Offenheit mit ihr reden, was meinst du?«

Rodionzew läßt daraufhin ein beifälliges und geradezu tiefsinnig anmutendes Brummen verlauten.

»Stell dir vor, sie hat mich mit einem charmanten Lächeln abgespeist. Sie hat dagesessen, die gepflegte Dame, und mit Katzenstimme gesagt: Alles auf der Welt, liebe Wika, nimmt einmal ein Ende, alles bedarf irgendwann eines Wechsels, auch das Gefolge, auch das Gefolge, mein Kind ... Woraufhin ich erwiderte: Auch die Möbel hier in diesem Raum, Aglaja Andrejewna? Was diese Person prompt bestätigte: Jawohl, auch die Möbel, gewiß, auch die...«

Wika gibt sich einen Ruck und sagt:

»Also, was ist Mitja? Wollen wir sie zu meinem Geburtstag einladen, was meinst du? Das wäre irgendwie dezent und kultiviert. Wir hätten Gelegenheit, sie in aller Ruhe auszufragen, ohne daß sie sich unter Druck gesetzt fühlt…«

»Jetzt hat es auch die gute Wika erwischt, jetzt ist auch sie dran«, denkt Rodionzew und schickt sich an, diesen Tatbestand den beiden schweigenden Männern zu erläutern. Es stellt sich jedoch heraus, daß die beiden verschwunden sind. Sie sind einfach nicht mehr da, diese heidnischen Götzen, sowas ähnliches werden sie wohl gewesen sein…

Wika und Rodionzew sitzen jetzt zu zweit am Tisch, unbeschattet von jedweder Nachbarschaft, während in einiger Entfernung von ihnen das Bankett seinem Ende entgegenlärmt. Einen Augenblick lang dringen Wikas Worte auf direktem Weg an sein Bewußtsein, ihre Vertreibung aus dem Vorzimmerparadies nimmt die Form des Logischen an. Wenn auch jetzt Wika zum Teufel gejagt wurde, dann hat es also gar keinen Fehler gegeben, was auch verwunderlich gewesen wäre, seinen Lebtag lang hat er niemals daneben getappt, war die Umsicht und Vorsicht in Person, hat seine Zunge sorgfältig gehütet, hat es nicht öffentlich mit jungen Frauen getrieben, niemals mehr als fünfzig Gramm auf einmal getrunken. Und auch die Suche nach dem rettenden Ausweg gab es bereits, in Form einer Einladung Aglajas zu einer Geburtstagsfeier.

»Hat es alllles schon gegeben, Wika…«, lallt Rodionzew.

»Wie bitte? Was sagtest du gerade?«

»Alllles schon gegeben, Wwww…«

»Ich bitte dich, Mitja, nimm dich zusammen. Ich bin gekommen, um mich mit dir zu beratschlagen. Das, was ich jetzt empfinde, das empfindest du bereits seit geraumer Zeit (im Klartext: dich hat man schon vor längerer Zeit zum Teufel gejagt!). Du hast gewiß genug Ideen zu diesem Thema entwickelt, laß uns darüber reden, oder bist du hierher gekommen, um dich zu betrinken?«

Im gleichen Moment, da sie das sagt, begreift Wika, daß es tatsächlich so ist. Mitja ist in dies schreckliche Restaurant gekommen, um sich zu betrinken. Kein Wunder, typisch Mann, denkt sie sogleich. Sie ist die letzte, die sich diesbezüglich Illusionen macht. Sie trinkt einen Schluck Wodka und verzieht das Gesicht, so widerlich schmeckt das Zeug. Jawohl, diese Männer, das ist wohl das Letzte. Die Weiber beginnen immer gleich zu heulen, und die Männer ergeben sich hemmungslos dem Suff. So ist nun mal das Leben heutzutage…

Wika packt Rodionzew an den Schultern und versucht ihn aufzurütteln. Es ist umsonst, er reagiert nicht, da gibt sie es auf. Steht auf, wutentbrannt, der gerechte Zorn schnürt ihr die Kehle zu.

Nein, so rasch wird sie sich nicht mit dem Hinauswurf abfinden. Erst wird sie um den Platz an der Sonne erbittert kämpfen, sie ist keine Transuse, sondern eine moderne Frau, die ihren Mann steht. Es gibt genug Instanzen und Gelegenheiten dazu, man wird sehen.

Rodionzew begreift plötzlich, daß er sich wohlfühlt und daß rhythmische Musik an sein Ohr dringt. Er steht, wie sich herausstellt, am Eingang zu jenem anderen Saal, wo sich das Orchester ins Zeug legt, an ihm vorbei eilen festlich gekleidete, gelockerte Paare zur Tanzfläche. Dort wird bereits feste geschwoft, etliche Tänzer halten sich umarmt und schieben einander vor sich her. Rodionzew verspürt keine Lust nach Tanzen, aber irgendetwas rührt sich in ihm bei diesem Anblick doch. Während seiner Zeit im Gefolge hat er sich den Alkohol zwar nur in bescheidenen Mengen genehmigt, aber getanzt wurde in diesen Kreisen auf zahlreichen Festen mehr als genug. Irgendein Glatzkopf geht, als würde er aus jenen seligen Zeiten stammen, auf Rodionzew zu und behandelt ihn auch wie seinesgleichen.

»Das Interessanteste an einem Bankett«, kündet der Glatzkopf mit Verschwörermiene, »ist der Moment, wo es auseinandergeht, nicht wahr, lieber Freund?«

Während er diese Worte spricht, kaut der Mann an einer halbgeschälten Apfelsine.

Rodionzew errät, daß die Worte des Glatzkopfes gewissen Frauen gelten, die bildschön und etwas angesäuselt sind. Er nickt dem Glatzkopf zu, was soviel besagen soll: So ist es in der Tat, lieber Kollege, auch ich habe Ähnliches mitgemacht und dabei stets kräftig mitgehalten!

»Da geb ich ihnen völlig recht, mein Freund«, sagt er, voller Freude darüber, daß er die Gabe der Rede wiedererworben hat. »Das Beste an einem Bankett ist der Augenblick, wenn es sich auflöst...«

»Jawohl, da geht es manchmal ganz famos zu!«

»Das tut es!«

Beide Männer lachen. Der Glatzkopf ist offenbar so etwas wie ein Organisator und somit Rodionzew irgendwie entfernt verwandt, wenn man dessen inzwischen erloschene Funktion im Dienste Aglaja Andrejewnas als Vergleichsgröße nimmt. Was wiederum wohl auch der Grund ist, weshalb es die zwei zueinanderzieht. Rodionzew will bereits ein paar gezielte Fragen an den Glatzkopf richten, aber in diesem Moment wird in der sich auflösenden Bankettmenge laut nach diesem gerufen:

»Rogow! Rogow!«

Woraufhin der Glatzkopf davoneilt, nicht ohne zuvor Rodionzew durch eine Grimasse zu erkennen zu geben, daß es ihm leidtut, das interessante Gespräch unter Kollegen so schnell wieder abbrechen zu müssen.

»Nicht einmal tanzen können sie ohne mich«, drückt die Grimasse aus.

Rodionzew verdüstert sich sogleich wieder, ihm fällt sein Schmerz siedend heiß wieder ein, er durchlebt gleichsam den nochmaligen Verlust dessen, was noch unlängst sein eigen war. Er geht am Bankettisch entlang und vorbei, er besichtigt die fremde Festivität. Am oberen Tischende stehen Gladiolen, Rodionzew läßt seinen Blick melancholisch von Blume zu Blume schweifen. Dann geht er in den anderen Saal zurück, wo der Kellner auf ihn zutritt und ihn darauf hinweist, er habe längst alles verzehrt und sei zudem ungemein bleich im Gesicht, ob es da nicht besser sei, wenn er nach Hause ginge oder zumindest an die frische Luft.

»Sie sagen, ich sei bleich im Gesicht?« fragt Rodionzew zurück.

»Das darf man wohl sagen ... Wodka wird an Sie jedenfalls nicht mehr ausgeschenkt.«

Rodionzew wollte gar keinen Wodka mehr bestellen, dennoch kränkt ihn die Bemerkung des Kellners. Er bezahlt mit mürrischer Miene seine Rechnung. Im gleichen Moment begreift er, daß es Nacht ist und daß das Restaurant geschlossen wird. So ist das also, ja dann ... Das Gefühl des Schmerzes läßt sofort nach, zumal er sieht, daß auch die Gäste des Banketts sich langsam zerstreuen und abziehen. Rodionzew findet sich auf der Straße wieder, und da ist es nun ganz vortrefflich, vor allem die Luft, der Kellner hat in dem Punkt schon recht gehabt...

Die Leute vom Bankett gehen vor ihm die Straße entlang, lärmend und einander umarmend, rotgesichtig und aufgekratzt. Manche küssen sich, einer verliert immerzu sein Jackett. Hebt es auf, läßt es fallen, hebt es wieder auf ... Dazu wird natürlich lauthals gesungen. Die Nacht ist warm. Die vorbeifahrenden Wagen bremsen jedesmal, manche machen um die fröhliche Schar sogar einen respektvollen Bogen.

Rodionzew folgt den Singenden auf dem Fuß. Er ist mit sich selber zufrieden. Er hat sich betrunken und trotzdem Haltung bewahrt. Er ist nicht umgekippt, weder im direkten noch im übertragenen Sinn. Das ist es ja, daß man in solchen Fällen nie weiß, wie die Sache ausgehen wird, man muß das einfach durchstehen, muß aufs Ganze gehen. Diesmal ist alles gut ausgegangen, glücklicherweise ... Ach wie angenehm ist diese laue Nachtluft. Ach, wie wunderbar ist diese Nacht!

Er geht jetzt eine Gasse entlang, biegt in irgendwelche Seitensträßchen ein und sieht plötzlich, nun schon aus der Ferne, die Gesellschaft wieder, die er in seine Nachtgedanken versunken bereits aus den Augen verloren hatte. Die fröhlichen Burschen und Maiden sind weiter am Singen, einer tänzelt traumwandlerisch vor sich hin, während ein anderer, offenbar die Hauptperson des Abends, plötzlich wie ein von Freude geschütteltes Kind in den Ruf ausbricht:

»Ich bin Kandidat der Wissenschaften! He, ihr Menschen, ihr Sterne da droben, ihr Krokodile, hört ihr mich? Ich bin Kandidat der Wissenschaften!«

Rings um den Rufenden herum plätschert, tänzelt die fröhliche Schar weiter einher, bis endlich ein großes dunkles Haus sich zwischen sie und Rodionzew schiebt und sie, mutmaßlich für immer, seinem Blick entzieht. Die fröhlichen Menschen sind auf einen Schlag weg.

Rodionzew murmelt irgendwelche Worte vor sich hin, er reißt in der Dunkelheit den Kopf hoch und sieht jetzt seinerseits die Sterne des Himmels, er sieht das Firmament der Nacht in seiner ganzen Pracht, wenn auch eingerahmt von dunklen klobigen Häusern und Dächern. Etwas Unermeßbares ist in diesen Sternen, Rodionzew schluchzt auf, ohne genau zu wissen weshalb. Ihm wird leichter, viel leichter. Der Gedanke bereitet ihm Wohlgefallen: ich bin blau, ich bin besoffen, wohlgemerkt auf eine gute Art besoffen! Doch dann wird er innerhalb eines kurzen Moments ernüchtert: als er nämlich einen richtigen Betrunkenen erblickt. Es ist ein junger Bursche, der an Rodionzew in höchstens einem Schritt Entfernung vorbeitorkelt, mal nach links, dann wieder nach rechts schwankend. Die rechte Schlagseite ist stärker ausgeprägt, der Bursche entschwindet irgendwohin rechter Hand in die Dunkelheit.

Aber bald, Rodionzew sieht in der Dunkelheit immer besser, wird er seiner wieder gewahr. Nach dem Vollzug eines weiteren Dutzends torkelnder Schritte hat der betrunkene, gutmütige, gutgekleidete junge Mann eine Notlandung hingelegt, genauer: er ist in sich zusammengesackt, er hat es irgendwie fertiggebracht, sich auf dem Asphalt hinzusetzen. Der Kopf mit den langen hellblonden Haaren zuckt hin und her.

Es ist still. Es ist Nacht. Die Straßenbäume stehen in größeren Abständen da, einsam, mit ausladendem Geäst. Rodionzew geht weiter seines Weges und ertappt sich dabei, daß er den betrunkenen jungen Mann beneidet, der sich so elegant, die langen Beine weit vor sich hinstreckend, auf dem Gehsteig niedergelassen hat. Genauer: er beneidet den jungen Mann um dessen Jugend. Der ist unterdessen eingeschlafen, damit hat sich dieser lange Tag für ihn. Er fürchtet sich vor nichts. Rodionzew hört ihn schnaufen und schnarchen.

Aber jetzt taucht im Freiraum der Straßenkreuzung — der sich entfernende Rodionzew hatte sie schon mit seinen Augen gesucht — ein Wagen auf. Zunächst ein PKW mit grünem Taxilicht, aber der Taxifahrer wendet seinen Wagen sogleich wieder, als hätte ihn das hier in der Gasse herrschende Dunkel erschreckt, und rast davon. Statt des Taxis erscheint ein anderer Wagen auf der Bildfläche, dessen Fahrer offenbar mutiger ist und das Dunkel der Nacht nicht fürchtet. Dieser neue Wagen ist etwas größer als ein PKW und besitzt einen spezialangefertigten Laderaum.

Ob nun in genau solchen oder in vielleicht nicht ganz genau solchen Autos Betrunkene von der Straße aufgelesen und in die Ausnüchterungszellen befördert werden, vermag der alkoholisch gesehen bisher immer mäßig lebende Rodionzew nicht anzugeben, er wäre da schlicht überfragt, zumal es hier in der Gasse wirklich ziemlich dunkel ist, doch er besitzt Verstand und Lebenserfahrung genug, um die Situation dennoch sofort richtig einzuschätzen. Jawohl, der Wagen will den Jüngling auflesen und zum Ausnüchtern abtransportieren … Rodionzew ist auf seinem nächtlichen Weg bereits ein ganzes Stück weitergekommen, aber jetzt packt ihn die Neugier: Mal sehen, was die mit dem Burschen anstellen werden!

Rodionzew blickt sich um. Der Bursche bewegt sich nicht, er sitzt da, wie er dagesessen hat, auf dem Asphalt, mit dem Rücken gegen die Hauswand gelehnt. Aus der Ferne sieht der besoffene Jüngling wie ein halbgeöffnetes

Klappmesser aus (komisch, daß einem solche Vergleiche immer nur nachts kommen!). Der hellhaarige Kopf hängt zur Brust herab, der Junge ist offensichtlich in Ordnung, da kannst du nichts gegen sagen.

Rodionzew, selber gehörig angesäuselt, kichert und tritt an der Kreuzung auf der Stelle, als ihn plötzlich Furcht ergreift: was ist, wenn diese Leute auch ihn auflesen und einsacken wollen? Seine Arme und Beine werden steif, in ihm pulsiert nur noch der eine fieberhafte Gedanke: Neinnein, ich stehe in keiner Beziehung zu diesem Burschen, woher soll ich wissen, wen er hier erwartet und aus welchem Grund? Die Steifheit läßt wieder nach, dafür beginnen die Beine zu zittern. Er wischt sich den Schweiß von der Stirn und verfolgt aus der Ferne das weitere Geschehen.

Der auf der Erde Sitzende ist bemerkt worden. Der Wagen ist näher herangefahren. Der Motor wird abgestellt. Daraufhin öffnet ein schwarzgekleideter kleinwüchsiger Mann die Tür zum geräumigen Laderaum und tritt auf den Schlafenden zu. »Steh auf«, sagt der Mann. »Fertigschlafen kannst du auch *dort.*« Er versucht, den Burschen hochzuheben, aber der Jüngling ist schwer geworden, er wiegt eine Menge, außerdem winkt er ab, möchte ungestört weiterpennen. Der dunkelgekleidete Mann beugt sich zu ihm herab und beginnt, seine Ohren abzureiben und den Backen des Burschen wohlgezielte kräftige Klapse zu versetzen. Es ist eine bewährte Therapie. Da er trotzdem nicht zu sich kommt, ruft der Schwarzgekleidete den Fahrer herbei, aber der Fahrer ist nicht mehr der jüngste, er verspürt keine Lust, sich an dieser Aktion zu beteiligen, er sagt dem Schwarzgekleideten geradeheraus, er sei Fahrer und nicht Packer oder Transportarbeiter. Der Schwarzgekleidete erwidert darauf, heute sei er allein, das habe sich so ergeben, allein und ohne Hilfe jedoch sei er so einem Elch kräftemäßig nicht gewachsen. Der Dialog währte eine Weile an, bis der Fahrer endgültig erklärt, er litte an Herzbeschwerden und Rheuma und dächte nicht daran, bei dieser Aktion mehr zu tun, als den Wagen zu lenken.

Die beiden Männer einigten sich darauf, daß der Fahrer den Wagen mit der hinteren Tür an den Betrunkenen heranfährt. Jetzt braucht der Schwarzgekleidete den Burschen nicht mehr zu tragen oder abzuschleppen, er muß ihn nurmehr hochheben und durch die Tür in den Laderaum schieben. Der Schwarzgekleidete raucht seine Zigarette zu Ende, wirft die Kippe fort und tritt dann entschlossen auf den Burschen zu. Weiter folgt ein Bild, das Rodionzew höchst verblüfft und stark beeindruckt. Der Schwarzgekleidete packt den Burschen mit beiden Händen an den Haaren und schleift ihn zur Tür des Laderaums. Der Schmerz nötigt den Schlafenden, sich gleichsam wider Willen in die Höhe zu erheben, woraufhin es dem Schwarzgekleideten gelingt, den Burschen, ohne dessen Haare loszulassen, in den Laderaum zu zerren, in den er einen Moment zuvor hinaufgesprungen war. Jetzt liegt der Kopf des Burschen auf dem hölzernen Boden des Laderaums und rutscht langsam in diesen hinein, hinter dem Kopf her tut der Rumpf das Gleiche, nur die Beine baumeln einstweilen noch draußen vor der Tür.

Aber jetzt schaffen es auch die Beine, ganz wie von alleine, welches Wunder dadurch zustandekommt, daß der schwarzgekleidete Mann innendrin im Laderaum nicht eine Sekunde lang die hellen Haare des betrunkenen Burschen losläßt.

Die Tür des Laderaums schließt sich. Der Wagen fährt davon.

Rodionzew geht plötzlich auf, daß er gerade nichts weiß Gott wie Ausgefallenes erlebt hat. Der Bursche war betrunken, zudem schlief er, mutmaßlich hat er gar nicht viel Schmerz verspürt, eher Ungelegenheit. Wenn man alle Plusse und Minusse gegeneinander abwägt, hat ihn vielleicht sogar das bessere Los ereilt. Jetzt muß er sich nicht auf dem Straßenasphalt ausschlafen.

Rodionzew geht das kleine menschenleere Sträßchen fast bis ans Ende. Dort wo er anlangt, sieht er einen Menschen stehen. Daneben einen beschilderten Pfosten, der den Ort als Taxistand ausweist.

»Wwwarten Sie schon lllange auf ein Tttaxi?« fragt Rodionzew den Menschen, der, wie sich herausstellt, ein Frau ist. Die Frau erwidert nichts darauf.

»Sssie müssen schon entschuldigen«, lallt Rodionzew. »Es hat sich eben so ergggeben…«

»Sie brauchen sich nicht zu entschuldigen«, sagt die Frau. »Ich fürchte mich nicht vor Betrunkenen.«

Sie sagt das und beginnt zu lachen. So steht sie da, am Taxistand, schlank und hochgewachsen, mit einem hellen Gesicht, in einem hellen Rock, während ihr dunkles Jäckchen irgendwie schimmert und schillert. In den Händen hält sie ein Handtäschchen. So stehen sie jetzt nebeneinander, diese Frau und Rodionzew. Taxis kommen keine angefahren.

Rodionzew fährt mit seinem Sermon fort:

»Entschulddigen Sie trotzdem vvvielmals … Ich tttrinke sonst nie … Fünfzig Gggramm sind meine Obergggrenze…«

Die Frau beginnt wieder zu lachen, sie sagt mit angenehm weicher Stimme:

»Sie brauchen sich nicht zu rechtfertigen, Sie komischer Kauz!«

Aber Rodionzew will nicht lockerlassen, er sagt:

»Nnnein, hören Sie mir bbbitte zu … Mman hat mich gggeliebt, und dann hat man aufgggehört mich zu lllieben…«

»Ist doch famos«, sagt die Frau. »Jetzt sind sie einer, der für sich selbst ist.«

»Wwwie bbbitte?«

»Sie sind für sich selbst. Sie sind frei.«

»Wwwirklich?«

»Aber natürlich. Sie sind jetzt frei.«

Rodionzew lächelt. Er ist also frei, frei vom Gefolge: welch vorzüglicher Gedanke! Nein, das ist wirklich vorzüglich und klug ausgedacht. Er beginnt, begeistert etwas vor sich hinzulallen, aber da kommt endlich ein Taxi angefahren und entführt diese freundliche fröhliche Frau. Sie ist natürlich etwas zu schnell auf und davon, sie hätte ihn auch fragen können, ob sie ihn ein Stück Weges mitnehmen solle, wenigstens bis zu den heller erleuchteten Straßen. Aber man kann von einem einzelnen Menschen nicht zuviel fordern. Die Güte darf diesem nicht zu viel abverlangen. Nein wirklich, das war eine freundliche und gütige Frau, und wie gütig und klug waren erst jene Worte, die sie an ihn richtete…

Rodionzew ist nicht mehr imstande, sich auf den Beinen zu halten. Mit torkelnden Schritten geht er die dunkle Gasse entlang, aber in seiner Seele geht es überhaupt nicht dunkel zu, denn die Worte der Frau waren von einem tiefen Sinn erfüllt gewesen. Er stolpert und stürzt und hat es nicht eilig, wieder aufzustehen. Nein, wieder aufzustehen gelingt ihm nicht, aber auch das bereitet ihm keinen Kummer. Wen oder was soll er denn fürchten, Rodionzew? Er lacht: Das ist in der Tat ein famoser Gedanke! Er läßt sich mit dem Rücken gegen eine Hauswand fallen. *Er ist frei*: dieser Gedanke durchbohrt ihn noch einmal. Rodionzew lächelt und schläft ein. Nur für einen kurzen Moment wacht er noch einmal auf, um die Beine bequemer auszustrecken.

PETER ROSEI

Trinker

... sie erledigen sich von selbst

Blaßgesichtige Welt! Soweit mir Trinker bekannt sind, wollen sie nicht trinken, sondern sterben. Wundersamer Plan: Ein Vergnügen so zu steigern, daß es über Qualen in den Tod führt. Letztens sprach ich mit einem Freund darüber. Er meinte: Unsere Süchte sind bloß die Erinnyen im Theater der Grausamkeit. Ich sagte: Wir hassen uns also selbst. Ja, sagte der Freund, es ist nicht so schlimm.

Leiris hat in einem seiner Bücher sehr schön beschrieben, wie er versucht hatte, sich umzubringen. Das Schöne an der Darstellung war ihre Sachlichkeit. Trinker neigen zum Selbstmitleid. Wenn sie in der Geographie des menschlichen Verstandes einen Platz behaupten, kann dies kein Ort, kein Landstrich sein. Vielleicht ginge es an, sie als transkontinentale Eisenbahningenieure, als Flugkapitäne der Verstandes-GmbH-International zu bezeichnen. Ihr Medium ist Assoziation. Sie sind Spezialisten des Weges.

Wieder kommt mir jener Freund in den Sinn: Im Pissoir eines Bahnhofs liegend, sprach er davon, daß er sein Nervensystem als eine Art von Ziehharmonika betrachte. Dann kam die Polizei. Ich bin Erfinder, sagte er, wollen Sie mich in die Emigration treiben?

Mit diesem Freund habe ich vieles gemeinsam. Sein Wille zur Selbstzerstörung ist Attitüde. Wer aber vermöchte anders, als in Attitüden zu leben? Die Attitüde ist schon der Ernst. Noch auf dem Totenbett glauben manche, sie seien ein ganz bestimmter Jemand, werden ein solcher gewesen sein. Da wäre Alkohol zu verordnen. Ich meine das ernst.

Wer morgens aufwacht, bei Verstand, Kräften, Gesundheit ist und sagt: Ich bin der überflüssigste Mensch von der Welt, der ist reif fürs Trinken. Er möge sich ankleiden, ein öffentliches Verkehrsmittel besteigen, zur Stadt fahren. Dort betrete er eine Weinhalle, einen Stehausschank oder, wie ich das letzthin in einem Film sah, den Bierhimmel. Alles weitere ergibt sich von selbst.

Überhaupt ist das gewissermaßen Automatische, das Von-Selbst-Sich-Erledigen das Schöne am Trinken. Trinker sind Reisende. Sie werden bewegt, ohne sich zu bewegen. Man hebt sie auf, transportiert sie. Prost, sagt der Freund. Siehst du das Sternenmeer, sage ich.

Trinker erledigen sich von selbst: Das Ruhige, Selbstgenügsame an diesen Menschen! Wir lagen im Schatten unter einer Brücke. Hier war es kühl im leisen Vorbeistreichen der Luft. Drüben stand ein Angler. Da biß ein Fisch an. Auf einem Rasenplatz neben der Brücke übten drei Burschen Jiu-Jitsu-Griffe. Ein Zug fuhr über die Brücke. Der Fisch war dem Angler entkommen. Die Burschen kämpften in der Sonne. Wir schliefen.

Bist du tot? Du hast eine Wespe im Aug.

Soweit mir bekannt, trinke ich. Die Genese der Sucht ist das Uninteressanteste. Sucht ist ein Zustand. Wie morgens die Sonne aufgeht. Es lebe der Rausch. Die Sonne scheint. Ach was!

JACK LONDON

König Alkohol

Vom Schlaf der Weißen Logik

Natürlich ist ein persönliches Bekenntnis nicht vollständig, wenn es nicht bis zum letzten Augenblick durchgeführt ist. Aber leider kann ich nicht die Bekehrung eines Säufers berichten. Ich war nie ein Säufer, und ich bin nicht bekehrt worden. Vor einiger Zeit geschah es, daß ich eine Reise von hundertachtundvierzig Tagen mit einem Segelschiff um Kap Hoorn herum machte. Ich nahm persönlich keinen Vorrat an Alkohol mit, aber obgleich unter diesen hundertachtundvierzig Tagen nicht ein einziger war, an dem ich nicht von dem Kapitän etwas zu trinken hätte bekommen können, trank ich auf der ganzen Reise nicht einen Tropfen. Ich trank nicht, weil ich kein Verlangen danach hatte. Niemand an Bord trank. Die Atmosphäre war nicht zum Trinken geschaffen, und mein Organismus spürte kein Verlangen nach Alkohol. Ich brauchte ihn nicht zu meinem Wohlbefinden. Und da erhob sich vor mir ein Problem, ein klares, einfaches Problem: Es ist so leicht, warum es nicht auch lassen, wenn ich wieder an Land bin? Ich erwog dieses Problem sorgfältig. Ich erwog es fünf Monate lang und kam unterdessen überhaupt nicht mit dem Alkohol in Berührung. Und die Erfahrungen dieser Zeit ließen mich gewisse Schlüsse ziehen.

Erstens bin ich überzeugt, daß nicht einer von zehntausend, ja nicht einer von hunderttausend Männern mit einer organischen Veranlagung zum Trinken geboren ist. Das Trinken ist meiner Ansicht nach nichts als eine geistige Angewohnheit. Es geht damit nicht wie mit Tabak, Kokain, Morphium oder sonst einer dieser unzähligen Drogen. Das Verlangen nach Alkohol ist einzig und allein geistigen Ursprungs. Es ist eine Angelegenheit geistigen Trainings und Wachstums, ist großgezogen in der Geselligkeit. Von einer Million Trinkern hat nicht einer allein angefangen zu trinken. Alle Trinker trinken zuerst in Gesellschaft, und dieses Trinken hat stets Folgen von allergrößter sozialer Reichweite, wie ich es im ersten Teil meiner Erinnerungen aus eigener Erfahrung geschildert habe. Diese sozialen Folgen sind die Grundlage für die Gewohnheit des Trinkens. Die Rolle, die der Alkohol selbst spielt, ist unbedeutend im Vergleich mit dem Anteil der sozialen Atmosphäre, in der das Trinken stattfindet. Selten wird heute ein Mensch geboren, dessen Organismus ohne lange Übung in Gesellschaft von Trinkern einen unstillbaren Drang nach Alkohol verspürt. Ich nehme zwar an, daß solche Individuen geboren werden, habe aber selbst nie eines getroffen. Auf dieser fünf Monate langen Reise fühlte ich trotz alledem nie den leisesten Drang nach Alkohol, und da wurde mir klar, daß dieser Drang rein mental und sozial war. Wenn ich an Alkohol dachte, fielen mir im selben Augenblick gute Kameraden ein. Dachte ich an gute Kameraden, so kam mir sofort der Alkohol in den Sinn. Kameradschaft und Alkohol waren siamesische Zwillinge. Sie waren unzertrennlich.

Lag ich zum Beispiel auf meinem Deckstuhl, las ich oder unterhielt mich mit andern, so weckte tatsächlich jede Erwähnung irgendeines Teiles der Welt sofort die Erinnerung an Trinken und gute Kameraden in mir. Große Tage, Nächte und Augenblicke, alle von Purpur und Freiheit überglänzt, tauchten vor mir auf. »Venedig« starrt mir von der gedruckten Seite entgegen, und ich erinnere mich der Cafétische auf den Bürgersteigen. »Die Schlacht von Santiago« — und ich: »Ja, ich war mit dabei!« Aber ich sehe nicht den Walplatz, nicht den Kettleberg oder den Friedensbaum. Was ich sehe, ist das Café Venus an der Plaza von Santiago, wo ich eine bewegte Nacht hindurch mit einem sterbenden Schwindsüchtigen sprach und trank.

»Londoner East End« lese ich, oder jemand spricht davon; und zuallererst ersteht vor meinen Augen das Bild der strahlenden Wirtshäuser, und in meinen Ohren ertönt das Echo der Rufe: »Zwei Bittere!« und »Drei Whiskys!« — »Quartier Latin« — auf einmal bin ich in den Studentenkabaretts, sehe lustige Gesichter und kühne Geister um mich her, und wir nippen den kühlen, gut gemischten Absinth, und während unsere Stimmen steigen und sich aufschwingen, erörtern wir Gott und Kunst, Demokratie und alle Probleme des Lebens. In einem Pampero auf dem La Plata zerbrachen wir uns den Kopf, ob wir Buenos Aires, das »Paris Südamerikas«, anlaufen sollen, falls wir Havarie erleiden, und ich sehe vor mir die sonnenbeschienenen Versammlungsstätten der Männer, die freudig erhobenen Gläser, das Singen und Summen lustiger Stimmen.

Vor dem Nordostpassat im Stillen Ozean versuchen wir, unsern sterbenden Kapitän zu überreden, Honolulu anzulaufen, und wie ich mit ihm rede, sehe ich mich wieder an den kühlen Lanais und Fizzes draußen in Waikiki, wo die Brandung sich bricht, Cocktails trinken. Irgend jemand spricht davon, wie man in den San Franziskoer Restaurants Wildenten kocht, und das versetzt mich plötzlich wieder mitten in das Licht und das Klirren von vielen Tischen, wo ich alte Freunde durch den goldenen Schimmer langgestielter Rheinweingläser betrachte. — Und so erwog ich also das Problem. Nein, sollte ich all diese schönen Stellen der Erde wiedersehen, dann nur so wie einst: Das Glas in der Hand! Es liegt ein Zauber in diesen Worten. Sie bedeuten mehr, als alle Wörter eines Wörterbuches bedeuten können. Mein Geist hat sich an den Alkohol gewöhnt, ist ihm mein ganzes Leben lang angepaßt worden, und jetzt ist er ein Teil des Stoffes, aus dem ich selbst bestehe. Ich liebe den sprühenden Witz, das ausgelassene Lachen, die klangvollen Stimmen der Männer, wenn sie, das Glas in der Hand, die graue Welt abschütteln und ihr Hirn mit allem Schmerz, allem Behagen, aller Freude eines beschleunigten Pulses füllen. Nein, entschied ich: Ich trinke weiter, wenn ich Gelegenheit dazu habe. Alle Bücher vor mir auf den Regalen, alle Gedanken der großen Denker, von meinem persönlichen Temperament beleuchtet, zur Hand, beschloß ich kühl und wohlüberlegt, fortzufahren, wie ich es jetzt gewohnt war. Ich wollte trinken — nur bedächtiger, vorsichtiger als bisher. Nie mehr wollte ich einem wandernden Feuerbrand gleichen, nie mehr die Weiße Logik anrufen! Ich hatte gelernt, wie man es vermeidet, sie anzurufen. Jetzt liegt die Weiße Logik begraben neben der langen Krankheit. Keine von beiden wird mich je wieder überfallen. Es ist viele Jahre her, seit ich die lange Krankheit begrub; ihr Schlaf ist gesund. Und ebenso ist der Schlaf der Weißen Logik. Aber jetzt kann ich wohl sagen: Ich wünschte, meine Vorfahren hätten König Alkohol lange vor meiner Zeit in Bann getan. Ich bedaure es, daß er in der Gemeinschaft blüht und gedeiht, in der ich geboren bin, so daß ich seine Bekanntschaft machen mußte und lange innig mit ihm verkehrt habe.

GEORG WEERTH

Der Buchhalter

Die Phiole zwischen Soll und Haben

Der Buchhalter Lenz besaß eine rote Nase. Dies ist sehr wichtig. Er besaß nicht die Nase Bardolphs, jenes flammende Meteor, bei dessen Strahl der gute Falstaff stets an das Feuer eines schlimmen Jenseits denken mußte, — er besaß auch nicht die Nase Wahls, welche drei Tage lang zur Welt kam, während der junge Herr Wahl selbst erst am vierten erschien, — und er besaß auch nicht die Nase Lord Henrys, jene berühmte rötliche Kartoffel, welche nach der Versicherung eines frivolen Franzosen einzig und allein von der großen Erdäpfelseuche des Jahres 1845 verschont geblieben sein soll — nein, der Buchhalter Lenz besaß seine *eigene* Nase, er konnte sich bei seiner *eigenen* Nase ziehen.

Die rote Nase, welche Herr Lenz von Gottes und Rechts wegen mitten im Gesichte trug, war das kostspieligste Kleinod seines Leibes. Sie war das Resultat eines langjährigen, ernstlichen Trinkens, das Produkt eines sorgfältig gelöschten Durstes, die Konsequenz einer nie ruhenden Niersteiner und Piesporter vertilgenden Leidenschaft; — sie hatte weder den erschreckenden Karfunkelglanz der Bardolphschen noch den erheiternden Strahl der Wahlschen noch die mystische Couleur der Nase Sr. großbritannischen Lordschaft — nein, mit einem stillen, wehmütigen Abendrot beschien sie das feierliche Antlitz des dürr aufgeschossenen Besitzers; man sah, der Herr Lenz hatte aus Wehmut getrunken, der Trunk war ihm eine Sache des Trostes gewesen.

Aber weshalb bedurfte der Herr Lenz des Trostes? War er nicht Buchhalter im Hause Preiss? Verdiente er nicht sechshundert Taler jährlich mit Mühe und Arbeit? Besaß er nicht das ganze Zutrauen seines Prinzipals? Durfte er nicht sogar auf dem Comptoir rauchen? War der Herr Lenz nicht in Arkadien geboren? — Ach ja, das war alles wohl schön und gut; aber der Herr Lenz hatte einst in seiner Jugend einen großen ökonomischen Fehler begangen, und das paralysierte wieder alle seine Glückseligkeit; der Herr Lenz hatte, es ist bedauerlich zu erzählen, er hatte einst in seinem zweiundzwanzigsten Jahre — oh, wie unvorsichtig! ja, es ist entsetzlich zu melden — er hatte geheiratet. Armer Lenz —! Er hatte nie etwas von der malthusianischen Bevölkerungstheorie gehört; er wußte nicht, daß sich die Population gewöhnlich in einer geometrischen Proportion — wie 1, 2, 4, 8, 16, 32 — zu vergrößern strebt und daß die Subsistenzmittel nur in einer arithmetischen — wie 1, 2, 3, 4, 5, 6 — zuzunehmen pflegen; er hatte nie daran gedacht, daß die Summe seiner Nachkommenschaft einst den Betrag seines Saläres überwiegen könnte, und er begriff deswegen nicht den Widerspruch seines Daseins, welcher sich dadurch immer schärfer und bedenklicher ausgeprägt hatte, daß sich die Zahl seiner Kinder allmählich verachtfachte und daß sich die Summe seines Gehaltes in derselben Zeit nur verdoppelte. War es daher ein Wunder, daß der gute Herr Lenz oft eine halbe Nacht in die harmonische Öffnung eines grünen Römers hinabstierte, eifrig bemüht, das große ökonomische Rätsel seines Lebens zu erforschen und zu erraten? War es ein Wunder, daß sich das Morgenrot auf den Wangen seiner armen Kinder immer mehr verlor, während das Abendrot seiner eigenen Nase immer flammender emporstieg? Und war es ein Wunder, daß der trostlose Lenz, so hin und her gewürfelt zwischen den Kontrasten des Schicksals, zwischen der Scylla des Familienjammers und der Charybdis der Wirtshausschulden, endlich auf dem Comptoir des Herrn Preiss den einzigen Ort fand, wo er an seinem rechten Flecke war, wo er die Leiden der Vergangenheit und die Sorgen der Zukunft vergaß bei der Arbeit der Gegenwart?

Der Buchhalter Lenz war ein trefflicher Arbeiter. In seiner engen Hose, welche für die langen Beine eigentlich etwas kurz ist und die großen Stiefel in ihrer ganzen Ausdehnung sehen läßt; in seinem schwarzen, abgetragenen Frack, dessen äußerst spitze Zipfel dürftig über den Ort aller Sitzsamkeit hinabfallen; in seiner hohen Krawatte, die den Hals in einer wahrhaft beunruhigenden Weise umschnürt — sehen wir ihn im Hintergrund des Comptoirs stehen.

»Was für Geld zählen Sie da?« beginnt der gewaltige Prinzipal, der Herr Preiss, indem er auf seinen Buchhalter und Kassierer losschreitet.

»Gestern abend mit der Post gekommen, schlechte Sorten!« erwidert der Buchhalter, indem er ein Dutzend Geldstücke aus der rechten in die linke Hand schießen läßt.

»Mit der Post gekommen? Schlechte Sorten? Was für Sorten sind das?«

»Krontaler und Dukaten, alle zu leicht.«

»Alle zu leicht? Und von wem sind sie?«

»Von dem Manne aus Nassau; alle zu leicht.«

»Alle zu leicht? Das ist ja um des Teufels zu werden!«

»Alle ein paar As zu leicht; wir werden viel daran verlieren —«

»Wir, verlieren? Ei, das ist ja ganz verkehrt! Heutzutage noch am Gelde verlieren? Das fehlt noch! Gott sei bei mir! Am Gelde verlieren — schreiben Sie doch dem Nassauer, daß ich kein Schuft, sondern ein ehrlicher Mann sei; schreiben Sie ihm, er habe gute Ware von mir bekommen, und ich wolle gutes Geld haben!«

»Schon zehnmal geschrieben«, erwiderte der Buchhalter, indem er jeden Krontaler auf die Waage und dann kopfschüttelnd auf den Tisch springen ließ.

»So schreiben Sie es denn zum elften Male — oder, halt! Schreiben Sie lieber gar nichts. Wir verdienen genug an der Ware und müssen uns in diesen Geldverlust fügen; das heißt, sehen Sie nur zu, daß Sie die leichten Stücke bei den Arbeitern, den Schiffern, den Fuhrleuten, bei Kollekten unterbringen; auf diese Weise kommen wir glücklich davon; verstehen Sie mich?«

»Verstanden!« murmelte der Buchhalter und trat dann an sein Schreibpult, indem er die großen Seiten des gewichtigen Hauptbuches sorgfältig feierlich auseinanderschlug.

»Was machen unsre ausstehenden Gelder?« fuhr der Herr Preiss fort.

»Sie machen mir viel Sorge«, erwiderte der bedächtige Herr Lenz.

»Haben wir viel zu fordern?«

»Genug zu fordern, aber wahrscheinlich wenig zu empfangen.«

»Vor allen Dingen müssen wir mahnen!«

»Das versteht sich von selbst! Und die Herren Hero & Leander zuerst, denn diese haben trotz aller Anfragen nichts von sich hören lassen.«

»Schreiben Sie ihnen also, daß es mich sehr in Erstaunen setze, daß sie auf mein Jüngstes nichts erwidert hätten; ich müsse daher mit Gegenwärtigem nochmals um schleunige Abmachung der letzten Posten bitten und würde im schlimmsten Falle höchst unangenehme Maßregeln gegen sie ergreifen!«

»Dann kommen die Herren Romulus & Remus; sie schulden zwei Fakturen, längst verfallen.«

»Das sind ja wahre Heiden! Teilen Sie ihnen freundschaftlichst mit, daß der Diskont unanständig hoch sei und daß ich lächerlich schlecht bei Kasse wäre; ich würde mir daher erlauben, den Betrag meiner Forderung in drei Abschnitten auf sie zu entnehmen, um deren freundliche Aufnahme bei Verfall ich zwar sehr artig, aber dennoch dringend gebeten haben wolle.«

»Ferner haben wir die Herren Castor & Pollux – schulden bedeutend, sehr im Rückstand.«

»Wie, auch diese alte, ehrwürdige Firma! Das ist ja entsetzlich! Man sieht, wie alles Große in der Welt herunterkommt! Schreiben Sie den Leuten einen zarten Mahnbrief – treten Sie sie mit Anstand – sagen Sie, ich würde mich glücklich schätzen, bald mal etwas von ihnen zu hören, und empfehlen Sie mich diesen bankerotten Menschen mit großer Konsideration; wir müssen uns langsam von ihnen loswickeln –«

Da trat der Herr Preiss einen Schritt rückwärts und überließ den Buchhalter seiner Arbeit; der Herr Lenz hatte sich den Inhalt der Mahnbriefe bemerkt und fuhr fort, die Konti seines Hauptbuches in Ordnung zu bringen.

Im Hause Preiss führte man die doppelte oder italienische Buchhaltung. »Doppelt« nennt man diese Buchhaltung, weil sie doppelt so langweilig ist wie die einfache, und »italienisch«, weil sie mit den Pomeranzen und Apfelsinen aus einem und demselben Lande kommt. Sollte diese Erklärung indes noch nicht genügen, so fügen wir noch hinzu, daß die doppelte Buchhaltung eine viel größere Sicherheit in den Rechnungskolonnen gewährt als die einfache, weil gewissermaßen jede Rechnung doppelt geführt wird, so daß dann die eine Kolonne die andere kontrolliert.

(...)

Der gute Lenz war mehrere Stunden lang sehr fleißig gewesen. Zum fünften oder sechsten Male hatte er schon sein »Nero & Tiberius *Sollen* an Kaffee-, Zucker- und Korinthen-Konto« auf die Seiten des großen Buches geschrieben, da wandelte ihn plötzlich ein gewisses Etwas an, das mit einer leisen Sehnsucht nach einem kühlen, erfrischenden Trunke entfernte Ähnlichkeit hatte. Er sah sich nach den jüngeren Comptoirarbeitern um — sie waren in ihre Beschäftigung vertieft. Er schaute hinüber nach dem Herrn Preiss — der unterhielt sich gerade mit dem Makler. Der Augenblick war günstig. ›Sei mir gegrüßt, du einzige Phiole, die ich mit Andacht aus der Tasche hole!‹ Und da steckte Herr Lenz den langen Arm mit den noch längeren Fingern in den Schlitz seiner dürftigen Frackzipfel, den Kopf zwischen den Schultern zurückziehend, den Rücken zu einem Katzenbuckel krümmend und die langen, dürren Beine schlotternd vor Angst zu einem blitzähnlichen Zickzack zusammenbiegend. Da war's geschehen. Sie schaute ihn an, die liebliche Flasche mit dem schimmernden Getränk, mit dem flüssigen Feuer — er hätte jetzt nicht mehr widerstehen können, und wäre auch die Welt darüber zugrunde gegangen — es blitzte, es funkelte — ein Ruck, und der Pfropfen war gelöst — wie ein Sechzehnender legte der Buchhalter Lenz sein Haupt in den Nacken, und Mann und Flasche schwelgten auch in demselben Momente in der Wollust eines glühenden, unendlichen Kusses. —

»Haben Sie unsre drei Schuldner gemahnt?« klang es da plötzlich von der andern Seite des Zimmers herüber. Zornfunkelnden Blickes stand Herr Preiss vor seinem Buchhalter — es war ein entsetzlicher Augenblick.

Die Nase des armen Lenz entfärbte sich — die Phiole entsank seiner Hand — in Stücke brach sie, in tausend Stücke, und durch das Comptoir des Herrn Preiss wogte ambrosischen Duftes der Geist des vergossenen Wacholders.

ANDREJ TARKOVSKIJ

Hoffmanniana

E.T.A. Hoffmann, oder das Verhängnis des alternden Künstlers im Spiegel des Weins

Die Dämmerung beginnt allmählich, den Weinkeller mit seinen weißen Deckengewölben zu erfüllen. Die dunkle Eichentheke, blank poliert von den Ellenbogen der Stammgäste, ist mit Pfützen erkalteten Punschs bedeckt, in denen sich das verblassende Licht des trüben Tages spiegelt.

Dem schwachen Gemurmel nach zu schließen, gibt es nur wenige Gäste. Um einen Tisch gegenüber dem Fenster sitzen einige erschöpft, wie betäubt wirkende Zechbrüder. Kraftlos über den auf dem Tisch verschütteten Wein gebeugt, lauscht er (Hoffmann) den fernen Stimmen der traurigen Tafelrunde: abgerissenes, sinnloses Geschwätz, unterbrochen von Pausen, die darin klaffen wie Wunden.

Irgend jemand fährt in einer Kutsche. Ein leichter Taumel, wie ein Schwindelgefühl. Hände stützen seine Schultern. Die Kutsche gleitet lautlos in ein weites Tor und hebt sich in einer gleißenden Bewegung, gleich Rauch in einem Kamin, und wiederum findet er sich entkräftet hinter dem feuchten Tisch, im Kreis seiner grauen, gesichtslosen Bewunderer, die sein beredtes Schweigen respektieren.

Seltsamerweise macht niemand Licht.

Und nun geht er in der klaren Dämmerung am Stadtrand entlang, vorbei an Bäumen und Wänden aus Stein, zwischen denen öde Felder und die fernen, bewaldeten Berge aufleuchten. Er sieht alles, was ihn umgibt, bald mal sehr nahe, fast »zum Greifen nahe«, bald entfernt, wie durch einen Raum der Leere hindurch, die sich allmählich durch die aufziehende Nacht verdunkelt. Mal nah, mal fern... Als würde ein Pendel in seinem Bewußtsein hin und her schwingen, das ihn bald in einen Zwerg, bald in einen Riesen verwandelt. Aus der Ferne ertönt ein Lärm, jenem ähnlich, der einen Theatersaal vor Beginn der Aufführung erfüllt — gedämpfte Stimmen, ..., die Klänge von Instrumenten, die gestimmt werden... Diese Laute ertönen wie durch Wind hindurch, mal nah, mal fern, wie Meereswellen, deren Geräusch der Wind herbeiträgt und verweht, so lange, bis nichts mehr bleibt außer dem Schrei einer Möwe oder der schrillen, fernen Stimme eines Fagotts...

Mein Gott, wie mein Rücken schmerzt! Der dumpfe, gewohnte Schmerz, der ihm das Mark aussaugt. Er möchte stehenbleiben, sich niederkrümmen...

Er bleibt am Stadttor auf einem unbebauten Platz stehen, der mit Holunder bewachsen ist. Die blaßgrünen Blätter schimmern in der Dunkelheit und verbreiten einen schwülen Duft, der an Verwesung denken läßt. Er legt sich auf den Rücken, die Knie gegen die Brust gepreßt. Im dunklen Gras schimmern weiß der Kragen und die Manschetten, feucht vom Wein.

In der Nähe, im Schatten der Allee, deren Baumwipfel sich hin- und herwiegen, bleibt jemand stehen. In der Dunkelheit leuchtet eine blank polierte Mütze auf. Ein hageres Gesicht, ein durchdringender Blick aus schwarzen Augen. Ein bekanntes Gesicht! Wer ist das?

Hoffmann erhebt sich von der Erde und geht in die Dunkelheit zur Seite der Allee, in deren Schatten ihn jener unbekannte Bekannte erwartet. Aber dort… ist niemand.

Ein durchdringendes Klingeln und der laute Ruf: »Die Vorstellung beginnt!« schrecken ihn aus seinem Halbschlaf auf. Die Kontrabässe brummen; ein Schlag der Pauke, und das Schmettern der Trompeten; die Oboe klagt.

Die Geigen setzen ein… Wo ist er überhaupt?

Ach, das ist es also! Er liegt im Zimmer eines Hotels, wohin man ihn brachte, nachdem er vom Schmerz bewußtlos geworden war.

Dunkle Tapeten mit Goldprägung; ein Kamin mit ausgebrannten Kohlen, von einer dünnen Aschenschicht bedeckt.

Hoffmann steht auf — er liegt angekleidet auf der Bettdecke —, gießt aus einem Krug Wasser in ein Becken und steckt den Kopf hinein.

Nachdem er sein Haar getrocknet hat, zieht er an der Klingel.

Der Diener erscheint.

»Um Gottes willen, was ist das für ein Lärm?«

»Euer Exzellenz wissen es wohl nicht. Unser Hotel ist mit dem Theater verbunden. Durch diese versteckte Tür kann man über einen kleinen Korridor direkt in die Nummer 23 gelangen — in die Fremdenloge.«

»In die Loge?«

»Nun ja, eine kleine Fremdenloge für zwei Personen, für vornehme Gäste, direkt an der Bühne. Wenn Euer Exzellenz erlauben, heute wird der *Don Juan* des berühmten Herrn Mozart aus Wien gegeben. Der Preis für einen Platz ist ein Taler und acht Groschen — wir schreiben es auf die Rechnung.«

Hoffmann gießt in einen Pokal den Rest Champagner aus der Flasche, die in einem Kübel mit schmelzendem Eis steht.

Mit Genuß, der an Widerwillen grenzt, leert er ihn bis auf den Grund.

Der Diener sieht ihn erschrocken an.

»Bringen Sie mir Punsch!«

»Hierher?«

»Nein, in die Loge… «

Das Theater war recht gut besucht, geschmackvoll ausgestattet und hell erleuchtet. Nach den Geräuschen und Gesprächen zu urteilen, waren Logen und Parterre voller Zuschauer. Und nach der Ouvertüre zu schließen, war das Orchester ausgezeichnet. In dem Andante wurde man von den Schauern des unterirdischen regno del pianto ergriffen...

Mit frevelhaftem Jubel erklang die triumphierende Fanfare im siebten Takt des Allegros...

Die Ouvertüre berichtete vom Kampf des Menschen mit unbekannten bösen Mächten, die ihn umgeben und seinen Untergang herbeiführen... Endlich legte sich der Sturm. Der Vorhang hob sich.

Hoffmann wärmt seine Hände an dem schweren Kristall des Pokals.

Dunkle Nacht, Leporello, der sich frierend und ärgerlich in seinen Mantel hüllt, schreitet vor dem Pavillon auf und ab.

»Tag und Nacht muß ich dienen...«, schallt es auf italienisch von der Bühne.

Aus dem Pavillon stürzt Don Juan, hinter ihm — Donna Anna, den Frevler am Mantel festhaltend. Welch ein Anblick!

Das aufgelöste lockige Haar fällt über ihren Rücken, das weiße Nachtgewand kann ihre Reize nicht verbergen, die für einen indiskreten Blick nicht bestimmt sind. Und nun — welche Stimme! »Hoffe nicht! Alles ist vergebens...« Glühenden Blitzen gleich durchdringen die aus ätherischem Metall gegossenen Töne den Donner der Instrumente!

Don Juan versucht vergeblich, sich loszureißen. Aber will er es wirklich? Warum stößt er diese Frau nicht kräftig zurück und flieht? Lähmt ihn seine böse Tat, oder raubt ihm der innere Kampf zwischen Liebe und Haß Stärke und Willenskraft? Der alte Vater zahlt mit dem Leben für die Unbedachtheit, seinen starken Gegner im Finstern anzugreifen...

Don Juan wirft seinen Mantel ab und steht da im vollen Glanz seines silberbestickten Gewandes aus rotem Samt. Eine prächtige Gestalt voller Kraft, die Züge von männlicher Schönheit: eine edle Nase, ein durchdringender Blick, sanft geschwungene Lippen; ein Zucken der Brauen verleiht seinem Antlitz für einen Augenblick einen mephistophelischen Ausdruck, der, ohne seiner Schönheit zu schaden, einen unwillkürlichen Schauder erregt. Es scheint, daß die Frauen, auf die er einen Blick geworfen hat, ihm auf immer preisgegeben sind, und, wie unter einer verderblichen Gewalt, ihrem Untergang entgegengehen...

Hoffmann fährt zusammen: er glaubt zu spüren, daß außer ihm sich noch jemand in der engen Loge befindet. Vielleicht hat dieser Jemand unbemerkt die Tür geöffnet und ist leise hinter seinem Rücken in die Loge geschlüpft?

Hoffmann empfindet Enttäuschung: Ein einziges Wort des ungebetenen Gastes, vielleicht gar ein törichtes, würde auf die schmerzlichste Weise den wunderbaren Augenblick musikalischer Begeisterung verscheuchen! Er beschließt, seinen Nachbarn in der Loge nicht zu beachten und, sich ganz in die Aufführung vertiefend, jedes Wort, jeden Blick zu vermeiden. Den Kopf in die Hände gestützt, schaut er auf die Bühne. Die Vorstellung geht weiter.

Einige Male verspürt er hinter sich leichtes, warmes Atmen, vernimmt das Rascheln eines seidenen Gewandes. Schließlich wirft er doch einen Blick in den kleinen Spiegel im vergoldeten Rahmen, der an der Wand der Loge hängt, und erblaßt vor Staunen. Oder genauer, vor Schreck: im Spiegel erblickt er das Gesicht Donna Annas. Donna Anna, just in jenes Kostüm gekleidet, in dem er sie auf der Bühne sieht!

Es drängt ihn, mit ihr zu sprechen. Einige quälende Minuten verstreichen, ehe er sich dazu entschließt.

»Wie ist es möglich, daß Sie hier sind?«

»Waren Sie — wenn auch im Traum — noch nie davon überzeugt, daß alles möglich sei; daß alles, was immer Sie sich wünschten, sich unbedingt erfüllen würde. Und so wird es auch diesmal sein, wenn Sie sich nur dazu entschließen können, an die Wahrheit dieses Gefühls zu glauben.«

»Aber nur im Traum.«

»Aber ist der Traum denn weniger wahr als die Wirklichkeit?« lächelt sie, und als sie bemerkt, daß sein Blick nicht auf sie, sondern auf ihr Bild im Spiegel gerichtet ist, fügt sie hinzu: »Sie sollten nachts nicht in den Spiegel sehen.«

»Warum?« fragt Hoffmann.

»Weil ihnen schreckliche Gesichte begegnen werden.«

»Sie begegnen mir auch so. Und sie verfolgen mich nicht nur im Traum, sondern auch im Wachen.«

»Sie sehen erschöpft aus.«

»Ja. Heute lief mir wieder Blut aus der Nase. Ich werde mir selbst mit dieser Krankheit lästig.«

»Sie sind Dichter?«

Hoffmann antwortet nicht gleich.

»Wenn Sie dazu fähig sind«, nickt er in die Tiefe der Loge, auf ihr Erscheinen dort anspielend, »dann glaube ich auch, daß Sie vieles über mich wissen.«

»Nun, und die Musik? Was bedeutet Sie Ihnen? Macht sie Sie glücklich?«

»Ich weiß es nicht... Sie beweist die Möglichkeit, das Absolute, die Unendlichkeit auszudrücken. Die Kunst ist die einzige Möglichkeit, es zu erkennen.«

»Und Sie fürchten sich nicht? Wozu brauchen Sie die Musik?«

»Vielleicht, um mich durch irgend etwas vom Tier zu unterscheiden...«

Die Vorstellung ist zu Ende. Das Publikum verläßt das Parterre. Donna Anna zieht den grünen Vorhang zu, der die Loge vom Zuschauerraum trennt. In der Loge wird es fast dunkel. »Sehen Sie hierher«, bittet sie, auf den Spiegel weisend.

Jetzt stehen sie nebeneinander und blicken sich im Spiegel gegenseitig in die Augen. Dann verhängt Donna Anna den Spiegel mit einem Schal, nimmt ihn von der Wand und verschwindet mit ihm in der Dunkelheit des kleinen Korridors.

Hoffmann stürzt hinter ihr her. Der Korridor ist leer. In seinem Zimmer ist auch niemand.

Es ist Nacht. Draußen, vor den Fenstern des Hotels, stürmt und regnet es. Hoffmann klingelt. Er fühlt sich nicht wohl. Außerdem beunruhigen ihn leise Schritte in dem geheimen Gang.

Der Diener erscheint und bringt heißen Punsch. Er sieht, daß das Zimmer leer ist, aber die geheime Tür steht offen. Der Diener geht in die Loge und sieht den Hotelgast äußerst mißbilligend an. Auf ein Zeichen Hoffmanns stellt er das Getränk auf den Tisch, geht aber nicht weg, sondern bleibt unschlüssig in der Tür stehen, ohne sich entschließen zu können, mit dem unangenehmen Gespräch zu beginnen.

»Hier, an der Wand, hing ein Spiegel…«, murmelt er zaghaft. »Vielleicht haben Euer Exzellenz…«

Hoffmann kehrt ihm den Rücken zu.

Sich über die Brüstung der Loge beugend, blickt er in den leeren Saal; das gespenstische Licht zweier Kerzen, die er hierhergebracht hat, verleihen dem Theater ein unwirkliches, phantastisches Aussehen. Der Vorhang bewegt sich durch den Luftzug, der durch das ganze Gebäude streicht.

»Donna Anna!…«

Sein Aufschrei verliert sich in der Leere des Raumes, dafür weckt er jedoch die Seelen der Instrumente, und über dem Orchestergraben schwebt ein seltsamer Klang: bald einer Stimme, bald einem Rauschen ähnlich…

Es schlägt zwei Uhr…

Als er am Morgen seine Rechnung bezahlt, bringt der Diener das Gespräch erneut auf den verschwundenen Spiegel.

»Es war ein alter Spiegel, Euer Exzellenz. Ich werde Unannehmlichkeiten haben.«

»Ich denke, das reicht«, sagt Hoffmann und legt noch einige Taler auf den Tisch. »Ich habe ihn aus Versehen zerbrochen.«

»Natürlich … vollkommen, Euer Exzellenz.«

»Nun, was wird heute gespielt? Wieder Don Juan?«

»Nein, Euer Exzellenz. Die Sache ist die… Es ist ein Unglück geschehen: Die Sängerin, die die Rolle der Donna Anna gespielt hat, ist heute Nacht plötzlich gestorben. Um zwei Uhr, mitten in der Nacht…«

Als der Diener unter Verbeugungen gegangen ist, trinkt Hoffmann sein Glas Punsch aus und tritt langsam an den hohen Spiegel, der an der Wand zwischen den Fenstern steht. Seine Befürchtung erfüllt sich: Das kalte Glas bleibt leer. Er rückt einen Sessel heran, stellt sich darauf und bringt sein Gesicht so dicht an die Oberfläche des Spiegels heran, daß das Glas von seinem Atem beschlägt.

Aber er nimmt darin sein Spiegelbild nicht wahr…

(…)

»Heute Morgen hast du schon drei Gläser getrunken! Wir sind doch zum Frühstück eingeladen!« entsetzt sich Frau Hoffmann. In einer gemieteten Kutsche fahren sie die Straße entlang, und ihm scheint jedes Mal, als ginge die Fahrt in den Wald, wenn der Kutscher in den Schatten der engen, verwinkelten Gäßchen einbiegt. Mischa legt ihm die Hand auf die Stirn. Das Gesicht ist feucht und kalt.

Er küßt ihre Hand so leidenschaftlich, als sei er ihr Liebhaber.

Erinnerungsbilder tanzen vor Hoffmanns Augen ... Dies aber ist schon mehr als bloße Erinnerung: Er sieht plötzlich Julia vor sich, wie sie in das durchsichtige Wasser eines Sees eintaucht, als sei sie Ophelia.

Aber warum lächelt sie dabei?

Er hätte nicht auf nüchternen Magen trinken sollen. Der Empfang. Die zeremonielle Begrüßung.

Die Gäste schreiten die Empfangstreppe empor, wie in Versailles. »Aber dies ist nicht Versailles«, sagt Frau Hoffmann vor sich hin.

Im Spiegelkabinett stürzt ein Kaleidoskop von Bildern auf sie ein: die Spiegelung von Profilen, Hinterköpfen, Schultern und Frisuren. Das Kabinett ist prunkvoll ausgestattet, es ist eine Kopie jenes von Sans-Souci.

»Aber dies ist nicht Sans-Souci! Habe ich nicht recht, Herr Graepel?« wendet sich Hoffmann an den Bräutigam.

Ungefähr zwei Dutzend Graepel drehen sich erstaunt nach dem aufgeregten, kleingewachsenen, zerzausten Herrn mit den durchdringenden Augen und dem schmalen Mund um.

Hoffmann betrachtet sich im Spiegel. Mischa versucht, seine Aufmerksamkeit auf die anderen zu lenken.

»Mein Gott! Wie häßlich bin ich!«

»Man muß sagen, daß die bezauberndsten Mädchen Scheusale zu heiraten pflegen!« fügt er spöttisch hinzu.

Alle sind schockiert, um so mehr, als der Bräutigam keine Schönheit ist. Kunz versucht die Situation zu retten.

»Mit dieser Kritik wollen Sie wohl Frau Michaela ein Kompliment machen!«

»Ja! Mischa war bezaubernd!« flüstert Hoffmann.

Die junge, blauäugige Mischa in ihrem pflaumenfarbenen Kleid, geht die Gobelins entlang und verschwindet, dutzendfach gespiegelt, im Nachbarsaal.

Er nimmt ihr Gesicht in die Hände und nähert es dem seinen.

»Wenn man sie so anschaut«, sagt er, »dann vervielfachen sich ihre Augen und reihen sich aneinander wie zu einer kostbaren Perlenschnur.«

Hoffmann küßt seiner Frau die Hand.

»Ich bitte ... Ernst ...«. Sie ist ratlos, weiß nicht, wie sie sich verhalten soll.

Julia sieht Hoffmann an. Die übrigen versuchen so zu tun, als sei nichts vorgefallen.

Schließlich setzen sich alle.

»Sie können den Wein vom Tisch nehmen«, wendet sich Kunz an den Lakaien«, wir haben unseren selbst mitgebracht; ihr habt keinen solchen Wein.«

»Sagen Sie«, bemüht sich Frau Kunz, Hoffmann von seiner Frau abzulenken, »ist diese schreckliche Geschichte von Kleist und seiner Geliebten keine Erfindung? Was für eine Exaltation, Pistolen und, natürlich, ein Aufwall der Gefühle!«

Inzwischen wird reichlich getrunken. Der Bräutigam wird mit jeder Minute immer betrunkener. Hoffmann ergeht es genau umgekehrt — er ißt nichts, sondern trinkt nur, aber er bleibt völlig nüchtern.

Das ist eine sehr traurige Geschichte. Sie ist schrecklich, aber nicht im üblichen Sinne.«

»Dann erzählen Sie sie uns!« beharrt Frau Kunz.

Graepel ist schon völlig betrunken, von Zeit zu Zeit umfaßt er die Taille seiner Braut und küßt sie auf die Wange.

Jetzt versuchen alle, Hoffmann anzusehen, und Graepel nicht zu beachten. Hoffmann dreht sein Glas auf dem Tischtuch und blickt ins Leere. Er verzieht keine Miene, tut so, als bemerke er nichts.

»Sie kennen natürlich Kleist, der *Das Käthchen von Heilbronn* geschrieben hat. Er liebt die entzückende Henriette Vogel, und sie erwidert seine Leidenschaft. Eines Tages spüren sie beide, daß sie auf dieser Erde nicht glücklich sein können. Im letzten Jahr, am 21. November, begaben sie sich gemeinsam nach Potsdam. Dort gibt es einen Fluß, mit Inseln in der Mitte. Ein wunderschöner Ort.

Kleist und Henriette gingen den ganzen Morgen spazieren. Später, in einem der kleinen Restaurants am Ufer, das an diesem Wochentag vollkommen leer war, bat er den Wirt, ihnen den Tisch direkt am Wasser zu decken, und Kleist und Henriette blieben allein zurück. Nach einigen Minuten hörten der Wirt und der Diener hintereinander zwei Schüsse. Entsetzt liefen sie ans Ufer und sahen Kleist und die junge Frau auf dem Herbstlaub liegen. Das Geschirr, das Frühstück — auf der Erde; Henriettes Hand krampfte sich um einen Zipfel des Tischtuchs, das Kleists Körper bedeckte.«

»Es ist trotzdem scheußlich...«, flüsterte Frau Kunz.

Diese ganze Geschichte sehen Hoffmann, Julia und ihr Bräutigam natürlich jeweils unter ganz verschiedenem Blickwinkel.

Hoffmann sieht in Kleist und Henriette sich und Julia, Julia wiederum — sich und ... schwer zu sagen, wen eigentlich noch. Aber manchmal erscheint es ihr, daß Kleist — Hoffmann ist. Graepel ist nicht in der Lage, sich irgend etwas vorzustellen, zum einen wegen des reichlich genossenen Weines, zum anderen wegen mangelnder Phantasie.

»Novalis hat einmal sehr schön gesagt«, fährt Hoffmann fort, »›Im Tod ist die Liebe am süßesten. Für die Liebenden ist der gemeinsame Tod die Hochzeitsnacht.‹«.

Graepel macht eine Bewegung, um erneut seine Braut zu umarmen. Julia weicht unwillkürlich zurück.

»Vielleicht sollten wir noch etwas im Garten spazieren gehen?« schlägt Frau Mark vor.

»Wirklich! Was für ein herrlicher Tag!« unterstützt sie Frau Kunz.

Alle stehen auf. Graepel steuert auf seine Braut zu, um ihr einen Handkuß zu geben, aber er stolpert und fällt mit dem Gesicht nach unten auf das prächtige Parkett.

Hoffmann hält nicht länger an sich:

»Lassen Sie dieses Schwein hier liegen, mag er seinen Rausch ausschlafen!«

Julia wird weiß wie ein Laken.

Hoffmann, offensichtlich ganz plötzlich betrunken, nimmt eine Flasche Wein vom Tisch, schüttet sie über Graepels Kopf, springt aufs Fensterbrett, läßt den Spiegelsaal hinter sich und findet sich im Garten wieder ... Dann klettert er auf den Bock der gemieteten Kutsche und schlägt mit einer Peitsche auf die Pferde ein.

Hierauf fällt er in einen Bach, der in der Nähe vorbeifließt, und bewirft die Kunzes und Mischa, die ihm zu Hilfe eilen, mit Schlamm, den er aus dem Bachbett gräbt und zu Klumpen zusammenballt.

Sein Anblick ist grauenvoll: tränenüberströmt, feucht und schmutzig.

So endet das Frühstück zu Ehren von Julias Bräutigam, Herrn Graepels — eines Kaufmanns.

»Ich muß mich beruhigen ... unbedingt beruhigen...«, murmelt er, während er bis zu den Knien im Morast des Ufers steht...

GEORGES BATAILLE

Das Blau des Himmels

Dirty ist völlig betrunken

Dirty saß in einem der schmutzigen Londoner Elendsviertel völlig betrunken in einer finsteren Kaschemme. Sie war sternhagelbesoffen, ich stand neben ihr (meine Hand steckte noch in einem Verband). Dirty trug an jenem Tag ein prachtvolles Abendkleid (ich dagegen war unrasiert, meine Haare waren zerzaust) und streckte ihre langen Beine aus. Sie war in wilde Zuckungen geraten. Die Kneipe war voller Männer, deren Blicke immer finsterer wurden. Diese verstörten Augen der Männer erinnerten an erloschene Zigarren. Mit beiden Händen preßte Dirty ihre nackten Schenkel. Sie stöhnte, während sie in einen schmutzigen Vorhang biß. Sie war ebenso betrunken wie schön: mit weit aufgerissenen und wütenden Augen starrte sie in das Gaslicht.

»Was ist los?« kreischte sie.

Gleichzeitig fuhr sie hoch wie eine Staubwolke, in die eine Kanonenkugel schlägt. Eine Flut von Tränen schoß ihr aus den Augen, die wie bei einem Schreckbild heraustraten.

»Troppmann!« schrie sie abermals.

Mit immer größer werdenden Augen blickte sie mich an. Ihre langen schmutzigen Hände streichelten meinen Verwundetenkopf. Meine Stirn war fieberfeucht. Sie heulte, wie man sich erbricht, mit wilder Hingebung. Sie weinte so sehr, daß ihr Haar ganz naß vor Tränen war.

Die Szene, die dieser abstoßenden Orgie vorherging und in deren Folge Ratten um zwei am Boden ausgestreckte Körper umherstreichen sollten —, war in jeder Hinsicht eines Dostojewski würdig …

Auf der Suche nach einer düsteren Antwort auf die düstere Besessenheit hatte uns die Trunkenheit vollends willenlos gemacht.

Ehe uns jedoch der Alkohol völlig überwältigte, fanden wir uns in einem Zimmer das Savoy wieder. Dirty hatte bemerkt, daß der Liftboy sehr häßlich war (trotz seiner schönen Uniform hätte man ihn für einen Totengräber halten können).

Sie sagte das mit einem unbestimmten Lachen. Sie sprach bereits wirres Zeug, wie eine Betrunkene.

»Weißt du«, vom Schluckauf geschüttelt, unterbrach sie sich jeden Augenblick, »ich war noch ein Gör … Ich erinnere mich … Ich kam mit meiner Mutter hierher … vor etwa zehn Jahren … Ich muß wohl zehn Jahre gewesen sein … meine Mutter war eine verblühte Schönheit, so ähnlich wie die Königin von England … Da, gerade als wir aus dem Fahrstuhl herauskamen, vergißt der Liftboy … der da …«

»Welcher? … Der da? …«

»Ja, derselbe wie heute. Er hat den Fahrstuhl nicht rechtzeitig angehalten … der Fahrstuhl fuhr zu hoch … er ist bis oben hin gestiegen … dann hat es bums gemacht … meine Mutter …«

Dirty brach in irres Gelächter aus, sie konnte gar nicht mehr aufhören.

Mühsam nach Worten suchend, sagte ich zu ihr:

»Lach nicht so, sonst wirst du nie mit deiner Geschichte fertig«.

Sie hörte auf zu lachen und begann zu kreischen:

»O, o! Ich werde verrückt … ich werde … Nein, nein, ich werde schon mit meiner Geschichte fertig … Meine Mutter, die rührte sich nicht … ihre Röcke wehten im Luftzug … ihre weiten Röcke … wie eine Tote … rührte sie sich nicht mehr … man hat sie aufgehoben, um sie ins Bett zu legen … da fing sie an zu kotzen … sie war total betrunken … kurz zuvor hatte man noch nichts davon gemerkt … diese Frau … man hätte sie für eine Dogge halten können … war furchterregend …«

Beschämt sagte ich zu Dirty:

»Ich möchte vor dir zu Füßen liegen wie sie vor dir …«

»Mußt du auch kotzen? fragte Dirty ohne zu lachen. Sie fuhr mir mit der Zunge in den Mund.

»Vielleicht«.

Ich ging ins Badezimmer. Ich war sehr blaß und betrachtete mich ohne jeden Grund lange Zeit im Spiegel: ich war scheußlich unfrisiert, fast gemein, mit aufgedunsenen Zügen, nicht mal häßlich, mit stinkendem Atem wie jemand, der gerade aus dem Bett kommt.

Dirty war allein im Zimmer, einem geräumigen, von vielen Deckenlampen erleuchteten Zimmer. Sie ging unaufhörlich hin und her, als wenn sie nicht mehr anhalten könne: sie schien buchstäblich verrückt zu sein.

Sie war bis zur Unschicklichkeit dekolletiert. Ihr blondes Haar hatte unter der Deckenbeleuchtung einen mir unerträglichen Glanz.

Dennoch flößte sie mir ein Gefühl von Reinheit ein — sie behielt selbst in ihrer Ausschweifung eine solche Lauterkeit, daß ich mich manchmal ihr hätte zu Füßen legen mögen: davor hatte ich Angst. Ich sah, daß sie am Ende war. Sie war dem Umfallen nahe. Sie atmete schwer, sie atmete wie ein Tier: sie drohte zu ersticken. Ihr böser, gehetzter Blick hätte mich beinahe um den Verstand gebracht. Sie blieb stehen: unter dem langen Rock mußte sie gestolpert sein. Ganz gewiß sprach sie nun im Wahn.

Sie drückte auf die Klingel, um das Zimmermädchen zu rufen.

Kurz darauf kam eine recht hübsche Person mit rotem Haar und hellem Teint: sie schien vor einem an einem so luxuriösen Ort seltenen Geruch zurückzuprallen, dem Geruch eines billigen Bordells. Dirty konnte sich nur noch an die Wand gelehnt auf den Beinen halten; sie schien entsetzlich zu leiden. Ich weiß nicht, woher sie an jenem Tag das billige Parfüm genommen hatte, aber in dem unsäglichen Zustand, in dem sie sich befand, strömte sie überdies einen scharfen Schweißgeruch aus, der mit dem Parfüm gemischt an pharmazeutische Dämpfe erinnerte. Außerdem stank sie nach Whisky und rülpste …

Die junge Engländerin war verwirrt.

»Hören Sie, ich brauche Sie«, sagte Dirty zu ihr; aber zuvor holen Sie den Liftboy, ich muß ihm etwas sagen.

Das Mädchen verschwand, und Dirty, die nun hin und her schwankte, setzte sich auf einen Stuhl. Unter großer Anstrengung gelang es ihr, eine Flasche und ein Glas neben sich auf den Boden zu stellen. Ihre Lider wurden schwer.

Sie suchte mich mit den Blicken, aber ich war nicht mehr da. Sie geriet in Panik. Mit verzweifelter Stimme rief sie:

»Troppmann!«

Keine Antwort.

Sie erhob sich und drohte ein paarmal zu fallen. Sie kam bis zur Badezimmertür; sie sah mich kraftlos auf einem Stuhl sitzen, bleich und verstört; in meiner Zerstreutheit hatte ich die Wunde an meiner rechten Hand wieder aufgerissen: das Blut, das ich mit einem Handtuch zu stillen versuchte, tropfte unablässig auf den Boden. Dirty stand vor mir und starrte mich mit dem Blick eines Tieres an. Ich wischte mir das Gsicht ab; und beschmierte so Stirn und Nase mit Blut. Es war unerträglich. Dieses Licht machte die Augen blind.

Jemand klopfte an die Tür, und das Zimmermädchen trat vom Liftboy gefolgt herein.

Dirty sackte auf dem Stuhl zusammen. Nach einer Zeit, die mir sehr lange erschien, fragte sie, ohne etwas zu sehen, mit gesenktem Kopf den Liftboy:

»Waren Sie 1924 schon hier?«

Der Boy bejahte.

»Ich möchte Sie etwas fragen: die große ältere Frau … die beim Aussteigen aus dem Fahrstuhl hinfiel … und die auf den Boden kotzte … Erinnern Sie sich?«

Dirty sprach ohne aufzusehen, als ob ihre Lippen erstorben wären.

Die beiden peinlich berührten Dienstboten warfen sich verstohlene Blicke zu, um einander zu befragen und zu beobachten.

»Ich erinnere mich, tatsächlich, gab der Liftboy zu«.

(Dieser etwa vierzigjährige Mann hatte das Gesicht eines lüsternen Totengräbers, aber dieses Gesicht schien durch seinen fettigen Glanz wie in Öl getaucht.)

»Ein Glas Whisky?« fragte Dirty.

Niemand antwortete; die beiden standen ehrerbietig da, in peinvoller Erwartung.

Dirty ließ sich ihre Handtasche geben. Ihre Bewegungen waren so schwerfällig, daß sie eine gute Minute brauchte, bis sie mit der Hand auf den Grund der Tasche gelangt war. Als sie gefunden hatte, was sie suchte, warf sie ein Bündel Geldscheine auf den Boden und sagte ganz einfach:

»Teilt euch das ...«

Der Totengräber war nun beschäftigt. Er las das kostbare Bündel auf und zählte laut die Pfundnoten. Es waren zwanzig. Zehn davon gab er dem Zimmermädchen.

»Dürfen wir uns nun zurückziehen? fragte er nach geraumer Weile.«

»Nein, nein, noch nicht, ich bitte Sie, setzen Sie sich.«

Sie schien dem Ersticken nahe. Das Blut stieg ihr ins Gesicht. Die beiden Dienstboten waren stehen geblieben und beobachteten sie voller Respekt, aber sie waren gleichfalls rot geworden und verängstigt, sei es wegen des verblüffend hohen Trinkgeldes, sei es wegen dieser unwahrscheinlichen und unbegreiflichen Situation.

Dirty saß wortlos auf dem Stuhl. Es verrann ein langer Augenblick; man hätte den Herzschlag eines jeden hören können. Ich ging bis zur Tür, mit blutverschmiertem Gesicht, bleich und krank, ich hatte den Schluckauf und war dem Speien nahe. Die entsetzten Dienstboten sahen an dem Stuhl und den Beinen ihrer schönen Fragestellerin ein Bächlein entlangrinnen. Der Urin bildete auf dem Teppich eine Pfütze, die immer größer wurde, während unter Dirtys Kleid das Geräusch der erleichterten Eingeweide hörbar wurde, indes sie sich erschöpft und puterrot, wie ein Schwein unter dem Messer, auf ihrem Stuhl krümmte ...

Angeekelt und zitternd mußte das Zimmermädchen Dirty, die nun ruhig und zufrieden geworden zu sein schien, säubern. Es wusch Dirty mit Wasser und Seife. Der Liftboy ließ frische Luft herein, bis der Geruch ganz aus dem Zimmer verschwunden war.

Dann erneuerte er meinen Verband, um das Blut zum Stillstand zu bringen.

Nun war wieder alles in Ordnung; das Mädchen legte die Wäsche zusammen. Frisch gewaschen und mit Parfüm besprengt, schöner als je zuvor, trank Dirty weiter, sie streckte sich auf dem Bett aus. Sie forderte den Liftboy auf, sich zu setzen. Er setzte sich neben sie auf einen Sessel. In diesem Augenblick bewirkte die Trunkenheit, daß Dirty sich wie ein kleines Mädchen gehenließ.

Während sie schwieg, schien sie ganz und gar abwesend.

Ab und zu lachte sie vor sich hin.

»Erzählen Sie mir«, sagte sie zu dem Liftboy, »in all den Jahren, die Sie im Savoy sind, müssen Sie doch haarsträubende Dinge mit angesehen haben.«

»O, nicht einmal«, entgegnete er, nachdem er zuvor einen Whisky heruntergekippt hatte, der ihn durchschüttelte und ihn in Wohlbehagen zu versetzen schien. »Im allgemeinen sind die Gäste hier sehr korrekt.«

»Ah, korrekt, nicht wahr, das ist doch nur äußerlich: zum Beispiel meine verstorbene Mutter, die vor Ihnen auf die Schnauze fiel und Ihnen die Ärmel vollgekotzt hat ...«

Dirty brach in ein mißtönendes Gelächter aus, ohne ein Echo zu finden.

Dann fuhr sie fort:

»Und wissen Sie, warum die alle so korrekt sind? Sie haben eine Sauangst, verstehen Sie«, sie klappern mit den Zähnen, »deshalb wagen sie nicht, sich etwas anmerken zu lassen. Ich fühle das, denn auch ich habe saumäßige Angst, ja doch, verstehen Sie, mein Lieber, sogar vor Ihnen. Ich habe eine Sterbensangst ...«

»Soll ich Madame ein Glas Wasser bringen?« fragte das Zimmermädchen schüchtern.

»Ach, Scheiße«, antwortete Dirty brutal und streckte ihm die Zunge heraus, »ich bin krank, verstehen Sie doch, und mir dreht sich der Kopf.«

Darauf:

»Ihnen ist das ja wurscht, aber mich ekelt das alles an, verstehen Sie?«

Mit einer Handbewegung konnte ich sie sanft unterbrechen.

Ich gab ihr noch einen Schluck Whisky zu trinken und sagte zu dem Liftboy:

»Gestehen Sie nur, wenn es nach Ihnen ginge, würden Sie sie erwürgen!«

»Du hast recht«, krächzte Dirty, »sieh dir diese Riesentatzen an, diese Gorillatatzen, ganz voller Haare, wie Hoden.«

»Aber«, beteuerte der entsetzte Liftboy und sprang auf, »Madame weiß, daß ich ihr zu Diensten stehe.«

»Nicht doch, Idiot, denkst du, ich brauch deine Hoden. Mir ist sterbenselend.«

Sie schluckte und rülpste.

Das Zimmermädchen stürzte davon und brachte eine Schüssel. Es schien die Unterwürfigkeit selbst, vollkommen ehrerbietig. Ich saß reglos und bleich da, und ich trank immer mehr.

»Und Sie da, Sie ehrbares Mädchen«, rief Dirty, sich nun dem Zimmermädchen zuwendend, »Sie masturbieren und betrachten die Teekannen im Schaufenster, die Sie in Ihren Haushalt schleppen möchten. Wenn ich Arschbacken hätte wie Sie, würde ich sie aller Welt zeigen; sonst krepiert man vor Scham, wenn man kratzt, findet man eines Tages das Loch.«

Plötzlich erschrocken, sagte ich zu dem Zimmermädchen:

»Spritzen Sie ihr ein paar Tropfen Wasser ins Gesicht ... Sie sehen doch, daß sie sich aufregt ...«

Sogleich machte sich das Zimmermädchen zu schaffen. Es legte ein feuchtes Handtuch auf Dirtys Stirn.

Mühsam bewegte sich Dirty bis zum Fenster. Sie sah unter sich die Themse und im Hintergrund einige der gräßlichsten Bauten Londons, die im Finstern noch riesiger wurden. Sie spie rasch zum Fenster hinaus. Erleichtert rief sie nach mir. Und ich hielt ihren Kopf, während ich die Kloakenlandschaft, den Fluß und die Docks anstarrte. Neben dem Hotel wuchsen herausfordernd luxuriöse und strahlende Riesengebäude empor.

Ich weinte fast, während ich London betrachtete, weil ich vor Angst verging. Indes ich die frische Luft einatmete, verbanden sich Kindheitserinnerungen, die kleinen Mädchen zum Beispiel, mit denen ich ›Diabolo‹ und ›Flieg, Taube, flieg‹ spielte, mit der Vision der Gorillahände des Liftboys. Was da geschah, schien mir übrigens bedeutungslos und irgendwie lächerlich. Ich war wie ausgepumpt. Es gelang mir nicht einmal, mir vorzustellen, wie ich diese Leere mit neuem Grauen ausfüllen sollte. Ich fühlte mich ohnmächtig und besudelt. In diesem Zustand von Widerwillen und Gleichgültigkeit begleitete ich Dirty auf die Straße. Dirty schleppte mich mit sich fort. Ein erbärmlicheres Treibgut hätte ich mir schwerlich vorstellen können.

Die Angst, die dem Körper nicht einen Augenblick Entspannung gönnt, erklärt übrigens allein die wunderbare Unbeschwertheit: es gelang uns, uns jedwede Lust zu verschaffen unter Verachtung aller trennenden Wände, und dies sowohl im Zimmer des Savoy wie in jener Spelunke, wo es uns erlaubt war.

QUELLENVERZEICHNIS

NELSON ALGREN: Der Mann mit dem goldenen Arm
Aus: Der Mann mit dem goldenen Arm. © Zweitausendeins Versand Dienst GmbH, Frankfurt/M.

GEORGES BATAILLE: Das Blau des Himmels
Aus: Das Blau des Himmels. © Luchterhand Verlag, Darmstadt und Neuwied.

CHARLES BAUDELAIRE: Der Wein
Aus: Die künstlichen Paradiese. Überarbeitet nach der Übersetzung von Franz Blei.

CHARLES BUKOWSKI: Die Wahrheit über den Tod von Dylan Thomas.
Aus: Stories und Romane. © Zweitausendeins Versand Dienst GmbH, Frankfurt/M.

LUIS BUNUEL: Irdische Vergnügen
Aus: Mein letzter Seufzer. © Athenäum Verlag GmbH, Königstein.

WILLIAM S. BURROUGHS: Junkie
Aus: Junkie. © Zweitausendeins Versand Dienst GmbH, Frankfurt/M.

RAYMOND CARVER: Gute Vorsätze
Aus: Die Kathedrale. © 1985 R. Piper Verlag GmbH & Co. KG, München.

GILBERT KEITH CHESTERTON: Ein Wirtshaus bekommt Flügel
Aus: Das fliegende Wirtshaus. © Droemer Knaur Verlag Gmbh & Co., München.

RENE DAUMAL: Das große Besäufnis
Aus: Das große Besäufnis. © Henssel Verlag, Berlin.

J. P. DONLEAVY: Ginger Man
Aus: Ginger Man. © Kindler Verlag, München Übersetzer: Gustav Kemperdick.

HANS FALLADA: Der Trinker
Aus: Der Trinker © Emma D. Hey, Braunschweig.

JÖRG FAUSER: Zuhause hab ich keine Zeit
Aus: Mann und Maus. © 1982, Rogner & Bernhard GmbH & Co. Verlags KG., München.

GRAHAM GREENE: Die Kraft und die Herrlichkeit
Aus: Die Kraft und die Herrlichkeit. © 1951, Paul Szolnay Verlag GmbH, Wien/Hamburg. © Graham Greene, 1940.

ERNEST HEMINGWAY: Scott Fitzgerald
Aus: Paris - Ein Fest fürs Leben. © 1965, Rowohlt Verlag GmbH, Reinbek bei Hamburg.

ECKARD HENSCHEID: Die Vollidioten
Aus: Die Vollidioten. © Zweitausendeins Versand Dienst GmbH, Frankfurt/M.

OTTO JÄGERSBERG: Der Fernsehreporter unterwegs, hoppla
Aus: Der letzte Biss. © 1977 Diogenes Verlag AG., Zürich.

WENEDIKT JEROFEJEW: Die Reise nach Petuschki
Aus: Die Reise nach Petuschki. © 1978, R. Piper & Co Verlag, München.

JAMES JOYCE: Entsprechungen
Aus: Dubliner. © 1977, Suhrkamp Verlag, Frankfurt/M.

JACK KEROUAC: Gammler, Zen und hohe Berge
Aus: Gammler, Zen und hohe Berge. © 1971, Rowohlt Taschenbuch Verlag GmbH, Reinbek bei Hamburg.

KURT KUSENBERG: Geist aus der Flasche
Aus: Der Ehrbare Trinker, Gesammelte Erzählungen. © 1969, Rowohlt Verlag GmbH, Reinbek bei Hamburg.

JACK LONDON: König Alkohol
Aus: König Alkohol. © Universitas Verlag, München. Deutsch von Erwin Magnus.

MALCOLM LOWRY: Unter dem Vulkan
Aus: Unter dem Vulkan. © 1984 Rowohlt Verlag GmbH, Reinbek bei Hamburg.

VLADIMIR MAKANIN: Der Mann aus dem Gefolge
Aus: Moskau 85. © 1985, Neuer Malik Verlag GmbH, Kiel.

THOMAS MANN: Über den Alkohol
Aus: Reden und Aufsätze II. © S. Fischer Verlag GmbH, Frankfurt/M.

FRANK WOLF MATTHIES: Gelächter
Aus: Gelächter. © 1987, Wolke Verlag GmbH, Hofheim/Ts.

FLANN O'BRIEN: Zwei Vögel beim Schwimmen
Aus: Zwei Vögel beim Schwimmen. © O'Brien

GEORGE ORWELL: Erledigt in Paris und London
Aus: Erledigt in Paris und London. © 1987, Diogenes Verlag AG, Zürich.

CHRISTIANE ROCHEFORT: Das Ruhekissen
Aus: Das Ruhekissen. © 1959, Suhrkamp Verlag, Frankfurt/M.

PETER ROSEI: Trinker
Aus: Reise ohne Ende. © 1983, Suhrkamp Verlag, Frankfurt/M.

ERIK SATIE: Betrübliche Beispiele
Aus: Schriften. © 1986, Wolke Verlag, Hofheim/Ts.

ALAN SILLITOE: Samstag Nacht und Sonntag Morgen
Aus: Samstag Nacht und Sonntag Morgen. © 1976, Diogenes Verlag AG, Zürich.

GEORGES SIMENON: Antoine und Julie
Aus: Antoine und Julie. © 1983, Diogenes Verlag AG, Zürich.

UPTON SINCLAIR: Becher des Zorns
Aus: Becher des Zorns. © Limes Verlag, München. Deutsch von Peter Böbbis.

JOHN STEINBECK: Tortilla Flat
Aus: Tortilla Flat. © 1935, John Steinbeck, renewed by John Steinbeck 1962. © der deutschsprachigen Ausgabe 1965 und 1986 by Diana Verlag AG, Zürich.

ANDREJ TARKOVSKIJ: Hoffmanniana
Aus: Hoffmanniana. Drehbuchmanuskript. © 1986, Verlag Schirmer und Mosel, München.

DYLAN THOMAS: An einem schwülen Samstag
Aus: Porträt des Künstlers als junger Dachs. © 1978, Carl Hanser Verlag, München/Wien. Deutsch von Friedrich Polakovics.

RICHARD L. WAGNER: Polaroid Panik
Aus: Neonschatten. © Pohl 'n' Mayer Verlag GmbH, Kaufbeuren.

GEORG WEERTH: Der Buchhalter
Aus: Skizzen aus dem deutschen Handelsleben

URS WIDMER: Solothurn
Aus: Schweizer Geschichten. © 1977, Diogenes Verlag AG, Zürich.